明文堂編輯部 校閱

# 備旨具解 原本周易

(坤)

明文堂

# 備旨具解 周易目錄 坤

# 備旨具解原本周易卷之十三

䷡ 乾下震上

【傳】大壯、序卦、遯者、退也、物不可以終遯、故、受之以大壯、遯爲違去之義、壯爲進盛之義、遯者、陰長而陽遯也、大壯、陽之壯盛也、衰則必盛、消息、一作長相須、故、既遯則必壯、大壯所以次遯也、爲卦、震上乾下、乾剛而震動、以剛而動、大壯之義也、剛陽、大也、陽長、已過中矣、大者、壯盛也、又雷之威震而在天上、亦大壯之義也、

漢上朱氏曰陽動於復長於臨交于泰至四而後壯泰不言壯者陰陽敵也猶人之血氣方剛故曰大壯○雲峯胡氏曰三畫卦初爲少二爲壯三爲究六畫卦初二爲少三四爲壯泰不言者陰陽敵也以四陽上升而動於外乃謂之壯如大畜大過皆四陽故謂之大○楊氏曰姤者女之壯也大壯者陽之壯也陰陽之理迭爲羸壯彼羸則此壯彼壯則此羸女而壯者非女之所宜陽而壯者則爲陽之常理大壯之時三陽過於泰矣二陰而當四陽之進則陽者壯而陰者羸矣○庸齋趙氏曰四陽在下而進至上卦矣乾健上升而震動于外其壯孰大於此

## 大壯은 利貞ᄒᆞ니라

○大壯은貞홈이利ᄒᆞ니라

【傳】大壯之道、利於貞正也、大壯而不得其正、强猛之爲耳、非君子之道、壯、盛也、

【本義】大、謂陽也、四陽、盛長、故、爲大壯、二月之卦也、陽壯則占者、吉亨、不假言、但利在正固而已、 建安丘氏曰遯小利貞小者利於貞也指二陰言大壯利貞大者利於貞也指四陽言陰之進不正則小人得以陵君子陽之進不正則君子不能勝小人皆扶陽抑陰之意

也○中溪張氏曰大者陽也壯者强盛也六爻之卦三陰三陽則小大均等至於四陽浸長則大壯於小故名大壯然大壯之道利於貞正不得其正又奚利哉○雙湖胡氏曰四陽爻初三正二四不正而云利貞者戒之也而成卦之主又重在九四一爻然則戒四尤切也四雖不正聖人方喜其震動得時故但戒之○雲峯胡氏曰復臨泰陽長於內皆言亨大壯陽自內而達於外亨不待言利貞自一陽至於四陽而動而進正也亦不可以剛動而進遂失其正也觀四陰不取小者之壯而以二陽在上爲觀大壯則以四陽爲大者之壯而猶恐大者或失其正小者得以乘之也戒以利貞其拳拳君子之意可知矣

**彖曰大壯은 大者ㅣ 壯也ㅣ니 剛以動故로 壯ᄒᆞ니**

○彖애ᄀᆞᆯ오ᄃᆡ 大壯은 大ᄒᆞᆫ者ㅣ 壯ᄒᆞᆷ이니 剛으로써 動ᄒᆞᄂᆞᆫ故로 壯ᄒᆞ니

【傳】所以名大壯者、謂大者、壯也、陰爲小、陽爲大、陽長以盛、是大者、壯也、下剛而上動、以乾之至剛而動、故、爲大壯、爲大者壯、與壯之大也、

【本義】釋卦名義、以卦體、言則陽長過中、大者、壯也、以卦德、言則乾剛震動、所以壯也、中溪張氏曰大壯者陽壯也內卦乾不變外卦本坤乾一索於坤而得震乾剛而震動所以壯也

**大壯利貞은 大者ㅣ 正也ㅣ니 正大而天地之情을 可見矣리라**

○大壯利貞은 大ᄒᆞᆫ者ㅣ 正ᄒᆞᆷ이니 正ᄒᆞ고 大ᄒᆞ매 天地의 情을 可히 보리라

【傳】大者、旣壯則利於貞正、正而大者、道也、極正大之理則天地之情、可見矣、天地之道常久而不已者、至大至正也、正大之理、學者、默識心通、可也、不云大正而云正大、恐疑爲一事也、

【本義】釋利貞之義而極言之、朱子曰曰大壯利貞是利於正也所以大者以其正也旣正且大則天地之情不過於正大○問大者正與正大不同上大字是指陽下正大是說理曰然亦緣上面有大者正字方說此○問如何見天地之情曰正大便見得天地之情天地只是正大未嘗有些子邪處○節初齊氏曰大者壯以氣言也大者正以理言也○進齋徐氏曰大者壯乃壯之本體也而大者正則所以用壯之道也正大而天地之情可見則又推極其理而言之也○隆山李氏曰大而利貞乃天地之情也孔子贊彖非獨大壯如咸恒萃皆曰天地萬物之情可見豈非因諸卦利貞之象而論天地之至情者乎○建安丘氏曰心動物也情則心之動而見於外者也復震下坤上靜中有動故曰見天地之心大壯乾下震上動己發於外故曰見天地之情此以動有內外而爲心情之別也○中溪張氏曰復雷在地中則天地生物之機伏而未露聖人有以見其心大壯雷在天上則天地生物之心己達於外聖人有以見其情也○雲峯胡氏曰心未易見故疑其辭曰復其見天地之心乎情則可見矣故直書之人能情天地之情動孰非禮人能心天地之心動之端孰非仁愚嘗謂孟子養氣之論自此而出大者壯也剛以動即是其爲氣也至大至剛大者正也即是以直養而无害

# 象曰雷在天上이大壯이니君子ㅣ以ᄒᆞ야非禮弗履ᄒᆞᄂᆞ니라

○象애ᄀᆞᆯ오ᄃᆡ雷ㅣ天上의 이심이 大壯이니 君子ㅣ以ᄒᆞ야 禮아니어 든履티 아니ᄒᆞᄂᆞ니라

【傳】雷震於天上、大而壯也、君子、觀大壯之象、以行其壯、君子之大壯者、莫若克己復禮、古人、云自勝之謂强、中庸、於和而不流、中立而不倚、皆曰强哉矯、赴湯火蹈白刄、武夫之勇・可能也、至於克己復禮則非君子之大壯、不可能也、故、云君子以非禮弗履、

【本義】自勝者、强、或問伊川以爲自勝者强非君子之大壯不可能也又引中庸四說强哉矯以爲證其義是如此否朱子曰固是雷在天上是甚生威嚴人之克己能如雷在天上則威嚴果決以

去其惡而必爲善若半上落下則不濟事何以爲君子須是如雷在天上方能克去非禮○中溪張氏曰雷之威本震而在天上乃雷聲之壯盛者也君子有浩然之氣剛大以直其動以天然後能非禮弗履苟非禮而履則猶雷非時而震又何足以爲君子之大壯哉○建安丘氏曰非禮勿履者復之事也至大壯則動皆天理无待於勿故君子以非禮弗履勿者禁止之辭弗者則自不爲矣○臨川吳氏曰君子之非禮弗履唯剛健以動者能之禮者天之理而其用卑下乾在下之象也履者足之所踐如雷行所過震在上之象也○雲峯胡氏曰勝人者血氣之强自勝者義理之强也

**初九는 壯于趾니 征ᄒᆞ면 凶이 有孚ㅣ리라**

○初九ᄂᆞᆫ 趾에 壯ᄒᆞᆷ이니 征ᄒᆞ면 凶이 孚ㅣ 이시리라

【傳】 初、陽剛乾體而處下、壯于進者也、在下而用壯、壯于趾也、趾、在下而進動之物、九、在下用壯而不得其中、夫以剛處壯、雖居上、猶不可行、況在下乎、故、征則其凶、有孚、孚、信也、謂以壯往則得凶、可必也、

【本義】 趾、在下而進動之物也、剛陽、處下而當壯時、壯于進者也、故、有此象、居下而壯于進、其凶、必矣、故、其占、又如此、

進齋徐氏曰趾在下初象三剛在前未可進也趾進則進犯于剛而其凶必矣○縉雲馮氏曰人行趾先動古人之始事必躊躇進退孫以出之期於成事今壯于趾是始事而用壯進銳如此何爲不凶○蘭氏廷瑞曰壯之初九與夬之初九一也或爲趾或爲前趾何也曰夬五陽己盛將決一陰初九前往而不可遏故謂之前趾而戒之以往不勝爲咎大壯則四陽雖壯而二陰未全消未可即往故謂之趾而直繼之以征凶有孚也○雲峯胡氏曰賁初亦以趾取象本義曰剛德明體自賁於下此不取其剛德健德何也亦唯其時而已賁飾也賁之時而在下自飾其所以行可也壯之時而在下欲進而必行不可也易有變例壯初與三以陽居陽正也而曰凶曰厲當剛壯之時不可過於剛況剛居下而欲壯于進不特曰凶而曰有孚言其凶之可必也【傳】初之率意妄動全是倚在壯盛之時不知身當事始不守其壯銳進不審故必取凶

**象曰 壯于趾ᄒᆞ니 其孚窮也ㅣ로다**

○象애ᄀᆞᆯ오ᄃᆡ趾애壯ᄒᆞ니 그窮홈을孚ᄒᆞ리로다

【傳】在最下而用壯以行、可必信其窮困而凶也、

【本義】言必窮困、 中溪張氏曰其孚窮者蓋征則有必然困窮之理也【傳旨】其字當味正指壯趾便是困窮壯非用之于趾而趾乎哉重居下意

# 九二ᄂᆞᆫ貞ᄒᆞ야吉ᄒᆞ니라

(本義) 貞ᄒᆞ야아吉ᄒᆞ리라

○九二ᄂᆞᆫ貞ᄒᆞ야吉ᄒᆞ니라

【傳】二雖以陽剛、當大壯之時、然、居柔而處中、是剛柔、得中、不過於壯、得貞正而吉也、或曰貞非以九居二、爲戒乎、曰易取所勝爲義、以陽剛健體、當大壯之時、處得中道、无不正也、在四則有不正之戒、人能識時義之輕重則可以學易矣、

【本義】以陽居陰、已不得其正矣、然、所處、得中則猶可因以不失其正、故、戒占者、使因中以求正然後、可以得吉也、 雙湖胡氏曰九二不正而云貞吉者戒之以正則吉也若匪正則有凶矣○劉氏曰二之應五以陽剛承柔用剛得中乃能貞吉四剛不中故必貞吉而後悔亡○白雲郭氏曰卦辭言利貞指九二也然九二以剛而居下體之中未能究天德之用故但曰貞吉而已若九二者蓋非禮弗履之士也○雲峯胡氏曰易春秋美惡不嫌同辭九二因中得正曰貞吉許之也九四不中不正曰貞吉戒之也

# 象曰九二貞吉은以中也ㅣ라

○象애ᄀᆞᆯ오ᄃᆡ九二貞吉은中으로ᄡᅥ라

【傳】所以貞正而吉者、以其得中道也、中則不失正、況陽剛一有壯字而乾體乎、臨川吳氏曰中則无過不恃其壯而猛進也○中溪張氏曰中立而不倚强哉矯九二有焉【備旨】天下事皆從心造心者事之主也心有中德則无乖无戾自不以血氣用事矣

九三은 小人은 用壯이오 君子는 用罔이니 貞이면 厲ᄒᆞ니 羝羊이 觸藩ᄒᆞ야 羸其角이로다

(本義) 貞이라도

○九三은小人은壯을ᄡᅳ고君子ᄂᆞᆫ罔을ᄡᅳᆷ이니 貞ᄒᆞ면厲ᄒᆞ니羝羊이 藩을觸ᄒᆞ야그角을羸ᄒᆞ놋도다

【傳】九三、以剛居陽而處壯、又當乾體之終、壯之極者也、極壯、如此、在小人則爲用壯、在君子則爲用罔、小人、尙力、故、用其壯勇、君子、志剛、故、用罔、罔、无也、猶云蔑也、以其至剛、蔑視於事而无所忌憚也、君子小人、以地言、如君子、有勇而无義、爲亂、剛柔、得中則不折不屈、施於天下而无不宜、苟剛之太過則无和順之德、多傷莫與、貞固守此則危道也、凡物、莫不用其壯、齒者、齧、角者、觸、蹄者、踶、羊、壯於首、羝爲喜觸、故、取爲象、羊、喜觸藩籬、以藩籬當其前也、蓋所當、必觸、喜用壯如此、必羸困其角矣、猶人、尙剛壯、所當、必用、必至摧困也、三、壯甚、如此而不至凶、何也、曰如三之爲、其往、足以致凶而方言其危、故、未及於凶也、凡可以致凶而

未至者則曰厲也、
【本義】過剛不中、當壯之時、是小人、用壯而君子則用罔也、罔、无也、視有如无、
君子之過於勇者也、如此則雖正、亦危矣、羝羊、剛壯喜觸之物、藩、籬也、羸、困也、
貞厲之占、其象、如此、節齋蔡氏曰用壯无禮之勇也用罔不慮之決也處位不中而好進前犯乎險固守
乎此以爲正則危矣大壯三四五爻有兌象兼二爻看亦有兌象兌爲羊羝羊喜用
其角而觸者藩四也羸拘纍纏繞也進則爲四所困故以羝羊羸角爲象○劉氏曰三欲應上而四隔之以重剛不中
而銳於進凡用壯如此者未有不羸角○雲峯胡氏曰大壯九三即遯九四兩爻皆分君子小人在遯者其辭平在大
壯者其辭危危九三之過剛也剛壯之時又過於剛小人用之爲壯不足責君子用之蔑視天下之事雖正亦危矣三
過剛而上過四之剛故有羝羊觸藩羸其角之象爻皆用象以爲占此則因上文以貞厲爲占又因以取貞厲之象○
雙湖胡氏曰聖人於九三一爻設君子小人兩義亦如恒六五婦人吉夫子凶大有九三公用亨于天子小人弗克否
六二小人吉大人否亨遯九四君子吉小人否之類非謂九三旣爲君子又爲小人也

象曰小人은用壯이오君子는罔也ㅣ라

○象애골오ᄃᆡ小人은壯을ᄡᅳ고君子ᄂᆞᆫ罔ᄒᆞᄂᆞ니라

【傳】在小人則爲用其强壯之力、在君子則爲用罔、志氣剛强、蔑視於事、靡所顧憚
也、

【本義】小人、以壯敗、君子、以罔困、雲峯胡氏曰恒九二惟悔亡二字而象曰能久中大壯九二惟貞
吉二字而象曰以中意正相似當剛壯之時以剛居柔則爲中初
九以剛居剛非中也故可必其窮困九三以剛居剛非中也故小人以此敗君子以此困【備旨】小人之用壯分明是爲
君子之用罔此有深惜君子使知所儆意照爻減一用字增一也字其意躍然可味

九四는貞이면吉ᄒᆞ야悔ㅣ亡ᄒᆞ리니藩決不羸ᄒᆞ며壯于大輿之輹이로다

○九四는貞ᄒᆞ면吉ᄒᆞ야悔亡ᄒᆞ리니 藩이决ᄒᆞ야羸티아니ᄒᆞ며大ᄒᆞᆫ輿의 輹이壯ᄒᆞᆷ이로다

【傳】四、陽剛、長盛、壯已過中、壯之甚也、然、居四、爲不正、方君子道長之時、豈可有不正也、故、戒以貞則吉而悔亡、蓋方道長之時、小失則害亨進之勢、是有悔也、若在他卦、重剛而居柔、未必不爲善也、大過、是也、藩、所以限隔也、藩籬、决開、不復羸困其壯也、高大之車、輪輹、强壯、其行之利、可知、故、云壯于大輿之輹、輹、輪之要處也、車之敗、常在折輹、輹壯則車强矣、云壯于輹、謂壯于進也、輹、與輻、同、

【本義】貞吉悔亡、與咸九四、同占、藩决不羸、承上文而言也、决、開也、三前、有四、猶有藩焉、四前、二陰則藩决矣、壯于大輿之輹、亦可進之象也、以陽居陰、不極其剛故、其象占如此、朱子曰此卦如九二貞吉只是自守而不進九四藩決不羸壯于大輿之輹却是有可進之象此卦爻之好者蓋以陽居陰不極其剛而前遇二陰有藩決之象所以爲進非如九二前有三四二陽隔之不得進也○節齋蔡氏曰九四爲壯之主以剛決柔壯之正者也位不當故有悔得正而吉其悔可亡藩五也決開也以剛決柔易而无困也輹在車之下所用以行者下乘三剛壯輹之象○中溪張氏曰四以上則震爲大塗羣羊並驅而前无羸困之患輿之行正在輹輹壯則大輿由大塗而往四陽上進將爲夬之決乾之純矣○雲峯胡氏曰乾九二旣言見龍所以九四或躍在淵不必言龍則此上爻言羊故藩決不羸不復言羊貞吉悔亡與咸九四同占皆因占以設戒之辭但在咸之四以陽居陰不得其正故有憧憧往來之戒在壯之時以陽居陰又爲不極其剛故有藩決不羸之喜大畜九二在三陽之中爲六五所止故輿說輹壯九四在三陽之上六五不能止故壯于大輿之輹【備旨】通節重一貞字四本動主當乾後而動得動之正矣故曰貞吉下二句正吉悔亡之象藩決謂羣邪退聽而莫吾阻也用罔則觸之而羸貞則藩將自決而不羸矣壯輿是有積中不敗之具蓋內不挫於氣外不阻於事則所以進者有完器焉故爲壯于大輿之輹大壯之利貞於九四一身有以備之焉

象曰藩決不羸는尙往也ㅣᆯ시라

(一)象애ᄀᆞᆯ오ᄃᆡ藩決不羸는오히려往ᄒᆞᆯ시라

【傳】剛陽之長、必至於極、四雖已盛、然、其往、未止也、以至盛之陽、用壯而進故、莫有當之、藩決開而不羸困其力也、尙往、其進、不已也、節齋蔡氏曰尙往者前无困沮可以上進也【備旨】尙往全在能貞上來至四然後尙往蓋乾健震動相輔而行也

六五는喪羊于易면无悔리라 易以豉反一音亦旅卦同

【本義】喪羊于易나

○六五는羊을易에喪ᄒᆞ면悔업스리라(本義)羊을易에喪ᄒᆞ나

【傳】羊、羣行而喜觸、以象諸陽、並進、四陽、方長而並進、五、以柔、居上、若以力制則難勝而有悔、唯和易以待之則羣陽、无所用其剛、是喪其壯于和易也、如此則可以无悔、五、以位言則正、以德言則中、故、能用和易之道、使羣陽、雖壯、无所用也、程子曰喪羊于易羊羣行而觸物大壯衆陽並進六五以陰居位惟和易然後可以喪羊易非難易之易乃和易樂易之易○中溪張氏曰五以柔處剛其位不當又値乾陽下進之衝勢不容遏故有喪羊之象然柔而得中不與剛抗能以和易處之則衆陽无所用其壯而强暴之氣屈矣然則喪羊雖五之不幸而于易亦五之善處也處以和易則不至有悔漢光武曰吾治天下以柔道六五之謂矣

【本義】卦體、似兌、有羊象焉、外柔而內剛者也、獨六五、以柔居中、不能抵觸、雖失其壯、然、亦无所悔矣、故、其象、如此而占亦與咸九五、同、易、容易之易、言忽然不覺

其亡也、或作疆場之場、亦通、漢食貨志、場、作易、朱子曰喪羊于易不若作彊埸之易漢食貨志彊埸之埸正作易蓋後面有喪牛于易亦同此義○雲峯胡氏曰諸家多以喪羊爲下四陽本義獨爲五五互兌自有羊象觀四陰有剝陽之勢至四則曰觀國之光觀五也壯四陽有決陰之勢至四則曰大輿之輹載五也凡若是者尊君也喪羊于易又若人君自亡其剛而不與衆陽較然亦尊君也旅上九喪牛于易牛性順上九以剛居極不覺失其所謂順此曰喪羊于易羊性剛六五以柔居中不覺失其所謂剛自失其壯故爻不言壯无悔與咸六五同亦非深許之辭

象曰喪羊于易ᄂᆞᆫ 位不當也ᄅᆞᆯ새라

○象애ᄀᆞᆯ오ᄃᆡ 喪羊于易ᄂᆞᆫ 位當티 아니ᄒᆞᆯ시라

【傳】所以必用柔和者、以陰柔居尊位故也、若以陽剛中正、得一作居尊位則下无壯矣、以六五、位不當也、故、設喪羊于易之義、然、大率治壯、不可用剛、夫君臣、上下之勢不相侔也、苟君之權、足以制乎下則雖有强壯跋扈之人、不足謂之壯也、必人君之勢、有所不足然後、謂之治壯、故、治壯之道、不可以剛也、【備旨】乘時建樹非優游不剛者所能爲故以不當歸之○一云易者不艱不詳以易而失其剛也三之用罔喪視天下五之喪羊易視天下對上爻艱字說易字亦有情

上六은 羝羊이 觸藩ᄒᆞ야 不能退ᄒᆞ며 不能遂ᄒᆞ야 无攸利니 艱則吉ᄒᆞ리라

○上六은 羝羊이 藩을 觸ᄒᆞ야 能히 退티 몯ᄒᆞ며 能히 遂티 몯ᄒᆞ야 利ᄒᆞᆫ배 업ᄉᆞ니 艱ᄒᆞ면 吉ᄒᆞ리라

【傳】羝羊、但取其用一无用字壯、故、陰爻、亦稱之、六、以陰處震終而當壯極、其過、可知、如羝羊之觸藩籬、進則礙身、退則妨角、進退、皆不可也、才本陰柔、故、不能勝

已以就義、是不能退也、陰柔之人、雖極用壯之心、然、必不能終其壯、有摧必縮、是不能遂也、其所爲如此、旡所往而利也、陰柔、處壯、不能固其守、若遇艱困、必失其壯、失其壯則反得一有其字柔弱之分矣、是艱則得吉也、用壯則不利、知艱而處柔則吉也、居壯之終、有變之義也、或問傳以艱字爲遇艱困則失其壯而得柔弱之分故吉竊意不能退遂而旡所利則是己艱困矣而又曰遇艱何也恐此艱字只作艱難其事而不敢求進不己則吉如大畜九三利艱貞之艱說如何朱子曰當如大畜之例

【本義】壯終動極、故、觸藩而不能退、然、其質、本柔、故、又不能遂其進也、其象如此、其占、可知、然、猶幸其不剛、故、能艱以處則尙可以得吉也、朱子曰上六取喩甚巧蓋壯終動極旡可去處如羝羊之角掛于藩上不能退遂然艱則吉者畢竟有可進之理但必艱始吉耳〇問大壯本好爻中所取却不好睽本不好爻中所取却好如六五對九二處非其位九四對初九本非相應都成好爻不知何故曰大壯便是過了纔過便不好如睽卦之類却是易之取爻多爲占者而言占法取變爻便是到此處變了所以困卦雖是不好然其間利用祭祀之屬却都好問此正與見群龍旡首吉利永貞一般曰然却是變了故如此〇節齋蔡氏曰大壯之時剛者壯也柔居動體之極見剛者壯亦從之而用壯不知其不可也故其進退皆旡所利艱則吉者苟知其難能安乎柔而不進則吉也〇雙湖胡氏曰九三居乾體之極在下卦之上剛動而欲進上六居震體之極在上卦之上動極而在上又卦有互兌全體有夾畫兌故皆取羝羊用角之義又三與上爲正應本當有合者也然三欲進而爲四所隔故羸其角而不能應乎上上雖與三爲應而窮於上故旣不能退而得乎三又不能遂而成其進故旡攸利必艱難自守以待之庶成其吉耳〇雲峯胡氏曰五上皆陰五己喪羊上又取羝羊觸藩者五喪羊專以一爻言也上羝羊合一卦而言也蓋至於上則壯終動極故與下卦之終同象上之壯己極不能退六之質本柔不能遂然三羸角上艱則吉者三過剛必至於自困上不剛故可勉之以艱也兼壯終有變之義

象曰不能退不能遂는不詳也ㅣ오艱則吉은咎不長也라

○象애ᄀᆞᆯ오ᄃᆡ不能退不能遂ᄂᆞᆫ詳티아니홈이오艱則吉은咎ㅣ長티아니ᄒᆞᆯ시라

【傳】非其處而處、故、進退不能、是其自處之不詳愼也、艱則吉、柔遇艱難、又居壯終、自當變矣、變則得其分、過咎不長、乃吉也、進齋徐氏曰上六進退皆无所利由自處之不詳審故也苟知其艱難順守以待終亦獲吉雖有殃咎亦不長久也○雲峯胡氏曰臨六三壯上六皆无攸利皆曰咎不長蓋六三之憂上六之艱不貴无過而貴改過也○建安丘氏曰大壯剛進也二陰退而四陽進也而九四乃壯之所以爲壯者其曰藩決不羸壯于大輿之輹蓋許陽之壯也壯貴進不暴過剛則失其所以爲壯矣其下三剛爻當隨四而壯不利自往初二皆以剛居剛好進者也故初征凶而三羸其角二以剛履柔居中能守不進者也故貞吉若上之二陰五柔居中而能受陽之壯故雖喪羊而无悔上柔居壯之終不能壯者而亦終用壯焉故有不能退不能遂之戒王輔嗣云未有違謙越禮能全其壯者也故陽爻皆以處陰位爲美用壯處壯則觸藩矣

䷢ 坤下離上

【傳】晉、序卦、物不可以終壯、故、受之以晉、晉者、進也、物无壯而終止之理、既盛壯則必進、晉所以繼大壯也、爲卦、離在坤上、明出地上也、日出於地、升而益明、故爲晉、晉、進而光明盛大之意(一作義)也、凡物、漸盛、爲進、故、彖、云晉、進也、卦有有德者、有无德者、隨其宜也、乾坤之外、云元亨者、固有也、云利貞者、所不足而可以有功也、有不同者、革漸、是也、隨卦可見、晉之盛而无德者、无用有也、晉之明盛、故、更不言亨、順乎大明、无用戒正也、或問傳曰物无壯而終止之理既壯盛則必進竊意物進而後至於壯盛既壯盛則衰退繼之矣今日壯盛則必進此義如何朱子曰物固有壯而後進者亦有進而後壯者其義自有不同此各隨其事而言難以一說拘也且以十二月卦論大壯之爲夬夬之爲乾豈非壯而後進乎至乾乃極而衰耳又問晉之盛而无德者无用有也然大有可謂盛矣而有卦

德不知知何曰元亨利貞本非四德但爲大亨而利於正之占耳乾卦之彖傳文言乃借爲四德在他卦尤不當以德論也

# 晉은康侯를用錫馬蕃庶ᄒᆞ고晝日三接이로다

○晉은康ᄒᆞᆫ侯를ᄡᅥ馬를錫홈이蕃庶ᄒᆞ고晝日애세번接ᄒᆞ놋다

【傳】晉、爲進盛之時、大明、在上而下體、順附、諸侯承王之象也、故、爲康侯、爲康侯者、治安之侯也、上之大明而能同德以順附、治安之侯也、故、受其寵數、錫之馬衆多也、車馬、重賜也、蕃庶、衆多也、不唯錫與之厚、又見親禮、晝日之中、至於三接、言寵遇之至也、晉、進盛之時、上明下順、君臣、相得、在上而言則進於明盛、在臣而言則進升高顯、受其光寵也、

【本義】晉、進也、康侯、安國之侯也、錫馬蕃庶晝日三接、言多受大賜而顯被親禮也、蓋其爲卦、上離下坤、有日出地上之象、順而麗乎大明之德、又其變、自觀而來、爲六四之柔、進而上行、以至于五、占者有是三者則亦當有是寵也、朱子曰康侯似說寧侯相似用錫馬之用只是箇虛字說他得這箇物事○晝日是郱上卦離也晝日爲之是此意○誠齋楊氏曰康侯者治安之侯也錫馬蕃庶而恩之者疊晝日三接而禮之者頻也○進齋徐氏曰康侯用錫馬蕃庶晝日三接言諸侯有安民之功故用此以受君之錫予而被其親禮也左傳僖公二十八年晉文公朝王王賜之車輅弓矢命之曰敬服王命以綏四國受策而出出入三覲是也○中溪張氏曰當晉進之時大明在上而下體皆同德順附有君明臣順諸侯承王之象治進而盛隮一世於康寧之域侯之力也不惟錫馬蕃庶可見錫予之厚而正晝盛明之際乃三接其臣尤見親禮之至也○漢上朱氏曰周官校人天子十有二閑馬六種邦國六閑馬四種凡朝覲會同毛馬而頒之錫馬蕃庶也大行人公之禮三享三問三勞晝日三接也○姚氏小彭曰晝日三接王接侯之禮也覲禮延升一也覲畢致享升致命二也享畢王勞之升成拜三也○雲峯胡氏曰彖言侯者三屯豫建侯震也晉康侯坤也坤有土有民有安之象錫馬蕃庶坤爲牝

馬爲衆之象晝日三接離爲日爲中虛之象或曰馬與晝日離午象蕃庶三接坤爲衆爲文之象離配卦十有六象最美者莫如晉大有大有明在天上其明最盛晉明出地上其明方新有進義明君在上下以柔順進而承之所謂康侯也康侯者治安之侯非以功侯也下之務進者易生事以傲寵今多受大賜而顯被親禮者惟治安之侯其所以爲大明之時乎

**彖曰晉은 進也니**

○彖애 ᄀᆞᆯ오ᄃᆡ 晉은 進홈이니

【本義】釋卦名義、建安丘氏曰彖曰晉進也雜卦曰晉晝也蓋晉之義不特以進爲進而必以明爲進也

**明出地上ᄒᆞ야 順而麗乎大明ᄒᆞ고 柔進而上行이라 是以康侯用錫馬蕃庶晝日三接也ㅣ라**

○明이 地上의 나 順ᄒᆞ야 大明애 麗ᄒᆞ고 柔ㅣ 進ᄒᆞ야 上ᄒᆞ야 行ᄒᆞᄂᆞᆫ디라 일로ᄡᅥ 康侯用錫馬蕃庶晝日三接也ㅣ라

【傳】晉、進也、明進而盛也、明出於地、益進而盛、故、爲晉、所以不謂之進者、進爲前進、不能包明盛之義、明出地上、離在坤上也、坤、麗於離、以順、麗於大明、順德之臣、上附於大明之君也、柔進而上行、凡卦、離在上者、柔居君位、多云柔進而上行、噬嗑睽鼎、是也、六五、以柔居君位、明而順麗、爲能待下寵遇親密之義、是以、爲康侯用錫馬蕃庶晝日三接也、大明之君、安天下者也、諸侯、能順附天子之明德、是康民安國之侯也、故、謂之康侯、是以、享寵錫而見親禮、晝日之間、三接見於天

子也、不曰公卿而曰侯、天子、治於上者也、諸侯、治於下者也、在下而順附於大明之君、諸侯之象也、

【本義】以卦象卦德卦變、釋卦辭、進齋徐氏曰明出地上離乘坤也順而麗乎大明坤附離也以順德之臣而附麗乎大明之君宜六五以柔進而上行也凡離居上體皆柔進而上行是以康侯用此順德以受錫馬蕃庶之恩晝日三接之禮也○臨川吳氏曰坤順之臣進而附麗於離明之君此釋康侯錫馬之義柔臣德也五君位也四近君卦自觀變六四之柔近君進而上行至五九五之剛下降居四而成離日猶朝貢之臣爲天子所禮接此釋晝日三接之義○胡氏曰易言柔進而上行者三卦晉睽鼎也噬嗑則曰柔得中而上行晉六五之柔自觀四進五也睽中孚之四進五也鼎巽四進五也噬嗑雖不言進而六五之柔由益四上行至五也此可以見柔進上行之例○雲峯胡氏曰康侯非順者不能錫馬三接非君之大明而柔者不能提起一二字卦辭盡可見矣

象曰明出地上이 晉이니 君子ㅣ 以ᄒᆞ야 自昭明德ᄒᆞᄂᆞ니라

○象애ᄀᆞᆯ오ᄃᆡ明이地上에出홈이晉이니君子ㅣ以ᄒᆞ야스스로明ᄒᆞᆫ德을昭ᄒᆞᄂᆞ니라

【傳】昭、明之也、傳曰昭德塞違、昭其度也、君子觀明出地上而益明盛之象而以自昭其明德、去蔽致知、昭明德於己也、明明德於天下、昭明德於外也、明明德在己、故云自昭、

【本義】昭、明之也、進齋徐氏曰日初出地進而上行爲晉之象然日出地則明入地則晦日之明本无增損也蔽與不蔽之隔耳亦猶人之德性得於天者其體本明特爲物欲所蔽不能无少昏昧而本然之明則未嘗息也君子觀明出地上之象悟性分之本明故以之自昭其明德也○建安丘氏曰晉之自昭明德者君子致知之學也乾之自强不息者君子力行之學也易大象惟乾晉二象以自言之信矣知行之學皆君子己分所當之事也○雲峯胡氏曰至健莫如天君子以之自强至明莫如日君子以之自昭○雙湖胡氏曰合兩體成一卦大象夫子論體象君子只以卦之重者論如此卦只取離明之義置坤於不言蓋有不必盡論兩體者即此亦可以

推他卦爻

初六은晉如摧如에貞이면吉ᄒᆞ고罔孚ㅣ라도裕ㅣ면无咎ㅣ리라

(本義) 晉如摧如ㅣ니

○初六은晉커나摧커나홈애貞ᄒᆞ면吉ᄒᆞ고孚티아닐디라도裕ᄒᆞ면咎ㅣ업스리라

(本義) 晉ᄒᆞ다가摧홈이니

【傳】初居晉之下、進之始也、晉如、升進也、摧如、抑退也、於始進而言遂其進不遂其進、唯得正則吉也、罔孚者、在下而始進、豈遽能深見信於上、苟上、未見信、則當安中自守、雍容寬裕、无急於求上之信也、苟欲信之心、切、非汲汲以其守則悻悻以傷於義矣、皆有咎也、故、裕則无咎、君子處進退之道也、

【本義】以陰居下、應不中正、有欲進見摧之象、占者、如是而能守正、則吉、設不爲人所信、亦當處以寬裕、則无咎也、

或問初六晉如摧如象也貞吉占辭朱子曰罔孚裕无咎又是解上兩句恐貞吉說不明故又曉之○厚齋馮氏曰摧說文擠也折也有所抑而不得進之象能寬裕自處不戚戚於上下之不我知則无咎○雙湖胡氏曰爻不正故戒以能正則吉坤體寬裕故誨以能裕則无咎也○雲峯胡氏曰欲進而退六象上互艮有欲進而止之之象凡始進必資薦引四應不中正乃若相摧抑者進之初人多有未信者然摧如在彼而吾不可以不正罔孚在人而吾不可不以裕初以陰居陽非正才柔志剛不足於裕貞與裕皆戒辭也【備旨】貞是修德厲節以俟時裕則人不知亦囂囂也俱是戒之之辭旣曰吉又曰罔孚者聖人處正道有難合故再致叮嚀之若此人識得一裕字省却多少躁妄之心增了多少道義之氣裕正所以成其貞也貞字重看

象曰晉如摧如ᄂᆞᆫ獨行正也ㅣ오裕无咎ᄂᆞᆫ未受命也라ᄒᆞ시

○象애ᄀᆞᆯ오ᄃᆡ晉如摧如는ᄒᆞᆯ로正을行ᄒᆞᆷ이오裕无咎는命을受티몯ᄒᆞ야실시라
【傳】无進无抑、唯獨行正道也、寬裕則无咎者、始欲進而未當位故也、君子之於進退、或遲或速、唯義所當、未嘗不裕也、聖人、恐後之人、不達寬裕之義、居位者、廢職、失守、以爲裕、故、特云初六裕則无咎者、始進、未受命當職任故也、若有官守、不信於上而失其職、一日、不可居也、然、事非一概、久速唯時、亦容有爲之兆者、
【本義】初居下位、未有官守之命、○進齋徐氏曰居无位之初以寬裕自處不汲汲於求進乃其宜也故无咎若已受命則是當事有官職苟一於裕則有曠廢之失能无咎乎○雲峯胡氏曰孟子曰我无官守我无言責則吾進退豈不綽綽然有餘裕哉即此意也

六二는晉如ㅣ愁如ㅣ나貞이면吉ᄒᆞ리니受玆介福于其王母ㅣ리라

○六二는晉ᄒᆞ요미愁ᄒᆞ나貞ᄒᆞ면吉ᄒᆞ리니이介福을그王母씌受ᄒᆞ리라
【傳】六二、在下、上无應援、以中正柔和(一作順)之德、非强於進者也、故、於進、爲可憂愁、謂其進之難也、然、守其貞正則當得吉、故、云晉如愁如貞吉、王母、祖母也、謂陰之至尊者、指六五也、二以中正之道、自守、雖上无應援、不能自進、然、其中正之德、久而必彰、上之人、自當求之、蓋六五大明之君、與之同德、必當求之、加之寵祿、受介福於王母也、介、大也、
【本義】六二、中正、上无應援、故、欲進而愁、占者、如是而能守正則吉而受福于王母也、王母、指六五、蓋享先妣之吉占而凡以陰居尊者、皆其類也、或問王母指六五以爲享先妣之吉占何也朱

子曰恐是如此蓋周禮有享先妣之禮○雙湖胡氏曰晉如愁如二欲進而復愁以其无應於五也五下互坎爲加憂二欲進而前有坎險又爲艮山所阻故有憂愁之象以能守正故終得吉○進齋徐氏曰上雖无應而同德相感故受玆介福于其王母也言受六五之福也○雲峰胡氏曰愁二陰柔无應之象王母六五陰而居尊之象小過六二曰遇其妣彼言祖妣卽此言王母也二柔中正五雖不應而同德象蕃馬三接卽爻所謂介福象言錫爻言受互文也凡進退皆不可以自必初有應宜可進也而有欲進見摧之象二无應若可愁也而有受福王母之占聖人皆戒之曰貞吉蓋不以應之有无爲吉凶而惟以不失在我之正者爲吉也

象曰受玆介福은 以中正也ㅣ라

○象애 골오ᄃᆡ 受玆介福은 中正으로ᄡᅧ라

【傳】受玆介福、以中正之道也、人能守中正之道、久而必亨、況大明、在上而同德、必受大福也、中溪張氏曰二之所以受福者以能居中而得正也【備旨】以字要玩熙朝之綱維雖濶必不收薄植之夫羅臣之際遇誠奇豈能作无緣之合以中正葢其原以自受也

六三은 衆允이라 悔ㅣ 亡ᄒᆞ니라

○六三은 衆이 允하논디라 悔亡ᄒᆞ니라

【傳】以六居三、不得中正、宜有悔咎一作吝而三在順體之上、順之極者也、三陰、皆順上者也、是三之順上、與衆同志、衆所允從、其悔所以亡也、有順上向明之志而衆允從之、何所不利、或曰不由中正而與衆同、得爲善乎、曰衆所允者、必至當也、況順上之大明、豈有不善也、是以悔亡、蓋亡其不中正之失矣、古人、曰謀從衆則合天心、

【本義】三不中正、宜有悔者、以其與下二陰、皆欲上進、是以、爲衆所信而悔亡也、

朱子曰衆允象也悔亡占也○問晉六三如何見得爲衆所信處曰晉之時二陰皆欲上進三處地較近故二陰皆從之以進問如何得悔亡曰居非其位本當有悔以其得衆故悔可亡○中溪張氏曰六三位不中正有悔宜也然三能率初二以順上而衆皆允信而從之故其悔可亡○雲峯胡氏曰衆坤象坤順之極故有允象三居下卦之上爲衆陰之長正康侯之謂也初罔孚衆未允也二愁如猶有悔也三居順之極而衆皆相信可以進而受三接之寵矣未信而進其悔在後衆允而進其悔乃亡(備旨)見諒於衆曰允三雖不中正而與初二同有坤順之德聲氣自足以相召故三陰諒而信之悔亡者謂必引率而同升也

## 象曰衆允之志는上行也ㅣ라

○象애골오ᄃᆡ衆允의志는上ᄒᆞ야行홈이라

【傳】上行、上順麗於大明也、上從大明之君、衆志之所同也、 中溪張氏曰六三順極而明近順而麗乎大明此衆所同允故皆有上行之志也(備旨)大明之朝惟順始可以麗主志欲上行便是念念不忘順事意故可以見信於同羣

## 九四는晉如ㅣ鼫鼠ㅣ니貞이면厲ᄒᆞ리라 鼫音石

(本義) 貞하나

○九四는晉ᄒᆞ욤이鼫鼠ㅣ니貞ᄒᆞ면厲ᄒᆞ리라

【傳】以九居四、非其位也、非其位而居之、貪據其位者也、貪處高位、既非所安而又與上同德、順麗於上、三陰、皆在己下、勢必上進、故、其心、畏忌之、貪而畏人者、鼫鼠也、故、云晉如鼫鼠、貪於非據而存畏忌之心、貞固守此、其危、可知、言貞厲者、開有改之道也、

【本義】不中不正、以竊高位、貪而畏人、蓋危道也、故、爲鼫鼠之象、占者、如是、雖正、亦危、厚齋馮氏曰鼫詩作碩疑此轉注從鼠郭景純云形大如鼠好在田中食粟豆蓋田鼠也○中溪張氏曰詩以鼫鼠刺貪此之鼫鼠象其貪於進也○雲峯胡氏曰鼫鼠貪而畏人九四爻剛位柔之象解以陰居陽者象狐晉以陽居陰者象鼠九家易坎爲狐解自初至五互重坎上下三陰故稱三狐艮爲鼠晉互體艮艮上一陽故稱鼫鼠狐性疑解當去其疑鼠性貪晉當去其貪取象各有攸當況晉晝也鼠亦晝伏非能以晝進者九四不中不正以竊高位又畏大明之君而不敢進故有此象其占曰貞厲雖正亦危況不中正乎

象曰鼫鼠貞厲는 位不當也ᄅᆞᆫ서라

○象애골오ᄃᆡ 鼫鼠貞厲는 位ㅣ 當티 아닐서라

【傳】賢者、以正德、宜在高位、不正而處高位則爲非據、貪而懼失則畏人、固處其地、危可知也、童溪王氏曰當柔進之時九四獨以剛進故進之義於貞爲厲於位爲不當也【備旨】夫子揭出位不當三字令小人无可自支雖有其位不能一朝居矣

六五는 悔亡ᄒᆞ란대 失得을 勿恤이니 往애 吉ᄒᆞ야 无不利리라

(本義) 悔亡ᄒᆞ니 失得을 勿恤ᄒᆞ면 往吉ᄒᆞ야

○六五는 悔ㅣ 亡ᄒᆞ란ᄃᆡ 失ᄒᆞ며 得ᄒᆞ욤을 恤티 마롤디니 往애 吉ᄒᆞ야 利티아님 이업ᄉᆞ리라 (本義) 悔亡ᄒᆞ니 失ᄒᆞ며 得홈을 恤티 말면 往애 吉ᄒᆞ야

【傳】六、以柔居尊位、本當有悔、以大明而下皆順附、故、其悔、得亡也、下旣同德順附、當推誠委任、盡衆人之才、通天下之志、勿復自任其明、恤其失得、如此而往則吉而无不利也、六五、大明之主、不患其不能明照、患其用明之過、至於察察、失

委任之道、故、戒以失得勿恤也、夫私意偏任、不察則有蔽、盡天下之公、豈當得一作復用一有其字私察也、

【本義】以陰居陽、宜有悔矣、以大明、在上而下皆順從、故、占者、得之則其悔、亡、又一切去其計功謀利之心則往、吉而无不利也、然、亦必有其德、乃應其占耳、

朱子曰失得勿恤此說失也不須問他得也不須問他自是好猶言勝負兵家之常云爾此卦六爻无如此爻吉○問六五悔亡失得勿恤之說曰便是伊川說得太深據此爻只是占者占得此爻則不必恤其失得而自亦无所不利耳如何說道人君既得同德之人而委任之不復恤其失得如此則蕩然无復是非而天下之事亂矣假使其所任之人或有作亂者亦將不恤之乎雖以堯舜之聖皐夔益稷之賢猶云屢省乃成如何說既得同心同德之人而任之則在上者一切不管而任其所爲豈有此理且彼所爲既失矣爲上者如何不恤得聖人无此等說話聖人所說卦爻只是略略說過以爲人當著此爻則大勢已好雖有所失得亦不必慮而自无所不利也聖人說得甚淺伊川解得太深聖人所說短伊川解得長失得勿恤只是自家自作教是莫管他得失如云人發解做官這箇却必不得只得盡其所當爲者而已如仁人正其誼不謀其利明其道不計其功相似○建安丘氏曰五以柔居尊位爲離明之主彖所謂柔進而上行者也在下三陰皆欲附己而九四間之本當有悔以同德相孚其勢必合故得亡也失得主三陰言爲四所間失也終與己合得也勿恤不必憂也言五但當往而上進三柔志在上行終必從己而或得或失皆當置而勿問則自然吉无不利矣五爻柔疑於進故勉之○中溪張氏曰待衆允而悔亡者六三是已不待衆允而悔亡者六五是已六五爲自昭明德之主天下臣民莫不順而麗之何悔不亡苟能失得不累於心勿勞憂恤持此以往吉无不利也○雲峯胡氏曰大明在上下皆順從非特悔亡其往也宜吉无不利矣復戒之以失得勿恤何也彖惟升言勿恤豐言勿憂爻則泰九三家人九五萃初六皆言勿恤事有不必憂者勿恤寬之辭也有不當憂者勿恤戒之之辭也晉六五曰失得勿恤戒辭明矣蓋當進之時易有患得患失之心六五處大明之中而才柔又易有失得之累本義以爲一切去其計功謀利之心者大明在上用其明於當爲而不當用其明於計功謀利之私也不然則明反爲累矣[illegible]悔與恤俱就心上說能勿恤就是悔亡而又虞其功利之不盡亡也六五大明之主不患其不能明患其用明之過而至於察則功利之計在所不免此即是悔戒之以勿恤者使勿自任其明而純其出之心則自與悔沾染不

着矣

象曰失得勿恤은 往有慶也ㅣ리라

○象애골오ᄃᆡ失得勿恤은往ᄒᆞ야慶이이시리라

【傳】以大明之德、得下之附、推誠委任則可以成天下之大功、是往而有福慶也、

【備旨】用其明於功利之私明反爲累矣故失得勿恤明道也所以往有慶也慶即吉无不利

上九ᄂᆞᆫ晉其角이니 維用伐邑이면 厲ᄒᆞ나 吉코 无咎ㅣ어니와 貞앤吝ᄒᆞ니라

(本義) 貞이라도吝ᄒᆞ리라

○上九ᄂᆞᆫ晉이그角이니오직ᄡᅥ邑을伐ᄒᆞ면厲ᄒᆞ나吉ᄒᆞ고咎ㅣ업스려니와貞앤吝ᄒᆞ니라(本義)貞ᄒᆞ야도吝ᄒᆞ리라

【傳】角、剛而居上之物、上九、以剛居卦之極、故、取角爲象、以陽居上、剛之極也、在晉之上、進之極也、剛極則有强猛之過、進極則有躁急之失、以剛而極於進、失中之甚也、无所用而可、維獨用於伐邑則雖厲而吉且无咎也、伐四方者、治外也、伐其居邑者、治內也、言伐邑、謂內自治也、人之自治、剛極則守道、愈固、進極則遷善、愈速、如上九者、以之自治則雖傷於厲而吉且无咎也、嚴厲、非安和之道而於自治則有功也、復云貞吝、以盡其義、極於剛進、雖自治有功、然、非中和之德、故、於貞正之道、爲可吝也、不失中正、爲貞、朱子曰貞吝之義諸義只云貞固守此則吝不應於此獨云於正道爲吝也○進齋徐氏曰此爻剛而在上有角之象進而至於角

窮而无所往僅可用其剛而伐邑以治其內必常懷惕厲自危之心則吉而无咎矣○李氏開曰晉而至於角前无餘地矣伐其邑自治也春秋之隳三都其策雖窮不猶愈於不隳乎雖危而吉此公室自固郕所以善之也

【本義】角、剛而居上、上九、剛進之極、有其象矣、占者、得之而以伐其私邑則雖危而吉且无咎、然、以極剛、治小邑、雖得其正、亦可吝矣、或問上九剛進之極以伐私邑安能吉而无咎朱子曰以其剛故可伐邑若不剛則不能伐邑矣但易中言伐邑皆是用之於小若伐國則其用大矣如高宗伐鬼方三年之類維用伐邑則不可用之於大可知雖用以伐邑然亦必能自危厲乃可以吉而无咎過剛而能危厲則不至於過矣○問本義作伐其私邑程傳以爲自治如何曰便是程傳多不肯說實事皆以爲取喩伐邑如隳費隳郈之類是也大抵今人說易多是見易中有此一語便以爲通體事當如此不知當其時節地頭其大所占得者其象如何若果如今人所說則易之說有窮矣○雲峯胡氏曰上九剛進之極而以伐私邑雖危而吉且无咎許之也然以剛進之極僅能伐其小邑雖正亦可吝鄙之也本義曰私邑又曰小邑謙六五伐不言邑其伐也公晉上九伐其內地之邑則爲私矣旣濟九三伐鬼方其伐也大晉上九僅能伐其私邑則爲小矣○雙湖胡氏曰晉其角與姤其角同義皆剛上之象上九與九四皆不正一云貞厲一云貞吝者蓋云雖正猶厲猶吝况不貞乎其警戒之意抑又深切矣【傳】大明之時明照天下方是吉道曰維伐邑見自此以外皆无可用乃極言晉角之无所利也

## 象曰維用伐邑은道未光也ᄒᆞᆯ시라

○象애 ᄀᆞᆯ오ᄃᆡ 維用伐邑은 道ㅣ 光티 몯ᄒᆞᆯ시라

【傳】維用伐邑、旣得吉而无咎、復云貞吝者、貞道、未光大也、以正理言之、尤可吝也、夫道旣光大則无不中正、安有過也、今以過剛自治、雖有功矣、然、其道、未光大、故、亦可吝、聖人、言盡善之道、龜山楊氏曰非日中之時剛上窮而不足以照天下道未光也故維用伐邑而已若夫道足以照天下則无思不服矣尙何伐邑之有○進齋徐氏曰上九之維用伐邑所用者小而於晉進之道未爲光大也○建安丘氏曰上陽體本光以四據其應陽不得用故道未光如屯陰爲初九所據萃陰爲九四所據故九五皆以未光言之又曰晉進也柔進而上行也故卦專主

柔進爲義六爻四柔二剛六五一柔自四而升己進者也故往吉无不利下坤三柔皆欲進若而九四以剛間之故有晉如鼫鼠之象三與五近下接二柔志在上行四莫能間故曰衆允悔亡二在下卦之中去五漸遠則憂其不得進故晉如愁如初最遠於五當進之始上與四應反爲所抑故晉如摧如也上以剛居一卦之窮无可進之地故有晉其角之象○趙氏曰下三爻皆柔順而坤體故初二吉三悔亡四上以陽不當位故厲且吝唯五以柔明居尊位故往吉无不利也【備旨】對自昭明德言則伐邑非道況止可及邑而不可及天下焉未得爲光皆鄙之之辭

明夷（離下坤上）

【傳】明夷、序卦、晉者、進也、進必有所傷、故、受之以明夷、夷者、傷也、夫進之（一作而）不已、必有所傷、理、自然也、明夷所以次晉也、爲卦、坤上離下、明入地中也、反晉成明夷、故、義、與晉、正相反、晉者、明盛之卦、明君、在上、羣賢、並進之時也、明夷、昏暗之卦、暗君、在上、明者、見傷之時也、日入於地中、明傷而昏暗也、故、爲明夷

## 明夷는 利艱貞ᄒᆞ니라

○明夷는 艱ᄒᆞᆯ제 貞홈이 利ᄒᆞ니라(本義 艱ᄒᆞ야 貞홈이 利ᄒᆞ니라

【傳】君子、當明夷之時、利在知艱難而不失其貞正也、在昏暗艱難之時而能不失其正、所以爲明、（一有爲字）君子也、

【本義】夷、傷也、爲卦、下離上坤、日入地中、明而見傷之象、故、爲明夷、又其上六、爲暗之主、六五、近之、故、占者、利於艱難以守正而自晦其明也、（中溪張氏曰離下坤上爲明夷離日）

爲坤地所掩有傷其明之象斯時也宜克艱其心而不失乎貞正此則處明夷之道也○孔氏曰暗主在上明臣在下不敢顯其明智亦明夷之義時雖至暗不可隨世傾邪政宜艱難堅固守其貞正之德故利在艱貞○雲峯胡氏曰以二體則離明也傷之者坤以六爻則初至五皆明也傷之者上上爲暗主而五近之故本義從彖傳以利艱貞爲五彖辭多言利貞惟坤利牝馬之貞同人利君子貞家人利女貞明夷則曰利艱貞在諸爻中惟噬嗑九四大畜九三言之未有一卦全體以爲利義者蓋明夷之時艱難之時也貞一也與處平常之時異矣彼方欲晦我之明艱難守貞而自昭其明可也○雙湖胡氏曰艱則患難之時也處此時者利在遭患難而守其貞故曰利艱貞明傷於坤地之下居中而不失其正其六二當之乎彖辭文王所作也於坤曰安貞吉於明夷曰利艱貞終守臣節而不失其不可見於此乎

**彖曰明入地中이 明夷니**

○彖애 ᄀᆞᆯ오ᄃᆡ 明이 地中애 入홈이 明夷니

【本義】以卦象、釋卦名. 進齋徐氏曰離日在坤地之下故曰明入地中日出地則明入地則晦故以晦爲夷

**內文明而外柔順ᄒᆞ야 以蒙大難이니 文王이 以之ᄒᆞ니라** 難乃旦反下同

○內ᄂᆞᆫ 文明ᄒᆞ고 外ᄂᆞᆫ 柔順ᄒᆞ야ᄡᅧ 大難을 蒙홈이니 文王이 以ᄒᆞ니라

【傳】明入於地、其明、滅也、故、爲明夷、內卦、離、離者、文明之象、外卦、坤、坤者、柔順之象、爲人、內有文明之德而外能柔順也、昔者、文王、如是、故、曰文王以之、當紂之昏暗、乃明夷之時而文王、內有文明之德、外柔順以事紂、蒙犯大難、而內不失其明聖、而外足以遠禍患、一作害 此、文王所用之道也、故、曰文王以之

【本義】以卦德、釋卦義、蒙大難、謂遭紂之亂而見囚也 臨川吳氏曰文王爲紂所囚內文明而不失己外柔順以免禍是文王所用合於明夷全卦之義

利艱貞은晦其明也ㅣ라內難而能正其志니箕子ㅣ以之ᄒᆞ니라

○利艱貞은그明을晦ᄒᆞᆷ이라內ㅣ難호ᄃᆡ能히그志를正ᄒᆞᆷ이니箕子ㅣ以ᄒᆞ니라

【傳】明夷之時、利於處艱厄而不失其貞正、謂能晦藏其明也、不晦其明則被禍患、不守其正則非賢明、箕子、當紂之時、身處其國內、切近其難、故、云內難、然、箕子、能(一无能字)藏晦其明而自守其正志、箕子所用之道也、故、曰箕子以之

【本義】以六五一爻之義 釋卦辭、內難、謂爲紂近親、在其國內、如六五之近於上六也

朱子曰文王箕子大槩皆是晦其明然文王外柔順是本分自然做底箕子晦其明又云艱是他那佯狂底意思便是艱難底氣象○建安丘氏曰文王得明夷二體之義內有文明之德而外以柔順掩之故雖蒙被大難而卒能脫身於羑里者用此道也箕子得明夷六五一爻之義故處難處之世而知以艱貞爲利晦其明而不耀其明屈其身而能正其志況以暗君在上事之不可諫之不行不忍其宗國之顚亡罹此內難而能卒免於禍者用此道也○中溪張氏曰以全卦言離明文王象坤晦紂象以坤乘離是文王之明爲紂所蔽也以一爻言五箕子象五體本陽以六居之爲陰中藏陽是箕子自晦其明也○雲峯胡氏曰彖曰明夷利艱貞周公於六五爻辭曰箕子之明夷利貞釋彖兼文王發之蓋羑里演易處之甚從容可見文王之德佯狂受辱處之極艱難可見箕子之志然此一時也文王因而發伏羲河圖之易箕子因而發大禹洛書之疇聖賢之於患難自係斯文之會蓋有天意存焉此非彖傳本意姑及之

象曰明入地中이明夷니君子ㅣ以ᄒᆞ야莅衆에用晦而明ᄒᆞᄂᆞ니라

○象애ᄀᆞᆯ오ᄃᆡ明이地中에入홈이明夷니君子ㅣ以ᄒᆞ야衆을莅호매晦를ᄡᅧ明ᄒᆞᄂᆞ니라

【傳】明、所以照、君子、无所不照、然、用明之過則傷於察、太察則盡事而无含弘之

度、故、君子、觀明入地中之象、於莅衆也、不極其明察而用晦然後、能容物和衆、衆親而安、是用晦、乃所以爲明也、若自任其明、无所不察則已不勝其忿疾而无寬厚含容一作弘之德、人情、睽疑而不安、失莅衆之道、適所以爲不明也、古之聖人、設前旒屛樹者、不欲明之盡乎隱也 朱子曰君子用晦而明晦地象明日象晦則是不察察若晦而不明則晦得沒理會了故外晦而內必明乃好○白雲郭氏曰明入地中而後爲明夷夷之爲傷非毁其明也晦其明而已晦其明則有終明之道是知艱貞之君子所以能用晦而明也○建安丘氏曰明入地中外晦內明故君子以之莅衆不用明而用晦此其所以明也○東萊呂氏曰用晦而明者君子養明之道不有虞淵之入焉有暘谷之明○雲峯胡氏曰晉明盛之象君子欲而用以自治明夷晦其明之象君子推而用以治人皆善用易者也

**初九는 明夷于飛에 垂其翼이니 君子于行에 三日不食하야 有攸往에 主人이 有言이로다**

○初九는明夷에飛ᄒᆞ요매그翼을垂ᄒᆞ욤이니君子ㅣ行ᄒᆞ요매三日을食디몯ᄒᆞ야往ᄒᆞᆯ빠를두매主人이言을두리로다

【傳】初九、明體而居明夷之初、見傷之始也、九、陽明上升者也、故、取飛象、昏暗、在上、傷陽之明、使不得上進、是于飛而傷其翼也、翼、見傷、故、垂朶、凡小人之害君子、害其所以行者、君子于行三日不食、君子、明照、見事之微、雖始有見傷之端、未顯也、君子則能見之矣、故、行去避之、君子于行、謂去其祿位而退藏也、三日不食、言困窮之極也 事未顯而處甚艱、非見幾之明、不能也、夫知幾者、君子之獨見、非

衆人、所能識也、故、明夷之始、其見傷、未顯而去之則世俗、孰不疑怪、故、有所往、適則主人、有言也、然、君子、不以世俗之見怪而遲疑其行也、若俟衆人、盡識則傷已及而不能去矣、此、薛方所以爲明而揚雄所以不獲其去也、或曰傷至於垂翼、傷已明矣、何得衆人、猶未識也、曰初、傷之始也、云垂其翼、謂傷其所以飛爾、其事則未顯也、君子、見幾、故、亟去之、世俗之人、未能見也、故、異而非之、如穆生之去、楚、申公白公、且非之、況世俗之人乎、但譏其責小禮而不知穆生之去、避胥靡之禍也、當其言、曰不去、楚人、將鉗我於市、雖一二儒者、亦以爲過甚之言也、又如袁閎、於黨事未起之前、名德之士、方蜂起而獨潛身土室、故、人以爲狂生、卒免黨錮之禍、所往而人有言、胡足恠也

【本義】飛而垂翼、見傷之象、占者、行而不食、所如、不合、時義當然、不得而避也

建安丘氏曰明夷暗主在上初體離明去上最遠見傷即避有飛而垂翼之象垂翼不敢上進戢身避禍也君子知幾義當速去蓋可以不食而不可以不去去重於食故也主人主我者也謂初與四爲應也有言謂訝其去之早也○雲峯胡氏曰飛離鳥象象爲飛占爲行爲行象爲垂其翼占爲不食有言飛而垂翼物之傷也行而不食所如不合君子之傷也君子此時惟有安於義命而已蔡氏謂初二爻三仁象微意于行不食伯夷避紂之象○節齋蔡氏曰曰飛曰行曰往皆進之謂也曰垂翼曰不食曰有言皆傷之謂也言當明夷之初進而有傷也取上獨遠故傷者淺

**象曰君子于行은 義不食也ㅣ라**

○象애 ᄀᆞᆯ오ᄃᆡ 君子于行은 義라 食디 아니ᄒᆞᆷ이라

【傳】君子、遯藏而困窮、義當然也、唯義之當然、故、安處而无悶、雖不食、可也

【本義】唯義所在、不食、可也、童溪王氏曰君子于行謂去其祿位也三日不食謂義不食其祿也○雲峯胡氏曰君子去就之義皆於其初占之賁之初不可乘而不乘義也明夷之初不當食而不食亦義也卦皆下離決去就之義於早者非明不能也

六二는明夷에夷于左股니用拯馬ㅣ壯ᄒᆞ면吉ᄒᆞ리라

○六二는明夷에左股를夷흠이니써拯ᄒᆞ는馬ㅣ壯ᄒᆞ면吉ᄒᆞ리라

【傳】六二、以至明之才、得中正而體順、順時自處、處之至善也、雖君子自處之善、然、當陰闇小人傷明之時、亦不免爲其所傷、但君子、自處有道、故、不能深相傷害、終能違避之爾、足者、所以行也、股、在脛足之上、於行之用、爲不甚切、左、又非便用者、手足之用、以右爲便、唯蹶張、用左、蓋右立、爲本也、夷于左股、謂傷害其行而不甚切也、雖然、亦必自免有道、拯用一作其壯健之馬則獲免之速而吉也、君子、爲陰闇所傷、其自處、有道、故、其傷、不甚、自拯、有道、故、獲免之疾、用拯之道、不壯則被傷、深矣、故、云馬壯則吉也、二、以明、居陰闇之下、所謂吉者、得免傷害而已、非謂可以有爲於斯時也

【本義】傷而未切、救之速則免矣、故、其象占、如此、或問明夷初二二爻不取爻義朱子曰初爻所傷地遠故雖傷而尚能飛問初爻比二爻却似二爻傷得淺初爻傷得深曰非也初尙能飛但垂翼耳○進齋徐氏曰初傷其翼所傷猶淺二傷及股則害於行矣二在下故曰左兵法前爲右後爲左今人以下移爲左遷夷于左股傷于下也馬壯則行速言救之道速則獲免於難而吉也○雲峯胡氏曰明夷取手足心腹爲象初二爲股三四爲腹五上爲首初三右也故二四爲左左弱而右强右陽而左陰也豈與明夷下體離皆以上六一爻爲暗主豐九三與上爲應故折其右肱傷之切而不可用也明

夷六二去上遠故夷于左股傷之未切猶可用也用拯馬壯吉渙初六亦言之本義以初柔非濟渙之才取九二之剛爲馬明夷六二亦柔也諸家多取九三之剛爲馬而本義但曰救之速則免但也蓋渙下坎主九二初欲救渙之速非假二之剛健中正不可明夷下離主六二六二文明中正救傷之速有不必假於三者○鄭氏剛中曰大抵救傷拯渙非健速不可故皆以馬壯言

## 象曰六二之吉은 順以則也ᄅᆞᆯ시라

○象애 ᄀᆞᆯ오ᄃᆡ 六二의 吉홈은 順ᄒᆞ고 ᄡᅥ 則홀시라

【傳】 六二之得吉者、以其順處而有法則也、則、謂中正之道、能順而得中正、所以處明傷之時而能保其吉也、臨川吳氏曰六二以柔居中爲順而有則故能得强壯之馬以拯己之傷而有吉也

## 九三은 明夷于南狩ᄒᆞ야 得其大首ㅣ니 不可疾貞이니라

○九三우 明夷예 南으로 狩ᄒᆞ야 그 大首를 得홈이니 可히 ᄲᆞᆯ리 貞티 몯홀 꺼시니라

【傳】 九三、離之上、明之極也、又處剛而進、上六、坤之上、暗之極也、至明、居下而爲下之上、至暗、在上而處窮極之地、正相敵應、將以明去暗者也、斯義也、其湯武之事乎、南、在前而明方也、狩、畋而去害之事也、南狩、謂前進而除害也、當克獲其大首、大首、謂暗之魁首、上六也、三與上、正相應、爲至明、克至暗之象、不可疾貞、謂誅其元惡、舊染汚俗、未能遽革、必有其漸、革之遽則駭懼而不安、故、酒誥、云惟殷之迪諸臣惟工、乃湎于酒、勿庸殺之、姑惟敎之、至於旣久、尙曰餘風、未殄、是漸漬之俗、不可以遽革也、故、曰不可疾貞、正之、不可急也、上六、雖非君位、以其居

暗之極、故、爲暗之主、謂之大首

【本義】以剛居剛、又在明體之上而屈於至暗之下、正與上六闇主、爲應、故、有向明除害得其首惡之象、然、不可以極也、故、有不可疾貞之戒、成湯、起於夏臺、文王、興於羑里、正合此爻之義而小事、亦有然者、建安丘氏曰他卦三與上爲正應在明夷則爲以至明伐至暗之象也故曰明夷于南狩南者進而在前之方狩者敺而去之之事大首指上六得其大首者殲厥渠魁也九三出而專南狩之權以應上六柔暗之敵爲民除害一擧而獲其首惡之大者然九三以剛居剛又有不可疾貞之戒不可疾貞者猶冀其改過遷善則伐可不擧矣〇雲峯胡氏曰初无位可去則去之宜速二在位可救則救之宜速若九三至明之極與上至暗之極者爲應不可復救矣故有向明除害得其首惡之象然二之救難可速也三之除害不可速也故又有不可疾貞之戒武王須假五年其得此歟〇西溪李氏曰武王蒞明夷則以不可疾爲貞箕子處明夷則以利艱爲貞各當其事也〇隆山李氏曰雜卦云晉晝則明夷爲夜又曰明夷誅則晉爲賞錫馬三接賞也南狩得大首誅也〇白雲郭氏曰不可疾者離之性失之過則暴故戒

# 象曰南狩之志를乃大得也ㅣ로다

〇象애ᄀᆞᆯ오ᄃᆡ南狩의志를이예크게得흠이로다

【傳】夫以下之明、除上之暗、其志、在去害而已、如商周之湯武、豈有意於利天下乎、得其大首、是能去害而大得其志矣、志苟不然、乃悖亂之事也、建安丘氏曰三在明體之上以昭去昏以順取逆持此以往則南狩可以大得志矣〇中溪張氏曰是狩也必有湯武之志然後可以行湯武之事也

# 六四는入于左腹ᄒᆞ야獲明夷之心ᄒᆞ야于出門庭이로다

〔本義〕入于左腹이니獲明夷之心을于出門庭이로다

○六四는左腹애入ᄒᆞ야明을夷ᄒᆞᆫ心을獲ᄒᆞ야門庭애나미로다 (本義) 左腹애入홈이니明夷의心을獲홈을門庭애出홈애ᄒᆞ두다

【傳】 六四、以陰居陰而在陰柔之體、處近君之位、是陰邪小人、居高位、以柔邪、順於君者也、六五、明夷之君位、傷明之主也、四、以柔邪、順從之、以固其交、夫小人之事君、未有由顯明以道合者也、必以隱僻之道、自結於上、右、當用、故、爲明顯之所、左、不當用、故、爲隱僻之所、人之手足、皆以右爲用、世謂僻所爲僻左、是左者 隱僻之所也、四、由(一有是字)隱僻之道、深入其君 故、云入于左腹、入腹、謂其交深也、其交之深、故 得其心、凡姦邪之見信於其君、皆由奪其心也、不奪其心、能先悟乎、于出(一作出于)門庭 、既信之於心(一作既奪其心)而後、行之於外也、邪臣之事暗君、必先蠱其心而後、能行於外

【本義】 此爻之義、未詳、竊疑左腹者、幽隱之處、獲明夷之心于出門庭者、得意於遠去之義、言筮而得此者、其自處、當如是也、蓋離體、爲至明之德、坤體、爲至闇之地、下三爻、明在闇外、故、隨其遠近高下而處之不同、六四、以柔、正居闇地而尙淺、故、猶可以得意於遠去、五、以柔中、居闇地而已迫、故、爲內難正志、以晦其明之象、上則極乎闇矣、故、爲自傷其明、以至於闇而又足以傷人之明、蓋下五爻、皆爲君子、獨上一爻、爲闇君也、朱子曰明夷下三爻皆說明夷是明而見傷者六四爻說者却以爲是姦邪之臣先蠱惑其君心而後肆行於外殊不知上六是暗主六五却不作君說六四

之與上六旣非正應又不相比又況下三爻皆說明夷是好底可獨此爻卻作不好說以意觀之六四居闇地尙淺猶可以得意而遠去故雖入於幽隱之處猶能獲明夷之心于出門庭也故小象曰獲心意也上六不明晦則是合下已是不明故初登于天可以照四國而不免後入于地則是始於傷人之明而終於自傷以墜其命矣呂原明以爲唐明皇可以當之蓋言始明而終暗也○于出門庭言君子去暗尙遠可以得其本心而遠去○雲峯胡氏曰腹坤象故坤體之下有左腹象自明之暗有入于幽隱之象左僻爲幽腹在內爲隱諸家皆以入于左腹爲小人左道惑君本義謂上爲闇主傷人之明者下五爻皆君子之明爲其所傷者初二三明在暗外至四則明將入于暗中然比之六五則暗尙淺猶可得意於遠去坤有腹象入于左腹自離而入于坤也坤偶有門象于出門庭猶可去而出乎坤也獲明夷之心者微子之自靖出門庭者微子之行遯也○建安丘氏曰坤爲腹左者隱僻之所也六四進居坤體之下故曰入于左腹傷人之明者上也六四深入其腹而得其傷明之心故曰獲明夷之心幸而四與上同體於此而得其密意知上之闇主不可輔舍而去之以就九三之明故有于出門庭之象此微子於紂爲同姓肺腑之親知其意之不可諫舍商紂而歸武王書云吾家耄遜于荒我不顧行遯正得此爻之義矣○雙湖胡氏曰節初九戶庭指九二九二門庭指六三陽爲戶陰爲門今六四稱門庭蓋指本爻之象也

## 象曰入于左腹은 獲心意也ㅣ라

○象애 ᄀᆞᆯ오ᄃᆡ 入于左腹은 心意를 獲홈이라

【傳】入于左腹、謂以邪僻之道、入于君而得其心意也、得其心、所以終不悟也

【備旨】出門庭非徒潔己有許多不可告人之意意不可遂則唯有去耳此是悲六四之遇意

## 六五ᄂᆞᆫ 箕子之明夷니 利貞ᄒᆞ니라

○六五ᄂᆞᆫ 箕子의 明夷니 貞홈이 利ᄒᆞ니라

【傳】五爲君位、乃常也、然、易之取義、變動、隨時、上六、處坤之上而明夷之極、陰暗、傷明之極者也、五、切近之、聖人、因以五、爲切近至暗之人、以見處之之義、故、

不專以君位、一作義言、上六、陰暗、傷明之極、故、以爲明夷之主、五、切近傷明之主、若顯其明則見傷害、必矣、故、當如箕子之自晦藏、則可以一无以字免於難、箕子、商之舊臣而同姓之親、可謂切近於紂矣、若不自晦其明、被禍、可必也、故、佯狂爲奴、以免於害、雖晦藏其明而內守其正、所謂內難而能正其志、所以謂之仁與明也、若箕子、可謂貞矣、以五、陰柔、故、爲之戒云利貞、謂宜如箕子之貞固也、若以君道、言、義亦如是、人君、有當含晦之時、亦外晦其明而內正其志也

【本義】居至闇之地、近至闇之君而能正其志 箕子之象也、貞之至也、利貞、以戒占者、

或問商之三仁其行不同而同於至誠惻怛之意微子之去欲存宗祀比干之死欲紂改行可見其至誠惻怛處不知箕子至誠惻怛何以見朱子曰箕子比干都是一樣心箕子偶然不衙著紂之怒自不殺他然他見比干恁地死若更死諫无益於國徒使人君有殺諫臣之名在他處此最難微子去却易比干一向諫死又却索性箕子在半上落下最是難處被他監繫在那裏不免佯狂所以易中特說箕子之明夷可見其難處故彖曰利艱貞晦其明也內難而能正其志箕子以之他外雖狂而心則定也○爻說貞而不言艱者蓋言箕子則艱可見不必更言之○進齋徐氏曰上六爲明夷之主則闇君也而六五近之雖當明夷之時然居位得中守其明而不息此箕子之貞也○王氏湘卿曰微子去之利而不貞比干諫而死貞而不利惟箕子囚奴利且正也以六居五乃能利貞○中溪張氏曰爻言利貞即象所謂艱貞也○雲峯胡氏曰士大夫處平時易處明夷之時難處明夷之時爲微子比干猶易爲箕子難微子已去不可復去比干已死不必復死內難而能正其志箕子以之此殷有三仁而爻獨以箕子言之也易以意爲主此卦之意主於上六故以象暗君則君位不在五諸卦意有類此者唯學者識之【備旨】箕子句且泛以處內難言講賀處方可入用晦意只言貞而不言艱者蓋言箕子則其艱可見也五爲卦主故以卦辭利艱貞之道發之

**象曰箕子之貞은明不可息也ㅣ라**

○象애ᄀᆞᆯ오ᄃᆡ箕子의貞은明이可히息디몯ᄒᆞᆯ꺼시라

【傳】箕子、晦藏、不失其貞固、雖遭患難、其明、自存、不可滅息也、若逼禍患、遂失其所守則是亡其明、乃滅息也、古之人、如揚雄者、是也、中溪張氏曰箕子之明可晦而不可息者蓋其明在內故也【備旨】宗臣之明德宗社所賴以維持一日不可息者使明一息便不成個宇宙故曰不可不可二字最重不可息內便有默默維持宗社隱隱感悟君心處夫子恐人認箕子受辱似於不明故言

# 上六은不明ᄒᆞ야晦ㅣ니初登于天ᄒᆞ고後入于地로다

○上六은明티아니ᄒᆞ야晦ᄒᆞ욤이니初애天에登ᄒᆞ고後애地예入ᄒᆞᄂᆞᆺ다

【傳】上居卦之終、爲明夷一作夷明之主、又爲明夷之極、上、至高之地、明在至高、本當遠照、明既夷傷、故、不明而反昏晦也、本居於高、明當及遠、初登于天也、乃夷傷其明而昏晦、後入于地也、上、明夷之終、又坤陰之終、明傷之極者也

【本義】以陰、居坤之極、不明其德、以至於晦、始則處高位、以傷人之明、終必至於自傷而墜厥命故、其象如此而占亦在其中矣、朱子曰明夷未是說暗之主只是說明而被傷者乃君子也上六方是說暗君○王氏湘卿曰前五爻言明夷猶有明可夷也上居明夷之極无明可夷直不明而晦矣○雲峯胡氏曰下三爻以明夷爲句首四則明夷之辭在句中上六不曰明夷而曰不明晦蓋惟上六不明而晦所以五爻之明皆爲所夷矣始則居高位而傷人之明終則必至於自傷而墜厥命爻設爲此象以爲後世人主之大戒人之明未必傷也卒乃自傷而遂隕絕厥命則亦何益之有哉如紂者亦可鑑矣○雙湖胡氏曰下五爻皆說明夷是有明而見傷者也上一爻說不明晦是實晦而不明者也以卦言則傷離之明者在坤坤爲晦以爻言則傷下五爻之明者在上上獨爲晦各有不同也五上爲天有登天之象坤作至上方成又有入地之象嘗觀朱子贊易曰理定既實事來尙虛用應始有體該本无此文王周公爲垂世立敎而地

易豈欲故以明夷一卦紀商周之事哉卦爻自有此象則繫此辭自後世觀之作非特箕子一爻紂君臣當時事體无一不與明夷卦爻相似耳若謂先因此事而後爲此辭則六十四卦只載六十四事文王周公之志荒矣【續】人未有生而便暗者不明其德全由縱欲滅理來然始而傷人卒以自傷則亦何益之有令人深以爲戒意

象曰初登于天은照四國也ㅣ오後入于地ᄂᆞᆫ失則也ㅣ라

○象애ᄀᆞᆯ오ᄃᆡ初登于天은四國에照홈이오後入于地ᄂᆞᆫ則을失홈이라

【傳】初登于天、居高而明則當照及四方也、乃被傷而昏暗、是後入于地、失明之道也、失則、失其道也

【本義】照四國、以位言、建安丘氏曰明夷六二受人之傷者以其順則故卒能自全其明而免禍上六傷人之明者以其失則故至於自墜厥命而喪邦則者君道之正也其可失乎○雲峯胡氏曰離之照四國以德言此之照四國以位言爾則者不可踰之理失則所以爲紂順則所以爲文王○進齋徐氏曰下三爻離體明也上三爻坤體暗也上六暗極所以爲明夷之主也故不言明夷下五爻皆所以處明夷之道而有遠近淺深之殊者也故皆言明夷初明雖傷去上最遠垂翼而已二則傷股而害己深矣以其在下居中去上猶遠有可拯之道也三則與上爲正應可以南狩而獲其大首矣四入坤晦之門庭其暗尙淺有可去之道五則迫近於難義不可去亦惟艱貞自晦其明而已此紂之時聖賢所處之道不同有如此○建安丘氏曰明夷以二體言則離明爲坤暗所傷以六爻言則上一爻爲暗君自五而下皆爲所傷所以下五爻皆曰明夷此受傷者也上一爻曰不明晦而獨不言明夷此傷人之明者也今以商周之事槩論則上一爻極暗爲紂之昏棄近晦爲箕子之囚奴四與上同體避暗就明爲微子之遯去三與上應以明尅暗爲武王之伐紂二在大臣之位藏明於暗爲文王之羑里初去暗稍遠見傷即避其伯夷太公居海濱之事乎明夷六爻之義於此可見矣

䷤ 離下巽上

【傳】家人、序卦、夷者、傷也、傷於外者、必反於家、故 受之以家人、夫傷困於外則

必反於內、家人所以次明夷也、家人者、家內之道、父子之親、夫婦之義、尊卑長幼之序、正倫理篤恩義、家人之道也、卦、外巽內離、爲風自火出、火熾則風生、風生自火、自內而出也、自內而出、由家而(一无而字)及於外之象、二與五、正男女之位於內外、爲家人之道、明於內而巽於外、處家之道也、夫人、有諸身者則能施於家、行於家者則能施於國、至於天下、治、治天下之道、蓋治家之道也、推而行之於外耳、故、取自內而出之象、爲家人之義也、文中子書、以明內齊外、爲義、古今、善之、非取象之意也、所謂齊乎巽、言萬物、潔齊於巽方、非巽有齊義也、如戰乎乾、乾非有戰義也 (或問易傳云正家之道在於正倫理篤恩義今欲正倫理則有傷恩義欲篤恩義又有乖於倫理如何朱子曰須是於正倫理處篤恩義篤恩義而不失倫理方可○合沙鄭氏曰家人之卦由人事而名也天理在焉學者不旁通其情而拘於家人一事則六十四卦皆拘也)

# 家人은利女貞하니라

○家人은女ㅣ貞홈이利하니라

【傳】家人之道、利在女正、女正則家道、正矣、夫夫婦婦而家道、正、獨云利女貞者、夫正者、身正也、女正者、家正也、女正則男正、可知矣

【本義】家人者、一家之人、卦之九五六二、內外、各得其正、故、爲家人、利女貞者、欲先正乎內也、內正則外无不正矣、 (中溪張氏曰家人之義以內爲主六二居內而位正故曰利女貞女正則家道成矣或謂男女莫非家人而獨曰利女貞者何邪蓋家人合巽離而成卦巽長女而位四離中女而位二以柔居柔各得其正此亦利女貞之義昔舜刑于二女正合家人巽離之象○誠齋楊氏曰正莫易於天下而莫難於一家莫易於一家而莫難於一家之父子兄弟而莫難於一婦一婦正一家正一)

家正天下定矣故家人之卦辭曰利女貞○雲峯胡氏曰家人九五居外六二居內男女正位之象也長女居上中女居下尊卑有序之象也四陽二陰陽强而陰弱夫唱婦隨之象也二柔皆居陰位執柔而不敢抗之象也內明而外巽處家之象也自初至五皆貞尊卑各安其分之象也而卦獨曰利女貞先正乎內也天下以國爲內國以家爲內家以女爲內在咸之時二女尙少此中女與長女則家道旣成之象也巽長女一陰在下而順今居上卦之下而得其正離中女一陰在中而明今居下卦之中而得其正此所以爲女之正而其家无不正者要之家人內也當以離內爲主

**彖曰家人은 女ㅣ正位乎內ᄒᆞ고 男이 正位乎外ᄒᆞ니 男女正이 天地之大義也ㅣ라**

○彖애 ᄀᆞᆯ오ᄃᆡ 家人은 女ㅣ 內예 位를 正ᄒᆞ고 男이 外예 位를 正ᄒᆞ니 男女ㅣ 正ᄒᆞ요미 天地의 큰 義라

【傳】彖、以卦才而言、陽居五、在外也、陰居二、處內也、男女、各得其正位也、尊卑內外之道、正、合天地陰陽之大義也、

【本義】以卦體九五六二、釋利女貞之義、雲峯胡氏曰家人離多由女之不正故言男之正必先以女正言之○中溪張氏曰卦辭但言利女貞而彖辭則曰男女正蓋離下巽上則爲家人在內卦以六居二陰得陰位則女正位乎內也在外卦以九居五陽得陽位則男正位乎外也男女之位各得其正乃天地陰陽之大義也○馮氏去非曰經止言女正而孔子推明一家之人皆利於正有補世敎爲多又曰兼三才而兩之五天二地也

**家人에 有嚴君焉ᄒᆞ니 父母之謂也ㅣ라**

○家人에 嚴ᄒᆞᆫ 君이 이시니 父母를 닐옴이라

【傳】家人(一无人字)之道、必有所尊嚴而君長者、謂父母也、雖一家之小、无尊嚴則孝敬、

衰、无君長則法度、廢、有嚴君而後、家道、正、家者、國之則也、

【本義】 亦謂二五、或問傳曰家人之道必有所尊嚴而君長者謂父母也如此則嚴君作兩字說然自舊諸家只作一字說未知如何朱子曰所尊嚴之君長也○問家人彖辭不盡取象曰註中所以但取二五不及他象者但因彖傳而言耳大抵彖傳取象最精象中所取却恐有假合處○涑水司馬氏曰家者治之至小者也然亦有嚴君之道焉嚴恭也知事親則知事君矣○建安丘氏曰既言男女之正至此又推本於父母之嚴故曰家人有嚴君焉君謂父母即一家之君長也君長嚴則臣下肅父母嚴則家道齊必父母之嚴於其子如君之嚴於其臣則倫理一定尊卑截然无干名犯分之事而家道正家道既正則天下莫不一於正矣○趙氏曰父義母慈母何以亦稱嚴蓋母之不嚴家之蠹也瀆上下之分庇子弟之過亂內外之別媟帷薄之儀父雖嚴有不能盡察者必父母尊嚴內外齊肅然後父尊子卑兄友弟恭夫制婦聽各盡其道而後家道正正家而天下定矣○雲峯胡氏曰本義指二五言在男女則九五六二皆正在父母則九五之剛可謂之嚴六二之柔未必能嚴故夫子發彖辭言外之意曰家人有嚴君焉父母之謂也其旨深哉

## 父父子子兄兄弟弟夫夫婦婦而家道正ᄒᆞ리니 正家而天下ㅣ定矣리라

○父ㅣ父ㅣ며子ㅣ子ㅣ며兄이兄이며弟ㅣ弟ㅣ며夫ㅣ夫ㅣ며婦ㅣ婦 호매家道ㅣ正ᄒᆞ리니家를正ᄒᆞ요매天下ㅣ定ᄒᆞ리라

【傳】 父子兄弟夫婦、各得其道則家道、正矣、推一家之道、可以及天下、故、家正則天下、定矣、

【本義】 上、父、初、子、五三、夫、四二、婦、五、兄、三、弟、以卦畫推之、又有此象、雲峯胡氏曰齊家之道在篤恩義然以正倫理爲本上父初子上下分而父子之倫正矣五夫四婦五上四下也三夫二婦三上二下也五兄三弟五上三下也夫婦之上下分而夫婦正兄弟之上下分而兄弟正矣特父子之上下相去

其遠而其分嚴兄弟之相去甚近而其情親夫婦雖相比而亦未嘗无上下之分也卦惟以女正爲利夫子發言外之意則謂男女皆當正又謂父子兄弟夫婦皆當正本義又即卦畫以推其象明且備矣

# 象曰風自火出이家人이니君子ㅣ以ᄒᆞ야言有物而行有恒ᄒᆞᄂᆞ니라 行下孟反

○象애골오ᄃᆡ風이火로브터出홈이家人이니君子ㅣ以ᄒᆞ야 言이物이 이시며 行이 恒이인ᄂᆞ니라

【傳】正家之本、在正其身、正身之道、一言一動、不可易也、君子、觀風自火出之象、知事之由內而出、故、所言、必有物、所行、必有恒也、物、謂事實、恒、謂常度法則也、德業之著於外、由言行之謹於內也、言愼行修則身正而家治矣、

【本義】身修則家治矣、

朱子曰風自火出家人是火中有風如一堆火光此氣自薰蒸上出是也〇問風自火出曰謂如一爐火必有氣衝上去便是風自火出然此只是言自內及外之意〇勉齋黃氏曰風自火出明內齊外之義今曰身修家治則於風自火出之象有所未明火在內卦爲明內明身修也風在外卦爲齊外齊家治也上九一爻是其義也〇中溪張氏曰巽爲風離爲火蓋火熾則風生而火者風之母也君子知風自火出之象則知風化之本自家而出而家之本又自身而出也夫身之所出惟言與行物猶不誠无物之物謂事實也恒常度也言有物則非虛言行有恒則非僞行言行相顧則其身修身修則家齊國治天下平矣此知風之自也〇雲峯胡氏曰風自火出一家之化自吾言行出皆由內及外自然薰蒸而成者也〇西溪李氏曰風自火出橐籥之火也大凡鼓鑄須是鼓得許多風從火裏出故風自火出橐籥自有一箇戶庭閫奥家之象也就中必有模範風也火也金也器也皆有模範君子體之言有物行有恒正家以身言行身之模範也物恒其則也一身之模範一家之模範也一家之模範天下之模範也

# 初九ᄂᆞᆫ閑有家ㅣ면悔ㅣ亡ᄒᆞ리라

【本義】閑有家ㅣ니悔亡ᄒᆞ니라

○初九는有家애閑ᄒᆞ면悔ㅣ亡ᄒᆞ리라(本義)有家애閑홈이니悔ㅣ亡ᄒᆞ니라

【傳】初、家道之始也、閑、謂防閑法度也、治其有家之始、能以法度、爲之防閑則不至於悔矣、治家者、治乎衆人也、苟不閑之以法度則人情、流放、必至於有悔、失長幼之序、亂男女之別、傷恩義害倫理、无所不至、能以法度、閑之於始則无是矣、故、悔亡也、九、剛明之才能閑其家者也、不云无悔者、羣居、必有悔、以能閑、故、亡耳、

【本義】初九、以剛陽、處有家之始、能防閑之、其悔、亡矣、戒占者、當如是也、 龜山楊氏曰禮始於謹夫婦爲宮室辨內外男位乎外女位乎內男不入女不出所以閑有家也所以謹始也始不閑終必亂矣○中溪張氏曰離外實中虛有家之象二爲家人之主初以剛明之才居其下得防閑之道於其始而群居紛爭之悔自亡矣○雲峯胡氏曰初之時當閑九之剛能閑三五以剛居剛而吉初以剛居剛而能防閑其家者也僅曰悔亡何哉家難而天下易能閑於初僅可免悔初之不閑悔將若何

## 象曰閑有家는志未變也ㅣ라

○象애ᄀᆞᆯ오ᄃᆡ閑有家는志ㅣ變티안여신제라

【傳】閑之於始、家人、志意、未變動之前也、正志、未流散變動而閑之則不傷恩、不失義、處家之善也、是以悔亡、志變而後、治則所傷、多矣、乃有悔也、

【本義】志未變而豫防之、 庸齋趙氏曰閑於始則人必未變无傷恩害義之事故悔亡敎婦初來敎子嬰後是也○中溪張氏曰防閑之道當謹其初也若待家瀆而後嚴之志變而後治之則敬戒之意失而有悔矣○雲峯胡氏曰家人志已變而防之者難未變而防之者易

## 六二는无攸遂ㅣ오在中饋면貞吉ᄒᆞ리라

【本義】在中饋니

○六二는遂홀배업고中애이셔饋ᄒᆞ면貞ᄒᆞ야吉ᄒᆞ리라 (本義) 中에이셔饋홈이니貞이라吉ᄒᆞ리라

【傳】人之處家、在骨肉父子之間、大率以情勝禮、以恩奪義、唯剛立之人則能不以私愛、失其正理、故、家人卦、大要以剛爲善、初三上、是也、六二、以陰柔之才而居柔、不能治於家者也、故、无攸遂、无所爲而可也、夫以英雄之才、尙有溺情愛而不能自守者、況柔弱之人、其能勝妻子之情乎、如二之才、若爲婦人之道則其正也、以柔順、處中、宅本无此五字正婦人之道也、故、在中饋則得其正而吉也、婦人、居中而主饋者也、故、云中饋、

【本義】六二、柔順中正、女之正位乎內者也、故、其象占、如此、進齋徐氏曰六二以柔居中巽順應五婦之道也遂專成也婦人无所專成惟在主中饋而已所謂惟酒食是議者也貞吉者居中得正固守順道故吉也○漢上朱氏曰孟母曰婦人之禮精五飯羃酒漿養舅姑縫衣裳而已故有閨門之修无境外之志是也○雲峯胡氏曰婦人无遂事從人而已六二正應九五從之者也故曰无攸遂居下卦之中故曰在中互坎故有飮食之象○雙湖胡氏曰采蘩采蘋之詩以公侯夫人奉祭祀爲不失職大夫妻共祭祀爲循法度祭祀蓋饋事之大者婦无遂事惟在中饋可見矣故六二貞吉惟以在中饋言彖辭所謂利女貞者其六二當之歟【備旨】不徒曰无攸遂而又曰在中饋者蓋婦以无成代終爲正道不當自遂而當代勞者也如徒曰无攸遂而已猶未足以盡婦道是可見婦人之所以爲賢者不在无所不能而在能其所能也

象曰六二之吉은順以巽也일시라

○象애골오ᄃᆡ六二의吉홈은順ᄒᆞ야ᄡᅥ巽홀ᄉᆡ라 中溪張氏曰六二得正而吉者以其能順

【傳】二以陰柔、居中正、能順從而卑巽者也、故、爲婦人之貞吉也、 從九五之正應而卑巽之也

# 九三은家人이嗃嗃ᄒᆞ니悔厲나吉ᄒᆞ니婦子ㅣ嘻嘻면終吝ᄒᆞ리라 嗃呼落反嘻喜悲反象同

○九三은家人이嗃嗃ᄒᆞ니厲애悔ᄒᆞ나吉ᄒᆞ니婦子ㅣ嘻嘻ᄒᆞ면ᄆᆞᄎᆞᆷ내吝ᄒᆞ리라

【傳】嗃嗃、未詳字義、然、以文義及音意、觀之、與嗷嗷、相類、又若 一作人若 急束 一作速 之意、九三、在內卦之上、主治乎內者也、以陽居剛而不中、雖得正而過乎剛者也、治內過剛則傷於嚴急、故、家人、嗃嗃然、治家過嚴、不能旡傷、故、必悔於嚴厲、骨肉、恩勝、嚴過、故、悔也、雖悔於嚴厲、未得寬猛之中、然而家道、齊肅、人心、祗畏、猶爲家之吉也、若婦子、嘻嘻則終至羞吝矣、在卦、非嘻嘻之象、蓋對嗃嗃而言、謂與其失於放肆、寧過於嚴也、嘻嘻、笑樂旡節也、自恣旡節則終至敗家、可羞吝也、蓋嚴謹之過、雖於人情、不能旡傷、然、苟法度立、倫理正乃、恩義之所存也、若嘻嘻旡度、乃法度之所由廢、倫理之所由亂、安能保其家乎、嘻嘻之甚則致敗家之凶、但云吝者、可吝之甚則至於凶、故、未遽言凶也、

【本義】以剛居剛而不中、過乎剛者也、故、有嗃嗃嚴厲之象、如是則雖有悔厲而吉也、嘻嘻者、嗃嗃之反、吝之道也、占者、各以其德、爲應、故、兩言之、 朱子曰禮本天下之至嚴行之各得其分

則至和如家人嗃嗃悔厲吉婦子嘻嘻終吝都是此理○進齋徐氏曰九三以剛居剛而不中故有嗃嗃之象比乎二四兩柔之間故又有嘻嘻之象治家之道易以情勝義苟剛而不中雖過於嚴而有悔厲然而家道齊肅人心祗畏猶爲家之吉而未失道也若笑樂无節而情愛暱比之私勝則敗度喪禮失節亂倫家道所由以壞也豈不終可吝乎○雲峯胡氏曰嗃嗃以義勝情雖悔厲而吉嘻嘻以情勝義終吝悔自凶而吉吝自吉而凶九三以剛居剛若能嚴於家人者比乎二柔又若易昵於婦子者三其在吉凶之間乎故悔吝之占兩言之○東萊呂氏曰此爻如對兩家而言且如入一家見其父子夫婦濟濟有禮可以知其必興見其嘻嘻然日以歌舞爲樂可以知其必敗○雙湖胡氏曰六爻獨於九三稱家人以其當一卦之中介乎二陰之間有夫道焉爲一家之主者也【通】嗃嗃嘻嘻皆治家者使之然悔厲輕重在吉上有與之之意夫爲婦綱父爲子綱婦子嘻嘻見綱維之不立也吝而曰終見一時亦若浹洽而久後畢竟敗壞在卦无嘻嘻之象蓋對嗃嗃而言嘻嘻之吝正以見嗃嗃之吉也

**象曰家人嗃嗃**은**未失也**ㅣ오**婦子嘻嘻**는**失家節也**ㅣ라

○象에ᄀᆯ오ᄃᆡ家人嗃嗃은失홈이아니오婦子嘻嘻는家의節을失홈이라

【傳】雖嗃嗃、於治家之道、未爲甚失、若婦子、嘻嘻、是无禮法 失家之節、家必亂矣、

中溪張氏曰治家嚴急寧无傷恩之悔然猶未失治家之道也若夫婦子嘻嘻笑樂无度豈不失治家之節乎【通】兩失字相應節即家法蓋家人之情无窮易失於過節者所以防範其過也六於始爲閑調於中爲節非有二也言節於三以之在內外之介也

**六四**는**富家**ㅣ니**大吉**ᄒᆞ니라

(本義) 大吉ᄒᆞ리라

○六四는家ㅣ富ᄒᆞ요미니크게吉ᄒᆞ니라(本義) 家를富ᄒᆞ요미니크게吉ᄒᆞ리라

【傳】六、以巽順之體而居四、得其正位、居得其正、爲安處之義、巽順於事而由正

道、能保有一无有字其富者也、居家之道、能保有一无有字其富則爲大吉也、四、高位而獨云富者、於家而言、高位、家之尊也、能有其富、是能保其家也、吉孰大焉、

【本義】陽、主義、陰、主利、以陰居陰而在上位、能富其家者也、朱子曰占法陽主貴陰主富○中溪張氏曰六四與初九爲正應又介乎九三九五之間以柔得剛以虛受實故能富盛其家而有大吉之占六四以巽順之道而在高位其一家之毋歟記曰父子篤兄弟睦夫婦和家之肥也家之肥即家之富也○雲峯胡氏曰小畜九五稱富泰六四稱不富陽實而陰虛也家人六四陰也而稱富陽主義陰主利也卦二陰爻皆得正二之貞吉順之巽也四之大吉順在位也玩兩順字婦道盡矣二在下之婦也四之位其在上而主家之婦乎主家如此是宜其家之富而大吉也○李氏開曰初閑之二饋之三治之四則享其富此治家之序也

## 象曰富家大吉은順在位也ㅣ라

○象애ᄀᆞᆯ오ᄃᆡ富家大吉은順으로位예이실시라

【傳】以巽順而居正位、正而巽順、能保有一无有字其富者也、富、家之大吉也、建安丘氏曰女子之道以順爲正聖人於三之象曰順以巽於四之象曰順在位以言女子未有不順其夫而家道得其正者故二象皆以順言之○進齋徐氏曰富家者非必金帛寶玉而後爲富但父父子子兄兄弟弟夫夫婦婦各安其位順而无逆能保有其家而不敗即所謂富也吉莫大焉若父子兄弟夫婦之間各失其道則家敗无日富可保乎[備旨]順字重所謂清心寡欲內本外末是也玩一順字則頭會箕斂皆逆德矣一說順字當因字看指生財有道言亦可備參

## 九五는王假有家ㅣ니勿恤ᄒᆞ야吉ᄒᆞ리라 假更白反象同

○九五ᄂᆞᆫ王이家ᄅᆞᆯ둠애지극홈이니恤티아녀吉ᄒᆞ리라(本義) 王이有家에假홈이니

【傳】九五、男而在外、剛而處陽、居尊而中正、又其應、順正於內、治家之至正至善者也、王假有家、五、君位、故、以王言、假、至也、極乎有家之道也、夫王者之道、修身以齊家、家正而天下、治矣、自古聖王、未有不以恭己正家、爲本、故、有家之道、既至則不憂勞而天下、治矣、勿恤而吉也、五、恭己於外、二、正家於內、內外、同德、可謂至矣、蘭氏廷瑞曰剛中正爲家人之主而初二三四各當其位亦如人君正身齊家使父子兄弟夫婦各正位乎內外而不相紊故不待憂恤而吉○建安丘氏曰三五陽剛皆主治家者也三剛而不中失之過嚴未免有悔厲之失五剛而得中威而能愛盡乎治家之道者故人无不化可以勿憂恤而吉也或曰治家之道尙嚴在彖以嚴正爲吉五以相愛爲義何也曰嚴以分言正家之義也愛以情言假家之義也假有感格之義故象以相愛言之○雙湖胡氏曰常人處家之道九三爻已盡之此又自王者事所謂刑于寡妻至于兄弟以御于家邦者是也然王者自可用初三上爻常人得五爻亦有有家之道也

【本義】假、至也、如假于大廟之假、有家、猶言、有國也、九五、剛健中正、下應六二之柔順中正、王者、以是、至于其家則勿用憂恤而吉可必矣、蓋聘納后妃之吉占而凡有是德者、遇之、皆吉也、朱子曰王假有家言到這裏方具得許多物事有妻有妾方始成箇家○有家之有只是如夙夜浚明有家亮采有邦之有謂三德者則夙夜浚明於其家有六德者則亮采於其邦有是虛字非如奄有四海之有也○雲峯胡氏曰不曰有國有天下而曰有家卦名家人主卦而言也初九閑有家家道之始九五王假有家家道之盛王者之有天下至此不必憂而吉可必矣【備旨】全重一假字言感格也與彖假无言之假同王者身端心誠感化于家而內外交正禮敎不忒所謂雝雝在宮也有家舊單指后言王者刑于之化從寡妻起而一家之正寔已俱在其內不假則有家亦若无家能假如有字勿恤說得廣不專指閑家言言吉則化及天下

# 象曰王假有家는交相愛也라

○象애ᄀᆞᆯ오ᄃᆡ王假有家ᄂᆞᆫ서ᄅᆞ愛홈이라

【傳】王假有家之道者、非止能使之順從而已、必致其心化誠合、夫愛其內助、婦愛其刑家、交相愛也、能如是者、文王之妃乎、若身修法立而家未化、未得爲假有家之道也、

【本義】程子、曰夫愛其內助、婦愛其刑家、䨓溪王氏曰以二五言之則二爻居相應之地二有內助之德而五愛之五有刑家之道而二愛之此謂交相愛也○雲峯胡氏曰二五皆中正其愛也非情欲之愛五愛二之柔順中正足以助乎五二愛五之剛健中正足以刑于二也○誠齋楊氏曰以文王爲君以太姒爲妃以王季爲父以太任爲母以武王爲子以邑姜爲婦其不交相愛乎詩人歌之曰刑于寡妻至于兄弟以御于家邦此之謂矣【備旨】交相愛要本假意言一家之中驩然相愛全是一假各盡其道的意思曰相愛雖合一家說却本夫婦說來惟二五同德內外各正故能感格一家而无有不愛者此肅雍之風王者端化之原也

## 上九ᄂᆞᆫ有孚ᄒᆞ고威如ᄒᆞ면終吉ᄒᆞ리라

○上九ᄂᆞᆫ孚를두고威로ᄒᆞ면ᄆᆞᄎᆞᆷ애吉ᄒᆞ리라

【傳】上、卦之終、家道之成也、故、極言治家之本、治家之道、非至誠、不能也、故、必中有孚信則能常久而衆人、自化爲善、不由至誠、己且不能常守也、况欲使(一作使衆)人乎、故、治家、以有孚、爲本、治家者、在妻孥情愛之間、慈過則无嚴、恩勝則掩義、故、家之患、常在禮法、不足而瀆慢、生也、長失尊嚴、少忘恭順而不亂者、未之有也、故、必有威嚴則能終吉、保家之終、在有孚威如二者而已、故、於卦終、言之、

【本義】上九、以剛居上、在卦之終、故、言正家久遠之道、占者、必有誠信嚴威則終

吉也、進齋徐氏曰上九以陽剛居卦之終家道大成人信之矣故曰有孚然不以人信而或弛律身益嚴故曰威如身愈脩則家愈齊保家之道也故曰終吉○涑水司馬氏曰上九以陽居上家之至尊者也家人望之以爲儀表苟其身正不令而行是以內盡至誠爲下所信然後有威如可畏而獲終吉也○縉雲馮氏曰爲人父者躬行之有素則家人无不孚之者矣其所謂躬行者豈筋厲以爲威哉正其衣冠尊其瞻視儼然人望而畏之非心罔念己潛消而默化矣此威如之吉而象以爲反身之謂也○雲峯胡氏曰九三嗃嗃處家之過嚴上九威如律身之自嚴大有六五厥孚交如威如六陰柔以其不足於嚴而勉之家人有孚威如九陽剛以其能自律之嚴而許之也卦未有如家人皆吉者然始之吉易終之吉難故必有誠信威嚴則終吉矣卦以家人名一家之人也本義以卦推之上父初子五三夫二四婦九三弟或又以內外卦推之正位乎內則初女二婦三母母嚴婦順女當自閑故初三剛而二柔正位乎外則四子五夫上父父嚴夫義子順乎親故上與五剛而四柔易之曲暢旁通也如此【備旨】家道貴嚴其始无貴厚其終但孚不足者終必携威不足者終必瀆孚而威乃是可久之道然孚與威亦无二道威正所以善其孚也家人情愛之間慈過則无嚴恩勝則掩義其患任禮法不足瀆漫生也孚而濟以威雖傳之永久人心亦常振肅故无恩勝則流之弊吝曰終吝吉曰終吉計及於終而後知治家者不可苟且於目前嚴之一字乃是萬古不易之法也

象曰威如之吉은反身之謂也라

○象애 ᄀᆞᆯ오ᄃᆡ 威如의 吉홈은 身애 反호믈 닐옴이라

【傳】治家之道、以正身、爲本、故、云反身之謂、爻辭、謂治家、當有威嚴而夫子、又復戒云當先嚴其身也、威嚴、不先行於已則人怨而不服、故、云威如而吉者、能自反於身也、孟子所謂身不行道、不行於妻子也、

【本義】謂非作威也、反身自治則人畏服之矣、南軒張氏曰居家人之上家人所瞻仰而視效者也身不修則家不可齊此家人六爻卒歸於反身也反身謂何言有物而行有恒而已○雲峯胡氏曰未有不嚴於身而能嚴於家者九三嗃嗃之嚴有悔而吉上九反身之嚴終吉无悔○節齋蔡氏曰初與四二與五皆以柔應剛故有順德三與上以剛過剛故三嗃嗃而上威如

也〇西溪李氏曰卦中六爻不惟男女之定位剛柔之位亦不可易上爻道三母道貴嚴五夫道貴義故以九居之四子道二婦道貴順故以六居之初女之道安得用剛蓋女子之未從人也當以禮自防不然則爲不有躬之女故亦以九居之剛柔皆當所以爲家道之善〇建安丘氏曰家人一卦先儒謂內卦三爻女子之事也外卦三爻男子之事也女子之道始也爲人女故初閑有家中也爲人婦故二在中饋終也爲人母故三家人嗃嗃即彖辭女正位乎內也男子之道始也爲人子故四富家吉中也爲人夫故五假有家終也爲人父故上威如吉即彖辭男正位乎外也[illegible]纔言字便要威者畢竟以嚴勝和威曰如則非作威威生於反身是嚴以自治人不敢犯正不威之威家人所謂嚴君者此也貞正而家自肅故云家道之成

備旨具解原本周易卷之十三

# 備旨具解原本周易卷之十四

䷥ 兌下離上

【傳】睽、序卦、家道、窮、必乖、故、受之以睽、睽者、乖也、家道、窮則睽乖離散、理、必然也、故、家人之後、受之以睽也、爲卦、上離下兌、離火、炎上、兌澤、潤下、二體、相違、睽之義也、又中少二女、雖同居而所歸、各異、是其志、不同行也、亦爲睽義、

沙隨程氏曰水火相逮山澤通氣而火澤无相用之理故相遇則革不相遇則睽

**睽ᄂᆞᆫ小事ᄂᆞᆫ吉ᄒᆞ리라** 睽若圭反

○睽ᄂᆞᆫ小事ᄂᆞᆫ吉ᄒᆞ리라

【傳】睽者、睽乖離散之時、非吉道也、以卦才之善、雖處睽時而小事、吉也、程子曰睽卦不見四德蓋不容着四德繫言小事吉者止是方睽之時猶足以致小事之吉不成終睽而已須有濟睽之道

【本義】睽、乖異也、爲卦、上火下澤、性相違異、中女少女、志不同歸、故、爲睽、然、以卦德言之、內說而外明、以卦變言之則自離來者、柔進居三、自中孚來者、柔進居五、自家人來者、兼之、以卦體言之則六五、得中而下應九二之剛、是以、其占、不可大事而小事、尙有吉之道也、建安丘氏曰小事吉柔爲卦主也凡卦陽剛爲主則可以大事睽合兌離成卦而柔進乎五其才不能大有所爲故以之處小事則猶可得吉也○孔氏曰大事謂興役動衆必須大同之世方可爲小事謂飮食衣服不待衆力雖睽而可故曰小事吉○雲峯胡氏曰中女少女志不同歸爲睽長女中女亦非同歸而曰家人何也家人離之陰在二巽之陰在四女正者也睽則兌陰在三離

陰在五不正矣女正家无不正女不正此象之所以睽也睽小事吉者小過柔過乎剛故可小事不可大事睽柔進而居剛故亦小事吉而己○中溪張氏曰離下兌上爲革兌下離上爲睽革以九居五而六居二剛柔得位故曰元亨利貞睽以六居五而九居二剛柔失位故曰小事吉若革之九五則可以大有爲矣湯武之革命順天而應人是也

**彖曰睽ᄂᆞᆫ 火動而上ᄒᆞ고 澤動而下ᄒᆞ며 二女ㅣ 同居ᄒᆞ나 其志ㅣ 不同行ᄒᆞ니라**

○彖애ᄀᆞᆯ오ᄃᆡ睽ᄂᆞᆫ火ᄂᆞᆫ動ᄒᆞ야上ᄒᆞ고澤은動ᄒᆞ야下ᄒᆞ며二女ㅣᄒᆞᆫᄃᆡ居ᄒᆞ나 그志ㅣᄒᆞᆫ가지로行티아니ᄒᆞ니라

【傳】彖、先釋睽(一无睽字)義、(一作意)次言卦才、終言合睽之道而贊其時用之大、火之性、動而上、澤之性、動而下、二物之性、違異、故、爲睽義、中少二女、雖同居、其志、不同行、亦爲睽義、女之少也、同處、長則各適其歸、其志、異也、言睽者、本同也、本不同則非睽也、

【本義】以卦象、釋卦名義、臨川吳氏曰燎而麗于高上之處者火也流而溺于卑下之地者澤也故曰動而上動而下此二物之性睽異也婦人以嫁爲行少則同處長則各有夫家故曰同居不同行此二女之志睽異也○林氏栗曰離火兌澤同賦形於天地中女季女同鞠育於閨門其始未嘗不同也火性炎上澤性潤下中女儷坎季女妃艮其終未嘗不睽也○中溪張氏曰火澤无相得之性二女有難和之情所以爲睽

**說而麗乎明ᄒᆞ고 柔ㅣ 進而上行ᄒᆞ야 得中而應乎剛이라 是以小事**

吉이니라

○說코明애麗ᄒᆞ고柔ㅣ進ᄒᆞ야上ᄒᆞ야行ᄒᆞ야 中을得ᄒᆞ야剛을應ᄒᆞᄂᆞᆫ디라일로ᄡᅥ
小事吉이니라

【傳】卦才、如此、所以小事、吉也、兌、說也、離、麗也、又爲明、故、爲說順而附麗於明、凡離在上而彖、欲見柔居尊者則曰柔進而上行、晉鼎是也、方睽乖之時、六五、以柔居尊位、有說順麗明之善、又得中道而應剛、雖不能合天下之睽、成天下之大事、亦可以小濟、是於小事、吉也、五、以明而應剛、不能致大吉、何也、曰五、陰柔、雖應二而睽之時、相與之道、未能深固、故、二必遇主于巷、五噬膚則无咎也、天下睽散之時、必君臣、剛陽中正、至誠協力而後、能合也、

【本義】以卦德卦變卦體、釋卦辭、 臨川吳氏曰睽之時无所謂吉者觀其說而麗乎明進而上行得中而應剛皆柔之爲也柔豈能成大事哉故其吉者小事而已〇雲峯胡氏曰火性上動而愈上澤性下動而愈下此所以爲睽家人諸卦二女同居者多矣以卦體睽故以不同行明之柔進而上行得中而應乎剛皆主上離之中言之在鼎則曰是以元亨在睽則曰是以小事吉爻位同而事異學者不可不知時也

**天地ㅣ睽而其事ㅣ同也며男女ㅣ睽而其志ㅣ通也며萬物이睽而其事ㅣ類也니睽之時用이大矣哉라**

○天地ㅣ睽ᄒᆞ요ᄃᆡ그事ㅣ同ᄒᆞ며男女ㅣ睽ᄒᆞ요ᄃᆡ 그志ㅣ通ᄒᆞ며 萬物이睽ᄒᆞ요ᄃᆡ

그事ㅣ類ᄒᆞ니睽의時와用이크다

【傳】推物理之同、以明睽之時用、乃聖人合睽之道也、見同之爲同者、世俗之知也、聖人則明物理之本同、所以能同天下而和合萬類也、以天地男女萬物、明之、天高地下、其體、睽也、然、陽降陰升、相合而成化育之事則同也、男女、異質、睽也而相求之志則通也、生物、萬殊、睽也、然而得天地之和、稟陰陽之氣則相類也、物雖異而理本同、故、天下之大、群生之衆、睽散萬殊而聖人、爲能同之、處睽之時、合睽之用、其事、至大、故、云大矣哉、

【本義】極言其理而贊之、朱子曰睽皆言始異終同之理○問程傳物雖異而理本同之旨曰天施地生男倡女隨此感彼應蓋不能以相无也非理之本同何以如此○厚齋馮氏曰以三才推廣卦義且恐人以吉止小事故推時用之大者以明之天地初上也男女二五也萬物二三四五也天尊地卑睽矣而事同於覆載男陽女陰睽矣而志同於相應萬物殊分睽矣其事各以類聚謂二與四類三與五類也當睽之時其用如此豈不大哉

象曰上火下澤이睽니君子ㅣ以ᄒᆞ야同而異ᄒᆞᄂᆞ니라

○象애ᄀᆞᆯ오ᄃᆡ上은火ㅣ오下ᄂᆞᆫ澤이睽ㅣ니君子ㅣ以ᄒᆞ야同ᄒᆞᄃᆡ異ᄒᆞᄂᆞ니라

【傳】上火下澤、二物之性、違異、所以爲睽離之象、君子、觀睽異之象、於大同之中而知所當異也、夫聖賢之處世、在人理之常、莫不大同、於世俗所同者則有時而獨異、蓋於秉彝則同矣、於世俗之失則異也、不能大同者、亂常拂理之人也、不能獨異者、隨俗習非之人也、要在同而能異耳、中庸曰和而不流、是也、

【本義】 二卦、合體、而性、不同、或問君子以同而異朱子曰此是取兩象合體爲同而其性各異在人則是和而不同之意蓋其趨則同而所以爲同則異如伯夷柳下惠伊尹三子所趨不同而其歸則一彖辭言睽而同大象言同而異在人則出處語默雖不同而同歸於理講論文字爲說不同而同於求合義理立朝論事所見不同而同於忠君本義所謂二卦合體者言同也而性不同者言異也以同而異語意與用睽而明似大凡讀易到精熟後顚倒說來皆合不然則是死說耳○問君子以同而異作理一分殊看如何曰理一分殊是理之自然如此這處又就人事之異同上說蓋君子有同處有異處如所謂周而不比羣而不黨是也大抵易中六十四象下句皆是就人事之近處說不必深去求他此處伊川說得甚好○建安丘氏曰離火兌澤二陰同體而炎上潤下所性異趨睽之象也故君子體之以同而異同以理言異以事言也蓋天下无不同之理而有不同之事異其事而同其理所以同而異非苟異矣○平菴項氏曰睽非善事然有當睽者同而異是也二女同居同也其志不同行異也此人道之當然其在君子則周而不比和而不同羣而不黨皆同而異也○誠齋楊氏曰禹稷回同道而異趨夷惠同聖而異行未足爲同之異也孔子一孔子也而齊魯之去異遲速孟子一孟子也而今昔之餽異辭受此同而異也○雲峯胡氏曰當同於理而不同亂常拂理以爲異也當異於理而不異隨俗習非以爲同也同人類族辨物審異以致同此則於同而審異或曰同象兌澤之說異象離火之明○隆山李氏曰孔子於彖言睽中有合所以責君子濟睽之功象言同中有異所以論君子不苟同之性君子之性不苟於同而其出而同心協力以合天下之睽異者則同嗚呼安得不苟同之君子而與共議和同天人之事也哉【備旨】彖言異中之同是責君子濟睽之功象言同中之異是所明君子不苟同之性蓋最睽者莫甚於氷炭之形又莫甚於調停之慟惟君子以同而異則門戶不失黑白不混方是處睽之妙用按此宜重異邊

**初九**ᄂᆞᆫ **悔**ㅣ**亡**ᄒᆞ니 **喪馬**ᄒᆞ고 **勿逐**ᄒᆞ야도 **自復**이니 **見惡人**ᄒᆞ면 **无咎**ㅣ리라 喪息浪反

(本義) 見惡人이라아

○初九ᄂᆞᆫ 悔ㅣ亡ᄒᆞ니 馬ᄅᆞᆯ 喪ᄒᆞ고 逐디 아니ᄒᆞ야도 스ᄉᆞ로 復ᄒᆞᆷ이니 惡人을 見ᄒᆞ면 咎ㅣ 업스리라 (本義) 惡人을 見ᄒᆞ야아

【傳】 九居卦初、睽之始也、在睽乖之時、以剛動於下、有悔、可知、所以得亡者、九

四、在上、亦以剛陽、睽離无與、自然同類、相合、同是陽爻、同居下、又當相應之位、二陽、本非相應者、以在睽、故、合也、上下、相與、故、能亡其悔也、在睽、諸爻、皆有應、夫合則有睽、本異則何睽、唯初與四、雖非應而同德相與、故、相遇、馬者、所以行也、陽、上行者也、睽獨无與則不能行、是喪其馬也、四旣與之合則能行矣、是勿逐而馬復得也、惡人、與己乖異者也、見者、與相通也、當睽之時、雖同德者、相與、然、小人乖異者、至衆、若棄絶之、不幾盡天下以仇君子乎、如此則失含弘之義、致凶咎之道也、又安能化不善而使之合乎、故、必見惡人則无咎也、古之聖王、所以能化姦凶爲善良、革仇敵爲臣民者、由弗絶也、

【本義】上无正應、有悔也、而居睽之時、同德相應、其悔、亡矣、故、有喪馬勿逐而自復之象、然、亦必見惡人然後、可以辟咎、如孔子之於陽貨也、朱子曰馬是行底物初間行不得後來却行得大率睽之諸爻都如此多說先異而後同○問睽見惡人其義何取曰以其當睽之時故須見惡人乃能无咎○趙氏秉曰无應悔也剛足以自守故悔亡又曰初四睽而同德終必相與睽極必通天下之常理也故有勿逐自復之象○雙湖胡氏曰此爻以爻爲象悔亡爲占喪馬以下爲象見惡人以下爲占然象亦取占中六爻唯初九正時乎乖異辟亦艱險也○中溪張氏曰見者遇而勿絶之辭非必欲見之也◎建安丘氏曰旣見惡人則非避矣唯初九不以避爲避而以見爲避化惡人而爲善人則終能合初四之睽而无咎也○雲峯胡氏曰六五陰居陽故悔初九陽居陽亦曰悔者无正應故也雖无正應四同德相應其悔亡矣睽初九剛正故喪馬勿逐而自復旣濟六二柔正故喪茀勿逐而自得本義於彼以爲戒辭此則以爲象何也蓋此承上文悔亡之占而言也喪馬悔之象勿逐自復悔亡之象因占取象本義之釋經精矣見惡人謂睽之時初九雖正不可以彼之不正而絶之也

象曰見惡人은以辟咎也ㅣ라 辟音避

○象애ᄀᆞᆯ오ᄃᆡ見惡人은ᄡᅥ咎를辟ᄒᆞ옴이라

【傳】睽離之時、人情、乖違、求和合之、且病其不(一作未)能得也、若以惡人而拒絶之則將衆仇於君子而禍咎、至矣、故、必見之、所以免辟怨咎也、无怨咎則有可合之道、誠齋楊氏曰見惡人子見南子陳寔弔張讓是也若非辟咎則无事乎見惡人矣孔子不見陽貨是也○雲峯胡氏曰爻曰无咎象曰辟咎睽之時不得不辟也進齋曰見曰避咎則見亦非本心免於惡人之咎正以固同德之合

# 九二ᄂᆞᆫ遇主于巷ᄒᆞ면无咎ㅣ리라

(本義) 巷이라아

○九二ᄂᆞᆫ主를巷애遇ᄒᆞ면咎ㅣ업스리라(本義) 主를巷애遇ᄒᆞ야아

【傳】二與五 正應、爲相與者也、然、在睽乖之時、陰陽相應之道、衰而剛柔相戾之意、勝、學易者、識此則知變通矣、故、二五、雖正應、當委曲以相求也、二以剛中之德、居下、上應六五之君、道合則志行、成濟睽之功矣、而居睽離之時、其交、非固、二當委曲、求於相遇、覬其得合也、故、曰遇主于巷、必能合而後、无咎、君臣、睽離、其咎、大矣、巷者、委曲之途也、遇者、會逢之謂也、當委曲相求、期於會遇、與之合也、所謂委曲者、以善道、宛轉將就、使合而已、非枉己屈道也、

【本義】二五、陰陽正應、居睽之時、乖戾不合、必委曲相求而得會遇、乃爲无咎、故、其象占、如此、中溪張氏曰在睽之時唯九二獨遇六五之主故曰遇主于巷象所謂得中而應乎剛者指此爻也○西溪李氏曰二五君臣之位故言君臣之睽當事勢睽離之時君臣相求必欲拘

堂陛之常分則賢者无旨而進矣遇主于巷處暌之時則然○隆山李氏曰當暌之時上下乖隔道不得行不免委曲求合期於行道以救斯世唯二以剛中之才具和兌之性足以行之○雲峯胡氏曰坎四比五納約自牖暌二應五遇主于巷皆非所由之正坎險暌乖之時不得不委曲相求如此也委曲求合乃聖賢達節之事非狷介避世者之所知唯二之才剛而得中足以行之爻言无咎者當暌之時必如此然後无咎也

象曰遇主于巷이 未失道也ㅣ라

○象애 갈오듸 遇主于巷이 道를 失홈이 아니라

【傳】當暌之時、君心、未合、賢臣、在下、竭力盡誠、期使之信合而已、至誠以感動之、盡力以扶持之、明義理以致其知、杜蔽惑以誠其意、如是宛轉、以求其合也、遇、非枉道迎逢也、巷、非邪僻由徑也、故、夫子特云遇主于巷未失道也、未、非必也、非必謂失道也、南軒張氏曰遇主于巷巷者委曲之途也或謂諫君者當盡其委曲之義非也伊川云至誠以感動之盡力以扶持之明義理以致其知杜蔽惑以誠其意如是宛轉將就之期於明信而後已此其所以謂之委曲也故孟子謂引君以當道

【本義】本其正應、非有邪也、建安丘氏曰二五正應乖戾不合在二必委曲求與五應象以爲未失事君之道者當暌之時故也○雲峯胡氏曰不期而會曰遇遇亦非正也二與五本正應而亦曰遇者非有邪也暌之時不得不如此也上曰遇雨三曰遇剛三與上本正應也暌而未遇彼此不无不見之疑疑之旣亡彼此又若一旦之遇但曰巷非遇主之地其迹可疑故特以未失道明之揭一道字見非徇人之捷徑直今逢君之徒不得藉口員融以失道德不獨爲二作解也

六三은 見輿曳코 其牛ㅣ 掣ㅣ며 其人이 天且劓니 无初코 有終이리라

掣昌逝反 劓魚器反

○六三은輿ㅣ曳ᄒᆞ고그牛ㅣ掣ᄒᆞ며그人이天ᄒᆞ고또劓ᄒᆞᆷ을見ᄒᆞᆷ이니初ㅣ업고終이이시리라

【傳】陰柔、於平時、且不足以自立、况當睽離之際乎、三居二剛之間、處不得其所安、其見侵陵、可知矣、三以正應、在上、欲進與上合志而四、阻於前、二、牽於後、車牛、所以行之具也、輿曳、牽於後也、牛掣、阻於前也 在後者、牽曳之而已、當前者、進者之所力犯也、故、重傷於上、爲四所傷也、其人天且劓、天、髡首也、劓、截鼻也、三、從正應而四、隔止之、三雖陰柔、處剛而志行、故、力進以犯之、是以傷也、天而又劓、言重傷也、三不合於二與四、睽之時、自无合義、適合居剛守正之道也、其於正應則睽極、有終合之理、始爲二陽、所戹、是无初也、後必得合、是有終也、掣、從制從手、執止之義也、

【本義】六三上九、正應而三、居二陽之間、後爲二所曳、前爲四所掣而當睽之時、上九、猜狠、方深、故、又有髡劓之傷、然、邪不勝正、終必得合、故、其象占、如此、

朱子曰天合作而剃鬚也篆文天作而而作而〇平庵項氏曰天去髮之刑劓〻鼻之刑〇中溪張氏曰三與上本爲正應非睽者也但三以孤陰而處於二剛之間則睽我者二與四也輿所以載已者也牛所以引車者也六三居不當位欲進而應乎上則九二曳之於後九四掣之於前前者掣之而不得行後者曳之而不得止進退齟齬間而未合故上乃刑之使服其人且髡劓之傷无初謂與上睽也有終謂與上合也以三應上以柔遇剛睽極自有復合之理也〇雲峯胡氏曰見離目象輿在下二在三下見有輿曳象牛在前四在三前見有牛掣象天與劓傷於上見上有傷之象三上兩爻皆提起一見字意見之見非眞見也火澤之睽生於動三上之睽生於見本无輿曳本无牛掣本无天且劓疑故〇其見如此耳其見如此故无初正理本不如此故有終〇雙湖胡氏曰六爻中唯此爻辭最險蓋以不正之陰乘承應又皆不正之陽當此睽時故進退无據而受刑傷特以陰陽配偶終當有合其亦可憐不足恤者矣【備旨】見字

貫三句見三自見也胡雲峯曰見是意見之見非眞見也三本无輿曳牛掣天且劓之事但以不得合而疑之之深故若見其如此耳其見如此故无初正理本不如此故有終天是去髮之刑劓是去鼻之刑○見字有作上九見有亦說得去有作旁人見者不可從

**象曰見輿曳ᄂᆞᆫ位不當也ㅣ오无初有終은遇剛也ᄅᆞᆯ서라**

○象애ᄀᆞᆯ오ᄃᆡ見輿曳ᄂᆞᆫ位ㅣ當티아님이오无初有終은剛을遇ᄒᆞ릴서라

【傳】以六居三、非正也、非正則不安、又在二陽之間、所以有如是艱戹、由位不當也、无初(一有而字)有終者、終必與上九、相遇而合、乃遇剛也、不正而合、未有久而不離者也、合以正道、自无終睽之理、故、賢者、順理而安行、智者、知幾而固守、

**九四ᄂᆞᆫ睽孤ᄒᆞ야遇元夫ᄒᆞ야交孚ㅣ니厲ᄒᆞ나无咎ㅣ리라**

(本義) 厲ᄒᆞ야아

○九四ᄂᆞᆫ睽애孤ᄒᆞ야元夫ᄅᆞᆯ遇ᄒᆞ야서르孚홈이니厲ᄒᆞ나咎ㅣ업ᄉᆞ리라

【傳】九四、當睽時、居非所安、无應而在二陰之間、是睽離孤處者也、以剛陽之德、當睽離之時、孤立无與、必以氣類、相求而合、是以、遇元夫也、夫、陽稱、元、善也、初九、當睽之初、遂能與同德而亡睽之悔、處睽之至善者也、故、目之爲元夫、猶云善士也、四則過中、爲睽、已甚、不若初之善也、四與初、皆以陽、處一卦之下、居相應之位、當睽乖之時、各无應援、自然同德相親、故、會遇也、同德相遇、必須至誠

相與、交孚、各有孚誠也、上下二陽、以至誠、相合則何時之不能行、何危之不能濟、故、雖處一无處字危厲而无咎也、當睽離之時、孤居二陰之間、處不當位、危且有咎也、以遇元夫而交孚、故、得无咎也、

【本義】睽孤、謂无應、遇元夫、謂得初九、交孚、謂同德相信、然、當睽時、故、必危厲、乃得无咎、占者、亦如是也、雲峯胡氏曰元夫初九象六三以柔居剛不正故謂之惡人初九以剛居剛得正故謂之元夫元善也惡之反也初見惡人而不害其爲元夫如夫子見陽貨而不害其爲夫子也交孚初與四皆剛實之象爻唯四與初无應故謂之孤乘之九本居五則二九相比不孤今九來居四則上孤而四亦孤矣故皆有孤象他爻睽而合者剛柔相遇也四與初睽而合者剛遇剛也彼此以剛實相交可无咎必厲无咎者他卦三危地故多言厲睽之四非危地也然當睽之時必以危處之乃得无咎也○建安丘氏曰初九陽之陽九四陽之陰故四目初爲元夫○李氏曰情以疑而相睽唯剛則足以去疑而相合故四終於遇元夫而上終於遇雨也

## 象曰交孚无咎는志行也ㅣ라

○象애ᄀᆞᆯ오ᄃᆡ交孚无咎ᄂᆞᆫ志ㅣ行ᄒᆞ리라

【傳】初四、皆陽剛君子、當睽乖之時、上下、以至誠相交、協志同力則、其志、可以行、不止无咎而已、卦辭、但言无咎、夫子、又從而明之、云可以行其志、救時之睽也、蓋以君子陽剛之才而至誠相輔、何所不能濟也、唯有君則能行其志矣、建安丘氏曰四與初同德相與一誠交孚則孤者合厲者安豈唯无咎而二陽之志得以行矣【備旨】得人則睽可濟故志行然必本於交孚可見大臣欲睽之濟全要以至誠結賢

六五는 悔亡ᄒᆞ니 厥宗이 噬膚ㅣ면 往애 何咎ㅣ리오

(本義) 噬膚니

○六五는 悔亡ᄒᆞ니 그宗이 膚를 噬ᄒᆞ면 往ᄒᆞᆷ애 므슴 咎ㅣ리오 (本義) 膚를 噬ᄒᆞᆷ이니

【傳】六、以陰柔、當睽離之時而居尊位、有悔、可知、然而下有九二剛陽之賢、與之爲應、以輔翼之、故、得悔亡、厥宗、其黨也、謂九二正應也、噬膚、噬齧肌膚而深入之也、當睽之時、非入之者、深、豈能合也、五、雖陰柔之才、二、輔以陽剛之道而深入之則可往而有慶、(一有也字) 復何過咎之有、以周成之幼稚而興盛王之治、以劉禪之昏弱而有中興之勢、蓋由任聖賢之輔而姬公孔明所以入之者、深也、

【本義】以陰居陽、悔也、居中得應、故、能亡之、厥宗、指九二、噬膚、言易合、六五、有柔中之德、故、其象占、如是、朱子曰宗如同人于宗之宗○誠齋楊氏曰厥宗者五與二應而二爲宗臣也○雲峯胡氏曰宗二象噬膚五與二易入象噬嗑六二曰噬膚睽六五以九二爲厥宗噬膚二變即噬嗑也或曰二至上有噬嗑象初與五先言悔亡而後言象睽本有悔悔之所以亡者以其有合之象也同人六二以九五爲宗睽六五以九二爲宗皆以離中陰爻言之陰從陽支子從宗子也二五剛柔得中故五以二爲宗其合也如噬膚之易二以五爲主其合也有于巷之遭宗親之也上當以情親下也主尊之也下當以分嚴上也○隆山李氏曰所謂噬膚猶噬嗑頤以求合也夫君臣相應當太平之時精神交際志協義從堯舜皐夔之遇合也不幸當睽之時兩兩間隙相疑而至於相噬以求合可謂德之下衰也矣然不如是以通其相應之志則彼此之情轉相乖隔而天下之睽无時可合也

象曰厥宗噬膚는 往有慶也ㅣ라

○象애ᄀᆞᆯ오ᄃᆡ厥宗噬膚ᄂᆞᆫ往애慶이이시리라

【傳】爻辭、但言厥宗、噬膚則可以往而无咎、象、復推明其義、言人君、雖己才、不足、若能信任賢輔、使以其道、深入於己則可以有爲、是往而有福慶也、 臨川吳氏曰二剛噬五之柔則陰陽相合而有慶矣

上九ᄂᆞᆫ睽孤ᄒᆞ야見豕負塗와載鬼一車ㅣ라先張之弧ㅣ라가後說之弧ᄒᆞ야匪寇ㅣ라婚媾ㅣ니往遇雨ᄒᆞ면則吉ᄒᆞ리라 說吐活反

○上九ᄂᆞᆫ睽애孤ᄒᆞ야豕의塗를負홈과鬼ㅣ一車를載홈을보미라몬져弧를張ᄒᆞ얏다가後에弧를說ᄒᆞ야寇ㅣ아니라婚媾ㅣ니往ᄒᆞ야雨를遇ᄒᆞ면吉ᄒᆞ리라

【傳】上、居卦之終、睽之極也、陽剛、居上、剛之極也、在離之上、用明之極也、睽極則咈戾而難合、剛極則躁暴而不詳、明極則過察而多疑、上九、有六三之正應、實不孤而其才性、如此、自睽孤也、如人、雖有親黨而多自疑猜、妄生乖離、雖處骨肉親黨之間而常孤獨也、上之與三、雖爲正應、然、居睽極、无所不疑、其見三、如豕之汚穢而又背負泥塗、見其可惡之甚也、旣惡之甚則猜成其罪惡、如見載鬼滿一車也、鬼本无形而見載之一車、言其以无爲有、妄之極也、物理、極而必反、以近明之、如人、適東、東極矣、動則西也、如升高、高極矣、動則下也、旣極則動而必反也、上之睽乖、旣極、三之所處者、正理、大凡失道、旣極則必反正理、故、上、於三、始疑

而終必合也、先張之弧、始疑惡而欲射之也、疑之者、妄也、妄安能常、故、終必復於正、三、實旡惡、故、後說弧而弗射、睽極而反、故、與三、非復爲寇讎、乃婚媾也、此匪寇婚媾之語、與他(一作屯)卦、同而義則殊也、陰陽、交而和暢則爲雨、上、於三、始疑而睽、睽極則不疑而合、陰陽、合而益和則爲雨、故、云往遇雨則吉、往者、自此以往也、謂旣合而益和則吉也、程子曰睽之上九離也離之爲德在諸卦莫不以爲明獨於睽便變爲惡以陽在上則爲亢以剛在上則爲狠以明在上變而爲察以狠以察所以爲睽之極也故曰見豕負塗載鬼一車皆自任己察之所致然往而遇雨則吉遇雨者睽解也睽解有二義一是物極則必反故睽極則必通若睽極不通却終於睽而已二是所以能解睽者却是用明之功也

【本義】睽孤、謂六三、爲二陽所制而已、以剛處明極睽極之地、又自猜狠而乖離也、見豕負塗、見其汚也、載鬼一車、以旡爲有也、張弧、欲射之也、說弧、疑稍釋也、匪寇婚媾、知其非寇而實親也、往遇雨則吉、疑盡釋而睽合也、上九之與六三、先睽後合、故、其象占、如此、朱子曰載鬼一車等語所以差異者爲他這般事是差異底事所以却把世間差異底明之世間自有這般差異底事○小畜之上九曰旣雨旣處睽之上九曰往遇雨則吉者畜極則通睽極則和陰陽之氣至是而方暢也○建安丘氏曰上本與三應不孤也睽極而疑生不孤而以爲孤故曰睽孤豕鬼皆指三也上睽疑而未敢親近乎三如見豕背之負泥塗疑其汚我也又如載鬼滿于一車之中疑其祟我也豕猶有之鬼則妄矣始焉致疑則張弧終焉釋疑則說弧知其非爲寇讎乃我之婚媾也自此以往上與三合陰陽和暢遇雨則吉向之疑心蠭起者至此盡氷釋而亡矣○開封耿氏曰凡物之情信然後合合則愈信疑然後睽睽則愈疑○雲峯胡氏曰上與三取象相應三在二之上見二有輿曳之象故上見二載三有載鬼一車之象三在四之下見四有牛掣之象故上見三負四有豕負塗之象弦木爲弧本取睽象匪寇婚媾凡三出程傳解此獨與本義同疑者小人之道聖人旡疑也睽成卦本自二女小人之象明矣故上九極言其疑四與上皆言睽孤者四旡應故孤上有應而自猜狠以至於孤也三之見二四或曳或掣疑也上見二四之於三或載或負亦疑也三疑而見上猶以爲人之

有傷也上疑而見三則以爲豕且以爲鬼矣始疑爲豕理或有之及其甚也无是理而以爲有矣見其爲豕爲鬼而張之弧疑也後說之弧疑漸亡矣匪寇婚媾往遇雨則吉至是則疑盡亡而睽可合矣凡易之道卦吉者必於諸爻戒之卦不吉者必於諸爻反之睽初與四二與五三與上皆先睽後合而三上之睽尤甚故其辭亦險怪之甚中心疑者其辭枝此之謂乎【備旨】大凡君之與臣猜疑一動其疑其易其合甚難故周公於此爻極摹其形狀以爲疑人者之戒

象曰遇雨之吉은羣疑ㅣ亡也ㅣ라

○象애ᄀᆞᆯ오ᄃᆡ遇雨의吉홈은모든疑ㅣ亡홈이라

【傳】雨者、陰陽、和也、始睽而能終和、故、吉也、所以能和者、以群疑、盡亡也、其始睽也、无所不疑、故、云羣疑、睽極而合則皆亡也、一作則疑皆亡矣○朱子曰孔子不說象如見豕負塗載鬼一車之類只說羣疑亡也使見得上面許多皆是狐惑可疑之事而已到後人解說多牽强○雙湖胡氏曰夫子讀易象已了然於未贊之先及其贊易只以一二字點掇過雖不說象而義理自著然其爲象固已備具於說卦中矣○或問睽卦无正應而同德相應者何朱子曰无正應所以爲睽當睽之時當合者既離其離者却合也○問睽卦本不好爻中所取却好如六五對九二處非其位九四對初九本非相應都成好爻不如何故曰易之取爻多爲占者而言占法取變爻便是到此處變了所以困卦雖是不好然其間利用祭祀之屬却都好問此正與見羣龍无首吉利永貞一般曰然却是變了故如此○節齋蔡氏曰睽乖之時疑而難合然在柔爲尤疑二與五應而五柔故必待噬膚而二遇巷也三與上應而三柔故必待其天且劓而上遇雨也獨初與四皆剛故其相遇有不待刑者然初有喪馬勿逐見惡人之戒蓋居睽之初而四非正應故初宜緩其接之之道而四乃交孚也○縉雲馮氏曰內卦皆睽而有所待外卦皆反而有所應初喪馬勿逐至四遇元夫而初四合矣二委曲以求遇至五往何咎而二五合矣三輿曳牛掣至上遇雨而三上合矣天下之理固不能久合亦未有終睽也○隆山李氏曰睽之爲卦初觀其象疑若不可一矣而六爻之辭或遇主于巷或遇元夫而交孚或往遇雨而終吉其始之睽者要之終皆有遇其所以合天下乖違之情而使之不至於終窮而无所歸者乎

䷦ 艮下坎上

【傳】蹇、序卦、睽者、乖也、乖必有難、故、受之以蹇、蹇者、難也、睽乖之時、必有蹇難、蹇所以次睽也、蹇、險阻之義、故、爲蹇難、爲卦、坎上艮下、坎、險也、艮、止也、險在前而止、不能進也、前有險陷、後有峻阻、故、爲蹇也、程子曰蹇便是處蹇之道困便是處困之道道无時不可行○隆山李氏曰震坎艮相遇爲蹇解而坎常在焉二卦皆以坎爲義艮下坎上則是止乎險中故爲蹇坎下震上則是動而出乎險中故爲解命名大率以出險與不出險爲義也又曰坎配諸卦凡十有四太半皆險難之謂其間遇難而无救者无如困遇難而不行者莫如蹇蓋困則有澤而无水之象蹇則具天下山川之至險

蹇은利西南ᄒᆞ고不利東北ᄒᆞ며利見大人ᄒᆞ니貞이면吉ᄒᆞ리라

○蹇은西南이利ᄒᆞ고東北이利티아니ᄒᆞ며大人을보미利ᄒᆞ니貞ᄒᆞ면吉ᄒᆞ리라

【傳】西南、坤方、坤、地也、體順而易、東北、艮方、艮、山也、體止而險、在蹇難之時、利於順處平易之地、不利止於危險也、處順易則難可紓、止於險則難益甚矣、蹇難之時、必有聖賢之人則能濟天下之難、故、利見大人也、濟難者、必以大正之道而堅固其守、故、貞則吉也、凡處難者、必在乎一无乎字守貞正、一无正字設使難不解、不失正德、是以吉也、若遇難而不能固其守、入於邪濫、雖使苟免、亦惡德也、知義命者、不爲也、

【本義】蹇、難也、足不能進、行之難也、爲卦、艮下坎上、見險而止、故、爲蹇、西南、平易、東北、險阻、又艮方也、方在蹇中、不宜走險、又卦、自小過而來、陽進則往居五

而得中、退則入於艮而不進、故、其占、曰利西南而不利東北、當蹇之時、必見大人然後、可以濟難、又必守正然後、得吉而卦之九五、剛健中正、有大人之象、自二以上五爻、皆得正位則又貞之義也、故、其占、又曰利見大人貞吉、蓋見險者、貴於能止而又不可終於止、處險者、利於進而不可失其正也、朱子曰艮下坎上其卦爲蹇蹇難也西南陰方平易之地東北陽方險阻之處當蹇之時利趨平易而不利走險阻又利見大人以濟蹇而守正則吉故筮得此卦其占如此○蹇利西南是說坤卦分曉但不知從何插入這坤卦來此須是箇變例聖人到這裏看見得有箇做坤底道理大率陽卦多自陰來陰卦多自陽來震是坤第一畫變坎是第二畫變艮是第三畫變易之取象不曾確定了他據卦體艮下坎上无坤而繫辭言地者徃徃只取坎中爻變變則爲坤矣況存中論五姓自古无之後人旣如此呼喚即便有義可推○進齋徐氏曰卦合艮坎而爲蹇坎北方也艮東北方也而乃利西南不利東北何耶蓋處蹇難之時當適他方所以利於坤西南之平易也不宜止於危險之地所以不利於坎艮東北之險阻也大人指九五也當蹇厄之時利見大德之人以濟大蹇之難難由正濟故曰貞吉處難失正其能吉乎○雙湖胡氏曰後天八卦方位艮坎東北卦與西南坤離卦爲對艮坎合爲蹇故不利東北則坤離合爲晉是爲利西南矣是以蹇爲難而晉爲進也蹇卦无西南文王姑即東北對方言之不必卦內有取於西南也況二陽盡變而之坤則亦有離東北而就西南之象乎艮坎成蹇卦體雖爲不利而九五以剛健中正君於上六二以柔順中正臣於下三五互離目爲見又有人臣利見大人之象焉大人謂五見謂二二五剛柔皆正故吉又睽盡變爲蹇睽取目有所見象重離在前也蹇取足不能進象重坎在前也名義甚巧○雲峯胡氏曰屯困蹇同爲難入屯之初爲難方微而未深困之爲難絶援而難救蹇之爲難遇險而不進蓋前有水之陷後有山之阻足不能進行之難也坤西南艮東北坤言西南得朋是矣又言東北喪朋取艮與坤對也蹇下艮言不利東北是矣又言利西南取坤與艮對也蓋以對待言則此爲得彼爲喪此爲不利知彼爲利蹇難之時去難爲利處蹇不可无其人故以見五爲利處蹇不可无其道故以蹇難而不失其正者爲吉

# 彖曰蹇은難也ㅣ니險在前也ㅣ니 難乃旦反

○象애갈오딕蹇은難이니險이前애이심이니

【傳】蹇、難也、蹇之爲難、如乾之爲健、若易之爲難則義有未足、(一作盡) 蹇有險阻之義、屯亦難也、困亦難也、同爲難而義則異、屯者、始難而未得通、困者、力之窮、蹇、乃險阻艱難之義、各不同也、險在前也、坎險、在前、下止而不得進、故、爲蹇、

**見險而能止ᄒᆞ니知矣哉라** (知音智)

○險을보고能히止ᄒᆞ니知ᄒᆞ다

【傳】以卦才、言處蹇之道也、上險而下止、見險而能止也、犯險而進則有悔咎、(一作吝) 故、美其能止爲知也、方蹇難之時、唯能止、爲善、故、諸爻、除五與二外、皆以往爲失、來爲得也、

【本義】以卦德、釋卦名義而賛其美、○溪張氏曰蹇之所以爲難者以其險之在前也見坎險之難而明艮止之義非智者孰能識之○丹陽都氏曰險在下可行而乃止焉非知險者也此卦所以爲蒙有不明之義險在前知其不可進而止焉可謂知險矣此卦所以爲蹇而蹇則知者之事所以反乎蒙也○雲峯胡氏曰蹇上下體易則爲蒙蒙曰險而止止於外也蹇曰見險而止止於內也內險莫能安外止莫能進所以爲蒙見外之險而內能止所以爲知知者蒙之反也

**蹇利西南은往ᄒᆞ야得中也ㅣ오不利東北은其道ㅣ窮也ㅣ오**

○蹇利西南은往ᄒᆞ야中을得홈이오不利東北은그道ㅣ窮홈이오

【傳】蹇之時、利於處平易、西南、坤方、爲順易、東北、艮方、爲險阻、九、上居五而得

中正之位、是往而得平易之地、故、爲利也、五居坎險之中而謂之平易者、蓋卦本坤、由五、往而成坎、故、但取往而得中、不取成坎之義也、方蹇而又止危險之地則蹇益甚矣、故、不利東北、其道窮也、謂蹇之極也、中溪張氏曰往得中指五也夫以乾剛之才由四而往居坤之五以爲坎位得其中將出坎而爲坤此西南所以利也其道窮指三也三爲艮體之主止而不進則常在險中其道窮矣此東北之所以不利也○童溪王氏曰五寔坎體而謂之利西南者蓋坎體本坤九往居中而成坎夫九以剛明之才而往處坤之中位非利西往得南中之義乎若不知西南之爲利而反其所詣焉則有所不利矣故易於此指其所之而避其所忌而以利不利明告之

## 利見大人은往有功也ㅣ오當位貞吉은以正邦也ㅣ니

○利見大人은往ᄒᆞ야功이이쇼미오位예當ᄒᆞ야貞吉ᄒᆞ요ᄆᆞᆫᄡᅥ邦을正홈이니

【傳】蹇難之時、非聖賢、一有大人字不能濟天下之蹇、故、利於見大人也、大人、當位則成濟蹇之功矣、往而有功也、能濟天下之蹇者、唯大正之道、夫子、又取卦才而言蹇之諸爻、除初外、餘皆當正位、故、爲貞正而吉也、初六、雖以陰居陽、而處下、亦陰之正也、以如一作如以此正道、正其邦、可以濟於蹇矣 童溪王氏曰利見大人往有功也此六二往應九五而有濟蹇之功也○中溪張氏曰二五各當陰陽之位故得正而吉可以正邦國也

## 蹇之時用이大矣哉라

○蹇의時와用이크다

【傳】處蹇之時、濟蹇之道、其用、至大、故、云大矣哉、天下之難、豈易平也、非聖賢

不能、其用、可謂大矣、順時而處、量險而行、從平易之道、由至正之理、乃蹇之時用也、

【本義】以卦變卦體、釋卦辭而賛其時用之大也、雙湖胡氏曰利西南往得中論卦變也蹇本升卦坤上巽下坤乃西南平易之方自升九二上往得坤體之中是爲利西南而往得中矣升九二既往五則下體成艮艮正東北方卦所謂不利東北其道窮也大人九五也九二之往爲九五可謂有功矣九五剛中當位貞吉可以正邦矣當蹇之時而成其用之大有如此者本義釋卦辭謂蹇自小過來而彖傳則分明自升來或自旣濟來則皆有往西南之象且○寔峯胡氏曰坎險蹇皆非順境夫子以爲雖此時亦有可用者故皆極言賛之但坎睽釋卦辭後復從天地人物極言之以賛其大蹇則釋卦辭以賛之而已蓋上文所謂往得中有功正邦卽其用之大者也

象曰山上有水ㅣ蹇이니君子ㅣ以ᄒᆞ야反身脩德ᄒᆞᄂᆞ니라

○象애ᄀᆞᆯ오ᄃᆡ山上애水ㅣ이심이蹇이니君子ㅣ以ᄒᆞ야 身애反ᄒᆞ야 德을脩ᄒᆞᄂᆞ니라

【傳】山之峻阻、上復有水、坎水、爲險陷之象、上下、險阻、故、爲蹇也、君子、觀蹇難之象而以反身脩德、君子之遇艱阻、必反求諸己而益自脩、孟子、曰行有不得者、皆反求諸己、故、遇艱蹇、必自省於身、有失而致之乎、是反身也、有所未善則改之、无歉於心則加勉、乃自脩其德也、君子、修德、以俟時而已、或問蹇與困相似君子致命遂志與君子反身脩德亦一般朱子曰不然澤无水困是盡乾燥處困之極事无可爲者故只得致命遂志若山上有水蹇則猶可進步如山上之泉曲折多艱阻然猶可行故教以反身脩德豈可與困爲比只觀澤无水困與山上有水蹇兩句便全然不同○雙湖胡氏曰反身卽思不出其位之義艮象也脩德卽常德行之義坎象也坎在艮下爲蒙而稱君子以果行育德坎在艮上爲蹇而稱君子以反身脩德蓋反身如山不動而脩德如水滋潤乎山之象也○中溪張氏曰山上有水者澗谷之泉土石礙

而止之不能流行其象爲蹇孟子曰行有不得者皆反求諸己此君子所以反身脩德也反身取艮之背脩德取坎之心○雲峯胡氏曰水之蹇也止而不流君子之蹇也反而自脩○白雲郭氏曰夫蹇利得朋而象言反身脩德者蓋君子愛人不親反其仁治人不治反其智禮人不答反其敬反而求之則皆不出於吾身其身正而天下歸之故得朋之道莫要於反身脩德也

## 初六은往ᄒ면蹇코來ᄒ면譽리라

○初六은往ᄒ면蹇ᄒ고來ᄒ면譽ᄒ리라

【傳】六、居蹇之初、往進則益入於蹇、往蹇也、當蹇之時、以陰柔无援而進、其蹇可知、來者、對往之辭、上進則爲往、不進則爲來、止而不進、是有見幾知時之美、來則有譽也、

【本義】往、遇險、來、得譽、或問往蹇來譽朱子曰來往二字唯程傳言上進則爲往不進則爲來說得極好今人或謂六四往蹇來連是來就三九三往蹇來反是來就二上六往蹇來碩是來就五亦說得通但初六來譽則位居最下无可來之地其說不得通矣故不若程傳好只是不往爲佳耳不往者守而不進故不進則爲來○沙隨程氏曰六非濟蹇之才初非濟蹇之位往則犯難來則獲見險能止之譽○雲峯胡氏曰六爻除二五外皆貴於見險而止故曰往而進則蹇來而止則不蹇譽反連碩四字不同各有攸當初位卑分微未能有譽故聖人特許其來則譽也○隆山李氏曰古人生居亂世无官守言責者類皆高蹈隱淪以待天下之清卒之身名俱高傳播萬世夫是之謂往蹇來譽與夫履富貴而蹈危機以致名位俱仆爲後代之指笑者有間哉【備旨】上進則爲往不進則爲來初无所來不往便是來下爻皆以正爲智而譽獨歸於初者見險之始當止則止故也

## 象曰往蹇來譽ᄂᆞᆫ宜待也ㅣ니라

○象애ᄀᆞᆯ오ᄃᆡ往蹇來譽ᄂᆞᆫ맛ᄯᅡᇰ히待ᄒᆞᆯ디니라

【傳】方蹇之初、進則益蹇、時之未可進也、故、宜見幾而止、以待時可行而後行也、諸

爻、皆蹇往而善來、然則无出蹇之義乎、曰在蹇而往則蹇也、蹇終則變矣、故、上巳一作六有碩義、潘氏曰往則入險不如有所待也備旨待字極有味後來碩大之功皆從待來可見聖人无一日不欲濟天下若一於止而不行則又何譽之有渭水垂綸南陽高臥豈非待時而動者也

# 六二는王臣蹇蹇이匪躬之故ㅣ라

○六二는王臣이蹇애蹇ᄒᆞ옴이躬의故ㅣ아니라(本義)蹇ᄒᆞ고蹇ᄒᆞ옴이

【傳】二以中正之德、居艮體、止於中正者也、與五相應、是中正之人、爲中正之君所信任、故、謂之王臣、雖上下、同德而五方在大蹇之中、致力於蹇難之時、其艱蹇至甚、故、爲蹇於蹇也、二雖中正、以陰柔之才、豈易勝其任、所以蹇於蹇也、志在濟君於蹇艱一作難之中、其蹇蹇者、非爲身之故也、雖使不勝、志義、可嘉故、稱其忠藎、不爲已也、然、其才、不足以濟蹇也、小可濟則聖人、當盛稱以爲勸矣、

【本義】柔順中正、正應在上而在險中、故、蹇而又蹇、以求濟之、非以其身之故也、不言吉凶者、占者、但當鞠躬盡力而已、至於成敗利鈍則非所論也、容齋洪氏曰外卦一坎諸爻所同而自六二推之上承九三六四又互坎體是一卦之中已有二坎言蹇蹇者猶言坎坎也○節齋蔡氏曰王臣爲五之臣也蹇蹇入難之深也匪躬之故爲王之事也○誠齋楊氏曰諸爻聖人皆不許其往唯六二九五无不許其往之辭者二爲王者之大臣五履大君之正位復不往以濟而誰當任乎○雲峯胡氏曰坎互坎蹇蹇象匪躬艮其背不獲其身之象凡二皆王臣而蹇獨稱之者平時未足以見臣節蹇之時方見之五位蹇中王之蹇也主憂臣辱亦二之蹇也他爻戒其往蹇二應五故稱其蹇蹇事君能致其身者也復六四中行獨復不言吉本義引董子明道不計功正誼不謀利之說以爲理所當然吉凶非所論此不言吉則引孔明之言曰鞠躬盡力死而後已成敗利鈍則非所論烏虖必如此而

後義利之界限明矣天下事固當論是非不當論成敗也【備旨】二句一直說下提出王臣二字便見身任國事不容他諉蹇蹇猶言坎坎多難非一難也匪躬之故不是贊王臣乃是王臣之心如此一味濟君之難未嘗念及於私正王輔嗣所謂執心不回志匡王室者也

## 象曰王臣蹇蹇은 終无尤也ㅣ리라

○象애ᄀᆞᆯ오ᄃᆡ王臣蹇蹇은ᄆᆞᄎᆞᆷ내尤ㅣ업스리라

【傳】 雖艱(一作蹇)厄於蹇時、然、其志、在濟君難、雖未成功、然、(一无然字)終无過尤也、聖人、取其志義而謂其无尤、所以勸忠藎也

【本義】 事雖不濟、亦无可尤、誠齋楊氏曰蹇蹇者多難而非一難也大臣犯天下之多難而捐軀以求濟何尤之有然以六二之匪躬而不聞濟難何耶蓋捐軀在志濟難在才六二陰柔短於才也聖人不尤之者嘉其志而恕其才也○雷氏曰初六以不往爲有譽六二以匪躬爲无尤有位无位之間耳○雲峯胡氏曰本義於爻引孔明之言此復本程傳意曰事雖不濟亦无可尤蓋孔明雖志決身殲然天下後世誰得而尤孔明者斯言眞足以勸忠藎矣【備旨】聖人恐人以成敗論人故以終无尤三字慰之程子曰聖人取其志義而謂其无尤所以勸忠藎也非曰事已不濟特恕其才而不尤之

## 九三은 往ᄒᆞ면 蹇코 來ᄒᆞ면 反이리라

○九三은往ᄒᆞ면蹇ᄒᆞ고來ᄒᆞ면反ᄒᆞ리라

【傳】 九三、以剛居正、處下體之上、當蹇之時、在下者、皆柔、必依於三、是爲下所附者也、三與上、爲正應、上、陰柔而无位、不足以爲援、故、上往則蹇也、來、下來也、反、還歸也、三、爲下二陰所喜、故、來爲反其所也、稍安之地也

【本義】反就二陰、得其所安、進齋徐氏曰九三當位與上爲應上柔无位不足與濟難故曰往蹇○白雲郭氏曰反者旣往復反之辭○雲峯胡氏曰反身爲背艮象故爻曰來反象亦曰反身九居三是居其本位反如返故鄕歸故廬來而得其所安下有二陰就之愈安矣【備旨】當蹇之時智謀勇畧之士往往相傾相軋而不相下夫子慮三懷疑而不反故以內喜歆之原二陰之喜者正以勸九三之速反也

象曰往蹇來反은內ㅣ喜之也ㅣᄂᆞᆯ서라

○象애ᄀᆞᆯ오ᄃᆡ往蹇來反은內ㅣ喜ᄒᆞᆯᄉᆡ라

【傳】內、在下之陰也、方蹇之時、陰柔、不能自立、故、皆附於九三之陽而喜愛之、九之處三、在蹇、爲得其所也、處蹇而得下之心、可以求安、故、以來爲反、猶春秋之言歸也、潘氏曰往則入險不如反乎內也內二陰樂於從陽故喜也

六四ᄂᆞᆫ往ᄒᆞ면蹇코來ᄒᆞ면連이리라

○六四ᄂᆞᆫ往ᄒᆞ면蹇ᄒᆞ고來ᄒᆞ면連ᄒᆞ리라

【傳】往則益入於坎險之深、往蹇也、居蹇難之時、同處艱厄者、其志、不謀而同也、又四居上位而與在下者、同有得位之正、又與三、相比相親者也、二與初、同類相與者也、是與下、同志、衆所從附也、故、曰來連、來則與在下之衆、相連合也、能與衆合、得處蹇之道也

【本義】連於九三、合力以濟、單氏曰六四己至於險中而猶往焉則益蹇矣○進齋徐氏曰六四近君往從乎五則陰柔不足以濟五之蹇唯下連九三牽引以進乃克有濟○

雲峯胡氏曰連牽連九三也上卦坎四往則陷於險來則與三牽連可以濟險四與三柔上剛下有連象【備旨】獨往曰往與人同往曰連來反與來連不同反是退以徐圖之連則連之以進也連字有傾心相依之意

象曰往蹇來連은 當位ㅣ實也ㅣᆯ시라

○象에 글오듸 往蹇來連은當흔位ㅣ實홀시라

【傳】四、當蹇之時、居上位、不往而來、與下同志、固足以得衆矣、又以陰居陰、爲得其實、以誠實、與下、故、能連合而下之、二三、亦各得其實、初、以陰居下、亦其實也、當同患之時、相交以實、其合、可知、故、來而連者、當位以實也、處蹇難、非誠實、何以濟、當位、不曰正而曰實、上下之交、主於誠實、用各有其所也、雲峯胡氏曰六四陰也而曰當位實者四來連三以三之陽當位實四陰虛以連三之陽實合力以濟○湯氏曰六四居二陽之間求之己者雖謂之陰而當位實者以陰比於陽也易之爲義以得陽爲實以失陽爲虛如翩翩不富皆失實者无陽故爾【備旨】當位不重只重實字實是有濟蹇之手段與遑浮華之才者不同故宜連

九五는 大蹇에 朋來로다

(本義)朋來리라

○九五는큰蹇에朋이來홈이로다(本義)朋이來ᄒᆞ리라

【傳】五居君位而在蹇難之中、是天下之大蹇也、當蹇而又在險中、亦爲大蹇、大蹇之時而二在下、以中正、相應、是其朋助之來也、方天下之蹇而得中正之臣相輔、其助、豈小也、得朋來而无吉、何也、曰未足以濟蹇也、以剛陽中正之君而方在大蹇之

中、非得剛陽中正之臣、相輔之、不能濟天下之蹇也、二之中正、固有助矣、欲以陰柔之助、濟天下之難、非所能也、自古聖王、濟天下之蹇、未有不由賢聖之臣、爲之助者、湯武、得伊呂、是也、中常之君、得剛明之臣而能濟大難者則有矣、劉禪之孔明、唐肅宗之郭子儀、德宗之李晟、是也、雖賢明之君、苟无其臣則不能濟於難也、故、凡六、居五、九、居二者則多由助而有功、蒙泰之類、是也、九、居五、六居二則其功、一作助多不足、屯否之類、是也、蓋臣賢於君則輔君以君所不能、臣不及君則贊助之而已、故、不能成大功也

【本義】大蹇者、非常之蹇也、九五、居尊而有剛健中正之德、必有朋來而助之者、占者、有是德則有是助矣、

或問蹇九五何故爲大蹇朱子曰五是爲蹇主凡人臣之蹇只是一事至大蹇須人主當之○問大蹇朋來之義曰處九五尊位而居蹇之中所以爲大蹇所謂遺大投艱於朕身人君當此之時須屈群策用群力乃可濟也○瀘川毛氏曰禍亂天所以開聖人也九五德正而位尊立乎險中以合天下使天下之有志者朋來而取節於我是故自我言之所謂當位貞吉以正邦也自朋來者言之所謂利見大人往有功也然則九五陷坎險之中所以爲蹇也而其位則君也治蹇者也以治蹇之主而居至險之中此所以撥亂反正乘危致安也歟○中溪張氏曰九五以陽剛而陷於坎中是遺大投艱於朕身夫豈小蹇也哉斯時也正望群賢之來出其險以拔其禍而下有六二柔順之大臣爲之正應必能朋合來響來反來連來碩之才翕然而至與同心協力共濟九五大蹇之難苟非二居下體之中能盡匪躬之節又安能朋合衆賢于于而來哉○雲峯胡氏曰諸爻皆以往爲蹇聖人又慮天下皆不往蹇无由出矣二五君臣復不往誰當往乎故於二曰蹇蹇於五曰大蹇或曰朋三也三四陰與陽相比有連象三五陽與陽同德有朋象蹇之三反爲解之四彼於四曰朋至故此以三爲朋來○鄭氏剛中曰諸爻皆以來爲言與朋來之來異諸爻之來自外反內也朋來之來自下趨五也[illegible]一身一家之蹇小天下之蹇大五爲蹇主故曰大蹇諸爻之盤桓不進者以未遇眞主耳五旣出世之主群賢必翕然來附以共建大業曰朋來者言其來之衆也蹇之得濟不言可知

象曰大蹇朋來는以中節也ㅣ라

○象애ᄀᆞᆯ오ᄃᆡ大蹇朋來ᄂᆞᆫ中ᄒᆞᆫ節로ᄡᅥ홈이라

【傳】朋者、其朋類也、五有中正之德而二亦中正、雖大蹇之時、不失其守、蹇於蹇以相應助、是以其中正之節也、上下、中正而弗濟者、臣之才、不足也、自古、守節秉義而才、不足以濟者、豈少乎、漢李固王允、晉周顗王導之徒、是也、潘氏曰五君位也而在坎中蹇孰大焉然動而不失中正之節故能感其朋之來以共成正邦之功也【備旨】平時不見爲中節在蹇時見爲中節中不緣蹇有節蹇以蹇著所以令英賢不得不激發而來也

上六은往ᄒᆞ면蹇ᄒᆞ고來ᄒᆞ면碩이라吉ᄒᆞ리니利見大人ᄒᆞ니라

○上六은往ᄒᆞ면蹇ᄒᆞ고來ᄒᆞ면碩ᄒᆞᆫ디라吉ᄒᆞ리니大人을보미利ᄒᆞ니라

【傳】六、以陰柔、居蹇之極、冒極(一作陰)險(一作蹇)而往、所以蹇也、不往而來、從五求三、得剛陽之助、是以碩也、蹇之道、戹塞窮蹙、碩、大也、寬裕之稱、來則寬大、其蹇、紓矣、蹇之極、有出蹇之道、上六、以陰柔、故、不得出、(一作能耳)得剛陽之助、可以紓蹇而已、在蹇極之時、得紓則爲吉矣、非剛陽中正、豈能出乎蹇也、利見大人、蹇極之時、見大德之人則能(一作利)有濟於蹇也、大人、謂五、以相比、發此義、五、剛陽中正而居君位、大人也、在五、不言其濟蹇之功而上六、利見之、何也、曰在五不言、以其居坎險之中、无剛陽之助、故、无能濟蹇之義、在上、六、蹇極而見大德之人則能濟於蹇、

故、爲利也、各爻取義、不同、如屯初九之志、正而於六二則目之爲寇也、諸爻、皆不言吉、上獨言吉者、諸爻、皆得正、各有所善、然、皆未能出於蹇、故、未足爲吉、唯上、處蹇極而得寬裕、乃爲吉也、建安丘氏曰上六才柔本不足以濟難而得助猶可以有爲下與三應即其助也唯不往而來與三同力則何蹇不濟所以吉也來碩應三也陽爲大故曰碩大人五也上既得三之應則宜與之共見大人而成濟蹇之功矣先言來碩後言利見者蓋上得三而後可以援五也○中溪張氏曰上居坎上之上將出蹇矣而亦曰往蹇何哉蓋上之才雖柔而下有九三陽剛之才爲之正應相與共濟九五之蹇不往而來則有碩大之功而此爻所以獨言吉也

【本義】 已在卦極、往无所之、益以蹇耳、來就九五、與之濟蹇則有碩大之功、大人、指九五、曉占者、宜如是也、朱子曰諸爻皆不言吉蓋未離乎蹇中也至上六往蹇來碩吉却是蹇極有可濟之理既是不往唯守於蹇則必見九五之大人與共濟蹇而有碩大之功矣

○進齋徐氏曰碩大也剛也近附九五之大人故曰來碩下得乎剛可以出蹇故吉也○雲峯胡氏曰剝上九陽稱碩果蹇上六從五之陽故亦曰碩碩以功之大言大人以德之大言○平菴項氏曰上六之往猶初六之來上六本无所往特以不來爲往耳初六本无所來特以不往爲來耳○薑溪王氏曰大蹇至上六始爲吉者以謂蹇至此極物極則反蹇極必通也語上六之往猶初之來初本无來特以不往爲來上本无往亦不來便是往凡往皆坎凡來皆艮故皆不貴往而貴來講來碩且虛下利見大人正申明來碩也

## 象曰往蹇來碩은 志在內也ㅣ오 利見大人은 以從貴也ㅣ라

(諺)象애 골오딕 往蹇來碩은 志ㅣ 內예 이숌이오 利見大人은 써 貴를 從홈이라

【傳】 上六、應三而從五、志在內也、蹇既極而有助、是以碩而吉也、六、以陰柔、當蹇之極、密近剛陽中正之君、自然其志、從附、以求自濟、故、利見大人、謂從九五之貴也、所以云從貴、恐人、不知大人、爲指五也、程子曰蹇以反身脩德故往者在外也在外必蹇來者在內也在內則有譽无來連朋來來碩皆反身脩德

之謂也蹇蹇不暴進內顧之象也暴進出外則无事矣連則无窮也朋來則衆來言朋來未免於有思也至於來碩則來處於大人之事也故曰從貴○董氏曰內以五之位言貴以[illegible]之德言以位則上不當往於外而當來於內以德則五有大人之德居大人之位此其可貴也○中溪張氏曰三內卦也上應之故曰志在內也五大人也上利見之故曰以從貴也○建安丘氏曰蹇難也詳六爻之義則處蹇者五也五在坎中需衆爻以出險故大蹇朋來蹇其蹇者二也二與五應與君同患難者故王臣蹇蹇餘四爻雖亦處蹇以不任濟蹇之責是以喜來而惡往故爻以往來爲辭然諸爻中唯三有剛實之才可以濟難以與五非近非應不能從五唯反而就二則可與之同往而濟君之蹇故爻言其來反而象以內喜釋之言二亦喜三之來也在四而言來連者比三也故象稱其當位實在上而言來碩者應三也故象稱其志在內蓋當蹇之世五方待三之來者也三來則衆爻俱來而蹇可濟矣獨初六才柔位卑未能有爲故以來譽勉之此蹇六爻之大旨也備旨內以五之位言貴以五之德言以位則上不當往於外而當來於內以德則五有大人之德居女人之位此其可貴也

䷧ 坎下震上

【傳】解、序卦、蹇者、難也、物不可以終難、故、受之以解、物无終難之理、難極則必散、解者、散也、所以次蹇也、爲卦、震上坎下、震、動也、坎、險也、動於險外、出乎險也、故、爲患難解散之象、又震爲雷、坎爲雨、雷雨之作、蓋陰陽、交感、和暢而緩散、故、爲解、解者、天下患難解散之時也

# 解는利西南ᄒᆞ니无所往이라其來復이吉ᄒᆞ니有攸往이어든夙ᄒᆞ면吉ᄒᆞ리라

解音蟹彖傳大象並同

(本義) 无所往이어든其來復이吉ᄒᆞ고有攸往이어든夙이吉ᄒᆞ니라

○解는西南이利ᄒᆞ니갈빠업순디라그來復홈이吉ᄒᆞ니갈빠잇거든夙ᄒᆞ면吉ᄒᆞ리라

(本義)往홀빠업거든그來復홈이吉ᄒᆞ고往홀빠잇거든夙홈이吉ᄒᆞ니라

【傳】西南、坤方、坤之體、廣大平易、當天下之難、方解、人始離艱苦、不可復以煩苛嚴急、治之、當濟以寬大簡易、乃其宜也、如是則人心、懷而安之、故、利於西南也、湯、除桀之虐而以寬治、武王、誅紂之暴而反商政、皆從寬易也、旡所往其來復吉有攸往夙吉、旡所往、謂天下之難、已解散、旡所爲也、有攸往、謂尙有所當解之事也、夫天下國家、必紀綱法度、廢亂而後、禍患、生、聖人、旣解其難而安平旡事矣、是旡所往也、則當脩復治道、正紀綱、明法度、進復先代明王之治、是來復也、謂反正理也、天下之吉也、其、發語辭、自古聖王、救難定亂、其始、未暇遽爲也、旣安定則爲可久可繼之治、自漢以下、亂旣除則不復有爲、姑隨時維持而已、故、不能成善治、蓋不知來復之義也、有攸往夙吉、謂尙有當解之事則早爲之、乃吉也、當解而未盡者、不早去則將復盛、事之復生者、不早爲則將漸大、故、夙則吉也、朱子曰旡所往其來復吉程傳以爲天下之難已解而安平旡事則當修復治道正紀綱明法度進復先代明王之治夫禍亂旣平正合修治道求復三代之規模却只便休了兩漢以來人主還有理會正心誠意否須得人主如窮閻陋巷之士治心脩身講明義理以此應天下之務用天下之才方見次第

【本義】解、難之散也、居險能動則出於險之外矣、解之象也、難之旣解、利於平易安靜、不欲久爲煩擾、且其卦、自升來、三往居四、入於坤體、二居其所而又得中故、利於西南平易之地、若旡所往則宜來復其所而安靜、若尙有所往則宜早往早

復、不可久煩擾也、節齋蔡氏曰坎難震動動則離乎難解之義也利西南者坎震東北之卦也難解於東北至西南則无不利矣无所往其來復吉往進也來復退歸也謂二難既解則居中以復其安靜也主內象言有攸往夙吉夙早也難有未解者當急往而解之不可久擾也主外象言○雲峯胡氏曰蹇解西南皆取後天對待蹇下體艮東北隅與西南對解二體坎震震東坎北亦與西南對蹇未解且利西南既解可知矣蹇言不利東北解不言者蹇方止於險中故言利平易不利險阻解已出險外故但言平易之利不言險阻之不利大抵解之時以平易爲利畧有苛急即非利以安靜爲吉久爲煩擾即非吉本義曰若无所往則宜來復其所而安靜是以安靜爲吉也曰若有所往則宜早往早復不可久爲煩擾亦以安靜爲吉也本義兩若字未定之辭顧其時何如耳然其吉也則皆在於來復而已

# 彖曰解는險以動이니動而免乎險이解라

○彖애ᄀᆞᆯ오ᄃᆡ解는險ᄒᆞ고ᄡᅥ動ᄒᆞᆷ이니動ᄒᆞ야險에免ᄒᆞᆷ이解라

【傳】坎險震動、險以動也、不險則非難、不動則不能出難、動而出於險外、是免乎險難也、故、爲解

【本義】以卦德、釋卦名義、白雲郭氏曰遇險而止者才之不足也遇險而動者才之有餘也以有餘之才故能動而免乎險所以爲解也○臨川吳氏曰解者險難釋散之時也坎險在內震動在外是動而出乎險之外得以脫免於險難也○隆山李氏曰以畫觀之四陰二陽坎險在前是爲蹇四陰二陽坎險已過是爲解則解者蹇之反也以卦觀之坎上震下爲屯坎下震上爲解則解者屯之反也屯蹇者難之方與解則難之已散蹇之止于險下固不若屯之動于險中屯之動于險中又不若解之動于險外也

# 解利西南은往得衆也오

○解利西南은往ᄒᆞ면衆을得ᄒᆞᆷ이오

【傳】解難之道、利在廣大平易、以寬易而往濟解則得衆心之歸也、進齋徐氏曰往得衆指四也坤爲衆變坤

成震九四往趨於西南平易之地則得衆心而无難矣豈非利乎○白雲郭氏曰解利西南往得衆者西南得朋之地也得朋而動乃能濟險故蹇之大蹇朋來與解之朋至斯孚皆一道也

**其來復吉**은 **乃得中也**ㅣ오

○其來復吉은이예中을得홈이오

【傳】不云无所往、省文爾、救亂除難、一時之事、未能成治道也、必待難解无所往然後、來復先王之治、乃得中道、謂合宜也、 進齋徐氏曰乃得中指二也蓋天下禍亂己散來則復返於安靜之域不事煩擾此以靜而吉也

**有攸往夙吉**은 **往有功也**ㅣ라

○有攸往夙吉은往ᄒᆞ야功이이숌이라

【傳】有所爲則夙、吉也、早則往而有功、緩則惡滋而害深矣

【本義】以卦變、釋卦辭、坤爲衆、得衆、謂九四、入坤體、得中有功、皆指九二、 西溪李氏曰未可以往則以來復爲中今難既解則往而有功矣○進齋徐氏曰往有功亦指二也謂當時或有未解之難則宜亟往而散之夙則有功此又以速而吉也○建安丘氏曰大抵處時方平者易緩除惡不盡者易滋聖人於患難方平之際既不欲人以多事自疲又不欲人以无事自怠也

**天地**ㅣ**解而雷雨**ㅣ**作**ᄒᆞ고 **雷雨**ㅣ**作而百果草木**이 **皆甲拆**ᄒᆞᄂᆞ니 **解之時**ㅣ **大矣哉**라

○天地ㅣ解ᄒᆞ매雷雨ㅣ作ᄒᆞ며雷雨ㅣ作ᄒᆞ매百果草木이다甲이拆ᄒᆞᄂᆞ니解의時ㅣ크다

【傳】旣明處解之道、復言天地之解、以見解時之大、天地之氣、開散交感而和暢則成雷雨、雷雨作而萬物、皆生發甲拆、天地之功、由解而成、故、贊解之時大矣哉、王者、法天道、行寬宥、施恩惠、養育兆民、至於昆蟲草木、乃順解之時、與天地合德也

【本義】極言而贊其大也、朱子曰陰陽之氣閉結之極忽然迸散出做這雷雨只管閉結了若不解散如何會有雷雨作小畜所以不能成雷雨者畜不極也○厚齋馮氏曰以天地推廣卦義而贊之作與也折分裂也雲雷爲屯故雷雨作爲解雨自天施雷出地天地解也雷雨二卦象百果草木四陰象或甲或折得二陽而發育也○王氏曰天地否結則雷雨不作交通感散雷雨乃作雷雨之作則險厄者亨否結者散故百果草木皆甲折也○誠齋楊氏曰當解之時如冬閉之久而忽逢春生天地之凝者散雷雨之蟄者作萬物之甲者折大哉解之時乎○進齋徐氏曰雷雨作者氣之解也百果草木皆甲折者形之解也形隨氣而解則屈者伸鬱者暢生意流行充周普偏解之時其大矣哉○中溪張氏曰剝之碩果不食者藏天地生物之仁也解之百果草木皆甲折者發天地生物之仁也○雲峯胡氏曰解上下體易爲屯動乎險中爲屯動而出乎險之外爲解屯象草穿地而未甲解則雷雨作而百果草木皆甲折蹇解得中皆指坎中而言蹇之中在五往則得中解之中在二无所往而來乃得中當蹇之未解必動而免乎險方可以爲解蹇之旣解卽宜安靜而不可久煩擾故蹇之時以往居五爲中旣解之時以復其安靜則爲中也是之謂時中故蹇之時用解之時義皆入者極言而贊其大

# 象曰雷雨作이解니君子ㅣ以ᄒᆞ야赦過宥罪ᄒᆞᄂᆞ니라

○象애ᄀᆞᆯ오ᄃᆡ雷와雨ㅣ作흠이解니君子ㅣ以ᄒᆞ야過ᄅᆞᆯ赦ᄒᆞ며罪ᄅᆞᆯ宥ᄒᆞᄂᆞ니라

【傳】天地、解散而成雷雨、故、雷雨作而爲解也、與明兩而作離、語不同、赦、釋之、宥、寬之、過失則赦之、可也、罪惡而赦之則非義也、故、寬之而已、君子、觀雷雨作解之象、體其發育則施恩仁、體其解散則行寬釋也、建安丘氏曰雷雨交作天地以之而解萬物之屯赦過宥罪君子以之而解萬民之難○

雙湖胡氏曰坎在上爲雲在下爲雨方雲雷爲屯則陰陽之未通今雷雨作解則陰陽之已通矣屯其爲難之始解其解屯之難者歟○雲峯胡氏曰程傳云過失則赦之可也罪惡而赦之非義也寛之而已蓋雷雨者造化與物更新之仁也赦過宥罪君子與民更新之仁也而有義存焉○中溪張氏曰夫雷雨交作則爲解雷者天之威雨者天之澤威中有澤刑獄之有赦宥也有過者赦而不問有罪者宥而從輕此君子所以推廣天地之仁心也【備旨】民當蹇難之後罹於罪非陷於不自知即追於不得已與平時不同故當赦宥赦之宥之全是要開以自新之路正解民難之大處

## 初六은 无咎ᄒᆞ니라

○初六은 咎ㅣ업ᄉᆞ니라

【傳】六、居解初患難既解之時、以柔居剛、以陰應陽、柔而能剛之義、既无患難而自處、得剛柔之宜、(一有也字)患難既解、安寧无事、唯自處、得宜則爲无咎矣、方解之初、宜安靜以休息之、爻之辭、寡、所以示意

【本義】難既解矣、以柔在下、上有正應、何咎之有、故、其占、如此、隆山李氏曰震陽動乎險上初與爲應藉以解散于屯蹇者安有咎哉○雲峯胡氏曰恒九二悔亡大壯九二貞吉解初六无咎三爻之占只二字其言甚簡象在爻中不復言也但恒大壯占在本爻此占在應爻又兼方解之初宜安靜以休息之爻之辭寡亦所以示意也【備旨】解利西南分明是以柔道致治然難之方解雖貴安靜而解後人心渙散亦易至于廢弛初鎭靜而濟以明作行以治解不養好又不啓變故得无咎

## 象曰剛柔之際라 義无咎也ㅣ니라

○象에 ᄀᆞᆯ오ᄃᆡ 柔의 際라 義ㅣ 咎ㅣ업ᄉᆞ니라

【傳】初四、相應、是剛柔、相際接也、剛柔相際、爲得其宜、難既解而處之、剛柔、得宜、其義、无咎也、節齋蔡氏曰際謂交際柔居解初入坎尙淺而承剛應剛得剛柔交際之宜難必解者也故曰義无咎也○中溪張氏曰居解之初患難方散之時也初才柔位卑未能有爲幸而初四相應

剛柔交際以此處解㒓之於義自无咎也〇雲峯胡氏曰初六无咎有占无象剛柔之際擧初與四之象以明占也

【備旨】剛柔之際重柔際剛邊際者相合而善用之謂夫子恐人謂但一於柔便可无咎故以剛柔之際觧之

## 九二는田獲三狐ᄒᆞ야得黃矢ᄒᆞ니貞ᄒᆞ야吉ᄒᆞ도다

(本義) 貞ᄒᆞ면吉ᄒᆞ리라

〇九二는田애三狐를獲ᄒᆞ야黃矢를得ᄒᆞ니貞ᄒᆞ야吉ᄒᆞ도다(本義)貞하면吉하리라

【傳】九二、以陽剛得中之才、上應六五之君、用於時者也、天下、小人、常衆、剛明之君、在上則明足以照之、威足以懼之、剛足以斷之、故、小人、不敢用其情、然、尤常存警戒、慮其有間而害正(一作政)也、六五、以陰柔、居尊位、其明、易蔽、其威、易犯、其斷、不果而易惑、小人、一近之則移其心矣、況難方解而治之初、其變、尙易、二旣當用、必須能去小人、則可以正君心而行其剛中之道、田者、去害之事、狐者、邪媚之獸、三狐、指卦之三陰、時之小人也、獲、謂能變化除去之、如田之獲狐也、獲之則得中直之道、乃貞正而吉也、黃、中色、矢、直物、黃矢、謂中直也、羣邪、不去、君心、一入則中直之道、无由行矣、桓敬之不去武三思、是也

【本義】此爻取象之意、未詳、或曰卦凡四陰、除六五君位、餘三陰、卽三狐之象也、大抵此爻、爲卜田之吉占、亦爲去邪媚而得中直之象、能守其正則无不吉矣、劉氏䂓曰狐者性柔而情姦晝伏而夜動小人道也〇雲峯胡氏曰當觧之時四欲其解拇上欲其射隼三則直以負且乘明其爲小人五則直欲其退小人一卦六爻而去小人者居其五此爻謂之獲狐者狐邪媚之獸所以形容小人者尤切九剛直

而二得中故本義以爲去邪媚得中直之象蓋中直與邪媚相反中則无有不正故吉【備旨】小人最能害人難解之後以去小人爲第一義故自二至五皆以去小人爲言田者除害之事狐者邪媚之獸獲謂變化除去之也三狐黃矢相承說邪正不兩立邪媚既去中直自來大臣以道事君擧直錯枉最是要事故以貞吉與之

象曰九二貞吉은 得中道也ᅵᆯ시라

○象애 ᄀᆞᆯ오ᄃᆡ 九二貞吉은 中道ᄅᆞᆯ 得ᄒᆞ실시라

【傳】所謂貞吉者、得其中道也、除去邪惡、使其(一无其字)中直之道、得行、乃正而吉也、中溪張氏曰九二所以致守正之吉者以其能得居中之道也【備旨】去吾心之邪媚方能去小人之邪媚存吾心之中直方能用君子之中直一惟以中自乘故能取舍得正得中道在獲三狐得黃矢之前

六三은 負且乘이라 致寇至니 貞이라도 吝이리라

○六三은 負ᄒᆞᆯ꺼시 또 乘ᄒᆞᆫ디라 寇ㅣ 至홈을 닐위니 貞ᄒᆞ야도 吝ᄒᆞ리라

【傳】六三、陰柔、居下之上、處非其位、猶小人、宜在下、以負荷而且乘車、非其據也、必致寇奪之至、雖使所爲得正、亦可鄙吝也、小人而竊盛位、雖勉爲正事而氣質、卑下、本非在上之物、終可吝也、若能大正則如何、曰大正、非陰柔、所能也、若能之則是化爲君子矣、三、陰柔小人、宜在下而反處下之上、猶小人、宜負而反乘、當致寇奪也、難解之時而小人、竊位、復致寇矣

【本義】繫辭、備矣、貞吝、言雖以正得之、亦可羞也、唯避而去之、爲可免耳、朱子曰六居三大率少有好底負且乘聖人到這裏又見得有箇小人乘君子之器底象故又於此發出這箇道理來○臨川王氏曰負者小人之事六小人之材也乘者君子之器三君子之位也○南軒張氏曰小人乘君子之器乃所以招寇而起禍貞固

守此寗不可吝乎○雲峯胡氏曰六才柔當上負乎四負小人之事也三志剛欲下乘乎二乘君子之器也寇上象解難莫切於解小人六三負者而乘君子之器小人據非其分寇至自致之也本義謂唯避而去之爲可免爾蓋使三能避而去之是三自解之也寇亦當解而去矣○雙湖胡氏曰六爻中唯三爲吝而不言凶咎者終是以卦體吉也備旨六小人之林三君子之位雖未解人品混淆尙可冒濫爵祿旣解則公道昭明无德竊據人誰容之且字致字宜玩小人明知不容而恬然不顧者恃爵出於公朝也貞吝所以愧其心而使之去耳

**象曰負且乘**이 **亦可醜也**ㅣ며 **自我致戎**이어니 **又誰咎也**ㅣ리오

○象애 ᄀᆞᆯ오ᄃᆡ 負且乘이 또可히 醜ᄒᆞ며 我로브터 戎을 닐위어니 또 誰를 咎ᄒᆞ리오

【傳】 負荷之人而且乘載、爲可醜惡也、處非其據、德不稱一作勝其器則寇戎之致、乃己招取、將誰咎乎、聖人、又於繫辭、明其致寇之道、謂作易者、其知盜乎、盜者、乘釁而至、苟无釁隙則盜安能犯、負者、小人之事、乘者、君子之器、以小人而乘君子之器、非其所能安也、故、盜、乘釁而奪之、小人而居君子之位、非其所能堪也、故、滿假而陵慢其上、侵暴其下、盜則乘其過惡而伐之矣、伐者、聲其罪也、盜、橫暴而至者也、貨財而輕慢其藏、是敎誨乎盜、使取之也、女子而夭冶其容、是敎誨淫者、使暴之也、小人而乘君子之器、是招盜使奪之也、皆自取之之謂也、雷氏曰負且乘小人自以爲榮而君子所恥故可醜寇小則爲盜大則爲戎任使非人則變解而蹇天下起戎矣己所致也復誰咎哉○中溪張氏曰負販之人而且乘車處非其據竊位而已亦可醜也寇戎之至自我招之將誰咎乎我指三也戎指上也備旨亦可醜言其辱甚於見奪又誰咎深明无德之不可久據皆深鄙之辭

**九四**는 **解而拇**ㅣ면 **朋至**ᄒᆞ야 **斯孚**ㅣ리라 解佳買反象同

○九四ᄂᆞᆫ네拇를解ᄒᆞ면朋이至ᄒᆞ야이예孚ᄒᆞ리라

【傳】九四、以陽剛之才、居上位、承六五之君、大臣也而下與初六之陰、爲應、拇、在下而微者、謂初也、居上位而親小人則賢人正士、遠退矣、斥去小人則君子之黨、進而誠相得也、四、能解去初六之陰柔則陽剛君子之朋、來至而誠合矣、不解去小人則己之誠、未至、安能得人之孚也、初六、其應、故、謂遠之爲解、

【本義】拇、指初、初與四、皆不得其位而相應、應之不以正者也、然、四陽而初陰、其類則不同矣、若能解而去之則君子之朋、至而相信也、朱子曰四與初皆不得正四能解而拇者以四雖陰位而才則陽與初六陰柔則爲有間所以能解去其拇故得陽剛之朋類至而相信矣○進齋徐氏曰朋謂二四與二皆剛故曰朋解之時陽能解陰剛能解柔九四欲解初六在下之陰解而拇也○雲峯胡氏曰本義謂四陽初陰其類不同初應四固可无咎自四觀之九二非應類也初六雖應非類也必去初六非類之陰則九二之陽朋至而相信本義但曰君子之朋意可見矣【備旨】而汝也謂初爲四願指之私大也二句緊緊說卞明之至不至孚不孚一視其能解小人與否能解則極沾戀之情不難飮痛於一割如此則情附情附者空而道同者治斯孚然有決斷

**象曰解而拇ᄂᆞᆫ未當位也ㅣ니라**

○象애ᄀᆞᆯ오ᄃᆡ解而拇ᄂᆞᆫ位예當티아닐시라

【傳】四雖陽剛、然、居陰、於正、疑不足、若復親比小人則其失正、必矣、故、戒必解其拇然後、能來君子、以其處未當位也、解者、本合而離之也、必解拇而後、朋孚、蓋君子之交而小人、容於其間、是、與君子之誠、未至也、中溪張氏曰四以剛居柔故有未當位之戒【備旨】四之未當位卽就比初六上看出使溺而不解何以取信於君子曰解拇欲其斷以義也一說未當位是解拇之由專指初說亦可備叅

六五는君子ㅣ維有解면吉ᄒᆞ니有孚于小人이리라 解音蟹象同

○六五는君子ㅣ解홈이이시면吉ᄒᆞ니小人애孚홈이이시리라

【傳】六五、居尊位、爲解之主、人君之解也、以君子、通言之、君子所親比者、必君子也、所解去者、必小人也、故、君子、維有解則吉也、小人、去則君子、進矣、吉孰大焉、有孚者、世云見驗也、可驗之於小人、小人之黨、去則是君子、能有解也、小人、去則君子、自進、正道、自行、天下、不足治也、

【本義】卦凡四陰而六五、當君位、與三陰同類者、必解而去之、則吉也、孚、驗也、君子有解、以小人之退、爲驗也、 雲峯胡氏曰爻位吉凶无常原其卦體之休咎觀其時物之向背或指而云吉或戒而示凶作易者自有微權也此爻曰君子維有解吉者五得中可爲君子六爲陰亦類小人君子有解之吉必以小人之去爲驗也九二以陽居臣位三陰非類也必解而去之乃吉六五以陰居尊位三陰同類也不解而去之失君道矣吉未可知也卦唯四五言解四能解非類之小人可以來君子五能解同類之小人亦可驗其能爲君子○建安丘氏曰險難小人之爲也小人情狀最爲不一狐以言其蠱惑隼以言其鷙害拇以言其附麗負且乘以言其僭竊也聖人於諸爻所以斥六三者已極其形容矣至此復明以小人斥之斥之以小人者所以顯其非而去之也然生天下之難者莫甚於小人而人君能解天下之難者莫大於君子唯六五之君得君子以爲解難之助此小人之所以心服而退聽也○雙湖胡氏曰嘗觀卦體不吉諸爻雖得位以剛中正之君幾濟之不足蹇之九五是也卦體既吉諸爻雖不得位以柔中不正之主亦處之有餘解之六五是也以是知卦有小大實係卦體而不專係六爻於此可以見矣然解六五不過爲守成之常君蹇九五則實爲撥亂之英主遇蹇困而非如是之君生人之類復何賴焉吁此易之所以爲易也【備旨】曰維者見一解之外无他術也有孚句是慮其解之不力故足以叮嚀之見必兪王遁跡而黜陟始嚴也

象曰君子有解는小人의退也ㅣ라

○象애골오딕君子有解는小人의退홈이라

【傳】君子之所解者、謂退去小人也、小人、去則君子之道、行、是以吉也、【[illegible]】此是極言其易使之必解須重看有字

# 上六은公用射隼于高墉之上ᄒ야獲之니无不利로다 射食亦反

○上六은公이써隼을高ᄒ墉우희射ᄒ야獲홈이니利티아니미업도다

【傳】上六、尊高之地而非君位、故、曰公、但據解終而言也、隼、鷙害之物、象爲害之小人、墉、墻、內外之限也、害若在內則是未解之時也、若出墉外則是无害矣、復何所解、故、在墉上、離乎內而未去也、云高、見防限之嚴而未去者、上、解之極也、解極之時而獨有未解者、乃害之堅强者也、上居解極、解道、已至、器已成也、故、能射而獲之、既獲之則天下之患、解已盡矣、何所不利、夫子、於繫辭、復伸其義曰隼者、禽也、弓矢者、器也、射之者、人也、君子、藏器於身、待時而動、何不利之有、動而不括、是以出而有獲、語成器而動者也、鷙害之物、在墉上、苟无其器、與不待時而發則安能獲之、所以解之之道、器也、事之當解、與己解之之道、至者、時也、如是而動、故、无括結、發而无不利矣、括結、謂阻礙、聖人、於此、發明藏器待時之義、夫行一身、至於天下之事、苟无其器與不以時而動、小則括塞、大則喪敗、自古、喜有爲而无成功、或顚覆者、皆由是也、

【本義】繫辭、備矣、中溪張氏曰公者大臣之稱即上六也隼者鷙害之禽也六三其小人之鷙者乎三負且乘竊據高位乃高墉也上與六三既无應乃其敵也故公用射六三之隼于高墉之上獲

之无不利矣○雲峯胡氏曰九二剛中視三柔而不中象狐之邪媚上柔正視三居剛不正又象隼之鷙害繫辭以三爲小人以上爲藏器待時之君子卦六爻唯上六獨正故又以象君子也易於震動多有戒辭今於動之極而曰无不利自坎而進於震經歷險阻而後動動必不妄也繫辭曰待時而動待解終也曰成器而動器至終而成也○厚齋馮氏曰解之時諸爻皆不當位故以二五得中爲貴以剛爻能出險爲尙唯上一爻當位故无不利也

## 象曰公用射隼은 以解悖也ㅣ라 解佳買反

○象애골오ᄃᆡ公用射隼은ᄡᅥ悖를解홈이라

【傳】至解終而未解者、悖亂之大者也、射之、所以解之也、解則天下、平矣、節齋蔡氏曰悖逆也解悖謂解三之悖逆而卒得其貞也○雲峯胡氏曰諸爻唯六三爲小人之尤亦可醜也猶未見其爲惡以解悖也悖之一字其惡著矣○建安丘氏曰解散也散天下之難也然小人者難之根故蹇難之後猶當思於去小人解去小人之卦也在卦以六三一陰爲主其爻曰負且乘致寇至言三以小人陰險之才處非其據而召天下之兵也在諸爻皆欲去三者二在三下而言獲狐者獲三也四處三上而言解拇者解三也上與三應而言射隼者射三也五解之主而言有孚于小人者退三也觀上下諸爻莫不一唯六三之去小人不去難根不除此作易聖人之所深懼也唯初六才柔位卑不任解難之責故爻无他辭但曰无咎而已此解六爻之大旨也

備旨具解原本周易卷之十四

# 備旨具解原本周易卷之十五

䷨ 兌下艮上

【傳】損、序卦、解者、緩也、緩必有所失、故、受之以損、緃緩則必有所失、失則損也、損所以繼解也、爲卦、艮上兌下、山體、高、澤體、深、下深則上益高、爲損下益上之義、又澤在山下、其氣、上通、潤及草木百物、是損下而益上也、又下爲兌說、三爻、皆上應、是說以奉上、亦損下益上之義、又下兌之成兌、由六三之變也、上艮之成艮、自上九之變也、三本剛而成柔、上本柔而成剛、亦損下益上之義、損上而益於下則爲益、取下而益於上則爲損、在人上者、施其基澤、以及下則益也、取其下、以自厚則損也、譬諸壘土、損於上、以培厚其基本則上下、安固矣、豈非益乎、取於下、以增上之高則危墜、至矣、豈非損乎、故、損者、損下益上之義、益則反是、雲峯胡氏曰上下經陰陽各三十畫然後爲泰否爲損益咸男女之交變而損則不交恒男女之不交變而益則交咸者夫婦之情情之感也極必損恒者夫婦之道道之久也極必益然損九三益上六爲損初九上而爲四爲五胡不謂之損損九四益初六謂之益上九下而爲二爲二胡不謂之益益在下卦之下民爻也下之上容可損下之下爲民決不可損也故損之釋彖曰損下益上而不言損民益之釋彖曰損上益下民說无疆則其爲益民也可知矣民爲邦本可益而不可損如此〇漢上朱氏曰損泰變也損九三以益上六也益上矣而謂之損何也蓋上以下爲基譬之築墉損其基以增上之高則危矣非益也

**損**은 **有孚**ㅣ면 **元吉**코 **无咎**ᄒᆞ야 **可貞**이라 **利有攸往**ᄒᆞ니

(本義) 无咎코可貞이오

○損은孚를두워ᄒᆞ면元ᄒᆞ야吉ᄒᆞ고咎ㅣ업서可히貞ᄒᆞᆯ디라 往ᄒᆞᆯ빠를두미利ᄒᆞ니

【本義】 咎ㅣ업고可히貞ᄒᆞᆯ디오

【傳】 損、減損也、凡損抑其過、以就義理、皆損之道也、損之道、必有孚誠、謂至誠順於理也、損而順理則大善而吉、所損、无過差、可貞固常行而利有所往也、人之所損、或過或不及一有或常字 或不常一作當 皆不合正理、非有孚也、非有孚則无吉而有咎、非可貞之道、不可行也

【本義】 損、減省也、爲卦、損下卦上畫之陽、益上卦上畫之陰、損兌澤之深、益艮山之高、損下益上、損內益外、剝民奉君之象、所以爲損也、損所當損而有孚信則其占、當有此下四者之應矣、節齋蔡氏曰內本乾外本坤乾上爻與坤上爻往來本剛得柔爲損本柔得剛爲益凡卦以內爲貞主貞而言故爲損○進齋徐氏曰孚信實也損所當損適時之宜而有孚信可行之理所謂有孚也可貞者可以正固守此也其道可行故利往損而有孚則元吉无咎可貞而利有攸往也盖損者拂人情之事易至凶咎故特詳之○雲峯胡氏曰損之元吉无咎可貞利往占之辭繁而不殺自坤彖外未有如此反覆詳悉者損本拂人情之事也損下未必大喜而吉未必无過未必可固守未必可有往唯損其所當損於理可行而下信之則其占可如此爾

曷之用이리오 二簋ㅣ可用享이니라

○어듸ᄡᅳ리오二簋ㅣ可히ᄡᅧ享ᄒᆞᆯ디니라

【傳】 損者、損過而就中、損浮末而就本實也、聖人、以寧儉爲禮之本、故、爲損發明其

義、以享祀言之、享祀之禮、其文、最繁、然、以誠敬、爲本、多儀備物、所以將飾其誠敬之心、飾過其誠則爲僞矣、損飾、所以存誠也、故、云曷之用二簋可用享、二簋之約、可用享祭、言在乎誠而已、誠爲本也、天下之害、无不由末之勝也、峻宇雕墻、本於宮室、酒池肉林、本於飮食、淫酷殘忍、本於刑罰、窮兵黷武、本於征討、凡人欲之過者、皆本於奉養、其流之遠則爲害矣、先王、制其本者、天理也、後人、流於末者、人欲也、損之義、損人欲、以復天理而已

【本義】言當損時則至薄、无害、朱子曰二簋與簋貳字不同可見其義亦不同○進齋徐氏曰曷之用者問辭二簋可用享者答辭下之奉上皆謂之享即燕享之享也○雲峯胡氏曰上有不得已而損下者非以自奉也曷之用二簋可用享必用享爲訓者損之時享猶不敢過則所以自奉者可知矣古者享禮陳饋八簋爲盛四簋爲中二簋爲簡坎之時以一簋貳一尊則又簡矣

彖曰損은損下益上ᄒᆞ야其道ㅣ上行이니 上行之上時掌反

○彖애ᄀᆞᆯ오ᄃᆡ損ᄋᆞᆫ下ᄅᆞᆯ損ᄒᆞ야上ᄋᆞᆯ益ᄒᆞ야그道ㅣ上ᄒᆞ야行홈이니

【傳】損之以爲損者、以損於下而益於上也、取下以益上、故、云其道上行、夫損上而益下則爲益、損下而益上則爲損、損基本以爲高者、豈可謂之益乎、隆山李氏曰在下者民之象而在上者君之象也損民益君亦分之常而作易者名之爲損蓋損民者乃所以損國故設卦命名深寓至戒也○劉氏曰古之爲人上者无損下獲益之理故易以損下爲損益下爲益後世乃有百姓輸己之財以助公上者皆非盛世之事也○開封耿氏曰貴以賤爲本高以下爲基故益下則下與上俱益損下則下與上俱損

【本義】以卦體、釋卦名義、中溪張氏曰損者損下益上之卦自三而上其益在上故曰其道上行道者當然而然之謂以下奉上損實益虛損有餘益不足其道當如是非過損也○闕

氏廷瑞曰損益二卦專爲三陰設也損乾之九四故曰損上損乾之九三故曰損下○建安丘氏曰損之名由有餘而起益之名自不足而生損有餘所以補不足也故滿則招損謙則受益若多寡適稱則无所損益矣今觀損下體本乾三畫皆陽過於富貴當損者也上體本坤三畫皆陰過於虛乏當益者也當損而損當益而益是乃理之正事之宜也聖人豈以損民之不足者爲損哉

# 損而有孚면ㅣ元吉无咎可貞利有攸往이니

○損ᄒᆞ되孚ㅣ이시면元吉无咎可貞利有攸往이니

【傳】謂損而以至誠則有此元吉以下四者、損道之盡善也、進齋徐氏曰卦辭曰損有孚彖辭曰損而有孚加以而之一字則其義曉然矣

# 曷之用二簋可用享은二簋ㅣ應有時며損剛益柔ㅣ有時니

○曷之用二簋可用享은二簋ㅣ 맛당이時ㅣ이시며剛을損ᄒᆞ야 柔를益ᄒᆞ요미時ㅣ이시니

【傳】夫子、特釋曷之用二簋可用享、卦辭、簡直、謂當損去浮飾曰何所用哉、二簋、可以享也、厚本損末之謂也、夫子、恐後人、不達、遂以爲文飾、當盡去、故、詳言之、有本、必有末、有實、必有文、天下萬事、无不然者、无本、不立、无文、不行、父子、主恩、必有嚴順之體、君臣、主敬、必有承接之儀、禮讓、存乎內、待威儀而後、行、尊卑、有其序、非物采則[一作而]无別、文之與實、相須而不可缺也、及夫文之勝、末之流、遠本喪實、乃當損之時也、故、云曷所用哉、二簋、足以薦其誠矣、謂當務實而損飾也、夫

子恐人之泥言也、故、復明之曰二簋之質、用之當有時、非其所用而用之、不可也、謂文飾未過而損之、與損之至於過甚則非也、損剛益柔有時、剛爲過、柔爲不足、損益、皆損剛益柔也、必順時而行、不當時而損益之則非也、厚齋馮氏曰夫剛非當損柔非當益也損剛益柔蓋有時如此故二簋之享亦當有時如此也三剛而損其一止有二剛可以用享耳○潘氏曰於時爲損則享祀何所用哉曰二簋足矣蓋處損之時則可若處萃之時則大牲矣

**損益盈虛를與時偕行이니라**

○損ᄒᆞ며益ᄒᆞ며盈ᄒᆞ며虛ᄒᆞ요믈時로더브러ᄒᆞᆷ씌行ᄒᆞᆯ디니라

【傳】或損或益或盈或虛、唯隨時而已、過者、損之、不足(一作及)者、益之、虧者、盈之、實者、虛之、與時偕行也

【本義】此、釋卦辭、時、謂當損之時、厚齋馮氏曰損益盈虛與時偕行復釋損剛益柔之義謂損而不已必虛益而不已必盈亦唯與時偕行耳○中溪張氏曰當其可之謂時當損而損時也不當損而損則非時矣損其盈者益其虛者適時之宜與之偕行雖聖人亦不能違乎時也○雲峯胡氏曰益曰與時偕行損於時之一字凡三言之然則不當損之時而損可乎哉非特二簋之用有時以卦畫推之損剛益柔有時以天下之理推之凡損益盈虛皆有時也

**象曰山下有澤이損이니君子ㅣ以ᄒᆞ야懲忿窒欲ᄒᆞᄂᆞ니라**

○象애ᄀᆞᆯ오ᄃᆡ山下에澤이이시미損이니君子ㅣ以ᄒᆞ야忿을懲ᄒᆞ며欲을窒ᄒᆞᄂᆞ니라

【傳】山下有澤、氣通上潤、與深下以增高、皆損下之象、君子、觀損之象、以損於己、

在修己之道、所當損者、唯忿與欲、故、以懲戒其忿怒、窒塞其意欲也

【本義】君子、修身、所當損者、莫切於此、或問懲忿窒慾忿怒易發難制故曰懲懲是戒於其後慾之起則甚微漸漸到熾處故曰窒窒謂塞於初古人說情竇竇是罅隙須是塞其罅隙朱子曰懲也不專是戒於後若是怒時也須先懲治他始得懲者懲於今而戒於後耳窒亦非是眞有箇孔穴去塞了但遏絶之使不行耳又曰觀山之象以懲忿觀澤之象以窒慾慾如汙澤然其中穢濁解汙染人須當塡塞了○問觀山之象以懲忿是如何曰人怒時自是恁突兀起來故孫權曰令人氣湧如山○懲忿如摧山窒慾如塡壑又曰懲忿如救火窒慾如防水○山下有澤損君子以懲忿窒慾必是降下山以塞其澤便是此象六十四卦象皆如此○問何以窒慾伊川云思此莫是言欲心一萌當思禮義以勝之否曰然○龜山楊氏曰君子之修德可損者莫過於忿慾忿之不懲必至於遷怒慾之不窒必至於貳過○節齋蔡氏曰山下之澤潤上行而水漸減損之象也懲止也窒塞也忿則陵物欲則溺己二者皆所當損懲忿艮象窒欲兌象○林氏栗曰風雷爲益者雷震則益風風怒則益雷山澤爲損者山摧則損澤澤動則損山此損益二卦有自然之象也○建安丘氏曰忿慾者吾身愛惡之私皆所當損也然懲忿易窒欲難蓋忿屬陽其發也氣勢暴湧如山之突兀人皆知之故懲之易欲屬陰其溺人也如水之浸淫泯无痕迹使人不覺陷其中而不能出故窒之難懲忿唯用心之剛者卽能制之窒欲不唯用剛非見理之精未易察也

**初九는己事ㅣ어든遄往이라가无咎ㅣ리니酌損之니라** 遄市專反

(本義) 巳事ㅣ오

○初九는事를已ᄒᆞ거든샐리往ᄒᆞ야아咎ㅣ업스리니酌ᄒᆞ야損홀디니라 (本義) 事를已ᄒᆞ고

【傳】損之義、損剛益柔、損下益上也、初以陽剛、應於四、四以陰柔、居上位、賴初之益者也、下之益上、當損己而不自以爲功、所益於上者、事旣已則速去之、不居其功、

乃无咎也、若享其成功之美、非損己益上也、於爲下之道、爲有咎矣、四之陰柔、賴初者也、故、聽於初、初、當酌度其宜而損己以益之、過與不及、皆不可也

【本義】初九、當損下益上之時、上應六四之陰、輟所爲之事而速往以益之、无咎之道也、故、其象占、如此、然、居下而益上、亦當斟酌其淺深也、朱子曰酌損之在損之初下猶可以斟酌也○問損卦二陽皆能益陰而二上二爻則弗損益之初則曰酌損之何邪曰這二爻難解只得用伊川說又云易解得處少難解處多今且恁地說去到那占時又自別消詳有應處難豫爲定說也○臨川吳氏曰損之時皆當以下陽益上陰己止也事所作爲之事也陽動喜作爲初在下當止其所作爲之事而速往以益四也居下者不當有爲以其有餘之才補益在上己損而上益此處下之道也故无咎○廣平遊氏曰損下以益上者或失其節則後難繼故必酌損之○雲峯胡氏曰初九以剛居剛而當損之初唯其以剛居剛則爲之過故可自己其所爲而速往以益四唯其當損之初則又未可自損之過故當酌其深淺之宜而不自傷其本量其所受隨器而止酌之義也【備旨】已事非己進修之事只是速往益上毋戀己私之意損所以爲益註益字不必添入酌字從遄字上來量其所受隨器而止酌之義也酌損正是敎以益之之道非不可則止之謂

象曰已事遄往은 尙合志也ㅣᆯ새라

○象애 ᄀᆞᆯ오ᄃᆡ 已事遄往은 尙과 志合ᄒᆞᆯ시라

【傳】尙、上也、時之所崇用、爲尙、初之所尙者、與上合志也、四賴於初、初益於四、與上合志也

【本義】尙、上、通、廣平遊氏曰四之志欲損其疾而初遄往使遄有喜焉故曰尙合志也【備旨】爻有酌損之說聖人慮觀望者有所借口而不往故以上合志歆之也

九二는 利貞코 征이면 凶ᄒᆞ니 弗損이라아 益之리라

○九二는貞홈이利ᄒᆞ고征ᄒᆞ면凶ᄒᆞ니損티아니ᄒᆞ야아益ᄒᆞ리라

【傳】二以剛中、當損剛之時、居柔而說體、上應六五陰柔之君、以柔說應上則失其剛中之德、故戒所利、在貞正也、征、行也、離乎中則失其貞正而凶矣、守其中、乃貞也、弗損益之、不自損其剛貞則能益其上、乃益之也、若失其剛貞而用柔說、適足以損之而已(一无而己字)非損己而(一有以字)益上也、世之愚者、有雖无邪心而唯知竭力順上、爲忠者、蓋不知弗損益之之義也、董氏曰二以剛益五之柔亦如初益四初以剛居剛少損之則可裁度以助四二以剛居柔更損之將至媚說以徇五矣故旣以利貞勉之復以征凶警之○廣平遊氏曰兌之情說而陽性好動故有利貞征凶之戒也

【本義】九二、剛中、志在自守、不肯妄進、故、占者、利貞而征則凶也、弗損益之、言不變其所守、乃所以益上也、雲峯胡氏曰二剛中无有不正倘不能自守而妄進則非正矣故凶卦唯九三剛過乎中故當損當損初九九二則深恐其損之之過初以剛居剛而未及乎中當酌其所當損而損之二以剛居柔而得乎中不自損其所守者乃所以益之也損兼言益益不言損此又易之微意○臨川吳氏曰初九九二皆是以下卦之陽益上卦之陰者而爻辭之意相反初必自止其事而速當上往就四二當利於正固而不可上征就五初之益四則損己而益之二之益五則不損己而益之蓋初以陽居陽二以陽居陰故不同也○雙湖胡氏曰二雖弗損然與六五爲正應以剛濟柔固未嘗无益之之道也【傳】曰弗損益之正見貞之爲利而征之爲凶也征與貞相反弗損即守貞即所以益上蘇子曰以損巳益人其益止於所損以无損於巳者益人則爲益之方

象曰九二利貞은中以爲志也ㅣ라

○象애ᄀᆞᆯ오ᄃᆡ九二利貞은中으로ᄡᅥ志를삼음이라

【傳】九、居二、非正也、處說、非剛也、而得中爲善、若守其中德、何有不善、豈有中

而不正者、豈有中而有過者、二所謂利貞、謂以中爲志也、志存乎中則自正矣、大率
中重於正、中則正矣、正不必中也、能守中則有益於上矣、臨川吳氏曰以其中爲志而益六五利在自守不宜行往也【備旨】點出志字有斷斷不移意中以爲志所謂不染於欲不累於氣者立得志高所以修德行潔

## 六三은三人行앤則損一人코一人行앤則得其友ㅣ로다

○六三은三人이行ᄒᆞ요맨一人을損ᄒᆞ고一人이行ᄒᆞ요맨그友를得ᄒᆞᆷ이로다

【傳】損者、損有餘也、益者、益不足也、三人、謂下三陽、上三陰、三陽、同行則損九三以益上、三陰、同行則損上六以爲三、三人行則損一人也、上、以柔易剛而謂之損、但言其減一耳、上與三、雖本相應、由二爻升降而一卦、皆成兩相與也、初二二陽、四五二陰、同德相比、三與上應、皆兩相與則其志、專、皆爲得其友也、三雖與四相比、然、異體而應上、非同行者也、三人則損一人、一人則得其友、蓋天下、无不二者、一與二、相對待、生生之本也、三則餘而當損矣、此、損益之大義也、夫子、又於繫辭、盡其義曰天地、絪縕、萬物、化醇、男女、構精、萬物、化生、易曰三人行、則損一人、一人行則得其友、言致一也、絪縕、交密之狀、天地之氣、相交而密則生萬物之化醇、醇、謂醲厚、醲厚、猶精一也、男女精氣、交構則化生萬物、唯精醇專一、所以能生也、一陰一陽、豈可二也、故、三則當損、言專致乎一也、天地之間、當損益之明且大者、莫過此也、程子曰道二仁與不仁而已自然理如此道无對有陰則有陽有善則有惡有是則有非无一亦无三易曰三人行則損一人一人行則得其友只是二也○絪縕陰陽之感○朱子曰三人行損一人一人行得其友一陽上去換得一陰來伊川就六爻

上說得好○中溪張氏曰陰陽對待唯二而已三則餘其一而當損此所以損九三而益上六也故曰三人行則損一人此一人也獨往以應上則艮兌相合男女構精而有萬物化生之功矣故曰一人行則得其友也

【本義】下卦、本乾而損上爻以益坤、三人行而損一人也、一陽上而一陰下、一人行而得其友也、兩相與則專、三則雜而亂、卦有此象、故、戒占者、當致一也 建安丘氏曰此爻乃損之所以爲損也下體之乾三陽並進三人行也九三一爻損而上之三人行則損一人也九三上而爲上則上六下而爲三剛柔偶合一人行則得其友也○雲峯胡氏曰損以三之損而名故於此爻極論損之精義三人行而損一人兩也一人行而得其友亦兩也天地間陰陽剛柔鬼神造化之類皆兩而已本義兩相與則專曰戒占者當致一一則一陰一陽之謂也各致其一則爲兩矣○雙湖胡氏曰此爻大旨本義已盡之矣繫辭致一之說己自是夫子之意而程傳則又推之六爻者也【備旨】此爻論致一之道就交友上說四句緊緊一氣講此異類便是三同類便是兩不拘於三兩也道義交雖千百其朋不失爲兩倫類非偶雖比肩相與不失爲三一人行則得其友是從損一人而幸之之辭正是發明致一之意

象曰一人行은三이면則疑也ㅣ라

○象애ᄀᆞᆯ오ᄃᆡ 一人行은三이면疑ᄒᆞ리라

【傳】一人行而得一人、乃得友也、若三人、行則疑所與矣、理當損去其一人、損其餘也、中溪張氏曰夫一陰一陽之謂道苟參之以三則疑心生焉此聖人因一人之行而得致一之理也○雲峯胡氏曰損因三而成故必損六三然後陰陽各以兩而相資六三損則三於上爲得友上於三爲得臣三與上爲兩九二和貞六五元吉二與五爲兩初尙合志四亦可喜初與四爲兩天地男女之義不過乎兩故曰三則疑也【備旨】三則疑正解所以一人行之故疑是疑忌不相人去其疑則无二无二之謂致一

六四는損其疾호ᄃᆡ使遄이면有喜ᄒᆞ야无咎ㅣ리라

○六四는그疾을損호ᄃᆡ ᄒᆞ여곰遄ᄒᆞ면喜이셔咎ㅣ업스리라

【傳】四以陰柔、居上、與初之剛陽、相應、在損時而應剛、能自損以從剛陽也、損不

善以從善也、初之益四、損其柔而益之以剛、損其不善也、故、曰損其疾、疾、謂疾病、不善也、損於不善、唯使之遄速則有喜而无咎、人之損過、唯患不速、速則不致於深過、爲可喜也、

【本義】以初九之陽剛、益己而損其陰柔之疾、唯速則善、戒占者、如是則无咎矣、

楊氏曰物不得剛柔之中者俱謂之疾偏乎剛者忿之疾也偏乎柔者慾之疾也六四以柔居柔偏乎柔者之疾也得初九之陽以爲應損其疾者也損其疾則喜者速矣○中溪張氏曰初言遄往四言使遄蓋初之遄實四有以使之也○雲峯胡氏曰六四與初九爲應初方已其事而速於益四四以初之陽剛而損其陰柔之疾唯速則有喜不然彼方汲汲此乃悠悠非受益之道也【備旨】初言遄往四言使遄蓋初之遄實四有以使之也疾旣損便是喜便无終迷之咎但要勇於改過以致初之速來耳喚醒六四喫力在使遄二字

象曰損其疾ᄒᆞ니亦可喜也ㅣ로다

○象애ᄀᆞᆯ오ᄃᆡ其疾을損ᄒᆞ니또可히喜홉도다

【傳】損其所疾、固可喜也、云亦、發語辭、【備旨】廣平游氏曰有疾初无可喜因人而去之故曰亦可喜也夫子見諱疾忌醫者多故言亦可喜以與之亦字當玩見不容不損也

六五는或益之면十朋之라龜도弗克違ᄒᆞ리니元吉ᄒᆞ니라

(本義) 或이益之十朋之龜어든弗克違ㅣ니

○六五는或益ᄒᆞ면十이朋ᄒᆞ논디라龜도능히違티몯ᄒᆞ리니元ᄒᆞ야吉ᄒᆞ니라(本義) 或이十朋龜로益ᄒᆞ거든능히違티몯ᄒᆞ미니

【傳】六五、於損時、以中順、居尊位、虛其中以應乎二之剛陽、是人君、能虛中自損、

以順從在下之賢也、能如是、天下、孰不損己自盡以益之、故、或有益之之事則十朋助之矣、十、衆辭、龜者、决是非吉凶之物、衆人之公論、必合正理、雖龜筴、不能違也、如此、可謂大善之吉矣、古人、曰謀從衆則合天心 中溪張氏曰十朋之龜弗克違則天下之益皆歸焉

【本義】柔順虛中、以居尊位、當損之時、受天下之益者也、兩龜、爲朋、十朋之龜、大寶也、或以此益之而不能辭、其吉、可知、占者、有是德則獲其應也、朱子曰或益之十朋之龜句弗克違○易象自是一法如離爲龜則損益二卦皆說龜此類甚多○損益二卦說龜一在二一在五是顚倒說去未濟與旣濟說鬼方亦然○汪彥章說離爲龜故卦言龜處皆有離象如頤之靈龜損益十朋之龜以其卦雖无離而通體似離也頤六爻損自二至上益自初至五此其求之巧矣然頤猶取龜義而无取於離損益則但言其得益之多而義亦不復繫於龜矣今乃不論其所以得益之故以爲求益之方而必求其龜之所自來亦可謂枉費心力矣○節齋蔡氏曰元龜有國之大寶言益之大也弗克違者不求而必至之意故元吉○雲峯胡氏曰益不可以有心求唯不知其益之所自來而有不能辭者有德而自然益之者也龜爲大寶直二十貝爲大龜或益之以此其益也大矣然五有柔順虛中之德未嘗求此益非五有柔順虛中之德亦莫能受此益○進齋徐氏曰班固食貨志元龜距冉長尺二寸直二千一百六十爲大貝十朋註冉龜甲緣也距至也度背兩邊緣尺二寸也兩貝爲朋朋直二百一十六元龜十朋故二千一百六十也又有公龜九寸直五百爲壯貝十朋侯龜七寸以上直三百爲幺貝十朋子龜五寸以上直百爲小貝十朋是爲龜寶四品大貝四寸八分以上二枚爲一朋直二百一十六壯貝三寸六分以上二枚爲一朋直五十幺貝二寸四分以上二枚爲一朋直三十小貝寸二分以上二枚爲一朋直十不盈寸二分漏貝不得爲朋○東谷鄭氏曰凡曰或益曰有宅吉曰有隕自天曰自天祐皆謂不期於得之也【備旨】五虛中之主大開枚卜之典故岩穴之儔自有聲氣之通龜是決是非定吉凶之物賢能燭幾決疑故以爲比象曰或曰十朋或曰弗克違總是美其能得多賢之助意

**象曰六五元吉**은 **自上祐也**ㅣ라

○象애 ᄀᆞᆯ오ᄃᆡ 六五元吉은 上으로브터 祐홈이라

【傳】所以得元吉者、以其能盡衆人之見、合天地之理、故、自上天降之福祐也、

備旨 惟德動天故曰元吉惟天眷德故曰自上祐總由得賢上來可見人即是天心

上九는弗損코益之면无咎코貞吉하니利有攸往이니得臣이无家리라

(本義) 弗損이라도益之니无咎ㅣ어니와貞이면吉하야

○上九는損티말오益하면咎ㅣ업고貞하고吉하니往홀빠를두미利하니臣을得홈이家ㅣ업스리라(本義)損티아녀도益홀디니咎ㅣ업스려니와貞하면吉하야

【傳】凡損之義、有三、損己從人也、自損以益於人也、行損道以損於人也、損己從人、徙於義也、自損益人、及於物也、行損道以損於人、行其義也、各因其時、取大者言之、四五二爻、取損己從人、下體三爻、取自損以益人、損時之用、行損道以損天下之當損者也、上九則取不行其損爲義、九居損之終、損極而當變者(一无者字)也、以剛陽、居上、若用(一有其字)剛以損削於下、非爲上之道、其咎、大矣、若不行其損、變而以剛陽之道、益於下則无咎而得其正且吉也、如是則宜有所往、往則有益矣、在上、能不損其下而益之、天下、孰不服從、從服之衆、无有內外也、故、曰得臣无家、得臣、謂得人心歸服、无家、謂无有遠近內外之限也、

【本義】上九、當損下益上之時、居卦之上、受益之極而欲自損以益人也、然、居上而益下、有所謂惠而不費者、不待損己然後、可以益人也、能如是則无咎、然、亦必以正則吉而利有所往、惠而不費、其惠、廣矣、故、又曰得臣无家、朱子曰得臣无家猶言化家爲國相似得臣有家其

所得也小矣无家則可見其大○雲峯胡氏曰弗損益之上與二辭同而意異二當益上之時不損其所守乃所以益上上受益既至于極則又當推以益下然有不待損己而後可以益人者所謂惠而不費是也惠而不費其惠也廣故得臣无家其得也大然曰无咎又曰貞吉利有攸往者九二先言利貞而後言弗損益之一剛中无有不貞者貞其所有也上九曰弗損益之无咎而又曰貞吉者上以剛居益之極貞其所欠也故戒之【備旨】弗損益之便是說因民之利下則申其爲貞也蓋惠主令人喜貞主令人忘惠主計一時之補苴以博人世一小驩虞貞主培萬年之膏澤以成宇宙一大利賴弗損而益全是王道故以貞申明之吉以下皆跟貞字說正以明其无咎也

# 象曰弗損益之ᄂ大得志也ㅣ라

○象애 ᄀᆞᆯ오ᄃᆡ 弗損益之ᄂᆞᆫ 크게 志ᄅᆞᆯ得홈이라

【傳】居上、不損下而反益之、是君子、大得行其志也、君子之志、唯在益於人而已、或問損卦下三爻皆是損己益人四五兩爻是損己從人上爻有爲人上之象不待損己而自有以益人朱子曰三爻无損己益人底意只是盛到極處去不得自是損了四爻損其疾只是損了那不好了便自好五爻是受益也无損己從人底意○陳埴說損益曰勢自是如此有人主出來也只因這箇勢自住不得到這裏方看做是如何唯是聖人能順得這勢盡得這道理以下人不能識得損益之宜便會錯了壞了也自是立不得○節齋蔡氏曰損之爲義損下益上聖人不得已用之故卦辭必曰有孚爻辭初曰酌損二上皆曰弗損四但損其疾而已五則无損而大有益唯三當可損之時耳損兼言益益不兼言損意亦可見○建安丘氏曰損者損下乾之陽以益上坤之陰也合六爻觀之損在下則益在上矣其在下卦初爻位俱剛可損也故曰酌損之二處柔得中不可損矣故曰弗損益至三則有餘於陽當損其一以奉上故曰損一人此三爻皆知損者也其在上卦四陰虛賴初之陽以爲益故曰損其疾五受二之益而又得上之益故曰或益之上與三爲往來之爻既得三之益不待損人以益己故曰弗損益此三爻則處損而得益者也【備旨】大字從弗損來損而益者其益猶小弗損而益其益无方故曰大得可見小惠未遍民弗與也民弗與即有不得之志矣

䷩ 震下巽上

【傳】益、序卦、損而不已、必益、故、受之以益、盛衰損益、如循環、損極必益、理之自然、益所以繼損也、爲卦、巽上震下、雷風二物、相益者也、風烈則雷迅、雷激則風怒、兩相助益、所以爲益、此、以象言也、巽震二卦、皆由下變而成、陽變而爲陰者、損也、陰變而爲陽者、益也、上卦、損而下卦、益、損上益下、損以爲益、此、以義言也、下厚則上安、故、益下、爲益、朱子曰損上益下曰益損下益上曰損所以然者蓋邦本厚則邦寧而君安乃所以爲益也否則反是○隆山李氏曰益者損卦之反也損卦兌在下本乾體天下富實之也乾陽在下損乾之九三以益坤于上則是損下之陽實以益上之陰虛者也益卦巽在上本乾體弱延富實之象也乾陽在上損乾之九四以益坤于下則是損上之陽實以益下之陰虛者也下富實而上虛弱則損下以益上上富實而下虛弱則損上而益下上下相交而更爲損益其道一也而損下益上則謂之損損上益下則謂之益何也古之聖賢富厚之資則寧使在民而不在己儉薄之用則寧使在己而不在民蓋肥己瘠人者民貧而己无所寄己雖瘠而天下肥者民樂而吾亦无憂故損下以自益君子以爲自損自損以益下君子以爲自益也

**益은 利有攸往ᄒᆞ며 利涉大川ᄒᆞ니라**

○益은 往홀배를두미利ᄒᆞ며大川을涉홈이利ᄒᆞ니라

【傳】益者、益於天下之道也、故、利有攸往、益之道、可以濟險難、利涉大川也、

【本義】益、增益也、爲卦、損上卦初畫之陽、益下卦初畫之陰、自上卦而下於下卦之下、故、爲益、卦之九五六二、皆得中正、下震上巽、皆木之象、故、其占、利有所往而利涉大川也、中溪張氏曰益增也其卦下體本坤上體本乾損乾下爻以益坤下爻其益在下故曰益處益之時无所不利以行則利往以濟則利涉也○雲峯胡氏曰凡卦以內爲主凡物以下爲本損下謂之損益下謂之益而上之損益不與焉厚其本也他卦言利往者不言利涉益兼之蓋益以興利也○兼山郭氏曰易象中虛上下二體皆木所以利涉大川

彖曰益은損上益下ᄒᆞ니民說无疆이오自上下下ᄒᆞ니其道ㅣ大光이라下下上遐

嫁反下如字

○彖애ᄀᆞᆯ오ᄃᆡ益은上을損ᄒᆞ야下ᄅᆞᆯ益ᄒᆞ니民이說ᄒᆞ요미彊이업고上으로브터下애下ᄒᆞ니그道ㅣ크게光홈이라

【傳】以卦義與卦才、言也、卦之爲益、以其損上益下也、損於上而益下則民說之无彊、謂无窮極也、自上而降己以下下、其道之大光顯也、陽下居初、陰上居四、爲自上下下之義、

【本義】以卦體、釋卦名義、進齋徐氏曰損上益下者損上之剛益下之柔也下卦坤坤柔爲民坤得益故民說无彊上乾之下爻下爲坤之下爻自上下下也天道下濟而光明其道大光也故爲益○雲峯胡氏曰損其道上行以上兩句皆釋損義益其道大光以上四句皆釋益字損益皆以道言後世以聚斂掊克爲損下益上者非道也况損下之道僅可上行益下之道大而且光釋彖之旨深矣哉○趙氏汝楳曰二卦之損剛益柔一也而損下爲損益下爲益何耶蓋損下非聖人之得已而益下乃聖人之本心唐帝所謂吾瘠天下肥亦此意也○番易董氏曰魯哀公以年饑用不足問於有若有若對以盍徹又對以百姓足君孰與不足百姓不足君孰與足蓋深有得於損上益下之旨也

利有攸往은中正ᄒᆞ야有慶이오

○利有攸往은中ᄒᆞ고正ᄒᆞ야慶이이시미오

【傳】五以剛陽中正、居尊位、二復以中正、應之、是以中正之道、益天下、天下、受其福慶也、雙湖胡氏曰五以中正應二二亦以中正應五以此而利往以益天下固爲君臣之慶會而天下實同受其福慶矣

**利涉大川은 木道ㅣ乃行이라**

○利涉大川은益ᄒᆞᆫ道ㅣ이에行홈이라(本義)木의道ㅣ

【傳】益之爲(一无爲字一作於)道、於平常无事之際、其益猶小、當艱危險難則所益、至大、故、利涉大川也、於濟艱險、乃益道大行之時也、益、誤作木、或以爲上巽下震、故、云木道、非也、

【本義】以卦體卦象、釋卦辭、

或問木道乃行程傳以爲木字本益字之誤如何朱子曰看來只是木字渙卦說乘木有功中孚說乘木舟虛以此見得只是木字某見一朋友說有八卦之金木水火土有五行之金木水火土如乾爲金易卦之金也兌之金五行之金也巽爲木是卦中取象震爲木乃東方屬木五行之木也五行取四維故也○雙湖胡氏曰利有攸往以二五之中正有慶也利涉大川以震巽之木道乃行也○雲峯胡氏曰中正兼二五言木道兼震巽言震陽木巽陰木○中溪張氏曰神農氏斲木爲耜揉木爲耒蓋取諸益者亦木道之行也○漢上朱氏曰利涉大川言木者三益也渙也中孚也皆巽也

**益은 動而巽ᄒᆞ야 日進无疆ᄒᆞ며**

○益은動ᄒᆞ고巽ᄒᆞ야日로進홈이疆이업스며

【傳】又以二體、言、卦才、下動而上巽、動而巽也、爲益之道、其動、巽順於理則其益、日進、(一本益字在日進下)廣大无有疆限也、動而不順於理、益能成大益也、

**天施地生ᄒᆞ야 其益이 无方ᄒᆞ니**(施始豉反)

○天이施ᄒᆞ며地ㅣ生ᄒᆞ야그益ᄒᆞ요미方이업스니

【傳】以天地之功、言益道之大、聖人、體之、以益天下也、天道、資始、地道、生物、天

施地生、化育萬物、各正性命、其益、可謂无方矣、方、所也、有方所_{一无所字}則有限量、无方、謂廣大无窮極也、天地之益萬物、豈有窮際乎、隆山李氏曰天施地生指乾坤初體而言也乾施一陽以益於下而爲震坤以一陰上賜於乾之生育而爲巽上施下生二者相濟无所不被故曰其益无方○雲峯胡氏曰益增益也日之進天之施地之生无彊无方皆形容增益之義也

凡益之道ㅣ與時偕行ᄒᆞᄂ니라

○믈읫益의道ㅣ時와더브러흠믜行ᄒᆞᄂ니라

【傳】天地之益、无窮者、理而已矣、聖人利益天下之道、應時順理、與天地合、與時偕行也、

【本義】動巽、二卦之德、乾下施坤上生、亦上文卦體之義、又以此極言、贊益之大、臨川吳氏曰以卦德言人事之益人之動而能卑巽則日有進益无窮已也書曰惟學遜志務時敏厥修乃來是也又以卦變言天地之益乾之九四易初而下交於坤天之施也坤之初六易四而上達於乾地之生也天有施地發生萬物並育其增益衆多无有方所也凡益之道總言天地之於萬物人之於萬事其爲增益皆无時而止息所謂與時偕行也○節齋蔡氏曰无彊以悠久言无方以廣大言與時偕行又言益道之適乎時也○建安丘氏曰時者損益之準也上不足而下有餘則當損下而益上可損而損此損之時也若下不足則不當損矣上有餘而下不足則當損上而益下可益而益此益之時也若下有餘則不必益矣時者當其可之謂此損益二彖聖人皆以時言也○雙湖胡氏曰震巽於時爲春夏正當天地施生雷雨益物之時故曰凡益之道與時偕行言聖人體此凡所以爲益之道有慶賞而无刑威也

象曰風雷ㅣ益이니君子ㅣ以ᄒᆞ야見善則遷ᄒᆞ고有過則改ᄒᆞᄂ니라

○象애ᄀᆞᆯ오ᄃᆡ風과雷ㅣ益이니君子ㅣ以ᄒᆞ야 善을보와든遷ᄒᆞ고 過ㅣ잇거든改ᄒᆞ

ᄂᆞ니라

【傳】風烈則雷迅、雷激則風怒、二物、相益者也、君子、觀風雷相益之象而求益於己、爲益之道、无若見善則遷、有過則改也、見善能遷則可以盡天下之善、有過能改則无過矣、益於人者、无大於是、

【本義】風雷之勢、交相助益、遷善改過、益之大者而其相益、亦猶是也、朱子曰遷善當如風之速改過當如雷之猛又曰風是一箇急底物見人之善己將不及遷之如風之急雷是一箇勇決底物己有過便斷然改之如雷之勇決不容有些子遲緩○問莫是纔遷善便是改過否曰不然遷善字輕改過字重遷善如滲淡之物要使之白改過如黑之物要使之白用力自是不同遷善者但是見人做得一事强似我心有所未安即便遷之若改過須是大段勇猛始得○中溪張氏曰橈萬物者莫疾乎風動萬物者莫疾乎雷風飛雷厲交相助益君子取象於此見善則遷之必如風之速有過則改之必如雷之迅則有即之義此則遷則改所以貴乎疾也得善服膺且不貳過唯顔氏子得之而聞善不能徙不善不能改者夫子所以深憂之也○臨川吳氏曰遷善巽象巽在外於人之善見則遷之自外而益也改過震象震在內於己之過有則改之自內而益也○雲峯胡氏曰雷與風自有相益之勢速於遷善則過當益寡決於改過則善當益純是遷善改過又自有相益之功也○東萊呂氏曰損益二象最切學者損无如忿慾益无如遷改若甚易知推到精密處甚難懲窒遷改皆是用力處

初九는 利用爲大作이니 元吉이라아 无咎ㅣ리라

○初九는 벼 大作을 ᄒᆞ요마 利ᄒᆞ니 元ᄒᆞ야 吉ᄒᆞ야아 咎ㅣ업스리라

【傳】初九、震動之主、剛陽之盛也、居益之時、其才、足以益物、雖居至一无至字下而上有六四之大臣、應於己、四、巽順之主、上能巽於君、下能順一作巽於賢才也、在下者、不能有爲也、得在上者、應從之則宜以其道、輔於上、作大益天下之事、利用爲大作

也、居下而得上之用、以行其志、必須所爲大善而吉、則无過咎、不能元吉則不唯在己、有咎、乃累乎上、爲上之咎也、在至下而當大任、小善、不足以稱也、故、必元吉然後、得无咎、中溪張氏曰初九爲震動之主上應六四近君之臣則初受四之任者重矣故利用爲大作興之事而所作之事必得大善之吉乃得无咎○進齋徐氏曰初剛在下爲動之主當益之時受上之益者也宜用之爲大有作興之事然位卑志剛力小任重則有所不堪唯處之當用之審大善而吉乃可无咎苟輕用敗事无益有害皆爲有咎也○王氏曰得其時而无其位故元吉乃得无咎也○馮氏曰元者震初九之象也益之爻用享帝用凶事用遷國皆大有作爲之卦故曰益以興利是也

【本義】初雖居下、然、當益下之時、受上之益者也、不可徒然无所報效、故、利用爲大作、必元吉然後、得无咎、朱子曰吉凶是事咎是道理蓋有事雖吉而理則過差者是之謂吉而有咎○初九在下爲四所任而作大事必盡善而後无咎若所作不盡善未免有咎也故孔子釋之曰下不厚事若在下之人爲在上之人作事未能盡善自應有咎也○雲峯胡氏曰陰爲小陽爲大初陰在下本小也損乾之陽以益之則大矣在下而受上之益非大有作爲以效報稱不可也必元吉而後无咎所爲非大善未免有咎與師吉无咎之義同【備旨】看一下字使見初有卑位之分誼而仰對之維艱是要初明於自裁而勉於圖報意

## 象曰元吉无咎ᄂᆞᆫ下ㅣ不厚事也ᄅᆞᆯ시라

○象애ᄀᆞᆯ오ᄃᆡ元吉无咎ᄂᆞᆫ下ㅣ厚ᄒᆞᆫ事ᄅᆞᆯ몯ᄒᆞᆯ거실시라

【傳】在下者、本不當處厚事、厚事、重大之事也、以爲在上所任、所以當大事、必能濟大事而致元吉、乃爲无咎、能致元吉則在上者、任之爲知人、己當之爲勝任、不然則上下、皆有咎也、

【本義】下、本不當任厚事、故、不如是、不足以塞咎也、朱子曰利用大作一爻象只曰下不厚事也自此推之則凡居下者不當厚事

如子之於父臣之於君僚屬之於官長皆不可以踰分越職縱可爲亦須是盡善方能无過所以有元吉无咎之戒也
○雲峯胡氏曰凡在下者以分言之本不當爲重大之事豈能无咎故必大善而吉庶可塞咎云耳

**六二는 或益之면 十朋之龜도 弗克違나 永貞이면 吉ᄒᆞ니 王用享于帝라도 吉ᄒᆞ리라**

(本義) 或이 益之十朋之龜어든

○六二는 或益ᄒᆞ면 十이 朋ᄒᆞ는디라 龜도 능히 違티 몯ᄒᆞ나 永ᄒᆞ고 貞ᄒᆞ면 吉ᄒᆞ니 王이ᄡᅥ 帝ᄭᅴ 享ᄒᆞ야도 吉ᄒᆞ리라 (本義) 或이 益호믈 十朋龜로ᄒᆞ거든

【傳】六二、處中正而體柔順、有虛中之象、人、處中正之道、虛其中以求益而能順從、天下、孰不願告而益之、孟子、曰夫苟好善則四海之內、皆將輕千里而來、告之以善、夫滿則不受、虛則來物、理自然也、故、或有可益之事則衆朋、助而益之、十者、衆辭、衆人所是、理之至當也、龜者、占吉凶辨是非之物、言其至是、龜不能違也、永貞吉、就六二之才而言、二、中正虛中、能得衆人之益者也、然而質本陰柔、故、戒在常永貞固則吉也、求益之道、非永貞則安能守也、一作之 損之六五、十朋之則元吉者、蓋居尊自損、應下之剛、以柔而居剛、柔爲虛受、剛爲固守、求益之至善、故、元吉也、六二、虛中求益、亦有剛陽之應而以柔居柔、疑益之未固也、故、戒能常永貞固則吉也、王用享于帝吉、如二之虛中而能永貞、用以享上帝、猶當獲吉、況與人接物、其意、有不通乎、求益於人、有不應乎、祭天、天子之事、故、云王用也、中溪張氏曰六二以柔居

中有虛中受益之象夫滿則招損虛則受益二既虛中故或有可益之事則衆皆朋合而益之故曰十朋之龜弗克違

【本義】六二、當益下之時、虛中處下、故、其象占、與損六五、同、然、爻位、皆陰故、以永貞、爲戒、以其居下而受上之益、故、又爲卜郊之吉占、朱子曰王用享于帝吉是祭則受福底道理○建安丘氏曰益者損之反益之六二損之六五也損之五曰元吉則謂其居得尊位以柔履剛爲善益之二曰永貞吉則以爻位皆柔不能固守故以永貞爲戒也又曰凡卦象背離者皆有龜象頤之自初至上與損之自二至上益之自初至五皆外實中虛所以取諸龜也○雲峯胡氏曰損五上卦之中當下益上之時而受下之益益二下卦之中當上益下之時而受上之益五元吉二必永貞而後吉位有剛柔之殊分有君臣之異也二非陽也而曰王用享于帝吉者占在二則永貞吉在王者之占則爲享帝之吉占也享帝亦以下而受上之益故於下卦之中言之此可見占法矣二臣也豈特臣可占哉二盖可用享損之時用也王用享于帝益之時用也故曰損益盈虛與時偕行

## 象曰或益之는自外來也ㅣ라

○象애골오ᄃᆡ 或益之는外로브터來홈이라

【傳】既中正虛中、能受天下之善而固守則有有益之事、衆人、自外來益之矣、或曰自外來、豈非謂五乎、曰如二之中正虛中、天下、孰不願益之、五爲正應、固在其中矣、

【本義】或者、衆无定主之辭、雲峯胡氏曰乾言或躍坤言或從或在我者未定也恒或承之損益或益之或在人者未定也[illegible]效貞者原不邀眷二但精白自獻覬覦希異俱忘天寵之承承亦來者之自來所以謂之或益此是夫子表純臣心

## 六三은益之用凶事앤无咎ㅣ어니와有孚中行이라아告公用圭리라

(本義) 益之用凶事ㅣ라无咎ㅣ니有孚코中行ᄒᆞ야告公用圭ㅣ니라

○六三온益홈을凶事애쓰면咎ㅣ업ᄉ려니와孚를두고 中行ᄒ야아公애告호딕 圭를쓰ᄃᆺᄒ리라(本義)益호딕 凶事로뻐홈이라 咎ㅣ업스니孚를두고 中行으로ᄒ야公애告ᄒ되圭로뻐 홀디니라

【傳】三、居下體之上、在民上者也、乃守令也、居陽應剛、處動之極、居民上而剛決、果於爲益者(一无者字)也、果於爲益、用之凶事則无咎、凶事、謂患難非常之事、三、居下之上、在下、當承禀於上、安得自任、擅爲益乎、唯於患難非常之事則可量宜應卒、奮不顧身、力庇其民、故、无咎也、下專自任、上必忌疾、雖當凶難、以(一无以字)義在可爲、然、必有其孚誠而所爲、合於中道則誠意、通於上而上、信與之矣、專爲而无爲上愛民之至誠、固不可也、雖有誠意而所爲、不合中行、亦不可也、圭者、通信之物、禮云大夫、執圭而使、所以申信也、凡祭祀朝聘、用圭玉、所以通達誠信也、有誠孚而得中道則能使上、信之、是猶告公上、用圭玉也、其孚、能通達於上矣、在下而有爲之道、固當有孚中行、又三、陰爻而不中、故、發此義、或曰三乃陰柔、何得反以剛果任事、爲義、曰三、質雖本陰、然、其居陽、乃自處以剛也、應剛、乃志在乎剛也、居動之極、剛果於行也、以此行益、非剛果而何、易、以所勝、爲義、故、不論其本質也、朱子曰伊川說易亦有不分曉處甚多如益之用凶事說作凶荒之凶直指刺史郡守而言在當時未見有這守令恐難如此說○林氏栗曰凶事有三有扎瘥之政有死喪之禮有甲兵之事歉歲曰凶今益之時損上益下其凶荒扎瘥之政乎○隆山李氏曰周官以委積待凶荒以荒禮哀凶扎或弛其政或去其征皆損上之所取以益下之凶荒者也○潘氏曰汲黯擅發倉廩以救飢民益之用凶事也何咎之有○西溪李氏曰居下之上而長民奉君命以益民者也凶荒札瘥益之用凶事也凶荒之年宜發倉廩以賑救乃非常之擧爲下爲民如此故可无咎有孚中行心苟自信酌中行之可也用圭告公正如汲黯河內之事○潛齋胡氏曰周禮珍圭以徵守以恤凶荒杜云珍作鎭鄭玄云王使人徵諸侯憂凶荒則授之以往致王命焉

【本義】六三、陰柔不中不正、不當得益者也、然、當益下之時、居下之上、故、有益之以凶事者、蓋警戒震動、乃所以益之也、占者、如此然後、可以无咎、又戒以有孚中行而告公用圭也、用圭、所以通信、 朱子曰益之用凶事猶書言用降我凶德嘉績于朕邦○節齋蔡氏曰凶事困心衡慮之事也六三與上爲應故有凶事之象中行在一卦之中也故二四皆曰中行圭所以通其中之信告公雖見於外而所用者亦唯在通中之信而已○雲峯胡氏曰下三爻皆當益下之時而受上之益者也三處多凶之地有益之以凶事者困心衡慮乃所以增益其所不能也如此旣可以无咎又告之以有孚中行而告公用圭者孚信也圭所以通信也當信上之人所以警戒震動我者益我者也信之篤而行之必合乎中則可以通信於上矣或曰以二體則二五各居中以全體則三四並居中故中孚以三四爲中此三四稱中行 備旨 天心仁愛人君則時出災異以儆之君心仁愛人臣則特用凶事以益之凶事非益用以振厲乃益也无咎言可因是以補過只言其理下二句正是所以无咎處孚中二字不平是本有孚之心而以中道行也告公用圭非是有孚中行了把此去陳於君前只是孚中之心无負其凶事之益便是猶告公用圭者然二是以履順爲益此是以應變爲益

象曰益用凶事ᄂᆞᆫ 固有之也ᄅᆞᆫ서라

(本義) 固有之也ㅣ라

○象애ᄀᆞᆯ오ᄃᆡ益用凶事ᄂᆞᆫ구디둘시라(本義)구디둘디라

【傳】六三、益之獨可用於凶事者、以其固有之也、謂專固自任其事也、居下、當禀承於上、乃專任其事、唯救民之凶災、拯時之艱急則可也、乃處急難變故之權宜、

故、得无咎、若平時則不可也

【本義】益用凶事、欲其困心衡慮而固有之也、雲峯胡氏曰爻唯三上言凶上之凶自取之也三之凶人益之也欲其困心衡慮而固守之乃益之大者備旨孚中人所本有只不固則失之提出固有二字正見人君一段玉成之心

六四는中行이면告公從하리니利用爲依며遷國이니라

【本義】利用爲依遷國이니라

○六四는中行이면公에告하야從하리니써依를하며國을遷홈이有하니라(本義)써依를하야

【傳】四、當益時、處近君之位、居得其正、以柔巽輔上而下順應於初之剛陽、如是、可以益於上也、唯處不得其中而所應又不中、是不足於中也、故、云若行得中道則可以益於君上、告於上而獲信從矣、以柔巽之體、非有剛特之操、故、利用爲依遷國、爲依、依附於上也、遷國、順下而動也、上依剛中之君而致其益、下順剛陽之才、以行其事、利用、如是也、自古、國邑、民不安其居則遷、遷國者、順下而動也、進齋徐氏曰四居近君之位必得中道而行則告諸公上而見從况四與初爲往來之爻四有上遷之象遷國順下而動也而利於用者爲依衆心之所欲雖遷徙國都之大勢亦可成功而致益矣

【本義】三四、皆不得中、故、皆以中行爲戒、此、言以益下、爲心而合於中行則告公而見從矣、傳、曰周之東遷、晋鄭焉依、蓋古者、遷國以益下、必有所依然後、能立、此爻、又爲遷國之吉占也、雲峯胡氏曰遷四自上而遷於初初自下而遷於四也坤爲國四下之勹有遷國象三四皆非中三而中則告公而可以用圭矣四而中告公則見從矣皆戒

辭也於四復許之曰利用爲依遷國者損乾之初陽下益坤之初陰四與初上下往來之爻也故於初曰作於四曰遷二爲郊之吉占此爲遷國之吉占皆非小益之事也○中溪張氏曰初本坤體而上遷於四有遷國之象依依五也以四依五是以柔附剛以弱附强得所依矣用之遷國何往不利○誠齋楊氏曰周遷依晉鄭邢遷依齊許遷依楚皆弱故也若盤庚之遷亳高祖之遷長安光武之遷洛何依人之有○隆山李氏曰初利用大作元吉是用之於大事也二王用享于帝吉是用之於大禮也三益用凶事是用之於大災也四利用爲依遷國是用之於大遷也【備旨】益下之事非一端參而酌之合於天理斯爲中告公從以中行而見信也國者社稷宗廟之所在而主於遷者要在於利民耳爲依是君依四之所欲勿說民亦依四蓋凡益下合於中行民之依不必言擧遷國爲例只是用明告公從意

**象曰告公從은以益志也ㅣ라**

○象애ᄀᆞᆯ오ᄃᆡ 告公從은益ᄒᆞᆯ志로뻐홈이라

【傳】又辭、但云得中行則告公而獲從、象、復明之曰告公而獲從者、告之以益天下之志也、志苟在於益天下、上必信而從之、事君者、不患上之不從、患其志之不誠也、中溪張氏曰益志謂益民之志也夫遷國者不以利己唯欲益民此所以告公上而見從也觀盤庚三篇可見古人益民之實矣【備旨】提一志字見其中行不出於虛僞四先以精神作其膏血公用以肝胆神其咸字

**九五ᄂᆞᆫ有孚惠心이라勿問ᄒᆞ야도元吉ᄒᆞ니有孚ᄒᆞ야惠我德ᄒᆞ리라**

○九五ᄂᆞᆫ惠心애孚를 두어ᄒᆞᄂᆞᆫ디라問티아니ᄒᆞ야도元코吉ᄒᆞ니 孚를두워내의德을惠ᄒᆞ리라

【傳】五、剛陽中正、居尊位、又得六二之一无之字中正相應、以行其益、何所不利、以陽實在中、有孚之象也、以九五之德之才之位而中心至誠、在惠益於物、其至善大吉、

不問可知、故、云勿問元吉、人君、居得致之位、操可致之權、苟至誠益於(一作於益) 天下、天下、受其大福、其元吉、不假言也、有孚惠我德、人君、至誠益於(一作於益) 天下、天下之人、无不至誠愛戴、以君之德澤、爲恩惠也

【本義】上有信以惠于下則下亦有信以惠於上矣、不問而元吉、可知、隆山李氏曰剛中有孚象惠心者非可人給而家養之也聖人之仁如一氣之春舉斯加彼使欲富壽安佚之心皆遂所欲也我之所惠以心則人之感惠以爲德矣○中溪張氏曰上之孚下以心爲惠下之孚上以德爲惠○雲峯胡氏曰益莫大於信惠莫大於心有孚惠心上有信以益下也有孚惠我德下有德信以益上也言惠不言益益之大者也不問而元吉可知矣○節齋蔡氏曰上以有孚而順下之心即洪範所謂皇建有極用敷錫厥庶民者也下亦以有孚而順上之德即洪範所謂錫汝保極者是也【備旨】人主惟不問自心問德意而於一世爭難虞則上无實心下不見德此爻有孚重有孚則施受皆在情愛之外一誠相通分明是皡皡的氣象然王民之皡實自王者來有孚惠我德句正見有孚惠心處

象曰有孚惠心이라 勿問之矣며 惠我德이 大得志也ㅣ라

〇象애 골오ᄃᆡ 有孚惠心이라 묻디 아니ᄒᆞ며 惠我德이 크게 志를 得홈이라

【傳】人君、有至誠惠益天下之心、其元吉、不假言也、故、云勿問之矣、天下、至誠懷吾德、以爲惠、是其道、大行、人君之志、得矣、白雲郭氏曰損之上九言大得志蓋自損得益而爲得志也此言大得志蓋有君惠天下之志至於天下信而懷其德是爲大得志之時也【備旨】勿問之矣全本惠心來要見惠心足以得民故不待問大得志非以民之惠我爲得志而以我之德足以致民之惠我者爲得志實心惠民之主只要惠足以及民不求民之譽也

上九는 莫益之라 或擊之리니 立心勿恒이니 凶ᄒᆞ니라

〇上九는 益ᄒᆞ리 업ᄉᆞᆫ디라 或이 擊ᄒᆞ리니 心을 立호ᄃᆡ 恒티 마롤디니 凶ᄒᆞ니라

【傳】上、居无位之地、非行益於人者也、以剛處益之極、求益之甚者也、所應者、陰、非取善自益者也、利者、衆人所同欲也、專欲益己、其害大矣、欲之甚則昏蔽而忘義理、求之極則侵奪而致仇怨、故、夫子、曰放於利而行、多怨、孟子、謂先利則不奪、不饜、聖賢之深戒也、九、以剛而求益之極、衆人所共惡、故、无益之者而或攻擊之矣、立心勿恒凶。聖人、戒人存心不可專利、云勿恒、如是、凶之道也、所謂（一作當速）改也

【本義】以陽居益之極、求益不已、故、莫益而或擊之、立心勿恒、戒之也、或問或擊之 朱子曰或字衆无定主之辭言非但一人擊之也立心勿恒勿字只是不字非禁止之辭此處亦可疑且闕之○損益二卦諸爻皆互換損好益却不好如損六五却成益六二損上九好益上九却不好○雙湖胡氏曰益之上九即恒之九三不安於恒陵躐等級超於震上以求益者也故其辭同三上皆巽體說卦謂巽爲不果爲進退爲躁卦其立心勿恒之驗歟此所以莫有以益之而反或有以擊之也此爻其戒恒之九三乎大抵損極則益而吉益極則損而凶是以君子怕處其益之極也○雲峯胡氏曰六二柔居下之中不求益而或益之上九剛居上之極求益不已人莫益之而或擊之嗚呼九五之吉由中心之有孚上九之凶由立心之勿恒吉凶之道孰有不自心生者哉○厚齋馮氏曰益卦恒之反也巽下震上爲恒震下巽上爲益今益之窮將復易位而爲恒矣故聖人戒之以立心可恒也不然凶矣【備旨】此周公爲貨殖亡國者戒莫益二句一串說立心勿恒與有孚惠心反凶與有孚惠我德反上三爻以益下爲道一不益下便易勿恒

**象曰莫益之는偏辭也ㅣ오或擊之는自外來也ㅣ라**

○象애 ᄀᆞᆯ오ᄃᆡ 莫益之ᄂᆞᆫ偏타 ᄒᆞᄂᆞᆫ辭ㅣ오或擊之ᄂᆞᆫ外로 브터 來홈이라（本義）偏ᄒᆞᆫ辭ㅣ오

【傳】理者、天下之至公、利者、衆人所同欲、苟公其心、不失其正理則與衆同利、无侵於人、人亦欲與之、若切於好利、蔽於自私、求自益以損於人則人亦與之力爭、故、莫肯益之而有擊奪之者矣、云莫益之者、非有偏己之辭也、苟不偏己、合於公道則人亦益之、何爲擊之乎、旣求益於人、至於甚極則人皆惡而欲攻之、故、擊之者、自外來也、人、爲善則千里之外、應之、六二、中正虛己、益之者、自外而至、是也、苟爲不善則千里之外、違之、上九、求益之極、擊之者、自外而至、是也、繫辭、曰君子、安其身而後、動、易其心而後、語、定其交而後、求、君子、修此三者、故、全也、危以動、則民不與也、懼以語、則民不應也、无交而求、則民不與也、莫之與、則傷之者、至矣、易曰莫益之、或擊之、立心勿恒、凶、君子、言動與求、皆以其道、乃完善也、不然則取傷而凶矣

【本義】莫益之者、猶從其求益之偏辭而言也、若究而言之則又有擊之者矣、雲峯胡氏曰莫益之者以上九求益姑從其求益之偏辭而言也究其極則非特莫益之且有擊之者矣二不求益而或益之自外來也上求益而或擊之亦自外來也嗚呼是孰有以來之哉○建安丘氏曰益者損上乾之陽以益下坤之陰也合六爻觀之損在上則益在下矣其在下卦初與四爲往來之爻受四之益者故曰利用大作二得五之益而又受初之益故曰或益之三處益時唯凶事則不可不益故曰益用凶事此三爻皆受益者也其在上卦四以順下之動而爲益故曰利用遷國五以感人以誠而致益故曰有孚惠心上則不知損己反以求人之益而人或擊之矣故曰莫益之或擊之此三爻則處益而當損者也【雙湖】三不求益而或益自外來也上求益而或擊亦自外來也嗚呼是孰有以致之或內有无可歸咎意

䷪ 乾下兌上

【傳】夬、序卦、益而不已、必決、故、受之以夬、夬者、決也、益之極、必決而後、止、理无常益、益（一无下益字）而不已、已乃決也、夬所以次益也、爲卦、兌上乾下、以二體言之、澤、水之聚也、乃上於至高之處、有潰決之象、以爻言之、五陽、在下、長而將極、一陰、在上、消而將盡、衆陽、上進、決去一陰、所以爲夬也、夬者、剛決之義、衆陽、進而決去一陰、君子道長小人消衰將盡之時也、（隆山李氏曰上古結繩而治後世聖人易之以書契百官以治萬民以察蓋取諸夬夬者決也天下之事不至于決則不通故雜卦之次序與十三卦之制器尙象者終于夬）

**夬는揚于王庭이니孚號有厲ㅣ니라**（夬古快反號傳去聲九二爻同本義戶羔反爻內並同）

（本義）揚于王庭ᄒᆞ야孚號ㅣ나有厲ㅣ며

○夬는王庭애揚홈이니孚로號ᄒᆞ야厲호믈인재홀디니라（本義）王庭애揚ᄒᆞ야孚로號ᄒᆞ나厲호미이시며

【傳】小人、方盛之時、君子之道、未勝、安能顯然以正道、決去之、故、含晦俟時、漸圖消之之道、今旣小人、衰微、君子、道盛、當顯行之於公朝、使人、明知善惡、故、云揚于王庭、孚、信之在中、誠意也、號者、命衆之辭、君子之道、雖長盛而不敢忘戒備、故、至誠以命衆、使知尙有危道、雖以此之甚盛、決彼之甚衰、若易而无備則有不虞之悔、是尙有危理、必有戒懼之心則无患也、聖人設戒之意、深矣、朱子曰上卦有兌體兌爲口故多言號○夬卦號字皆作戶羔反唯孚號只作去聲讀看來亦只當平聲○進齋徐氏曰王五也王庭君位之前○林氏栗曰庭內而虛九五爲王宮上六爲王庭之象○蘭氏廷瑞曰孚信以布號令與衆棄之也○丹陽都氏曰乾剛實有孚之象兌號令之象○隆山李氏曰孚號有厲有之爲言不必然之辭也五陽相信而不忘於號令知其危而戒之斯有萬全之勢无一跌之虞矣○進齋徐氏曰陽剛之長當終於六位不可有未盡之陰也除惡務本君子雖盛不可以小人之勢孤謂无能爲不盡去之而存其孽也唐五王不去一武三思而患生於所忽不旋踵而君子之禍烈矣聖人於夬設戒之意甚深

**告自邑**이오 **不利即戎**이며 **利有攸往**ᄒᆞ니라

(本義) 不利即戎이면利有攸往ᄒᆞ리라

○邑으로브터告ᄒᆞ고戎애即홈이利티아니ᄒᆞ며往ᄒᆯ빠를두미利ᄒᆞ니라 (本義) 戎에即ᄒᆞ믈利티아니면往ᄒᆯ빠를두미利ᄒᆞ리라

【傳】 君子之治小人、以其不善也、必以已之善道、勝革之、故、聖人、誅亂、必先脩己、舜之敷文德、是也、邑、私邑、告自邑、先自治也、以衆陽之盛、决於一陰、力固有餘、然、不可極其剛、至於太過、太過、乃如蒙上九之爲寇也、戎兵者、强武之事、不利即戎、謂不宜尙壯武也、即、從也、從戎、尙武也、利有攸往、陽雖盛、未極乎上、陰雖微、猶有未去、是小人、尙有存者、君子之道、有未至也、故、宜進而往也、不尙剛武而其道、益進、乃夬之善也、建安丘氏曰不利即戎與莫夜有戎相應莫夜有戎言小人常伺隙興兵寇君子不利即戎言君子不當專尙威力以勝小人蓋君子之

勝小人固自有道若徒以力角力則君子未必有加於小人而適以敗天下之事爾此聖人之所以深戒也○中溪張氏曰一決之後則由夬而乾往无不利矣故曰利有攸往

【本義】夬、決也、陽決陰也、三月之卦也、以五陽、去一陰、決之而已、然、其決之也、必正名其罪而盡誠以呼號其衆、相與合力、然、亦尙有危厲、不可安肆、又當先治其私而不可專尙威武、則利有所往也、皆戒之之辭、朱子曰夬以五陽之盛而比一陰猶欲決之故其繇曰揚于王庭孚號有厲告自邑不利即戎利有攸往蓋雖危懼自修不極其武而揚庭孚號利有攸往初不顧後患而小却也○問夬卦聖人於陰消陽長之時亦如此戒懼其警戒之意深矣曰不用如此說自是无時不戒謹恐懼不是到這時方戒懼不成說天下己平治可以安意肆志只纔有些放肆便弄得靡所不至○雲峯胡氏曰夬以五陽去一陰亦易易爾而彖爲危懼警戒之辭不一蓋必揚于王庭使小人之罪明以至誠呼號其衆使君子之類合不可以小人之衰而遂安肆也有危道焉不可以君子之盛而事威武也有自治之道焉必如是乃利有攸往復利往往而爲臨爲泰爲夬也夬利往往而爲乾也聖人彖復其辭平彖夬其辭危蓋陰之勢雖微蔓或可滋窮或爲敵君子固无時不戒懼尤不可於小人道衰之時忘戒懼也聖人爲君子謀至矣於剝見剝一陽之易於夬見決一陰之難君子難進易退小人易進難退故也爲君子者安可以易心處之也哉

彖曰夬는決也ㅣ니剛決柔也ㅣ니健而說ᄒᆞ고決而和ᄒᆞ니라 說音悅

○彖애ᄀᆞᆯ오ᄃᆡ夬ᄂᆞᆫ決ᄒᆞᆷ이니剛이柔ᄅᆞᆯ決ᄒᆞᆷ이니健코說ᄒᆞ고決코和ᄒᆞ니라

【傳】夬爲決義、五陽、決上之一陰也、健而說決而和、以二體、言卦才也、下健而上說、是健而能說決而能和、決之至善也、兌說、爲和、閻氏廷瑞曰內健則能決外說則能和○隆山李氏曰健決乾體說和說濟健決則夬之道不傷太過於爲得矣

【本義】釋卦名義而贊其德、雲峯胡氏曰他卦或以卦德釋卦名義此旣釋卦義而復贊其德是德也君子之德也以五剛決一柔宜无難者然君子勢雖可如此健而說決而利君

子之德固自如此也○臨川吳氏曰夬雖以五陽決去一陰然不可恃陽之盛而過於猛卦德內健而外說健說相濟
則其決陰也无不及亦无過故和和者无過不及之中也

揚于王庭은柔ㅣ乘五剛也ㅣ오

○揚于王庭은柔ㅣ五剛을乘홈이오

【傳】柔雖消矣、然、居五剛之上、猶爲乘陵之象、陰而乘陽、非理之甚、君子、勢旣足以去之、當顯揚其罪於王朝大庭、使衆、知善惡也

孚號有厲는其危ㅣ乃光也ㅣ오

○孚號有厲는그危ㅣ이예光홈이오

【傳】盡誠信以命其衆而知有危懼則君子之道、乃无虞而光大也

告自邑不利卽戎은所尙이乃窮也ㅣ오

○告自邑不利卽戎은尙ᄒᆞ논배이예窮홈이오

【傳】當先自治、不宜專尙剛武、卽戎則所尙、乃至窮極矣、夬之時所尙、謂剛武也、

利有攸往은剛長이乃終也ㅣ라 長丁丈反

○利有攸往은剛의長ᄒᆞ요미이예終ᄒᆞ리라

【傳】陽剛、雖盛、長猶未終、尙有一陰、更當決去、則君子之道、純一而无害之者矣、乃剛長之終也

【本義】此、釋卦辭、柔乘五剛、以卦體、言、謂以一小人、加于衆君子之上、是其罪也、剛長乃終、謂一變則爲純乾也、

朱子曰彖云利有攸往剛長乃終今人以爲陽不能无陰中國不能无夷狄君子不能无小人故小人不可盡去今觀剛長乃終之言則聖人豈不欲小人之盡去邪但所以決之者自有道耳○雲峯胡氏曰易於剛乘柔不書柔乘剛則書志變也一柔乘五剛變甚易矣復利有攸往剛長也夬利有攸往剛長乃終也小人有一人之未去猶足爲君子之憂人欲有一分之未盡猶足爲天理之累復之陽必至於純陽爲乾方爲剛長乃終也○中溪張氏曰夬言利有攸往蓋欲其爲純乾剝言不利有攸往蓋不欲其爲純坤此亦崇陽抑陰之微意也○進齋徐氏曰夬以盛進之五剛決衰退之一柔其勢若甚易然而聖人不敢以易而忽之故於夬之一卦丁寧深切其道貴審而不貴迫所以周防戒備者无所不至又曰君子自治甚嚴治人甚寬固不爲疾惡之已甚未嘗容惡而不去也俾小人自知惡大罪積不可久居其上而甘心於退屈也衆剛從而決之則不勞餘力一決而爲乾矣若虞朝之去四凶周室之誅三監藹藹賢才之盛无復貞勝之憂是得決之義也後世衆賢在位得時得君其始未嘗不欲去小人以除君側之惡大抵不知夬夬之義而勇於一決機失事敗禍亂相尋卒貽衆君子之害而家國從之者何可勝數可不戒哉

象曰澤上於天이 夬니 君子ㅣ以ᄒᆞ야 施祿及下ᄒᆞ며 居德ᄒᆞ야 則忌ᄒᆞᄂᆞ니라 施始鼓反

○象애 ᄀᆞᆯ오ᄃᆡ 澤이 天의 上흠이 夬니 君子ㅣ以ᄒᆞ야 祿을 施ᄒᆞ야 下애 미치며 德애 居ᄒᆞ야서 忌를 則ᄒᆞᄂᆞ니라

【傳】澤、水之聚也而上於天至高之處、故、爲夬象、君子、觀澤決於上而注漑於下之象、則以施祿及下、謂施其祿澤、以及於下也、觀其決潰之象、則以居德則忌、居德、謂安處其德、則、約也、忌、防也、謂約立防禁、有防禁、則无潰散也、王弼、作明忌、亦通、不云澤在天上而云澤上於天、上於天則意不安而有決潰之勢、云在天上、

乃安辭也

【本義】澤上於天、潰決之勢也、施祿及下、潰決之意也、居德則忌、未詳、中溪張氏曰雲上於天需則澤不及下澤上於天夬則天之所以澤萬物者決矣君子觀澤決於上而注於下之象則施布其祿澤以及於下也居者止也若自止其德而澤不下施則非夬決之義矣故忌○隆山李氏曰居德則忌居者積而不流之謂若傳所謂奇貨可居之居○平菴項氏曰居訓積書之化居易之居業皆是漢人猶言居積○雲峯胡氏曰居德則忌程傳則約也忌防也以爲約立防禁則與潰決之意相妨王弼作明忌非也諸家以爲居其德而不決則忌則大象例无反辭本義缺之爲是

## 初九는 壯于前趾니 往ᄒᆞ야 不勝이면 爲咎ㅣ리라

(本義 往ᄒᆞ야不勝ᄒᆞ야

○初九는 前趾애 壯ᄒᆞᆷ이니 往ᄒᆞ야 勝티 몯ᄒᆞ면 咎ㅣ 되리라(本義)往ᄒᆞ야 勝티 몯ᄒᆞ야

【傳】九、陽爻而乾體、剛健在上之物、乃在下而居決時、壯于前進者也、前趾、謂進行、人之決於行也、行而宜則其決、爲是、往而不宜則決之過也、故、往而不勝則爲咎也、夬之時而往、往決也、故、以勝負、言、九、居初而壯於進、躁於動者也、故、有不勝之戒、陰雖將盡而已之躁動、自宜有不勝之咎、不計彼也

【本義】前、猶進也、當決之時、居下任壯、不勝、宜矣、故、其象占、如此、朱子曰壯于前趾與大壯初爻同此卦大率似大壯只爭一畫○節齋蔡氏曰壯者決之勇也○臨川吳氏曰陽盛之時陽居陽位故戒其輕往○盧川毛氏曰勝在往前者兵法也必往之道也往不勝爲咎者遠慮也所以戒其往也聖人於五陽之盛而有不勝之戒微矣哉○潘氏曰趾在下而先動者也初九在四陽之下首以剛進壯于前趾也陰居高位而初欲決之猶布衣論權臣不量力之甚往則不勝其咎宜也○雲峯胡氏曰夬五陽由四陽之壯而成故初與三猶存壯之名而初象又與壯

同壯之初而壯于趾征凶有孚夬之初而壯于前趾往不勝宜矣夬五陽一陰君子豈不足以勝小人然居下而早用其壯固自有不勝之理不可不戒勝在往前可必其往往而不勝故戒其往○李氏曰壯于趾征凶當壯之時而戒其用壯也壯于前趾往不勝爲咎當決之初而戒其好勝也【備旨】告以往不勝爲咎蓋欲其得勝算而往也只不能孚號有厲便是咎不必說到小人反噬上

## 象曰不勝而往이咎也ㅣ라

○象애ᄀᆞᆯ오ᄃᆡ勝티몯ᄒᆞᆯ거ᄉᆞᆯ往ᄒᆞᆷ이咎ㅣ라

【傳】人之行、必度其事、可爲然後、決之則无過矣、理不能勝而且往、其咎可知、凡行而有咎者、皆決之之過也、中溪張氏曰陰居高位而初欲決之往必不勝徒取咎爾知其不勝而且往焉能无咎乎○誠齋楊氏曰勝在往先者勝往在勝先者負況不勝在往先者乎故周公言往不勝而仲尼斷之曰不勝而往咎也○潛齋胡氏曰京房欲去恭顯而卒困於恭顯劉蕡欲去宦官而卒困於宦官皆不勝而往之咎也【備旨】勝在往先者勝往在勝先者負況其不勝在往先者乎故爻言往不勝象言不勝而往咎也正釋爲咎意

## 九二ᄂᆞᆫ惕號ㅣ니莫夜애有戎이라도勿恤이로다 莫音暮

○九二ᄂᆞᆫ惕ᄒᆞ야號ᄒᆞᆷ이니莫夜애戎이이실디라도恤티마롤디로다

【傳】夬者、陽決陰、君子決小人之時、不可忘戒備也、陽長將極之時而二、處中居柔、不爲過剛、能知戒備、處夬之至善也、內懷兢惕而外嚴誠號、雖莫夜、有兵戎、亦可勿恤矣

【本義】九二、當決之時、剛而居柔、又得中道、故、能憂惕號呼、以自戒備而莫夜、有戎、亦可无患也、朱子曰王子獻卜遇夬之九二卜者告之曰必夜有驚恐後有兵權未幾果夜遇寇旋得洪帥○臨川吳氏曰能惕號則有戒備矣故雖莫夜之時卒有兵戎之變亦不用憂恤也○誠

齋楊氏曰九二以剛陽之才當夬決之時能居柔以晦其剛得中而戒於過雖與四陽之盛而決一陰之衰乃惕然若臨大敵諄然若警夕掫有備如此雖有兵戎而驟至亦勿憂恤矣此狄仁傑從容存唐之事也○雲峯胡氏曰惕號孚號皆取號呼之義彖合衆剛爻而言剛實故孚號此指九二一爻而言二柔故惕號

**象曰有戎勿恤은 得中道ᄒᆞᆯ시라**

○象애 ᄀᆞᆯ오ᄃᆡ 有戎勿恤은 中道를 得ᄒᆞᆯ시라

【傳】莫夜、有兵戎、可懼之甚也、然、可勿恤者、以自處之善也、既得中道、又知惕懼、且有戒備、何事之足恤也、九居二、雖得中、然、非正、其爲至善、何也、曰陽、決陰、君子、決小人而得中、豈有不正也、知時識勢、學易之大方也、中溪張氏曰寇至而勿憂以九二得處中之道而不忘戒備故也○臨川吳氏曰得中則不特剛而能惕能惕則有備故雖有戎而无憂也

**九三은 壯于頄ᄒᆞ야 有凶코 獨行遇雨ㅣ니 君子는 夬夬니라 若濡有慍이면 无咎ㅣ리라** 頄求龜反

(本義) 壯于頄니 有凶이나 君子夬夬면 獨行遇雨ᄒᆞ야 若濡有慍이나 无咎하리라

○九三은 頄애 壯ᄒᆞ야 凶이 잇고 홀로 行ᄒᆞ면 雨를 만나미니 君子는 夬ᄅᆞᆯ 夬ᄒᆞ논디라 濡ᄃᆞᆺᄒᆞ야 慍을 두면 咎ㅣ 업스리라 (本義) 頄애 壯홈이니 凶이 이시나 君子ㅣ 夬ᄅᆞᆯ 夬ᄒᆞ면 홀로 行호매 雨를 만나 濡ᄃᆞᆺᄒᆞ야 慍이 이시나 咎ㅣ 업스리라

【傳】爻辭、差錯、安定胡公、移其文曰壯于頄、有凶、獨行遇雨、若濡有慍、君子、夬夬、无咎、亦未安也、當云壯于頄、有凶、獨行遇雨、君子、夬夬、若濡有慍、无咎、夬

決、尙剛健之時、三居下體之上、又處健體之極、剛果於決者也、頄、顴骨也、在上而未極於上者也、三居下體之上、雖在上而未爲最上、上有君而自任其剛決、壯于頄者也、有凶之道也、獨行遇雨、三與上六、爲正應、方羣陽、共決一陰之時、已若以私應之、故、不與衆同而獨行則與上六、陰陽。和合、故、云遇雨、易中、言雨者、皆謂陰陽和也、君子、道長、決去小人之時而已獨與之和、其非可知、唯君子、處斯時則能夬夬、謂夬其夬、果決其斷也、雖其私與、當遠絕之、若見濡汚有慍惡之色、如此則无過咎也、三、健體而處正、非必有是失也、因此義、以爲敎耳、爻文所以交錯者、由有遇雨字、又有濡字、故、誤以爲連也、一作誤而相連也○朱子曰卦中與復卦六四有獨字此卦諸爻皆欲去陰獨此一爻與六爲應也是惡模樣○九三舊文本義自順不知程子何故欲易之看來不必易○建安丘氏曰復六四處五陰之中與初九應故爻言獨復夬九三處五陽之中與上六應故爻言獨行獨者違衆而自立之辭也陰處陰中獨復以應陽陽善也則爲捨小人從君子陽處陽中獨行以應陰陰惡也則爲捨君子從小人聖人於此爻故以獨言之○誠齋楊氏曰九三處五陽衆君子之林而獨與上六一小人爲正應此小人之謀也聖人曉之曰來汝九三取凶在汝取无咎亦在汝汝君子徒也舍君子從小人凶之道也決決然舍小人從君子无咎之道也爲九三者盍亦謹所擇乎

【本義】頄、顴也、九三、當決之時、以剛而過乎中、是欲決小人而剛壯、見于面目也、如是則有凶道矣、然、在衆陽之中、獨與上六、爲應、若能果決其決、不係私愛則雖合於上六、如獨行遇雨、至於若濡而爲君子所慍、然、終必能決去小人而无所咎也、溫嶠之於王敦、其事、類此、或問九三壯于頄朱子曰君子之去小人不必悻悻然見於面目至於遇雨而爲所濡濕雖爲衆陽所慍然志在決陰必能終去小人故亦可得无咎也蓋九三雖與上六爲應而實以剛居剛有能決之象故壯于頄則有凶而和柔以去之乃无咎如王允之於董卓溫嶠之於王敦是也○有慍也是自不能堪正如顏杲卿使安祿山受其衣服至道間與其徒曰吾輩何爲服此歸而借兵伐之正類此

也○漢上朱氏曰面外爲頯頯顴骨間也○童溪王氏曰壯于頯聖人戒剛也居乾健之極而疾惡之心見於顔色此凶之道也何則小人我疑也小人我疑君子之禍至矣○雲峯胡氏曰頯以九三本爻取象雨濡連上六應爻取象夬夬二字則聖人深勉九三之辭蓋謂九三之去上六露其剛如頯之壯固自是凶若獨與上六爲應如雨之濡亦豈爲吉睽之時上九與六三爲應陽求陰也曰往遇雨吉夬之時亦陽求陰也曰遇雨而不曰吉者當衆陽之中而獨應乎陰不能不爲陰所濡不能不爲陽所慍矣然君子者果能決其夬不牽於私應則雖遇雨若濡有慍而猶可以无咎矣蓋其以勢不能不合於上六而其心能決於去之也○息齋余氏曰夬之與五皆曰夬夬者一應陰一比陰非倍其決不可也○厚齋馮氏曰或疑咸之象腓股脢輔未嘗逆施今初爲趾而四爲臀何也曰是與咸異咸合六爻取象猶剝艮之類也夬分二體爲象猶大過鼎之類也故三在下卦上爲頯四在上卦下爲臀六爻不相蒙也不然臀下體也上體烏得而象之此易之所以爲易而不可一說定也【補註】壯頯是九病根夬夬以下是敎以善決之策見壯頯之不可也獨行二字最重獨行則不必借衆而違正應遇雨則不必自睽而生釁端若濡則不恤汚跡有慍則不避違言其夙夜儆惕有出於孚號之外而未嘗少露其機正與壯頯之象相反所謂決而和足以當之矣

象曰君子ᄂᆞᆫ 夬夬라 終无咎也ㅣ니라

○象애 ᄀᆞᆯ오ᄃᆡ 君子ᄂᆞᆫ 夬를 夬ᄒᆞᄂᆞᆫ디라 ᄆᆞᄎᆞᆷ애 咎ㅣ 업스니라

【傳】 牽梏於私好、由无決也、君子、義之與比、決於當決、故、終不至於有咎也、

臨川吳氏曰君子之夬夬也雖和於柔而終能決去之故无咎與壯而有凶者異矣【補註】加一終字是前頭許多曲折許多蒙昧處一齊都取決了信乎決小人以心不以迹也

九四ᄂᆞᆫ 臀无膚ㅣ며 其行次且ㅣ니 牽羊ᄒᆞ면 悔ㅣ 亡ᄒᆞ련마ᄂᆞᆫ 聞言ᄒᆞ야도 不信ᄒᆞ리로다

臀徒敦反次七私反且七餘反姤卦同

○九四ᄂᆞᆫ 臀애 膚ㅣ 업스며 그 行홈이 次且ᄒᆞ니 羊을 牽ᄃᆞᆺᄒᆞ면 悔ㅣ 亡ᄒᆞ며마ᄂᆞᆫ 言을 聞ᄒᆞ야도 信티 아니ᄒᆞ리로다

【傳】 臀无膚、居不安也、行次且、進不前也、次且、進難之狀、九四、以陽居陰、剛

決、不足、欲止則衆陽、並進於下、勢不得安、猶臀傷而居不能安也、欲行則居柔失其剛壯、不能强進、故、其行、次且也、牽羊悔亡、羊者、羣行之物、牽者、挽拽之義、言若能自强而牽挽、以從羣行則可以亡其悔、然、旣處柔、必不能也、雖使聞是言、亦必不能信用也、夫過而能改、聞善而能用、克己以從義、唯剛明者、能之、在它卦、九居四、其失、未至如此之甚、在夬、而居柔、其害、大矣、鄭氏剛中曰臀陰柔之物故噬嗑剝言臀皆陰爻○李氏曰四以剛居柔欲決而泥於和故止則不能安有臀无膚之象進則不能前有其行次且之象不果於決也○西溪李氏曰四與上同在君側位望已重无意除亂欲止則衆陽並進於下勢不得安故臀无膚欲往則與六同事心不能斷故其行次且四若能牽引羣陽以進則悔可亡然四不中正非能決者雖聞此言亦必不信

【本義】以陽居陰、不中不正、居則不安、行則不進、若不與衆陽、競進而安出其後則可以亡其悔、然、當決之時、志在上進、必不能也、占者、聞其言而信則轉凶而吉矣、牽羊者、當其前則不進、縱之使前而隨其後則可以行矣、朱子曰牽羊悔亡其說得於許愼之○張子曰牽羊讓而先之蓋牽羊者非挽拽之謂也讓之使先行則有肯前之勢故也○東谷鄭氏曰羊之性狠居前而力挽之則愈而不行却行而使之先則行矣○雲峰胡氏曰牽羊諸家以爲牽連衆陽而進橫渠獨謂牽羊者讓而先之九五陽居陽又君位在陽之先可也九四以陽居陰而在陽之先宜乎有无膚次且之悔唯如牽羊然不與衆陽並進而安出其後則可以亡其悔然又曰聞言不信者蓋如牽羊則悔亡而九剛必无下人之志聞牽羊之言當信而四柔必无克己之功【備】上二句是危之下二句是敎而激之譬无膚兩象一意總是欲進而不遂其進不可以居不安行不進對說牽羊悔亡是周公代爲之計須要退後一步聞言不信是恐其不信而激之使信也

象曰其行次且는位不當也오聞言不信은聰不明也라

○象애ᄀᆞᆯ오ᄃᆡ其行次且는位當티아님이오聞言不信은聰이明티아님이라

【傳】九、處陰、位不當也、以陽居柔、失其剛決、故、不能强進、其行、次且、剛然後、能明、處柔則遷、失其正性、豈復有明也、故、聞言而不能信者、蓋其聽聽之不明也、

臨川吳氏曰位不當謂以剛居柔故次且聰不明謂玖耳塞其內也故不聰於聽【備旨】聰屬耳明屬目不曰聽不聰而曰聰不明者蓋聞言之頃未嘗不聰八耳之後旋生狐疑之不明雖聰何用不必如常說以聰作聽字明作聰字

# 九五는 莧陸夬夬면 中行애 无咎ㅣ니라

莧閑辨反 又胡練反

(本義) 莧陸이니 夬夬호ᄃᆡ 中行이면 无咎ㅣ리라

○九五는 莧陸이 夬夬ᄃᆞᆺᄒᆞ면 中行애 咎ㅣ 업스리라 (本義) 莧陸이니 夬ᄒᆞ고 夬호ᄃᆡ 中行애 ᄒᆞ면 咎ㅣ 업스리라

【傳】五、雖剛陽中正、居尊位、然、切近於上六、上六說體而卦獨一陰、陽之所比也、五爲決陰之主而反比之、其咎、大矣、故、必決其決、如莧陸然、則於其中行之德、爲无咎也、中行、中道也、莧陸、今所謂馬齒莧、是也、曝之難乾、感陰氣之多者也、而脆、易折、五、若如莧陸、雖感於陰而決斷之易則於中行、无過咎矣、不然則失其中正也、感陰多之物、莧陸、爲易斷、故、取爲象

【本義】莧陸、今馬齒莧 感陰氣之多者、九五、當決之時、爲決之主而切近上六之陰、如莧陸然、若決而決之而又不爲過暴、合於中行則无咎矣、戒占者、當如是也、

朱子曰莧陸是兩物莧者馬齒莧陸者章陸一名商陸皆感陰氣多之物藥中用商陸治水腫其物難乾其子紅○漢上朱氏曰莧蕢澤草也葉柔根小堅且赤陸商陸亦澤草也葉大而柔根猥大而深有赤白二種○建安丘氏曰夬五

陽爻而三五皆稱夬夬者蓋三應上五比上皆當決柔之任故欲其決而又決而不係累於柔也又皆以剛居剛亦有夬夬之義○雲峰胡氏曰決陰者陽也初九陽位在下不能決三五陽位當決者也而三有相應之情五有相比之情故皆曰夬夬三取雨象五取莧陸象皆象其感於陰而莧陸又感陰氣之多者勉之以夬夬而又戒其中行則无咎者五當可決之位其勢易於三三唯其夬夬即可以无咎五之夬夬或失之過暴則猶爲有咎也或曰夬三月卦莧始生之時姤五月卦瓜始生之時故以取象【備旨】柔邪狐媚最易蠱惑君心聖人懼其心有所係而不能決故策之曰夬夬蓋堅其必決之志也人君去小人與人臣異人臣欲去君側之奸權有所制未免有所顧忌故以決而和爲中人君權山獨制此念稍有狐疑不決小人即窺其隙而中之故以夬夬爲中中行即跟夬夬說就易喩曰夬有果決決去之義上夬字是果決之夬下夬字是決去之夬果決決去故曰夬夬

## 象曰中行无咎ㅣ나 中未光也ㅣ라

○象애 ᄀᆞᆯ오ᄃᆡ 中行无咎ㅣ나 中이 光티 몯홈이라

【傳】卦辭、言夬夬則於中行、爲无咎矣、象、復盡其義、云中未光也、夫人、心正意誠、乃能極中正之道而充實光輝、五、心有所比、以義之不可而決之、雖行於外、不失中正之義、可以无咎、然、於中道、未得爲光大也、蓋人心、一有所欲則離道矣、夫子、於此、示人之意、深矣

【本義】程傳、備矣、朱子曰中行无咎言人能剛決自勝其私合乎中行則无咎但能補過而已未是極至處這是說那微茫間有些箇意思斷未得釋氏所謂流注想荀子謂偸則自行便是這意思照管不著便走將那裏去爻雖无此意孔子作象所以裨爻辭之不足如自我致寇敬愼不敗之類甚多中行无咎易中却不恁地看言人占得此爻者能中則无咎不然則有咎○中未光也言事雖正而意潛有所係吝流注不斷皆意不誠之本也○鄭氏剛中曰五陽並進同力爲夬而夬夬之戒獨見於三五者蓋三與六應五與六比當決陰之時二爻容有牽私愛昵近習之心故雖以九五之尊得中行之道而象猶以爲未光也○雲峰胡氏曰三與上應三健體也健於決之終可无咎五與上比皆說體也程傳曰人有所欲則離道矣事雖正而意有所係故於中道未得爲光大也本義於履大象及此獨曰程傳備矣蓋其於履也痛後世風俗之弊甚切於夬也誅後世君心之非甚嚴

上六은 无號니 終有凶하니라

(本義) 終有凶하리라

○上六은號티마롤디니마춤내凶이이시리라

【傳】陽長將極、陰消將盡、獨一陰、處窮極之地、是、衆君子、得時、決去危極之小人也、其勢、必須消盡、故、云无用號咷畏懼、終必有凶也、中溪張氏曰上以一柔而乘五剛之上怙終不悛其罪大矣其危甚矣決而去之則夬其乾矣陽長陰消理之必然勿用號咷其終有凶不可以久處也終卽彖辭剛長乃終之終○潘氏曰小人在上高而危滿而溢豈能長守富貴哉无用號咷終於凶爾

【本義】陰柔小人、居窮極之時、黨類、已盡、无所號呼、終必有凶也、占者、有君子之德則其敵、當之、不然、反是、或問夬卦辭言孚號九二言惕號上言无號取象之義如何朱子曰卦有兌體兌爲口故多言號也又問以五陽決一陰君子盛而小人衰之勢而卦辭則曰告自邑不利卽戎初九壯于前趾則往不勝九二惕號則有戎勿恤壯于頄則凶牽羊則悔亡中行无咎豈去小人之道須先自治而嚴厲戒懼不可安肆耶曰觀上六一爻則小人勢窮无號有凶之時而君子去之之道猶當如此嚴謹自做手脚蓋不可以其勢衰而安意自肆也其爲戒深矣○雲峰胡氏曰九二惕號呼衆陽也上六一陰何所號哉終凶而已聖人於五陽未嘗許之曰吉一陰爻直絕之曰凶意最可見○厚齋馮氏曰易於剝見剝一陽之易於夬見決、陰之難蓋君子明白洞達難進易退而小人綢繆固結廱之不去也

象曰无號之凶은 終不可長也니라

○象애골오되无號의凶홈은마춤애可히長티몯홀디니라

【傳】陽剛君子之道、進而益盛、小人之道、旣已窮極 自然消亡、豈復能長久乎、雖號咷、无以爲也、故、云終不可長也、先儒、以卦中、有孚號惕號、欲以无號、爲无號

作去聲、謂无用更加號令、非也、一卦中、適有兩去聲字一平聲字、何害而讀易者、率皆疑之、或曰聖人之於天下、雖大惡、未嘗必絕之也、今直使之无號、謂必有凶、可乎、曰夬者、小人之道、消亡之時也、決去小人之道、豈必盡誅之乎、使之變革、乃小人之道、亡也、道亡、乃其凶也、臨川吳氏曰一柔在上終不可以長久必爲五陽所決去也○建安丘氏曰夬者決也以五陽而決上之一陰也故六爻以上陰爲主而下五陽則皆以上取義凡陽之決陰遠則不能相及唯比與應當之五比上者也故曰莧陸夬夬三應上者也故曰君子夬夬夬者言當決而又決不可係累於陰也四介三五兩剛之間亦欲決上以進則礙五居則礙三故有臀无膚行次且之象至二去上遠則无相及之理矣故但惕號以爲莫夜有戎之備而已初又最遠者也故有壯趾往不勝之戒

# 備旨具解原本周易卷之十五

# 備旨具解原本周易　卷之十六

䷫ 巽下乾上

【傳】姤、序卦、夬、決也、決必有遇、故、受之以姤、姤、遇也、決、判也、物之決判則有遇合、本合則何遇、姤所以次夬也、爲卦、乾上巽下、以二體言之、風行天下、天之下者、萬物也、風之行、无不經觸、乃遇之象、又一陰、始生於下、陰與陽遇也、故、爲姤、邵子曰復次剝明治生於亂乎姤次夬明亂生於治乎時哉時哉未有剝而不復夬而不姤者防乎其防邦家其長子孫其昌是以聖人貴未然之防是謂易之大綱⊙厚齋馮氏曰古文姤作遘遇也亦婚媾也以女遇男爲象王洙易改爲今文爲姤雜卦猶是古文鄭本同

**姤**는 **女壯**이니 **勿用取女**ㅣ니라 姤古豆反 取七喩反

〔本義〕女ㅣ壯

〇姤는女ㅣ壯홈이니뻐女를取티마롤띠니라

【傳】一陰、始生、自是而長、漸以盛大、是女之將長壯也、陰長則陽消、女壯則男弱、故、戒勿用取如是之女、取女者、欲其柔和順從、以成家道、姤、乃方進之陰、漸壯而敵陽者、是以不可取也、女漸壯則失男女之正、家道、敗矣、姤雖一陰、甚微、然、有漸壯之道、所以戒也、

【本義】姤、遇也、決盡則爲純乾四月之卦、至姤然後、一陰、可見而爲五月之卦、以其本非所望而卒然値之、如不期而遇者、故、爲遇、遇己非正、又一陰而遇五陽則女德、不貞而壯之甚也、取以自配、必害乎陽、故、其象占、如此、朱子曰不是說陰漸長爲女壯乃是一陰遇五陽○姤卦上五爻皆陽下面一陰生五陽便立不住了○中溪張氏曰姤一陰方生始與陽遇而遽曰女壯何也蓋陰陽往來機不容息未有剝而不復者亦未有夬而不姤者夫一陰方決於上而一陰己生於下陽不擬陰之來而與之邂逅故名曰姤自姤以往爲遯爲否爲觀爲剝爲坤皆初六之爲也非女壯而何女壯則男弱故以勿用取女戒之也○誠齋楊氏曰陰陽之相爲消長如循環然剝者陽之消然剝極爲復不旋踵而一陽生夬者陰之消然夬極爲姤不旋踵而一陰生當一陽之生也聖人未敢爲君子而喜必曰朋來无咎言一陽未易勝五陰也當一陰之生也聖人己爲君子而憂遽曰女壯言一陰己有敵五陽之志也既曰女壯又曰勿用取女申戒五陽以勿輕一陰之微而親暱之也○雲峯胡氏曰女壯諸家皆以爲一陰有將盛之漸本義以爲一陰當五陽己有女壯之象本義於復曰剝盡則爲純坤十月之卦而陽氣己生於下積之踰月而後一陽之體始成而來復於陽言其復生之漸於陰不言者亦扶陽抑陰之意也況謂之復者本失之而今來復謂之姤者本非所望者而卒然値之也哉

## 彖曰姤는遇也니柔遇剛也라

○彖애 골오되 姤는 遇홈이니 柔ㅣ 剛을 遇홈이라

【傳】姤之義、遇也、卦之爲姤、以柔遇剛也、一陰、方生、始與陽、相遇也

【本義】釋卦名、或問陰何以比小人朱子曰有時如此平看之則都好以類言之則有不好然亦只是皮不好骨子却好大抵發生都即是一箇陽氣只是有消長陽長一分下面陰生一分又不是討箇陰來即是陽消處便是陰故陽來謂之復復者是本來物事陰來謂之姤姤是偶然相遇○李氏元量曰夬之一陰不爲主者陰往而窮也故曰剛決柔姤之五陽不爲主者陰來而信也故曰柔遇剛月建一陰月曰䔅賓則陰爲主而陽己爲之賓矣是姤主陰遇陽而爲言也

勿用取女는不可與長也라

○勿用取女는可히더브러長티몯홀셔라

【傳】一陰、旣生、漸長而盛、陰盛則陽衰矣、取女者、欲長久而成家也、此、漸盛之陰、將消勝於陽、不可與之長久也、凡女子小人夷狄、勢苟漸盛、何可與久也、故、戒勿用取如是之女、

【本義】釋卦辭、隆山李氏曰以一陰遇五陽女下於男卽相比附有女不正之象故曰勿用取女戒所以取女吉者以男下女得婚姻正禮故也若蒙之六三以陰而先求陽其行不順故亦曰勿用取女

天地相遇ᄒᆞ니品物이咸章也ㅣ오

○天地ㅣ서ᄅᆞ遇ᄒᆞ니品物이다章ᄒᆞ고

【傳】陰、始生於下、與陽相遇、天地相遇也、陰、陽、不相交遇則萬物、不生、天地相遇則化育庶類、品物咸章、萬物、章明也、

【本義】以卦體、言、朱子曰大率姤是一箇女遇五陽是箇不正當底如人盡夫也之事聖人去這裏又看見得那天地相遇底道理出來○隆山李氏曰姤巽下乾上有以坤之初六變乾初九之義是爲天地相遇之象以畫觀之則一陰之生是爲五月五月在辰爲午南離之光所照耀者也萬物相見乎離而蕃衍乎大夏非品物咸章而何○中溪張氏曰五陽在上而一陰生於下以陰遇陽是天地相遇也於時爲夏至夫天地不遇則己遇則品物皆茂育而章著矣萬物相見乎離亦有品物咸章之義

剛遇中正ᄒᆞ니天下애大行也ㅣ니、

○剛이中正을遇ᄒᆞ니天下애크게行홈이니

【傳】以卦才、言也、五與二、皆以陽剛、居中與正、以中正相遇也、君得剛中之臣、臣遇中正之君、君臣、以剛陽、遇中正、其道、可以大行於天下矣、

【本義】指九五、朱子曰姤是不好底卦然天地相遇品物咸章剛遇中正天下大行卦又甚好蓋天地相遇又是別取一義剛遇中正只取九五或謂亦以九二言非也○節齋蔡氏曰中正五也以剛明之才遇中正之位也○臨川吳氏曰九五以陽剛居中正之位故曰剛遇中正有德有位居尊臨下其陽剛之道得行於天下故曰天下大行卦之一陰遇五陽乃陰始生而消陽之卦然九五剛中正居尊位故彖辭雖慮小者之始生而勢漸盛彖傳又喜大者之居尊而道得行亦扶陽抑陰之意也

# 姤之時義ㅣ大矣哉라

○姤의時와義ㅣ크다

【傳】賛姤之時與姤之義、至大也、天地、不相遇則萬物、不生、君臣、不相遇則政治不興、聖賢、不相遇則道德、不亨、事物、不相遇則功用、不成、姤之時與義、皆甚大也、涑水司馬氏曰姤遇也世之治亂人之窮通事之成敗不可以力致不可以數求遇不遇而已矣舜遇堯而五典克從百揆時叙禹稷皐陶遇舜而六府三事允治地平天成不然則泯泯於衆人之中後世誰知哉姤之時義大矣

【本義】幾微之際、聖人所謹、或問本義云幾微之際聖人所謹與伊川之說不同何也朱子曰上面說天地相遇至天下大行也正是好時節而不好之漸已生於微矣故當謹於此○雲峯胡氏曰他卦言大矣哉者多是釋卦辭後別引天地聖人而極言之姤亦然本義不曰極言之何也蓋柔遇剛遇之不善者也別取一義曰天地相遇曰剛遇中正遇之善者也曰品物咸章曰天下大行亦旣極言之矣姤之

時義大矣哉非贊遇之大也一陰之生雖微可慮者大也人之爲善亦旣誠意忽有一念之自欺潛萌於中衆君子在上忽有一小人欲長於下幾微之際大可慮也故擧人謹之

象曰天下有風이姤ㅣ니后ㅣ以ᄒᆞ야施命誥四方ᄒᆞᄂᆞ니라

○象애ᄀᆞᆯ오ᄃᆡ天下에風이이시미姤ㅣ니后ㅣ以ᄒᆞ야 命을施ᄒᆞ야四方애誥ᄒᆞᄂᆞ니라

【傳】風行天下、无所不周、爲君后者、觀其周徧之象、以施其命令、周誥四方也、風行地上、與天下有風、皆爲周徧庶物之象而行於地上、徧觸萬物則爲觀、經歷觀省之象也、行於天下、周徧四方則爲姤、施發命令之象也、諸象、或稱先王、或稱后、或稱君子大人、稱先王者、先王、所以立法制、建國作樂省方勑法、閉關育物享帝、皆是也、稱后者、后王之所爲也、財成天地之道、施命誥四方、是也、君子則上下之通稱、大人者、王公之通稱、

節齋蔡氏曰風行天下物无不遇姤之象也施乾象命巽象誥四方取風行天下之象○趙氏汝楳曰天下有風與風行地上義頗同姤爲大虛之風自上而下觀爲地上之風旁行而遍歷大虛之風吹號萬竅后之誥命象之○中溪張氏曰風者天之號令所以鼓舞萬物命者君之號令所以鼓舞庶民風自天而下无物不遇而君之命令實似之人君尊居九重與下民本无相遇之理唯王言一布則萬民爭先快睹莫不鼓舞於其下而君民之心始遇矣○李氏開曰天子曰元后諸侯曰群后一國天下皆可言四方

初六은繫于金柅ㅣ면貞이吉ᄒᆞ고有攸往이면見凶ᄒᆞ리니羸豕ㅣ孚蹢躅ᄒᆞ니라

柅乃履反又女紀反　蹢直益反躅直錄反

(本義) 繫于金柅니貞이면
○初六은金柅에繫ᄒᆞ면貞이吉ᄒᆞ고往ᄒᆞᆯ빠이시면凶을보리니羸ᄒᆞᆫ豕蹢躅ᄒᆞ매孚
ᄒᆞ니라(本義)金柅로繫홈이니貞ᄒᆞ면

【傳】姤、陰始生而將長之卦、一陰、生則長而漸盛、陰長則陽消、小人道長也、制之、當於其微而未盛之時、柅、止車之物、金爲之、堅强之至也、止之以金柅而又繫之、止之固也、固止、使不得進則陽剛貞正之道、吉也、使之進往則漸盛而害於陽、是見凶也、羸豕孚蹢躅、聖人重爲之戒、言陰雖甚微、不可忽也、豕、陰躁之物、故、以爲況、羸弱之豕、雖未能强猛、然、其中心、在乎蹢躅、蹢躅、跳躑也、陰微而在下、可謂羸矣、然、其中心、常在乎(一无平字)消陽也、君子小人、異道、小人、雖微弱之時、未嘗无害君子之心、防於微則无能爲矣、

【本義】柅、所以止車、以金爲之、其剛、可知、一陰、始生、靜正則吉、往進則凶、故、以二義、戒小人、使不害於君子則有吉而无凶、然、其勢、不可止也、故、以羸豕蹢躅曉君子、使深爲之備云、

建安丘氏曰姤之所以爲姤者在此一爻一陰始生非以金柅繫之則柔道何所牽制而不敢進雖然一陰方生其勢漸長終有不容遏者繫之正所以防之也○張子曰豕初羸時力未能動然至誠在於蹢躅得申則申矣○雲峯胡氏曰巽爲繩有繫之象金柅剛而止物九二象繫于金柅非有以繫之也一陰之柔能自繫于五陽之下而不進是之謂靜正而吉也動而進則見凶矣一動一靜分而爲一吉一凶之占使小人自擇焉又以一陰雖微而至於盛特設羸豕蹢躅之象使君子深自備焉其爲君子謀至矣然非特爲君子小人言也吾心天理人欲之幾固如是也人欲之萌蓋有甚於羸豕之可畏者能自止之而不使滋長則善矣彖總一卦而言則以一陰而當五陽故於女爲壯爻指此一畫而言五陽之下一陰甚微故於豕爲羸壯可畏也羸不可忽也○中溪張氏曰初六取象非一於本爻觀之則曰豕於二四觀之則曰魚於九五觀之則曰瓜大抵

皆取陰物而在下之象【備旨】一陰始生其勢漸長聖人設爲一吉一凶之辭使之自擇意實在過旣以貞吉歆動之又以見凶危懼之无非成小人之進且儆君子深爲之備非退避也只是防微杜漸不利賓之謂

**象曰繫于金柅**는 **柔道** **牽也**ㅣ라시니라

○象애골오듸繫于金柅는柔道ㅣ牽ᄒᆞ시라

【傳】牽者、引而進也、陰始生而漸進、柔道、方牽也、繫之于金柅、所以止其進也、不使進則不能消正道、乃貞吉也、

【本義】牽、進也、以其進、故、止之、雲峯胡氏曰初曰柔道牽三曰行未牽初柔有必進之勢而三之剛其行反不能進也【備旨】提出柔道二字見其多媚而善附若不止其進且漸而引僉人空善類矣聖人逆知之故先爲之遏

**九二**는 **包有魚**ㅣ면 **无咎**ᄒᆞ리니 **不利賓**ᄒᆞ니라

【本義】包有魚ㅣ니无咎ㅣ어니와

○九二는包애魚ㅣ잇듯ᄒᆞ면咎ㅣ업스라니賓애利티아니ᄒᆞ니라（本義）包애魚ㅣ이시미니咎ㅣ업스러니와

【傳】姤、遇也、二與初、密比、相遇者也、在他卦則初、正應於四、在姤則以遇爲重、相遇之道、主於專一、二之剛中、遇固以誠、然、初之陰柔、群陽、在上而又有所應者、其志、所求也、陰柔之質、鮮克貞固、二之於初、難得其誠心矣、所遇、不得其誠心、遇道之乖也、包者、苴裹也、魚、陰物之美者、陽之於陰、其所悅美、故、取魚象、二於

初ᐧ若能固畜之、如包苴之有魚則於遇、爲旡咎矣、賓ᐧ外來者也、不利賓、包苴之魚、豈能及賓、謂不可更及外人也、遇道、當專一、二則雜矣、中溪張氏曰魚陰物之美者指初六也初與四爲正應魚本四之有也今九二先與初遇以陽納陰包而有之則二爲主而四爲賓矣此豈四之利乎故曰不利賓○息齋余氏曰姤九二包有魚旡咎不利賓當如程傳即三人行損一人之意

【本義】魚、陰物、二與初遇、爲包有魚之象、然、制之在己、故、猶可以旡咎、若不制而使遇於衆則其爲害、廣矣、故、其象占、如此 雲峯胡氏曰剝五陰曰貫魚姤一陰故但曰魚包如包苴之包容之於內而制之使不得逸於外也二與初遇制之猶可以旡咎若不制而使遇於衆姤之有魚將爲剝之貫魚矣吁可畏哉或曰初應在四二豈能包之曰卦以遇合爲義遇合之女未嘗擇配也二近而先斯得之矣○李氏開曰剝之貫魚姤之包有魚皆陽能制陰者也故剝六五旡不利而此亦旡咎【備旨】二爲衆正之主盟有制小人之權故當奸謀欲起之目當包之以防其微包者는算出於小人之外直料其橫肆之漸而早息其焰不利賓正言所以包之故

象曰包有魚는義不及賓也ㅣ라

○象에 ᄀᆞᆯ오ᄃᆡ包有魚ᄂᆞᆫ義ㅣ賓에 밋디 몯홈이라

【傳】二之遇初、不可使有二於外、當如包苴之有魚、包苴之魚、義不及於賓客也、潘氏曰二旣有魚則不利於四反指爲賓而不及之故四旡魚也○中溪張氏曰當遇之時二近四遠一陰不能兼二陽揆之於義則不及賓也譬衆漁之取魚先至者一擧網而得之後至者雖善漁而利不及彼矣【備旨】義字重爻只言可制宜制象則專其責於二見不利賓而使之不及賓乃義之當然也有虎兕出柙是誰之過意

九三은臀无膚ㅣ나其行은次且ㅣ니厲ᄒᆞ면无大咎ㅣ리라

【本義】臀無膚ㅣ며其行次且ㅣ니厲ᄒᆞ나

○九三은臀애膚ㅣ업스나그行은次且홈이니厲ᄒᆞ면큰咎ㅣ업스리라 (本義)臀에膚ㅣ업스며그行이次且홈이니厲ᄒᆞ나

【傳】二與初、旣相遇、三、說初而密比於二、非所安也、又爲二所忌惡、其居不安、若臀之无膚也、處旣不安則當去之而居姤之時、志求乎遇、一陰在下、是所欲也、故、處雖不安而其行則又次且也、次且、進難之狀、謂不能遽舍也、然、三、剛正而處巽、有不終迷之義、若知其不正而懷危懼、不敢妄動則可以无大咎也、非義求遇、固已有咎矣、知危而止則不至於大(一有咎字)也、

【本義】九三、過剛不中、下不遇於初、上无應於上、居則不安、行則不進、故、其象占、如此、然、旣无所遇則无陰邪之傷、故、雖危厲而无大咎也、進齋徐氏曰姤者夬之反姤之三即夬之四也故皆有臀无膚其行次且之象但夬一陰在上故下之五陽皆趨而上姤一陰在下故上之五陽皆反而下其陰陽相求之情則然也夫九三之志亦在乎初初比二應四與三无繫三乃介乎其間求與之遇而承乘皆剛進退不能故曰臀无膚其行次且○雲峯胡氏曰三下不遇於初故有居不安之象前无應於上故有行不進之象○隆山李氏曰易之六爻唯九三自乾以下多厲无咎之辭豈非重剛不中須知戒懼然後危而復安者乎【備旨】此泛就爲士者不得所遇言臀无膚二句兩象一意重不能進邊

## 象曰其行次且는行未牽也ㅣ라

○象애ᄀᆞᆯ오ᄃᆡ其行次且ᄂᆞᆫ行을牽티아니홈이라

【傳】其始、志在求遇於初、故、其行、遲遲、未牽、不促其行也、旣知危而改之、故、未至於大咎也、

九四는 包无魚ㅣ니 起凶하리라

○九四는包애魚ㅣ업스니凶이起하리라

【傳】包者、所裹畜也、魚、所美也、四與初、爲正應、當相遇者也、而初、己遇於二矣、失其所遇、猶包之无魚、亡其所有也、四、當姤遇之時、居上位而失其下、下之離、由己之失德也、四之失者、不中正也、以不中正而失其民、所以凶也、曰初之從二、以比近也、豈四之罪乎、曰在四而言、義當有咎、不能保其下、由失道也、豈有上不失道而離者乎、遇之道、君臣民主夫婦朋友、皆在焉、四、以下睽、故、主民而言、爲上而下離、必有凶變、起者、將生之謂、民心、旣離、難將作矣、

【本義】初六正應、己遇於二而不及於己、故、其象占、如此、 臨川吳氏曰初者四之正應而爲二所得故二之包中有魚而四之包中无魚也己之正應與他人遇猶男之失其配君之失其民也今雖未凶凶由是起矣〇雲峯胡氏曰遇非正道故四於初爲正應无遇之象遇旣非正則唯近者得之二與初爲近二包魚四則无魚矣故其占如此【備旨】三曰包有魚四曰包无魚五曰以杞包瓜三包字皆取包小人之義或泥象遠民民字竟將初作民看不作小人大非

象曰无魚之凶은 遠民也일서라 遠袁萬反

○象애ᄀᆞᆯ오ᄃᆡ无魚의凶ᄒᆞᆷ은民을멀리ᄒᆞᆯ시라

【傳】下之離、由己致之、遠民者、己遠之也、爲上者、有以使之離也、

【本義】民之去己、猶己遠之、 朱子曰包无魚又去這裏見得箇君民底道理陽在上爲君陰在下爲民〇雲峯胡氏曰易象或以陰爲小人或以爲民以爲小人遠之可也以爲

民民不可遠也小象是別取一義【備旨】小人肆害君子民亦並受其殃不制小人便是遠民无魚之凶貽害不淺

## 九五는以杞包瓜니含章이면有隕自天이리라

○九五는杞로써瓜를包ᄒᆞ요미니章을含ᄒᆞ면天으로브터隕홈이이시리라

【傳】九五、下亦无應、非有遇也、然、得遇之道[一有之字] 故 終必有遇、夫上下之遇、由相求也、杞高木而葉大、處高體大而可以包物者、杞也、美實之在下者、瓜也、美而居下、者、側微之賢之象也、九五、尊居君位而下求賢才、以至高而求至下、猶以杞葉而包瓜、能自降屈、如此、又其內蘊中正之德、充實章美、人君、如是則无有不遇所求者也、雖屈己求賢、若其德、不正、賢者、不屑也、故、必含蓄章美、內積至誠則有隕自天矣、猶云自天而降、言必得之也、自古、人君、至誠降屈、以中正之道、求天下之賢、未有不遇者也、高宗、感於夢寐、文王、遇於漁釣、皆由是道也、程子曰高宗好賢之意與易姤卦同九五以杞包瓜含章有隕自天杞生於最高處瓜美物生低處以杞包瓜則至尊逮下之意也既能如此自然有賢者出故有隕自天也後人遂有天祐生賢佐之說

【本義】瓜、陰物之在下者、甘美而善潰、杞、高大堅實之木也、五以陽剛中正、主卦於上而下防始生必潰之陰、其象、如此、然、陰陽迭勝、時運之常、若能含晦章美、靜以制之則可以回造化矣、有隕自天、本无而倏有之象也、朱子曰有隕自天言能回造化則陽氣復自天而隕復生上來都換了這時節○隆山李氏曰姤所制在一陰爻中豕魚瓜皆象陰也杞叢生性堅而囊瓜蔬柔而不正附麗而生易以滋蔓小人之性初六之才也九五包制之有杞包瓜象陽明之謂章易遇陰中陽皆曰含章一陰之生此造化消息盈虛之運

非人力所致九五當此時含其陽明之章以中正之道臨制之造次顚沛不離於天命之正則所遇之時又何擇哉○中溪張氏曰有隕自天猶碩果不食而剝落復生此言陰陽升降消長循環之理也剝之上九天位也復之初九地位也碩果自天而剝落於地復有生意存焉豈非有隕自天乎○雲峯胡氏曰二視初爲魚五視初爲爪魚與爪皆陰物之美者魚之餒爪之潰必自內始二與初遇故包有魚五與初无相遇之道猶以高大之杞而欲包在地之爪也然爪生雖而必潰九五陽剛中正能包含章美靜以待之是雖陰陽消長時運之常而造化未有不可回者姤其將可轉而爲復乎剝之一陽窮上而復生於下其有隕自天之象乎○雙湖胡氏曰九五本飛龍在天之主一步之初動纔不正昔之潛龍化爲羸豕一小人之進局面頓更事體大異重煩諸君子包制而九五至於包爪含章聽自天之有隕其視聖人作而萬物覩氣象爲何如哉爲人君者宜知所以謹其初矣【備旨】此爻不作人君看五主卦於上乃衆君子之領袖也陰陽消長之機自有天數時方在陰吾安得與天爲競惟是含忍包容以俟其潰乃是善承天以制小人之術故緊接含章二字含章云者不露才華聲色而靜以制之之謂正上文所包之之說也即所以默回造化而吾道之長可以復還故曰有隕自天

## 象曰九五含章은中正也ㅣ오

○象애ᄀᆞᆯ오ᄃᆡ九五의含章은中正홈이오

【傳】所謂含章、謂其含蘊一无蘊字中正之德也、德充實則成章而有輝光、

## 有隕自天은志不舍命也ㅣ라

舍音捨

○有隕自天은ㅣ志命을舍티아닐시라

【傳】命、天理也、舍、違也、至誠中正、屈己求賢、存志、合於天理、所以有隕自天、必得之矣、

雙湖胡氏曰命謂天命命即理也志不違於天理所以有自天之福○中溪張氏曰五有剛健中正之德於一陰始生之際而知一陽復生之機含晦章美以待乎時其志亦欲盡人謀以聽天命而已

○臨川吳氏曰志不舍命辭意與遠民相似民之遠君由君使其民之遠也故不曰民遠而曰遠民天命之不違人由人能使天命之不違也故不曰命不舍而曰不舍命也【備旨】中正就德言言其所以能舍之故是斡旋造化大樞細志

不舍命即在舍章內蓋委於氣運者是舍命即力爭於形迹者亦非志不舍命也謂之志不舍命是幽獨中默挽天心不難造命自我故有隕自天

# 上九는 姤其角이라 吝ᄒᆞ니 无咎ㅣ니라

(本義) 姤其角이나 吉ᄒᆞ니 无咎ㅣ리라

○上九는 姤애 그 角이라 吝ᄒᆞ니 咎홀듸 업스니라 (本義) 姤애 그 角이니 吝ᄒᆞ나 咎ㅣ 업스리라

【傳】至剛而在最上者、角也、九、以剛居上、故、以角爲象、人之相遇、由降屈以相從、和順以相接、故、能合也、上九、高亢而剛極、人誰與之、以此求遇、固可吝也、己則如是、人之遠之、非他人之罪也、由己致之、故、无所歸咎、 臨川吳氏曰剛而在上者角也至姤之終下之所遇者如角之剛也前不可進剛而能觸竟何爲哉故吝○潘氏曰高而傷物者角也以此遇合誰其與之

【本義】角、剛乎上者也、上九、以剛居上而无位、不得其遇、故、其象占、與九三、類 隆山李氏曰當遇之時已獨剛亢不與物合是爲吝道然陰方長陽與之遇者要須有以制之如繫如包可也制之或失必反被陰邪之害獨上九巍然在上剛亢絕物雖无所合而亦不近陰邪可无意外之患○雲峯胡氏曰九三以剛居下卦之上於初陰无所遇故雖厲而无大咎上九以剛居上卦之上於初陰亦不得遇故雖吝而亦无咎遇本非正不遇不足爲過咎也【備旨】姤角從居上取九五含章渾然不露圭角上之姤角則淺露矣此全是一味剛介專以英氣凌人意莫與遇故吝雖群寡邪雖可免咎然非遇物之道矣无咎謂僅可无咎非深與之辭也

# 象曰姤其角은 上窮ᄒᆞ야 吝也ㅣ라

○象애 ᄀᆞᆯ오듸 姤其角은 上애 窮ᄒᆞ야 吝홈이니라

【傳】既處窮上、剛亦極矣、是上窮而致吝也、以剛極、居高而求遇、不亦難乎、中溪張氏曰姤其角與晉其角皆取上窮之義○節齋蔡氏曰姤者以一柔遇五剛而成卦遇非正道唯近者得之而正應者反凶也二最近故先有之三之厲以隔乎二而不遇也五之含章雖无相遇之道而處位中正也上之吝最遠而窮也四之起凶遇不利正應也○馮氏去非曰外三爻者內三爻之應初往見凶故四則起凶二包有魚故五則以杞包瓜三之臀厲无大咎上之角吝而无咎遠近淺深之間耳○建安丘氏曰姤遇也以一陰而遇五陽也故六爻以初陰爲主而上五陽則皆以初取義凡陽之於陰遠則不遇唯近者得之二與初最近遇之最先者故曰包有魚四雖應初而初爲二得非復己有故包无魚三介二四兩剛之間亦欲遇初以居則礙四進則礙二故有臀无膚行次且之象至五去初遠則无相得之理矣故但含章以聽天命之自至而已上又最遠者也故有姤角上窮吝之戒○趙氏曰當姤之時小人固不可使之進爲君子計亦不可无以蓄小人故聖人既戒初六之不可往又於二四五言所以包制之道三重剛不中上以剛居一卦之極故厲而吝然皆无咎者以陰不相遇不與其進也【備旨】窮字從上字生來遇世貴謙一意上人故窮於遇而得吝

䷬ 坤下兌上

【傳】萃、序卦、姤者、遇也、物相遇而后、聚、故、受之以萃、萃者、聚也、物相會遇則成羣、萃所以次姤也、爲卦、兌上坤下、澤上於地、水之聚也、故、爲萃、不言澤在地上而云澤上於地、言上於地則爲方聚之義也、

**萃**는 **亨王假有廟**니 假更白反豐渙卦辭並同

○萃는王이廟를둠애지극홈이니(本義) 有廟애假홈이니

【傳】王者萃聚天下之道、至於有廟、極也、極一无極字 羣生、至衆也、而可一其歸仰、入心、

莫知其鄉也、而能致其誠敬、鬼神之不可度也、而能致其來格、天下、萃合人心、總攝衆志之道、非一、其至大、莫過於宗廟、故、王者、萃天下之道、至於有廟則萃道之至也、祭祀之報、本於人心、聖人、制禮以成其德耳、故、豺獺、能祭、其性、然也、萃下、有亨字、羨文也、亨字自在下、與渙、不同、渙則先言卦才、萃、乃先言卦義、彖辭、甚明、程子曰萃渙皆立廟因其精神之萃而 於此爲其渙散故立此以收之○古人祭祀用尸極有深意不可不深思蓋人之意氣既散孝子求神而祭无尸則不享无主則不依故易於渙萃皆言王假有廟即渙散之時事也魂氣必求其類而依之人與人既爲類骨肉又爲一家之類己與尸各既已潔齋至誠相通以此求神宜其享之後世不知此直以尊卑之勢遂不肯行爾○朱子曰王假有廟是祖考精神聚於廟又爲人必能聚己之精神然後可以至於廟而承祖考今人擇日祀神多取神在日亦取聚意也大萃人之精神萃於巳祖考之精神萃於廟○鄭氏剛中曰自四以下宗廟之象康成謂艮爲門闕巽木宮闕象○平庵項氏曰卦名下元无亨字獨王肅本有王弼遂用其說孔子彖辭初不及此字

# 利見大人ᄒᆞ니亨ᄒᆞ니利貞ᄒᆞ니라

(本義) 亨ᄒᆞ고利貞ᄒᆞ니

○大人을見홈이利ᄒᆞ니亨ᄒᆞ니貞홈이利ᄒᆞ니라(本義)亨ᄒᆞ고貞홈이利ᄒᆞ니

【傳】天下之聚、必得大人以治之、人聚則亂、物聚則爭、事聚則紊、非大人、治之則萃、所以致爭亂也、萃以不正則人聚、爲苟合、財聚、爲悖入、安得亨乎、故利貞、進齋徐氏曰大人五也貞二五位正也當萃之時利見大人則萃道亨也然必利於貞聚不以正其能亨乎○西溪李氏曰宗廟者人心所係武王伐商載主而行高帝初興立漢社稷皆以係人心也必得九五之位然後爲萃之主故曰利見大人萃不

以正其終必離故曰利貞○趙氏曰陽居五而五陰從之爲比陽居五與四而四陰從之爲萃二卦若相似也然比者象陰始附之初聖人作而萬物覩之時也故曰原筮元永貞无咎又曰不寧方來後夫凶皆附之意也萃者二陽相比羣陰萃而歸之君臣同德萬物盛多之時也非下順上說不足以爲萃豈特二五相應而已哉

# 用大牲이吉ᄒᆞ니利有攸往ᄒᆞ니라

(本義) 吉코

○大牲을用홈이吉ᄒᆞ니往홀빠를두미利ᄒᆞ니라(本義)吉ᄒᆞ고

【傳】萃者、豐厚之時也、其用、宜稱、故、用大牲吉、事莫重於祭、故、以祭享而言、上交鬼神、下接民物、百用、莫不皆一作當然、當萃之時而交物以厚則是享豐富之吉也、天下、莫不同其富樂矣、若時之一无之字厚而交物以薄、乃不享其豐美、天下、莫之與而悔吝、生矣蓋隨時之宜、順理而行、故、彖、云順天命也、夫不能有爲者、力之不足也當萃之時、故、利有攸往、大凡興工立事、貴得可爲之時、萃而後用、是動而有裕、天理、然也、

【本義】萃、聚也、坤順兌說、九五、剛中而二、應之、又爲澤上於地、萬物、萃聚之象、故、爲萃、亨字、衍文、王假有廟、言王者、可以至乎宗廟之中、王者卜祭之吉也、祭義、曰公假于太廟、是也、廟、所以聚祖考之精神、又人必能聚巳之精神則可以至于廟而承祖考也、物既聚則必見大人而後、可以得亨、然、又必利於正、所聚、不正則亦不能亨也、大牲、必聚而後、有、聚則可以有所往、皆占吉而有戒之辭、朱子曰彖辭散漫說說了王假有廟

又說利見大人又說用大牲吉大牽是聖人觀象節節地看見許多道理看到這裏見有這箇象便說出這一句來又看見那箇象又說出那一箇理來然而觀象則今不可得見是如何地觀矣問卦取聚之意曰數句是占辭非發明萃聚之意也此是諸儒說易之大病非聖人繫辭焉而明吉凶之意○中溪張氏曰萃爲豊盛之時則祭享之禮其用宜稱故用大牲則吉也處萃之時人心翕合以順而行故利有攸往也○雲峯胡氏曰王假有廟於萃渙言之者渙散也謂祖宗精神易散故爲廟以聚之萃聚也謂聚己之精神然後能至于廟而聚祖考之精神也彖五句各自是一事聖人見萃有假廟象又見五爲大人之象故曰利見大人亨言群聚於下必見大人以爲之主而後亨也又見五與二皆得正故曰利貞萃不以正其能亨乎利亨利貞兩利字不相蒙孔子釋而合之謂聚之利於亨者以見大人則爲所聚之正是乃利貞也後之說者但釋孔子之傳而文王之經隱矣又聖人見損之時二簋可用享則萃之時必用大牲乃吉渙之時且利涉大川則萃之時必利有攸往也本義以爲皆占吉而有戒之辭蓋言萃之時如是則亨且利否則不亨不利如是則吉否則不吉也

**彖曰萃**는**聚也**니**順以說**ᄒᆞ고**剛中而應**이라**故**로**聚也**ㅣ니라 說音悅

○彖애ᄀᆞᆯ오ᄃᆡ萃ᄂᆞᆫ聚홈이니順코ᄡᅥ說ᄒᆞ고剛이中ᄒᆞ고應ᄒᆞᆫ디라故로聚ᄒᆞᄂᆞ니라

【傳】萃之義、聚也、順以(一作而)說、以卦才、言也、上說而下順、爲上以說道、使民而順於人心、下說上之政令而順從於上、旣上下、順說、又陽剛、處中正之位而下有應助、如此、故、能聚也、欲天下之萃、才非如是、不能也、

【本義】以卦德卦體、釋卦名義、 中溪張氏曰萃之所以爲聚者以其坤順而兌說也上有剛中之主而下得柔中之應此君臣聚會之際也

**王假有廟**는**致孝享也**ㅣ오

○王假有廟ᄂᆞᆫ孝享을致홈이오

【傳】王者萃人心之道、至於建立宗廟、所以致其孝享之誠也、祭祀、人心之所自盡也、故、萃天下之心者、无如孝享、王者萃天下之道、至於有廟則其極也、中溪張氏曰王者至於有廟得以致其孝享之誠此敬之所聚也○臨川吳氏曰致者至其極也極盡孝享之道乃能萃己散之精神也○胡氏曰人生則精神聚於身既歿雖欲見其容貌而不得聖人觀萃卦設爲廟祧以聚祖宗精神於其間以盡孝子之心也

**利見大人亨**은 **聚以正也**일시오

○利見大人亨은聚호ᄃᆡ正으로ᄡᅥ홀시오

【傳】萃之時、見大人則能亨、蓋聚以正道也、見大人則其聚、以正道、得其正則亨矣、萃不以正、其能亨乎、

**用大牲吉利有攸往**은 **順天命也**니

○用大牲吉利有攸往은天命을順홈이니

【傳】用大牲、承上有廟之文、以享祀而言、凡事、莫不如是、豐聚之時、交於物者、當厚、稱其宜也、物聚而力贍、乃可以有爲、故、利有攸往、皆天理、然也、故、云順天命也、

【本義】釋卦辭、朱子曰順天命說道理彷彿如伊川說也去得只是文勢不如此他是說豐萃之時若不用大牲則便是與以天下儉其親相似也有此理這時節比不得那利用禴之事○進齋徐氏曰大牲血祭之盛也物萃則用大牲以祭所以稱其萃之義也故吉時萃則動无不順故利有攸往○臨川吳氏曰物聚人聚而衆多之時祭者宜盛居者宜往此皆順天道之自然也

觀其所聚而天地萬物之情을可見矣리라

○그聚ᄒᆞᆫ바를보면天地와萬物의情을可히보리라

【傳】觀萃之理、可以見天地萬物之情也、天地之化育、萬物之生成、凡有者、皆聚也、有无動靜終始之理、聚散而已、故、觀其所以聚則天地萬物之情、可見矣、

【本義】極言其理而贊之、白雲郭氏曰天地萬物之情所以聚者不過順說而已○進齋徐氏曰天地萬物高下散殊咸則見其情之通恒則見其情之久萃則見其情之同不于其聚而觀之情之一者不可得而見矣○雲峰胡氏曰咸之情通恒之情久聚之情一然其所以感所以恒所以聚則皆有理存焉如天地聖人之感感之理也如日月之得天聖人之久於道恒之理也萃之所謂聚以正所謂順天命聚之理也凡天地萬物之情可見者皆此理之可見矣故本義於所感則曰極言感通之理於所恒則曰極言恒久之道於所聚亦曰極言其理而贊之

象曰澤上於地ㅣ萃니君子ㅣ以ᄒᆞ야除戎器ᄒᆞ야戒不虞ᄒᆞᄂᆞ니라 上時掌反

○象애ᄀᆞᆯ오ᄃᆡ澤이地에上홈이萃니君子ㅣ以ᄒᆞ야戎器를除ᄒᆞ야不虞를戒ᄒᆞᄂᆞ니라

【傳】澤上於地、爲萃聚之象、君子、觀萃象、以除治戎器、用戒備於不虞、凡物之萃則有不虞度之事、故、衆聚則有爭、物聚則有奪、大率既聚則多故矣、故、觀萃象而戒也、除、謂簡治也、去弊惡也、除而聚之、所以戒不虞也、

【本義】除者、修而聚之之謂、或問澤上於地萃君子以除戎器戒不虞朱子曰大凡物聚衆盛處必有爭故當預爲之備如人少處必无爭纔人多少間便自有爭所以當預爲之防也又澤本當在地中今却上於地上是水盛有潰決奔突之憂故取象如此○中溪張氏曰兌澤之水上於坤地之上有散而方聚之象水聚而不防則潰衆聚而不防則亂除者去舊取新之謂戎器久則必弊當簡治而除其弊壞

也○雲峯胡氏曰除戎器脩兵器而聚之戒不虞者防民之聚者有時而散也○建安丘氏曰天生王材、誰能去兵用兵亂也去兵亦亂也君子當萃聚之世而除戎器非右武也特戒不虞而已如秦皇之銷鋒鏑鑄金人李唐之議銷兵則非謂之除戎器漢武席文景富庶之極至窮兵黷武以事四夷又豈戒不虞之義乎[illegible]要切保萃講不虞之事每生於盛平之世戎器不除一旦有急何以支持除是簡治去其弊壞也除戎器正以戒不虞周公之克詰戎兵召公之張皇六師正是此意

初六은有孚ㅣ나不終이면乃亂乃萃ᄒᆞᆯ서若號ᄒᆞ면一握爲笑ᄒᆞ리니勿恤코往ᄒᆞ면无咎ㅣ리라 號戶羔反 握烏學反

(本義) 有孚호ᄃᆡ不終이라乃亂乃萃니若號ᄒᆞ면一握爲笑ㅣ어니와

○初六은孚ㅣ이시나終티아니ᄒᆞ면이예亂ᄒᆞ야이예萃ᄒᆞᆯ서만일에號ᄒᆞ면一握이笑를삼으라니恤티말고往ᄒᆞ면咎ㅣ업스리라(本義) 孚ㅣ이쇼ᄃᆡ終티아니ᄒᆞᆫ디라이예亂ᄒᆞ야이예萃ᄒᆞ니만일에號ᄒᆞ면一握이笑를삼으려니와

【傳】 初與四、爲正應、本有孚以相從者也、然、當萃時、三陰、聚處、柔无守正之節、若捨正應而從其類、乃有孚而不終也、乃亂、惑亂其心也、乃萃、與其同類聚也、初若守正不從、號呼以求正應則一握笑之矣、一握、俗語、一團也、謂衆(一有聚字)以爲笑也、若能勿恤而往從剛陽之正應則无過咎、不然則入小人之羣矣、

【本義】 初六、上應九四而隔於二陰、當萃之時、不能自守、是有孚而不終、志亂而妄聚也、若呼號正應則衆以爲笑、但勿恤而往從正應則无咎矣、戒占者、當如是也、

朱子曰不知如何說箇一握底句出來○節齋蔡氏曰有孚應四也不終柔也三柔相比亂萃者也○雙湖胡氏曰初當萃之始何遽至失信亂萃號呼而貽笑乎皆陰柔不正應又不正故也捨衆陰而往僅以陰陽相得可无咎耳取象有蒙全體義者此爻號笑一握蒙上兌艮故也○雲峯胡氏曰不終陰柔不能固守之象亂陰雜之象一握陰聚之象萃與比相似比初六有孚盈缶萃之初則有孚不終比初无應而孚信充實其終也自有他吉萃初與四應而惑於二陰是有孚而不能自守志亂而不无妄聚者也聖人戒之曰若號呼九四正應則二陰必以爲笑唯勿恤二陰之笑而必往從庶乎可以无咎矣【備旨】有孚本正應來乃亂萃頂有孚不終說蓋初混處二陰之中而急於求萃故有孚不終而亂萃耳下四句乃周公敎其敗亂以免咎之道援結忠良每不諧於流俗號而見笑乃其常也惟勿恤人言一意往從之則有孚克終而萃非妄矣復何咎

**象曰乃亂乃萃**는 **其志亂也**ㅣ시라

○象애 ᄀᆞᆯ오ᄃᆡ 乃亂乃萃는 그 志ㅣ 亂ᄒᆞᆯ시라

【傳】其心志、爲同類所惑亂、故、乃萃於羣陰也、不能固其守則爲小人所惑亂而失其正矣、【備旨】重一志字志亂見二陰非能惑初乃初自沒主張耳若堅其孚而往則志治矣此是聖人喝破語

**六二**는 **引**ᄒᆞ면 **吉**ᄒᆞ야 **无咎**ᄒᆞ리니 **孚乃利用禴**이리라 禴羊略反

○六二는 引ᄒᆞ면 吉ᄒᆞ야 咎ㅣ 업스리니 孚ᄒᆞ야아 이예 禴을 ᄡᅳ미 利ᄒᆞ리라

【傳】初、陰柔、又非中正、恐不能終其孚、故、因其才而爲之戒、二雖陰柔而得中正、故、雖戒而微辭、一作其辭微 凡爻之辭、一作關開 得失二端者、爲法爲戒、亦各隨其才而設也、引吉无咎、引者、相牽也、人之交、相求則合、相待一作持 則離、二與五、爲正應當萃者也而相遠、又在羣陰之間、必相牽引則得其萃矣、五居尊位、有中正之德、二

亦以中正之道、往與之萃、乃君臣、和合也、其所共致、豈可量也、是以、吉而无咎也、无咎者、善補過也、二與五、不相引則過矣、孚乃利用禴、孚、信之在中、誠之謂也、禴、祭之簡薄者也、菲薄而祭、不尙備物、直以誠意、交於神明也、孚乃者、謂有其孚(一作其有)則可不用文飾、專以至誠、交於上(一有下字)也、以禴言者、謂薦其誠而已、上下、相聚而尙飾焉、是未誠也、蓋其中實者、不假飾於外、用禴之義也、孚信者、萃之本也、不獨君臣之聚、凡天下之聚、在誠而已、

朱子曰孚乃利用禴說如伊川固好但若如此却是聖人說箇影子却恐不恁地想只是說祭升卦同○進齋徐氏曰二五正應宜萃也二以柔居柔中類聚而安於下五以衆歸於四有位而匪孚雖應猶未萃也人之情相求則合相持則睽二五本應相引而萃則吉无咎○厚齋馮氏曰下卦中爻多引其類如泰與小畜之二是也本爻與五爲正應引初六六三以萃於五爲得君臣之大義故吉而无咎○建安丘氏曰君臣相孚之後上下皆以誠實相與不尙虛文猶用薄祭亦可薦之於神明矣苟未孚而用禴則非所利也○中溪張氏曰卦以用大牲爲吉而二乃以用禴爲利何歟曰備物乃王者所以隨其時有孚乃臣下所以通乎上也

【本義】二應五而雜於二陰之間、必牽引以萃、乃吉而无咎、又二、中正柔順、虛中以上應、九五、剛健中正、誠實而下交、故、卜祭者、有其孚誠則雖薄物、亦可以祭矣、

漢上朱氏曰禴夏祭以聲爲主祭之薄也○雙湖胡氏曰周禮大宗伯以禴夏享先王王氏註曰夏則陽盛矣其享以樂爲主秋嘗則薦新冬烝則衆物備○雲峯胡氏曰二在三陰之中而與五應唯牽引上下而萃於五則吉无咎矣爻之象占已備而於占之下又發孚乃利用禴之義以爲卜祭之占者蓋謂萃之時用大牲吉然能如六二之孚則雖用禴亦利也本義謂虛中誠實發明孚字中虛信之本中實信之質也【備旨】孚緊承引字來孚乃者有其孚乃可不用儀飾也夏祭名禴物未備惟以聲樂交於神明祭之薄者秋嘗則薦新冬烝則備物矣此是專以至誠格主之象

**象曰引吉无咎는 中ᄒᆞ야 未變也일ᄉᆡ라**

○象애골오ᄃᆡ引吉无咎ᄂᆞᆫ中ᄒᆞ야變티아닐시라

【傳】萃之時、以得聚、爲吉、故、九四、爲得上下之萃、二與五、雖正應、然、異處有間、乃當萃而未合者也、故、能相引而萃則吉而无咎、以其有中正之德、未遽至改變也、變則不相引矣、或曰二旣有中正之德而象云未變、辭若不足、何也、曰羣陰、比處、乃其類聚、方萃之時、居其間、能自守不變、遠須正應、剛立者、能之、二、陰柔之才、以其有中正之德、可覬其未至於變耳、故、象、含其意以存戒也、【備旨】巾即孚引之本也未變則不溺於朋比不奪於私交所以能引不然其不亂乃萃者幾希

## 六三萃如嗟如ㅣ라无攸利ᄒᆞ니往ᄒᆞ면无咎ㅣ어니와小吝ᄒᆞ니라

○六三은萃ᄒᆞ다가嗟홈이라利ᄒᆞᆫ배업스니往ᄒᆞ면咎ㅣ업스려니와져기吝ᄒᆞ니라

【傳】三、陰柔不中正之人也、求萃於人而人莫與、求四則非其正應、又非其類、是、以不正、爲四所棄也、與二則二、自以中正、應五、是、以不正、爲二所不與也、故、欲一无欲字萃如則爲人棄絕而嗟如、不獲萃而嗟恨也、上下、皆不與、无所利也、唯往而從上六則得其萃、爲无咎也、三與上、雖非陰陽正應、然、萃之時、以類相從、皆以柔、居一體之上、又皆无與、居相應之地、上、復處說順之極、故、得其萃而无咎也、易道、變動无常、在人識之、然而小吝、何也、三、始求萃於四與二、不獲而後、往從上六、人之動爲、如此、雖得所求、亦可小羞吝也、

【本義】六三、陰柔不中不正、上无應與、欲求萃於近而不得、故、嗟如而无所利、唯往從於上、可以无咎、然、不得其萃、困然後、往、復得陰極无位之爻、亦可小羞矣、戒占者、當近捨不正之强援而遠結正應之窮交、則无咎也、東谷鄭氏曰下二陰皆萃於陽三獨无附故咨嗟怨嘆而无收利然三不以无應之故能往歸於上上雖不相得不免小吝而亦无咎也○建安丘氏曰萃初三兩陰皆萃四者聖人不欲其以不正相萃故於初曰乃亂乃萃於三曰萃如嗟如深戒夫四之不可萃也而又皆斷以往无咎之辭往前進也欲其舍四而萃上也以正相聚何咎之有○雲峯胡氏曰號與嗟皆上兌口之象號可无咎嗟何所利必不得已唯往從上六則亦可以无咎耳上六陰極无位又非正應故曰往无咎又曰小吝者以別初之往无咎也初往從四四其應也故无咎三往從上上非應也故雖无咎又以小吝少之本義以上爲正應之窮交正應二字恐誤【備旨】人必有可萃之德有素萃之人而後得所萃三无德无人所以求萃不得而徒爲嗟如曰往无咎是決其從上之心又曰小吝是惜其從上之晩然意重无咎句

象曰往无咎ᄂᆞᆫ 上이 巽也일서라

○象애 ᄀᆞᆯ오ᄃᆡ 往无咎ᄂᆞᆫ 上이 巽ᄒᆞᆯ시라

【傳】上居柔說之極、三往而无咎者、上六、巽順而受之也、東谷鄭氏曰上體說能巽而受之无咎也【備旨】巽從上居說之極上看出所以不病其往之遲而可以相得聖人慮三有疑懼之心故言上巽以堅其必往之志

九四ᄂᆞᆫ 大吉이라아 无咎ㅣ리라

○九四ᄂᆞᆫ 크게 吉ᄒᆞ야아 咎ㅣ 업스리라

【傳】四當萃之時、上比九五之君、得君臣之聚也、下比下體羣陰、得下民之聚也、得上下之聚、可謂善矣、然、四、以陽居陰、非正也、雖得上下之聚、必得大吉然後、

爲无咎也、大爲周遍之義、无所不周然後、爲大、无所不正則爲大吉、大吉則无咎也、(一作矣)夫上下之聚、固有不由正道而得者、非理枉道而得君者、自古多矣、非理枉道而得民者、蓋亦有焉、如齊之陳恒、魯之季氏、是也、然、得爲大吉乎、得爲无咎乎、故、九四、必能大吉然後、爲(一作能)无咎也、

【本義】上比九五、下比衆陰、得其萃矣、然、以陽居陰、不正、故、戒占者、必大吉然後、得无咎也、

中溪張氏曰四處近君之位隱初比三皆有求萃於四之意然四以陽居陰位則不當以臣得民聚不以正必得大吉盡善乃无僭竊之咎否則彊君在上威權太逼未有不召釁產禍者九四可以戒矣○建安丘氏曰此爻與隨九四同義隨四以上承九五而致天下之隨亦有强臣逼君之象在隨以有孚而後无咎在萃以大吉而後无咎聖人之戒深矣○雲峯胡氏曰比卦五陰皆比五之一陽萃四陰皆聚歸五與四之二陽四必大吉而後可以无咎五曰萃有位以見四之萃非有位者也无尊位而得衆心非大吉安能无咎如益之初九仕下而受上之益且戒之曰必元吉无咎然則萃之九四在上而受下之萃戒之固宜也【備旨】相臣雖抱純德猶必乾惕以杜非機況以陽居陰涉于不正故貞以親上義以使民方是大吉纔可无咎所以不第曰无咎必曰大吉无咎可見咎不易塞

**象曰大吉无咎**는 **位不當也**일셰라

○象애 ᄀᆞᆯ오ᄃᆡ 大吉无咎는 位ㅣ當티 아닐ᄉᆡ라

【傳】以其位之不當、疑其所爲、未能盡善、故、云必得大吉然後、爲(一作能)无咎也、非盡善、安得爲大吉乎、白雲郭氏曰四得上下之聚而非君位故言不當也

**九五**는 **萃有位**ᄒᆞ고 **无咎**ᄒᆞ나 **匪孚**ㅣ어든 **元永貞**이면 **悔**ㅣ**亡**ᄒᆞ리라

(本義) 萃有位ㅣ라无咎ㅣ니

○九五ᄂᆞᆫ萃예位ᄅᆞᆯ두고咎ㅣ업스나孚ㅣ아니커든元ᄒᆞ고永ᄒᆞ고貞ᄒᆞ면悔亡ᄒᆞ리라

【本義】萃예位ᄅᆞᆯ둔ᄂᆞᆫ디라咎ㅣ업스니

【傳】九五、居天下之尊、萃天下之衆而君臨之、當正其位脩其德、以陽剛、居尊位、稱其位矣、爲有其位矣、(一作也)得中正之道、无過咎也、如是而有不信而未歸者則當自反、以脩其元永貞之德、則无思不服而悔亡矣、元永貞者、君之德、民所歸也、故、比天下之道、與萃天下之道、皆在此三者、王者、旣有其位、又有其德、中正无過咎而天下、尙有未信服歸附者、蓋其道、未光大也、元永貞之道、未至也、在脩德以來之、如苗民、逆命、帝乃誕敷文德、舜德、非不至也、蓋有遠近昏明之異、故、其歸、有先後、旣有未歸則當脩德也、所謂德、元永貞之道也、元、首也、長也、爲君德、首出庶物、君長羣生、有尊大之義焉、有主統之義焉、而又恒永貞固則通於神明、光於四海、无思不服矣、乃无匪孚而其悔、亡也、所謂悔、志之未光、心之未慊也、

【本義】九五、剛陽中正、當萃之時而居尊、固无咎矣、若有未信則亦脩其元永貞之德而悔亡矣、戒占者、當如是也、或問九五萃有位以陽剛居中正當萃之時而居尊位安得又有匪孚朱子曰此言有位而无德則雖萃而不能使人信故人有不信當脩其元永貞之德而後悔亡也○縉雲馮氏曰卦二陽爻所以聚衆陰也九四臣位九五之位則君也故九五之萃爲有位以四之位不當之也匪孚有悔也必盡君道元永貞然後匪孚之悔可亡○雲峯胡氏曰四必大吉而无咎矣五萃有

位而无咎君臣之分也然既有位以別於四或有其位无其德所以爲五者悔當何如哉故又戒之曰雖有位可致天
下之萃或有未信當修其元永貞之德則悔亡耳比獨以九五爲主故卦有元永貞之辭萃有兩陽爻故元永貞獨歸
之九五元以善其始永貞以善其終比與萃非此三德未必始終盡善也○建安丘氏曰比以一陽統五陰一陽爲之
主也一則專專則衆陰順從唯五之歸故五有顯比之吉萃以二陽統四陰二陽爲之主也二則分分則象陰有萃四
者有萃五者而不得以專其萃故在五有匪孚永貞之戒此萃天下之道不如比天下之廣也【備旨】位而曰有便見有
所以保其位者在无咎以下俱是修德聚人以守位之法直到元永貞巳孚地位方能萃有位可見君位極是難稱

象曰萃有位는 志未光也ᄒᆞᆯ시라

○象애ᄀᆞᆯ오ᄃᆡ萃有位ᄂᆞᆫ志ㅣ光티몯ᄒᆞᆯ시라

【傳】象、擧爻上句、王者之志、必欲誠信、著於天下、有感必通、含生之類、莫不懷歸、若尙有匪孚、是其志之未光大也、

【本義】未光、謂匪孚、或問萃九五一爻似亦甚好而反云有位未光也是如何朱子曰見不得讀易到這樣且恁地解去若强說便至鑿了○雲峯胡氏曰四必大吉而後无咎位不當也五有位矣而匪孚志猶未光也然則欲當天下之萃者不可无其位有其位者又不可无其德【備旨】未光即堯舜猶病之心伊尹內溝之耻惟有未光之心便可履帝位而不疚

上六은 齎咨涕洟ㅣ니 无咎ㅣ니라 齎音咨又將啼反洟音夷象同

（本義）齎咨涕洟라아无咎ㅣ리라

○上六은齎咨ᄒᆞ며涕洟홈이니咎홀ᄃᆡ업스니라（本義）齎咨ᄒᆞ며涕洟ᄒᆞ야아咎ㅣ업스리라

【傳】六、說之主、陰柔小人、說高位而處之、天下、孰肯與也、求萃而人莫之與、其

窮、至於齎咨而涕洟也、齎咨、咨嗟也、人之絕之、由己自取、又將誰咎、爲人惡絕。
不知所爲則隕穫而至嗟涕、眞小人之情狀也、稽雲馮氏曰萃極而散窮无所歸之象齎咨嘆也涕洟悲泣也○錢氏曰初之號三之嗟上之齎咨涕洟者陰柔之常態也

【本義】處萃之終、陰柔无位、求萃不得、故、戒占者、必如此而後、可以无咎也、

平庵項氏曰齎咨兌口之嘆涕洟兌澤之流○鄭氏曰自目曰涕自鼻曰洟○建安丘氏曰上六居萃之終兌之極聚終而散說極而悲理之常也上六苟能於聚終說極之時而以憂戚處之則无咎也○雲峯胡氏曰三求萃不得故嗟上陰柔无位亦求萃不得故齎咨涕洟然居兌終能反兌之說而憂者故无咎臨六五旣憂之无咎亦下兌之終也夫萃極感之時也宜物情和說順適以應坤兌之象今也初則號三則嗟上則齎咨涕洟何也禍福倚伏而盛滿難居故大象有不虞之戒而六爻皆言无咎者必能補過而後无咎也

## 象曰齎咨涕洟는未安上也ㅣ라

○象애 ᄀᆞᆯ오ᄃᆡ 齎咨涕洟ᄂᆞᆫ 上애 安티 몯홈이라

【傳】小人所處、常失其宜、旣貪而從欲、不能自擇安地、至於困窮則顚沛不知所爲、六之涕洟、蓋不安於處上也、君子、愼其所處、非義不居、不幸而有危困則泰然自安、不以累其心、小人、居不擇安、常履非據、及其窮迫則隕穫躁撓、甚至涕洟、爲可羞也、未者、非遽之辭、猶俗云未便也、未便能安於上也、陰而居上、孤處无與、旣非其據、豈能安乎、

中溪張氏曰五爲萃主而上乘之故其心憂懼未敢自安於上也○建安丘氏曰萃聚也卦唯二陽而四陰皆求萃於陽者然九五得位失權九四有權无位故五萃有位匪孚四大吉无咎二與五應萃五者也以其得正則二引吉无咎初應三比萃四者也以其不正則初乃亂乃萃三萃如嗟如聖人欲其舍四而往萃於五故初與三皆言往无咎而上以柔乘剛則齎咨涕洟而已○隆山李氏曰萃六爻或有應

无應或當位不當位而辭皆曰无咎乃天地萬物之眞情眞情相合吉多凶少故也玆萃之所以亨歟

䷭ 巽下
坤上

【傳】升、序卦、萃者、聚也、聚而上者、謂之升、故、受之以升、物之積聚而益高大、聚而上也、故、爲升、所以次於萃也、爲卦、坤上巽下、木在地下、爲地中生木、木生地中、長而益高、爲升之象也、

升은元亨ᄒᆞ니用見大人ᄒᆞ되勿恤코南征ᄒᆞ면吉ᄒᆞ리라

○升은元코亨ᄒᆞ니뻐大人을見ᄒᆞ되恤티 말고南으로征ᄒᆞ 면吉ᄒᆞ리라(本義) 크게 亨ᄒᆞ니

【傳】升者、進而上也、升進(一作進升)則有亨義而以卦才之善、故、元亨也、用此道、以見大人、不假憂恤、前進則吉也、南征、前進也、

【本義】升、進而上也、卦、自解來、柔上居四、內巽外順、九二、剛中而五、應之、是以、其占、如此、南征、前進也、 朱子曰升南征吉巽坤二坤拱得箇南如看命人虛拱底說話○董氏曰升者柔進而上也柔進而上所以元亨由卦才之善也○潘氏夢旂曰升自下而上者也方升之初宜擇所從惟見大德之人則无憂向陽明之方則得吉也○中溪張氏曰升進也升而上之則有大通之理是以元亨大人二也用見五應之也勿恤勿勞憂恤也南征前進也二能前進以應乎五則吉矣明夷合坤離成卦故九三亦謂之南狩○雲峯胡氏曰木生於地有進而上之象巽下坤上巽坤之中有離故有南象自巽而坤其行自南故有南征之象晉與升皆取進之義晉則明已出於地上方進而未已故不假言亨升則木方生於地

中他日可必其進而未已故言元亨欲進于位者用見有位之大人則不愛其位之不進欲進于德者用見有德之大人則不愛其德之不進然易以陽爲大凡言大人者皆陽爻也萃見大人六二見九五之大人也升見大人六五見九二之大人也六五能下應九二之剛中則不必憂而有南征之吉專以德之進而言也○隆山李氏曰升首曰元亨何也以畫言也與蠱鼎大有皆九居二六居五故皆曰元亨此蓋主陽剛之畫有應于上而言之也

**彖曰柔ㅣ以時升ᄒᆞ야**

○彖애 ᄀᆞᆯ오ᄃᆡ 柔ㅣ 時로ᄡᅥ 升ᄒᆞ야

【本義】以卦變、釋卦名、中溪張氏曰柔指六四也柔本居三進而爲四自下升上時焉而已故曰柔以時升○隆山李氏曰陰陽二氣迭爲升降陰升則陽降陰降則陽升未有陽常升而不降陰常降而不升者反萃而升是二陽降居下三陰反居上故曰柔以時升○進齋徐氏曰升晉二卦皆以柔爲主剛則有躁進之意晉自觀來六四上而爲六五故曰柔進而上行升自解來六三上而爲六四故曰柔以時升晉以五爲主升以四爲主也○雲峯胡氏曰剛而在上者常也柔升於上時也識時者方可與言易

**巽而順ᄒᆞ고 剛中而應이라 是以大亨ᄒᆞ니라**

○巽코 順ᄒᆞ고 剛中으로 應ᄒᆞᆫ디라 일로ᄡᅥ 元亨ᄒᆞ니라 (本義) 剛中을 應ᄒᆞᆫ디라

【傳】以二體、言、柔升、謂坤、上行也、巽、既體卑而就下、坤、乃順時而上、升以時也、謂時當升也、柔既上而成升則下巽而上順、以巽順之道、升、可謂時矣、二以剛中之道、應於五、五以中順之德、應於二、能巽而順、其升以時、是以元亨也、彖文、誤作大亨、解在大有卦、

【本義】以卦德卦體、釋卦辭、童溪王氏曰坤順也巽亦順也其曰巽而順則亦无適而不用其順也以此爲升寧有未亨者乎○厚齋馮氏曰大亨則元主九二也九二以巽而

順上以剛中而應上是以大亨乃上升之象也六五升之主也知九二之才足以升也乃用順應之道以見之○胡氏曰易以陽爲大巽順不足以大亨必剛中而應是以大亨

用見大人勿恤은有慶也ㅣ오

用見大人勿恤은慶이이심이오

【傳】凡升之道、必由大人、升於位則由王公、升於道則由聖賢、用巽順剛中之道、以見大人、必遂其升、勿恤、不憂其不遂也、遂其升則己之有(一作福)慶而福慶、及物也、

臨川吳氏曰六五見九二九二亦升而應之陰陽相得而有慶也○中溪張氏曰萃升皆曰剛中而應萃剛中在上其衆必聚升剛中在下其勢必進故萃以五爲大人升以二爲大人聚者下之所樂故利見大人進者上之所忌故勸以用見大人勿恤者言上之三陰勿以陽升爲憂而陽升則有慶矣

南征吉은志行也ㅣ라

○南征吉은志ㅣ行홈이라

【傳】南、人之所向、南征、謂前進也、前進則遂其升而得行其志、是以、吉也、中溪張氏曰九二苟能前進以輔乎五則己之志得行宜其吉也二言有喜即象之有慶也五言大得志即象之志行也○平庵項氏曰用見大人勿恤戒陰也南征吉勉陽也

象曰地中生木이升이니君子ㅣ以ᄒᆞ야順德ᄒᆞ야積小以高大ᄒᆞᄂᆞ니라

○象애ᄀᆞᆯ오ᄃᆡ地中에木이生홈이升이니君子ㅣ以ᄒᆞ야德을順ᄒᆞ야小ᄅᆞᆯ積ᄒᆞ야ᄡᅥ高大케ᄒᆞᄂᆞ니라(本義)德을愼ᄒᆞ야

【傳】 木生地中、長而上升、爲升之象、君子 觀升之象、以順脩其德、積累微小、以至高大也、順則可進、逆乃退也、萬物之進、皆以順道也、善不積、不足以成名、學業之充實、道德之崇高、皆由積累而至、積小、所以成高大、升之義也、 朱子曰因其固然之理而无容私焉者順之謂也由是而之則其進德也孰禦○中溪張氏曰地中有木順其生理則自萌蘖而拱把自拱把而棟梁長而不己升之象也蓋物之高大者必以積其所積者必以順木之始生伏於地中積之不已其高可以干霄其大可以蔽日未見其怍者以順故也君子體巽順之象以其順德自微小積之可以至高大也順德坤地象積小以高大巽木象○白雲郭氏曰萬物之升其象皆如地中生木自毫末至合抱人莫見其升之跡者以順積而致之耳順則不逆於德積則爲之有漸故能升而不已以極高大不然逆德暴行不升而因及之矣

【本義】 王肅本、順作愼、今按他書、引此、亦多作愼、意尤明白、蓋古字通用也、說見上篇蒙卦、 朱子曰樹木之生日日滋長若一日不長便將枯瘁便是生理不接學者之於學不可一日少懈大抵德須日日要進若一日不進便退也○勉齋黃氏曰升言順德謂物理之升皆以順積而致之本義順當作愼小高大方有升義以其小而能高大則不可不愼故愼義爲長○雲峯胡氏曰木之生也一日不長則枯德之進也一息不愼則退必念念謹審事事謹審其德積小高大當如木之升矣【備旨】要看積小字愼德工夫全在積小高大正是積之作用不可作效說愼即愼獨之愼

初六은 允升이니 大吉ᄒᆞ니라

(本義) 大吉ᄒᆞ리라

○初六은允ᄒᆞ야升홈이니 크게吉ᄒᆞ니라(本義) 크게吉ᄒᆞ리라

【傳】 初以柔、居巽體之下、又巽之主、上承於九二之剛、巽之至者也、二以剛中之德、上應於君、當升之任者也、允者、信從也、初之柔巽、唯信從於二、信二而從之同

升、乃大吉也、二、以德言則剛中、以力言則當任、初之陰柔、又无應援、不能自升、從於剛中之賢、以進、是由剛中之道也、吉孰大焉、潘氏曰初六陰柔在下无應於上本不能升密比九二剛中之臣陰陽志合而相允九二援而升之所以大吉賢者在下而无與非遇特達之知何以自奮哉

【本義】初以柔順、居下、巽之主也、當升之時、巽於二陽、占者、如之則信能升而大吉矣、王氏大寶曰柔自下升以剛而孚允升之象柔得剛而大大吉之象○雲峯胡氏曰晉三衆允下爲二陰所信也升初允升上爲二陽所信也以陰信陰不過悔亡以陽信陰故大吉【備旨】允升是信於友因以升於朝非信能升之說吉者大人作用大建立皆在此矣

象曰允升大吉은上合志也ㅣ라

○象애골오되允升大吉은上과志ㅣ合홈이라

【傳】與在上者、合志同升也、上、謂九二、從二而升、乃與二同志也、能信從剛中之賢、一作道 所以大吉、【備旨】揭出上合志三字見士君子之相爲援引不可以虛聲動人全要精氣相通允在升先志又在允先志是所以作其信也

九二는孚乃利用禴이니无咎ㅣ리라

○九二는孚ㅎ야아이에禴을씀이利ㅎ니咎ㅣ업스리라

【傳】二、陽剛而在下、五、陰柔而居上、夫以剛而事柔、以陽而從陰、雖有時而然、非順道也、以暗而臨明、以剛而事弱、若黽勉於事勢、非誠服也、上下之交、不以誠、其可以一无以字久乎、其可以有爲乎、五雖陰柔、然、居尊位、二雖剛陽、事上者也、當內存至

誠、不假文飾於外、誠積於中則自不事外飾、故、曰利用禴、謂尙誠敬也、自古、剛强之臣、事柔弱之君、未有不爲矯飾者也、禴、祭之簡質者也、云孚乃、謂旣孚、乃宜不用文飾、專以其誠、感通於上也、如是則得无咎、以剛强之臣而事柔弱之君、又當升之時、非誠意相交、其能免於咎乎、

【本義】義見萃卦、 建安丘氏曰二與五爲正應九二爲巽木剛直之幹六五在坤地之中而能生木者也二五相應而相孚猶用薄祭亦可薦之於神明矣○臨川吳氏曰二剛中而應五然五柔未易速孚故必待旣孚於五而後乃利用禴也禴者宗廟之禮薄於常時者然誠孚於上而後用禴則上不疑其簡故无咎○中溪張氏曰萃六二以中虛爲孚而與九五應升九二以中實爲孚而與六五應二爻虛實雖殊其孚則一也孚則雖用禴而亦利故二爻皆曰孚乃利用禴彖言剛中而應指此爻也○雲峯胡氏曰萃與升相反萃之二曰孚乃利用禴則宜如損六二十朋之龜言之於反卦六五可也今皆在下卦中爻言之何哉萃六二求萃於上升九二求升乎上故其義同萃六二以柔而應九五之剛升九二以剛而應六五之柔其以至誠感應則一也故爻辭同而彖傳剛中而應之辭亦同○李氏元量曰萃之二柔也則疑於進之易故引吉无咎而後孚乃利用禴升之二剛也剛則能審義以進故即其才孚乃利用禴而无咎也【備旨】乃字宜玩惟孚乃利用禴匪孚雖厚祭何益哉

象曰九二之孚는 有喜也라

○象애 ᄀᆞᆯ오ᄃᆡ 九二의 孚는 喜ㅣ 이시미라

【傳】二、能以孚誠、事上則不唯爲臣之道、无咎而已、可以行剛中之道、澤及天下、是有喜也、凡象、言有慶者、如是則有福慶、及於物也、言有喜者、事旣善而又有(一无又字)可(一无可字)喜也、如大畜童牛之牿元吉、象云有喜、蓋牿於童則易、又免强制之難、是有可

喜也、建安丘氏曰九二雖不言升而上下旣已交孚豈唯无咎且有升進之喜也○緇雲馮氏曰二中也五亦中也中誠相感雖五升而不來以二之孚誠五亦不能不守貞待二而爲之升階也二能感五五能待二乃成升道故贊二爲有喜五爲大得志【備旨】有喜只就孚內看出所謂都俞吁咈會悟一喜者乃爲吾道幸非爲吾身幸也

**九三**은 **升虛邑**이로다

○九三은虛邑에升홈이로다

【傳】三、以陽剛之才、正而且巽、上皆順之、復有援應、一作者 以是而升、如入无人之邑、孰禦哉、

【本義】陽實陰虛而坤有國邑之象、九三、以陽剛、當升時而進臨於坤、故、其象占、如此、雲峰胡氏曰陽一故實陰二故虛九三進臨坤陰如入无人之邑其升如此之易者剛正故也【備旨】虛邑二字只是狀其无確意一說虛邑乃是禮讓之國人皆推賢讓能署无嫉妬傾陷有人只若无人故曰虛邑亦可備觀

**象曰升虛邑**은 **无所疑也**ㅣ라

○象애골오듸升虛邑은疑홀배업스미라

【傳】入无人之邑、其進、无疑阻也、張子曰上皆陰柔往无所疑【備旨】无所疑即是升虛邑一說疑是己之疑滯非人之疑而於德无疑事於時无滯機故曰无疑亦好

**六四**는 **王用亨于岐山**이면 **吉**코 **无咎**ᄒᆞ리라

(本義) 王用亨于岐山이니

○六四는王이뻐岐山애亨ᄒᆞᄃᆞᆺᄒᆞ면吉ᄒᆞ고咎ㅣ업스리라 (本義) 王이뻐岐山애亨홈

이니

【傳】四、柔順之才、上順君之升、下順下之進、己則止其所焉、以陰居柔、陰而在下、止其所也、昔者、文王之居岐山之下、上順天子而欲致之有道、下順天下之賢而使之升進、己則柔順謙恭、不出其位、至德、如此、周之王業、用是而亨也、四、能如是則亨而吉、且无咎矣、四之才、固自善矣、復有无咎之辭、何也、曰四之才、雖善而其位、當戒也、居近君之位、在升之時、不可復升、升則凶咎、可知、故、云如文王則吉而无咎也、然、處大臣之位、不得无事於升、當上升其君之道、下升天下之賢、己則止其分焉、分雖當止而德則當升也、道則當亨也、盡斯道者、其唯文王乎、 進齋徐氏曰岐山在禹貢雍州境南坤西南象王蓋指文王而言六四坤體本順又以柔居柔順之至也以順道而升此歧之王業所以亨也故有吉而无咎或曰升卦二四不言升何也曰五君位也二應五大臣也四承五近臣也其位不可升也升則疑於五而有逼上之嫌矣故在二言孚在四言順其義可槩見也

【本義】義見隨卦、 或問亨于岐山朱子曰只是亨字此是王者有事于山川之卦○王亨于岐山與亨于西山只是說祭山川○問升萃二卦多是言祭亨萃固取聚義不知升何取義曰人積其誠意以事鬼神有升而上通之義○雲峯胡氏曰隨上體兌兌正西羑里視岐山爲西方故曰西山此卦上體坤坤位西南故只曰岐山山皆以在上卦取象萃曰亨曰禴升亦曰亨曰禴萃取精神之聚可以事鬼神升則言人能聚精神以事鬼神有升而上通之義【備旨】此正所謂柔以時升者吉无咎俱本眞誠事君來

象曰王用亨于岐山은順事也ㅣ라

○象애ᄀᆞᆯ오ᄃᆡ王用亨于岐山은順ᄒᆞᆫ事ㅣ라

【傳】四、居近君之位而當升時、得吉而无咎者、以其有順德也、以柔居坤、順之至也、文王之亨于岐山、亦以順時而已、上順於上、下順乎下、己順處其義、故、云順事也、

中溪張氏曰三分天下有其二而文王以服事殷豈非順事乎宜其有亨通之吉而无僭逼之咎六四不言升者可以昭文王順事之心也

【本義】以順而升、登祭于山之象、

雲峰胡氏曰象自初爻至五皆贊升之易順而升亦言其升之易也【備旨】臣之事主忠則順不忠則逆故順事便是忠誠

六五는 貞이라아 吉ᄒᆞ리니 升階로다

(本義) 貞ᄒᆞ면吉ᄒᆞ야升階리라

○六五ᄂᆞᆫ貞이라아吉ᄒᆞ리니階예升ᄃᆞᆺᄒᆞ리로다(本義)貞ᄒᆞ면吉ᄒᆞ야階예升ᄒᆞ리라

【傳】五、以下有剛中之應、故、能居尊位而吉、然、質本陰柔、必守貞固、乃得其吉也、若不能貞固則信賢不篤、任賢不終、安能吉也、階、所由而升也、任剛中之賢、輔之而升、猶登進自階、言有由而易也、指言九二正應、然、在下之賢、皆用升之階也、能用賢則彙升矣、

沙隨程氏曰下應剛德之臣自二升五如階有級此人君升進賢臣之象

【本義】以陰居陽、當升而居尊位、必能正固則可以得吉而升階矣、階、升之易者、朱子

曰六五貞吉升階與萃九五萃有位匪孚元永貞悔亡皆謂有其位必當有其德若无其德則萃雖有位而人不信雖有升階之象而不足以升矣○雲峯胡氏曰九三升虛邑六五升階皆象升之易也九三剛正故无戒辭六五先貞吉之占而後升階之象者謂升而不正則不吉雖有升階之象而不足以升也○楊氏曰六五以柔得尊位其進甚易故曰升階○雷氏曰六五貞吉升階先儒以爲踐祚蓋貞吉然後可以升天子之位也○中溪張氏曰坤爲土故曰階六

五柔進而上行貞正則吉階而升之則由岐山而豐鎬可以尊處九陛之上矣【備旨】有純王之心乃有純王之治五心未免見小欲速故示以貞因其不足而勉之也吉升階須講在治道上見階即階級有次第而升意所謂積小而高大也有循月漸進之大德便可以語必世後仁之王道要見不勞而致意

象曰貞吉升階ᄂᆞᆫ大得志也ㅣ리라

○象애ᄀᆞᆯ오ᄃᆡ貞吉升階ᄂᆞᆫ크게志를得ᄒᆞ리라

【傳】倚任賢才而能貞固、如是而升、可以致天下之大治、其志、可大得也、君道之升、患（一作與）无賢才之助爾、有助則猶自階而升也、節齋蔡氏曰萃者澤聚於下故九五志未光升者木升於上故六五大得志也【備旨】象亦歸重貞上大得志從吉升階看出而寔本貞來王道所以貴貞

上六은冥升이니利于不息之貞ᄒᆞ니라

○上六은升애冥홈이니息디아닐貞애利ᄒᆞ니라

【傳】六、以陰、居升之極、昏冥於升、知進而不知止者也、其爲不明、甚矣、然、求升不已之心、有時而用於貞正而當不息之事則爲宜矣、君子、於貞正之德、終日乾乾、自强不息、如（一作以）上六不已之心、用之於此則利也、以小人貪求无已之心、移於進德則何善如之、

【本義】以陰、居升極、昏冥不已者也、占者、遇此、无適而利、但可反其不已於外之心、施之於不息之正而已、馮氏去非曰冥升猶言冥行也○中溪張氏曰上六處坤之上升之極猶之晦冥陰暗而猶升焉此進而不息者也然貞而不息則利不貞而不息則何利之有若

能以升位之心而移之於升德則礐山之積塵海之積汚愈增高大也易曰終日乾乾自强不息詩云文王之德之純純亦不已此非利於不息之貞也歟○蘭氏廷瑞曰冥者晦也升豫皆以陰升居上位故豫曰冥豫升曰冥升○雲峯胡氏曰豫上六冥豫戒以成有渝升上六冥升戒以利于不息之貞者豫上震震動也欲動其悔過之心變其豫不爲豫也升上坤坤順也欲順其不已於進之心移於不息之貞也【備旨】人心之天理惺惺不息不息其本體也故宜不息以求之利于不息之貞正見不利於冥升一說冥升者孳孳爲利也聖人憫之使其即移此心用之于不息之貞蓋孳孳爲利則爲狂之徒孳孳爲善則爲聖之徒是從他沉溺處撥轉他到正路上來其說亦好

象曰冥升在上ᄒᆞ니消不富也ㅣ로다

○象애ᄀᆞᆯ오ᄃᆡ升애冥ᄒᆞ야上애이시니消ᄒᆞ야富티몯ᄒᆞ리로다

【傳】昏冥於升極、上而不知已、唯有消亡、豈復有加益也、不富、无復增益也、升旣極則有退而无進也、白雲郭氏曰消息一理耳息則富而消則不富也○中溪張氏曰坤爲冥晦陰虛爲不富冥晦在上猶且升而不息豈知升極當降長極當消消則不能有其富矣○建安丘氏曰升卦之義以卦變言則柔以時升六自三上升而爲四也以二體言則以巽升坤下三爻爲方升之人上三爻皆受其升者以六爻言則六五貞吉升階居得尊位爲升之主下四爻則皆來升者也初與三於五非近非應无嫌於五故初允升三升虛邑蓋可升而升者也如九二應五則礙而不得進故孚而用禴六四近五則進而不敢逼故亨而順事是知不可升而不升者也故二爻不言升至上處窮極之地不當升而猶升焉則是冥升而已矣升之道可易言哉【備旨】富對消字看消則不富此是夢中一喚倦後一鞭然甚警酌

# 備旨具解原本周易卷之十六

# 備旨具解原本周易卷之十七

坎下
兌上

【傳】困、序卦、升而不已、必困、故、受之以困、升者、自下而上、自下升上、以力進也、不已、必困矣、故、升之後、受之以困也、困者、憊乏之義、爲卦、兌上而坎下、水居澤上則澤中有水也、乃在澤下、枯涸无水之象、爲困乏之義、又兌、以陰、在上、坎、以陽、居下、與上六、在二陽之上而九二、陷於二陰之中、皆陰柔、揜於陽剛、所以爲困也、君子、爲小人所揜蔽、窮困之時也、疊山謝氏曰困井相表裏困爲塞井爲通困則澤中无水井則木上有水困有未濟井有旣濟困塞而井通明矣

**困은亨코貞ᄒᆞ니大人이라吉코无咎ᄒᆞ니有言이면不信ᄒᆞ리라**

(本義) 貞大人이라

○困은亨ᄒᆞ고貞ᄒᆞ니大人이라吉ᄒᆞ고咎ㅣ업스니言을두면信티아니ᄒᆞ리라(本義) 貞ᄒᆞᆫ大人이라

【傳】如卦之才則困而能亨、且得貞正、乃大人處困之道也、故、能吉而无咎、大人、處困、不唯其道、自吉、樂天安命、一作知命一作安義乃不失其吉也、況隨時善處、復有裕乎、有言不信、當困而言、人誰信之、

【本義】困者、窮而不能自振之義、坎剛、爲兌柔所揜、九二、爲二陰所揜、四五、爲上六所揜、所以爲困、坎險兌說、處險而說、是、身雖困而道則亨也、二五、剛中、又有大人之象、占者、處困能亨則得其正矣、非大人、其孰能之、故、曰貞又曰大人者、明不正之小人、不能當也、有言不信、又戒以當務晦默、不可尙口、益取困窮、〔朱子曰困卦難理會不可曉易中有數卦如此繫辭云卦有小大辭有險易辭也者各指其所之困是箇極不好底卦所以卦辭也做得如此難曉如蹇剝否睽皆是不好卦只是剝卦分明是剝所以分曉困卦是箇進退不得窮極底卦所以難曉其大意亦可見矣○雲峯胡氏曰蹇能止則知足以避需不陷則義无所窮困之爲卦上下三剛皆掩於柔窮而无所容此所以爲困也然剛之困如此剛之亨自如處坎之險不失兌之說時雖困而道則亨身雖困而心則亨也他卦言亨與貞不貞則不亨亨由於貞也此卦言亨與貞處困能亨則得其貞貞由於亨也曰貞又曰大人者困而能亨是爲貞正之大人非不正之小人所能也剛柔自乾坤往來于二與上而以九居五未嘗變也是之謂貞是之謂大人此其所以吉而无咎也有言不信又戒處坎之險不可尙兌之口也○進齋徐氏曰兌口不掩言象坎剛中有孚信象坎兌相失故有言不信處困之時當務晦默尙口多言人誰信之困且窮而已故戒○雙湖胡氏曰以卦體言坎逈兌而成困澤自涸于上坎自流于下兩不相得以卦爻言二爲坎主上爲兌主又居不相應之地兩不相向皆之道蓋天地之氣由西而北則其勢順故兌下坎上爲節由北而西則其勢逆而坎下兌上斯爲困也亨者以卦德言本義盡之以卦才言則二五剛中故亨貞主九五一爻言也大人兼指二五當困之時有二五剛健中正之大人以濟之吉无咎矣但二體終不相得故兌言而坎不信其亦居困之時而二五各自爲謀者乎看來文王卦辭不過如此若剛掩之象已是夫子彖傳自發其意就彖傳釋之可也〕

彖曰困은剛揜也ㅣ니〔揜本又作掩於檢反〕

○彖애ᄀᆞᆯ오ᄃᆡ困은剛이揜히임이니

【傳】卦所以爲困、以剛、爲柔所掩蔽也、陷於下而掩於上、所以困也、陷亦掩也、剛

陽君子而爲陰柔小人所掩蔽、君子之道、困窒之時也、

【本義】以卦體、釋卦名、于氏鼎曰乾上九降居九二而之險坤六二上爲上六而掩剛成困之義○東平劉氏曰不曰柔掩剛而曰剛掩者何也无所歸咎故以剛自掩爲辭蓋卦爲君子設也○緡雲馮氏曰下卦陽也陽寡而陷於二陰之中上卦陰也陽雖衆而在一陰之下陰爲之主此陽剛之困君子窮之象也

**險以說ᄒᆞ야困而不失其所亨ᄒᆞ니其唯君子乎ᆫ뎌** 說音悅

○險호ᄃᆡ뻐說ᄒᆞ야困호ᄃᆡ그亨ᄒᆞᆫ바ᄅᆞᆯ失티아니ᄒᆞ니그오직君子ᆫ뎌

【傳】以卦才、言處困之道也、下險而上說、爲處險而能說、雖在困窮艱險一作險艱之中、樂天安義、自得其說樂也、時雖困也、處不失義則其道、自亨、困而不失其所亨也、能如是者、其唯君子乎、若時當困而反亨、身雖亨、乃其道之困也、君子、大人通稱、朱子曰困而不失其所亨這句自說得好○誠齋楊氏曰坎一陽陷二陰之中兌一陰蔽二陽之上皆剛揜於柔也剛揜於柔君子揜於小人能不困乎然困而亨何也亨不于其身于其心不于其時于其道也○趙氏曰險以說在險而能說則无入而不自得矣其於處困也何有○中溪張氏曰處險而說如顏子在陋巷而不改其樂柳下惠阨窮而不憫夫子厄於陳畏於匡孟子毀於臧倉身彌困而道彌亨唯君子能之○廬陵龍氏曰所字合爲句亨字爲句所如艮止其所之所雖在困中不愧不怍泰然不失其常處此之謂亨能此者其唯君子乎

**貞大人吉은以剛中也ㅣ오**

○貞大人吉은剛中으로뻐오

【傳】困而能貞、大人所以吉也、蓋其以剛中之道也、五與二、是也、非剛中則遇困

而失其正矣、南軒張氏曰唯大人能處困凡人處之大則失節小則憂隕以中不剛耳○雲峯胡氏曰剛之困於柔猶人之困於疾使易專論其困而无以通之是知其疾而不能用藥也如是則安用易哉故彖曰困亨彖傳曰困而不失其所亨彖以大人稱彖傳曰其唯君子乎蓋困而不失其所亨即是貞君子即是大人困而亨之君子其即剛貞之大人乎吉无咎由於貞貞由於亨

有言不信은尙口ㅣ乃窮也ㅣ라

○有言不信은口를尙홈이이예窮홈이라

【傳】當困而言、人所不信、欲以口免困、乃所以致窮也、以說處困、故、有尙口之戒、

【本義】以卦德卦體、釋卦辭、吳園張氏曰兌爲口在上故曰尙口乃窮○西溪李氏曰當遯言以避禍○雙湖胡氏曰夫子於困彖傳自以剛掩發伏羲卦象文王卦辭初无是也以說處險則剛雖見掩而不失其所亨其惟二五剛中之君子乎又以卦德論之也貞大人吉无咎而釋之以剛中也之辭歸重又在九五一爻上有言不信而釋之以尙口乃窮也之辭是說上六雖窮於言而終不見信於坎坎兌相失而成困象矣

象曰澤无水ㅣ困이니君子ㅣ以ᄒᆞ야致命遂志ᄒᆞᄂᆞ니라

○象애ᄀᆞᆯ오ᄃᆡ澤애水ㅣ업ᄉᆞ미困이니君子ㅣ以ᄒᆞ야命을致ᄒᆞ야志를遂ᄒᆞᄂᆞ니라

【傳】澤无水、困乏之象也、君子、當困窮之時、旣盡其防慮之道而不得免則命也、當推致其命、以遂其志、知命之當然也則窮塞禍患、不以動其心、行吾義而已、苟不知命則恐懼於險難、損穫於窮厄、所守、亡矣、安能遂其爲善之志乎、程子曰大凡利害禍福亦須致命須得致之爲言直如人以力自致之謂也得之不得命固己定君子須知他命方得不知命无以爲君子蓋命苟不知无所不至故君子於困窮之時須致命便遂得志其得禍得福皆己自致只要申其志而已

【本義】水下漏則澤上枯、故、曰澤无水、致命、猶言授命、言持以與人而不之有也、能如是則雖困而亨矣、朱子曰困厄有重輕力量有小大若能一日十二時點檢自己念慮動作須是合宜仰不愧俯不怍如此而不幸嬰罹滯罣喪身殞命有不暇恤只得成就一箇是處如此則方寸之間全是天理雖遇大困厄有致命遂志而已亦不知有人之是非向背惟其是而已○問澤无水困君子以致命遂志曰澤无水困君子道窮之時但當委致其命以遂吾之志而已致命猶送這命與他不復爲我之有雖委致其命而志則自遂无所回屈伊川觧作推致其命雖說得通然論語中致命字却是委致之致事君能致其身與士見危致命見危授命皆是此意授亦致字之意言將這命授與之也○建安丘氏曰兌上離下其卦爲革聖人象之曰澤中有火兌上坎下其卦爲困聖人宜象之以澤中有水而曰澤无水何哉曰澤中不宜有火也而有火所以爲革之象澤中宜有水也而反无水非困而何哉若亦言有水則困之義隱矣有无二字聖人蓋有深意存焉○中溪張氏曰澤所以瀦水今水在澤下則澤涸而无水所以爲困君子觀困窮之象但委命於天而成吾之志而已拘姜里以演易厄陳蔡而弛歌此皆善處困者也致命遂志猶殺身以成仁也致命有坎險之象遂志有兌說之象○東谷鄭氏曰在命者不可求在志者可遂所謂從吾所好者也○雲峯胡氏曰命在天志在我困則委其命於天困而亨則遂其志於我【備旨】致命非定要死只是委致於人不復顧惟生亦可死亦可遂志者此志无歉遂不遂亦遂也陸庸成曰亨莫亨於志之遂致命遂志只是不失其所亨漢之蘇子卿得之

## 初六은臀困于株木이라入于幽谷하야三歲라도不覿이로다 臀徒敦反

○初六은臀이株木애困ᄒᆞᆫ디라幽谷애入ᄒᆞ야三歲라도覿디몯ᄒᆞ리로다

【傳】六、以陰柔、處於至卑、又居坎險之下、在困不能自濟者也、必得在上剛明之人、爲援助則可以濟其困矣、初與四、爲正應、九四、以陽而居陰、爲不正、失一作夫剛而不中、又方困於陰揜、是惡能濟人之困、猶株木之下、不能蔭覆於物、株木、无枝葉之木也、四、近君之位、在他卦、不爲无助、以居困而不能庇物、故爲株木、臀、所以居也、

[備旨]困于株木、謂无所庇而不得安其居、居安則非困也、入于幽谷、陰柔之人、非能安其所遇、旣不能免於困則益迷暗妄動、入於深困、幽谷、深暗之所也、方益入於困、无自出之勢、故、至於三歲不覿、終困者也、不覿、不遇其所亨也、建安丘氏曰初六居困體之下故曰臀困于株木乃木之无枝者指九四也初本與四相應四方爲上六所揜猶无枝葉之木不能庇覆之故初不安其居是臀困于株木也初又處坎之下是入于幽暗之谷雖歷三歲之久而不能上覿乎四之正應也

【本義】臀、物之底也、困于株木、傷而不能安也、初六、以陰柔、處困之底、居暗之甚、故、其象占、如此、或問臀困於株木如何朱子曰在困之下至困者也株木不可坐臀在株木上其不安可知又問伊川將株木作初之正應不能庇他說如何曰恐說臀字不去○中溪張氏曰人之體行則趾爲下坐則臀爲下初六困而不行此坐困之象也○臨川吳氏曰入于幽谷不能自拔以出於困也○平庵項氏曰初六在坎下故爲入于幽谷即坎初爻入于坎窞也○雲峯胡氏曰卦名困以剛爲柔所困也爻論困義非特剛困柔之困亦甚矣柔之困也困于株木困于石困于葛藟所困者槎枿之木纏繞之草困于石則又甚焉剛之困困于飮食困于金車困于赤紱飮食車服皆美物也六爻別而言之其崇陽抑陰亦可見矣○合沙鄭氏曰困坎兌相重兌正秋坎正北兌一陰始得秋氣而蔓草未殺故爲葛藟之困六三秋冬之交蔓草葉脫而刺存故爲蒺藜之困若初六在坎之下正大冬之時也蔓草爲霜雪所殺靡有孑遺所存者株木而已三爻皆陰故繫以草木之象[備旨]按象推君子之義則惟陽剛在困能不失其所亨陰柔如初故終於困

象曰入于幽谷은幽不明也ㅣ라

○象애ᄀᆞᆯ오ᄃᆡ入于幽谷은幽ᄒᆞ야明티아니홈이라

【傳】幽、不明也、謂益入昏暗、自陷於深困也、明則不至於陷矣、張子曰處困者正乃无咎居非得中故幽不明也

[備旨]濟困之法全以識力爲主幽不明所以致不明

九二ᄂᆞᆫ困于酒食이나朱紱이方來ᄒᆞ리니利用亨祀ㅣ니征이면凶ᄒᆞ니无咎ㅣ니라

紱音弗 亨讀作享

(本義) 朱紱이方來니利用亨祀ㅣ오征이면凶커니와无咎ㅣ니라

○九二는酒食에困ᄒᆞ나朱紱이보야흐로來ᄒᆞ리니뻐亨祀홈이利ᄒᆞ니征ᄒᆞ면凶ᄒᆞ니咎홀ᄃᆡ업스니라(本義) 朱紱이보야흐로來ᄒᆞ니뻐亨祀홈이利ᄒᆞ고征ᄒᆞ면凶커니와咎ㅣ업스니라

【傳】酒食、人所欲而所以施惠也、二以剛中之才而處困之時、君子、安其所遇、雖窮厄險難、无所動其心、不恤其爲困也、所困者、唯困於所欲耳、君子之所欲者、澤天下之民、濟天下之困也、二未得遂其欲施其惠、故、爲困于酒食也、大人君子、懷其道而困於下、必得有道之君、求而用之然後、能施其所蘊、二以剛中之德、困於下、上有九五剛中之君、道同德合、必來相求、故、云朱紱方來、方來、方且來也、朱紱、王者之服、蔽膝也、以行來、爲義、故、以蔽膝、言之、利用亨祀、亨祀、以至誠、通神明也、在困之時、利用至誠、如亨祀然、其德、既誠、(一作成) 自能感通於上、自昔、賢哲、困於幽遠而德卒升聞、道卒爲用者、唯自守至誠而已、征凶无咎、方困之時、若不至誠安處、以俟命、往而求之則犯難得凶、乃自取也、將誰咎乎、不度時而征、乃不安其所、爲困所動也、失剛中之德、自取凶悔、何所怨咎、諸卦二五、以陰陽相應而吉、唯小畜與困、乃戹於陰、故、同道、相求、小畜、陽爲陰所畜、困、陽爲陰所揜也、朱子曰朱紱亦紱若如伊川說使書傳中說臣下皆是赤紱則可詩中却有朱芾斯皇一句是說方叔於理又似不甚通○白雲郭氏曰九二剛中之大臣困而不失其所亨者君子困於家食之際无飮食宴樂之奉其道則不可得而困九五之君子方將以同德而來求則困于酒食非所憂也

【本義】困于酒食、厭飫苦惱之意、酒食、人之所欲、然、醉飽過宜則是反爲所困矣、朱紱方來、上、應之也、九二、有剛中之德、以處困時、雖无凶害而反困於得其所欲之多、故、其象、如此而其占、利以亨祀、若征行則非其時、故、凶而於義、爲无咎也、或問困于酒食本義作厭飫於所欲是如何朱子曰此是困於好底事在困之時有困於好事者有困於不好事者此爻是好爻當困時則是困於好事如感時花濺淚恨別鳥驚心花鳥好娛戲底物這時却發人不好底意思是因好物而困也酒食厭飫亦如此○問朱紱方來利用亨祀曰以之事君則君應之以之事神則神應之○問困二五皆利用祭祀是如何曰他得中正又似取无應而心專一底意思○祭祀亨祀想只說箇祭祀无那自家活人却享他人祭之說○中溪張氏曰坎爲水水潤萬物如飮食之養人故需五困二上下卦有坎體者亦皆有酒食之象况九二以剛居中自有方來之慶又豈眞困于酒食也哉○雲峯胡氏曰困于酒食醉飽之過困厭飫而生苦惱者也視初之困于株木三之困于石有間矣所以初入幽谷三不見其妻二則有朱紱方來之慶特五亦爲柔所掩其來也緩故曰方來耳其占利於亨祀而不利於征行困之時誠一切至可通神明不必急於往也无咎諸家以爲誰咎則當如節之象曰又誰咎也今象曰中有慶則征凶者行非其時故凶而於義无咎也本義精矣[illegible]首二句一串看朱紱方來正所以困于酒食蓋寵命愈隆責任愈重也征凶轉只據困時言之无咎重人臣竭誠報國凶懼皆所不論即此亨祀一心便已无負於義

# 象曰困于酒食은中이라有慶也ㅣ라

○象애ᄀᆞᆯ오ᄃᆡ困于酒食은中이라慶이아시리라

【傳】雖困于所欲、未能施惠於人、然、守其剛中之德、必能致亨而有福慶也、雖使時未亨通、守其中德、亦君子之道、亨、乃有慶也、或問象云中有慶也是如何朱子曰他下面有許多好事[illegible]中德能濟時之困故曰慶爻論

時事則曰凶无咎象論德則曰有慶者嘉與之意也

六三은困于石ᄒᆞ며據于蒺藜ㅣ라入于其宮이라도不見其妻ㅣ니凶토다

○六三은石애困ᄒᆞ며蒺藜애據ᄒᆞ논디라그宮애入ᄒᆞ야도그妻ᄅᆞᆯ見티몯홈이니凶토다

【傳】六三、以陰柔不中正之質、處險極而用剛、居陽用剛也、不善處困之甚者也、石、堅重難勝之物、蒺藜、刺一无刺字不可據之物、三、以剛險而上進則二陽、在上、力不能勝、堅不可犯、益自困耳、困于石也、以不善之德、居九二剛中之上、其不安、猶藉刺、據于蒺藜也、進退、旣皆益困、欲安其所、益不能矣、一作也宮、其居所安也、妻、所安之主也、知進退之不可而欲安其居則失其所安矣、進退與處、皆不可、一有則字唯死而已、其凶、可知、繫辭、曰非所困而困焉、名必辱、非所據而據焉、身必危、旣辱且危、死期將至、妻其可得見耶、二陽、不可犯也而犯之以取困、是非所困而困也、名辱、其事、惡也、三在二上、固爲據之、然、苟能謙柔以下之則无害矣、乃用剛險以乘之則不安而取困、如據蒺藜也、如是、死期將至、所安之主、可得而一无而字見乎、

【本義】陰柔而不中正、故、有此象而其占則凶、石、指四、蒺藜、指二、宮、謂三而妻則六也、其義則繫辭、備矣、朱子曰六三陽之陰上六陰之陰故將六三言之則上六爲妻○中溪張氏曰石之爲物堅確而不納者也指九四四與初爲應三雖比四而四不納之矣坎

爲叢棘乃蒺蔾也六三進則迺乎九四之陽如石壓其上而无所納是困于石也退則乘乎九二之陽如棘刺其下而失所憑是據于蒺蔾也六三以陰居陽而上六以陰居陰故三以上爲妻然三與上无應无應而入于其宮宜不見其匹耦而凶也○童溪王氏曰六三陰也而居陽自以爲陽也故求配於上六然上六宮則是也而非其妻故曰入于其宮不見其妻○雲峯胡氏曰六三本欲揜九二之剛然九二剛中正三陰柔不中正故自取困焉上六困之極悔則猶可至於吉如六三則上困于九四下據於九二以不正處二剛之間失其所安唯凶而已【備旨】此爻非爲人所困乃欲困人而反爲所傷通節皆是極力形容之辭

**象曰據于蒺蔾는乘剛也일세오入于其宮不見其妻는不祥也ㅣ라**

○象애ᄀᆞᆯ오ᄃᆡ據于蒺蔾는剛을乘ᄒᆞᆯ시오入于其宮不見其妻는祥티아니미라

【傳】據于蒺蔾、謂乘九二之剛、不安、猶藉刺也、不祥者、不善之徵、失其所安者、不善之效、故、云不見其妻不祥也、【備旨】曰乘剛見己是柔曰不祥見凶立至

**九四는來徐徐는困于金車일세니吝ᄒᆞ나有終이리라**

○九四는來ᄒᆞᆷ이徐徐ᄒᆞ요믄金車애困ᄒᆞᆯ시니吝ᄒᆞ나終이이시리라

【傳】唯力不足、故、困、亨困之道、必由援助、當困之時、上下相求、理當然也、四與初、爲正應、然、四以不中正、處困、其才、不足以濟人之困、初、比二、二有剛中之才、足以拯困則宜爲初所從矣、金、剛也、車、載物者也、二、以剛在下、載己、故、謂之金車、四、欲從初而阻於二、故、其來、遲疑而徐徐、是困于金車也、己之所應、疑其少己而之他、將從之則猶豫不敢遽前、豈不可羞吝乎、有終者、事之所歸者、正也、初四、正應、終必相從也、寒士之妻、弱國之臣、各安其正而已、苟擇勢而從則惡之大

者、不容於世矣、二與四、皆以陽居陰而二以剛中之才、所以能濟困也、居陰者、尙柔也、得中者、不失剛柔之宜也、

【本義】初六、九四之正應、九四、處位不當、不能濟物而初六、方困於下、又爲九二所隔、故、其象、如此、然、邪不勝正、故、其占、雖爲可吝而必有終也、金車、爲九二象、未詳、疑坎有輪象也、中溪張氏曰坎爲輿九二居坎體而又剛健故曰金車初六之來徐徐者以困于九二之金車也然四之志則在乎初始若可吝久必有終也○雲峯胡氏曰當困之時不可求以亟通故二曰方來五曰乃徐有說四曰來徐徐皆緩辭也初與四應其來之所以徐徐者爲九二金車所隔也然陰陽相應正也九二隔之非正也邪終不得以勝正故始雖可吝而必有終也○潛齋胡氏曰九四欲來初六之心即初六欲覿九四之心其未覿未來者一時之困耳時移困解則欲覿者終於覿欲來者終於來故曰有終 備旨首二句是一連之象四拯得遲初故受困然四之好處在一來字惟能來故有終須歸重有終邊

象曰來徐徐는志在下也ㅣ니雖不當位나有與也ㅣ니라

○象애ᄀᆞᆯ오ᄃᆡ來徐徐ᄂᆞᆫ志ㅣ下애이심이니비록位ㅣ當티아니ᄒᆞ나與ᄒᆞ리인ᄂᆞ니라

【傳】四、應於(一无於字)初而隔於二、志在下、求、故、徐徐而來、雖居不當位、爲未善、然、其正應、相與、故、有終也、臨川吳氏曰下謂初志在於拯初也不當位謂居柔故其行徐有與謂與初爲正應行雖徐終能就初而拯其困也○備旨象畧四之才而重四之志可見人患无其志耳苟有其志則才雖不足終不能間也

九五는劓刖이니困于赤紱ᄒᆞ나乃徐有說ᄒᆞ리니利用祭祀ㅣ니라 說音悅

○九五ᄂᆞᆫ劓ᄒᆞ고刖홈이니赤紱애困ᄒᆞ나이예徐히說이이시리니ᄡᅥ祭祀홈이利ᄒᆞ

니라

【傳】截鼻曰劓、傷於上也、去足、爲刖、傷於下也、上下、皆揜於陰、爲其傷害、劓刖之象也、五、君位也、人君之困、由上下、无與也、赤紱、臣下之服、取行來之義、故、以紱言、人君之困、以天下、不來也、天下、皆來則非困也、五雖在困而有剛中之德、下有九二剛中之賢、道同德合、徐必相應而來、共濟天下之困、是、始困而徐有喜說也、利用祭祀、祭祀之事、必致其誠敬而後、受福、人君、在困時、宜念天下之困、求天下之賢、若祭祀然、致其誠敬、(一作至誠)則能致天下之賢、濟天下之困矣、五與二、同德而云上下无與、何也、曰陰陽、相應者、自然相應也、如夫婦骨肉、分定也、五與二、皆陽爻、以剛中之德、同而相應、相求而後、合者(一无者也)也、如君臣朋友、義合也、方其始困、安有上下之與、有與則非困、故、徐合而後、有(一无有字)說也、二云享祀、五云祭祀、大意則宜用至誠、乃受福也、祭與祀享、泛言之則可通、分而言之、祭、天神、祀、地示、享、人鬼、五、君位、言祭、二、在下、言享、各以其所當用也、(開封耿氏曰享祀人臣所以祀宗廟祭祀天子所以禮百神○節齋蔡氏曰享狹祭廣君臣之用異也○建安丘氏曰困卦二五蓋君臣同德以拯困家所謂貞大人吉者也卦於二爻互明其義故在二言朱紱五言赤紱在二言享祀而五言祭祀也○雲峯胡氏曰九五君也亦言困者下无應也然二雖非應而同德故一時雖困乃遲久而有說也二五取象皆相應二曰朱紱五曰赤紱紱所以行也二五不應欲遽行得乎故二方來五乃徐有說二曰享祀五曰祭祀亦以二五當困之時必誠一切至如祭享然則或有可通之理也二言征凶五不言者二在下不可急征以求上上之求下則不可以是例論也)

【本義】劓刖者、傷於上下、下既傷則赤紱、无所用而反爲困矣、九五、當困之時、上爲陰揜、下則乘剛、故、有此象、然、剛中而說體、故、能遲久而有說也、占具象中、又利用祭祀、久當獲福、 進齋徐氏曰二五同德始雖未應終則應也○潛室陳氏曰凡易言祭祀處爻多中實否則中虛中實則誠信之象中虛則誠信之理當困之時以九居五百事不利唯有中實利祭祀耳凡曰利祭祀則有亨道獲福之理焉【備旨】此爻是人君處困而能以德圖通者劓則自所乘之勢言困于赤紱則緊頂劓刖說乃徐有說本其剛中之德來惟有是德故能從容調停而得其心服也利用祭祀亦本剛中言是以德感人以致有說之象

**象曰劓刖**은 **志未得也**오 **乃徐有說**은 **以中直也**오 **利用祭祀**는 **受福也**ㅣ라

○象에 골오되 劓刖은 志를 得디 몯홈 이오 乃徐有說은 中直으로써 오 利用祭祀는 福을 受ᄒᆞ리라

【傳】始爲陰揜、无上下之與、方困未得志之時也、徐而有說、以中直之道、得在下之賢、共濟於困也、不曰中正、與二合者、云直、乃宜也、直、比正、意、差緩、盡其誠意、如祭祀然、以求天下之賢則能一无能字亨天下之困而享受其福慶也、 建安丘氏曰二言中而五言中直所以釋象辭貞字之義二言有慶五言受福所以釋象辭吉字之義【備旨】志字重五本志在困時狃于强梁而劓則未除故志未得巾直不平中是剛中之德直是德之作用中則自直故得服蠢小而有說受福者君心如祭祀之純小人啓蠹投好无自這便是國家之福

上六은困于葛藟와于臲卼이니曰動悔라ᄒ야有悔면征ᄒ야吉ᄒ리라 藟力軌反 臲五結反 卼五骨反

⊙上六은葛藟와臲卼애困홈이니골오ᄃᆡ動ᄒᆞᆫ다마다悔ᄒ리라ᄒ야悔를두워ᄒ면
征ᄒ야吉ᄒ리라(本義)臲卼에困ᄒ야골오ᄃᆡ動호매悔홈이니
(本義) 于臲卼ᄒ야曰動悔니

【傳】物極則反、事極則變、困旣極矣、理當變矣、葛藟、纏束之物、臲卼、危動之狀、六、處困之極、爲困所纏束而居最高危之地、困于葛藟與臲卼也、動悔、動輒有悔、无所不困也、有悔、咎前之失也、曰、自謂也、若能曰如是、動皆得悔、當變前之所爲、有悔也、能悔則往而得吉也、困極而征則出於困矣、故、吉、三、以陰、在下卦之上而凶、上、居一卦之上而无凶、何也、曰三、居剛而處險、困而用剛險、故、凶、上、以柔居說、唯爲困極耳、困極則有變困之道也、困與屯之上、皆以无應、居卦終、屯則泣血漣如、困則有悔征吉、屯、險極而困、說體故也、以說順進、可以離乎困也、

【本義】以陰柔、處困極、故、有困于葛藟于臲卼曰動悔之象、然、物窮則變、故、其占、曰若能有悔則可以征而吉矣、

縉雲馮氏曰葛之附木最出木杪此上六困于葛藟之象也○雙湖胡氏曰藟蔓生上爻柔之象○中溪張氏曰困至上六困之極矣處困而窮動輒得悔必知有悔艾之心斯有可出困窮之道故聖人特以征吉勉之○李氏椿年曰自曰以上困之極也自曰以下處困之極而思有以通之也動固悔矣與其靜而无悔孰若動而有悔爲窮之通往則吉也○雲峯胡氏曰

困窮而通其上之時乎然剛困不害其亨柔困不悔不吉兩悔字與豫悔遲有悔不同豫言悔遲則事必有可悔此言事雖可悔而能悔則吉聖人拳拳欲人悔過如此○開封耿氏曰處困之終有自通之路知柔不可牽捨之可也剛不可乘去之可也○鄭氏剛中曰困有不可動九二是也故征凶有不可不動上六是也故征吉○趙氏曰五爻皆不言吉獨於上六言吉者要當時而不可欲速也九二征凶九四來徐徐九五乃徐有說至上六始有征吉之辭【備旨】一爻重有悔二字蓋以時勢交窮之會正豪傑幹濟之秋有悔則醒悟奮發自不至爲困所窮聖人當困時全要人自作主張故旣動其悔心而復與之以征吉

## 象曰困于葛藟는未當也오動悔有悔는吉行也ㅣ라

○象애골오ᄃᆡ困于葛藟는當티아니미오動悔有悔는行호매吉홈이라

【傳】爲困所纒而不能變、未得其道也、是處之未當也、知動則得悔、遂有悔而去之、可出於困、是其行而吉也、臨川吳氏曰未當者所處未得其當也吉行者能行而去之則吉也○建安丘氏曰困剛揜也卦以三柔揜三剛爲象然剛爲柔揜者吉而柔揜剛者凶下卦則以初三之柔揜九二之剛然初言困于株木三言困于石二則言困于酒食而象以爲中有慶是初三凶而二吉也上卦以上六之柔揜四五之剛然四言徐有終五言徐有說而上則言困于葛藟而象以爲未當是四五吉而上凶也彖曰困而不失其所亨其惟君子乎三剛爻之謂矣【備旨】曰未當見陰柔之失不可徒咎夫時動與行不同牽易妄作曰動細心以圖曰行吉行者就其悔之甫從行出而知吉之已隨行來此是夫子開人向吉之圖

䷯ 巽下坎上

【傳】井、序卦、困乎上者、必反下、故、受之以井、承上升而不已、必困、爲言、謂上升不已而困則必反於下也、物之在下者、莫如井、井所以次困也、爲卦、坎上巽下、坎、水也、巽之象則木也、巽之義則入也、木、器之象、木入於水下而上乎水、汲井之

象也、朱子曰井象只取巽入之義不取本義○進齋徐氏曰以卦體言初柔爲泉眼二三剛爲泉石四柔爲井中空處五剛爲泉實已汲將出井也上柔爲井空處有全井象○隆山李氏曰自古國邑之建必先視其泉之所在是以公劉創京于豳之初相其陰陽觀其流泉先卜其井泉之便而後居之也又曰坎者天一之水見于諸卦者皆諸水下流之失故多以險喩其在卦而得水之眞性者惟井是也以畫觀之一陽實其中二陰圍其外譬之陽氣初回暖律於凝陰之中冬水因之而變溫此坎之眞性也嘗以此觀天下之水其在冬而溫者獨井泉而已蓋得之地脉不失其本眞及注之川澤風雨霜露之所剝失其本性无復有向來一陽之溫矣載觀井泉之水在人身則精血是也川流之水在人身則涕洟之類是也精血固藏者乃井泉生動之性而涕洟往而不反者諸水下流之失也

**井은 改邑호ᄃᆡ 不改井이니 无喪无得ᄒᆞ며 往來ㅣ 井井ᄒᆞᄂᆞ니** 喪息浪反

(本義) 不改井이라 无喪无得ᄒᆞ야

○井은邑을改호ᄃᆡ井을改티몯ᄒᆞᄂᆞ니喪도업스면得 도업스며往ᄒᆞ리 來ᄒᆞ리井을井ᄒᆞᄂᆞ니(本義) 井을改티아닌는디라喪도업스며得도업서

【傳】井之爲物、常而不可改也、邑、可改而之他、井、不可遷也、故、曰改邑不改井、汲之而不竭、存之而不盈、无喪无得也、至者、皆得其用、往來井井也、无喪无得、其德也、常、往來井井、其用也、周、常也周也、井之道也、朱子曰井是那擬不動底物事所以改邑不改井○中溪張氏曰井德之地也而以不變爲德下體本乾上體本坤初五剛柔相易而成井坤爲邑變坤爲坎改邑也坎水爲井五以剛居中而不變是不改井也邑居其所而能聚可改而就井井居其所而有常不可改而就邑汲之而不竭故无所喪不汲之而不盈故无所得剛往居五柔來居初往者得水而上來者求水於下往來皆井其井則无飢渴之害矣故曰往來井井

**汔至ㅣ 亦未繘井이니 羸其瓶이면 凶ᄒᆞ니라** 汔許訖反繘音橘羸律悲反

(本義) 汔至라도亦未繘井ᄒᆞ야서

○거의至ᄒᆞ요미또井애繘티몯홈이니그瓶을羸ᄒᆞ면凶ᄒᆞ니라（本義）거의至ᄒᆞ야도또井애繘티몯ᄒᆞ야셔

【傳】汔、幾也、繘、綆也、井、以濟用、爲功、幾至而未及用、亦與未下繘於井、同也、君子之道、貴乎有成、所以五穀、不熟、不如荑稗、掘井九仞而不及泉、猶爲棄井、有濟物之用而未及物、猶无有也、羸、敗其瓶而失之、其用、喪矣、是以凶也、羸、毁敗也、

【本義】井者、穴地出水之處、以巽木、入乎坎水之下而上出其水、故、爲井、改邑不改井、故、无喪无得而往者來者、皆井其井也、汔、幾也、繘、綆也、羸、敗也、汲井幾至、未盡綆而敗其瓶則凶也、其占、爲事仍舊无得喪而又當敬勉、不可幾成而敗也、

朱子曰汔至作一句亦未繘井羸其瓶是一句意謂幾至而止如綆未及井而瓶敗言功不成也○建安丘氏曰改邑不改井井之體也无喪无得井之德也往來井井井之用也此三句言井之事汔至亦未繘井未及於用也羸其瓶則併失其用也此二句言汲井之事○厚齋馮氏曰繘關西謂綆汲水索瓶汲器文從缶瓦器也或謂古无桶故不取巽木象韓信以木罌渡師如樽罍古皆用木疑古以木爲瓶從缶則又瓦爲之者此象巽木无疑○雲峯胡氏曰澤无水爲困命也澤雖无水而井則有水性也知困之義則知安命知井之義則知盡性易性命之書而言之明且切者莫困井二卦若也改邑不改井三句爲井言汔至三句爲汲者言改邑不改井井之體也性靜而定也无喪无得往來井井井之用也性動亦定也汔至未繘井而羸其瓶人之於性知之行有未盡者其猶是乎

**象曰巽乎水而上水ㅣ井이니井은養而不窮也ᄒᆞ니라** 上時掌反

○象애ᄀᆞᆯ오ᄃᆡ水애巽ᄒᆞ야水를上ᄒᆞ욤이井이니井은養ᄒᆞ야窮티아니ᄒᆞ니라

【本義】以卦象、釋卦名義、隆山李氏曰坎三爻二陰在外爲險陷井象也一陽居內陷二陰之中泉象也以巽遇坎巽木在坎水中巽水而上亦猶鑿木爲機後重前輕挈水若抽者蓋汲井之象也井之汲爲烹飮漑濯日用可旣乎故曰巽乎水而上水井井養而不窮也

# 改邑不改井은 乃以剛中也ㅣ오

○改邑不改井은이예剛中으로써오

【傳】巽入於水下而上其水者、井也、井之養於物、不有窮已、一作无有窮也取之而不竭、德有常也、邑可改、井不可遷、亦其德之常也、二五之爻剛中之德、其常乃如是、卦之才與義、合也、建安丘氏曰剛中五也剛則不變故邑可改而井不可改○林氏栗曰井者君子之德井不可改以其剛中也剛中者泉在中也○雲峯胡氏曰惟井之不改故不以往而喪不以來而得而往者來者自井其井彖傳但言其體而用己該矣

# 汔至亦未繘井은 未有功也ㅣ오 羸其甁이라 是以凶也ㅣ라

○汔至亦未繘井은功이잇디몯홈이오羸其甁이라일로써凶ᄒᆞ니라

【傳】雖使幾至、旣未爲用、亦與未繘井、同、井、以濟用、爲功、水出、乃爲用、未出則何功也、甁、所以上水而致用也、羸敗其甁則不爲用矣、是以凶也、

【本義】以卦體、釋卦辭、无喪无得往來井井兩句、意與不改井、同、故、不復出、剛中、以二五而言、未有功而敗其甁、所以凶也、建安丘氏曰井以上乎水爲功汔至亦未繘井猶未可以得水故未有功也旣不得水倂與其甁而羸之則汲之用廢矣是以凶也○嵩山晁氏曰或謂彖主三陽言五井列寒泉食是陽剛居得中正邑可改而井不可改也三井渫不食是水未見於用未有功也二甕敝漏是旣不得水倂其甁而亡之羸其甁而凶者也

象曰木上有水ㅣ井이니君子ㅣ以ᄒᆞ야勞民勸相ᄒᆞᄂᆞ니라 上如字又時掌反勞力報反相息亮反

○象애ᄀᆞᆯ오ᄃᆡ木上에水ㅣ이시미井이니君子ㅣ以ᄒᆞ야民을勞ᄒᆞ야相으로勸ᄒᆞᄂᆞ라(本義)民을勞ᄒᆞ며

【傳】木承水而上之、一作來乃器汲水而出井之象、君子、觀井之象、法井之德、以勞徠其民而勸勉以相助之道也、勞徠其民、法井之用也、勸民使相助、法井之施也、

【本義】木上有水、津潤上行、井之象也、勞民者、以君養民、勸相者、使民相養、皆取井養之義、 朱子曰木上有水井說者以爲木是汲器則前面却有瓶瓶自是瓦器此不可曉怕只是說水之津潤上行至那木之杪這便是井水上行之象○草木之生津潤皆上行直至樹末便是木上有水之義雖至小之物亦然如菖蒲葉每晨葉葉尾皆有水如珠顆雖藏之密室亦然非露水也問如此則井之義與木上有水何預曰木上有水便如井中之水水本在井底却能汲上來給人之食故取象如此○問程子井桶之說是否曰不然木上有水是木穿水中張上那水若作汲桶則解不通矣且與羸其瓶之說不相合也○臨川吳氏曰井之養人所及者衆君子觀其象敎民以相養之道勞者閔其勞而休息之也勸勸勉之意相助力也勸相者使之各勸勉以相助也○建安丘氏曰无君子莫治野人无野人莫養君子君勞乎民民助乎君古者井田之制或取諸此○雲峯胡氏曰井以喩性然則勞民勸相所以養人之性也而以君養民使民自養又有井田之義焉

初六은井泥不食이라舊井에无禽이로다 泥乃計反

○初六은井이泥ᄒᆞ야食디몯ᄒᆞ논디라녯井애禽이업도다

【傳】井與鼎、皆物也、就物以爲義、六、以陰柔、居下、上无應援、无上水之象、不能濟物、乃井之不可食也、井之不可一无可字食、以泥汙也、在井之下、有泥之象、井之用、以其水之養人也、无水則舍置不用矣、井水之上、人獲其用、禽鳥、亦就而求焉、舊

廢之井、人旣不食、水不復上則禽鳥、亦不復往矣、蓋无以濟物也、井、本濟人之物、六、以陰居下、无上水之象、故、爲不食、井之不食、以泥也、猶人、當濟物之時而才弱无援、不能及物、爲所舍也、

【本義】井、以陽剛、爲泉、上出、爲功、初六、以陰居下、故、爲此象、蓋不泉而泥則人所不食而禽鳥、亦莫之顧也、

臨川吳氏曰井以陽剛爲泉陰柔爲土初六陰柔在水之下故爲泥○雲峰胡氏曰井以上出爲功初在井下泥而不爲人所食矣井以汲而日新泥不可汲而爲舊井而禽亦莫之顧矣○進齋徐氏曰人品汚下不能强於爲善无用於世爲人所棄觀於此爻可以知所當勉矣備旨上句是初不足下句是人不用初下從上句生來井泥便是舊井无禽正甚言其不食也總是意无資於世也

**象曰井泥不食은下也오舊井无禽은時舍也ㅣ라** 舍音捨

○象애ᄀᆞᆯ오ᄃᆡ井泥不食은下ᄒᆞᆯ식오舊井无禽은時의舍홈이라

【傳】以陰而居井之下、泥之象也、无水而泥、人所不食也、人不食則水不上、无以及禽鳥、禽鳥、亦不至矣、見其不能濟物、爲時所舍置不用也、若能及禽鳥、是亦有所濟也、舍、上聲、與乾之時舍、音不同

【本義】言爲時所棄、備旨爻只言其无資於世人莫見用象則推出无德的根由下也是以卑汚而處於下不單指位之下也時舍言當井養之時必有淵泉之德而後可用於世惟明自甘廢棄而禽鳥莫顧安得不爲時所舍

**九二는井谷이라射鮒ㅣ오甕敝漏ㅣ로다** 射食亦反鮒音附

○九二는井이谷이라鮒애射홈이오甕이敝ᄒᆞ야漏홈이로다

【傳】二雖剛陽之才而居下、上无應而比於初、不上而下之象也、井之道、上行者也、澗谷之水則旁出而就下、二、居井而就下、失井之道、乃井而如谷也、井、上出則養人而濟物、(一作上出而養人濟物)今乃下就汚泥、注於鮒而已、鮒、或以爲蝦、或以爲蟆、井泥中微物耳、射、注也、如谷之下流、注於鮒也、甕敝漏、如甕之破漏也、陽剛之才、本可以養人濟物而上无應援、故、不能上而就下、是以无濟用之功、如水之在甕、本可爲用、乃破敝而漏之、不爲用也、井之初二、无功而不言悔咎、何也、曰失則有悔、過則爲咎、无應援而不能成用、非悔咎乎、居二比初、豈非過乎、曰處中、非過也、不能上、由无援、非以比初也、

【本義】九二、剛中、有泉之象、然、上无正應、下比初六、功不上行、故、其象、如此、

朱子曰鮒程沙隨以爲蝸牛如今廢井中多有之○進齋徐氏曰井谷者井傍穴也射下注也鮒泥中微物蛙屬謂初甕汲水瓶也九二剛中上无應與下比初六不上出而下注有井谷射鮒之象又有泉實可汲而在甕敝漏之象○雲峰胡氏曰井以上出爲功二无應而下泥於初以井言如井旁穴出之水僅能射鮒以汲井言如敝甕不足以上水而反漏於下○中溪張氏曰象言羸其瓶即此之甕敝漏也巽體覆盂亦有甕敝漏之象(傳)曰與謂應无應在上故无提挈之凶凶者存疑只見上无正應不兼下比初六

象曰井谷射鮒는无與也ᄅᆞᆯ시라

○象애ᄀᆞᆯ오ᄃᆡ井谷射鮒는與ᄒᆞ리업슬시라

【傳】井、以上出、爲功、二、陽剛之才、本可濟用、以在下而上无應援、是以下比而

射鮒、若上有與之者則當汲引而上、成井之功矣、臨川吳氏曰與謂應无應在上故无提挈之以出者○進齋徐氏曰在井而射鮒在甕而敝漏皆无與之故也嘗謂人才生世自非果於暴棄甘爲下流之歸者皆可與爲善苟陽剛之真資質之美者皆可以進德良由上无應與而爲之誘掖汲引者故上達之難下達之易也

## 九三은井渫不食ᄒᆞ야爲我心惻ᄒᆞ야可用汲이니王明ᄒᆞ면並受其福ᄒᆞ리라

渫息列反

（本義） 爲我心惻ᄒᆞ니可用汲이라

○九三은井이渫ᄒᆞ되食ᄒᆞ이디몯ᄒᆞ야내의心애惻홈 이되야可히ᄡᅧ汲 홈이니王이明ᄒᆞ면그福을ᄀᆞᆯ와受ᄒᆞ리라（本義）나ᄅᆞᆯ爲ᄒᆞ야心애惻하니可히ᄡᅧ汲ᄒᆞᆯ디라

【傳】三、以陽剛、居得其正、是有濟用之才者也、在井下之上、水之淸潔可食者也、井、以上爲用、居下、未得其用也、陽之性、上、又志應上六、處剛而過中、汲汲於上進、乃有才用而切於施爲、未得其用、則如井之渫治淸潔而不見食、爲心之惻怛也、三、居井之時、剛而不中、故、切於施爲、異乎用之則行、舍之則藏者也、然、明王、用人、豈求備也、故、王明則受福矣、三之才、足以濟用、如井之淸潔、可用汲而食也、若上有明王則當用之而得其效、賢才、見用則己得行其道、君得享其功、下得被其澤、上下、並受其福也、

【本義】渫、不停汙也、井渫不食而使人心惻、可用汲矣、王明則汲井以及物而施者

受者、並受其福也、九三、以陽居陽、在下之上而未爲時用、故、其象占、如此、朱子曰九三可用汲以上三句是象下兩句是占大概是說理決不是說汲井○若非王明則无以收拾人才○中溪張氏曰九三以陽剛之才而居一井之半則泥者去注者深此渫治之井泉可食矣泉可食而人莫之食非惟使我心惻也而行者過之亦爲之惻然也然三有甘潔之泉苟上遇汲者之明則美泉見食而邑人皆被其井養之功猶下有陽剛之才而上遇王者之明則賢才見用而天下並受其利澤之福也○雲峯胡氏曰初六井泥而不食可也九三井渫可食矣而不食何哉爲我心惻者非我心自惻也行道之人爲我而心惻也惻此水可用汲而不汲也惻其與應者才柔不能汲也汲之者其惟五乎五非應也而曰王明周公特筆也五明則汲之以及物而上下並受其福矣

**象曰井渫不食**은**行**을**惻也**오ㅣ**求王明**은**受福也**라ㅣ

(本義) 行이

○象애ᄀᆞᆯ오ᄃᆡ井渫不食은行을惻홈이오王明을求홈은福을受홈이라(本義)行이惻홈이오

【傳】井渫治而不見食、乃人有才知而不見用、以不得行、爲憂惻也、既以不得行、爲惻則豈免有求也、故、求王明而受福、志切於行也、

【本義】行惻者、行道之人、皆以爲惻也、誠齋楊氏曰可食者泉也不食者人也井何惻焉人之行者惻之非爲井惻也爲有才德之君子不見用於上者惻也井一用一邑受其福君子一用天下受其福有美井无善汲則如无井有賢者无明王則如无賢仲尼曰明王不興天下孰能宗予然則九三之惻也井云乎哉君子云乎哉故微明揚之堯帝則大舜雷澤之漁父微明哲之高宗則傳說巖野之胥靡[illegible]行惻者以旁觀之冷眼激爲當局之熱腸足見天下好德之公而三果負天下之望矣野有留良總由國無明主蓋以愧當時之爲君者四句須相承看

**六四**는**井甃**면**无咎**ㅣ리라 甃側舊反

(本義) 井甃ㅣ니

○六四ᄂᆞᆫ井을甃ᄒᆞ면咎ㅣ업스리라(本義)井을甃홈이니

【傳】四雖陰柔而處正、上承九五之君、才不足以廣施利物、亦可自守者也、故、能修治則得无咎、甃、砌累也、謂修治也、四雖才弱、不能廣濟物之功、修治其事、不至於廢、可也、若不能修治、廢其養人之功則失井之道、其咎、大矣、居高位而得剛陽中正之君、但能處正承上、不廢其事、亦可以免咎也、

【本義】以六居四、雖得其正、然、陰柔、不泉則但能修治而无及物之功、故、其象、爲井甃而占則无咎、占者、能自修治則雖无及物之功而亦可以无咎矣、 中溪張氏曰井甃者甓而修之也井而甃矣則舊井完而新之俾勿壞然六四才柔雖未能施其井養之用而近承九五井冽之主苟能甃而治之修而潔之則將有汲引上出之功而无汚濁不食之咎矣○雲峯胡氏曰初才柔有井泥象三之渫渫初之泥也二位柔有井谷象四之甃甃二之谷也渫與甃其皆日新之功乎日新而不已寒泉之來不窮矣[illegible]井不甃則汙泥褋之身不修則物欲壞之井甃則泥可潔而泉可達身修則邪可閑而誠可存此乃清修自好之士故與以无咎

象曰井甃无咎ᄂᆞᆫ修井也ㅣ라

○象에ᄀᆞᆯ오ᄃᆡ井甃无咎ᄂᆞᆫ井을脩ᄒᆞᆯ시라

【傳】甃者、修治於井也、雖不能大其濟物之功、亦(一作若)能修治(一有亦字)不廢也、故、无咎、僅能免咎而已、若在剛陽、自不至如是、如是則可咎矣、 平庵項氏曰泥與甃皆陰也初六不正在下故不能自修而爲泥六四正而在上故能自修而爲甃甃所以禦泥而達泉也有閑邪存誠之功故爲修井之象○建安丘氏曰三交相養之在內卦渫井內以致其潔四在外卦甃井外以禦其汚蓋不渫則汚者不潔不甃則潔者易汚此君子內外

道也[illegible]爻言井甃指已然者言象言修井言修之而後井甃也修者除去不潔不使浼已意

## 九五는 井冽寒泉食이로다 冽音烈

○九五는井이冽ᄒᆞ야寒ᄒᆞᆫ泉을食ᄒᆞ놋다

【傳】五以陽剛中正、居尊位、其才其德、盡善盡美、井冽寒泉食也、冽、謂甘潔也、井泉、以寒爲美、甘潔之寒泉、可爲人食也、於井道、爲至善也、然而不言吉者、井、以上出、爲成功、未至於上、未及用也、故、至上而後、言元吉、

【本義】冽、潔也、陽剛中正、功及於物、故、爲此象、占者、有其德則契其象也、嵩山晁氏曰井者陰之質也故靜而虛泉者陽之用也故動而實○沙隨程氏曰水始達曰泉坎水之正性則寒坎北方也○瀘川毛氏曰三與五皆泉之潔者也三居甃下未汲之泉也故曰不食五出乎甃已汲之泉也故曰食○雲峯胡氏曰井至此初泥已浚二漏已脩井道全矣所謂井養而不窮者正在此爻寒者水之性也冽潔也三之渫潔之也潔之可食矣而不如五之食者何哉五在上三猶在下故也然則渫與冽性也食與不食命也○白雲郭氏曰冽言井之脩潔主人事言寒言泉自然之性主天理言人事學也天理命也兩得之斯爲至矣○合沙鄭氏曰井以陽爲泉者水固天之一陽而生也巽二陽一在地位趨下射谷而非井矣一在人位居甃之下汲之不及不若坎之一陽浮溢於甃上也井欲溢而鼎戒盈德與器之辨也

## 象曰寒泉之食은 中正也ㅣ시라

○象애ᄀᆞᆯ오ᄃᆡ寒泉의食홈은中ᄒᆞ고正홀ᄉᆡ라

【傳】寒泉而可食、井道之至善者也、九五中正之德、爲至善之義、建安丘氏曰井六爻惟五曰泉蓋九五爲井之主位中而正泉冽而寒井之德已盡美矣井至九五雖未能收上出之功而寒泉之食則異乎井泥之不食井渫之不食者非坎中之泉冽而且寒則人亦將出而吐之況食之乎

**上六은井收勿幕고有孚ㅣ라元吉이니라** 收詩救反 又如字

○上六은井을收ᄒᆞ야幕디아니코孚ㅣ인ᄂᆞᆫ디라元ᄒᆞᆫ吉이니라(本義)井을收ᄒᆞ야幕디아니홈이니

(本義) 井收勿幕이니

【傳】井、以上出、爲用、居井之上、井道之成也、收、汲取也、幕、蔽覆也、取而不蔽、其利、无窮、井之施、廣矣大矣、有孚、有常而不變也、博施而有常、大善之吉也、夫人一作體井之用、博施而有常、非大人、孰能、他卦之終、爲極爲變、唯井與鼎、終、乃爲成功、是以吉也、建安丘氏曰上六有井口之象收者汲器之出也幕者覆井之具也勿者禁止之也井以上出爲功繘至於收而井養之用成矣聖人之心以博施濟衆爲公而不以井養之利爲私故勿幕焉夫惟收而勿幕然後天下信其心之公而有孚故獲大善之吉苟收繘之後復幕其井則非元吉在上井道之大成矣蓋內卦井道之小成外卦井道之大成也

【本義】收、汲取也、鼂氏云收、鹿盧收繘者也、亦通、幕、蔽覆也、有孚、謂其出、有源而不窮也、井、以上出、爲功而坎口、不揜、故、上六、雖非陽剛而其象、如此、然、占者、應之、必有孚、乃元吉也、雲峯胡氏曰六陰柔非泉也而有收之象元吉之占何哉他卦之終爲極爲變唯井與鼎終乃成功孚字例訓爲信本義曰有孚謂出有源而不窮也蓋其出有源井之體也其應不窮井之用也必如此而後爲盡性之極功

**象曰元吉在上이大成也ㅣ라**

○象애ᄀᆞᆯ오ᄃᆡ元吉로上애이숌이크게成홈이라

【傳】以大善之吉、在卦之上、井道之大成也、井、以上、爲成功、雲峰胡氏曰象始末揭下上二字見井之用在上而不在下初井泥爲時所棄下也故在上則由脩而中正由中正而大成愈上則井之功愈大○建安丘氏曰井卦六爻合而觀之一井也泉井實也先儒以三陽爲泉三陰爲井陽實陰虛之象也九二言井谷射鮒九三言井渫不食九五言井冽寒泉曰射曰渫曰冽非泉之象乎初六言井泥不食六四言井甃无咎上六言井收勿幕曰泥曰甃曰收非井之象乎以卦序而言則二之射始達之泉也三之渫已潔之泉也五之冽則可食之泉矣初之泥方掘之井也四之甃已脩之井也上之收則出汲之井矣又以二爻爲一例則初二皆在井下不見於用故初爲泥而二爲谷三四皆在井中將見於用故三爲渫而四爲甃五上皆在井上而已見於用矣故五言食而上言收也○西溪李氏曰井六爻綱領最好初井泥二井谷皆廢井也三井渫則渫初之泥四井甃則甃二之谷旣渫旣甃則井道全矣故五爻井冽而泉寒上爻井收而勿幕功用始及物而井道大成矣又曰初與二在井之地故初泥而二谷三與四人位必盡人事故三渫而四甃五與上則得之天矣是以三才之位取義也

䷰ 離下兌上

【傳】革、序卦、井道、不可不革、故、受之以革、井之爲物、存之則穢敗、易之則淸潔、不可不革者也、故、井之後、受之以革也、爲卦、兌上離下、澤中有火也、革、變革也、水火、相息之物、水滅火、火涸水、相變革者也、火之性、上、水之性、下、若相違行則暌而已、乃火在下水在上、相就而相剋、相滅息者也、所以爲革也、又二女、同居而其歸、各異、其志、不同、爲不相得也、故、爲革也、

革은 己日이라아 乃孚ᄒᆞ리니 元亨코 利貞ᄒᆞ야 悔ㅣ亡ᄒᆞ니라

○革은日이己ᄒᆞ야아이예孚ᄒᆞ리니크게亨ᄒᆞ고貞홈이利ᄒᆞ야悔ㅣ亡ᄒᆞ니라

【傳】革者、變其故也、變其故則人未能遽信、故、必已日然後、人心、信從、元亨利貞悔亡、弊壞而後、革之、革之、所以致其通也、故、革之而可以大亨、革之而利於正道則可久而得去故之義、无變動之悔、乃悔亡也、革而无甚益、猶(一有有字)可悔也、況反害乎、古人所以重改作也、

【本義】革、變革也、兌澤、在上、離火、在下、火然則水乾、水決則火滅、中少二女、合爲一卦而少上中下、志不相得、故、其卦、爲革也、變革之初、人未之信、故、必已日而後、信、又其內有文明之德而外有和說之氣、故、其占、爲有所更革、皆大亨而得其正、所革、皆當而所革之悔、亡也、一有不正則所革、不信不通而反有悔矣、朱子曰鄭東卿解革卦以爲風爐亦解得好初爻爲爐底二爻爲爐眼三四五爻是爐腰處上爻是爐口○卦中要看得親切須是兼象看但象不傳了鄭東卿易專取象如以鼎爲鼎革爲爐小過爲飛鳥亦有義理其他更有好處亦有杜撰處○合沙鄭氏曰革有鼎革生爲熟之象故爐鞴之象爲正蓋以離火鼓鑄兌金從革也革而受之以鼎者以鼓鑄成鼎也○沙隨程氏曰澤火不相遇則睽相遇則革革也者從其所勝而已○隆山李氏曰己日乃孚言不信于方革之時而信于己革之日也○王氏曰民可與習常難與通變可與樂成難與慮始革之道所以巳日乃孚也○進齋徐氏曰元亨利貞悔亡者變有大通之理也然必利於貞則其悔可亡變不以貞則事有不可勝悔者古人所以重改作也○雲峰胡氏曰日離象日入澤有已日象革必已日乃孚者民難與慮始革之初人未遽信必已日而後信也離明則約義理而非妄革兌說則隨時勢而非强革此所謂革之貞也不貞則所革人不信事不通悔不亡矣凡彖未有言悔亡者此獨言之重改革也

彖曰革은水火ㅣ相息ᄒᆞ며二女ㅣ同居ᄒᆞ되其志不相得이曰革이라

○象애골오딕革은水火ㅣ서르息ᄒᆞ며二女ㅣᄒᆞᆫ딕居호딕그志ㅣ서르得디아니홈이골온革이라

【傳】澤火、相滅息、又二女、志不相得、故、爲革、息、爲止息、又爲生息、物止而後、有生、故、爲生義、革之相息、謂止息也、程子曰息訓爲生者蓋息則生矣一事息則一事生中无間斷碩果不食則便爲復也寒往則暑來暑往則寒來寒暑相推而歲成焉

【本義】以卦象、釋卦名義、大略與睽、相似、然、以相違而爲睽、相息而爲革也、息、滅息也、又爲生息之義、滅息而後、生息也、或問革二女志不相得與睽不同行有異否朱子曰意則一也但變韻而叶之爾○臨川王氏曰澤火非如坎離有陰陽相逮之道其相遇則相息而已其相息也唯勝者能革其不勝者爾○隆山李氏曰澤火相息必有一勝兌非北方之正水少陰之氣不能以敵南方之正火兌之陰畫下有二陽畫限之而離火從下暵之此火能革澤水也故有溫泉而无寒火又曰睽彖曰二女同居其志不同行革彖曰二女同居其志不相得不同行不過有相離之意故止於睽不相得則不免有相克之事故至於革○雲峯胡氏曰卦以相違爲睽相息爲革而旣濟水在火上不曰相息者何也坎之水動水也火不能息之澤之水止水也止水在上而火炎上故息滅息之中有生息者存猶人一吸一嘘而謂之一息亦有止而復生之義也

## 己日乃孚ᄂᆞᆫ革而信之라

○己日乃孚ᄂᆞᆫ革ᄒᆞ야信케홈이라

【傳】事之變革、人心、豈能便信、必終日而後、孚、在上者、於改爲之際、當詳告申令、至於己日、使人信之、人心、不信、雖强之行、不能成也、先王政令、人心、始以爲疑者、有矣、然、其久也、必信、終不孚而成善治者、未之有也、

文明以說하야大亨以正하니革而當홀셔其悔ㅣ乃亡ᄒᆞ니라 說音悅 當去聲

○文明ᄒᆞ고뻐說ᄒᆞ야크게亨ᄒᆞ고뻐正ᄒᆞ니革하야當홀시그悔ㅣ이예亡ᄒᆞ니라

【傳】以卦才、言革之道也、離爲文明、兌爲說、文則理无不盡、事无不察、說則人心、和順、革而能照察事理、和順人心、可致大亨而得貞正、如是、變革、得其至當、故、悔亡也、天下之事、革之不得其道則反致弊害、故、革有悔之道、唯革之至當則新舊之悔、皆亡也、

【本義】以卦德、釋卦辭、白雲郭氏曰明故見於未革之先說故見於己革之後○庸齋趙氏曰變革之難非內明而外說不可也內明則見理必盡外說則无咈於人情○雲峯胡氏曰彖未有言悔亡者惟革言之革易有悔也必革而當其悔乃亡當字即是貞字一有不貞則有不信有不通皆不當者也不當則不見革之亨惟有革之悔革而當其悔乃亡聖人愼之之意可知矣○楊氏曰革而當者如盤庚之遷始則其民之不孚迨夫遷都一定民情安然无所疑慮其悔乃亡使其革而不當則是嬴秦取井田而阡陌之取封建而郡縣之取鄉遂而兵農之安能免其所謂悔歟

天地ㅣ革而四時ㅣ成하며湯武ㅣ革命하야順乎天而應乎人ᄒᆞ니革之時ㅣ大矣哉라

○天地ㅣ革홈애四時ㅣ成ᄒᆞ며湯武ㅣ命을革ᄒᆞ야天을順ᄒᆞ고人을應ᄒᆞ니革의時ㅣ크다

【傳】推革之道、極乎天地變易、時運終始也、天地陰陽、推遷改易而成四時、萬物、於是、生長成終、各得其宜、革而後、四時成也、時運、旣終、必有革而新之者、王者

之興、受命於天、故、易世、謂之革命、湯武之王、上順天命、下應人心、順乎天而應乎人也、天道變改、世故(一作事)遷易、革之至大也、故、贊之曰革之時大矣哉、

【本義】極言而贊其大也、 朱子曰革是更革之謂到這裏須盡番轉更變一番所謂上下與天地同流豈曰少補之哉小補之者謂扶衰救弊逐些補緝如錮露家事相似若是更革則須徹底從新鑄造一番非止補苴罅漏而已湯武順天應人便如此○易言順天應人後來盡說應天順人非也○順天應人革就革命上說言順天理應人心○李氏曰夏革春而陽事畢春革冬而陰事畢時變係焉湯革夏而爲商武革商而爲周天命係焉○建安丘氏曰大而天地造化密運潛庸革春而爲夏革秋而爲冬陰陽代謝而四時以成況古往今來世代更變則革夏而爲商革商而爲周非湯武强爲之也不過順天應人而已○中溪張氏曰夫時未當革聖人不能先時而當革聖人不敢後時上順天命下應人心革而當其可之謂時故彖辭贊之曰革之時大矣哉○雲峯胡氏曰順乎天而應乎人革言之兌亦言之兌悅也順天理應人心悅道也革重事也而必以悅道行之其義大矣

## 象曰澤中有火ㅣ革이니君子ㅣ以ᄒᆞ야治歷明時ᄒᆞᄂᆞ니라

(象애ᄀᆞᆯ오ᄃᆡ澤中애火이슘이革이니君子ㅣ以ᄒᆞ야歷을治ᄒᆞ야時를明ᄒᆞᄂᆞ니라)

【傳】水火相息、爲革、革、變也、君子、觀變革之象、推日月星辰之遷易、以治歷數、明四時之序也、夫變易之道、事之至大、理之至明、跡之至著、莫如四時、觀四時而順變革則與天地、合其序矣、

【本義】四時之變、革之大者、 朱子曰澤中有火水能滅火此只是說陰盛陽衰火盛則克水水盛則克火此是澤中有火之象便有那四時改革底意思君子觀這象便去治歷明時○問革象不曰澤在火上而曰澤中有火蓋水在火上則水滅了火不見得水決則火滅火炎則水涸之義曰澤中有火則二物並在有相息之象否曰亦是恁地○林艾軒說因革卦得歷法云歷須年年改革不改革便差了天度

此說不然天度之差蓋緣不曾推得那歷元定却不因不改而然歷豈是那年年改革底物治歷明時非謂歷當改革蓋四時變革中便有箇治歷明時底道理○澤中有火自與治歷明時不甚相干聖人取象處只是依稀地說不曾確定指殺只是見得這些意思便說○楊氏曰相生相剋者五行之自然水上火下相剋之義也澤中有火則相息必矣然不有剋何以相生不有革何以相因君子觀革之象知天地之屢革也如此於歷數以推之即時氣以明之則千歲之日至可坐而致者此无他治曆以明之也○臨川吳氏曰此變革之至大者也曆謂日月五緯之躔次時謂春夏秋冬之代序推日月而後可定四時故治曆所以明時也○雲峯胡氏曰四時以相生爲革離兌之交以相克爲革不相克何以相生善治曆者當能明之○西溪李氏曰晝夜者一日之革晦望者一月之革分至者一歲之革曆元者无窮之革

## 初九는 鞏用黃牛之革이니라 鞏九勇反

○初九는鞏호ᄃᆡ黃牛의革으로用홀디니라

【傳】 變革、事之大也、必有其時、有其位、有其才、審慮而愼動而後、可以无悔、九、以時則初也、動於事初則无審愼之意而有躁易之象、以位則下也、无時无援而動於下則有僭妄之咎而无體勢之重、以才則離體而陽也、離、性上而剛、體健、皆速於動也、其才、如此、有爲則凶咎、至矣、蓋剛不中而體躁、所不足者、中與順也、當以中順之革、自固而无妄動、則可也、鞏、局束也、革、所以包束、黃、中色、牛、順物、鞏用黃牛之革、謂以中順之道、自固、不妄動也、不云吉凶、何也、曰妄動則有凶咎、以中順自固則不革而已、安得便有吉凶乎、

【本義】 雖當革時、居初无應、未可有爲、故、爲此象、鞏、固也、黃、中色、牛、順物、革、所以固物、亦取卦名而義、不同也、其占、爲當堅確固守而不可以有爲、聖人之

於變革、其謹、如此、中溪張氏曰鞏有拘束之義革皮之堅韌者也革下卦離黃牛象初剛在外爲革蓋初處變革之始在下則非可革之位居初則非當革之時上无應援豈宜輕躁但當用此中順之道固執而堅守之如用黃牛之革焉而不可妄動以有爲也○雲峰胡氏曰革取卦名而義不同猶噬嗑而取市合之義也易道尙變故賁之爻有不賁者存損之爻有不損者在而革亦不專言革也反其義爲黃牛之革鞏而固之戒其輕也遯六二執用黃牛之革六柔順而二中正中順之道所固有也革初九鞏用黃牛之革離性上而剛不中中順之道所不足也下无位上无應不可有爲惟可固守中順之道而已

象曰鞏用黃牛는不可以有爲也ㅣㄹ서라

○象애ᄀᆞᆯ오ᄃᆡ鞏用黃牛는可히ᄡᅥᄒᆞ욤을두디몯ᄒᆞᆯ시라

【傳】以初九時位才、皆不可以有爲、故、當以中順、自固也、

六二는已日이어야乃革之니征이면吉ᄒᆞ야无咎ᄒᆞ리라

(本義) 己日乃革之면征吉ᄒᆞ야

○六二는日이己ᄒᆞ게아이예革ᄒᆞᆯ다니征ᄒᆞ면吉ᄒᆞ야咎ㅣ업스리라 (本義) 日이己ᄒᆞ야아이예革ᄒᆞ면征ᄒᆞ매吉ᄒᆞ야

【傳】以六居二、柔順而得中正、又文明之主、上有剛陽之君、同德相應、中正則无偏蔽、文明則盡事理、應上則得權勢、體順則无違悖、時可矣、位得矣、才足矣、處革之至善者也、然、臣道、不當爲革之先、又必待上下之信、故、已日乃革之也、如二之才德、所居之地、所進之時、足以革天下之弊、新天下之治、當進而上輔於君、以行其道、則吉而无咎也、不進則失可爲之時、爲有咎也、以二體柔而處當位、體柔則其

進、緩、當位則其處、固、變革者、事之大、故、有此戒、二、得中而應剛、未至失於柔也、聖人、因其有可戒之疾而明其義耳、使賢才、不失可爲之時也、

【本義】六二、柔順中正而爲文明之主、有應於上、於是、可以革矣、然、必己日然後、革之則征吉而无咎、戒占者、猶未可遽變也、雲峰胡氏曰曰一爻爲一日初至二己日也初无位二有位矣初无應二有應矣柔順中正而文明又有德矣有德有位而有應可革之時也而必己日乃革之寧詳緩无遽急也如是則往吉而无咎聖人謹重之意可見卦曰己日乃孚爻曰己日乃革者君之革不待己日其所革己日而後孚耳臣待君之造始而後代終故己日乃革之○中溪張氏曰彖言己日乃孚爻言己日乃革惟孚故能革也○王氏二五雖有澤火之異同處厥中陰陽相應往必合志不憂咎也

# 象曰己日革之ᄂᆞᆫ行有嘉也ㅣ라

○象애ᄀᆞᆯ오ᄃᆡ己日革之ᄂᆞᆫ行ᄒᆞ매嘉ㅣ이슘이라

【傳】己日而革之、征則吉而无咎者、行則有嘉慶也、謂可以革天下之弊、新天下之事、處而不行、是无救弊濟世之心、失時而有咎也、進齋徐氏曰六二當革之時上應九五其才文明其體柔順其位中正備此三者處革之至善者也然猶己日而後革者亦不輕變也故以之征行則吉而无咎而有可嘉之功也凡卦中言嘉者皆二與五應如隨之孚于嘉遯之嘉遯是也

# 九三은征이면凶ᄒᆞ니貞厲ᄒᆞᆯ디니革言이三就면有孚ㅣ리라

(本義) 征이면凶코貞이면厲ᄒᆞ니

○九三은征ᄒᆞ면凶ᄒᆞ니貞ᄒᆞ고厲ᄒᆞᆯ디니革ᄒᆞᆯ言이세번就ᄒᆞ면孚ᄒᆞᆷ이이시리라

【傳】九三、以剛陽、爲下之上、又居離之上而不得中、躁動於革者也、在下而躁於變革、以是而行則有凶也、然、居下之上、事苟當革、豈可不爲也、在乎守貞正而懷危懼、順從公論則可行之不疑、革言、猶當革之論、就、成也、合也、審察當革之言、至於三而皆合則可行信也、言重愼之至、能如是則必得至當、乃有孚也、已可信而衆所信也、如此則可以革矣、在革之時、居下之上、事之有一作當革、若畏懼而不爲則失時爲害、唯當愼重之至、不自任其剛明、審稽公論、至於三就一作復而後、革之則无過矣、

【本義】過剛不中、居離之極、躁動於革者也、故、其占、有征凶貞厲之戒、然、其時則當革、故、至於革言三就則亦有孚而可革也、朱子曰革言三就言三番結婁成就如第一番商量這箇是當革不當革說成一番又更如此商量一番至于三番然後說成了却不是三人來說○盧川毛氏曰火居澤下能无危乎往則凶而居則危本爻適當其會也○建安丘氏曰革之征一也而二征吉三征凶者蓋以六居二其才順而位中及時而革革而當者也故以征則吉以九居三其才剛而位偏過時而革革之不當者也故以征則凶革雖同而時位異也○雲峰胡氏曰革貴乎中初九不及乎中故勉以鞏用黃牛之革九三過乎中故戒以征凶貞厲以其過剛也故恐其征而不已則凶以其不中也又恐其一於貞固而失變革之義則厲故必革之言至三就審之屢則有孚而可革矣兌爲口有言象第三爻有三就象

# 象曰革言三就어니又何之矣리오

○象애골오티革言이三就어니또어티가리오

【傳】稽之衆論、至於三就、事至當也、又何之矣、乃俗語、更何往也、如是而行、乃順理時行、非己之私意所欲爲也、必得其宜矣、

【本義】言已審、進齋徐氏曰初未可革二乃革之三則有孚而變革之事成矣凡事詳審至再至三則止矣革至於就又何往焉

九四는悔亡ᄒᆞ니有孚ㅣ면改命ᄒᆞ야吉ᄒᆞ리라

○九四는悔亡ᄒᆞ니孚를두면命을改ᄒᆞ야吉ᄒᆞ리라

【傳】九四、革之盛也、陽剛、革之才也、離下體而進上體、革之時也、居水火之際、革之勢也、得近君之位、革之任也、下无係一有无字應、革之志也、以九居四、剛柔相際、革之用也、四、既具此、可謂當革之時也、事之可悔而後、革之、革之而當、其悔、乃亡也、革之、既當、唯在處之以至誠、故、有孚則改命吉、改命、改爲也、謂革之也、既事當而弊革、行之以誠、上信而下順、其吉、可知、四非中正而至善、何也、曰唯其處柔也、故、剛而不過、近而不逼、順承中正之君、乃中正之人也、易之取義、无常也、隨時而已、

【本義】以陽居陰、故、有悔、然、卦已過中、水火之際、乃革之時而剛柔不偏、又革之用也、是以悔亡、然、又必有孚然後、革、乃可獲吉、明占者、有其德而當其時、又必有信、乃悔亡而得吉也、節齋蔡氏曰革則有悔悔亡革而當也當則人心皆信之矣故可改前之命令湯武革命是也○雲峯胡氏曰三剛居剛故征凶四剛柔不偏故悔亡然必有孚則有改命之吉下三爻方欲革故而爲新故有謹重不輕改之意上三爻則故者己革而爲新矣故不言革直言改命至鼎則凝命革而後可改改而後可凝也爻在離火兌澤之交其夏令改而爲秋令之時乎九四有其時有其德亦既改命矣必有孚乃吉甚矣天下事不可輕改也其謹重之意可見自三至五皆言有孚三議革而後孚四有孚而後改淺深之序也未占而有孚積孚之素也

象曰改命之吉은信志也ᄅᆞ서라

○象애골오ᄃᆡ改命의吉은志를信ᄒᆞ심이라

【傳】改命而吉、以上下、信其志也、誠既至則上下、信矣、(一作也)革之道、以上下之信、爲本、不當不孚則不信、當而不信、猶不可行也、況不當乎、中溪張氏曰革至於四則革者當矣彖所謂革而當其悔乃亡是也故乾九四亦曰乾道乃革有孚謂上下信之也

九五는大人이虎變이니未占에有孚ㅣ니라

○九五는大人이虎ㅣ變홈이니占티아녀셔애孚ㅣ인ᄂᆞ니라(本義)占티아녀신제

【傳】九五、以陽剛之才中正之德、居尊位、大人也、以大人之道、革天下之事、无不當也、无不時也、所過、變化、事理、炳著、如虎之文采、故、云虎變、龍虎、大人之象也、變者、事物之變、曰虎、何也、曰大人、變之、乃大人之變也、以大人中正之道、(一作德)變革之、炳然昭著、不待占決、知其至當而天下、必信也、天下、蒙大人之革、不待占決、知其至當而信之也、朱子曰未占有孚伊川於爻中占字皆不把做卜筮尙其占說○伊川言所過變化事理炳著所過謂身所經歷處也

【本義】虎、大人之象、變、謂希革而毛毨也、在大人則自新新民之極、順天應人之時也、九五、以陽剛中正、爲革之主、故、有此象、占而得此則有此應、然、亦必自其未占之時、人已信其如此、乃足以當之耳、或問大人虎變是就事上變君子豹變是就身上變朱子曰豈止是事上也從裏面做出來這箇事却不只是空殼

子倣得文王其命維新也是他自新後如此堯克明峻德然後黎民於變大人變正如孟子所謂所過者化所存者神上下與天地同流豈曰小補之哉補只是這箇裏破補這一些如世人些小功只是補如聖人直是渾淪都換過了如鑪鞴相似補底只是錮露聖人却是渾淪鑄過○漢上朱氏曰兌爲虎虎具天地之文然未著也變則其文炳爲○雲峯胡氏曰乾九五飛龍革九五虎變皆大人造之象下卦言革上卦言改言變革道愈進而愈成也虎變謂希革而毛毨蓋仲夏毛希而革易仲秋毛落更生潤澤而鮮好卦體離夏革爲兌秋故有此象此所謂變即孟子所謂存神過化與天地同流而非區區小補之事也未占有孚諸家皆以爲不待占決而人自信之本義亦然蓋革重事也占當在未革之先而孚又在未占之先則其孚也久矣必如成湯未革夏命而室家已相慶於來蘇之先乃應此占不然湯武之革未易擧也如此則九五象占雖若美之之辭而中實含戒之之意○蘭氏廷瑞曰乾之飛則曰龍革之變則曰虎要之爲大人則一也堯舜之揖遜天下唯德之見故曰龍湯武之征伐則有威存焉故曰虎○雙湖胡氏曰文王卦辭於蒙比發筮周公又於此爻發占義不但可見易爲卜筮作又可以見聖人於君師變革等事謹重不敢輕如此(備旨)二句一直說下虎變是制禮作樂把世道重新整頓一番意未占不重只見天下無不信從者虎之變謂希革毛毨者蓋仲夏毛希革易仲秋毛落更生潤澤而鮮美也卦體希爲離夏革爲兌秋故取此象

## 象曰大人虎變은其文이炳也ㅣ라

○象애ᄀᆞᆯ오ᄃᆡ大人虎變은그文이炳홈이라

【傳】事理、明著、若虎文之炳煥明盛也、天下、有不孚乎、張子曰虎變文章大故炳豹變文章小故蔚○臨川吳氏曰炳者如火日之光明也(備旨)文炳即在虎變上看出質其所變之文章乃煥乎之文章也

## 上六은君子는豹變이오小人은革面이니征이면凶코居貞이면吉ᄒᆞ리라

○上六은君子는豹ㅣ變홈이오小人은面을革홈이니征ᄒᆞ면凶ᄒᆞ고貞애居ᄒᆞ면吉ᄒᆞ리라

【傳】革之終、革道之成也、君子、謂善人、良善則已從革而變、其著見、若豹之彬蔚

也、小人、昏愚難遷者、雖未能心化、亦革其面、以從上之敎令也、龍虎、大人之象、故、大人、云虎、君子、云豹也、人性、本善、皆可以變化、然、有下愚、雖聖人、不能移者、以堯舜爲君、以聖繼聖、百有餘年、天下被化、可謂深且久矣、而有苗有象、其來格烝乂、蓋亦革面而已、小人、旣革其外、革道、可以爲成也、苟更從而深治之則爲已甚、已甚、非道也、故、至革之終而又征則凶也、當貞固以自守、革、至於極而不守以貞則所革、隨復變矣、天下之事、始則患乎難革、已革則患乎不能守也、故、革之終、戒以居貞則吉也、居貞、非爲六戒乎、曰爲革終言也、莫不在其中矣、人性、本善、有不可革者、何也、曰語其性則皆善也、語其才則有下愚之不移、所謂下愚、有二焉、自暴也、(一无也字)自棄也、人、苟以善自治則无不可移者、雖昏愚之至、皆可漸磨而進也、唯自暴者、拒之以不信、自棄者、絕之以不爲、雖聖人、與居、不能化而入也、仲尼之所謂下愚也、然、天下、自棄自暴者、非必皆昏愚也、往往强戾而才力、有過人者、商辛、是也、聖人、以其自絕於善、謂之下愚、然、考其歸則誠愚也、旣曰下愚、其能革面、何也、曰心雖絕於善道、其畏威而寡罪則與人同也、唯其有與人同、所以知其非性之罪也、

【本義】革道、已成、君子、如豹之變、小人、亦革面以聽從矣、不可以往而居正則吉、變革之事、非得已者、不可以過而上六之才、亦不可以有行也、故、占者、如之、

王氏湘卿曰炳虎之小者文次於虎均爲能變特其文有炳蔚不同虎文疎而著故曰炳豹文密而理故曰蔚五與上革道成矣故皆言變九居五者皆陽也大人虎變之象六居上者皆陰也君子豹變之象○臨川吳氏曰處革之極革

道終矣君子變革其外而有文小人變革其外而順君復何求哉靜守可也征行則凶矣○雲峯胡氏曰虎豹皆兌象豹小於虎兌說見於上有革面象二三四五皆革者上則從革者也君子小人以位則有上下以德則有正邪今既无不革矣此時豈可復有往哉惟居貞不動則吉革非得已之事初未可革當中順以自守上既已革當靜正以自居

# 象曰君子豹變은 其文이 蔚也ㅣ오 小人革面은 順以從君也ㅣ라

○象애 ᄀᆞᆯ오ᄃᆡ 君子豹變은 그 文이 蔚홈이오 小人革面은 順ᄒᆞ야 ᄡᅥ 君을 從홈이라

【傳】君子、從化遷善、成文彬蔚、章見於外也、中人以上、莫不變革、雖(唯一作)不移之小人、則亦不敢肆其惡、革易其外、以順從君上之敎令、是革面也、至此、革道、成矣、小人、勉而假善、君子所容也、更往而治之則凶矣、

節齋蔡氏曰蔚者隱然有文之謂柔暗故如此○或問下三爻有謹重難改之意上三爻則革而善蓋事有新故革者變故而新也下三爻則故事也未變之時必當謹審於其先上三爻則變而爲新事矣故漸漸好朱子曰然○建安丘氏曰革之象曰己日乃孚又曰革而當其悔乃亡孚謂信於人心當謂合乎天理此革之道也在革六爻初未可革故曰鞏用黃牛之革而象言其不可有爲二之時可革矣故曰己日乃革而象稱其行有嘉三革道已成无所事革故曰革言三就有孚而象以又何之釋之此革三爻之序也至六四則因下卦革之未善者而更改之故曰有孚改命吉改則輕於革矣五言大人虎變上言君子豹變則論從革之效變者革之成改又不足論矣○中溪張氏曰象言己日乃孚革而信之而爻之三四五皆曰有孚則知變革之道非有人心之孚信不可爲也下卦三爻皆言革上卦三爻或言改或言變蓋變乃革之成而改猶未也【備旨】虎文踈而著故曰炳豹文密而理故曰蔚炳之文昭於天下禮樂風化是也蔚之文周於一身擧動威儀是也革面順從俱就好邊說不可說面從心非

# 備旨具解原本周易卷之十七

# 備旨具解原本周易卷之十八

䷱ 巽下 離上

【傳】鼎、序卦、革物者、莫若鼎、故、受之以鼎、鼎之爲用、所以革物也、變腥而爲孰、易堅而爲柔、水火、不可同處也、能使相合爲用而不相害、是能革物也、鼎所以次革也、爲卦、上離下巽、所以爲鼎、則取其象焉、取其義焉、取其象者、有二、以全體言之則下植、爲足、中實、爲腹、受物在中之象、對峙於上者、耳也、橫亘乎上者、鉉也、鼎之象也、以上下二體言之則中虛、在上、下有足以承之、亦(一无亦字)鼎之象也、取其義則木從火也、巽、入也、順從之義、以木從火、爲然之象、火之用、唯燔與烹、燔不假器、故、取烹象而爲鼎、以木巽火、烹飪之象也、制器、取其(一作諸)象也、乃象器以爲卦乎、曰制器、取於象也、象存乎卦而卦不必先器、聖人、制器、不待見卦而後、知象、以衆人之不能知象也、故、設卦(一无卦字)以示之、卦器之先後、不害於義也、或疑鼎非自然之象、乃人爲也、曰固人爲也、然烹飪、可以成物、形制、如是則可用、此非人爲、自然也、在井、亦然、器雖在卦先、而所取者、乃卦之象、卦復用器以爲義也、朱子曰龔少梅說易象亦有是者如鼎卦分明是鼎之象○兼山郭氏曰聖人名卦必以道獨井鼎以器者道器一也由道可見器由器可推道也○雙湖胡氏曰易六十四卦取象凡三頤井鼎是也頤則象在卦先井鼎則制器必在卦後卦伏羲所作凡天下之器寧有先於卦者乎鼎以形言則足腹耳鉉已具以質言則乾兌皆金巽亦兌金反體又有巽木離火兌水以致烹飪之用而巽雞乾亥豕伏坤牛兌羊離雉龜鼈之屬亦皆足充鼎之實而成其致養之功矣○雲峯胡氏曰人所需者飮食飮食所需者鼎與井革茹毛而爲火食包羲有取於鼎也尙矣後世制器尙易之象而伏羲畫井鼎之象則已取諸井鼎之器矣

## 鼎은元吉亨ᄒᆞ니라

○鼎은元코亨ᄒᆞ니라(本義)크게亨ᄒᆞ니라

【傳】以卦才、言也、如卦之才、可以致元亨也、止當云元亨、文羨吉字、卦才、可以致元亨、未便有元吉也、彖、復止云元亨、其義、明矣、

【本義】鼎、烹飪之器、爲卦、下陰、爲足、二三四陽、爲腹、五陰、爲耳、上陽、爲鉉、有鼎之象、又以巽木、入離火而致烹飪、鼎之用也、故、其卦、爲鼎、下巽、巽也、上離、爲目而五爲耳、有內巽順而外聰明之象、卦、自巽來、陰進居五而下應九二之陽、故、其占曰元亨、吉、衍文也、雙湖胡氏曰卦辭元亨之占凡四大有蠱升鼎是也自元亨外无餘辭唯大有與鼎大有以一陰有五陽而爲大亨鼎有天下之重器其占固宜與大有同矣又非蠱升所可同日語也若常人占得二卦隨其高下亦有元亨之義○雲峯胡氏曰大有與鼎卦名下直言元亨孔子以卦才言之文王之初意謂大有六五虛中在上而能有衆陽之大所以大亨鼎變生而熟化剛而柔水火不同處而能使相爲用可以養人亨亦大矣

## 彖曰鼎은象也니

○彖애ᄀᆞᆯ오ᄃᆡ鼎은象이니

【傳】卦之爲鼎、取鼎之象也、鼎之爲器、法卦之象也、(一作法象之器也)有象而後、有器、卦復用器而爲義也、鼎、大器也、重寶也、故、其制作形模、法象、尤嚴、鼎之名、正也、

古人、訓方、方、實正也、以形言則耳、對植於上、足、分峙於下、周圓內外、高卑厚薄、莫不有法而至正、至正然後、成安重之象、故、鼎者、法象之器、卦之爲鼎、以其象也 縉雲馮氏曰六十四卦皆象而鼎獨言象孔穎達曰鑄金爲之而有法象也〇鄱陽董氏曰子夏傳云𠚤分趾也次實腹也中虛耳也上剛鉉也故曰鼎象也

以木巽火ㅣ亨飪也ㅣ니聖人이亨ᄒᆞ야以亨上帝ᄒᆞ고而大亨ᄒᆞ야以養聖賢ᄒᆞ니라 亨晋庚反 飪入甚反

〇木으로ᄡᅥ火를巽홈이亨飪홈이니聖人이亨ᄒᆞ야ᄡᅥ上帝ᄭᅴ亨ᄒᆞ고大亨ᄒᆞ야ᄡᅥ聖賢을養ᄒᆞ니라

【傳】以二體、言鼎之用也、以木巽火、以木從火、所以亨飪也、鼎之爲器、生人所賴至切者也、極其用之大則聖人、亨、以亨上帝、大亨、以養聖賢、聖人、古之聖王、大、言其廣、

【本義】以卦體二象、釋卦名義、因極其大而言之、亨帝、貴誠、用犢而已、養賢則饔飧牢禮、當極其盛、故、曰大亨、 開封耿氏曰巽乎水而上水者非井也井汲引之用也以木巽火者非鼎也鼎烹飪之用也〇中溪張氏曰鼎者所以制器而取象也以木巽火入也木入火然則可以成烹飪之用聖人制器豈自爲口體之奉而已亨上帝尙質故止曰亨養聖賢貴豐盛故曰大亨〇節齋蔡氏曰亨飪不過祭祀賓客二事而祭之大者无出於上帝賓客之重者无過於聖賢〇雲峯胡氏曰剝曰觀象也即畫是象此曰鼎象也又於畫中取器之象享帝養聖賢鼎之用莫大於此矣故極言之

巽而耳目이聰明ᄒᆞ며柔進而上行ᄒᆞ고得中而應乎剛이라是以元亨

ᄒᆞ니라 上時掌反

○巽ᄒᆞ고耳目이聰明ᄒᆞ며柔ㅣ進ᄒᆞ야上行ᄒᆞ고中을得ᄒᆞ야剛을應ᄒᆞᆫ디라 일로뻐 元亨ᄒᆞ니라

【傳】上、既言鼎之用矣、復以卦才、言、人能如卦之才、可以致元亨也、下體、巽、爲巽順於理、離、明而中虛於上、爲耳目聰明之象、凡離在上者、皆云柔進而上行、柔、在下之物、乃居尊位、進而上行也、以明居尊而得中道、應乎剛、能用剛陽之道也、五、居中而又以柔而應剛、爲得中道、其才、如是、所以能元亨也、

【本義】以卦象卦變卦體、釋卦辭、西溪李氏曰下巽上離離爲目五爲鼎耳故曰巽而耳目聰明○中溪張氏曰上體離也離爲目而兼耳言之者蓋以六五爲鼎耳而取也五以柔進而上行得上卦之中而下應九二之剛是以能大善而亨通也○雲峯胡氏曰柔進而上行得中而應乎剛雖與睽同然在鼎則巽巽也上離爲目而五爲耳有內巽順而外聰明之象在睽則說而麗乎明與巽而耳目聰明者不同故彼特曰小事吉此則元亨雖其時之不同亦其德之異也

## 象曰木上有火ㅣ鼎이니君子ㅣ以ᄒᆞ야正位ᄒᆞ야凝命ᄒᆞᄂᆞ니라

○象애ᄀᆞᆯ오ᄃᆡ木上애火ㅣ이숌이鼎이니君子ㅣ以ᄒᆞ야位ᄅᆞᆯ正ᄒᆞ야命을凝ᄒᆞᄂᆞ니라

【傳】木上有火、以木巽火也、亨飪之象、故、爲鼎、君子、觀鼎之象、以正位凝命、鼎者、法象之器、其形、端正、其體、安重、取其端正之象則以正其位、謂正其所居之位、君子所處、必正、其小、至於席不正不坐、毋跛毋倚、取其安重之象則凝其命令、安

重其命令也、凝、聚止之義、謂安重也、今世俗、有凝然之語、以命令而言耳、凡動爲、皆當安重也、朱子曰正位凝命恐伊川說得未然此言人君臨朝也須端莊安重一似那鼎相似安在這裏不動然後可以凝住那天之命如所謂協于上下以承天休○童溪王氏曰夫鼎之爲器也其形端正其體鎭重其用日新故鼎之奠於此也而木上之火亦凝然於此而後烹飪之功見焉君子之觀此象也則亦正其位而已矣其位旣正其命令遂於此而凝焉如木火之凝然於鼎也則造化之功亦於此見矣蓋木火相資以成造化有凝命之象凝聚也中庸曰苟不至德至道不凝焉予亦曰苟不木火鼎之用不凝焉然則鼎之用不凝則鼎也者无用之器也君子之命不凝則位也者亦豈非无用之器乎

【本義】 鼎、重器也、故、有正位凝命之意、凝、猶至道不凝之凝、傳所謂協于上下、以承天休者也、平菴項氏曰鼎之木上有火猶井之木上有水非井鼎本形特象之耳草木皆具水火之氣其生也水氣升於上水至木杪則爲滋液象井泉之上出也其成也火氣見於上火至木杪則爲華實象鼎氣之上蒸也君子觀井象則當務民於下以豐其液觀鼎象則當恭己於上以凝其氣存神以息氣人所以凝壽命中心无爲以守至正君所以凝天命火之光雖在木上而其命必藏於木木盡則火亡矣正位象離離爲聽政之位凝命象巽巽爲命○東谷鄭氏曰革以改命鼎以凝命知革而不知鼎則天下之亂滋矣○建安丘氏曰革者變也聖人於革九四言改命而受革以鼎鼎象又以凝命言之蓋凝其已改之命也以鼎繼革所以示變革之後當端重以守之其旨微矣○雲峯胡氏曰釋者皆以命爲命令本義獨以爲天命鼎之器正然後可凝其所受之實君之位正然後可凝其所受之命正者端莊安重之謂也

## 初六은 鼎이 顚趾나 利出否ᄒᆞ니 得妾ᄒᆞ면 以其子无咎ㅣ리라 出尺遂反又如字否音鄙

(本義) 利出否오 得妾ᄒᆞ야 以其子ㅣ니 无咎ㅣ리라

○初六은 鼎이 趾ㅣ 顚ᄒᆞ나 否를 出홈이 利ᄒᆞ니 妾을 得ᄒᆞ면 그子로ᄡᅥ 咎ㅣ업게 ᄒᆞ리라

(本義) 否를 出홈이 利ᄒᆞ고 妾을 得ᄒᆞ야 ᄡᅥ 그子를 홈이니 咎ㅣ업ᄉᆞ리라

【傳】 六、在鼎下、趾之象也、上應於四、趾而向上、顚之象也、鼎覆則趾顚、趾顚則

覆其實矣、非順道也、然、有當顚之時、謂傾出敗惡、以致潔取新則可也、故、顚趾、利在於出否、否、惡也、四、近君大臣之位、初、在下之人而相應、乃上求於下、下從其上也、上能用下之善、下能輔上之爲、可以成事功、乃善道、如鼎之顚趾、有當顚之時、未爲悖理也、得妾以其子无咎、六、陰而卑、故、爲妾、得妾、謂得其人也、若得良妾則能輔助其主、使无過咎也、子、主也、以其子、致其主於无咎也、六、陰、居下而卑巽從陽、妾之象也、以六、上應四、爲顚趾而發此義、初六、本无才德可取、故、云得妾、言得其人則如是也、

【本義】居鼎之下、鼎趾之象也、上應九四則顚矣、然、當卦初、鼎未有實而舊有否惡之積焉、因其顚而出之則爲利矣、得妾而因得其子、亦由是也、此爻之象、如此而其占、无咎、蓋因敗以爲功、因賤以致貴也、或問鼎顚趾利出否无咎據此爻是凡事須用與他翻轉了却能致利朱子曰不然只是偶然如此此本是不好底爻却因禍致福所謂不幸中之幸蓋鼎顚趾本是不好却因顚仆而傾出鼎中惡穢之物所以反得利而无咎非是故意欲翻轉鼎趾而求利也得妾以其子得妾是无緊要其重却在以其子處顚趾利出否伊川說是得妾以其子无咎彼謂子爲王公在喪之稱者恐不然○臨川吳氏曰否不善之物謂鼎中之穢惡也當鼎之初未實牲體正當洗滌之時顚其趾以傾出其穢惡故趾雖顚而於出否則爲利也○雙湖胡氏曰初位之剛六爻之柔以初得六得妾之象也爻不正故稱妾下巽伏震長子之象也主器有人无咎之道也○雲峯胡氏曰此爻象中取象顚趾非利出否則爲利得妾未爲重有子則可重矣陰柔在下於鼎爲趾象於人則又爲妾象鼎偶顚趾而有出否之利是因敗以爲功也又因得妾而遂有得子之慶是因賤以致貴也天下事固自有偶如此者非可有心以致之也○西溪李氏曰全體一鼎分上下體爲二鼎上體之鼎有兩耳而无足故九四之鼎折足下體之鼎有足而无耳故九三之鼎耳革六爻皆取鼎象故曰鼎象也

象曰鼎顚趾나 未悖也ㅣ오

○象애 ᄀᆞᆯ오ᄃᆡ 鼎顚趾나 悖티 아니ᄒᆞ고

【傳】鼎覆而趾顚、悖道也、然、非必爲悖者、蓋有傾出否惡之時也、

利出否ᄂᆞᆫ 以從貴也ㅣ라

○利出否ᄂᆞᆫ ᄡᅧ 貴를 從ᄒᆞᆷ이라

【傳】去故而納新、瀉惡而受美、從貴之義也、應於四、上從於貴者也

(本義) 鼎而顚趾、悖道也而因可出否、以從貴則未爲悖也、從貴、謂應四、亦爲取新之意、建安丘氏曰鼎而顚倒其趾似悖理矣然物忌顚覆惟鼎則以顚覆而除惡故亦未爲悖也○白雲郭氏曰從貴者否爲賤而潔新爲貴也

九二ᄂᆞᆫ 鼎有實이나 我仇ㅣ 有疾ᄒᆞ니 不我能이면 卽吉ᄒᆞ리라

(本義) 鼎有實이라 我仇ㅣ有疾이니 不我能卽이니

○九二ᄂᆞᆫ 鼎애 實이 이시나 내 仇ㅣ 疾이 이시니 내게 能히 卽디 몯ᄒᆞ게 ᄒᆞ면 吉ᄒᆞ리라

(本義) 鼎애 實이 인ᄂᆞᆫ디라 내 仇ㅣ 疾이 이시니 내게 能히 卽디 몯ᄒᆞᆷ이니

【傳】二以剛實居中、鼎中有實之象、鼎之有實、上出則爲用、二陽剛、有濟用之才、與五相應、上從六五之君則得正而其道、可亨、然、與初密比、陰、從陽者也、九二、居中而應中、不至失正、己雖自守、彼必相求、故、戒能遠之、使不來卽我則吉也、

仇對也、陰陽、相對之物、謂初也、相從則非正而害義、是有疾也、二當以正自守、使之不能來就己、人能自守以正則不正、不能一有以字就之矣、所以吉也

【本義】以剛居中、鼎有實之象也、我仇、謂初、陰陽、相求而非正則相陷於惡而爲仇矣、二能以剛中自守則初雖近、不能以就之矣、是以其象、如此而其占、爲如是則吉也、進齋徐氏曰怨耦曰仇不善之匹也謂二五爲正應而密比初柔陰陽相匹而非正是初爲我仇也卽就也初自顚趾有疾也不能就二是我仇有疾不我能即也故吉○雲峯胡氏曰鼎諸爻與井相似井以陽剛爲泉鼎以陽剛爲實井九二有泉象下比初六則有射鮒之象鼎九二有實象下比初六則有我仇之象井初爲泥二視之爲鮒鼎初爲否二視之爲疾皆陰惡之象也井二无應故其功終不上行鼎二有應而能以剛中自守故初雖近不能就之而吉

## 象曰鼎有實이나 愼所之也ㅣ니

○象애 ᄀᆞᆯ오ᄃᆡ 鼎有實이나 갈빠를 愼ᄒᆞᆯ디니

【傳】鼎之有實、乃人之有才業也、當愼所趨向、不愼所往則亦陷於非義、二能不暱於初而上從六五之正應、乃是愼所之也、雷氏曰愼所之者物各有量可中不可過不自知止猶往求之則至傾覆而喪所有矣

## 我仇有疾은 終无尤也ㅣ리라

○我仇有疾은 므ᄎᆞᆷ내 尤ㅣ 업스리라

【傳】我仇有疾、擧上文也、我仇、對己者、謂初也、初、比己而非正、是有疾也、既自守以正則彼不能即我、所以終无過尤也、

【本義】有實而不愼所往則爲仇所即而陷於惡矣

九三은鼎耳ㅣ革ᄒᆞ야其行이塞ᄒᆞ야雉膏를不食ᄒᆞ나方雨ᄒᆞ야虧悔ㅣ終吉이리라 (行下孟反 塞悉則反)

(本義) 鼎耳ㅣ革이라其行이塞ᄒᆞ야雉膏ㅣ不食이나方雨虧悔니

○九三은鼎의耳ㅣ革ᄒᆞ야그行이塞ᄒᆞ야雉膏를食디몯ᄒᆞ나보야호로雨ᄒᆞ야虧ᄒᆞᆫ悔ㅣ ᄆᆞᄎᆞ매吉ᄒᆞ리라 (本義) 鼎의耳ㅣ革ᄒᆞᆫ디라그行이塞ᄒᆞ야雉膏ㅣ食ᄒᆞ이디몯ᄒᆞ나보야호로雨ᄒᆞ야悔ㅣ虧홈이니

【傳】鼎耳、六五也、爲鼎之主、三、以陽居巽之上、剛而能巽、其才、足以濟務、然、與五、非應而不同、五、中而非正、三、正而非中、不同也、未得於君者也、不得於君則其道、何由而行、革、變革爲(一无謂)異也、三與五、異而不合也、其行塞、不能亨也、不合於君則不得其任、无以施其用、膏、甘美之物、象祿位、雉、指五也、有文明之德、故、謂之雉、三、有才用而不得六五之祿位、是不得雉膏食之也、君子、蘊其德、久而必彰、守其道、其終、必亨、五、有聰明之象而三、終上進之物、陰陽、交暢則雨、方雨、且將雨也、言五與三、方將和合、虧悔終吉、(一无此二字)謂不足之悔、(一再有不足之悔字)終當獲吉也、三、懷才而不偶、故、有不足之悔、然、其有陽剛之德、上聰明而下巽正、終必相得、故、吉也、三雖不中、以巽體、故、无過剛之失、若過剛則豈能終吉、(林氏栗曰上无正應而承乘皆剛故有行塞之)

象○兼山郭氏曰凡物之行以足獨鼎待鉉故以耳耳革則行塞矣○進齋徐氏曰雉離象膏爻柔象謂六五亦以鼎實取象三以陽剛之才而居巽之上其才足以有濟而於六五无相遇之道有革異之情故其行則不通於雉膏則不食猶人有才德而不爲時用不得君之祿而食之也方雨虧悔終吉雨陰陽和合而成方雨且將雨也虧失也三懷才不遇有不足之悔然五有聰明之德三終上進之物方將和合而相得始雖有不足之悔而終獲相遇之吉也

【本義】以陽、居鼎腹之中、本有美實者也、然、以過剛失中、越五應上、又居下之極、爲變革之時、故、爲鼎耳方革而不可擧移、雖承上卦文明之腴、有雉膏之美而不得以爲人之食、然、以陽居陽、爲得其正、苟能自守則陰陽、將和而失其悔矣、占者、如是則初雖不利而終得吉也、或問鼎耳革是如何朱子曰他與五不相應五是鼎耳鼎无耳則移動不得革是換變之義他在上下之間與五不相當是鼎耳變革了不可擧移雖有雉膏而不食此是陽爻陰陽終必和故有方雨之吉○息齋余氏曰鼎九三越五應上故爲耳革而行塞然三五同功亦有相合之理故曰方雨虧悔○雲峯胡氏曰井鼎九三皆居下而未爲時用井三如渫潔之泉而不見食鼎三如鼎中有雉膏而不得以爲人食然君子能爲可食不能使人必食六五鼎耳三爲五不相遇如鼎耳方變革而不可擧移故其行不通然五文明之主三上承文明之腴必以剛正自守五終當求之方且如陰陽和而爲雨始雖有不遇之悔終當有相遇之吉井三所謂王明並受其福者亦猶是也[illegible]鼎耳三句緊緊相承說此物之行以足獨鼎持鉉於耳耳革則失所以行之具故行塞士之不遇而道无由行者似之雉膏不食又承行塞來惟身退而道不行則雖有膏澤不見食於天下方雨且將雨悔而曰虧悔不盡无蓋甚其忘世之失

## 象曰鼎耳革은 失其義也ㅣㄹ서라

○象애 ᄀᆞᆯ오대 鼎耳革은 그 義를 失ᄒᆞᆯ서라

【傳】始與鼎耳革異者、失其相求之義也、與五非應、失求合之道也、不中、非同志之象也、是以其行、塞而不通、然、上明而下才、終必和合、故、方雨而吉也、進齋徐氏曰君臣以義合志也

鼎耳革其行塞雉膏不食則於義乖矣故曰失其義也【備旨】高潔之士雖有絕人逃世然其初心必有不安者故以失義惕之

**九四**는 **鼎**이 **折足**하야 **覆公餗**하니 **其形**이 **渥**이라 **凶**토다 折之舌反餗送鹿反形一作刑渥一作剭音屋

○九四는 鼎이 足을 折하야 公의 餗을 覆하니 그 形이 渥한디라 凶토다 (本義) 刑이 剭이라

【傳】四、大臣之位、任天下之事者也、天下之事、豈一人、所能獨任、必當求天下之賢智、與之叶力、得其人則天下之治、可不勞而致也、用非其人則敗國家之事、貽天下之患、四、下應於初、初、陰柔小人、不可用者也而四、用之、其不勝任而敗事、猶鼎之折足也、鼎、折足則傾覆公上之餗、餗、鼎實也、居大臣之位、當天下之任而所用、非人、至於覆敗、乃不勝其任、可羞愧之甚也、其形渥、謂赧汗也、其凶、可知、繫辭、曰德薄而位尊、知小而謀大、力少而任重、鮮不及矣、言不勝其任也、蔽於所私、德薄知小也、節齋蔡氏曰足初也餗鼎實也下應乎初初趾方顚故有折足之象足折則鼎覆而失其實矣○融堂錢氏曰四近君不中不正下亦以不中不正應之民心乖離我所賴以立者撥矣是鼎折足覆公餗也公餗不可只作飮食看傾敗天祿顚危宗社此正欺君罔上不實之明驗矣○建安丘氏曰鼎本以烹飪而致用今乃至於折足而覆餗則享上帝養聖賢之具皆廢矣宜其凶也四處大臣之位以剛居柔下復應柔力小不能任重且所用非人无以自輔卒至敗人天下國家之事而負君上之所託亦何異乎鼎之折足而覆餗也

【本義】晁氏曰形渥、諸本、作刑剭、謂重刑也、今從之、九四、居上任重者也而下應初六之陰則不勝其任矣、故、其象、如此而其占、凶也、朱子曰刑剭班固使來若作形渥却只是澆濕渾身○雲峯胡氏曰初顚趾四

應初故有折足之象初未有鼎實故因顚趾而出否四已有鼎實故折足則餗皆覆矣否舊穢餗取新者也其形渥諸家或以爲其形赭汗或以爲霑濡之象皆未足以見四之凶如本義則大臣居上任重而信用陰柔之小人必有重刑之凶聞者懼矣○雙湖胡氏曰按邵氏聞見後錄云王弼註鼎其形渥凶以爲霑濡之形也蓋弼不知古易形作刑渥作剭音屋故新唐史元載贊用刑剭亦周禮屋誅云按元載以罪誅贊云易稱鼎折足其刑剭諒哉周禮秋官司烜氏軍旅修火禁邦若屋誅鄭司農云屋誅謂夷三族屋讀如其刑剭之剭謂所殺不於市而以適甸師氏者也○中溪張氏曰初之顚趾即四之折足也初利而四凶何也曰初在鼎下未有實之鼎也鼎未有實則趾可顚顚之所之有出否之利四在鼎中已有實矣鼎既有實則足不可折折之則有覆餗之凶其時位不同故其吉凶亦異也又顚與折異顚則舍否舊而圖新折則鼎毁而用廢矣折故凶也【備旨】君以鼎養付大臣故云公餗任非其人而敗之所謂大臣誤陛下而大臣所用者誤大臣也刑是誤用之誅形渥有作赧愧汗流者亦不必

## 象曰覆公餗ᄒᆞ니信如何也오

○象애ᄀᆞᆯ오ᄃᆡ覆公餗ᄒᆞ니信이엇더ᄒᆞ뇨

【傳】大臣、當天下之任、必能成天下之治安則不誤君上之所倚、下民之所望、與己致身任道之志、不失所期、乃所謂信也、不然則失其職、誤上之委任、得爲信乎、故、曰信如何也

【本義】言失信也、 中溪張氏曰言其所信任之人果如何也【備旨】四信用非人周公以法論故曰形渥孔子以理論故曰信如何四之罪眞無可逃矣

## 六五鼎黃耳金鉉이니利貞ᄒᆞ니라 鉉玄典反

○六五는鼎이黃ᄒᆞᆫ耳오金으로ᄒᆞᆫ鉉이니貞홈이利ᄒᆞ니라

【傳】五在鼎上、耳之象也、鼎之擧措、在耳、爲鼎之主也、五有中德、故、云黃耳、

鉉、加耳者也、二應於五、來從於耳五一作者、鉉也、二有剛中之德、陽體、剛、中色、黃、故、爲金鉉、五、文明得中而應剛、二、剛中巽體而上應、才旡不足也、相應、至善矣、所利、在貞固而已、六五、居中應中、不至於失正而質本陰柔、故、戒以貞固於中也、

【本義】五、於象、爲耳而有中德、故、云黃耳、金、堅剛之物、鉉、貫耳以擧鼎者也、五、虛中、以應九二之堅剛、故、其象、如此而其占則利在貞固而已、或曰金鉉、以上九而言、更詳之、朱子曰六五金鉉只爲上已當玉鉉了却下取九二之應來當金鉉蓋推排到這裏旡去處了○童溪王氏曰在鼎之上受鉉以擧鼎者耳也六五之象也在鼎之外貫耳以擧鼎者鉉也上九之象也○厚齋馮氏曰黃坤土之中色離之五再索於坤而在上卦之中故其色黃又曰自六五之柔言之則上爲金之剛自上九之不變言之則上爲玉之粹各象其物宜而已○雙湖胡氏曰程傳及諸家多以六五下應九二爲金鉉本義從之然猶擧或曰之說謂金鉉以上九言切謂鉉所以擧鼎者也必在耳上方可貫耳九二在下其勢不可用或說恐反爲優然上九又自謂玉鉉者豈六五視上九則爲金鉉以上九自視則爲玉鉉乎金象以九爻取玉象以爻位剛柔相濟取皆未爲不可也王氏馮氏之說亦足以發六五不正而云利貞者戒以貞則利也○雲峯胡氏曰金鉉本義存兩說切謂鉉在上可以擧鼎二剛在下可謂之金不可謂之鉉不若上之剛可謂之金鉉利貞五質陰柔故因占而爲之戒【講】天下重器非賢旡以共濟而賢則非驕亢剛愎之君所能任使黃耳金鉉相連作一象看本義虛中以應九二之堅剛最明徹黃中也耳虛而受也中虛而受正於用金鉉之臣見之人君信賢其初未嘗不專而鮮克有終五柔易動於讒邪故以利貞戒之

## 象曰鼎黃耳ᄂᆞᆫ中以爲實也ㅣ라

○象애ᄀᆞᆯ오ᄃᆡ鼎黃耳ᄂᆞᆫ中으로ᄡᅥ實사므미라

【傳】六五、以得中爲善、是、以中爲實德也、五之所以聰明應剛、爲鼎之主、得鼎之

道、皆由得中也、 [備旨]主德患不中尤患名爲中而實不中中以爲實言是實落的中與虛飾者不同也此句不要分折中字全要挑剔爲實字若止在中字上費嘴便不伶俐

# 上九는 鼎玉鉉이니 大吉하야 无不利니라

○上九는 鼎이 玉으로 한 鉉이니 크게 吉하야 利티 아니미 업스니라

【傳】井與鼎、以上出爲用、處終、鼎功之成也、在上、鉉之象、剛而溫者、玉也、九雖剛陽而居陰履柔、不極剛而能溫者也、居成功之道、唯善處而已、剛柔、適宜、動靜、不過則爲大吉、无所不利矣、在上、爲鉉、雖居无位之地、實當用也、與他卦、異矣、井、亦然

【本義】上、於象、爲鉉而以陽居陰、剛而能溫、故、有玉鉉之象而其占、爲大吉无不利、蓋有是德則如其占也、 縉雲馮氏曰陽剛在上及物之功全繫此爻如擧鼎實以養人者全在於鉉陽剛无應无所回橈如玉不變於火故爲玉○誠齋楊氏曰鼎法象之器也初鼎之足二三四鼎之腹五鼎之耳上鼎之鉉承鼎在足實鼎在腹行鼎在耳擧鼎在鉉鼎至於鉉之擧厥功成矣○西溪李氏曰玉和物也鼎道貴和得玉鉉則陰陽和而鼎之功成矣鉉一也五取金上取玉金剛而玉和五體柔故貴剛上體剛故貴和離爲火而鉉居之金畏火而玉不畏火故成鼎之功以玉爲貴也○雲峯胡氏曰上九一陽橫亘乎鼎耳之上有鉉象金剛物自六五之柔而視上九之剛則以爲金鉉玉具剛之體上九以剛居柔而又下得六五之柔則以爲玉鉉鼎上爻與井皆以上出爲功故彼之占元吉此之占則大吉无不利○雙湖胡氏曰易三象之卦上爻皆吉井有孚元吉无不利頤必利而後吉者豈在于人必致其戒如是夫[備旨]此爻須則剛而能溫不以柔而能剛並提大臣非剛不能輔主猶鉉非堅不能擧鼎而特恐大剛則易於折今上以陽居陰則剛而能溫不一於剛矣故爲輔鼎最美之德大烹擧而仁賢任位嘉香達而帝命用休故曰吉无不利在治道上見

# 象曰玉鉉在上은 剛柔ㅣ 節也ㄹ새라

○象애골오딕玉鉉이上애이숌은剛柔ㅣ節홈이라

【傳】剛而溫、乃有節也、上、居成功致用之地而剛柔、中節、所以大吉、无不利也、井鼎、皆以上出爲成功而鼎、不云元吉、何也、曰井之功用、皆在上、井、又有博施有常之德、是以元吉、鼎、以烹飪爲功、居上、爲成、德、與井異、以剛柔節、故、得大吉也、建安丘氏曰五與上之鉉一也而有金玉之別何歟蓋金一於剛玉則剛而能溫也蓋五以柔中而受上之剛故取金鉉而言上九爻剛而位柔剛柔有節故取玉鉉而言而鼎亦以剛柔節釋之也又曰鼎卦六爻合而觀之一鼎也初畫耦而虛在鼎之下爲足二三四畫奇而實居鼎之中爲腹五畫耦而虛在腹之上爲耳上畫奇而實貫耳之上爲鉉初爲足故曰顚趾二三四爲腹故曰有實曰雉膏曰公餗五爲耳故曰黃耳上爲鉉故曰玉鉉此豈非全鼎之象乎然初曰趾四亦曰足者以四應乎初而四之足即初之趾也上曰鉉而五亦曰鉉者以五附乎上五之鉉即上之鉉也五曰耳而三亦曰耳者則以三无應乎五而有鼎耳革巽之象蓋易道變通不窮義各有當也○雲峯胡氏曰鼎與井皆以上出爲功初之顚趾悖道也因可出否以從貴未悖幸之之辭也二有實而不愼所之則爲仇所即而陷於惡戒之之辭也三不知有六五之君則爲失義四下應初六之小人則爲失信皆責之之辭唯五之中以爲實上之剛柔節與之之辭也【備旨】在上字要玩惟上爲陰而九居之是謂剛而以柔節之也雖說德亦在治理上見之爾瞻曰主鼎者柔而中輔鼎者剛而節君相一德可以奠鼎於不傾矣

䷲ 震下震上

【傳】震、序卦、主器者、莫若長子、故、受之以震、鼎者、器也、震爲長男、故、取主器之義而繼鼎之後、長子、傳國家繼位號者也、故、爲主器之主、序卦、取其一義之大者、爲相繼之義、震之爲卦、一陽、生於二陰之下、動而上者也、故、爲震、震、動也、不曰動者、震、有動而奮發震驚之義、乾坤之交、一索而成震、生物之長也、故、爲長男、其象則爲雷、其義則爲動、雷有震奮之象、動爲驚懼之義

震은亨ᄒᆞ니

○震은亨ᄒᆞ니

【傳】陽生於下而上進、有亨之義、又震爲動、爲恐懼、爲有主、震而奮發、動而進、懼而脩有、主而保大、皆可以致亨、故、震則有亨、隆山李氏曰震本坤體乾以一陽交於下上二爻陰氣凝聚陽氣在內鬱結而不得出於是乎奮擊而爲雷震之初動物咸懼之而不知其震動之威乃所以震陰達陽而開其生育之門故曰震亨○臨川吳氏曰雷動而萬物發生者亨也人聞雷而恐懼修省亦能致亨

震來애虩虩이면笑言이啞啞이리니 虩許逆反 啞烏客反

○震이來ᄒᆞ욤애虩虩ᄒᆞ면笑言이啞啞ᄒᆞ리니

【傳】當震動之來則恐懼不敢自寧、旋顧周慮、一作周旋顧慮 虩虩然也、虩虩、顧慮不安之貌、蠅虎、謂之虩者、以其周環顧慮、不自寧也、處震、如是則能保其安裕、故、笑言啞啞、啞啞、言笑和適之貌

震驚百里에不喪匕鬯ᄒᆞᄂᆞ니라 喪息浪反 卦內並同

○震이百里를驚ᄒᆞ욤애匕鬯을喪티아니ᄒᆞᄂᆞ니라

【傳】言震動之大而處之之道、動之大者、莫若雷、震爲雷、故、以雷言、雷之震動、驚及百里之遠、人无不懼而自失、雷聲所及、百里也、唯宗廟祭祀、執匕鬯者則不致於喪失、人之致其誠敬、莫如祭祀、匕、以載鼎實、升之於俎、鬯、以灌地而一无而字降神、

方其酌祼以求神、薦牲而祈享、盡其誠敬之心則雖雷震(一作霆)之威、不能使之懼而失守、故、臨大震懼、能安而不自失者、唯誠敬而已、此、處震之道也、卦才、无取故、但言處震之道

【本義】震、動也、一陽、始生於二陰之下、震而動也、其象、爲雷、其屬、爲長子、震有亨道、震來、當震之來時也、虩虩、恐懼驚顧之貌、震驚百里、以雷言、匕、所以擧鼎實、鬯、以秬黍酒、和鬱金、所以灌地降神者也、不喪匕鬯、以長子言也、此卦之占、爲能恐懼則致福而不失其所主之重、

朱子曰言人常似那震來時虩虩地便能笑言啞啞到得震驚百里時也不喪匕鬯這箇相連做一串說下來○震未便說到誠敬處只是說臨大震懼而不失其常主器之事未必彖辭便有此意看來只是傳中方說○問伊川言臨大震懼能安而不自失惟誠敬而已處震之道固當如此若出於不測驚動莫不害事否曰若誠敬至自是不驚驚則自是有間斷○平菴項氏曰傳曰千里不同風百里不共雷震驚百里極雷鳴所及之遠也○庸齋趙氏曰棘木爲匕取赤心之義長三尺刋柄與末祭祀之先烹牢於鑊實諸鼎而加冪焉將薦乃擧冪以匕出之升於俎上○縉雲馮氏曰震驚百里不喪匕鬯猶不失匕箸之意臨祭祀而匕鬯之薦无失節也○中溪張氏曰一陽反於二陰之下故曰震來虩虩者恐懼顧慮之貌蓋震來則恐懼顧慮而恐懼之後則笑言啞啞而和適自若也雷聲之發可以震驚百里言祭祀之時誠心純一雖當震懼之來而不喪匕鬯此主敬而不失其所守者也○雲峯胡氏曰虩虩一陽方動而上爲二陰所蔽之象啞啞陰破而上達之象震驚百里以震爲雷取象不喪匕鬯以長子主器取象彖有一句言一事者萃是也有數句言一事者震艮是也此首言震亨謂震有亨之道又自以震來虩虩釋震字以笑言啞啞以下釋亨字蓋人心常如震來之時虩虩然恐懼憂於先必樂於後便自有致福之理雖震驚百里時亦不失其所主之重也

彖曰震은亨하니

○象애골오ᄃᆡ震은亨ᄒᆞ니

【本義】震有亨道、不待言也

震來虩虩은恐致福也ㅣ오笑言啞啞은後有則也ㅣ라

○震來虩虩은恐ᄒᆞ야福을致ᄒᆞᆷ이오笑言啞啞은後에아則이이심이라

【傳】震、自有亨之(一无之字)義、非由卦才、震來而能恐懼、自脩自愼則可反致福吉也、笑言啞啞、言自若也、(一作啞啞笑言自若也)由能恐懼而後、自處、有法則也、有則則安而不懼矣、處震之道也

【本義】恐致福、恐懼以致福也、則、法也、(董氏曰致福云者見君子常以危爲安也有則云者見君子不以忽忘敬也○西溪李氏曰有則謂君子所履出處語默皆有常則不以恐懼而變也)

震驚百里는驚遠而懼邇也ㅣ니

○震驚百里ᄂᆞᆫ遠을驚ᄒᆞ고邇ᄅᆞᆯ懼ᄒᆞᆷ이니

【傳】雷之震、及於百里、遠者、驚、邇者、懼、言其威、遠大也、(建安丘氏曰驚者卒然遇之而動乎外懼者惕然畏之而變于中也驚遠懼邇甚言雷威之畏也)

出可以守宗廟社稷ᄒᆞ야以爲祭主也ㅣ리라

○出홈애可히써宗廟와社稷을守ᄒᆞ야써祭예主ㅣ되리라(本義)出ᄒᆞ야

【傳】象文、脫不喪匕鬯一句、卦辭、云不喪匕鬯、本謂誠敬之至、威懼、不能使之自失、象、以長子、宜如是、因(一有以字)承上文用長子之義通解之、謂其誠敬、能不喪匕鬯則君出而可以守宗廟社稷、爲祭主也、長子、如是而後、可以守世祀承國家也

【本義】程子、以爲邇也下、脫不喪匕鬯四字、今從之、出、謂繼世而主祭也、或云出、卽鬯字之誤、 朱子曰震亨止不喪匕鬯作一項看傳云出可以爲宗廟社稷又做一項看震便自是亨震來虩虩是恐懼顧慮而後便笑言啞啞震驚百里便也不喪匕鬯文王語已是解震亨了孔子又自說長子事文王之語簡重精切孔子之言方始條暢須折開看方得○誠齋楊氏曰震雷能驚百里而不能失匕鬯於主祭之手者蓋執匕鬯以祭則一敬之外无餘念一鬯之外无餘物當是之時白刃前臨猛虎後迫皆莫之覺故震雷驚百里亦莫之聞敬有所甚而懼有所忘也○中溪張氏曰出者猶詩云明天子出矣卽說卦帝出乎震之謂也曰主者猶詩云百神爾主矣卽序卦主器莫若長子之謂也若舜之烈風雷雨弗迷可以出而嗣位肆類于上帝矣而劉備聞迅雷失匕者其可出爲祭主乎⊙隆山李氏曰序卦曰主器莫若長子以太子而主器是必以戒懼存心以威重爲質而使德望素著足以畏服斯人之心則以之守宗廟社稷而爲祭祀之主豈不固宜作易者以乾爲人君之象震爲太子之象庶幾其可見云○雲峯胡氏曰彖本義能恐懼則致福而不失其所主之重盡之矣堯舜兢兢業業事業自兢兢業業致之人須臾不可不知戒懼出而主宗廟社稷者其可懼尤甚焉

**象曰洊雷ㅣ震**(이니)**君子ㅣ以**(ᄒᆞ야)**恐懼脩省**(ᄒᆞᄂᆞ니라) 洊(在薦反)

○象애골오ᄃᆡ洊ᄒᆞᆫ雷ㅣ震이니君子ㅣ以ᄒᆞ야恐懼ᄒᆞ야脩ᄒᆞ며省ᄒᆞᄂᆞ니라

【傳】洊、重襲也、上下、皆震、故、爲洊雷、雷重仍則威益盛、君子、觀洊雷威震之象、以恐懼自脩飭循省也、君子、畏天之威則脩正其身、思省其過咎而改之、不唯雷震、凡遇驚懼之事、皆當如是、建安丘氏曰兩震相重故曰洊雷雷天威也方其仍洊而至聞之者莫不恐懼而君子於恐懼之後必以脩省繼之者所以盡畏天之實也徒恐懼而不脩省則變至而憂變已而休猶无懼爾恐懼者憂其變之來初震象脩省者思其變之弭洊震象○誠齋楊氏曰恐懼以先之脩省以繼之脩省者恐懼之功用也脩其身省其過則恐无恐懼无懼矣○瀘川毛氏曰恐懼者作於其心脩省者見於行事○西山眞氏曰洊雷震君子以恐懼脩省詩云敬天之怒无敢戲豫敬天之渝无敢馳驅鄉黨所載孔子迅雷風烈必變皆此意也○中溪張氏曰宣王周盛世之君也遇災而懼側身脩行景公宋小國之君也反身脩德熒惑亦爲之退舍此皆恐懼而能脩省者也

## 初九ᄂᆞᆫ 震來虩虩이라아 後애 笑言啞啞이리니 吉ᄒᆞ니라

○初九ᄂᆞᆫ 震이 來ᄒᆞᆷ애 虩虩ᄒᆞ야아 後에 笑言이 啞啞ᄒᆞ리니 吉ᄒᆞ니라

【傳】初九、成震之主、致震者也、在卦之下、處震之初也、知震之來、當震之始、若能以爲恐懼而周旋顧慮、虩虩然不敢寧止、則終必保其安吉、故、一作然後、笑言啞啞也、

【本義】成震之主、處震之初、故、其占、如此、朱子曰震來虩虩是震之初震得來如此○中溪張氏曰初恐懼虩虩而後笑言啞啞盖先震而後定先恐而後安宜其吉也爻辭與卦彖辭同者以初九爲成卦之主也以二體而觀初九九四倶爲震動之主爻其餘四陰爻皆聞震雷而恐懼者也○平菴項氏曰震有二義有震動之震有震懼之震初九九四二爻乃震之所以爲震者震動之震也二三五上四陰爻乃爲陽所震者震懼之震也○雲峯胡氏曰二陰一陽則一陽爲主初九在內卦之內震之主也故辭與卦同乾坤之後爲屯便以震之初爻爲主故彖辭曰利貞利建侯周公之爻辭曰利居貞利建侯只

加一居字至本卦彖辭言震來虩虩笑言啞啞而爻辭亦只加一後字蓋震之用在下而重震之初又最下者所以爲震之主者也彖之占曰亨爻之占曰吉一也 備旨 此與卦辭同加一後字者對初而言也見必愼於始而後乃无懼也吉即笑言啞啞意

# 象曰震來虩虩은 恐致福也ㅣ오 笑言啞啞은 後有則也ㅣ라

○象에ᄀᆞᆯ오ᄃᆡ 震來虩虩은恐ᄒᆞ야福을致ᄒᆞᆷ이오 笑言啞啞은後에야 則이이시미라

【傳】 震來而能恐懼周顧則无患矣、是能因恐懼而反致福也、因恐懼而自脩省、不敢違於法度、是由震而後、有法則、故、能保其安吉而笑言啞啞也、臨川吳氏曰恐謂虩虩致福謂致笑言啞啞之福有則謂不以恐懼而失其常度也 備旨 四句理解與傳同然要對初說則前是以主震之君言此是以居君子言

# 六二는震來厲ㅣ라億喪貝ᄒᆞ야躋于九陵이니勿逐ᄒᆞ면七日得ᄒᆞ리라

(本義) 震來에厲ᄒᆞ야億喪貝ᄒᆞ고躋于九陵이니勿逐이라도

○六二는震이來ᄒᆞᆷ이厲ᄒᆞᆫ디라貝를喪ᄒᆞᆯ주를億ᄒᆞ야 九陵에躋ᄒᆞ욤이니 逐디말면七日에得ᄒᆞ리라(本義) 震이來ᄒᆞᆷ에厲ᄒᆞ야貝를喪ᄒᆞ고九陵에躋ᄒᆞ욤이니逐다마라도

【傳】 六二、居中得正、善處震者也而乘初九之剛、九、震之主、震剛、動而上奮、孰能禦之、厲、猛也、危也、彼來既猛則己、處危矣、億、度也、貝、所有之資也、躋、升也、九陵、陵之高也、逐、往追也、以震來之厲、度不能當而必喪其所有則升至高以避之也、九、言其重、岡陵之重、高之至也、九、重之多也、如九天九地也、勿逐七日

得、二之所貴者、中正也、遇震懼之來、雖量勢巽避、當守其中正、无自失也、億之必喪也、故、遠避以自守、過則復其常矣、是勿逐而自得也、逐、即物也、以巳即物、失其守矣、故、戒勿逐、避遠自守、處震之大方也、如二者、當危懼而善處者也、卦位、有六、七乃更始、事既終、時既易也、不失其守、雖一時、不能禦其來、然、時過事己則復其常、故、云七日得、

【本義】六二、乘初九之剛、故、當震之來而危厲也、億字、未詳、又當喪其貨貝而升於九陵之上、然、柔順中正、足以自守、故、不求而自獲也、此爻、占具象中、但九陵七日之象則未詳耳、

朱子曰六二不甚可曉大槩是喪了貨貝又被人趕上高處去只當固守便好○中溪張氏曰初九震之主也以九之剛威動而上奮孰禦之者而六二乃以至柔當其鋒犮犮平殆哉○臨川吳氏曰六二因怖畏而有喪失又且辟易遠避可謂怯懦无所守矣然居中得正苟有躋皆弗顧之達則當有去珠復還之喜故曰勿用追尋至七日而所喪之貝可得也○雲峯胡氏曰常人之情震驚則多喪失故喪匕鬯喪貝每每言之二當初九動而方來其勢甚危大喪其貝事之危也躋于九陵地之危也其危如此二中正自守不以己即物始也有喪而不追其喪末也有得亦其數窮而自得之也或曰互艮有陵象九即初九躋于九陵二進在初之上也七日得既濟六二占同皆於六二言之者自二至上又自上而二七數二中正故始雖失而終復得之【備旨】此震來乃震之已來者厲字內有恐懼修省意下三句俱本此心出升高遠避是順而退非窮而逃也惟忍一時之忿故能得善後之功勿逐二字正是恢復妙用有此妙用其喪也乃其所以得也可見當震之來也止有修省自勉一法斷不可徼倖以與爭

象曰震來厲ᄂᆞᆫ 乘剛也ᄒᆞ시라

○象애 ᄀᆞᆯ오ᄃᆡ 震來厲ᄂᆞᆫ 剛을 乘ᄒᆞᆷ시라

【傳】當震而乘剛、是以彼厲而已危、震剛之來、其可禦乎、臨川吳氏曰柔承初剛迫近雷威故危○雲峯胡氏曰屯六二豫六五噬嗑六二困六三震六二皆言乘剛也惟困六三乘坎之中爻其餘皆乘震之初也皆不以吉稱【備旨】惟乘剛故厲明非德不足也言外要得不可不善處意

## 六三은震蘇蘇ㅣ니震行ᄒᆞ면无眚ᄒᆞ리라

○六三은震ᄒᆞ야蘇蘇홈이니震ᄒᆞ야行ᄒᆞ면眚이업스리라

【傳】蘇蘇、神氣緩散自失之狀、三、以陰居陽、不正、處不正、於平時、且不能安、况處震乎、故、其震懼而蘇蘇然、若因震懼而能行、去不正而就正則可以无過、眚、過也、三、行則至四、正也、動、以就正爲善、故、二、勿逐則自得、三能行則无眚、以不(一有中字)正而處震懼、有眚、可知、

【本義】蘇蘇、緩散自失之狀、以陰居陽、當震時而居不正、是以如此、占者、若因懼而能行、以去其不正則可以无眚矣、雲峯胡氏曰二當震初之來雖有所畏戒以勿逐三去初遠而勉之以行何也六二中正自守三不中正故也故戒之曰與其懼而蘇蘇自失不若因其懼而能行以去不正庶乎可以无眚耳○隆山李氏曰陽爻震物陰爻被震陰被震而不敢輕犯其鋒必須逃避而後獲免故二則欲其躋于九陵三則欲其行无眚【備旨】人心正則壯不正則蘇蘇蘇只緣平日不知恐懼故至此若要无眚必須震行行字重行即修省也震而不行亦徒震耳上震是震驚之震下震字是震奮之震

## 象曰震蘇蘇는位不當也ㅣ라

○象애ᄀᆞᆯ오ᄃᆡ震蘇蘇ᄂᆞᆫ位當티아니홀시라

【傳】其恐懼自失蘇蘇然、由其所處、不當故也、不中不正、其能安乎、(臨川吳氏曰所居之位不當故宜行而去之)

**九四**는 **震**이 **遂泥**라 (泥乃計反)

○九四ᄂᆞᆫ震이 드듸여 泥홈이라

【傳】九四、居震動之時、不中不正、處柔、失剛健之道、居四、无中正之德、陷溺於重陰之間、不能自震奮者也、故、云遂泥、泥、滯溺也、以不正之陽而上下重陰、安能免於泥乎、遂、无反之意、處震懼則莫能守也、欲震動則莫能奮也、震道、亡矣、豈復能光亨也

【本義】以剛處柔、不中不正、陷於二陰之間、不能自震也、遂者、无反之意、泥、滯溺也、(雲峯胡氏曰初與四皆震之所以爲震者然震之用在下四溺於陰柔之中故震之亨在初而不在四亨者初之剛當上達泥者四之剛不能達也)

**象曰震遂泥**는 **未光也**ㅣ로다

○象애 ᄀᆞᆯ오ᄃᆡ 震遂泥ᄂᆞᆫ 光티 몯ᄒᆞ리로다

【傳】陽者、剛物、震者、動義、以剛處動、本有光亨之道、乃失其剛正而陷於重陰、以致遂泥、豈能光也、云未光、見陽剛、本能震也、以失德、故、泥耳、(中溪張氏曰九四亦震上之主爻以一陽陷于四陰之間不能自奮震遂泥矣雖則陽明亦未能光大也)

**六五**는 **震**이 **往來**ㅣ **厲**ᄒᆞ니 **億**ᄒᆞ야 **无喪有事**ㅣ니라

(本義) 震애往來ㅣ厲나億无喪ᄒᆞ고有事ㅣ로다

○六五ᄂᆞᆫ震이往ᄒᆞ며來홈이厲ᄒᆞ니億ᄒᆞ야인ᄂᆞᆫ事를喪홈이업게홀디니라

(本義) 震에往來ㅣ厲ᄒᆞ나喪홈이업고事ㅣ잇도다

【傳】六五、雖以陰居陽、不當位爲不正、然、以柔居剛、又得中、乃有中德者也、不失中則不違於正矣、所以中爲貴也、諸卦、二五、雖不當位、多以中、爲美、三四、雖當位、或以不中、爲過、中、常重於正也、蓋中則不違於正、正不必中也、天下之理、莫善於中、於六二六五、可見、五之動、上往則柔不可居動之極、下來則犯剛、是往來、皆危也、當君位、爲動之主、隨宜應變、在中而已、故、當億度、无喪失其所有之事而已、所有之事、謂中德、苟不失中、雖有危、(一有終字)不至於凶也、億度、謂圖慮、求不失中也、五所以危、由非剛陽而无助、若以剛陽有助、爲動之主則能亨矣、往來、皆危、時則甚難、(一作艱) 但期於不失中則可自守、以柔主動、固不能致亨濟也、

【本義】以六居五而處震時、无時而不危也、以其得中、故、无所喪而能有事也、占者、不失其中則雖危、无喪矣、朱子曰六五是生於憂患死於安樂也○雲峯胡氏曰或曰二在初陽之上陽之來甚急必至於喪其所有五在四陽之上四方溺於二陰之中或往或來而未定其來也猶緩故不特无喪而又且有事功五得中所以如此○雙湖胡氏曰證以六二爻則五乘乎四往來正指四言蓋此爻實與二爻相似而相反二曰震來厲五曰震往來厲二曰億喪貝五曰億无喪有事所以相似者以重卦言之上卦之五實即下卦之二所以相反者二乘乎初初之來也有可畏之勢故其爻厲而有喪五乘乎四四旣下牽於柔來而復往以至遂泥則其震緩矣故其爻雖厲而无喪所以不同○中溪張氏曰四之震往來厲不

如初震來厲之可畏而五之億无喪又異乎二之億喪貝也

象曰震往來厲는 危行也ㅣ오 其事ㅣ在中ᄒᆞ니 大无喪也ㅣ니라

○象애 ᄀᆞᆯ오ᄃᆡ 震往來厲는 行홈이 危ᄒᆞ고 그 事ㅣ中에 이시니 크게 喪홈이 업스니라

【傳】往來、皆厲、行則有危也、動皆有危、唯在无喪其事而已、其事、謂中也、能不失其中則可自守也、大无喪、以无喪、爲大也、臨川吳氏曰上行下行皆危故曰危行有事者在固守其中柔中居剛爲大中故能有守而億无所喪也與六二之柔中居柔小而非大者不同矣【備旨】五无濟變之才故危與行會而所行皆危則在中中字勿說到才能以處變上中只是性地好不倚不激能知小心意

上六은 震이 索索ᄒᆞ야 視ㅣ矍矍이니 征이면 凶ᄒᆞ니 震不于其躬이오 于其鄰이면 无咎ㅣ리니 婚媾는 有言이리라 索桑落反矍俱縛反

○上六은 震이 索索ᄒᆞ야 視ㅣ矍矍ᄒᆞ니 征ᄒᆞ면 凶ᄒᆞ니 震을 그 躬애 아니ᄒᆞ고 그 鄰인제 ᄒᆞ면 咎ㅣ 업스리니 婚媾는 言을 두리라 (本義) 咎ㅣ 업스려니와

(本義) 无咎ㅣ 어니와

【傳】索索、消索不存之狀、謂其志氣、如是、六、以陰柔、居震動之極、其驚懼之甚、志氣、殫索也、矍矍、不安定貌、志氣、索索則視瞻、徊徨、以陰柔不中正之質而處震動之極、故、征則凶也、震之及身、乃于其躬也、不于其躬、謂未及身也、鄰者、近於身者也、能震懼於未及身之前則不至於極矣、故、得无咎、苟未至於極、尙有可改之道、震終當

變、柔不固守、故、有畏[一作見]鄰戒而能變之義、聖人、於震終、示人知懼能改之義、爲勸、深矣、婚媾、所親也、謂同動者、有言、有怨咎之言也、六、居震之上、始爲衆[一作震]動之首、今乃畏鄰戒而不敢進、與諸處震者、異矣、故、婚媾有言也、

【本義】以陰柔、處震極、故、爲索索矍矍之象、以是而行、其凶、必矣、然、能及其震未及其身之時、恐懼脩省則可以无咎而亦不能免於婚媾之有言、戒占者、當如是也、朱子曰上六不全好但能恐懼於未及身之時可得无咎然亦不免他人言語○進齋徐氏曰索索志氣不存之貌當震而懼氣索然也矍矍不定之貌氣索而目亦爲之動也三行則无眚而上征則凶言不當行也躬謂上鄰謂五四震來勢緩不能及上故曰不于其躬僅能及五故曰于其鄰與三无應故婚媾有言○雲峯胡氏曰三蘇蘇神氣散緩上索索矍矍神氣无復存矣蓋以陰柔處震懼之極故其行也必凶猶幸四震之來也緩上之懼不于其身之時而已懼於及五之際則庶乎可以无咎然亦終不免於婚媾之有言者近於五而无應於三也爻言虩虩啞啞蘇蘇索索矍矍與二五言億諸卦皆无其義雖多恐懼之貌亦於爻義各有辯也六爻惟初言吉厚齋曰震之初九謹始恐懼所以致福豫之初六倡始逸豫所以貽凶也除上六征凶外皆无凶者皆有恐懼之福而无逸豫之凶也○稽雲馮氏曰六爻皆无凶者恐懼則爲福泰侈則爲禍也

**象曰震索索**은 **中未得也**오(ᄒᆞᆯ시) **雖凶无咎**는 **畏鄰戒也**라(ᄒᆞᆫ시)

○象애ᄀᆞᆯ오ᄃᆡ震索索은中을得디몯ᄒᆞᆯ시오비록凶ᄒᆞ나咎ㅣ업슴은鄰에戒ᄅᆞᆯ畏ᄒᆞᆯ시라(本義) 中이

【傳】所以恐懼自失、如此、以未得於中道也、謂過中也、使之得中、則不至於索索矣、極而復征則凶也、若能見鄰戒而知懼、變於未極之前則无咎也、上六、動之極、震

極則[一作之終]有變義也、

【本義】中、謂中心、 雲峰胡氏曰程傳曰中道本義謂中心蓋六陰柔處震懼之極中心有所未安故見於外者如此○建安丘氏曰震動也以一陽動于二陰之下也故震六爻以初四爲主而四之震下牽二柔有互艮之體失其所以爲震矣而全震之時用者獨在乎初故初震來虩虩而四震遂泥也其上四陰爻則皆爲陽所震者二乘初剛不可犯也故震來厲億喪貝而三遠之則震蘇蘇而聲漸緩矣五乘四剛己无足畏故但震往來厲億无喪而上遠之則震索索然而无聲矣合二體觀之而重震之義明矣[備旨]未得之得乃中心自得之得有主故也中无主必亂故未得戒備也戒方在鄰變未及鄰也變己及降則我鄰於變矣鄰之所戒而我先畏預之至也所以无咎

䷳ 艮下艮上

【傳】艮、序卦、震者、動也、物不可以終動、止之、故、受之以艮、艮者、止也、動靜、相因、動則有靜、靜則有動、物无常動之理、艮所以次震也、艮者、止也、不曰止者、艮、山之象、有安重堅實之意、非止義、可盡也、乾坤之交、三索而成艮、一陽、居二陰之上、陽、動而上進之物、旣至於上則止矣、陰者、靜也、上止而下靜、故、爲艮也、然則與畜止之義、何異、曰畜止者、制畜之義、力止之也、艮止者、安止之義、止其所也、

艮其背면不獲其身ᄒᆞ며行其庭ᄒᆞ야도不見其人ᄒᆞ야无咎ㅣ리라

○그背에艮ᄒᆞ면그身을獲디몯ᄒᆞ며그庭에行ᄒᆞ야도 그人을보디몯ᄒᆞ야 咎ㅣ업스리라

【傳】人之所以不能安其止者、動於欲也、欲牽於前而求其止、不可得也、故、艮之道、當艮其背、所見者、在前而背乃背之、是所不見也、止於所不見則无欲以亂其心而止、乃安、不獲其身、不見其身也、謂忘我也、无我則止矣、不能无我、无可止之道、行其庭不見其人、庭除之間、至近也、在背則雖至近、不見、謂不交於物也、外物、不接、內欲、不萌、如是而止、乃得止之道、於止、爲无咎也、

一无也字○或問伊川解艮其背云止
於所不見又云不交於物則是无所見
无所交方得其所止而安若有所見有所交時是全无所止之處矣朱子曰這處无不見底意思濂溪也恁地說是他
偶看這一處錯了相傳如此又問伊川云內欲不萌外物不接如是而止乃得其止似只說得靜中之止否曰然○明
道云與其非外而是內不若內外之兩忘也說得最好便是不獲其身行其庭不見其人不見有物不見有我只見所
當止也如爲人君止於仁不知下面道如何只是我當止於仁爲人臣止於敬不知上面道如何只是我當止於敬只
認我所當止也以至父子兄弟夫婦朋友大事小事莫不皆然從伊川之說到不獲其身處便說不來至行其庭不見
其人越難說只做止其所止更不費力○問恐外物无有絕而不接之理若拘拘然務絕乎物而求以不亂其心是在
我却无所守而爲外物所動則奈何曰此一段亦有可疑外物豈能不接但當於非禮勿視聽言動四者用力○伊
川謂艮其背爲止於所不見竊恐未然據彖辭自解得分曉曰艮其止止其所也上句止字便是背字故下文便繼之
云是以不獲其身更不再言艮其背也止是當止之處下句止字是解艮字所字是解背字蓋云止於所當止也所即
至善之地如君之仁臣之忠之類大槩看易須謹守彖象之言聖人自解得精密平易又曰伊川說艮其背是止於所
不見其意如說閑邪如所謂制之於外以安其內如所謂姦聲亂色不留於聰明淫樂慝禮不接於心術此意亦自好
但易之本意未必是如此○蘭氏廷瑞曰艮六爻皆止艮其背不獲其身我不應人也行其庭不見其人人不應我
也人我不交悔吝何從而生是以无咎○雙湖胡氏曰人以面前爲身面後爲背卦體似人背面而立是爲艮其背
不獲其身矣艮其背旣不獲其身則行其庭亦不見其人矣若分二體言則艮其背不獲其身忘我也亦爲人不見
我之象以內體言行其庭不見其人忘人也是我不見人之象以外體言人我兩不相應何咎之有○鄭氏曰象言
輔不言口言身不言腹言夤限不言臍有背面而立之象○兼山郭氏曰人之耳目鼻口皆有欲也至於背則无欲
矣

【本義】艮、止也、一陽、止於二陰之上、陽自下升、極上而止也、其象、爲山、取坤地而隆其上之狀、亦止於極而不進之意也、其占則必能止于背而不有其身、行其庭而不見其人、乃无咎也、蓋身、動物也、唯背爲止、艮其背則止於所當止也、止於所當止則不隨身而動矣、是不有其身也、如是則雖行於庭除有人之地、而亦不見其人矣、蓋艮其背而不獲其身者、止而止也、行其庭而不見其人者、行而止也、動靜、各止其所而皆主夫靜焉、所以得无咎也。

朱子曰艮其背背只是言止也人之四體皆能動惟背不動故取止之義各止其所則廓然而大公○艮其背便不獲其身便不見其人行其庭對艮其背只是對得輕身是動物不道動都是妄然而動斯妄矣不動自无妄○艮其背一句是腦故彖中言是以不獲其身行其庭不見其人也四句只畧對○艮其背渾只見得道理合當如此入自家一分不得著一些私意不得不獲其身不干自家事這四句須是說艮其背了方靜時不獲其身動時不見其人所以彖傳中說是以不獲其身至无咎也○不獲其身不得其身也猶言討自家身己不得又曰欲出於身人纔要一件物事便須以身己去對副他若无所欲則只恁地平平過便似无此身一般○不獲其身如君止於仁臣止於忠但見得事之當止不見此身之爲利爲害纔將此身預其間則道理便壞了古人所以殺身成仁舍生取義者只爲不見此身方能如此○此段分作兩截却是艮其背不獲其身爲靜之止行其庭不見其人爲動之止總說則艮其背爲止之時當其所止了所以止時自不獲其身行時自不見其人此三句乃艮其背之効驗所以彖傳先說止其所也上下敵應不相與也却云是以不獲其身行其庭不見其人也○艮其背不獲其身是只見箇道理不見自家行其庭不見其人是只見箇道理不見箇人也又曰此段工夫全在艮其背上人多將行其庭對此句說便不是了行其庭即是輕說過緣艮其背既盡得了則不獲其身行其庭不見其人矣艮其背是止於所當止之地不獲其身行其庭不見其人萬物各止其所便都統一是理也不見有己也不見有人都只見此理○雲峯胡氏曰人身唯背不動此艮止象不獲其身內艮象不見其人外艮象四五兩爻在門闕之中行其庭象人之所當止者義理而已止其所當止則唯知有義理不知有人我不獲其身理所當止止而止也行其庭不見其人理所當行行而止也如是則其止其行可以无過矣文王彖震艮又自是一例震彖虩虩以下三句只是發明虩虩之效驗艮其背以下三句亦只發明艮背之效驗唯本義爲能發之

## 彖曰艮은止也니 則止時止ᄒᆞ고 時行則行ᄒᆞ야 動靜不失其時ㅣ其道ㅣ光明이니

○彖애ᄀᆞᆯ오ᄃᆡ艮은止홈이니時ㅣ止ᄒᆞ염즉거든止ᄒᆞ고時ㅣ行ᄒᆞ염즉거든行ᄒᆞ야動ᄒᆞ며靜ᄒᆞ욤애그時를失티아니ᄒᆞ욤이그道ㅣ光明ᄒᆞ니

【傳】艮爲止、止之道、唯其時、行止動靜、不以時則妄也、不失其時則順理而合義、在物、爲理、處物、爲義、動靜、合理義、不失其時也、乃其道之光明也、君子、所貴乎時、仲尼行止久速、是也、艮體篤實、有光明之義、

【本義】此、釋卦名、艮之義則止也、然、行止、各有其時、故、時止而止、止也、時行而行、亦止也、艮體、篤實、故、又有光明之義、大畜、於艮、亦以輝光、言之、朱子曰時止則止時行則行行固非止然行而不失其理乃所以爲止也○問艮之象何以爲光明曰定則明凡人胸次煩擾則愈見昏昧中有定止則自然光明莊子所謂泰宇定而天光發是也○問止有兩義得所止之止是義理之極行止之止則就人所爲而言曰然時止之止止字小得其所止之止止字大○雙湖胡氏曰艮一陽見於二陰之上陽明著見陰莫得而掩蔽之故艮獨稱光明

## 艮其止ᄂᆞᆫ止其所也ㅣ라

○그止예艮ᄒᆞ욤은그所애止홈이라

【傳】艮其止、謂止之而止也、止之而能止者、由止得其所也、止而不得其所則无可止之理、夫子、曰於止、知其所止、謂當止之所也、夫有物、必有則、父止於慈、子止

於孝、君止於仁、臣止於敬、萬物庶事、莫不各有其所、得其所則安、失其所則悖、聖人所以能使天下、順治、非能爲物作則也、唯止之、各於其所而已、程子曰動靜不失其時皆止其所也艮其背乃止也背无欲无思也故可止○艮其止止其所也各止其所父子止於恩君臣止於義之謂艮其背止於所不見也○艮其止止其所也八元有善而擧之四凶有罪而誅之各止其所也○易之艮言止之義曰艮其止止其所也言隨其所止而止之人多不能止蓋人萬物皆備遇事時各因其心之所重者更互而出纔見得這事重便有這事出若能物各付物便自不出來也○艮卦只明使萬物各有其止萬物各止其所分无不定矣○艮其背止欲於无見若欲見於彼而止之所施各異若艮其止止其所也止各當其所也聖人所以應萬變而不勞者事各止當所也若鑑在此而物之妍媸自見於彼聖人不與焉時止則止時行則行時行對時止而言亦止其所也○朱子曰程傳云聖人能使天下順治非能爲物作則也惟止之各於其所而已此意却最解得分明艮其背恐只當如此說艮其止便是艮其背經文或背字誤作止字或止字誤作背字或以止字解背字不可知○艮背之用固在止其所然能止其所乃知至物格以後事

上下ㅣ敵應ᄒᆞ야不相與也ㅣᆯ서

○上과下ㅣ敵으로應ᄒᆞ야서르與티아닐석

【傳】 以卦才言也、上下二體、以敵、相應、无相與之義、陰陽、相應則情通而相與、乃以其敵、故、不相與也、不相與則相背、爲(一作與)艮其背、止之義(一有同字)也、朱子曰上下敵應不相與猶言各不相管只是各止其所○八純卦都不相與只是艮卦是止尤不相與內不見己是內卦外不見人是外卦兩卦各自去○李氏曰艮之象兩人相背而行兩不相見故其爻爲上下敵應不相與也○平菴項氏曰卦象雖相敵情自相與惟艮則上下卦陰陽各正其性而无外求之情故有不相與之義陽上而陰下一陽而統二陰皆天下之定理不可復加損也

是以不獲其身行其庭不見其人无咎也ㅣ라

○일로써不獲其身行其庭不見其人无咎ᄒᆞ니라

【傳】相背、故、不獲其身不見其人、是以能止、能止則无咎也、

【本義】此、釋卦辭、易背爲止、以明背即止也、背者、止之所也、以卦體言、內外之卦、陰陽、敵應而不相與也、不相與則內不見己、外不見人而无咎矣、晁氏云艮其止、當依卦辭、作背、進齋徐氏曰彖言艮其止即釋卦辭艮其背之義君子之止其所者猶北辰之居其所也君止於仁臣止於敬父止於慈子止於孝事事物物莫不各止其所此於止而知其所止也上下重艮皆以陰陽敵應而无相與之義彖辭先言艮其止然後曰是以不獲其身行其庭不見其人无咎也以此見止則不獲自見其身行則不見其人者是皆艮其背之效驗也○建安丘氏曰艮其背止也行其庭行也止而不獲其身不知有己也行而不見其人不知有人也无人无己唯見義理之當止所謂止其所也所者止之地也得其所而不止固爲不知止不得其所而止又豈止其所之義哉又曰有止之時有止之所止之時如夫子之仕止久速各當其可是也止之所如大學之仁敬孝慈各得其分是也釋彖自艮止也而下言止之時自艮其止而下言止之所○雲峯胡氏曰不獲其身以下三句皆從背說背則自視不獲其身行於庭則不見其人本義所謂止而止行而止即程子所謂靜亦定動亦定也內不見巳外不見人所謂內外之兩忘也

## 象曰兼山이艮이니君子ㅣ以ᄒᆞ야思不出其位ᄒᆞᄂᆞ니라

○象애ᄀᆞᆯ오ᄃᆡ兼ᄒᆞᆫ山이艮이니君子ㅣ以ᄒᆞ야思ᄅᆞᆯ그位예出티아니ᄒᆞᄂᆞ니라

【傳】上下、皆山、故、爲兼山、此而幷彼、爲兼、謂重復(一作複)也、重艮之象也、君子、觀艮止之象而思安所止、不出其位也、位者、所處之分也、萬事、各有其所、得其所則止而安、若當行而止、當速而久、或過或不及、皆出其位也、況踰分非據乎、董氏曰兩雷兩風兩火兩水兩澤皆有相往來之理惟兩山並立不相往來此止之象也○中溪張氏曰君子觀艮止之象如山之寂然不動而罔敢越思故曰思不出其位○建安丘氏曰位者止之所也思不出其位則於止知其所止

有兩山對峙不相侵越之意大學言君仁臣敬父慈子孝與中庸言素富貴行富貴素貧賤行貧賤之類皆其義也凡人所爲所以易至於出位者以其不能思也思則心有所悟知其所當止而得所止矣○雲峯胡氏曰不出位身止也思不出位心止也亦兼山之象

**初六**은 **艮其趾**라 **无咎**ᄒᆞ니 **利永貞**ᄒᆞ니라

○初六은그趾예艮홈이라咎ㅣ업스니承ᄒᆞ고貞홈이利ᄒᆞ니라

【傳】六、在最下、趾之象、趾、動之先也、艮其趾、止於動之初也、事止於初、未至失正、故、无咎也、以柔處下、當趾之時也、行則失其正矣、故、止乃无咎、陰柔、患其不能常也、不能固也、故、方止之初、戒以利在常永貞固則不失止(正一作)之道也、

【本義】以陰柔、居艮初、爲艮趾之象、占者、如之則无咎而又以其陰柔、故、又戒其利永貞也、臨川胡氏曰初當下體之下象趾趾能行者也六陰晝能靜止於下而不行故曰艮其趾又曰位不當有咎也止而不行故无咎○涑水司馬氏曰君子於其所止不可不謹擇也止於永貞利莫大焉○雲峯胡氏曰事當止者當於其始而止之乃可无咎止於始猶不能止於終而況不能止於始者乎初六陰柔懼其始之不能終也故戒以利永貞欲常久而貞固也其卽上九之敦艮乎[備旨]脚跟不定全體皆差艮趾之義是從脚跟下用力者也但恐陰柔不能固守故戒以永貞乃利永貞者立定脚跟直要於敦艮之竟者也

**象曰艮其趾**는 **未失正也**ㅣ라

○象에ᄀᆞᆯ오ᄃᆡ艮其趾는正을失디아님이라

【傳】當止而行、非正也、止之於初、故、未至失正、事止於始則易而未至於失也、臨川吳氏曰能止於下則位雖不當猶未至於失其正也不止而行則失正矣[備旨]人生而靜吾心本來之正也能止於未動則當止之至於失然玩一未字亦可見終難持而易失須永貞方得

# 六二는艮其腓니不拯其隨라ㅣ其心不快로다

○六二는그腓예艮홈이니拯티몯ᄒᆞ고 그隨ᄒᆞ논지라그心이 快티아니ᄒᆞ도다 (本義) 그隨ᄅᆞᆯ拯티몯ᄒᆞ논디라

【傳】六二、居中得正、得止之道者也、上无應援、不獲其君矣、三、居下之上、成止之主、主乎止者也、乃剛而失中、不得止之宜、剛止於上、非能降而下求、二、雖有中正之德、不能從也、二之行止、係乎所主、非得自由、故、爲腓之象、股動則腓隨、動止、在股而不在腓也、二既不得以中正之道、拯救三之不中則必勉而隨之、不能拯而唯隨也、雖咎不在己、然、豈其所欲哉、言不聽道不行也、故、其心不快、不得行其志也、士之處高位則有拯而无隨、在下位則有當拯、有當隨、有拯之不得而後、隨、

中溪張氏曰股動則腓動股止則腓止是動止之權不在腓也九三居下體之上爲艮之主二既不得以柔中之道而拯救九三過剛之失而亹亹隨之又豈其心之所欲哉故其心不快也○誠齋楊氏曰六二有艮其腓之象九三居艮體之上則猶背也九三陽也六二陰也陽唱則陰和今以六二之柔而欲止九三之剛以六二之腓而欲止九三之背吾知六二不拯其隨也王曰好色而軻亦曰太王好色王曰好貨而軻亦曰公劉好貨軻豈不拯其隨者哉軻之心則不快也况以九三而躐居六二之上六二力不能拯不得已而隨之又豈其心之所快然亦未肯退而聽其上之輕動也君子於艮之六二可以察其跡而哀其心矣

【本義】六二、居中得正、既止其腓矣、三爲限則腓所隨也而過剛不中、以止乎上、二雖中正而體柔弱、不能往而拯之、是以其心不快也、此爻、占在象中、下爻、放此、

或問艮六二不拯其隨程子謂二不得以拯三之不中則勉而隨之不拯而唯隨也恐唯字未的當若不拯而唯隨則如樂正子之於子敖冉求之於季氏也當只言不拯其所隨故其心不快如孔孟之於時君諫不行言不聽則去而

己勉而隨之恐非時止之義朱子曰得之○艮其腓咸其腓二卦皆就人身上取義而皆主靜如艮其趾能止其動便旡咎艮其腓腓亦是動物故止之不拯其隨是不能拯止其隨限而動也所以其心不快限卽腰所在艮其限是截做兩段去○進齋徐氏曰二有中正之德宜止不動然艮主在三故其隨在三三剛列夤不得止之宜二不能拯救其失故曰不拯其隨以二之中正而柔弱不能拯其所隨豈其所欲哉其心不快○雲峯胡氏曰咸六二與艮六二皆象腓咸下體卽艮也艮以三爲主咸於二言腓三言隨隨二而動者也三爲下卦之主不能自守而下隨於二故往吝艮於二言腓又言隨隨三而止者也三列夤不得止之宜而二陰柔不能救其所隨故其心不快雖然視咸之執其隨者有間矣【備旨】二能自守何以不能及三爲三專主自是與二之學問兩不相謀故不能拯其失然君子不能化導開悟畢竟是自家本領不濟故其心不快

## 象曰不拯其隨는 未退聽也ᄋᆞᆯ서라

○象애 ᄀᆞᆯ오ᄃᆡ 不拯其隨는 退ᄒᆞ야 聽티 아니ᄒᆞᆯ서라

【傳】所以不拯之而唯隨者、在上者、未能下從也、退聽、下從也、

【本義】三、止乎上、亦不肯退而聽乎二也、雲峰胡氏曰二與三占皆在象中皆有一心字二不能拯乎三故心不快三不肯下聽乎二故厲薰心【備旨】退聽猶言下從九三是告子之學昧强制聖人惡其剛復故專咎之

## 九三은 艮其限이라 列其夤이니 厲ㅣ 薰心이로다 夤引眞反

○九三은 그 限애 艮ᄒᆞᆫ디라 그 寅을 列ᄒᆞᆷ이니 厲ㅣ 心애 薰ᄒᆞ논ᄯᆞ다

【傳】限、分隔也、謂上下之際、三、以剛居剛而不中、爲成艮之主、決止之極也、己在下體之上而隔上下之限、皆爲止義、故、爲艮其限、是確乎止而不復能進退者也、在人身、如列其夤、夤、膂也、上下之之際濟也、列絕其夤則上下、不相從屬、言止於下之堅也、止道、貴乎得宜、行止、不能以時而定於一、其堅强、如此則處世、乖戾、與

物暌絕、其危、甚矣、人之固止一隅而舉世、莫與宜者則艱蹇忿畏、焚撓其中、豈有安裕之理、厲薰心、謂不安之勢、(一作其) 薰爍其中(一有心字)也、

【本義】限、身上下之際、即腰胯也、夤、膂也、止于腓則不進而已、九三、以過剛不中、當限之處而艮其限則不得屈伸而上下判隔、如列其夤矣、危厲薰心、不安之甚也、

臨川毛氏曰三處上下之間故爲限人身榮衛流通則泰而无疾上痞下結則危矣○鄭氏剛中曰限上下體之際虞翻謂束帶之處夤馬融謂夾脊肉肉附脊則身有主而可立分列其夤則百體无以相屬心處中背處陰夤在背與心密相向列其夤則憂危之厲安得不薰灼及其心也○沙隨程氏曰限分上下夤列左右各止其所无相資相待之意故危薰心○雲峯胡氏曰震所主在下初九下之最下者也九四雖亦震所主而溺於四柔之中有泥之象故不如初之吉艮所主在上上九上之最上者也九三雖亦艮所主然界乎四柔之中有限之象有列其夤之象故不如上之吉二曰其心不快三曰厲薰心蓋寂然不動者心之體如之何可以徇物感而遂通者心之用如之何可以絕物二陰柔隨三而不能拯之是徇物者也二本中正故其心猶以爲不快三過剛確乎止而不能進退以至上下隔絕是絕物者也三不中唯見其危厲薰心而已○進齋徐氏曰艮二柔爻也而曰我心不快艮三剛爻也而曰厲薰心何也蓋六二之柔爲剛者所制故我心不快也九三之剛爲柔者所陷故厲薰心也【備旨】心體固不可以妄動亦不却動以求靜故時止時行是安心的提法艮限止於不當止之所心能安乎艮咸三象足是一意是聖人點醒九三意

**象曰艮其限**이라 **危**ㅣ **薰心也**ㅣ라

○象애 ᄀᆞᆯ오ᄃᆡ 艮其限이라 危ㅣ 心에 薰홈이라

【傳】謂其固止不能進退、危懼之慮、常薰爍其中心也、雲峯胡氏曰震上六中未得動之極而心未安艮九三危薰心止之極而心亦未安【備旨】人知厲薰心爲列夤所致而不知艮其限即所以危薰心也是甚言惡動之當戒意

**六四**는 **艮其身**이니 **无咎**ㅣ니라

○六四ᄂᆞᆫ 그 身에 艮ᄒᆞᆷ이니 咎ㅣ 업ᄉᆞ니라

【傳】 四、大臣之位、止天下之當止者也、以陰柔而不遇剛陽之君、故、不能止物、唯自止其身則可无咎、所以能无咎者、以止於正也、言止其身无咎則見其不能止物、施於政則有咎矣、在上位而僅能善其身、无取之甚也、雙峰許氏曰六四以柔止之才承柔止之君雖己身得正而於君事則有不能自濟者必藉陽剛之才而後可以成功故雖九應之則終得婚媾震九應之則顚頤獲吉至於止乾之健納兌之說皆可成功而有喜不爾處剝見凶處蒙蠱見吝矣艮以能止爲義能止其身則无咎可也

【本義】 以陰居陰、時止而止、故、爲艮其身之象而占得无咎也、胡氏曰自止其身使不妄動不爲物遷故无咎○中溪張氏曰諸卦唯咸與艮以身取象此近取諸身者也艮四正當心位不言心而言身者蓋心不可見而身者心之區宇也觀其身之止則知其心之止又安有妄動之咎哉○雲峯胡氏曰咸九四憧憧往來以心之動言此不言心而言身兼動靜言也身止則知心得其所止矣○楊氏曰六四居上體能自止其身而無咎者也然爻旣曰身而象又曰躬者蓋身者伸也躬者屈也伸屈在我而不在物以六居四屈而不伸止而不行此君子知出處之大義也【備旨】五官百骸不能各止其所者物遷之也不爲物遷吾守吾身而欲不能奪故曰艮其身

象曰艮其身은 止諸躬也ㅣ라

○象애 골오ᄃᆡ 艮其身은 躬에 止ᄒᆞᆷ이라

【傳】 不能爲天下之止、能止於其身而已、豈足稱大臣之位也、白雲郭氏曰止諸躬者謂成己而已未能成物也【備旨】止即艮躬即身是以訓詁釋爻辭也

六五ᄂᆞᆫ 艮其輔ㅣ라 言有序ㅣ니 悔亡ᄒᆞ리라

○六五ᄂᆞᆫ 그 輔애 艮ᄒᆞᆷ이라 言이 序ㅣ이심이니 悔ㅣ 亡ᄒᆞ리라

【傳】五、君位、艮之主也、主天下之止者也而陰柔之才、不足以當此義、故、止以在上、取輔(一有之字)義、言之、(一无之字)人之所當愼而止者、唯言行也、五、在上、故、以輔、言、輔、言之所由出也、艮於(一作其)輔則不忘出而有序也、言輕發而无序則有悔、止之於輔則(一作故)悔亡也、有序、中節、有次序也、輔與頰舌、皆言所由出而輔、在中、艮其輔、謂止於中也、

【本義】六五、當輔之處、故、其象、如此而其占、悔亡也、悔、謂以陰居陽、中溪張氏曰輔者頰車也言之所由出也五以柔居尊而得中發則爲絲綸之言故與其言未中倫孰若止其輔而不言非不言也不輕言也言不妄出則秩秩德音自然有序而其悔乃亡故咸上六曰咸其輔頰舌而夫子亦以滕口說爲戒也〇雲峰胡氏曰輔頰之兩傍骨背後可得而見者咸言其面故幷見頰舌艮其背故止言輔初艮趾止其行也五艮輔止其言也能止其言者必能止其所行故悔亡〇隆山李氏曰人所見於外者不過言行二者在下有腓趾以象其行在上有輔頰以象其言所以明艮之義則一也【備旨】艮其輔猶所謂其言也訒言全在心上用功是先與不授輔以權非出口方思止也言有序即跟艮其輔說蓋蓄極而發自然語默中繩也二句一串艮其輔事悔亡又跟有序說

象曰艮其輔ᄂᆞᆫ 以中으로 正也ㅣ라

〇象애 ᄀᆞᆯ오ᄃᆡ 艮其輔ᄂᆞᆫ 中으로ᄡᅥ 正ᄒᆞᆷ이라

【傳】五之所善者、中也、艮其輔、謂止於中也、言以得中爲正、止之於輔、使不失中、乃得正也、

【本義】正字、羨文、叶韻、可見、誠齋楊氏曰高宗三年不言一言而四海咸仰威王三年不鳴一鳴而齊國震驚六五所以能艮其輔而言有序者以其德之中正而已所謂

德者必有言也【備旨】言以得中爲正正之于輔使不失中乃得正也正字不作羡文若依本義則中字指心之靜專安易言言本於中則樞機之發自審也正字作衍不作衍皆可

## 上九는 敦艮이니 吉ᄒᆞ니라

○上九는 艮애 敦ᄒᆞ욤이니 吉ᄒᆞ리라

【傳】九、以剛實、居上而又成艮之主、在艮之終、止之至堅篤者也、敦、篤實也、居止之極、故、不過而爲敦、人之止、難於久終、故、節或移於晚、守或失於終、事或廢於久、人之所同患也、上(一无上字)九、能敦厚於終、止道之至善、所以吉也、六爻之德、唯此爲吉、

【本義】以陽剛、居止之極、敦厚於止者也、中溪張氏曰上九在艮山之極剛健篤實可謂敦厚於艮終者也故六爻之中唯此獨吉○建安丘氏曰艮以人身取象艮止體身動物也六爻自初之趾至五之輔皆囿於一體而未能盡止道之善僅止於无咎悔亡而已獨上九爲成艮之主於當止之地而能止焉所謂止於至善者聖人以爲非形之可拘故曰敦艮吉其與悔亡无咎之辭異矣又曰艮者震之反也艮之三即震之四震之用在下故震陽最下者獨吉若震四之陽則下連二陰爲互艮之體失所以爲震矣艮之用在上故艮陽最上者獨吉若艮三之陽則連上二陰爲互震之體失其所以爲艮矣○雲峯胡氏曰咸艮皆以身取象咸言人前艮言人背艮其腓咸亦言腓腓雖在後而前亦可見也咸其輔艮亦言輔輔雖在前而後亦可見也故咸得兼艮之腓而不得兼艮之限貪得兼咸之輔而不得兼咸之頰舌其取象可謂精矣上獨不言象何哉敦臨敦復臨復皆取坤土象艮山乃坤土而隆其上者也其厚也彌固故其象爲敦其占曰吉凡上爻除井鼎外鮮有吉者唯艮之在上體者凡八而皆吉人可不自厚哉厚於始可不厚於終哉【備旨】諸爻皆取象於人身之上惟上九成艮之主且在艮終當得全艮故以艮字與之艮擅篤寔故曰敦全本陽剛居此極來德性本自堅凝工夫又无間斷所以成其爲敦止之最善者也

## 象曰敦艮之吉은 以厚終也ㅣ라

○象애갈오되敦艮의吉홈은終애厚홀석라

【傳】天下之事、唯終守之爲難、能敦於止、有終者也、上之吉、以其能厚於終也、

雲峰胡氏曰震以下一爻爲主故九四在上卦之下而未光不如在下卦之下者之致福艮以上一爻爲主九三在下卦之上而薰心不如在上卦之上者之厚終也非特艮上九爲然賁上九上得志大畜上九道大行蠱上九志可則頤上九大有慶損上九大得志蒙上九上下順皆艮之以厚終者也○朱子曰艮卦是箇最好底卦動靜不失其時其道光明又剛健篤實輝光日新其德皆艮之象也艮居外卦者八而皆吉唯蒙卦半吉半凶如賁之上九白賁无咎上得志也剝之上九君子得輿民所載也大畜上九何天之衢道大行蠱上九不事王侯志可則也頤上九由頤厲吉大有慶也損上九弗損益之大得志也艮卦敦艮之吉以厚終也蒙卦上九擊蒙不利爲寇利禦寇雖小不利卦爻亦自好又曰蒙學者之事始之之事也艮成德之事終之之事也○復卦靜中有動艮卦又是動中要靜復卦便是一箇大翻轉底艮卦艮卦便是兩箇翻轉底復卦復是五陰下一陽艮是二陰上一陽陽是動底物事陰是靜底物事凡陽在下便是震動意思在中便是陷在二陰之中如人陷在窟裏相似在上則沒去處了只得止故曰艮其止陰是柔順底物事在下則巽順陰柔不能自立須附於陽在中則是附麗之象在上則說蓋柔媚之物在上則歡悅○艮就人身取象上一畫有頭之象中二陰有口之象所以艮其輔於五爻見內卦之下亦有足之象又曰咸艮皆以人身爲象但艮卦又差一位○建安丘氏曰艮六爻以三上爲主而九三連上二陰有互震之體失其所以爲艮止之義矣而全艮之時用者獨在乎上故上敦艮吉而三艮其限厲薰心也其下四陰爻則皆隨陽而止者五近上艮故艮其輔言有序四遠之則亦艮其身而无咎也 近下艮故艮其腓不拯其隨初遠之則但艮其趾未失正而已合二體觀之而重艮之義可識矣【備旨】以厚終訓解敦艮蓋爲學處始易厚終難厚終則合行也爲一止而艮學畢矣

備旨具解原本周易卷之十八

# 備旨具解原本周易卷之十九

䷴ 艮下巽上

【傳】漸、序卦、艮者、止也、物不可以終止、故、受之以漸、漸者、進也、止必有進、屈伸消息之理也、止之所生、亦進也、所反、亦進也、漸所以次艮也、進以序、爲漸、今人、以緩進、爲漸、進以序、不越次、所以緩也、爲卦、上巽下艮、山上有木、木之高而因山、其高、(一有而字)有因也、其高、有因、乃其進、有序也、所以爲漸也

**漸**은**女歸**ㅣ**吉**ᄒᆞ니**利貞**이니라

○漸은女의歸ㅣᄒᆞ옴이吉ᄒᆞ니利홈이貞이니라(本義)貞홈이利ᄒᆞ니라

【傳】以卦才、兼漸義而言也、乾坤之變、爲巽艮、巽艮、重而爲漸、在漸體而言、中二爻、交也、由二爻之交然後、男女、各得正位、初終二爻、雖不當位、亦陽上陰下、得尊卑之正、男女、各得其正、亦得位也、與歸妹、正相對、女之歸、能如是之正則吉也、天下之事、進必以(一作有)漸者、莫如女歸、臣之進於朝、人之進於事、固當有序、不以其序(一作漸)則陵節犯義、凶咎、隨之、然、以義之輕重、廉恥之道、女之從人、最爲大也、故、以女歸、爲義、且男女、萬事之先也、(一有利貞字)諸卦、多有利貞而所施、或不同、

有涉不正之疑而爲之戒者、有其事、必貞、乃得其宜者、有言所以利者、以其有貞也、所謂涉不正之疑而爲之戒者、損之九二、是也、處陰居說、故、戒以宜貞也、有其事、必貞、乃得宜者、大畜、是也、言所畜、利於貞也、有言所以利者、以其有貞者、漸、是也、言女歸之所以吉、利於如此貞正也、蓋其固有、非設戒也、漸之義、宜能亨而不云亨者、蓋亨者、通達之義、非漸進之義也、

【本義】漸、漸進也、爲卦、止於下而巽於上、爲不遽進之義、有女歸之象焉、又自二至五、位皆得正、故、其占、爲女歸吉而又戒以利貞也、 中溪張氏曰漸者進以序而不迫之義女巽也適人爲歸故曰女歸以二體言艮男下於巽女亦爲女歸之義故聖人取女歸以明漸進之象所以爲吉然女歸固以漸爲吉而其利尤在於得正也以中四爻而觀雖陰陽皆當位而三四相比非正應也唯二五相應爲正故曰利貞○漢上朱氏曰女謂嫁曰歸自內而外也漸專以女歸爲義蓋禮義廉恥之重天下國家之本无若女之歸也○白雲郭氏曰女歸不以漸則奔也漸則爲歸故女歸以漸爲吉○臨川吳氏曰巽女在外將入而來歸艮男在內方止而未往迎有女歸以漸之象聘則爲妻奔則爲妾自納采問名納吉納徵請期親迎六禮備而後成婚女歸之以漸如此○雲峯胡氏曰咸取女吉取者之占也漸女歸吉嫁者之占也然皆以貞艮爲主艮止也止而說則其感也以正是爲取女之吉止而巽則其進也以正是爲女歸之吉

彖曰漸之進也ㅣ女歸의吉也ㅣ라

○彖애골오ᄃᆡ漸의進홈이女ㅣ歸홈의吉홈이라

【傳】如漸之義而進、乃女歸之吉也、謂正而有漸也、女歸、爲大耳、他進、亦然、

【本義】之字、疑衍、或是漸字、 盧川毛氏曰易未有一義明而兩卦者晉進也漸亦進何也漸非進以漸而進耳

進得位ᄒᆞ니往有功也ㅣ오

○進ᄒᆞ야位를得ᄒᆞ니往ᄒᆞ야功이이슴이오

【傳】漸進之時而陰陽、各得正位、進而有功也、四、復由上進而得正位、三、離下而爲上、遂得正位、亦爲進得位之義、一有是往而有功也六字

# 進以正ᄒᆞ니可以正邦也ㅣ니

○進ᄒᆞ욤애正으로뼈ᄒᆞ니可히뼈邦을正ᄒᆞᆯ디니

【傳】以正道而進、可以正邦國、至於天下也、凡進於事、進於德、進於位、莫不皆當以正也。

【本義】以卦變、釋利貞之意、蓋此卦之變、自渙而來、九進居三、自旅而來、九進居五、皆爲得位之正、楊氏曰聖人於漸以敎風化乎執此道仕進則无干祿慕位之恥无假塗捷徑之患以此而進則得位以此而往則有功

# 其位ᄂᆞᆫ剛得中也ㅣ라

○그位ᄂᆞᆫ剛이中을得홈이라

【傳】上、云進得位往有功也、統言陰陽得位、是以進而有功、復云其位剛得中也、所謂位者、五、以剛陽中正、得尊位也、諸爻之得正、亦可謂之得位矣、然、未若五之得尊位、故、特言之、

【本義】以卦體言、謂九五也、中溪張氏曰進以正可以正邦者家道正而天下定也非五居尊位剛而得中能如是乎

止而巽ᄒᆞᆯ시動不窮也ㅣ라

○止ᄒᆞ고巽ᄒᆞᆯ식動홈이窮티아니ᄒᆞ니라

【傳】內艮止、外巽順、止爲安靜之象、巽爲和順之義、人之進也、若以欲心之動則躁而不得其漸、故、有困窮、在漸之義、內止靜而外巽順、故、其進動、不有(一作至)困窮也、

【本義】以卦德、言漸進之義、東平劉氏曰夫物未有進而不止窮者動而不窮者惟漸爲然止乎下而巽以行之是以動不窮也○中溪張氏曰艮止於內而巽以行之動而不暴則不至於困窮也

象曰山上有木이漸이니君子ㅣ以ᄒᆞ야居賢德ᄒᆞ야善俗ᄒᆞᄂᆞ니라

(本義) 居賢德ᄒᆞ며善俗ᄒᆞᄂᆞ니라

○象애ᄀᆞᆯ오ᄃᆡ山上애木이이슘이漸이니君子ㅣ以ᄒᆞ야 賢德애居ᄒᆞ야 俗을善ᄒᆞᄂᆞ니라 (本義) 賢德에居ᄒᆞ며俗을善ᄒᆞᄂᆞ니라

【傳】山上有木、其高、有因、漸之義也、君子、觀漸之象、以居賢善之德、化美於風俗、人之進於賢德、必有其漸、習而後、能安、非可陵節而遽至也、在己、且然、敎化之於人、不以漸、其能入乎、移風易俗、非一朝一夕、所能成、故、善俗、必以漸也、

【本義】二者、皆當以漸而進、疑賢字、衍、或善下、有脫字、朱子曰山上有木木漸長則山漸高所以爲漸○楊氏曰地中生木以時而升山上有木其進以漸君子知木者至微之物猶不可以不漸而況於居賢德善俗乎居賢德而以漸修而後至勤而後精此揚子雲所謂始乎爲士終乎爲聖也善俗而以漸靠而始變久而後成此孔子所謂善人爲邦百年可

以勝殘去殺矣○雲峯胡氏曰居德象艮之止不漸豈能遽止善俗象巽之入不漸豈能遽入○建安丘氏曰夬居德則忌而漸言居賢德何也蓋夬以潰決爲義漸以積累爲義故也

**初六은鴻漸于干이니小子ㅣ厲ᄒᆞ야有言이나无咎ㅣ니라**

○初六은鴻이干애漸홈이니小子ㅣ厲ᄒᆞ야言을두나咎ㅣ업스니라

【傳】漸諸爻、皆取鴻象、鴻之爲物、至有時而群有序、不失其時序、乃爲漸也、干、水湄、水鳥、止於水之湄、水、至近也、其進、可謂漸矣、行而以時、乃所謂漸、漸進（一无漸字）不失漸 得其宜矣、六、居初、至下也、陰之才、至弱也而上無應援、以此而進、常情之所憂也、君子則深識遠照、知義理之所安、時事之所宜、處之不疑、小人幼子、唯能見已然之事、從衆人之（一有所字）知、非能燭理也、故、危懼而有言、蓋不知在下、所以有進也、用柔、所以不躁也、无應、所以能漸也、於義、自无咎也、若漸之初而用剛急進則失漸之義、不能進而有咎、必矣、

【本義】鴻之行、有序而進、有漸、干、水涯也、始進於下、未得所安而上復无應、故、其象、如此而其占則爲小子厲、雖有言而於義則无咎也、中溪張氏曰漸之六爻皆以鴻取義鴻水鳥也木落南翔冰泮北徂其往來也有時其先後也有序漸之象也干者水之湄也鴻爲水宿之物初在卑下有鴻漸于干之象○建安丘氏曰當漸之始以水鳥而止于水湄其進不驟得漸之義矣○張子曰鴻漸之始出至于干鴻鵠之志非小小所量見其出陸爭欲危之且疑其所處之非君子信己而行義无咎也○雲峯胡氏曰三至四互坎故初有水涯之象艮少男故有小子象或曰鴻之飛長在前而幼在後幼者惟恐失義故危之而號呼長者必緩飛以俟之故爲小子厲有言之象以占者則小子在下未可遽進而進鴻之幼者不若也【備旨】六爻取鴻者以鴻至有時而行有序得漸之義且終身不重匹與女歸爲切故取爲象咎謂躁妄之咎即在鴻漸上看出

象曰小子之厲ㅣ니 義无咎也ㅣ니라

○象애 ᄀᆞᆯ오ᄃᆡ 小子의 厲홈이나 義에 咎ㅣ 업ᄉᆞ니라

【傳】雖小子、以爲危厲、在義理、實无咎也、 備旨提出義字見所遭不幸非己有以取之夫士人朝見嫉乃理之當不容何病故曰无咎

六二ᄂᆞᆫ 鴻漸于磐이라 飮食이 衎衎ᄒᆞ니 吉ᄒᆞ니라 衎苦旦反

○六二ᄂᆞᆫ 鴻이 磐애 漸홈이라 飮食홈이 衎衎ᄒᆞ니 吉ᄒᆞ니라

【傳】二、居中得正、上應於五、進之安裕者也、但居漸、故、進不速、磐、石之安平者、江河之濵所有、象進之安、自干之磐、又漸進也、二與九五之君、以中正之道、相應、其進之安固平易、莫加焉、故、其飮食、和樂、衎衎然、吉、可知也、

【本義】磐、大石也、漸遠於水、進於干而益安矣、衎衎、和樂意、六二、柔順中正、進以其漸而上有九五之應、故、其象、如此而占則吉也、 雲峯胡氏曰艮爲石故有磐象互坎有飮食象鴻食則呼衆飮食衎衎和鳴二柔順而有應之象初始進於下未得所安二則自干進於磐未安者安矣初之小子厲有言危而傷也二飮食衎衎安且樂矣時使之然也在初則无應在二則柔順中正而上有九五之應也○中溪張氏曰凡禽鳥之食也俛而啄仰而四顧一或驚心則飛而去之今鴻漸而進由于干而處于磐之上高而不危飮食衎衎何其吉也二與五爲正應進居大臣之位猶漸鴻于磐也安然飮食有衎衎和樂之意其吉可知 備旨 鴻漸句象得位飮食句象享其位者安意也二句一串說註中柔順三句雖總是安位享祿之本實重在德上吉字承祿位推開就治化說

象曰飮食衎衎은 不素飽也ㅣ

○象애ᄀᆞᆯ오ᄃᆡ飮食衎衎은素히飽티아니홈이라

【傳】爻辭、以其進之安平、故、取飮食和樂爲言、夫子、恐後人之未喩、又釋之云中正君子、遇中正之主、漸進于上、將行其道、以及天下、所謂飮食衎衎、謂其得志和樂、不謂空飽飮食(一无飮字)而已、素、空也、

【本義】素飽、如詩言素飡、得之以道則不爲徒飽而處之安矣、臨川吳氏曰待可進而進非徒飽於飮食以自養而已○誠齋楊氏曰鴻自干而至于磐石之上則安而高矣此六二漸進而居大臣之位也食君之祿又豈素飡云乎亦欲置國家於磐石之安納人民於和衎之樂而已故傳說之志在中興有商而非后則不食其祿孟子之志在平治天下而食前方丈則得志不爲【備旨】夫子恐人錯認衎衎之詞惟以自適故申之以不素飽見非薄功而厚享者衎衎原從不素飽來若食不稱職則心惶懼不暇安得衎衎

九三은鴻漸于陸이니夫征이면不復ᄒᆞ고婦孕이라도不育ᄒᆞ야凶ᄒᆞ니利禦寇ᄒᆞ니라

(本義) 婦孕이면

○九三은鴻이陸에漸홈이니夫ㅣ征ᄒᆞ면復디몯ᄒᆞ고婦ㅣ孕ᄒᆞ야도育디몯ᄒᆞ야凶ᄒᆞ니寇ᄅᆞᆯ禦홈이利ᄒᆞ니라(本義) 婦ㅣ孕ᄒᆞ면

【傳】平高曰陸、平原也、三、在下卦之上、進至於陸也、陽、上進者也、居漸之時、志將漸進而上无應援、當守正以俟時、安處平地、則(一无則字)得漸之道、若或不能自守、欲有所牽、志有所就則失漸之道、四陰在上而密比、陽所說也、三陽、在下而相親、陰所從也、二爻、相比而无應、相比則相親而易合、无應則无適而相求、故、爲之戒、夫、

陽也、夫、謂三、三、若不守正而與四合、是知征而不知復、征、行也、復、反也、不復、謂不反顧義理、婦、謂四、若以不正而合則雖孕而不育、蓋非其道也、如是則凶也、三之所利、在於禦寇、非理(一作禮)而至者、寇也、守正以閑邪、所謂禦寇也、不能禦寇則自失而凶矣、進齋徐氏曰夫謂三婦謂四與小畜同義三四位皆不中相比而无應相比則相親而易合无應則无適而相求征往也孕得陽也○鄭氏剛中曰三上无應而親四四下无應而奔三三務進而妄動故征則不可還四失守而私交故孕則不敢育○雙湖胡氏曰參合卦爻辭觀之卦辭女歸吉者以三四兩爻也爻辭夫婦凶者亦三四兩爻也卦以兩體論巽女有歸艮男之象爻以應否論當相應之位者爲止不當相應之位者爲邪四女无歸三男之理也特相比而相得爲私情之相合耳此卦但言女歸不言取女不得與咸例論其謹始之意已可見於言外矣

【本義】鴻、水鳥、陸、非所安也、九三、過剛不中而无應、故、其象、如此而其占、夫征則不復、婦孕則不育、凶莫甚焉、然、以其過剛也、故、利禦寇、朱子曰漸九三爻雖不好夫征不復婦孕不育却利禦寇今術家擇日利婚姻底日不宜用兵利相戰底日不宜婚姻正是此意蓋用兵則要相殺相勝婚姻則要和合故用有不同也○中溪張氏曰三處艮體之上猶鴻自于干于磐而進至于高平之陸也○雲峯胡氏曰夫征不復者三悅四之陰往不以事也婦孕不育者四從三之陽合不以正也其凶也宜矣爻因彖言女歸之吉故又以此發明爲夫婦之所以凶者以爲戒也然以九三之剛而比六四之柔則爲夫婦不正之象九三倘能以其剛而遏六四之柔則又自有禦寇之象也或曰鴻羣不亂止則相保亦有禦寇象○進齋徐氏曰此爻占凶凡皆不利唯利禦寇謂情好相比可濟患難也【備旨】夫征句是外圖征進而不得終其事婦孕句是內懷征進而不得遂其謀二句皆指九三是進而不得遂其進之象俱休過剛來

象曰夫征不復은離群ᄒᆞ야醜也ㅣ오婦孕不育은失其道也ㅣ오利用禦寇ᄂᆞᆫ順相保也ㅣ라 離力智反

○象애ᄀᆞᆯ오ᄃᆡ夫征不復은羣애離ᄒᆞ야醜홈이오婦孕不育은그道를失홈이오利用禦寇ᄂᆞᆫ順으로서ᄅᆞ保홈이라

【傳】夫征不復則失漸之正、從欲而失正、離叛其羣類、爲可醜也、卦之諸爻、皆无不善、若獨失正、是、離其羣類、婦孕、不由其道、所以不育也、所利、在禦寇、謂以順道相保、君子之與小人比也、自守以正、豈唯君子、自完其己而已乎、亦使小人、得不陷於非義、是、以順道相保、禦止其惡、故、曰禦寇、朱子曰順相保也言須是上下同心協力相保聚方足以禦寇【補記】醜類也進必有類以和與而得之獨躁急求進是違衆類而獨行道孰在離羣醜類看出衆皆以止巽爲道惟三過剛獨失之也禦寇則逆可知順則用保逆則不自保亦可知要得言外意

## 六四ᄂᆞᆫ鴻漸于木이니或得其桷이면无咎ㅣ리라

○六四ᄂᆞᆫ鴻이木애漸홈이니或그桷을得ᄒᆞ면咎ㅣ업스리라

【傳】當漸之時、四、以陰柔、進據剛陽之上、陽剛而上進、豈能安處陰柔之下、故、四之處非安地、如鴻之進(一作漸)于木也、木、漸高矣、(一作矣字)而有不安之象、鴻、趾連、不能握枝、故、不木棲、桷、橫平之柯、唯平柯之上、乃能安處、謂四之處、本危、或能自得安寧之道則无咎也、如鴻之於木、本不安、或得平柯而處之則安也、四、居正而巽順、宜无咎者也、必以得失言者、因得失、以明其義也、

【本義】鴻不木棲、桷、平柯也、或得平柯則可以安矣、六四、乘剛而順巽、故、其象、如此、占者、如之則无咎也、雲峯胡氏曰巽爲木而處艮山之上九三之前三以一陽畫衡于下有桷之象鴻漸于此則愈高矣鴻之掌不能握木木雖高非鴻所安也然陰居陰得正如

於木之中或得平柯而處之則亦安矣故无咎○臨川吳氏曰鴻水鳥而乘風以飛下卦艮止而有坎水故下三爻之象曰干曰磐曰陸皆鴻之漸進而止于水際者也上卦巽爲風爲高故上三爻之象曰木曰陵曰逵皆鴻之漸進而飛于風中者也【備旨】鴻趾連而不爪不能握木故木雖高非其所安桷是橫平之柯惟平柯之上乃能安處或者幸而得之之辭四之得免于咎全從柔順求

**象曰或得其桷은順以巽也ㅣ시라**

○象애ᄀᆞᆯ오ᄃᆡ或得其桷은順ᄒᆞ고ᄡᅥ巽ᄒᆞᆯ시라

【傳】桷者、平安之處、求安之道、唯順與巽、若其義、順正、其處、卑巽、何處而不安、如四之順正而巽、乃得桷也、【備旨】人能順則和易謙沖而與物无忤且是能巽則深潜善入而計出萬全故雖乘剛而得无咎

**九五는鴻漸于陵이니婦ㅣ三歲를不孕ᄒᆞ나終莫之勝이라吉ᄒᆞ리라**

○九五는鴻이陵애漸홈이니婦ㅣ三歲를孕티몯ᄒᆞ나ᄆᆞᄎᆞᆷ내勝티몯ᄒᆞᆯ디라吉ᄒᆞ리라

【傳】陵、高阜也、鴻之所止、最高處也。象君之位、雖得尊位、然、漸之時、其道之行、固亦非遽、與二、爲正應而中正之德、同、乃隔於三四、三、比二、四、比五、皆隔其交者也、未能卽合、故、三歲不孕、然、中正之道、有必亨之理、不正、豈能隔害之、故、終莫之能勝、但其合、有漸耳、終得其吉也、以不正而敵中正、一時之爲耳、久其能勝乎、

【本義】陵、高阜也、九五、居尊、六二正應、在下而爲三四所隔、然、終不能奪其正也、故、其象、如此而占者、如是則吉也、沙隨程氏曰二五當位非三所能抗終莫之勝是以吉也○開封耿氏曰剛上柔下是以物終莫之勝○中溪張氏曰鴻

漸于陵陸爲高阜下視于磐于陸則于陵爲最高此人君處九五位之象也況五與二爲正應則二乃五之婦ㅣ漸進以歸於五也雖三欲塞之四欲間之歷三歲而不孕然二五以中正之道相應必得遂其室家之願彼不中不正者終莫能奪而勝之宜其吉也卦以巽爲女艮爲男而爻以五爲夫二爲婦者蓋以二五陰陽相應而言取義不同也其所以爲變易也○雲峯胡氏曰三與五皆言婦五以二爲婦正也三以四爲婦非正也三四相比而爲夫婦婦雖孕而不敢育女歸之不以漸者也故凶二五相應而爲夫婦婦雖孕而三四莫能勝女婦之以其漸者也故吉周公於三五二爻言婦之吉凶而卦辭所謂女歸吉者愈明矣[illegible]高平曰陸大陸曰阜大阜曰陵陵只是極高處故易與下隔而爲間所乘其終得相遇在五剛正二柔正上看出五剛正則不棄賢二柔正則終必遇主所以邦不能勝

# 象曰終莫之勝吉은得所願也ㅣ라

○象애 ᄀᆞᆯ오ᄃᆡ 終莫之勝吉은願ᄒᆞᄂᆞᆫ바ᄅᆞᆯ得홈이라

【傳】君臣、以中正相交、其道、當行、雖有間其間者、終豈能勝哉、徐必得其所願、乃漸之吉也、臨川吳氏曰中正相應乃二五所願其合雖遲終得其所願也[illegible]五願得二而從終莫之勝來則快讒人之戢志者此時而快名世之逢時者亦此時故曰得所願

# 上九ᄂᆞᆫ鴻漸于陸ㅣ니其羽ㅣ可用爲儀니吉ᄒᆞ니라

○上九ᄂᆞᆫ鴻이陸애漸홈이니그羽ㅣ可히ᄡᅥ儀ᄅᆞᆯ삼음이니吉ᄒᆞ니라

【傳】安定胡公、以陸、爲逵、逵、雲路也、謂虛空之中、爾雅、九達、謂之逵、逵、通達无阻蔽之義也、上九、在至高之位、又益上進、是出乎位之外、在他時則爲過矣、於漸之時、居巽之極、必有其序、如鴻之離所止而飛于雲空、在人則超逸乎常事之外者也、進至於是而不失其漸、賢達之高致也、故、可用爲儀法而吉也、羽、鴻之所用進也、以其進之用、況上九進之道也、

【本義】胡氏程氏皆云陸、當作逵、謂雲路也、今以韻讀之、良是、儀、羽旄旌纛之飾也、上九、至高、出乎人位之外而其羽毛、可用以爲儀飾、位雖極高而不爲无用之象、故、其占、爲如是則吉也、鄭氏剛中曰鳥羽皆有用而各有所取雉取其綵鷺取其白鴻取其知時取其羽以爲儀則則君子進退去就之義亦孰得而亂之可觀以爲法矣○建安丘氏曰上九居漸之極猶鴻自江干漸進于此而雲飛也羽乃鴻所用以進者而其進莫不有漸可以爲儀也賢達之人進處高潔不累於位非外物之所能屈其心而亂其志斯亦足以爲天下之儀表矣何吉如之○雲峯胡氏曰鴻進以漸而不失其時翔以登而不失其序所謂進退可法者也而獨於上爻言之者要其終而不可亂也大抵无位者多无用上九猶賢達之高致其用可以爲法雖高而无位然不爲无用也故其象占如此或曰自子午以東爲陽子午以西爲陰由艮逹巽子午以東陽氣之地也立春以後鴻鴈來故六爻皆係以鴻鴈隨陽之鳥也然龍爲陽物乾至上則亢漸至上則吉何也乾以六陽之極故過高而亢漸三陰三陽之進有序故致高而吉也【備旨】漸干逵脫干人世榮利之途也用爲儀風節可以範世也吉即在可用爲儀內言當漸之時不患少事功而患少節義故特表之以勵風化

象曰其羽可用爲儀吉은不可亂也ᄂᆞ시라

○象애ᄀᆞᆯ오ᄃᆡ其羽可用爲儀吉은可히亂티몯ᄒᆞ릴시라

【傳】君子之進、自下而上、由微而著、跬步造次、莫不有序、不失其序則无所不得其吉、故、九雖窮高而不失其吉、可用爲儀法者、以其有序而不可亂也、

【本義】漸進愈高而不爲无用、其志、卓然、豈可得而亂哉、雲峯胡氏曰本義獨釋二與上兩爻象傳蓋以二居有用之位有益於人之國家而非素飽者上在无位之地亦足爲人之儀表而非无用者二志不在溫飽上志卓然不可亂士大夫之出處於此當有取焉○建安丘氏曰六爻皆以鴻爲象鴻水鳥也初言于干進之始也二言于磐則進于干矣三言于陸則又進于磐矣至四于木五于陵則鴻之漸愈高而无可進之地故以鴻飛爲象言逵者以其在天位之外也然漸卦以女歸爲義故中四爻有夫婦之象五與二應夫婦之正配也故以婦三歲不孕終莫之勝爲象三與四比夫婦之

邪匹也故以婦孕不育失其道也爲象蓋夫婦之交亦當以漸夫苟患正配之難合而樂邪匹之易從則亦失漸之義矣【備旨】夫子恐人以上之高蹈同於洗耳之革故提出不可亂三字見其有主持一世之義故吉

䷵ 兌下震上

【傳】歸妹、序卦、漸者、進也、進必有所歸、故、受之以歸妹、進則必有所至、故、漸有歸義、歸妹所以繼漸也、歸妹者、女之歸也、妹、少女之稱、爲卦、震上兌下、以少女、從長男也、男動而女說、又以說而動、皆男說女女從男之義、卦有男女配合之義者、四、咸恒漸歸妹也、咸、男女之相感也、男下女、二氣、感應、止而說、男女之情、相感之象、恒、常也、男上女下、巽順而動、陰陽、皆相應、是男女、居室、夫婦唱隨之常道、漸、女歸之得其正也、男下女而各得正位、止靜而巽順、其進、有漸、男女配合、得其道也、歸妹、女之嫁歸也、男上女下、女（一无女字）從男也而有說少之義、以說而動、動以說則不得其正矣、故、位皆不當、初與上、雖當陰陽之位而陽在下、陰在上、亦不當位也、與漸、正相對、咸恒、夫婦之道、漸歸妹、女歸之義、咸與歸妹、男女之情也、咸、止而說、歸妹、動於說、皆以說也、恒與漸、夫婦之義也、恒、巽而動、漸、止而巽、皆以巽順也、男女之道、夫婦之義、備於是矣、歸妹爲卦、澤上有雷、雷震而澤動、從之象也、物之隨動、莫如水、男、動於上而女、從之、嫁歸從男之象、震、長男、兌、少女、少女、從長男、以說而動、動而相說也、人之所說者、少女、故、云妹、爲女歸之象、又有長男、說少女之義、故、爲歸妹也、雙湖胡氏曰漸以長女歸少男歸嫁也長女嫁少男而歸之也主六四一爻言故曰女歸女之歸男則女自內而外也歸妹以長男歸少女歸取也長男取少女而來歸也主九四一爻言故曰歸妹男之歸女則女自外而內也

**歸妹**ᄂᆞᆫ **征**ᄒᆞ면 **凶**ᄒᆞ니 **无攸利**ᄒᆞ니라

○歸妹ᄂᆞᆫ征ᄒᆞ면凶ᄒᆞ니利ᄒᆞᆫ배업ᄉᆞ니라

【傳】以說而動、動而不當、故、凶、不當、位不當也、征凶、動則凶也、如卦之義、不獨女歸、无所往而利也、

【本義】婦人、謂嫁曰歸、妹、少女也、兌以少女而從震之長男而其情、又爲以說而動、皆非正也、故、卦爲歸妹而卦之諸爻、自二至五、皆不得正、三五、又皆以柔乘剛、故、其占、征凶而无所利也、丹陽都氏曰男女之相從正則吉而中爻之才剛柔雜居非所謂正如是而有行非禮法之所容也故征凶夫婦之相與順則利而六爻之才柔上剛下非所謂順如是而有爲非室家之宜也故无攸利○雲峯胡氏曰彖辭唯臨與井言凶否與剝言不利言凶者未嘗言不利言不利者未嘗言凶歸妹旣曰征凶又无攸利何也以說而動非情之正恣情肆欲何所不至故六十四卦中其不吉未有若是之甚者聖人著之以爲世戒也然隨亦動而說者而曰元亨利貞何也易以內卦爲貞隨貞震此動而彼說歸妹貞兌女說而男動故不同也

**彖曰歸妹**ᄂᆞᆫ **天地之大義也**ㅣ니

○彖애ᄀᆞᆯ오ᄃᆡ歸妹ᄂᆞᆫ天地의큰義ㅣ니

【傳】一陰一陽之謂道、陰陽交感、男女配合、天地之常理也、歸妹、女歸於男也、故、

云天地之大義也、男在女上、陰從陽動、故、爲女歸之象、

**天地不交而萬物이不興ᄒᆞᄂᆞ니歸妹는人之終始也ㅣ라**

○天地交티아니ᄒᆞ면萬物이興티몯ᄒᆞᄂᆞ니歸妹ᄂᆞᆫ人의終이며始ㅣ라

【傳】天地不交則萬物、何從而生、女之歸男、乃生生相續之道、男女、交而後、有生息、有生息而後、其終、不窮、前者、有終而後者、有始、相續不窮、是人之終始也、

【本義】釋卦名義也、歸者、女之終、生育者、人之始、朱子曰兩終字伊川說未安○雙湖胡氏曰天地不交萬物不興反其辭也卦自泰來乾九三交坤而爲九四坤六四交乾而爲六三是天地交也出震見離說兌勞坎是萬物興也兌爲少女豈非女之終乎震爲長男豈非男之始乎是歸妹人之終始也○中溪張氏曰女子之嫁子道終於此母道始於此

**說以動ᄒᆞ야所歸ㅣ妹也ㅣ니**

○說로ᄡᅥ動ᄒᆞ야歸ᄒᆞᄂᆞᆫ배妹니

【本義】又以卦德、言之、朱子曰歸妹未有不好只是說以動帶累他

**征凶은位不當也ㅣ오**

○征凶은位ㅣ當티아니홈이오

【傳】以二體、釋歸妹之義、男女、相感、說而動者、少女之事、故、以說而動、所歸者、妹也、所以征則凶者、以諸爻、皆不當位也、所處、皆不正、何動而不凶、大率以說而動、安有不失正者、

**无攸利ᄂᆞᆫ 柔乘剛也ᄅᆞᆯ서라**

○无攸利ᄂᆞᆫ 柔ㅣ 剛을 乘ᄒᆞᆫ서라

【傳】不唯位不當也、又有乘剛之過、三五、皆乘剛、男女、有尊卑之序、夫婦、有唱隨之禮、此、(一无此字)常理也、如恒、是也、苟不由常正之道、徇情肆欲、唯說、是動則夫婦、瀆亂、男牽欲而失其剛、婦狃說而忘其順、如歸妹之乘剛、是也、所以凶、无所往而利也、夫陰陽之配合、男女之交媾、理之常也、然、從欲而流放、不由義理則淫邪、無所不至、傷身敗德、豈人理哉、歸妹之所以(一有征字)凶也、

【本義】又以卦體、釋卦辭、男女之交、本皆正理、唯若此卦則不得其正也、嵩山晁氏曰以爻位推之二四以陽居陰有男以不正從女之象三五以陰居陽有女以不正從男之象爻皆失正故爲征凶上卦以六五乘九四下卦以六三乘九二有夫屈于婦婦制其夫之象故爲无攸利也○進齋徐氏曰位不當則紊男女內外之正柔乘剛則悖夫婦唱隨之理所以征凶而无攸利也○雙湖胡氏曰嘗合隨卦觀之隨與歸妹兌震易位者也動而說爲隨此陽倡而陰和男行而女隨得男女之正故元亨利貞說以動爲歸妹則是陰反先倡而陽和女反先行而男從失男女之正故征凶無攸利柔乘剛柔謂三五剛謂二四皆陰陽失位也○雲峯胡氏曰漸歸妹相反在三四兩爻漸之六自三之四爲進得位歸妹之六自四之三爲位不當漸自二至五皆得位之正歸妹自二至五皆不得位漸止而巽其動也不窮歸妹說以動其征也必凶漸以九五爲剛得中歸妹六五亦柔得中也不書抑陰也漸剛乘柔不書歸妹柔乘剛則書亦抑陰也漸之女歸亦天地之大義而人之終始亦不書止而巽者其常也說以動者非常也彖傳之意若曰歸妹天地之大義人之終始也本非凶也本无所謂不利也惟陰之說而陽動焉所以征凶所以无攸利也故抑之又抑之

**象曰澤上有雷ㅣ 歸妹ㅣ니 君子ㅣ 以ᄒᆞ야 永終ᄒᆞ야 知敝ᄒᆞᄂᆞ니라**

○象애ᄀᆞᆯ오ᄃᆡ澤上에雷ㅣ이쇼미歸妹니君子ㅣ以ᄒᆞ야終을永ᄒᆞ야敝를知ᄒᆞᄂᆞ니라

【傳】雷震於上、澤隨而動、陽動於上、陰說而從、女從男之象也、故、爲歸妹、君子、觀男女配合生息相續之象而以永其終、知有敝也、永終、謂生息嗣續、永久其傳也、知敝、謂知物、有敝壞而爲相繼之道也、女歸則有生息、故、有永終之義、又夫婦之道、當常永有終、必知其有敝壞之理而戒愼之、敝壞、謂離隙、歸妹、說以動者也、異乎恒之巽而動、漸之止而巽也、少女之說、情之感動、動則失正、非夫婦正而可常之道、久必敝壞、知其必敝則當思永其終也、天下之反目者、皆不能永終者也、不獨夫婦之道、天下之事、莫不有終有敝、莫不有可繼可久之道、觀歸妹則當思永終之戒也、

【本義】雷動澤隨、歸妹之象、君子、觀其合之不正、知其終之有敝也、推之事物、莫不皆然、

建安丘氏曰雷震澤上水氣隨之而升女子從人之象也永終知敝謂婚姻之道欲其永遠而有終也必預有以知其不終之敝女子從人以說而動至於失身敗德不能永其所終者多矣所謂華落色衰復相棄背者是也而原其所以則由奔誘而爲夫婦徇情肆欲之所致而不知其敝之過也向使於說動之時而爲永終知敝之戒則无此失矣○中溪張氏曰物生必有終有以永之則不終事久必有敝有以知之則不敝然永之非艱而知之唯難苟能知其敝斯可以永其終而君子偕老矣○雲峯胡氏曰澤中有雷雷隨澤止君子嚮晦宴息取其止也澤上有雷澤隨雷動君子永終知敝戒其動也【附錄】永字着力知便有愼意語勢謂要永終必須知敝不可倒以知字加在永終上大凡以色合者色衰而離以情動者情盡則絶何者天下事但襲取於一時即情可合若相依於久遠非理莫全故知久後有敝而始必合之以正矣重在謹始上

**初九ᄂᆞᆫ歸妹以娣니跛能履라征이면吉ᄒᆞ리라**

○初九는妹를歸호욤애娣로써호욤이니跛ㅣ能히履홈이라征호면吉호리라
【傳】女之歸、居下而无正應、娣之象也、剛陽、在婦人、爲賢(一作堅)貞之德而處卑順、娣之賢正者也、處說居下、爲順義、娣之卑下、雖賢、何所能爲、不過自善其身、以承助其君而已、如跛之能履、言不能及遠也、然、在其分、爲善、故、以是而行則吉也、
【本義】初九、居下而无正應、故、爲娣象、然、陽剛、在女子、爲賢正之德、但爲娣之賤、僅能承助其君而已、故、又爲跛能履之象而其占則征吉也、 闞氏廷瑞曰跛者不能以專行依人乃可娣妾之道承正室以行則吉○節齋蔡氏曰无應不行故跛居位當而近二故能履適二而媵五得娣之正故征吉○隆山李氏曰古者諸侯一娶九女嫡夫人及左右媵者以姪娣從聖人制禮必以姪娣充媵者所以廣國嗣使所自出者一同而无他異也○進齋徐氏曰三爻同處于下有娣從之象○雲峯胡氏曰卦辭征凶初爻之辭征吉何也以一卦論則以說而動故其征也凶即此一爻論初以剛居剛是女子而有賢正之德者故征吉然爲女而在下无應非匹也媵也爲媵雖賢正僅能承助其君不能大有所行也故有跛能履之象象如此而占吉以有德故也

# 象曰歸妹以娣나以恒也ㅣ오跛能履吉은相承也ㄹ서라

○象애ᄀᆞᆯ오ᄃᆡ歸妹以娣나恒으로써홈이오跛能履吉은서르承홀시라
【傳】歸妹之義、以說而動、非夫婦能常之道、九、乃剛陽有賢(一作堅)貞之德、雖娣之微、乃能以常者也、雖在下、不能有所爲、如跛者之能履、然、征而吉者、以其能相承助也、能助其君、娣之吉也、
【本義】恒、謂有常久之德、 建安丘氏曰卦辭言婦妹征凶者蓋歸妹以說而動故征則凶也初九婦妹以娣反言征吉者蓋初九以常德承君故征則吉也【備旨】陽剛在女子則爲沉毅

之德故以恒名之跛能履不能及遠而曰吉者相承內室以成功是亦其分之善也如戴嬀之溫惠淑愼以承莊姜是也若匹后並如則失相承之義爲亂之末故聖人特著此義以示訓

## 九二는 眇能視니 利幽人之貞하니라

○九二는 眇ㅣ能히 보미니 幽人의 貞이 利하니라

【傳】九二、陽剛而得中、女之賢正(一作貞)者也、上有正應而反陰柔之質、動於說者也、乃女賢而配不良、故、二雖(一作之)賢、不能自遂、以成其內助之功、適可以善其身而小施之、如眇者之能視而已、言不能及遠也、男女之際、當以正禮、五雖不正、二、自守其幽靜貞正、乃所利也、二有剛正之德、幽靜之人也、二之才、如是而言利貞者、(一无此五字) 利言宜於如是之貞、(一无之貞字) 非不足而爲之戒也、

【本義】眇能視、承上爻而言、九二、陽剛得中、女之賢也、上有正應而反陰柔不正、乃女賢而配不良、不能大成內助之功、故、爲眇能視之象而其占則利幽人之貞也、幽人、亦抱道守正而不偶者也、

誠齋楊氏曰諸爻言歸妹二獨不言者以二下卦之尊卽妹之身也幽人賢德之稱言少妹之幽貞也幽則至靜而不可動貞則至潔而不可渝者陽剛中正之德也○厚齋馮氏曰二以其陽明居兌體故以眇能視爲象剛中而位陰故以利幽人之貞爲占言有望於君而未偶守正於內而未行宜固守其正者也○雙湖胡氏曰九二以陽爻居陰位又爲兌體而居下卦之中故有幽人之象以其不正故又戒之以利貞○雲峯胡氏曰初曰跛能履此曰眇能視承初而言也九二陽剛得中女之賢者也上有正應則非初之娣矣在娣則不能有行非婦而亦眇能視何也九二剛中而上應六五陰柔不正是女之賢而不遇其夫如豊之六二文明而上應六五之柔暗臣之賢而不遇其君者也故豊曰日中見斗此曰眇能視其見其視由於彼而不由於此也履亦下兌六三眇能視跛能履剌之也此分言於初二憫之也履九二曰幽人貞吉此亦曰

利幽人之貞皆以近於三故也六三陰柔不中正二獨以剛中自守履之三武人爲于六君不貞者也然後見二爲君子之幽貞歸妹之三反歸以娣不貞者也然後見二爲女子之幽貞【備旨】二不能大成內助之功由其能配不良來幽人之貞四字連讀幽人是閉闕之上无不外美得人於胸中女子安分守常未終不變是爲幽人之貞者若莊姜之于莊公雖不合血終无怨言亦幽人之抱道守貞者盖幽人无賢君猶女子无賢夫故取以爲喩

**象曰利幽人之貞은未變常也ㅣ라**

○象애ᄀᆞᆯ오ᄃᆡ利幽人之貞은常을變티아니홈이라

【傳】守其幽貞、未失夫婦常正之道也、世人、以媟狎、爲常、故、以貞靜、爲變常、不知乃常久之道也、潘氏曰守其幽靜之正以奉承乎五可謂賢矣幽女德也未變女德之常也世之悍婦庸奴其夫者由有才而不知道也○建安丘氏曰娣之從嫡必當如跛者之履而不足以與行則无僭上之疑而嫡妾之分明妻之從夫必當如眇者之視而不足以有明則无反目之嫌而夫婦之倫正是妾婦之常道也釋象於初曰以恒於二曰未變常唯各安其常此初之所以吉二之所以利歟【備旨】未變常謂不變生平之所守故曰從一而終

**六三은歸妹以須ㅣ니反歸以娣ㅣ니라**

○六三은妹를歸ᄒᆞᆷ애ᄡᅥ須홈이니도로혀歸ᄒᆞ야娣로ᄡᅥ홈이니라

【傳】三、居下之上、本非賤者、以失德而无正應、故、爲欲有歸而未得其歸、須、待也、待者、未有所適也、六居三、不當位、德不正也、柔而尙上一作剛、行不順也、爲說之主、以說求歸、動非禮也、上无應、无受之者也、无所適、故、須也、女子之處、如是、人誰取之、不可以爲人配矣、當反歸而求爲娣媵則可也、以不正而失其所也、

【本義】六三、陰柔而不中正、又爲說之主、女之不正、人莫之取者也、故、爲未得所

適而反歸爲娣之象、或曰須、女之賤者、進齋徐氏曰須待也三本非賤者无應宜待而急於從人不得爲人配而反歸爲娣是自賤也夫人志在祿位而不自重欲速好進而甘於卑下卒爲人所賤者何以異此哉○漢上朱氏曰天官書須女四星賤妾之稱織女三星天女也陸震云天文織女貴須女賤則須賤女可知○雲峯胡氏曰初九居下娣也六三居下之上非娣也陰柔而不中正又爲兌說之主无德之女也无德之女人无取之者故本宜須而反歸以娣也初之吉二之利皆以德取六三无德象所謂征凶无攸利不言可知矣【備旨】須雖訓待然非待聘也如旦暮以須之須所謂時日以幾者是也說以動以少女從長男正指此爻言其比者四也情不能止妄意待之而非其應不得不反而歸于上上三之應而皆陰則止可爲娣而已

## 象曰歸妹以須는未當也일서라

○象애ᄀᆞᆯ오ᄃᆡ歸妹以須ᄂᆞᆫ當티몯ᄒᆞᆯ시라

【傳】未當者、其處其德其求歸之道、皆不當、故、无取之者、所以須也、建安丘氏曰六三陰柔不正而上无正應无受之者故以須而從二然二剛中而應五小君之貴也而己乘之如此則是以卑賤之妾驕而上僭其爲二所棄必矣在三不若反歸於下如初之爲以娣媵之禮事之則爲當位而无驕僭之患象言未當者以六居三柔乘剛賤陵貴皆未當之義【備旨】未當者急于從人失女子之正道雖欲及時以婚其奈君子不逵何

## 九四는歸妹愆期니遲歸ㅣ有時라니

○九四ᄂᆞᆫ妹ᄅᆞᆯ歸홈애期ㅣ愆홈이니遲ᄒᆞ야歸ᄒᆞ옴이時ㅣ인ᄂᆞ니라 (本義) 歸ᄒᆞᆯᄃᆡᄅᆞᆯ遲홈이

【傳】九、以陽居四、四、上體、地之高也、陽剛、在女子、爲正德賢明者也、无正應、未得其歸也、過時未歸、故、云愆期、女子、居貴高之地、有賢明之資、人情所願娶、故、其愆期、乃爲有時、蓋自有待、非不售也、待得佳配而後、行也、九居四、雖不當位而處

柔、乃婦人之道、(一有也字) 以无應、故、爲愆期之義而聖人、推理、以女賢而愆期、蓋有待也、

【本義】 九四、以陽居上體而无正應、賢女、不輕從人而愆期以待所歸之象、正與六三、相反、

節初齊氏曰九四正歸妹者也而曰歸妹愆期剛履柔而能從容俟時以全其妹之正者也詩曰士如歸妻迨氷未泮故家語云霜降多婚氷泮殺止震則氷泮矣而猶曰遲歸有時非愆期乎○隆山李氏曰三四雖无應而震兌終相合故曰遲歸有時○雲峯胡氏曰六三九四皆失位无應(一云)以其无應也急於從人而反歸以娣四雖无應不輕從人而愆期遲歸何其相反如此之甚哉三陰柔不中正爲无女德者四剛健在女則爲賢明有德者也士之自賤自貴如之 備旨 遲歸非人不我娶乃我不輕許人也期者婚姻之常期時者佳偶之良會期可愆而時不可失故待時而愆期則遲歸自有時孟光三十不嫁以待梁鴻則其人也

**象曰愆期之志는 有待而行也ㅣ라**

○象애 골오딕 愆期ᄒᆞᄂᆞᆫ 志ᄂᆞᆫ 기드림이 이셔 行홈이라

【傳】 所以愆期者、由己而不由彼、賢女、人所願娶、所以愆期、乃其志、欲有所待、待得佳配而後、行也、 備旨 提出志字見得由己不由彼與說以動者大相反

**六五는 帝乙歸妹니 其君之袂ㅣ 不如其娣之袂ㅣ 良ᄒᆞ니 月幾望이면 吉ᄒᆞ리라**

(本義) 帝乙歸妹애 其君之袂ㅣ 不如其娣之袂ㅣ 良이 오月幾望이니

○六五ᄂᆞᆫ 帝乙의 妹를 歸홈이니 그 君의 袂ㅣ 그 娣의 袂ㅣ 良홈 만 곧디 아니 ᄒᆞ니 月이 거의 望ᄒᆞ면 吉ᄒᆞ리라 (本義) 帝乙의 妹를 歸홈애 그 君의 袂ㅣ 그 娣의 袂ㅣ 良홈만 곧

디몯ᄒᆞ고月이거의望이니

【傳】六五、居尊位、妹之貴高者也、下應於二、爲下嫁之象、王姬下嫁、自古而然、至帝乙而後、正婚姻之禮、明男女之分、雖至貴之女、不得失柔巽之道、有貴驕之志、故、易中、陰尊而謙降者則曰帝乙歸妹、泰六五、是也、貴女之歸、唯謙降以從禮、乃尊高之德也、不事容飾以說於人也、娣媵者以容飾爲事者也、衣袂、所以爲容飾也、六五、尊貴之女、尙禮而不尙飾故、其袂、不及其娣之袂、良也、良、美好也、月望、陰之盈也、盈則敵陽矣、幾望、未至於盈也、五之貴高、常不至於盈極則不亢其夫、乃爲吉也、女之處尊貴之道也、

【本義】六五、柔中居尊、下應九二、尙德而不貴飾、故、爲帝女下嫁而服不盛之象、然、女德之盛、无以加此、故、又爲月幾望之象而占者、如之則吉也、朱子曰易中言帝乙歸妹箕子明夷高宗伐鬼方之類疑皆當時帝乙高宗箕子曾占得此爻故後人因而記之而聚入以入爻也如漢書大橫庚庚余爲天王夏啓以光亦是啓曾占得此爻也火珠林亦如此○月幾望是說陰盛○丹陽都氏曰月者至陰之精而群陰之主女君之象也幾望言女君之謙盛而未盈也望則盈矣吉宜家之謂也○節初齊氏曰袂衣袖君小君堯降二女于嬀汭而後世一稱湘君一稱夫人嫡例爲君而餘皆媵也○雲峯胡氏曰娣以容飾爲事五君也豈假容飾以悅人者故曰其君之袂不如其娣之袂良良在德而不在袂也下三陽皆以女德稱六五柔中居尊下應九二是帝之女而下嫁者也而不盛其服飾德之盛无以加於此矣故又取月幾望之象月幾望在小畜中孚以位言陰盛而與陽亢也在歸妹以德言陰盛而可與陽對也本義於二與四皆以女之賢稱於初則曰在女則爲賢正之德於五則曰女德之盛无以加此其旨深哉【備旨】袂衣袖君小君嫡例爲君而餘爲媵也尙德之義何所不該必能敬不屈於夫子孝不衰於舅姑慈不畧於妾媵恩必周於姻族必能輔佐君子而不爲牝雞之晨鳴必能正乎內而不致內顧之憂豈特不貴飾之一端遂爲女德之盛而无以加哉

象曰帝乙歸妹不如其娣之袂良也ᄂᆞᆫ 其位在中ᄒᆞ야 以貴行

也라ㅣ

○象애ᄀᆞᆯ오ᄃᆡ帝乙歸妹不如其娣之袂良也는그位ㅣ中애이셔貴로ᄡᅥ行홈이라

【傳】以帝乙歸妹之道、言、其袂不如其娣之袂良、尙禮而不尙飾也、五、以柔中、在尊高之位、以尊貴而行中道也、柔順降屈、尙禮而不尙飾、乃中道也、

【本義】以其有中德之貴而行、故、不尙飾、 雲峯胡氏曰本義於漸獨釋二與上之象於歸妹獨釋初與五之象歸妹漸之反漸之上以无應爲高尙之賢歸妹之初以无應爲賢正之女漸之二爲臣志不在於溫飽即歸妹之五爲君德不在於飾本義謂二有恒久之德五有中德之貴提出兩德字眞足爲娣之說以動者戒矣士大夫之輕動當如何哉【備旨】德之所貴者中故以中爲貴凡能把外面許多豐麗侈大的輕看須是內面有個貴重華美的抵當得他過方能如此

**上六은女ㅣ承筐无實이라士ㅣ刲羊无血이니无攸利라ᄒᆞ니** 刲苦圭反

(本義) 女ㅣ承筐无實ᄒᆞ며士ㅣ刲羊无血이니无攸利리라

○上六은女ㅣ筐을承홈애實이업ᄉᆞᆫ디라 士ㅣ羊을刲홈애血이업슴 이니利ᄒᆞᆫ배업ᄉᆞ니라(本義)女ㅣ筐을承홈애實이업스며 士ㅣ羊을刲홈애血이업슴 이니利ᄒᆞᆯ배업스리라

【傳】上六、女歸之終而无應、女歸之无終者也、婦者、所以承先祖奉祭祀、不能奉祭祀則不可以爲婦矣、筐篚之實、婦職所供也、古者、房中之俎葅歜一作醓之類、后夫人、職之、諸侯之祭、親割牲、卿大夫、皆然、割、取血以祭、禮云血祭、盛氣也、女、當

承事筐篚而无實、无實則无以祭、謂不能奉祭祀也、夫婦、共承宗廟、婦、不能奉祭祀、乃夫不能承祭祀也、故、刲羊而无血、亦无以祭也、謂不可以承祭祀也、婦不能奉祭祀則當離絶矣、一无矣字 是夫婦之无終者也、何所往而利哉、

【本義】上六、以陰柔、居歸妹之終而无應。約婚而不終者也、故、其象、如此而於占、爲无所利也、 隆山李氏曰三上二爻皆陰不能相合爲夫婦故止以士女稱之古者婦助祭必以筐篚實蘋藻之類而諸侯卿大夫躬割牲所以重宗廟之祀盡繼承之道今三上无應承筐无實刲羊无血是夫婦之禮不成而祭祀无主矣○雲峰胡氏曰震有虛筐象兌羊象上與三皆陰虛无應故有承筐无實刲羊无血之象程傳以爲女歸之无終本義以爲約婚而无終蓋曰士曰女未成爲夫婦也先女而後士罪在女矣故无攸利之占與卦辭同而有不同者卦以六來居三失夫婦之正故无攸利爻以三六不相應是約婚而不終故无攸利然其婦罪於兌之陰則一也

## 象曰上六无實은承虛筐也라

○象에 갈오대 上六의 无實은 虛한 筐을 承홈이라

【傳】筐无實、是空筐也、空筐、可以祭乎、言不可以奉祭祀也、女不可以承祭祀則離絶而已、是女歸之无終者也、 董氏曰象不及刲羊无血者卦爲歸妹設也○建安丘氏曰震長男也兌少女也以少女從長男歸妹之象也合六爻論之五言帝乙于歸妹之上則歸妹之主也二與五應居內卦之中而不言歸妹者則正妹之身也初三乃妹之娣媵皆稱娣于歸妹之下初在二下即娣之以吉相承于妹者三在二上即娣之以賤而躐居於貴者二以少女之身幽靜之節體陰而性陽質柔而德剛皆常德之不可變者其妹之賢者乎而五以帝乙之賢居柔履謙而歸其妹以德禮爲光華而不以衣服爲容飾故曰其君之袂不如其娣之袂良也初以陽明安分爲美三以柔邪上僭爲嫌二又能不矜其才自遜其美何吉如之在九四爲二五正應之間則言歸妹之愆期上陰柔處一卦之極則泛言夫婦之无終而不言歸妹 【備旨】演義爻辭先女而後男象傳舍男而言女皆主妹言也

䷶ 離下 震上

【傳】豐、序卦、得其所歸者、必大、故、受之以豐、物所歸聚、必成其大、故、歸妹之後、受之以豐也、豐、盛大之義、爲卦、震上離下、震、動也、離、明也、以明而動、動而能一无能字明、皆致豐之道、明足以照、動足以亨然後、能致豐大也、

豐은亨하니王이아假之하나니勿憂홀뎐宜日中이니라 假庚白皈

(本義) 王이假之ᄒᆞ야勿憂ㅣ오

○豐은亨ᄒᆞ니王이아닐위ᄂᆞ니憂를말오려홀뎐맛당히日이中ᄃᆞᆺ홀디니라 (本義) 王이假ᄒᆞ야憂티말고

【傳】豐爲盛大、其義、自亨、極天下之光大者、唯王者、能至之、假、至也、天位之尊、四海之富、羣生之衆、王道之大、極豐之道、其唯王者乎、豐之時、人民之繁庶、事物之殷盛、治之、豈易周、爲可憂一作患慮、宜如日中之盛明、廣照、无所不及然後、无憂也、

【本義】豐、大也、以明而動、盛大之勢也、故、其占有亨道焉、然、王者、至此、盛極當衰則又有憂道焉、聖人、以爲徒憂、无益、但能守常、不至於過盛則可矣、故、戒以勿憂宜日中也、 朱子曰須是王假之了方且勿憂宜日中若未到這箇田地更憂甚底王亦未有可憂○漢上朱氏曰豐大之時所宜憂者不在乎日之未中而在乎日之旣中也明動不已未有能保其大

者也保此道者其唯中乎○童溪王氏曰六五以柔居尊位而屬震體有震動憂驚之象聖人則戒之以勿憂離明在下又勉之以宜日中○雙湖胡氏曰豐下離上震正日未出東之天其光亨之勢未已何憂之有豈非以柔中之主履豐亨之會故不能无憂重煩聖人致戒致勉耳然不勉以日進但勉以日中毋亦康節怕處其盛之意歟○雲峯胡氏曰卦辭稱王者三渙萃曰王假有廟豐曰王假之假至也唯王者爲能至此豐之大有亨道焉大則必通也亦有憂道焉大則可憂也不必過於憂如日之中斯可矣泰晋夬家人升皆曰勿恤此曰勿憂皆當極之時常人所不憂而聖人所深憂其辭曰勿深切之辭非謂无憂也於此有道焉可不必憂也

**彖曰豐은 大也ㅣ니 明以動이라 故로 豐이니**

○彖애 ᄀᆞᆯ오ᄃᆡ 豐은 大홈이니 明ᄒᆞ고ᄡᅥ 動ᄒᆞᄂᆞᆫ디라 故로 豐이니

【傳】豐者、盛大之義、離明而震動、明動、相資而成豐大也、

【本義】以卦德、釋卦名義、朱子曰明以動故豐以明心應事物非明則動无所之非動則明无所用

**王假之는 尙大也ㅣ오**

○王假之는 尙이 大홈이오

【傳】王者、有四海之廣、兆民之衆、極天下之大也、故、豐大之道、唯王者、能致之、所有、旣大、其保之治之之道、亦當大也、故、王者之所尙、至大也、朱子曰王假之尙大也只是王者至此一箇極大底時節所尙者皆大事

**勿憂宜日中은 宜照天下也ㅣ라**

○勿憂宜日中은 맛당히 天下애 照홈이라

【傳】所有、既廣、所治、既衆、當憂慮其不能周及、宜如日中之盛明、普照天下、无所不至、則可勿憂矣、如是然後、能保其豐大、保有豐大、豈小才小知之所能也、

【本義】釋卦辭、或問宜日中宜照天下人君之德如日之中乃能盡照天下否朱子曰易如此看不得只是如日之中則自然照天下不可將作道理解他日中則昃月盈則食天地盈虛與時消息而況於人乎況於鬼神乎自是如此物事到盛時必衰雖鬼神有所不能違也○問此卦後面諸爻不甚好曰是他忒豐大了這物事盛極去不得了必衰也人君於此之時當如捧盤水戰兢自持方无傾側滿溢之患若纔有纖毫驕矜自滿之心即敗矣所以此處極難

日中則昃하며 月盈則食하나니 天地盈虛도 與時消息이온 而況於人乎ㅣ며 況於鬼神乎여

○日이中ᄒᆞ면昃ᄒᆞ며月이盈ᄒᆞ면食ᄒᆞᄂᆞ니天地의盈ᄒᆞ며虛ᄒᆞ옴도時로더브러消ᄒᆞ며息ᄒᆞ온ᄒᆞ믈며사ᄅᆞᆷ이며ᄒᆞ믈며鬼神이ᄯᆞ녀

【傳】既言豐盛之至、復言其難常、以爲誡也、日中盛極則當昃昳、月既盈滿則有虧缺、天地之盈虛、尙與時消息、況人與鬼神乎、盈虛、謂盛衰、消息、謂進退、天地之運、亦隨時進退也、鬼神、謂造化之迹、於萬物盛衰、可見其消息也、於豐盛之時而爲此誡、欲其守中、不至過盛、處豐之道、豈易也哉、

【本義】此又發明卦辭外意、言不可過中也、朱子曰天地是擧其大體而言鬼神是擧其中運動變化者通上徹下而言如雨風露雷草木之類皆是○豐卦彖許多言語其實只在日中則昃月盈則食天地盈虛與時消息數語上這盛得極常須謹保守得日中時候方得不然便是偪仄傾壞了又曰這處去危亡只是一間耳須是兢兢如捧盤水方得須是謙抑貶損方可保得又曰

這便是康節所謂酩酊離披時候如何不憂危謹畏宣政間有以奢侈爲言者小人都云當豐亨豫大之時須是恁地侈泰方得所以一向放肆如何得不亂物事到盛時必衰雖鬼神有不能違也○問鬼神者造化之迹然天地盈虛即是造化之迹矣而復言鬼神何邪曰天地擧全體而言鬼神指其功用之迹似有人所爲者○瀘川毛氏曰豐大也亦盈也唯有道者明德若不足未嘗中故不昃未嘗盈故不食日新則爲大反是則爲盈知日中之宜則知日昃之可戒○西溪李氏曰極弊大壞之形常出於豐亨豫大之後天地盈虛與時消息此理也雖天地如之人與鬼神安得而違也卦言宜日中故贊發此意而爲玩治者之戒○雲峰胡氏曰盈虛消息唯剝與豐言之剝則君子之道已消而虛故有息之幾豐則天下之勢已息而盈故有消之幾天地鬼神乾卦後唯謙與豐言之謙則有虛可以持盈豐則自盈必至於虛此固天地鬼神之常理也此本義所謂不可過乎中者也

## 象曰雷電皆至ㅣ豐이니君子ㅣ以하야折獄致刑하ᄂ니라 折之舌反

○象애ᄀᆞᆯ오ᄃᆡ雷電이다니름이豐이니君子ㅣ以ᄒᆞ야獄을折ᄒᆞ며刑을致ᄒᆞᄂᆞ니라

【傳】雷電皆至、明震、並行也、二體、相合、故、云皆至、明動、相資、成豐之象、離、明也、照察之象、震、動也、威斷之象、折獄者、必照其情實、唯明、克允、致刑者、以威於(一作其)姦惡、唯斷、乃成、故、君子、觀雷電明動之象、以折獄致刑也、噬嗑、言先王飭法、豐、言君子折獄、以明、在上而麗於威震、王者之事、故、爲制刑立法、以明、在下而麗於威震、君子之用、故、爲折獄致刑、旅、明在上而云君子者、旅、取愼用刑與不留獄、君子、皆當然也、

【本義】取其威照並行之象、

或問雷電噬嗑與雷電豐亦一同朱子曰噬嗑明在上是明得事理先立這法在此未有犯底人留待異時之用故云明罰勑法豐威在上明在下是用這法時須是明見下情曲折方得不然威動於上必有過錯也故云折獄致刑此是伊川之意其說極好○節齋蔡氏曰折獄離明象致刑震懼象震者陽破陰刑者君子所以懼小人○雲峯胡氏曰折獄象電之照致刑象雷之威

威照並行象雷電皆至○閩氏廷瑞曰折者折衷其至當之理致者自此而致之於彼○中溪張氏曰君子體雷之明可以折斷獄情體雷之威可以致用刑殺苟威至而明不至則片言何以折獄明至而威不至則姑息何以致刑必威明皆至而後可以成豐亨之功

**初九는遇其配主호ᄃᆡ雖旬이나无咎ᄒᆞ니往ᄒᆞ면有尙이리라**

○初九는그配主를遇호ᄃᆡ비록旬ᄒᆞ나咎ㅣ업스니往ᄒᆞ면尙이이시리라

【傳】雷電皆至、成豐之象、明動相資、致豐之道、非明、无以照、非動、无以行、亨一作相須、猶形影、相資、猶表裏、初初字一无九、明之初、九九字一作四、動之初、宜相須以成其用、故、雖旬而相應、位則相應、用則相資、故、初、謂四爲配主、己所配也、配雖匹稱、然、就之者也、如配天以配君子、故、初、於四、云配、四、於初、云夷也、雖旬无咎、旬、均也、天下之相應者、常非均敵、如陰之應陽、柔之從剛、下之附上、敵則安肯相從、唯豐之初四、其用則相資、其應則相成、故、雖均是陽剛、相從而无過咎也、蓋非一有剛字明則動无所之、非動則明无所用、相資而成用、同舟則胡越、一心、共難則仇怨、協力、事勢、使然也、往而相從則能成其豐、故、云有尙、有可嘉尙也、在他卦則不相下而離隙矣、

【本義】配主、謂四、旬、均也、謂皆陽也、當豐之時、明動、相資、故、初九之遇九四、雖皆陽剛而其占、如此也、或問動非明則无所之明非動則无所用朱子曰徒行不明則行无所向冥行而已徒明不行則明无所用空明而已○節齋蔡氏曰初四爻皆剛則相敵理勢之常也唯豐盛之時事物至多其明易惑故以剛明同德而相遇雖均无咎往有尙謂應四也○雲峯胡氏曰初不言豐初未至豐也五亦不言豐者陰虛歉然方賴在下之助不知有其豐也凡卦爻取剛柔相應豐則取明動相資初

當離體之初四在震體之初同德而相遇雖兩陽之勢均敵徃而從之非特无咎且有尙矣或曰離納己震納庚至己十日爲旬

**象曰雖旬无咎ㅣ니過旬이면災也ㅣ라**

○象애골오되雖旬无咎ㅣ니旬애過ᄒᆞ면災ᄒᆞ리라

【傳】聖人、因時而處宜、隨事而順理、夫勢均則不相下者、常理也、然、有雖敵而相資者則相求也、初四、是也、所以雖旬而无咎也、與人同而力均者、在乎降己以相求、協力一作心 以從事、若懷先一作先懷 己之私、有加上之意則患當至矣、故、曰過旬災也、均而先己、是過旬也、一求勝則不能同矣、

【本義】戒占者、不可求勝其配、亦爻辭外意、建安丘氏曰兩剛相遇勢己均等不可復過矣過則偏勝之患生是有災也初爻位俱陽德盛於四倘或過旬能无災乎○雲峰胡氏曰需九三致寇至而象曰敬愼不敗也本義以爲占外之占豐初九曰雖旬无咎而象曰過旬災也本義以爲爻辭外意蓋旬則配而與之均過旬則勝而出其上處豐之下而有欲上人之心可乎哉

**六二는豐其蔀ㅣ라日中見斗ㅣ니徃ᄒᆞ면得疑疾ᄒᆞ리니有孚發若ᄒᆞ면吉ᄒᆞ리라**

○六二는그蔀ㅣ豐ᄒᆞᆫ디라日中애斗를봄이니徃ᄒᆞ면疑疾을得ᄒᆞ리니孚를두어發ᄒᆞ면吉ᄒᆞ리라

【傳】明動、相資、乃能成豐、二爲明之主、又得中正、可謂明者也、而五、在正應之地、陰柔不正、非能動者、二五、雖皆陰而在明動相資之時、居相應之地、五、一作乃 才不足、一有耳字 既其應之才、一无才字 不足資則獨明、不能成豐、既不能成豐則喪其明功、

故、爲豐其蔀、日中見斗、二、至明之才、以所應、不足與而不能成其豐、喪其明功、旡明功則爲昏暗、故、云見斗、斗、昏見者也、蔀、周匝之義、用障蔽之物、掩晦於明者也、斗、屬陰而主運平、象五、以陰柔而當君位、日中盛明之時、乃見斗、猶豐大之時、乃(一作而)遇柔弱之主、斗以昏見、言見斗則是明喪(一作喪明)而暗矣、二雖至明中正之才、所遇、乃柔暗不正之君、既不能下求於己、若往求之則反得疑猜忌疾、暗主、如是也、然則如之何而可、夫君子之事上也、不得其心則盡其至誠、以感發其志意而已、苟誠意、能動則雖昏蒙、可開也、雖柔弱、可輔也、雖不正、可正也、古人之事庸君常主而克行其道者、己之誠意、(一无意字)上達而君、見信之篤耳、管仲之相桓公、孔明之輔後主、是也、若能以誠信、發其志意則得行其道、乃爲吉也、

【本義】六二、居豐之時、爲離之主、至明者也而上應六五之柔暗、故、爲豐蔀見斗之象、蔀、障蔽也、大其障蔽、故、日中而昏也、往而從之則昏暗之主、必反見疑、唯在積其誠意、以感發之則吉、戒占者、宜如是也、虛中、有孚之象、涑水司馬氏曰六二處下而在內以陰居陰如蔀屋幽晻不見知於人也故往得疑疾君子居中守正久幽不變人將信之然後可以發其蔀而行其志也○厚齋馮氏曰離日方中而陰蔽其上此豐之蔀也○李氏曰居中守正人臣之盛位卦體爲離而處震下爲掩覆之象○雲峯胡氏曰日中豈有見斗之理謂之疑疾猶暌之載鬼一車也凡言往者多自下而進上初之往上而從四也初以陽居陽而四又陽故往有尙二之往上而從五也二以陰居陰而五又陰故往得疑疾然二有居陰從陰之象固足以致疾有離明中虛之象亦足以致吉所以占辭兩及之豐其蔀外也有孚發若內也外有疑內有孚孚疑之反也發蔀之反也

【備旨】豐其蔀全由君心尙大來尙大則明不足以照天下故緊接日中見斗句往得疑疾以下是敎二所以善事其君之術往得句輕重有孚句

# 象曰有孚發若은 信以發志也ㅣ라

○象애 골오딕 有孚發若은 信으로뻐 志를 發홈이라

【傳】有孚發若、謂以己之孚信、感發上之心志也、苟能發則其吉、可知、雖柔(一作昏)暗、有可發之道也、(中溪張氏曰臣之事君不可以君之明暗而異其心一於孚信終可以感發六五之志而行其道顧不吉歟【備旨】發志所謂格君之非心也與人適政間異矣非信曷以通之信以發最有力)

# 九三은 豐其沛라 日中見沬ㅣ오 折其右肱이니 无咎ㅣ니라 (沬作昧 亡大反)

(本義) 折其右肱이나

○九三은 그 沛ㅣ 豐혼디라 日中애 沬를 보고 그 右肱을 折홈이니 咎홀딕 업스니라 (本義) 그 右肱을 折ㅎ나 咎ㅣ 아니니라

【傳】沛字、古本、有作旆字者、王弼、以爲幡幔、則是旆也、幡幔、圍蔽於內者、豐其沛、其暗、更甚於蔀也、三、明體而反暗於四者、所應、陰暗故也、三、居明體之上、陽剛得正、本能明者也、豐之道、必明動、相資而成、三、應於上、上、陰柔、又无位而處震之終、既終則止矣、不能動者也、他卦、至終則極、震、至終則止矣、三、无上之應則不能成豐、沬、星之微小无名數者、(一有是字)見沬、暗之甚也、豐之時而遇上六、日中而見沬者也、右肱、人之所用、乃折矣、其无能爲、可知、賢智之才、遇明君則能有爲於天下、上无可賴之主則不能有爲、如人之折其右肱也、人之爲、有所失則有所歸咎

曰由是、故、致是、若欲動而無右肱、欲爲而上无所賴則不能而已、更復何言、无所歸咎也

【本義】沛、一作旆、謂幡幔也、其蔽、甚於蔀矣、沫、小星也、三、處明極而應上六、雖不可用而非咎也、故、其象占、如此、進齋徐氏曰三與上應上柔暗極甚於二四所見益小故取見沫爲象折毁也右肱謂上也前爲右右肱人之所用而最便者三欲用上之切如右肱也上暗益甚失其所應如折其右肱无所賴矣○雲峯胡氏曰蔽愈大則見愈小沛之蔽甚於蔀故沫之見甚於斗三剛正又居明之極可以有爲上幽暗不足以有爲故有折右肱之象然非三之咎也【備旨】明動故豐曰大事豐其沛則大事去矣爻言折股咎上之不能用象言折肱示己之必不可用玩不可用三字自見不可用如云无所措手意

**象曰豐其沛라不可大事也ㅣ오折其右肱이라終不可用也ㅣ라**

○象애ᄀᆞᆯ오ᄃᆡ豐其沛라大事애可티아니ᄒᆞ고折其右肱이라마ᄎᆞᆷ내可히ᄡᅳ디몯ᄒᆞ리라

【傳】三、應於上、上、應而无位、陰柔无勢力而處既終、其可共濟大事乎、既无所賴、如右肱之折、終不可用矣、中溪張氏曰九三豐其沛則不可以出任大事至於斷折其右肱則雖有左在而隻其手亦終不可以有所用也如此則无所措手又何所歸咎乎

**九四는豐其蔀ㅣ라日中見斗ㅣ니遇其夷主ᄒᆞ면吉ᄒᆞ리라**

○九四ᄂᆞᆫ그蔀ㅣ豐ᄒᆞᆫ지라日中에斗를봄이니그夷主를遇ᄒᆞ면吉ᄒᆞ리라

【傳】四、雖陽剛、爲動之主、又得大臣之位、然、以不中正、遇陰暗柔弱之主、豈能致豐大也、故、爲豐其蔀、蔀、周匝掩蔽之物、周匝則不大、掩蔽則不明、日中見斗、

當盛明之時、反昏暗也、夷主、其等夷也、相應、故、謂之主、初四、皆陽而居初、是其德、同、又居相應之地、故、爲夷主、居大臣之位而得一作德又有同字在下之賢、同德相輔、其助、豈小也哉、故、吉也、如四之才、得在下之賢、爲之助則能致豐大乎、曰在下者、上有當位、爲之與、在上者、下有賢才、爲之助、豈无益乎、故、吉也、然而致天下之豐、有君而後、能也、五、陰柔、居尊而震體、无虛中巽順下賢之象、下雖多賢、亦將何爲、蓋非陽剛中正、不能致天下之豐也

【本義】象、與六二同、夷、等夷也、謂初九也、其占、爲當豐而遇暗主、下就同德則吉也、或問九四近幽暗之君所以有豐其蔀日中見斗之象亦是他本身不中正所致故象云位不當也朱子曰也是如此○進齋徐氏曰夷主謂四與初皆剛同德相應故初以四爲配主四以初爲夷主也○雙湖胡氏曰配者配合之義彼來爲我配也夷者等夷之義與我爲等夷也皆陽故皆曰主○東谷鄭氏曰初視四爲配以下偶上也四視初爲夷降上就下也○建安丘氏曰六五暗主在上二應而四承之所覩均也故皆曰豐蔀見斗夷等夷也初四皆剛故曰夷遇豐盛之時四以剛明之才上承暗主欲有所發則己亦居陰明不足也故不若資人以同往初剛在下而離體至明之才上與己應可以助己四若資之以輔五則昏蔽之主可開而豐盛之治可保宜其吉也【[illegible]】四非明體而曰明者有剛德也剛明而柔暗也故豐也與三同配者配合之義彼來爲我配也夷者等夷之義與我爲等夷也大臣以小臣爲夷主有折節不交同升諸公意

**象曰豐其蔀ㄴ 位不當也라**ㄹ서

○象애 ᄀᆞᆯ오ᄃᆡ 豐其蔀ᄂᆞᆫ 位ㅣ 當티 몯ᄒᆞᆯ시오

【傳】位不當、謂以不中正、居高位、所一作非以闇而不能致豐、一有平字

**日中見斗ㄴ 幽不明也오**ㄹ서

○日中見斗ᄂᆞᆫ幽ᄒᆞ야明티몯ᄒᆞᆯ시오

【傳】謂幽暗不能光明、君陰柔而臣不中正故也、臨川吳氏曰豐蔀見斗之象六二爻辭已有象傳不於六二釋之而於九四釋之者蓋二象由九四而成四爲蔀故二見斗二爻之象同而所重在四也

**遇其夷主ᄂᆞᆫ吉行也ㅣ라**

○遇其夷主ᄂᆞᆫ吉ᄒᆞᆫ行이라

【傳】陽剛、相遇、吉之行也、下就於初、故、云行、下求則爲吉也、【備旨】位不當幽不明總爲近暗主釋義重在遇夷主反故以吉行與之

**六五ᄂᆞᆫ來章이면有慶譽ᄒᆞ야吉ᄒᆞ리라**

○六五ᄂᆞᆫ章을來케ᄒᆞ면慶과譽ㅣ이셔吉ᄒᆞ리라

【傳】五、以陰柔之才、爲豐之主、固不能成其豐大、若能來致在下章美之才而用之則有福慶、復得美譽、所謂吉也、六二、文明中正、章美之才也、爲五者、誠能致之在位而委任之、可以致豐大之慶、名譽之美、故、吉也、章美之才、主二而言、然、初與三四、皆陽剛之才、五、能用賢則彙征矣、二雖陰、有文明中正之德、大賢之在下者也、五與二、雖非陰陽正應、在明動相資之時、有相爲用之義、五、若能來章則有慶譽而吉也、然、六五、无虛己下賢之義、聖人、設此義、以爲敎耳

【本義】質雖柔暗、若能來致天下之明則有慶譽而吉矣、蓋因其柔暗而設此以開

之、占者、能如是則如其占矣、進齋徐氏曰來謂來之也以六五柔中之君而能來六二中正之臣資其開導之益則有慶且有譽矣此二五同德相照得處豐之道故吉○臨川吳氏曰陰下從陽是庸愚從賢智既有福慶歸於己而又有名譽聞於人有慶有譽所以吉也○建安丘氏曰二之應五未信則不可往往則反召其疑唯積誠以感之而 五之蔽可開故曰有孚發若吉四之比五五无助則不可行行則未必見信唯求初九同德之賢以助己而後五之昏可輔故曰遇其夷主吉此人臣事暗君之訓也六五陰暗在上處豐之時本无慶譽以在下有二四剛明之臣可以輔己上若屈意下之資人之明以爲明則不唯有慶有譽而且得吉也此暗主用臣之訓也○雲峯胡氏曰四爻稱豐皆无善道初與五不言豐獨爲可尙三爻稱日中皆有所蔽六五不稱日中蓋宜日中无蔽也自二之五則曰往五暗主也往則得疾自五致二則曰來二文明者也來之則有慶譽而吉柔暗之主未必能如此本義從程傳謂因其柔暗而設此以開之眞得聖人作易之旨矣

象曰六五之吉은有慶也ㅣ라

○象애ᄀᆞᆯ오ᄃᆡ六五의吉홈 慶이 이심이라

【傳】其所謂吉者、可以有慶福、及于天下也、人君、雖柔暗、若能用賢才則可以爲天下之福、唯患不能耳【備旨】爻以有慶譽爲人君之吉象復推廣言之謂六五之吉即是天下之福慶總要歆動六五急於求賢

上六은豐其屋ᄒᆞ고蔀其家ㅣ라闚其戶ᄒᆞ니闃其无人ᄒᆞ야三歲라도不覿이로소니凶ᄒᆞ니라 闃苦鶪反

○上六은그屋을豐ᄒᆞ고그家를蔀ᄒᆞ논디라 그戶를闚ᄒᆞ니 闃히 그人이업서三歲라도覿디 몯ᄒᆞ리로소니凶ᄒᆞ니라

【傳】六、以陰柔之質而居豐之極、處動之終、其滿假躁動、甚矣、處豐大之時、宜乎

謙屈、而處、極高、致豐大之功、在乎剛健、而體、陰柔、當豐大之任、在乎得時、而不當位、如上一无上字六者、處无一當、其凶、可知、豐其屋、處太高也、蔀其家、居不明也、以陰柔、居豐大而在无位之地、乃高亢昏暗、自絶於人、人誰與之、故、闃其戶、闃其无人也、至於三歲之久而不知變、其凶 宜矣、不覿、謂尚不見人、蓋不變也、六、居卦終、有變之義而不能遷、是其才、不能也

【本義】以陰柔、居豐極、處動終、明極而反暗者也、故、爲豐大其屋而反以自蔽之象、无人不覿、亦言障蔽之深、其凶、甚矣、路氏純中曰居一卦之上而位極其高故曰豐其屋體陰柔之質而材蔽於暗故曰蔀其家无剛明之才以用下而且弱大以失其居焉九三雖應於下彼孰肯爲之應哉此所以闃其戶闃其无人而三歲不覿也○誠齋楊氏曰自古小人揜其君之明者不過欲豐乎己之屋而已不知豐其屋者適以揜其家而不光又不過欲高其位而天飛而已不知高其位者適以窒其門而自遁家之揜也門之窒也自此三歲而燿燿行於室麇鹿遊於臺矣豈復覿汝家之有人跡乎凶莫大焉○沙隨程氏曰六五以謙接物故雖九三非應而必來上六以亢自居雖九三正應而不爲用此吉凶之斷也○雲峯胡氏曰六以陰柔居豐極處動終明極反暗故蔀其家動極必靜故闃其戶闃其人无闃靜也卦辭曰勿憂宜日中二下卦之中日中之象五上卦之中日中之位初與四未孚乎中三與上已過乎中者也況上又處豐之極其凶宜矣【備旨】大全云六五以謙受物雖九三非應而必求上六以亢自居雖九三正應而不爲用居閒靜之地雖時運之使然亦驕盈之所致

象曰豐其屋은天際翔也오闃其戶閴其无人은自藏也라

○象애ᄀᆞᆯ오ᄃᆡ豐其屋은天際예翔ᄒᆞᆷ이오闃其戶閴其无人은ᄉᆞᄉᆞ로藏ᄒᆞᆷ이라

【傳】六、處豐大之極、在上而自高、若飛翔於天際、謂其高大之甚、闃其戶而无人者、雖居豐大之極而實无位之地、人、以其昏暗自高大、故、皆棄絶之、自藏避而弗

與親也

【本義】藏、謂障蔽、張子曰處上之極而居動之末故曰天際翔也○朱子曰豐其屋天際翔也似說如翬斯飛樣言其屋高大到於天際却只是自蔽障得闕○九三爻辭得便順九四上六二爻不可曉看來聖人會得九四上六爻文義又與三爻不同○童溪王氏曰自藏則非人之遠己乃己遠人也○雲峯胡氏曰辭與明夷上六相似皆暗之極但彼之暗足以傷人卒至於自殞厥命此之暗秪自障蔽耳○建安丘氏曰豐大也以卦體言則明動相資而成豐然卦以豐名而爻象反多戒辭者雜卦曰豐多故是也六五爲豐盛之主其諸爻皆從五者也五以柔居君位而言來章者乃來二四剛明之臣也四比五而二應五以五之暗也故二四皆有豐蔀見斗之象二言有孚發若者發乎五也四言遇其夷主者欲得初以共輔乎五也初去五最遠不能自致則遇四之配主而同往焉此四爻所以吉也獨九三不知從五而遠應上六故有折肱之患上處豐盛之極障蔽之甚亦卒至自蔀其家而閴其无人也豐其可恃乎哉○節齋蔡氏曰豐大也又曰多故極天下事物之多難於盡見也惟以剛遇剛以柔遇柔則所見同而可以无疑以剛遇柔則剛者明而柔者暗終不能相信也初與四皆剛也故有配主之无咎夷主之吉然四位居柔又不免有豐蔀見斗之象二與五皆柔也故有有孚來章之喜然二位居柔又未免有往得疑疾之事惟三與上以剛遇柔故三折右肱而上至於三歲不覿也

䷷ 艮下離上

【傳】旅、序卦、豐、大也、窮大者、必失其居。故、受之以旅、豐盛、至於窮極則必失其所安、旅所以次豐也、爲卦、離上艮下、山止而不遷、火行而不居、違去爲不處之象、故、爲旅也、又麗乎外、亦旅之象、○臨川王氏曰入而麗乎內所以爲家人出而麗乎外所以爲旅○吳氏應回曰旅非商賈之謂凡客於外者皆是也天子有天子之旅天王出居于鄭是也諸侯有諸侯之旅公在楚是也大夫有大夫之旅崔子之去他邦是也聖賢有聖賢之旅孔子之轍環孟子之歷聘是也旅豈一槩哉

旅은 小亨코 旅貞ᄒᆞ야 吉ᄒᆞ니라

(本義) 小亨ᄒᆞ니旅貞ᄒᆞ면

○旅ᄂᆞᆫ져기亨ᄒᆞ고旅ㅣ貞ᄒᆞ야吉ᄒᆞ니라 (本義) 져기亨ᄒᆞ니旅ㅣ貞ᄒᆞ면

【傳】以卦才、言也、如卦之才、可以小亨、得旅之貞正而吉也

【本義】旅、羇旅也、山止於下、火炎於上、爲去其所止而不處之象、故、爲旅、以六五、得中於外而順乎上下之二陽、艮、止而離、麗於明、故、其占、可以小亨而能守其旅之貞則吉、旅非常居、若可苟者、然、道无不在、故、自有其正、不可須臾離也、

平庵項氏曰旅小亨就旅之卦才言之可以小亨不可以大用旅貞吉者旅於貞則吉不貞則凶乃處旅之道也○中溪張氏曰以卦變言則旅自否來六本居三今往居五而麗於外猶人失其所居而客於外乃旅之象也凡人處旅本無大通之理羇旅而亨者雖大亦小也所貴者守正則吉爾○雲峯胡氏曰止而麗乎外旅之義也山上之火去其所止而不處旅之象也或曰山止而不動旅館之象火動而不止旅人之象豐爲大則旅爲小在旅而亨亨之小者也然事有大小道無不在大亨固利於貞愼不可以旅亨之小而失其貞也道果可須臾離哉

**彖曰旅小亨**은**柔**ㅣ**得中乎外而順乎剛**ᄒᆞ고**止而麗乎明**이라**是以小亨旅貞吉也**니

○彖에ᄀᆞᆯ오ᄃᆡ旅小亨은柔ㅣ外예中을得ᄒᆞ야剛의順ᄒᆞ고止ᄒᆞ고明애麗ᄒᆞᆯ시 일로ᄡᅥ小亨旅貞吉ᄒᆞ니

【傳】六、上居五、柔得中乎外也、麗乎上下之剛、順乎剛也、下艮止、上離麗、止而麗於明也、柔順而得在外之中、所止、能麗於明、是以小亨得旅之貞正而吉也、旅困之時、非陽剛中正、有助於下、不能致大亨也、所謂得在外之中、中非一揆、旅有旅之

中也、止麗於明則不失時宜、然後、得能一作處旅之道、

【本義】以卦體卦德、釋卦辭、進齋徐氏曰一柔在外而處二剛之中是羇旅之人交於强有力者苟非善處卑則取辱高則招禍鮮不失矣惟於止知其所止无私交无暗事非賢不主非善不與止而麗乎明也夫如是內不失己外不失人雖在旅困亦可小亨得旅之正而吉也○雲峯胡氏曰以卦體釋小亨以卦德釋旅貞吉柔而不順乎剛則不亨止而不麗乎明則不正

**旅之時義ㅣ大矣哉라**

○旅의時와義ㅣ크다

【傳】天下之事、當隨時各適其宜而旅爲難處、故、稱其時義之大、

【本義】旅之時、爲難處、李氏曰適旅之時動得其宜其義大矣○雲峯胡氏曰難處者旅之義難處者旅之時此其時義之所以爲大

**象曰山上有火ㅣ旅ㅣ니君子ㅣ以ᄒᆞ야明愼用刑ᄒᆞ며而不留獄ᄒᆞᄂᆞ니라**

○象애ᄀᆞᆯ오ᄃᆡ山上의火ㅣ이숌이旅ㅣ니君子ㅣ以ᄒᆞ야刑ᄡᅳ믈明ᄒᆞ고愼ᄒᆞ며獄을留티아니ᄒᆞᄂᆞ니라

【傳】火之在高、明无不照、君子、觀明照之象則以明愼用刑、明不可恃、故、戒於愼明而止亦愼象、觀火行不處之象則不留獄、獄者、不得已而設、民、有罪而入、豈可留滯淹久也、

【本義】愼刑、如山、不留、如火、朱子曰明愼用刑而不留獄却只是火在山上之象又不干旅事○廬川毛氏曰君子觀象而用刑則取其火以爲明取其止以爲愼取其旅以不留獄○建安丘氏曰山者火之所旅久則延燒獄者囚徒之所旅留則淹滯旅有行而不處之象故火不可使久處於山囚徒不可使久留於獄也明象火之燭物愼象山之靜重○中溪張氏曰明則无遁情愼則无濫罰明則愼既

㫖斷決隨之聖人取象於旅正恐其留獄也○雲峯胡氏曰明如火愼如山不留獄如山不留火

# 初六은旅瑣瑣니斯其所取災니라

○初六은旅ㅣ瑣瑣함이니이그災를取할배니라

【傳】六、以陰柔、在旅之時、處於卑下、是柔弱之人、處旅困而在卑賤、所存、汚下者也、志卑之人、旣處旅困、鄙猥瑣細、无所不至、乃其所以致悔辱取災咎也、瑣瑣、猥細之狀、當旅困之時、才質、如是、上雖有援、无能爲也、四、陽性而離體、亦非就下者也、又在旅、與他卦爲大臣之位者、異矣、

【本義】當旅之時、以陰柔、居下位、故、其象占、如此、建安丘氏曰初以陰柔而在下是卑賤之人處旅不得志而困窮者也不務遠大而局於瑣屑此其所以自取災殃也○雲峯胡氏曰旅而居下其道途負販之旅乎柔弱卑賤其鄙固宜而以爲斯其所取災蓋爲旅之賤者而瑣細取災如此富商巨賈蓋可知也象之意可以旁通又不特爲旅言也

# 象曰旅瑣瑣는志窮하야災也ㅣ라

○象애골오되旅瑣瑣는志ㅣ窮하야災함이니라

【傳】志意、窮迫、益自取災也、災眚、對言則有分、獨言則謂災患耳、臨川吳氏曰柔而居下其志猥陋故曰窮○中溪張氏曰詩云瑣兮尾兮流離之子初六有焉【備旨】志窮災言非別有災志窮即災也爻賤其行象鄙其心

# 六二는旅即次하야懷其資하고得童僕貞이로다

○六二는旅ㅣ次에나아가그資를懷하고童僕의貞을得함이로다

【傳】二有柔順中正之德、柔順則衆與之、中正則處不失當、故、能保其所有、童僕、

亦盡其忠信、雖不若五、有文明之德、上下之助、亦處旅之善者也、次舍、旅所安也、財貨、旅所資也、童僕、旅所賴也、得就次舍、懷畜其資財、又得童僕之貞良 旅之善也、柔弱在下者、童也、强壯處外者、僕也、二、柔順中正、故、得內外之心、在旅、所親比者、童僕也、不云吉者、旅寓之際、得免於災厲則已善矣、

【本義】 即次則安、懷資則裕、得其童僕之貞信則无欺而有賴、旅之最吉者也、二有柔順中正之德、故、其象占、如此、 童溪王氏曰次旅之居也資旅之用也童僕旅之役走者也旅即次則其所舍也有其居懷其資則其所畜也有其用得童僕則其所以奔走而服役也又有其人旅道何脩而得此哉蓋以六居二之爲正故也○雲峯胡氏曰旅貴卑巽故位陰爻柔者多吉而六二兼之二以柔居中承剛乘柔旅之甚安而且裕者貞字諸家自作一句讀本義以連上文蓋即次懷資自見六二有柔順中正之德不必復以貞戒之惟旅中不能无賴乎童僕之用亦多不能免乎童僕之欺惟得其貞信者則无欺而有賴此旅之最吉者也

象曰得童僕貞은 終无尤也ㅣ라

○象애 골오듸 得童僕貞은 ᄆᆞᄎᆞ매 尤ㅣ 업스리라

【傳】 羇旅之人、所賴者、童僕也、既得童僕之忠貞、終无尤悔矣、 古溪張氏曰六二居位得中旅即次也上承九三之剛懷其資也下乘初六之柔得童僕也人之處旅有次可安有資可用又有童僕之忠貞者可託雖在旅寓之中終无悔尤矣〔纂註〕象單釋童僕旅則寡親所謂與骨肉遠轉與童僕親是也貞不徒責童僕須在我有以得之不能得是我之尤也終无尤蓋嘉其德之辭

九三은 旅焚其次ᄒᆞ고 喪其童僕貞이니 厲ᄒᆞ니라 喪息浪反象同

(本義) 喪其童僕이니

○九三은旅ㅣ그次를焚ᄒᆞ고그童僕의貞을喪ᄒᆞ니厲ᄒᆞ니라(本義) 그童僕을喪ᄒᆞ니貞이라도厲ᄒᆞ니라

【傳】處旅之道、以柔順謙下、爲先、三、剛而不中、又居下體之上、與艮之上、有自高之象、在旅而過剛自高、致困災之道也、自高則不順於上、故、上不與而焚其次、失所安也、上離、爲焚象、過剛則暴下、故、下離而喪其童僕之貞、信謂失其心也、如此則(一作者)危厲之道也、

【本義】過剛不中、居下之上、故、其象占、如此、喪其童僕則不止於失其心矣、故、貞字、連下句爲義、 建安丘氏曰九三爻辭全與二反二即次而三焚二得童僕而三喪二之貞无尤而三之貞則厲者二柔順得中三過剛不中故也過剛豈處旅之道哉○雲峯胡氏曰九三因六二取象二柔順中正故即次三過剛不中又近離故焚其次二居中衆柔故得童僕貞三過剛則无徒又下之柔已爲二所得故喪其童僕是雖於爻爲貞於旅則爲厲也○潘氏曰居剛而用剛平時猶不可况旅乎以此與下焚次喪僕固其宜也九三以剛居下體之上則焚次上九以剛居上體之上則焚巢位愈高剛愈亢則禍愈深矣

象曰旅焚其次ᄒᆞ니亦以傷矣오以旅與下ᄒᆞ니其義ㅣ喪也ㅣ라

○象애ᄀᆞᆯ오ᄃᆡ旅焚其次ᄒᆞ니또ᄡᅥ傷ᄒᆞ고旅로ᄡᅥ下를與ᄒᆞ니그義ㅣ喪홈이라

【傳】旅、焚失其次舍、亦以困傷矣、以旅之時而與下之道、如此、義當喪也、在旅而以過剛自高、待下、必喪其忠貞、謂失其心也、在旅而失其童僕之心、爲可危也、

【本義】以旅之時而與下之道、如此、義當喪也、 雲峯胡氏曰柔而得中旅之道也九三過剛不中而處下卦之上以旅之時而與下之道如此義當喪也上九過剛不中而居上卦之上以旅之時而在上之道如此義亦當喪也兩象辭本相對說(備旨)亦以傷見不可再有所喪至喪其童僕則傷之甚矣鄒泗山曰得童僕如悠悠路人安得不喪

# 九四는旅于處ᄒᆞ고得其資斧ᄒᆞ나我心은不快로다

○九四ᄂᆞᆫ旅ㅣ處ᄒᆞ고그資와斧를得ᄒᆞ나我心은快티아니ᄒᆞ도다

【傳】四、陽剛、雖不居中而處柔、在上體之下、有用柔能下之象、得旅之宜也、以剛明之才、爲五所與、爲初所應、在旅之善者也、然、四、非正位、故、雖得其處止、不若二之就次舍也、有剛明之才、爲上下所與、乃旅而得貨財之資、器用之利也、雖在旅、爲善、然、上无剛陽之與、下唯陰柔之應、故、不能伸其才行其志、其心、不快也、云我者、據四而言、

【本義】以陽居陰、處上之下、用柔能下、故、其象占、如此、然、非其正位、又上无剛陽之與、下唯陰柔之應、故、其心、有所不快也、朱子曰資斧有做齊斧說底這資斧在巽上說也自分曉然而旅中亦豈可无備禦底物事次第這便是

○雲峯胡氏曰旅以行爲義處而不行非旅之亨也雖勝三之焚次終不若二之行而即次也得其資斧雖勝三之喪童僕視二之懷其資得童僕者有間矣三以剛居剛而在下卦之上用剛而不能下人者也四以剛居柔而在上卦之下猶爲能用柔而下於人者故得資足以自利得斧足以自防也○進齋徐氏曰才剛得其資斧也或曰資當作齊按漢書王莽遣王尋屯洛陽將發亡其黃鉞其士房楊曰此經所謂喪其齊斧者也應劭云齊利也讀如齊衰之齊資齊音同誤作資○雙湖胡氏曰徐氏或曰之說即語錄有做齊斧說之義又按資與二象同斧即離爲兵象亦互兌金在巽木上象離兌在四上所以得也若巽上九喪其資斧亦有離兌巽象然皆在上爻下所以喪也合兩卦論取象甚明

# 象曰旅于處는未得位也ㅣ니得其資斧ᄒᆞ나心未快也ㅣ라

○象애ᄀᆞᆯ오ᄃᆡ旅于處ᄂᆞᆫ位를得디몯홈이니그資斧를得ᄒᆞ나心이快티아니ᄒᆞ니라

【傳】四、以近君、爲當位、在旅、五、不取君義、故、四爲未得位也、曰然則以九居

四、不正、爲有咎矣、曰以剛居柔、旅之宜也、九以剛明之才、欲得時而行其志、故、
雖得資斧、於旅、爲善、其心志、未快也。 中溪張氏曰九四雖在近君之地而處于羇旅之中此其所以未得位也縱得其資斧之利而以剛居柔未得盡行其志
故我心未快也 備旨 未得位不是釋于處是原下文未快之故一串說下重未快句

## 六五는 射雉一矢亡이라 終以譽命이리라 (射食亦反)

(本義) 射雉니 一矢ㅣ亡이라도

○六五는 雉를 射호ᄃᆡ 一矢애 亡ᄒᆞᆫ 디라 ᄆᆞᄎᆞᆷ애 譽과 命으로ᄡᅧ ᄒᆞ리라 (本義) 雉를 射흠이니 一矢ㅣ亡ᄒᆞ야도

【傳】六五、有文明柔順之德、處得中道而上下、與之、處旅之至善者也、人之處旅、能合文明之道、可謂善矣、羈旅之人、動而或失則困辱、隨之、動而无失然後、爲善、離爲雉、文明之物、射雉、謂取則於文明之道而必合、如射雉、一矢而亡之、發无不中則終能致譽命也、譽、令聞也、命、福祿也、五、居文明之位、有文明之德、故、動必中文明之道也、五、君位、人君、无旅、旅則失位、故、不取君義、

【本義】雉、文明之物、離之象也、六五、柔順文明、又得中道、爲離之主、故、得此爻者、爲射雉之象、雖不无亡矢之費而所喪、不多、終有譽命也、 朱子曰亡字正如秦无亡矢遺鏃之亡不是如伊川之說易中凡言終吉者皆是初不甚好也而今只如這小小文義亦无人去辨析得他○雲峯胡氏曰人君无旅旅則失位故五不取君位終以譽命本義謂雖不无亡矢之費而所喪不多者爲旅人言也爲旅者不免計得喪故下卦曰得曰喪上卦曰得曰亡六五則所亡者少而有所得者也 備旨 人君无旅故以羈旅之臣言爲是矢所以射也矢亡謂射而不中不與雉遇是未即遇主之象然終由此以得譽命可見文明之主无不愛賢是乃羈旅之臣所當射者

**象曰終以譽命**은 **上逮也**ᄒᆞᆯ시라

○象애골오ᄃᆡ終以譽命은上으로逮ᄒᆞᆯ시라(本義)上애逮ᄒᆞᆯ시라

【傳】有文明柔順之德則上下、與之、逮、與也、能順承於上而上、與之、爲上所逮也、在上而得乎下、爲下所上(一无上字)逮也、在旅而上下、與之、所以致譽命也、旅者、困而未得所安之時也、終以譽命、終當致譽命也、已譽命則非旅也、困而親寡則爲旅、不必在外也、

【本義】上逮、言其譽命、聞於上也、朱子曰上逮也不得如伊川說○雲峯胡氏曰五君位在上者也爻曰上逮而本義以其譽命聞於上者何哉不以君位處五者人君无旅故也【備旨】逮字只作達字看是推言得命之故亦見所射者係文明之主聲譽故不壅于上聞也

**上九**는 **鳥焚其巢**ㅣ니 **旅人**이 **先笑後號咷**ㅣ라 **喪牛于易**ㅣ니 **凶**ᄒᆞ니라

○上九ᄂᆞᆫ鳥ㅣ그巢를焚ᄒᆞᆷ이니旅人이몬져笑ᄒᆞ고後애號咷ᄒᆞᆷ이라牛를易애喪ᄒᆞᆷ이니凶ᄒᆞ니라

【傳】鳥、飛騰處高者也、上九、剛不中而處最高、又離體、其亢、可知、故、取鳥衆、在旅之時、謙降柔和、乃可自保而過剛自高、失其所宜安矣、巢、鳥所安止、(一有上字)焚其巢、失其所安 无所止也、在離上、爲焚象、陽剛、自處於至高、始快其意、故、先笑、既而失安莫與、故、號咷、輕易以喪其順德、所以凶也、牛、順物、喪牛于易、謂忽易以失其順也、離火、性上、爲躁易之象、上承鳥焚其巢、故、更加旅人字、不云旅人則

是鳥笑哭也、

【本義】上九、過剛、處旅之上離之極、驕而不順、凶之道也、故、其象占、如此、節初齊氏曰離爲科上槁有巢象而火又附焉故曰焚○莆陽張氏曰火有聲有笑號之象離爲飛鳥爲牝牛○雙湖胡氏曰旅人恐指占者只就上說爲有情本義驕謂先笑不順謂喪牛皆致凶之道也○林氏栗曰三與上應皆以剛居上无相與之情故三焚其次上焚其巢三承九四之離爲他人所焚也上焚其巢自焚也三焚其次則巢尙在也喪其童僕則牛尙存也巢在則有可歸之理牛存則有可行之資今也巢焚牛喪欲歸則无其所欲行則无其資凶斯致矣○雲峯胡氏曰同人親也故先號咷後笑親寡旅也故先笑後號咷旅之時不宜用剛故三陽皆不利六二柔順中正六五柔順文明皆得於道上九剛亢失其柔順而不自知故有喪牛于易之象以內卦論初六不及乎中故有瑣瑣之災三過乎中故有焚次之危以外卦論四不及乎中故不快上過乎中故號咷不及則弱不自持過則剛必自折在內在外皆然【備旨】上全是剛氣用事故聖人深著其凶以爲戒上二句是不得所安之象下一句是不得所安之由

象曰以旅在上ᄒᆞ니 其義焚也ㅣ오 喪牛于易ᄒᆞ니 終莫之聞也ㅣ로다

○象애 ᄀᆞᆯ오ᄃᆡ 旅로ᄡᅥ 上애 이시니 그 義ㅣ 焚홈이오 喪牛于易ᄒᆞ니 ᄆᆞᄎᆞᆷ내 聞티 몯ᄒᆞ리로다

【傳】以旅在上而以尊高自處、豈能保其居、其義、當有焚巢之事、方以極剛自高、爲得志而笑、不知喪其順德於躁易、是終莫之聞、謂終不自聞知也、使自覺知則不至於極而號咷矣、陽剛不中而處極、固有高亢躁動之象而火復炎上則又甚焉、潘氏曰羈旅之極居高用剛始意甚快其如終何焚巢喪牛終凶而泣也于易者禍生於所忽而莫之察也○東谷鄭氏曰以易而喪其順是罔聞知也○建安丘氏曰雜卦云親寡旅也人之窮者也故處旅之道以得中爲善卑則取辱高則召禍初處最下旅之卑者也故以瑣瑣而取災三在下之上上在上之上旅之高者也故三焚次喪僕上焚巢喪牛也四處上之下雖无太高太卑之失亦未得中故雖得資斧而心未快也惟二五得二體之中故二即次懷資而得

僕五亦終有譽命之榮也然二當位而五不當位故五不免射雉亡矢之患然則居旅道之善者其唯六二乎

備旨具解原本周易卷之十九

# 備旨具解原本周易卷之二十

䷸ 巽下巽上

【傳】巽、序卦、旅而旡所容、故、受之以巽、巽者、入也、羇旅、親寡、非巽順、何所取容、苟能巽順、雖旅困之中、何往而不能入、巽所以次旅也、爲卦、一陰、在二陽之下、巽順於陽、所以爲巽也、

**巽은 小亨ᄒᆞ니 利有攸往ᄒᆞ며 利見大人ᄒᆞ니라**

○巽은저기亨ᄒᆞ니往ᄒᆞᆯ빠를두미利ᄒᆞ며大人을봄이利ᄒᆞ니라

【傳】卦之才、可以小亨利有攸往利見大人也、巽與兌、皆剛中正、巽說、(一作兌)義亦相類而兌則亨、巽乃小亨者、兌、陽之爲也、巽、陰之爲也、兌、柔在外、用柔也、巽、柔在內、性柔也、巽之亨、所以小也、

【本義】巽、入也、一陰、伏於二陽之下、其性、能巽以入也、其象、爲風、亦取入義、陰、爲主、故、其占、爲小亨、以陰從陽、故、又利有所往、然、必知所從、乃得其正、故、又曰利見大人也、朱子曰巽有入之義巽爲風如風之入物只爲巽便能入義理之中旡細不入○厚齋馮氏曰巽一陰在二陽下取義卑也順也伏也入也卑以其下於陽順以其承於陽伏以其藏於下入以其進於下其象爲風亦以其委曲而入於物旡所不順也○中溪張氏曰小謂初四二陰也順則能亨故曰小亨而利有攸往者剛得中也大人者二五也利見之者則初四也○雲峯胡氏曰上經自乾坤後震坎艮三男皆用事

至小畜履巽兌方用事小畜者小巽之一陰也下經震艮旣重之後至此方見巽兌之重巽之繇曰小亨亦小巽之一陰也一陰之蔚聖人每抑之如此八卦之重上經乾先而坤次之坎先而離次之下經震艮先而巽兌次之皆崇陽也巽次旅旅曰小亨離之一陰也此小亨巽之一陰也利有攸往利見大人二陰上從二五之陽也從陽爲陰之利不從陽不利矣

## 象曰重巽으로以申命ᄒᆞᄂᆞ니

○象애ᄀᆞᆯ오ᄃᆡ重ᄒᆞᆫ巽으로ᄡᅥ命을申ᄒᆞᄂᆞ니

【傳】重巽者、上下、皆巽也、上、順道以出命、下、奉命而順從、上下、皆順、重巽之象也、又重爲重複之義、君子、體重巽之義、以申復其命令、申、重復也、丁寧之謂也、

【本義】釋卦義也、巽順而入、必究乎下、命令之象、重巽故、爲申命也、朱子曰巽卦是於重巽上取義重巽所以爲申命○問重字之義曰只是重卦八卦之象皆是如此○問申字是兩番降命令否曰非也只是丁寧反覆說便是申命巽風也風之吹物无處不入无物不皷動詔令之入人淪肌浹髓亦如風之動物也○申字是丁寧反覆之意風无所不入如命令之丁寧告戒无所不至故象以之○建安丘氏曰重巽上下皆巽也巽之德順而善入而於象爲風風者天之號令故有命令之象內巽者巽者命之始外巽者申前之命也君子於命令重復而丁寧之則柔順而入人也易故曰重巽以申命○蛟峯方氏曰人君之巽莫大於順人心以行事發號施令最不可以不順我以爲順人不以爲順未可也上順下下不順於上未可也必三令五申使人心具孚而後行之此人君重巽之事

## 剛이巽乎中正而志行ᄒᆞ며柔ㅣ皆順乎剛이라是以小亨ᄒᆞ니

○剛이中正애巽ᄒᆞ야志ㅣ行ᄒᆞ며柔ㅣ剛애다順ᄒᆞᆫ디라일로ᄡᅥ小亨ᄒᆞ니

【傳】以卦才、言也、陽剛、居巽而得中正、巽順於中正之道也、陽性、上、其志、在以中正之道、上行也、又上下之柔、皆巽順於剛、其才、如是、雖內柔、可以小亨也、鄭氏剛中

曰九二巽乎中者也重巽則兼五言之故曰巽乎中正而志行初六順乎剛者也重巽則兼四言之故曰柔皆順乎剛○隆山李氏曰若剛不順乎中正則將褊隘而爲邪若柔不順乎陽剛則將柔媚而爲諂故柔順乎剛剛順乎中正者所以爲巽之體也若徒以一陰潛伏謂之爲巽而不究乎陰畫在二陽之下有順乎陽剛之象陽畫在二五之位有順乎中正之德則巽之所以致亨者不可得而見矣

**利有攸往ᄒᆞ며利見大人ᄒᆞ니라**

○利有攸往ᄒᆞ며利見大人ᄒᆞ니라

【傳】巽順之道、无往不能入、故、利有攸往、巽順、雖善道、必知所從、能巽順於陽剛中正之大人則爲利、故、利見大人也、如五二之陽剛中正、大人也、巽順、不於大人、未必不爲過也、

【本義】以卦體、釋卦辭、剛、巽乎中正而志行、指九五、柔、謂初四、建安丘氏曰巽二五剛也巽雖主於柔而二五之剛得中故論成卦則以初四之柔爲主論六爻則以二五之剛爲重惟二五之剛能巽乎中正則剛不過而志得行矣故曰剛巽乎中正而志行此以二五兩爻釋利有攸往之義柔謂初四剛謂二五也皆順謂初順二四順五也柔者多不能自振故必順乎剛則柔得剛助而後可行故曰柔皆順乎剛此以初四兩爻釋利見大人之義○隆山李氏曰利見大人者蓋指二五以陽剛之畫處中正之位而初四二陰出而順從之乃所以爲利也

**象曰隨風이巽이니君子ㅣ以ᄒᆞ야申命行事ᄒᆞᄂᆞ니라**

○象애ᄀᆞᆯ오ᄃᆡ隨ᄒᆞᆫ風이巽이니君子ㅣ以ᄒᆞ야命을申ᄒᆞ야事ᄅᆞᆯ行ᄒᆞᄂᆞ니라

【傳】兩風、相重、一作從隨風也、隨、相繼之義、君子、觀重巽相繼以順之象而以申命令行政事、隨與重、上下、皆順也、上、順下而出之、下、順上而從之、上下、皆順、重

巽之義也、命令政事、順理則合民心而民順從矣、

【本義】隨、相繼之義、或問巽順以入於物必極乎下有命令之象而風之爲物又能皷舞萬類所以君子觀其象而申命令朱子曰風便也是會入物事○李氏曰天下有風姤所以施命若風相隨而至則是申命不一之象古之出命者必反復申戒之然後其事可行於天下○建安丘氏曰巽爲風而風者所以發揚天之號令風隨風而不逆此重巽之象也在上之君子體隨風之巽出而發號施令凡事必申復詳審一再命之然後見之行事則四方風動順而易入申命者所以致其戒於行事之先行事者所以踐其言於申命之後○雲峯胡氏曰命風象申命隨風象○平庵項氏曰巽主命令重巽故以申命行事凡卦之有巽者多言文教風俗之事小畜之懿文德蠱之振民育德觀之觀民設教姤之施命誥四方漸之居賢德善俗鼎之正位凝命皆此意也

## 初六은進退니利武人之貞이니라

○初六은進ᄒᆞ며退ᄒᆞ음이니武人의貞이利ᄒᆞ니라

【傳】六、以陰柔、居卑巽而不中、處最下而承剛、過於卑巽者也、陰柔之人、卑巽、太過則志意、恐畏而不安、或進或退、不知所從、其所利、在武人之貞、若能用武人剛貞之志則爲宜也、勉爲剛貞則无過卑恐畏之失矣、

【本義】初、以陰居下、爲巽之主、卑巽之過、故、爲進退不果之象、若以武人之貞、處之則有以濟其所不及而得所宜矣、節齋蔡氏曰進退巽柔不決也利武人之貞斷決也位剛故有此象○雲峯胡氏曰巽爲進退爲不果初處重巽之下性柔進退不能決唯臨事如武人之貞斯无進退之疑矣此與履六三皆以陰居陽故皆稱武人此以陰居下卦之下武人之貞勉之之辭也履之三以陰居下卦之上武人爲于大君危之之辭也故小象於此曰志治於彼曰志剛【備旨】巽可制以主事陰不決於進上武人非貞然以過剛而矯太柔之失則爲貞貞亦只是强立不變意

## 象曰進退는志疑也ㅣ오利武人之貞은志治也ㅣ라

○象애ᄀᆯ오ᄃᆡ進退ᄂᆞᆫ志ㅣ疑홈이오利人之貞은志ㅣ治홈이라

【傳】進退不知所安者、其志、疑懼也、利用武人之剛貞以立其志則其志、治也、治謂脩立也、臨川吳氏曰進退者志之疑能如武人之剛强則志治矣○建安丘氏曰初六不武甚矣能以其剛烈不屈之氣而矯其巽懦不立之志然後得其正而向之志疑者轉而志治也苟過於强悍不得其正則其志亂矣何治之有【備旨】志字重引其決諸志也兩可不決之謂疑一定不亂之謂治疑則不治治則不疑四句相形只是一意

## 九二ᄂᆞᆫ巽在牀下니用史巫紛若ᄒᆞ면吉코无咎리라

○九二ᄂᆞᆫ巽이牀아래이슴이니史와巫ᄅᆞᆯᄡᅥ미紛케ᄒᆞ면吉ᄒᆞ고咎ㅣ업스리라

【傳】二居巽時、以陽處陰而在下、過於巽者也、牀、人之所安、巽在牀下、是過於巽、過所安矣、人之過於卑巽、非恐怯則諂說、皆非正也、二實剛中、雖巽體而居柔、爲過於巽、非有邪心也、恭巽之過、雖非正禮、可以遠恥辱絶怨咎、亦吉道也、史巫者、通誠意於神明者也、紛若、多也、苟至誠安於謙巽、能使其誠意者、多則吉而无咎、謂其誠、足以動人也、人不察其誠意則以過巽、爲諂矣、

【本義】二、以陽處陰而居下、有不安之意、然、當巽之時、不厭其卑而二又居中、不至己甚、故、其占、爲能過於巽而丁寧煩悉其辭、以自道達則可以吉而无咎、亦竭誠意以祭祀之吉占也、朱子曰九二得中所以過於巽爲善用史巫紛若吉看來是箇盡誠以祭祀之吉占○建安丘氏曰牀下初也古者尊上坐於牀卑者拜跪於牀下牀下卑者之所處也二以陽居陰失位不安乃欲巽柔而處卑巽在牀下之象也○厚齋馮氏曰周官史掌卜筮巫掌祓禳卜筮所以占其吉凶祓禳所以除其裁害○潘氏曰以陽處陰過於巽也故九二上九皆有牀下之象然上九喪其資斧九二可用於史巫二得

中而上失中也○雲峯胡氏曰牀所安也剝牀在陰爻言之是以陰剝陽使陽不能安巽在牀下在陰爻言之是以陽處陰陽不能自安巽之過者每失之不誠史職卜筮巫職禱祠丁寧煩悉其辭以自道達於鬼神雖巽之過而誠者也如是則吉无咎

# 象曰紛若之吉은 得中也라(일서)

○象애글오딕紛若의吉홈은中을得홈일시라

【傳】二以居柔在下、爲過巽之象而能使通其誠意者、衆多紛然、由得中也、陽居中、爲中實之衆、中旣誠實則(一无人字)人、自當信之、以誠意則非諂畏也、所以吉而无咎、(中溪張氏)曰他事過巽非所宜唯用史巫紛然其多則可以導達其誠意於神明人能以事神之禮而事上則吉而无咎蓋以九二得乎中道故也【備旨】紛若總以表巽巽得中故紛若者吉得中要就巽時言時當重巽雖過卑不爲諂也

# 九三은 頻巽이니 吝하니라

○九三은頻혼巽이니吝흐니라

【傳】三、以陽、處剛、不得其中、又在下體之上、以剛亢之質而居巽順之時、非能巽者、勉而爲之、故、屢失也、居巽之時、處下而上、臨之以巽、又四、以柔巽、相親、所乘者、剛而上復有重剛、雖欲不巽、得乎、故、頻失而頻巽、是可吝也、

【本義】過剛不中、居下之上、非能巽者、勉爲屢失、吝之道也、故、其象占、如此、朱子曰九三頻巽不比頻復復是好事所以頻復爲无咎巽不是甚好底事九三別无伎倆只管今日巽了明日又巽自是可吝○董溪王氏曰九三居兩巽之間一巽旣盡一巽復來故曰頻巽夫謂之頻巽則頻失可知蓋九三以剛處

剛卑巽之志不出於自然而勉爲之是可吝也○雲峯胡氏曰復六三頻復厲巽九三頻巽吝聖人不重无過重改過屢失屢復復在失後故无咎三之剛非能巽者屢巽屢失失在巽後故吝

**象曰頻巽之吝**은 **志窮也**ㅣ라

○象애ᄀᆞᆯ오ᄃᆡ頻巽의吝홈은志ㅣ窮홈이라

【傳】三之才質、本非能巽而上、臨之以巽、承重剛而履剛、勢不得行其志、故、頻失而頻巽、是其志、窮困、可吝之甚也、童溪王氏曰前倨後恭動而易窮豈其志歟故曰志窮也 備旨 志疑可以治採之志窮則矯勉不出惟有吝而已

**六四**는 **悔**ㅣ **亡**ᄒᆞ니 **田獲三品**이로다

○六四ᄂᆞᆫ悔ㅣ亡ᄒᆞ니田애三品을獲홈이로다

【傳】陰柔、无援而承乘、皆剛、宜有悔也而四、以陰居陰、得巽之正、在上體之下、居上而能下也、居上之下、巽於上也、以巽臨下、巽於下也、善處、如此、故、得悔亡、所以得悔亡、以如田之獲三品也、田獲三品、及於上下也、田獵之獲、分三品、一爲乾豆、一供賓客與充庖、一頒徒御、四、能巽於上下之陽、如田之獲三品、謂遍及上下也、四之地、本有悔、以處之至善、故、悔一无悔字亡而復有功、天下之事、苟善處則悔或可以爲功也、

【本義】陰柔无應、承乘、皆剛、宜有悔也而以陰居陰、處上之下、故、得悔亡而又爲卜田之吉占也、三品者、一爲乾豆、一爲賓客、一以充庖、朱子曰田獲三品伊川主張作巽於上下說說得較牽强○卜田之吉占

特於巽之六四言之此等處有可解者有不可解者只得虛心玩味闕其所疑不可强穿鑿也○雙湖胡氏曰王制天子諸侯无事則歲三田一爲乾豆二爲賓客三爲充君之庖穀梁傳註乾豆謂腊之以爲祭祀豆實也○廬陵龍氏曰詩車攻註自左膘達右腢爲上殺達右耳本爲中殺左髀達右髃爲下殺此又三品也面傷剪毛不成禽皆不獻一舉而獲三品此又田狩最吉之占○雲峯胡氏曰三得陽之正而吝四得陰之正而悔亡何也三剛而不中非能巽以入者四得陰柔之正且以巽而入於二陽之中故非特悔亡且用有獲焉有田武事也初利武人之貞四之田獲川武而有功者也下三爻有貴賤之等故曰三品或曰三陽剛在下卦之上乾豆象初與己配賓象二應五充君庖之象【備旨】上下二陽不是剛暴小人乃負才使氣不肯受人籠絡者如以意氣加之則反爲我之敵矣我惟柔其氣以相接則不知不覺入我網羅非惟不爲敵而且爲我用矣此爻正所謂柔順乎剛者故能得多士之用田獲之狐是去小人此獲三品是親君子

# 象曰田獲三品은 有功也ㅣ라

○象애 ᄀᆞᆯ오ᄃᆡ 田獲三品은 功이 이숌이라

【傳】巽於上下、如田之獲三品而遍及上下、成巽之功也、中溪張氏曰蒐田而獲其三品獲禽之多故曰有功【備旨】從古相臣不能下賢總由忌功不自己出之故以有功歆之見能用賢則天下之功皆我之功所以相臣貴虛心下士以收天下英傑也

# 九五는 貞이면 吉ᄒᆞ야 悔ㅣ 亡ᄒᆞ야 无不利니 无初有終이라 先庚三日ᄒᆞ며 後庚三日이면 吉ᄒᆞ라

先西薦反 後胡豆反

(本義) 貞ᄒᆞ야 吉ᄒᆞ니

○九五ᄂᆞᆫ 貞ᄒᆞ면 吉ᄒᆞ야 悔ㅣ 亡ᄒᆞ야 利티 아니 미업ᄉᆞ니 初ㅣ 업고 終이 이실디라 庚으로몬져 三日을 ᄒᆞ며 庚으로後 三日을 ᄒᆞ면 吉ᄒᆞ리라

【傳】五居尊位、爲巽之主、命令之所出也、處得中正、盡巽之善、然、巽者、柔順之道、所利在貞、非五之不足、在巽、當戒也、旣貞則吉而悔亡无所不利、貞、正中也、處巽出令、皆以中正爲吉、柔巽而不貞則有悔、安能无所不利也、命令之出、有所變更也、无初、始未善也、有終、更之使善也、若已善則何用命也、何用更也、先庚三日後庚三日吉、出命更改一作故之道、當如是也、甲者、事之端也、庚者、變更之始也、十干、戊己、爲中、過中則變、故、謂之庚、事之改更、當原始要終、如先甲後甲之義、如是則吉也、解在蠱卦、

【本義】九五、剛健中正而居巽體、故、有悔、以有貞而吉也、故、得亡其悔而无不利、有悔、是无初也、亡之、是有終也、庚、更也、事之變也、先庚三日、丁也、後庚三日、癸也、丁、所以丁寧於其變之前、癸、所以揆度於其變之後、有所變更而得此占者、如是則吉也、 朱子曰九五先庚三日後庚三日不知是如何看來又似設此爲卜日之占模樣蠱之先甲三日是辛後甲三日是丁此卦先庚三日亦是丁後庚三日是癸據丁與辛皆是古人祭祀之日但癸日不見出處○无初有終也彷彿是伊川說始未善是无初更之而善是有終自貞吉悔亡以下都是這一箇意思一如坤卦先迷後得以下都只是一箇意思○先庚後庚是說那後更變了底一截○建安丘氏曰九五以健剛居中正之位出令之主也夫命出於上則下无不從能貞而吉則其悔可亡且无所往而不利矣申命以後巽爲用故曰无初有終○中溪張氏曰蠱言先後甲而曰終則有始巽言先後庚而曰无初有終何耶蓋甲者十干之首事之端也故謂之終則有始庚者十干之過中事之當更者也故謂之无初有終況巽九五乃蠱六五之變蠱者事之壞也以治事言之故取諸甲巽者事之權也以更事言之故取諸庚易於甲庚皆曰先後三日者蓋聖人謹其始終之意也○雲峰胡氏曰文王發先天於彖故取先天艮巽前後三卦其方爲甲周公發後天於爻故取後天艮巽前後三卦其方爲庚巽體本无艮九五變則爲巽下艮上之蠱故特於此爻發之先庚後庚申命以防蠱也與先甲後甲又自相貫[illegible]巽者

蠱之漸也巽而止則蠱矣 此爻主更化言與蠱相似通節重一貞字大凡任事的人多是信乎做去不能籌前不在臨時補苴未變之先再三丁寧將變之際再三揆度熟思審處必求无弊而後己這纔叫做貞吉悔亡无不利无初有終俱只跟貞字說

## 象曰九五之吉은 位正中也일새라

○象애 ᄀᆞᆯ오ᄃᆡ 九五의 吉홈은 位ㅣ 正히 中홀서라

【傳】九五之吉、以處正中也、得正中之道則吉而其悔亡也、正中、謂不過无不及、一作无過不及正得其中也、處柔巽、與出命令、唯得中、爲善、失中則悔也【備旨】正中要切變更上當變更即變更不因循是正善用其變更不躁率是中

## 上九ᄂᆞᆫ 巽在牀下ᄒᆞ야 喪其資斧ㅣ니 貞에 凶ᄒᆞ니라

(本義)貞이라도 凶ᄒᆞ니라

○上九ᄂᆞᆫ 巽이 牀아래 이셔 그 資ᄒᆞᆫ 斧를 喪ᄒᆞ니 貞에 凶ᄒᆞ니라

【傳】牀、人所安也、在牀下、過所安之義也、九、居巽之極、過於巽者一无者字也、資、所有也、斧、以斷也、陽剛、本有斷、以過巽而失其剛斷、失其所有、喪資斧也、居上而過巽、至於自失、在正道、爲凶也、

【本義】巽在牀下、過於巽者也、喪其資斧、失所以斷也、如是則雖貞、亦凶矣、居巽之極、失其陽剛之德、故、其象占、如此、誠齋楊氏曰上九位極人臣身極崇高愛其富貴權勢而患失之心生故必極其巽順阿諛以保其所有不知順愈過身

愈危小則喪資用大則喪權勢雖正亦凶況不正乎○白雲郭氏曰九二在爲之臣也以巽用剛者也上者巽之極也巽極不知變而欲同九二之道則其過也甚矣○雲峯胡氏曰牀下亦以陽居陰不安之象旅九四以剛居柔曰得其資斧巽上九以剛居柔而反喪其資斧何也旅貴於用柔故以剛居柔者得之巽戒乎過柔故巽極以剛居柔者失之或曰離爲戈兵旅九四本離故得資斧巽上九在互離之外故喪資斧

**象曰巽在牀下**는**上窮也**오**喪其資斧**는**正乎**아**凶也**라

(本義) 正乎凶也ㅣ라

○象애ᄀᆞᆯ오ᄃᆡ巽在牀下ᄂᆞᆫ上ᄒᆞ야窮ᄒᆞ고喪其資斧ᄂᆞᆫ正ᄒᆞ랴凶ᄒᆞ니라(本義) 正히凶ᄒᆞᆷ이라

【傳】巽在牀下、過於巽也、處卦之上、巽至於窮極也、居上而過極於巽、至於自失、得爲正乎、乃凶道也、巽、本善行、故、疑之曰得爲正乎、復斷之曰乃凶也、

【本義】正乎凶、言必凶、雲峯胡氏曰程傳謂正乎疑辭凶也必辭本義以爲必凶蓋大壯之初曰其孚窮言必窮此曰正乎凶言必凶○黃氏曰巽以初與四爲主初進退四有獲何也初在下卦伏亦甚焉四在上卦巽其揚揚矣凡巽不欲過二中吉五中正吉三過中故吝上窮巽故凶也○建安丘氏曰巽順也以一陰而順乎上之二陽也在卦以二柔爲巽主初柔居剛未安於巽故有進退之疑四柔居柔巽其安矣故有功三與五皆以剛居剛而五得中故五吉而三吝二與上皆以剛居柔而二得中故二吉而上凶大抵巽之爲卦以居中得位爲善二得中而失位三四得位而失中初上則位與中俱失皆不能盡巽之道也唯以九居五位乎中正此所以貞吉而爲申命之主歟

䷹ 兌下兌上

【傳】兌、序卦、巽者、入也、入而後、說之、故、受之以兌、兌者、說也、物相入則相說、

相說則相入、兌所以次巽也、

# 兌는亨ᄒᆞ니利貞ᄒᆞ니라

○兌ᄂᆞᆫ亨ᄒᆞ니貞홈이利ᄒᆞ니라

【傳】兌、說也、說、致亨之道也、能說於物、物莫不說而與之、足以致亨、然、爲說之道、利於貞正、非道求說則爲邪諂而有悔咎、(一作吝)故、戒利貞也、

【本義】兌、說也、一陰、進乎二陽之上、喜之見乎外也、其象、爲澤、取其說萬物、又取坎水而塞其下流之象、卦體、剛中而柔外、剛中、故、說而亨、柔外、故、利於貞、蓋說有亨道而其妄說、不可以不戒、故、其占、如此、又柔外、故、爲說亨、剛中、故、利於貞、亦一義也、

朱子曰川壅爲澤坎爲川兌爲澤澤是水不流底坎下一畫閉合時而成兌卦便是川壅爲澤之象○隆山李氏曰以陽下陰陰陽相說故曰兌亨亦猶咸之所以爲亨也○漢上朱氏曰二五剛中而五又正乃戒以利貞在二三四不正則陷於邪諂悔吝將生○建安丘氏曰嘗攷三女之卦聖人多以貞戒之離曰利貞亨巽曰利貞兌曰亨利貞皆以正言也三男之卦則不言貞震曰亨坎曰心亨艮曰艮其背而已蓋陰柔之質多病於不正而陽剛之體爲能有立也○雲峰胡氏曰卦辭與咸同咸以艮陽下兌陰則相感感則亨矣而相感易失於不正兌以二陽下一陰則相說說則亨矣而相說亦易流於不正利貞者戒辭也三男之卦不言利貞剛固貞也故咸取无心之感兌取不言之說

# 彖曰兌는說也ㅣ니 (說音悅下同)

○彖애ᄀᆞᆯ오ᄃᆡ兌ᄂᆞᆫ說홈이니

【本義】釋卦名義、

剛中而柔外ᄒᆞ야說以利貞이라是以順乎天而應乎人ᄒᆞ야說以先民ᄒᆞ면民忘其勞ᄒᆞ고說以犯難ᄒᆞ면民忘其死ᄒᆞᄂᆞ니說之大ㅣ民勸矣哉라

先西薦反又如字 難乃旦反

○剛이中ᄒᆞ고柔ㅣ外ᄒᆞ야說ᄒᆞ고ᄡᅥ貞ᄒᆞᆷ이利ᄒᆞᆫ디라일로ᄡᅥ天을順ᄒᆞ고人을應ᄒᆞ야說로ᄡᅥ民애先ᄒᆞ면民이 그勞를忘ᄒᆞ고說로ᄡᅥ 難을犯ᄒᆞ면民이그 死를忘ᄒᆞᄂᆞ니說의大ㅣ民이勸ᄒᆞᄂᆞ니라

【傳】兌之義、說也、一陰、居二陽之上、陰說於陽而爲陽所說也、陽剛、居中、中心誠實之象、柔爻、在外、接物和柔之象、故、爲說而能貞也、利貞、說之道、宜正(一作貞)也、卦有剛中之德、能貞者也、說而能貞、是以上順天理、下應人心、說道之至正至善者也、若夫違道以干百姓之譽者、苟說之道、違道、不順天、干譽、非應人、苟取一時之說耳、非君子之正道、君子之道、其說於民、如天地之施、感於其心而說服无斁、故、以之先民則心、說隨而忘其勞、率之以犯難則民心、(一无心字)說服於義而不恤其死、說道之大、民莫不知勸、勸、謂信之而勉力順從、人君(一作君人)之道、以人心說服、爲本、故、聖人、贊其大、

【本義】以卦體、釋卦辭而極言之、朱子曰兌說若不是剛中便成邪媚下面許多道理都從這箇剛中柔外來說以先民如利之而不庸順天應人革卦就革命上說兌卦

就說上說後人都做應天順人說了到了順天應人是言順天理應人心又曰說若不剛中便是違道干譽○隆山李氏曰柔外故能說剛中故能利貞內剛而利貞者說之以道也若柔見乎外而內不剛是乃所以爲佞說之說非和說之說也要必剛實在中外雖和而中有守是以和而不流此說之出于貞而與天人合也○建安丘氏曰兌之義說也剛中指二五柔外指三上外雖柔說中實剛介故兌亨利在貞正是以上順天理下應人心革兌二彖皆有順天應人之說革之順應以湯武革命而言也兌之順應以剛中柔外說以利貞而言也兌上爲君兌下爲民夫逸與生人之所好勞與死人之所惡此常情也今乃忘勞忘死豈人之情也哉殊不知說以先民則勞之者正所以逸之也說以犯難則生之所以爲仁殺之亦所以爲仁也○誠齋楊氏曰天人俱說是惟无事无難也有事而與民趨之則勞而忘勞有難與民犯之則死而忘死忘死忘勞非人之情也而忘之者說而不自知其勞且死也曷爲而說也知聖人勞我以逸我死我以生我也是以說而自勸也夫勸民與民自勸相去遠矣是以聖人大之曰說之大民勸矣哉○中溪張氏曰禹之隨山濬川非說而忘勞者乎湯之東征西怨非說而忘死者乎○雲峯胡氏曰說易於不正必剛中而後說也正說之正則能順乎天而應乎人以先民則民忘其勞以犯難則民忘其死皆所以爲說之大也然不正則不大矣

## 象曰麗澤이兌니君子ㅣ以ᄒᆞ야朋友講習ᄒᆞᄂᆞ니라

○象애ᄀᆞᆯ오ᄃᆡ麗ᄒᆞᆫ澤이兌니君子ㅣ以ᄒᆞ야朋友로講習ᄒᆞᄂᆞ니라

【傳】麗澤、二澤、相附麗也、兩澤、相麗、交相浸潤、互有滋益之象、故、君子、觀其象而以朋友講習、朋友講習、互相益也、先儒、謂天下之可說、莫若朋友講習、朋友講習、固可說之大者、然、當明相益之象、程子曰天下之悅不可極惟朋友講習雖過悅无害兌澤有相滋益處朋友講習更莫如相觀而善工夫多

【本義】兩澤、相麗、互相滋益、朋友講習、其象、如此、節齋蔡氏曰講兌象習重兌象○進齋徐氏曰天下之至可說者无如朋友講習講而不習則言語徒詳紬繹无得雖曰爲學亦將枯燥生澁而无可嗜之味危殆杌隉而无可即之安矣豈能終悅懌於心乎故必從容論說以講之於先又必切實體驗以習之於後則心與理相涵而所知者益精身與事相安而所能者益固麗澤之益庶乎其有相資之實而眞說在我矣

初九는和兌니吉ᄒᆞ니라

○初九는和ᄒᆞ야兌홈이니吉ᄒᆞ니라

【傳】初雖陽爻、居說體而在最下、无所係應、是能卑下和順、以爲說而无所偏私者也、以和爲說而无所偏(一无偏字)私、說之正也、陽剛則不卑、居下則能巽、處說則能和、无應則不偏、處說、如是、所以吉也、

【本義】以陽爻、居說體而處最下、又无係應、故、其象占、如此、(節齋蔡氏曰爻位皆剛不比於柔得說之正和而不流於邪者也故吉○雙湖胡氏曰兌自有和義和獨於初言者以其得陽剛之正具和說之體故首言之且爲吉占也○縉雲馮氏曰初以陽德處下无欲於三无嫌於二是樂易君子謙退溫恭以待物之象也○雲峰胡氏曰君子和而不同同與和異處說體之下得陽剛之正是說而不流於邪故其象爲和其占爲吉【備旨】兌出於和即所謂說以利貞者也人情一着于世故則不和初以陽剛居下而无係應是和悅之體發于自然故發皆中節而爲天下之達道吉只是人情樂與而行无不得之謂)

象曰和兌之吉은行未疑也ㅣㄹ시라

○象애ᄀᆞᆯ오ᄃᆡ和兌의吉홈은行이疑티아니홀ᄉᆡ라

【傳】有求而和則涉於邪諂、初、隨時順處、(一作處順)心无所係、无所爲也、以和而已、是以吉也、象、又以其處說在下而非中正、故、云行未疑也、其行、未有可疑、謂未見其有失也、若得中正則无是言也、說、以中正、爲本、爻、直陳其義、象則而推盡之、

【本義】居卦之初、其說也、正、未有所疑也、(雲峯胡氏曰四比三之陰有商兌之疑初剛正去三遠故未有疑○進齋徐氏曰疑謂疑於陰也卦四陽惟初)

與陰无係故未疑若二則疑於三五則疑於上矣【備旨】行未疑正釋和兌之意蓋信心信理從本性上一直發出更无些見拖帶是所謂未疑也稍有疑慮便不是和和只是行未疑

九二ᄂᆞᆫ 孚兌니 吉코 悔ㅣ亡ᄒᆞ니라

○九二ᄂᆞᆫ 孚ᄒᆞ야 兌홈이니 吉ᄒᆞ고 悔ㅣ亡ᄒᆞ니라

【傳】二、承比陰柔、陰柔、小人也、說之則當有悔、二、剛中之德、孚信、內充、雖比小人、自守不失、君子、和而不同、說而不失剛中、故、吉而悔亡、非二之剛中則有悔矣、以自守而亡也、

【本義】剛中、爲孚、居陰、爲悔、占者、以孚而說則吉而悔亡矣、張子曰私係於近悔也誠於接物信而不妄吉且悔亡○

融堂錢氏曰中實爲孚二五剛中故皆曰孚○西溪李氏曰二應五君臣同德而相說孚兌之吉也○雲峯胡氏曰二孚孚五也以陽居陰本有悔孚五則吉而悔亡然以九二則悔亡以九五則有厲何也六三爲兌主說猶未極上六成兌之主而居兌之極二比三能不孚乎三而孚五故吉五兌之君也而比上不孚乎二而孚上有厲矣【備旨】凡以說相必與有悔九二剛中則孚信內兌其所爲悅者皆一點不欺之心流貫在內故爲孚兌與初三一例從作兌人說亦可

象曰孚兌之吉은 信志也ㅣᆯ시라

○象애 ᄀᆞᆯ오ᄃᆡ 孚兌의 吉홈은 志ㅣ 信홀시라

【傳】心之所存、爲志、二、剛實居中、孚信、存於中也、志存誠信、豈至說小人、而自失乎、是以吉也、中溪張氏曰二處大臣之位當兌說之世而天下覦其所說以爲趨向者也苟非孚信出於剛中之志鮮不爲六三說媚之所惑矣【備旨】信志在孚兌之先自信其志綫是孚

六三은 來兌니 凶ᄒᆞ니라

○六三은來ᄒᆞ야兌흠이니凶ᄒᆞ니라

【傳】六三、陰柔不中正之人、說不以道者也、來兌、就之以求說也、比於在下之陽、枉己非道、就以求說、所以凶也、之內、爲來、上下、俱陽而獨之內者、以同體而陰性、一作性陰下也、失道下行也、

【本義】陰柔不中正、爲兌之主、上无所應而反來就二陽、以求說、凶之道也、雲峯胡氏曰六三陰柔不中不正而來求說於剛初剛而正二剛而中必不從也凶可知矣

象曰來兌之凶은位不當也ᄅᆞᆯ시라

○象애ᄀᆞᆯ오ᄃᆡ來兌의凶흠은位ㅣ當티아니홀시라

【傳】自處不中正、无與而妄求說、所以凶也、建安丘氏曰六三柔而不中故來就在下之陽而有妄說之凶无他以柔居剛位不當故也來者反而之內也【備旨】和不能如初之公孚不能如二之誠非道之求人所不與故不免于來兌之凶

九四는商兌未寧이니介疾이면有喜리라

(本義)商兌라未寧이나介疾이니

○九四는兌를商ᄒᆞ야寧티몯ᄒᆞ니介ᄒᆞ야疾ᄒᆞ면喜이시리라 (本義)兌를商ᄒᆞᄂᆞᆫ디라寧티몯ᄒᆞ나介ᄒᆞ야疾흠이니

【傳】四、上承中正之五而下比柔邪之三、雖剛陽而處非正、三、陰柔、陽所說也、故、不能決而商度未寧、謂擬議所從而未決、未能有定也、兩間、謂之介、分限也、地之

界則加田、義乃同也、故、人、有節守、謂之介、若介然守正而疾遠邪惡則有喜也、從五、正也、說三、邪也、四、近君之位、若剛介守正、疾遠邪惡、將得君以行道、福慶、及物、爲有喜也、若四者、得失、未有定、繫所從耳、

【本義】四、上承九五之中正而下比六三之柔邪、故、不能決而商度所說、未能有定、然、質本陽剛、故、能介然守正而疾惡柔邪也、如此則有喜矣、象占如此、爲戒、深矣

朱子曰兌巽卦爻辭皆不端的可以移上移下如剝卦之類皆確定移不得不知是如何如和兌商兌之類皆不甚親切○進齋徐氏曰天下之理是非不兩立公私不並行好善則疾惡從正則遠邪此君子小人之分也然邪念未易去也自非介然剛特有守之君子鮮不爲邪柔之所移奪一牽於柔則將淪胥而爲小人之歸矣豈不可畏哉況夫以陽剛之才處近君之位詔王以八柄馭臣者也所以奔走服役於其下而求說於我者无所不至況又與之親比者乎商兌未寧正天理人欲公私界限處不可不審所從也聖人以介疾有喜言之所以開示正道隄防邪心其意切矣○雲峯胡氏曰九四介乎三五之間商兌而未寧必舍三從五截然有限介然有守疾邪如此有喜矣蓋位柔有商兌之象質剛又有介疾之象或能如此則三雖欲爲之疾可有喜矣疾與喜相反无妄之疾損其疾皆以有喜言

## 象曰九四之喜는 有慶也ㅣ라

(象애 골오되 九四의 喜홈은 慶이 이심이라

【傳】所謂喜者、若守正而君、說之則得行其剛陽之道而福慶、及物也、 中溪張氏曰九四之質本剛苟能介然自守而釋其疑疾使說媚之小人不能爲我之病則上承九五之中正而得君臣相說之道豈不有喜而有慶乎○誠齋楊氏曰六三者君心之膏肓也九四者膏肓之鍼艾也故九四者六三之所甚不喜也六三不喜則九四有喜矣非九四之私喜也天下國家之大慶也【備旨】四居大臣之位國之治亂攸係能遠小人而克輔其君自然澤及生民故曰有慶有慶正是中有喜意

九五는 孚于剝이면 有厲ㅣ리라

○九五는 剝애 孚ᄒᆞ면 厲ㅣ 이시리라

【傳】九五、得尊位而處中正、盡說道之善矣而聖人、復設有厲之戒、蓋堯舜之盛、未嘗无戒也、戒所當戒而已、雖聖賢、在上、天下、未嘗无小人、然、不敢肆其惡也、聖人、亦說其能勉而革面也、彼小人者、未嘗不知聖賢之可說也、如四凶、處堯朝、隱惡而順命、是也、聖人、非不知其終惡也、取其畏罪而强仁耳、五若誠心信小人之假善爲實善而不知其包藏則危道也、小人者、備之不至則害於善、聖人爲戒之意、深矣、剝者、消陽之名、陰、消陽者也、蓋指上六、故、孚于剝則危也、以五、在說之時而密比於上六、故、爲之戒、雖舜之聖、且畏巧言令色、安得不戒也、說之惑人、易入而可懼也、如此、

【本義】剝、謂陰能剝陽者也、九五、陽剛中正、然、當說之時而居尊位、密近上六、上六、陰柔爲說之主、處說之極、能妄說以剝陽者也、故、其占、但戒以信于上六則有危也、朱子曰九五只是上比於陰故有此戒○進齋徐氏曰上柔處說之極无他係應惟附五以求說也五位雖當上柔親附說而信之必至剝剛故曰孚于剝○建安丘氏曰九五剛中當位說將極而密與上比陽方有說陰之意而上復引之以爲說五若不虞其害己而妄信之則將見剝於陰矣故曰孚于剝柔剝剛則剛危故有厲五位雖正而所說不正故也○雲峯胡氏曰說之惑人最爲可懼感之者將以剝之也況爲君者易狃於所說故雖聖人且畏巧言令色而況凡爲君子者乎兌秋之終九月爲剝他爻皆稱兌五不稱兌而稱剝深爲君子戒也

象曰孚于剝은 位正當也일시라

○象애갈오딕孚于剝은位ㅣ正히當홀식라

【傳】戒孚于剝者 以五所處之位、正當戒也、密比陰柔、有相說之道、故、戒在信之也、

【本義】與履九五、同、沙隨程氏曰二五同爲陰所乘而所孚不同者二陰位不過剛故孚于五五以剛居陽故孚于剝孔子謂位正當者如此○雲峯胡氏曰履否兌中孚九五皆曰位正當而此獨與履同何也否中孚九五位正當而能稱其居履兌不能稱其位者也兼履兌皆有厲之辭履五當君位而凡事決之以己見雖正且危兌五當君位而密比於小人不正之危又何如也【備旨】惟孚剝之故而歸於君之自恃葢小人不足責直當責孚之者其儆五之意深矣

# 上六은引兌라

○上六은引ᄒᆞ야兌홈이라

【傳】他卦、至極則變、兌、爲說、極則愈說、上六、成說之主、居說之極、說不知已者也、故、說既極矣、又引而長之、然而不至悔咎、何也、曰方言其說不知已、未見其所說善惡也、又下乘九五之中正、无所施其邪說、六三則承乘、皆非正、是以有凶、臨川吳氏曰說至於上可以已矣樂不可極也陰柔但知以說爲事於說之終又引而長之豈君子之說哉

【本義】上六、成說之主、以陰、居說之極、引下二陽、相與爲說而不能必其從也、故、九五、當戒而此爻、不言其吉凶、雲峯胡氏曰凡陰爻稱引萃六二引吉引下而升也故吉兌上六引二陽而說引之者將以剝之也五言有厲上不言凶可知矣或曰兌爲口舌六爻之辭簡抑以滕口說爲戒歟

# 象曰上六引兌ㅣ未光也ㅣ라

○象애ᄀᆞᆯ오ᄃᆡ上六引兌ㅣ光티몯홈이라

【傳】說既極矣、又引而長之、雖說之之心、不已而事理、已過、實无所說、事之盛則有光輝、既極而强引之長、其无意味、甚矣、豈有光也、未、非必之辭、象中、多用、非必能有光輝、謂不能光也、臨川吳氏曰引長己終之說於說之道爲未光○中溪張氏曰柔道以牽爲引上六柔居五上能牽誘五而爲說媚者也然九五乃陽明之主以剝爲惕不信上六之牽引故小人說媚之跡隱晦而未至於光顯也○誠齋楊氏曰驩兜薦共工而堯吁僉言薦鯀而堯咈皆引兌而未光者歟○建安丘氏曰兌說也以一陰而說乎下之二陽也在卦以二陰爲說主四陽則皆爲所說者三以柔居剛爲下兌之主動而求陽之說故曰來兌上以柔居柔爲上兌之主靜而誘陽之說故曰引兌來兌之惡易見故本爻凶引兌之情難知故比爻當戒是以四陽爻在下兌者多吉在上兌者多凶初剛在下與陰无係故和兌吉二已近三入說猶淺故孚兌吉悔亡四入上兌處三五之間莫知所決故有商兌未寧之象五與上比處說將極故孚于剝則有厲矣

䷺ 坎下巽上

【傳】渙、序卦、兌者、說也、說而後、散之、故受之以渙、說則舒散也、人之氣、憂則結聚、說則舒散、故、說有散義、渙所以繼兌也、爲卦、巽上坎下、風行於水上、水、遇風則渙散、所以爲渙也、

## 渙은亨ᄒᆞ니王假有廟ㅣ며利涉大川ᄒᆞ니利貞ᄒᆞ니라

○渙은亨ᄒᆞ니王이有廟애假ᄒᆞ며大川을涉홈이利ᄒᆞ니貞홈이利ᄒᆞ니라

【傳】渙、離散也、人之離散、由乎中、人心、離則散矣、治乎散、亦本於(一作必由)中、能(一有利貞)字收合人心則散可聚也、故、卦之義、皆主於中、利貞、合渙散之道、在乎正固也、

【本義】渙、散也、爲卦、下坎上巽、風行水上、離披解散之象、故、爲渙、其變則本自漸卦、九、來居二而得中、六、往居三、得九之位而上同於四、故、其占、可亨、又以祖考之精神、旣散、故、王者、當至於廟以聚之、又以巽木坎水、舟楫之象、故、利涉大川、其曰利貞則占者之深戒也、或問萃言王假有廟是卦中有萃聚之象故可以爲聚祖考之精神而爲享祭之吉占渙卦旣散而不聚本象不知何處有立廟之義恐是卦外立義謂渙散之時當聚祖考之精神邪爲復是下卦是坎有幽隱之義因此象而設立廟之義邪朱子曰坎固是有鬼神之義然此卦未必是因此爲義且作因渙散而立廟說大抵這處都見不得○絅寔馮氏曰渙所以爲散者繼兌之後人情說豫則開舒放肆而亂所由生○漢上朱氏曰天下離散不安其居聖人將以聚之故以宗廟爲先宗廟者收其心之渙散而存之也人孰不有父母知報本則知祭祀出於人心復其本心則離散者可合而天下无事矣治渙之道也○隆山李氏曰萃因民之聚立廟以堅其歸向之心所以爲懷保之道渙憂民之散立廟以收拾其蕩析之心所以爲招攜之術皆所以統攝民心而堅凝之也○庸齋趙氏曰天下之難非陽剛得位莫能濟故難之散也則爲渙及其下之聚也則爲萃二卦之辭略同然渙言亨者一萃則再言之渙言利者二萃則三言之渙言王假有廟萃則加以用大牲之辭以是知渙而後萃誠有其序也○雙湖胡氏曰渙有二義卦有因民渙散而萃之意假廟是也又有天下患難之意涉川是也爻則全以渙爲美事各有不同不可以一例觀之也○雲峯胡氏曰萃與渙皆互艮艮爲門闕一陽在上爲屋二陰在下爲闕高巍之象故曰有廟萃言假廟是言聚己之精神以聚祖考之精神渙言假廟是祖考之精神旣散至于廟所以聚之彖言假廟夫子於大象曰立廟彖言涉川夫子於十三卦舟楫之象取此蓋以本卦自有廟與涉川之象也故其占宜祭祀宜涉險必曰利貞者祭祀而非正是媚神以徼福涉川而非正是行險以徼幸故深戒之

彖曰渙亨은 剛이 來而不窮ᄒᆞ고 柔ㅣ 得位乎外而上同ᄒᆞᆯ시라 上如字又時掌反

○彖애ᄀᆞᆯ오ᄃᆡ 渙亨은 剛이 來ᄒᆞ야 窮티 아니ᄒᆞ고 柔ㅣ 外예 位ᄅᆞᆯ得ᄒᆞ야 上으로同ᄒᆞᆯ시라

【傳】渙之能亨者、以卦才如是也、渙之成渙、由九來居二、六上居四也、剛陽之來

則不窮極於下而處得其中、柔之往則得正位於外而上同於五之中、巽順於五、乃上同也、四五、君臣之位、當渙而比、其義、相通、同五、乃從中也、當渙之時而守其中則不至於離散、故、能亨也、厚齋馮氏曰以二四往來明卦義不窮上同明亨剛來不窮即需剛健不陷義不困窮之象又曰觀孔子之彖全在二四兩爻九六往來成夾輔九五之功所以亨渙而王者以之假廟以之涉川以之貞固兩爻之力也

【本義】 以卦變、釋卦辭、或問剛來而不窮窮是窮極來處乎中不至窮極否朱子曰是居二爲中若在下則是窮矣○剛來不窮是九三來做二柔得位而上同是六二上做三此說有些不穩却爲是六三不喚做得位然而某這箇例只是一爻互換轉移无那隔遠兩爻底○九二渙奔其机是以變卦言之自三來居二得中而不窮所以爲安如机之安也六四是自二往居四未爲得位以其上同於五所以爲得位象辭如此說未密若云六四上應上九爲上同恐如此跳過了不得此亦是依文解義說終是不見得四來居二之爲安二之於四爲得位是如何○雲峯胡氏曰彖本義曰其變本自漸來三之九來居二故曰剛來而不窮蓋如訟自遯來三之九來居二亦曰剛來而得中也或謂訟與渙皆下卦三與二之變渙之六二往居三曰柔得位乎外而上同則訟六二往而爲三亦可以言也而不言者渙之柔得位者二往居外卦之四故曰得位乎外所謂上同者上同於五也訟以六居三則不得位矣要之本義以二爻相比者爲變故朱子雖有是疑而不及改正也

王假有廟는王乃在中也ㅣ오

○王假有廟는王이이예中에在홈이오

【傳】 王假有廟之義、在萃卦、詳矣、天下離散之時、王者、收合人心、至於有廟、乃是在其中也、在中、謂求得其中、攝其心之謂也、中者、心之象、剛來而不窮、柔得位而上同、卦才之義、皆主於中也、王者拯渙之道、在得其中而已、孟子、曰得其民、有道、得其心、斯得民矣、享帝立廟、民心所歸從也、歸人心之道、无大於此、故、云至于

有廟、拯渙之道ㅣ極於此也、朱子曰此卦只是卜祭吉又宜涉川王乃在中是指廟中言宜在廟祭祀伊川說得那道理多了他見得許多道理了不肯自做他說須要寄搭放在經上易不須說得深只是輕輕說過○南軒張氏曰夫收天下之心莫若奠宗廟而正王位王乃在中所謂中天下而立定四海之民是也

【本義】中、謂廟中、臨川吳氏曰以卦體言九五互艮上畫爲廟九居五是王乃在宗廟之中

**利涉大川은乘木ᄒᆞ야有功也ㅣ라**

○利涉大川은木을乘ᄒᆞ야功이이숌이라

【傳】治渙之道、當濟於險難而卦有乘木濟川之象、上巽、木也、下坎、水、大川也、利涉險以濟渙也、木在水上、乘木之象、乘木、所以涉川也、涉則有濟渙之功、卦有是義、有是象也、誠齋楊氏曰濟難者才也散難者非才也德也巽之才木也其德風也水之發則溺萬物然乘一木則悠然而濟水之怒則決九山然遇一風則欣然而散才以濟之德以散之天下之大難一朝渙然而不復聚渙之所以亨也○雲峯胡氏曰易以巽言利涉大川者三皆以木言益曰木道乃行中孚曰乘木舟虛渙亦曰乘木有功也十三卦舟楫之利獨取諸渙亦以此也

**象曰風行水上이渙이니先王이以ᄒᆞ야享于帝ᄒᆞ며立廟ᄒᆞ니라**

○象애ᄀᆞᆯ오ᄃᆡ風이水上애行홈이渙이니先王이以ᄒᆞ야帝ᄭᅴ享ᄒᆞ며廟ᄅᆞᆯ立ᄒᆞ니라

【傳】風行水上、有渙散之象、先王、觀是象、救天下之渙散、至于享帝立廟也、收合人心、无如宗廟、祭祀之報、出於其心、故、享帝立廟、人心之所歸也、係人心合離散之道、无大於此、程子曰萃渙皆享於帝立廟因其精神之聚而形於此爲其渙散故立此以收之

【本義】 皆所以合其散、平庵項氏曰享帝于郊象巽之高立廟於宮象坎之隱○漢上朱氏曰享于上帝使人知天无二主立廟則人知反本鬼有所歸所以一天下之心合天下之渙○進齋徐氏曰風行水上渙散披離渙之象也先王享帝立廟所以合其渙也此誠敬仁孝之至幽无不格散无不聚故於象象中言之○建安丘氏曰鬼神之道幽深渺邈不可度思惟至誠貫徹潛孚冥感如水之遇風渙然相受則陰陽交通有合无間郊焉而天神假廟焉而鬼神享矣○雲峯胡氏曰享帝而與天神接立廟而與祖禰交皆聚己之精神以合其渙者也

## 初六은 用拯호ᄃᆡ 馬ㅣ 壯ᄒᆞ니 吉ᄒᆞ니라

○初六은써拯호ᄃᆡ馬ㅣ壯ᄒᆞ니吉ᄒᆞ니라

【傳】 六、居卦之初、渙之始也、始渙而拯之、又得馬壯、所以吉也、六爻、獨初不云渙者、離散之勢、辨之宜早、方始而拯之則不至於渙也、爲教、深矣、馬、人之所託也、託於壯馬、故、能拯渙、馬、謂二也、二有剛中之才、初陰、柔順、兩皆无應、无應則親比相求、初之柔順而託於剛中之才、以拯其渙、如得壯馬以致遠、必有濟矣、故、吉也、渙拯於始、爲力則易、時之順也、

【本義】 居卦之初、渙之始也、始渙而拯之、爲力、既易、又有壯馬、其吉、可知、初六、非有濟渙之才、但能順乎九二、故、其象占、如此、節齋蔡氏曰拯救也馬所用以行者馬壯則行速言用救渙之急也○雲峯胡氏曰馬壯二剛之象五爻皆言渙初獨不言者救之尚早可不至於渙也初六一柔在下未有濟渙之才然拯之於初猶易但能順九二以進則吉矣二有剛中之才坎爲美脊之馬【備旨】六爻獨初不言渙者離散之勢辨之宜早始而拯之則不至于渙矣用拯馬壯一串講重馬壯邊

## 象曰初六之吉은 順也ᄒᆞᆯ서라

○象애갈오듸初六의吉홈은順홀시라

【傳】初之所以吉者、以其能順從剛中之才也、始渙而用拯、能順乎時也、【備旨】擧初六二字見其才弱其吉全由順來匪順則未免相猜軋英雄豪傑豈肯樂爲之用

**九二는渙애奔其机면悔ㅣ亡ᄒ리라** 机音几

【本義】渙애奔其机니

○九二는渙애그机에奔ᄒ면悔ㅣ亡ᄒ리라(本義)渙애그机에奔홈이니

【傳】諸爻、皆云渙、謂渙之時也、在渙離之時而處險中、其有悔、可知、若能奔就所安則得悔亡也、机者、俯憑以爲安者也、俯、就下也、奔、急往也、二與初、雖非正應而當渙離之時、兩皆旡與、以陰陽親比、相求則相賴者也、故、二、目初爲机、初、謂二爲馬、二、急就於初、以爲安則能亡其悔矣、初雖坎體而不在險中也、或疑初之柔微、何足賴、蓋渙之時、合力、爲勝、(一作而)先儒、皆以五、爲机、非也、方渙離之時、二陽、豈能同也、若能同則成濟渙之功、當大、(一有吉字)豈止悔亡而已、机、謂俯就也、東谷鄭氏曰渙之時必剛柔上下相合則不散初柔也在二之下二剛也在初之上柔而在下者必有所賴以爲援剛而在上者必有所託以爲安故初之得二爲壯馬馬壯則可賴以爲援二之就初爲奔机得机則可藉以爲安此初之從二爲順於理而二之就初爲得所願也

【本義】九而居二、宜有悔也、然、當渙之時、來而不窮、能亡其悔者也、故、其象占、如此、蓋九奔而二机也、朱子曰九二渙奔其机以人事言之是來就安處○中溪張氏曰奔者來之速也二剛自外來有奔之象○雲峯胡氏曰奔九象互震爲足爲動机二象互震爲木位偶

爲足本義曰九奔二机蓋以卦變言也九剛故象奔二中故象机蓋九來居二得中而安矣本有悔得中而安故悔亡

象曰渙奔其机는得願也ㅣ라

〇象애ᄀᆞᄅᆞ오ᄃᆡ渙奔其机는願을得흠이라

【傳】渙散之時、以合、爲安、二居險中、急就於初、求安也、賴之、如机而亡其悔、乃得所願也、中溪張氏曰當渙散之時陰陽相比則有相倚之勢今二來就初賴以爲安則剛得柔助而濟渙之功成矣豈不遂其欲安之願乎 備旨 得願在一奔字上想見乃預以決之之辭

六三은渙애其躬이니无悔니라

(本義) 渙其躬이니无悔ㅣ리라

〇六三은渙애그躬이悔ㅣ업스니라(本義)그躬을渙흠이니悔업스리라

【傳】三、在渙時、獨有應與、无渙散之悔也、然、以陰柔之質、不中正之才、上居无位之地、豈能極時之渙而及人也、止於其身、可以无悔而已、上加渙字、在渙之時、躬无渙之悔也、隆山李氏曰坎二陰本爲險陷三居坎上近接乎巽坎水得風而散巽木得水而通故能渙散其身出險自无悔吝也〇中溪張氏曰六三雖未能散乎天下之難亦可以自散其一己之難而无坎陷之悔也

【本義】陰柔而不中正、有私於己之象也、然、居得陽位、志在濟時、能散其私、以得无悔、故、其占、如此、大率此上四爻、皆因渙以濟渙者也、隆山陳氏曰己私散則爲善三之躬四之群上之血是也夫人之所以膠執蔽固終不能自脫於險者有我而已六三雖不中正而高出坎險之上於是釋然消散其有我之私而志在於外自然无悔矣〇雲峯胡氏曰本義曰此上四爻皆因渙以濟渙者蓋承九二言也二不過就一身之安三則能散一身之私三

渙其躬與艮四同取反身之義蹇坎有艮故象曰反身修德艮上體爲艮而四在互坎之上渙下體爲坎三在互艮之下蓋凡遇坎險者惟有反身而已特艮六四柔正所謂艮其身者反身而止其所當止渙六三柔不中正有私於己渙其躬者反身而散其所當散艮曰无咎此但曰无悔亦有間矣

**象曰渙其躬은 志在外也일서라**

○象애ᄀᆞᆯ오ᄃᆡ渙其躬은志ㅣ外예이실ᄉᆡ라

【傳】志應於上、在外也、與上相應、故、其身、得免於渙而无悔、悔亡者、本有而得亡、无悔者、本无也、朱子曰渙其躬志在外也是舍己從人意思○瓜山潘氏曰居下之上有應於外其志將以身濟渙也 悔之有【備旨】志在外正推明渙躬之故天下國家亦非外以私己者視之則爲外夫子表其志蓋以愧人臣之私己而忘國者

**六四는 渙애 其群이라 元吉이니 渙애 有丘ㅣ 匪夷所思ㅣ리라**

(本義) 渙其群이라

○六四ᄂᆞᆫ渙애그羣홈이라元ᄒᆞᆫ吉이니渙애丘ㅣ이쇼미夷의思ᄒᆞᆯ빠아니니라(本義)그羣을渙홈이라元ᄒᆞ야吉ᄒᆞ니

【傳】渙四五二爻、義相須、故、通言之、象、故曰上同也、四、巽順而正、居大臣之位、五、剛中而正、居君位、君臣、合力、剛柔、相濟、以拯天下之渙者也、方渙散之時、用剛則不能使之懷附、用柔則不足爲之依歸、四、以巽順之正道、輔剛中正之君、君臣、同功、所以能濟渙也、天下、渙散而能(一无能字)使之羣聚、可謂大善之吉也、渙有丘匪夷所思、贊美之辭也、丘、聚之大也、方渙散而能致其大聚、其功甚大、其事、甚難、其

用、至妙、夷、平常也、非平常之見、所能思及也、非大賢智、孰能如是、

【本義】居陰得正、上承九五、當濟渙之任者也、下无應與、爲能散其朋黨之象、占者、如是則大善而吉、又言能散其小羣、以成大羣、使所散者、聚而若丘則非常人思慮之所及也、朱子曰老蘇云渙之六四曰渙其羣元吉夫羣者聖人之所欲渙以混一天下者也此說雖程傳有所不及如程傳之說則是羣其渙非渙其羣也蓋當人心渙散之時各相朋黨不能混一惟六四能渙小人之私羣成天下之公道此所以元吉也老蘇天資高又善爲文章故此等說話皆達其意大抵渙卦上三爻是以渙濟渙也但六四一爻未見有大好處今爻辭却說得恁地浩大皆不可曉○中溪張氏曰六四出坎體之上能輔佐九五之君渙散小人之羣類所以元吉然於羣小渙散之後而衆正聚之若丘此又豈平常之思慮所能及哉○建安丘氏曰四處渙離之時能不溺於在下之私羣而上附乎陽剛之主所散者小而所聚者大濟渙之功莫盛於此故爻稱其元吉而象贊其光大也○雲峯胡氏曰四下无應散其羣之象丘互艮象夷等也指下二陰而言渙惟此爻大善而吉蓋初二三上皆不正六四得陰柔之正九五得陽剛之正而四則近五能輔君以濟渙者也四五下无應皆有散其朋黨之象獨於四言之者四能散其朋而聚歸於五也丘聚之高也高則爲丘指五而言平則爲夷指下二陰而言三陰中六四一陰獨如此非二陰等夷所能及也豐四曰夷主陽與陽等此曰匪夷陰不與陽等也【備旨】天下事業皆從心起心惟廣大光明故能渙群爻替相業象推本于相心

# 象曰渙其羣元吉은光大也ㅣ라

○象애ᄀᆞᆯ오ᄃᆡ渙其羣元吉은光大홈이라

【傳】稱元吉者、謂其功德、光大也、元吉光大、不在五而在四者、二爻之義、通言也、於四、言其施用、於五、言其成功、君臣之分也、臨川吳氏曰去柔羣而承剛君是其光輝之盛大也

# 九五는渙애汗其大號ㅣ면渙애王居ㅣ니无咎ㅣ리라

(本義) 汗其大號ᄒᆞ며渙王居면

○九五ᄂᆞᆫ渙애그大號를汗ᄃᆞᆺᄒᆞ면渙애王의居ㅣ니咎ㅣ업스리라(本義)大號를汗ᄒᆞ며王의居를渙ᄒᆞ면

【傳】五與四、君臣、合德、以剛中正巽順之道、治渙、得其道矣、唯在浹洽於人心則順從也、當使號令、洽(一作浹)於民心、如人身之汗、浹於四體、則信服而從矣、如是則可以濟天下之渙、居王位、爲稱而无咎、大號、大政令也、謂新民之大命、救渙之大政、再云渙者、上、謂渙之時、下、謂處渙、如是則无咎也、在四、己言元吉、五、唯言稱其位也、渙之四五、通言者、渙、以離散、爲害、拯之使合也、非君臣、同功合力、其能濟乎、爻義、相須、時之宜也、 一作而已○沙隨程氏曰汗由中出浹於四體亦猶大號由君出浹於四方○中溪張氏曰九五以巽順之大君而發渙汗之大號此令出惟行弗惟反猶膚之有汗出而不可反也然當天下渙散之時民思其主必有王者出而居中正之位乃可成濟渙之功而无反汗之咎也○白雲郭氏曰王居渙號則正位以令天下得君道也故无咎

【本義】陽剛中正、以居尊位、當渙之時、能散其號令、與其居積則可以濟渙而无咎矣、故、其象占、如此、九五、巽體、有號令之象、汗、謂如汗之出而不反也、渙王居、如陸贄所謂散小儲而成大儲之意、 朱子曰渙汗其大號號令當敎如汗之出千毛百竅中迸散出來這箇物出不會反却不是說那號令不當反只是取其如汗之散出自有不反底意思又曰渙汗其大號聖人當初就人身上說一汗字爲象不爲无意蓋人君之號令當出乎人君之中心由中而外由近而遠雖至幽至遠之處无不被而及之亦猶人身之汗出乎中而浹于四體也○雲峯胡氏曰汗坎象號巽命象居陽實象九五君位當渙之時非散其號令與其居積无以收天下之心必如是僅可以免咎耳汗由中出浹於四體猶大號出於君之中心而浹於四方也本義謂如汗之出不反非謂不可反也若謂不可反涕唾涎液皆然豈獨

汗哉六四渙小羣而成大群九五渙王居渙小儲而成大儲猶武王之散財發粟也故旡咎

象曰王居旡咎는 正位也ㅣ라

○象애 글오듸 王居旡咎는 正ᄒᆞᆫ 位ㅣ라

【傳】王居、謂正位、人君之尊位也、能如五之爲則居尊位、爲稱而旡咎也、朱子曰散居積須是任他正位方可渙王居旡咎象只是節做四字句伊川泥其句所以說得王居旡咎差了如上九象亦自節了則此何疑○王氏曰爲渙之主惟王居之乃得旡咎正位不可以假人也【備旨】正位是以德居位見仁政本于仁心張彥陵曰位而不正則借位以管其私者有矣安能散財發粟哉

上九는 渙애 其血이 去ᄒᆞ며 逖에 出ᄒᆞ면 旡咎ㅣ리라 去起呂反

(本義) 渙其血去ᄒᆞ며 逖出이니

○上九는 渙애 그 血이 去ᄒᆞ며 逖에 出ᄒᆞ면 咎ㅣ 업스리라 (本義) 그 血을 渙ᄒᆞ야 去ᄒᆞ며 逖에 出ᄒᆞᆷ이니

【傳】渙之諸爻、皆旡係應、亦渙離之象、唯上、應於三、三、居險陷之極、上、若下從於彼則不能出於渙也、險、有傷害畏懼之象、故、云血惕、然、九以陽剛、處渙之外、有出渙之象、又居巽之極、爲能巽順於事理、故、云若能使其血去、其惕出則旡咎也、其者、所有也、渙之時、以能合、爲功、獨九、居渙之極、有係而臨險、故、以能出渙遠害、爲善也、

【本義】上九、以陽居渙極、能出乎渙、故、其象占、如此、血、謂傷害、逖、當作惕、與

小畜六四、同、言渙其血則去、渙其惕則出也、雲峰胡氏曰血下坎象惕亦坎象上卦已出坎險之外上九居渙之極去險愈遠故有血去惕出之象小畜六四以陰居巽體之初必順乎二陽然後血去惕出此以陽居巽體之極故渙其血則去渙其惕則出也○建安丘氏曰三上兩爻陰陽相應蓋相援者也然三渙躬而曰志在外上渙血而曰遠害三欲其應上上不欲其應三何也蓋三處險內而應在外應外則爲有所攀援而出險故三以有應於上爲美上處險外而應在內應內則爲有所係累而不能去故上以不應於三爲善又易中以陰應陽則爲柔得剛援以陽應陰則爲剛以柔累是以陰爻應陽多吉陽爻應陰多凶也【備旨】血去逖出須串講凡事未大濟傷害雖去畏懼難忘曰血去又曰逖出則是傷害者安而懼者喜蓋深明濟渙至此方是治定功成而无復渙之可濟

象曰渙其血은遠害也ㅣ라 遠袁萬反

○象애골오ᄃᆡ 渙其血은害를멀리홈이라

【傳】 若如象文、爲渙其血、乃與屯其膏、同也、義則不然、蓋血字下、脫去字、血去惕出、謂能遠害則无咎也、隆山陳氏曰上雖與三應超處渙上不爲所染故渙散其血捨之遠去去坎險之害而得无咎也○朱子曰渙卦亦不可曉只以大意看則人之所當渙者莫甚於己私其次須便渙散其小小羣隊合成其大其次便渙散其號令與其居積以周於人其次便渙去患害○渙是渙散底意思物事有當散底號令當散積聚當散羣隊當散○厚齋馮氏曰渙六爻皆以兩兩相比爲象初拯馬而二奔机三渙其躬而四渙其羣五渙其汗而上渙其血蓋當物情渙散之時皆相比以相依也○節齋蔡氏曰渙散也以成卦言之則在二與四以治渙言之則惟五與四當位故於五曰正位於四曰得位四能渙其羣而上同五能正王位而出令所以濟渙也其初與二救渙者也三則自治其渙上則避渙而已○建安丘氏曰當渙之時惟剛柔上下相合而不散者然後能拯渙在渙六爻初柔也二剛也二俯就初在下相合以任拯渙之責故初拯馬壯吉而二奔机得願也五剛也四柔也四上同五在上相合以成濟渙之功故四渙羣元吉而五渙汗无咎也此四爻皆協力以拯渙者至三上居相應之位以遠而不能相及故三則但能渙其躬之難而无悔上則不過渙血以遠害而已【備旨】遠害是能去民之害極而亨也使民不遭塗炭之苦正原所以血去之故然上之遠害者瘡痍有沐未敢言功也

䷻ 兌下坎上

【傳】節、序卦、渙者、離也、物不可以終離、故、受之以節、物旣離散則當節止之、節所以次渙也、爲卦、澤上有水、澤之容、有限、澤上置水、滿則不容、爲有節之象、故、爲節、

節은亨ᄒᆞ니苦節은不可貞이니다

○節은亨ᄒᆞ니苦ᄒᆞᆫ節은可히貞티몯ᄒᆞᆯ새시니라

【傳】事旣有節則能致亨通、故、節有亨義、節貴適中、過則苦矣、節至於苦、豈能常也、不可固守以爲常、不可貞也、

【本義】節、有限而止也、爲卦、下兌上坎、澤上有水、其容、有限、故、爲節、節、固自有亨道矣、又其體、陰陽、各半而二五、皆陽、故、其占、得亨、然、至於太甚則苦矣。故、又戒以不可守以爲貞也、中溪張氏曰凡事有節則裁制得中可以通行而无弊故亨苦節不可貞謂上六夫節中道也過而不節非中也節而至於苦者亦非中也苦則人病其難行不可固守以爲貞也○漢上朱氏曰凡物過則苦味之過正形之過勞心之過思皆曰苦苦節則違性情之正物不能堪申屠狄之潔陳仲子之廉非不正立節太苦不可貞也○雲峯胡氏曰天地之數六十故卦六十而爲節月有中氣有節氣節以抑其過而歸之中也節則適中故可通行於天下苦節則不中故不可貞何也損與節皆曰泰來損而孚則可貞節而苦則不可貞

彖曰節亨은剛柔ㅣ分而剛得中ᄒᆞᆯ시오

○彖애ᄀᆞᆯ오ᄃᆡ節亨은剛과柔ㅣ分ᄒᆞ고剛이中을得홀ᄉᆡ오

【傳】節之道、自有亨義、事有節則能亨也、又卦之才、剛柔、分處、剛、得中而不過、亦所以爲節、所以能亨也、

【本義】以卦體、釋卦辭、厚齋馮氏曰剛柔分謂乾本純剛坤本純柔則剛柔无節剛不得中則節苦而不亨今坤分五之六以來三節乾之剛乾亦分三之剛以往五節坤之柔是之謂節也向也坤以柔居中則不能節節所以止其過非剛不可剛常急於太過今剛當大君之位而得中則无過節之苦斯可通行於天下矣○白雲郭氏曰賁與節皆自泰來賁則柔來文剛剛上文柔節則柔來節剛剛上節柔夫泰爲天地純剛柔之卦賁以剛柔純質而无文故文之節以剛柔過盛而无節故節之彖曰剛柔分而剛得中則如節之名卦以剛柔過盛爲義也

苦節不可貞은其道ㅣ窮也ᄅᆞᆯᄉᆡ라

○苦節不可貞은其道ㅣ窮홀ᄉᆡ라

【傳】節、至於極而苦則不可堅固常守、其道、已窮極也、

【本義】又以理、言、李氏曰節以甘爲吉苦爲窮所謂甘節制之有道使人說而不厭故吉所謂苦節過抑過當使人惡而不懌故窮○吳氏應囘曰夫喜怒哀樂未發謂之中發而皆中節謂之和節之見於用得宜而和者也中節則和否則不和稼穡作甘以得中央之土也火炎上作苦亦以焦枯之極也剛得中而能節乃爲九五之甘柔失中而過節則爲上六之苦故物得中則甘失中則苦此節則亨而苦不可貞也

說以行險ᄒᆞ고當位以節ᄒᆞ고中正以通ᄒᆞ니라

○說ᄒᆞ야써險애行ᄒᆞ고位예當ᄒᆞ야써節ᄒᆞ고中正ᄒᆞ야써通ᄒᆞ니라

【傳】以卦才、言也、內兌外坎、說以行險也、人於所說則不知已、遇艱險則思止、方

說而止、爲節之義、當位以節、五居尊、當位也、在澤上、有節也、當位而以節、主節者也、處得中正、節而能通也、中正則通、過則苦矣、朱子曰說以行險伊川之說是也說則欲進而有險在前進去不得故有止節之義節便是阻節之義

【本義】又以卦德卦體、言之、當位中正、指五、又坎、爲通、或問節卦大抵以當而處以爲善觀九五中正而通本義云坎爲通豈水在中間必流而不止耶朱子曰然

**天地節而四時成하나니 節以制度하야 不傷財하며 不害民하나니라**

○天地ㅣ節홈애四時ㅣ成하느니制度로써節하야 財를傷티아니하며 民을害티아니하느니라

【傳】推言節之道、天地、有節、故、能成四時、无節則失序也、聖人、立制度、以爲節、故、能不傷財害民、人欲之无窮也、苟非節以制度則侈肆、至於傷財害民矣、

【本義】極言節道、朱子曰天地節而四時成天地轉來到這裏相節了更没去處今年冬盡了明年又是春夏秋冬到這裏厮匝了更去不得這箇折做兩截兩截又折做四截便是春夏秋冬他是自然之節初无人使他聖人則因其自然之節而節之如修道之謂教天秩有禮之類皆是天地則和這箇都无只是自然如此聖人法天做這許多節指出來○建安丘氏曰天地之氣運有節則分至啓閉弦望晦朔四時不差而歲功以成聖人體節之義則立爲制度量入爲出无過取无泛用有損已益人之實而无剝下奉上之事故不傷財則不害民矣語曰節用而愛人正此意也○中溪張氏曰天地節者剛節柔柔節剛也剛節柔猶冬之有春柔節剛猶夏之有秋不然則大冬大夏而已安能成四時乎○雲峰胡氏曰凡天地節而四時成節以制度而不傷財不害民皆節之通者也卦辭曰節亨通即亨之義窮乃通之反苦節則窮必如五之甘節則通故无位者不能制節節而不以中正者不能通

象曰澤上有水ㅣ節이니君子ㅣ以ᄒᆞ야制數度ᄒᆞ며議德行ᄒᆞᄂᆞ니라 行下孟反

○象애ᄀᆞᆯ오ᄃᆡ澤上의水ㅣ이옴이節이니君子ㅣ以ᄒᆞ야 數度ᄅᆞᆯ制ᄒᆞ며 德行을議ᄒᆞᄂᆞ니라

【傳】澤之容水、有限、過則盈溢、是有節、故、爲節也、君子、觀節之象、以制立數度、凡物之大小輕重、高下、文質、皆有數度、所以爲節也、數、多寡、度、法制、議德行者、存諸中、爲德、發於外、爲行、人之德行、當義則中節、議、謂商度求中節也、童溪王氏曰數度所以爲節也德行欲其中節也古者之制器用宮室衣服也莫不有多寡之數隆殺之度存乎其間使賤不踰貴下不侵上以是爲節故貴賤上下各安其分存於中爲德發於外爲行隨時合宜无過不及則爲中節如禹稷之於平世顏子之於亂世曾子之去子思之守是也而孟子以同道與之其善議德行也歟○雲峰胡氏曰澤上有水水有所限而止也制數度所以定萬用之限議德行所以嚴一身之限也

初九ᄂᆞᆫ不出戶庭이면无咎ㅣ리라

【本義】不出戶庭이니无咎니라

○初九ᄂᆞᆫ戶庭에出티아니ᄒᆞ면咎ㅣ업스리라 【本義】戶庭애出티아니ᄒᆞ미니咎ㅣ업스니라

【傳】戶庭、戶外之庭、門庭、門內(一作外)之庭、初、以陽在下、上復有應、非能節者也、又當節之初、故、(一无故字)戒之謹守、至於不出戶庭則无咎也、初能固守、終或渝之、不謹於初、安能有卒、故、於節之初、爲戒、甚嚴也、

【本義】戶庭、戶外之庭也、陽剛得正、居節之初、未可以行、能節而止者也、故、其象占、如此、李氏曰以陽剛之才上有其應而險難在前不可往也自守以正愼密而不出此盡節之道也故可无咎○雲峯胡氏曰初前遇九二九陽奇有戶象二前遇六三六陰耦有門象初九以陽居陽得正而時當節之初九二近不相得隔塞在前未可以行故其象爲不出戶庭其占爲无咎○厚齋馮氏曰初四有應宜出者也然前有陽爻蔽塞一不可出也四爲坎體應則入于坎窞二不可出也剛在下而无位三不可出也不出則免咎无陽爻之塞坎窞之險陵節之僭矣此知節者也【備旨】節之限人如門戶一般初九得正而時當節之初未可以行故爲不出戶庭如節之蚤能識於之可以无咎

## 象曰不出戶庭이나 知通塞也ㅣ니라 塞悉則反

○象애 ᄀᆞᆯ오ᄃᆡ 不出戶庭ᄒᆞ나 通과 塞을 知ᄒᆞᆯ디니라

【傳】爻辭、於節之初、戒之謹守、故、云不出戶庭則无咎也、象、恐人之泥於言也、故、復明之云雖當謹守、不出戶庭、又必知時之通塞也、通則行、塞則止、義當出則出矣、尾生之信、一无信字 水至不去、不知通塞也、故、君子、貞而不諒、繫辭所解、獨以言者、在人、所節、唯言與行、節於言則行可、知、言當在先也、中溪張氏曰節之道貴知時通塞塞則行之戶庭而準通則放之四海而準此其出處所以能中節也或謂塞者乃九二以剛塞乎初之前也初唯知其塞故不出焉通則出矣不出戶庭陋巷之顏以之【備旨】知通塞重知塞一邊初本是知塞却兼通爲言者以明初非知塞而塞則不知通者也且知塞而塞則通之理寓矣

## 九二ᄂᆞᆫ 不出門庭이라 凶ᄒᆞ니라

○九二ᄂᆞᆫ 門庭애 出티 아니홈이라 凶ᄒᆞ니라

【傳】二雖剛中之質、然、處陰居說而承柔、處陰、不正也、居說、失剛也、承柔、近邪

也、節之道、當以剛中正、二、失其剛中之德、與九五剛中正、異矣、不出門庭、不之於外也、謂不從於五也、二五、非陰陽正應、故、不相從、若以剛中之道、相合則可以成節之功、唯其失德失時、是以凶也、不合於五、乃不正之節也、以剛中正、爲節、如懲忿窒慾、損過抑有餘、一作益不及是也、不正之節、如嗇節於用、懦節於行、是也、

【本義】門庭、門內之庭也、九二、當可行之時而失剛不正、上无應與、知節而不知通、故、其象占、如此、朱子曰戶庭是初爻之象門庭是第二爻之象戶庭未出去在門庭則已稍出矣就爻位上推戶庭主心門庭主事○問君子之道貴乎得中節之過雖非中道然亦愈於不節者如何便會凶如九二不出門庭雖是失時亦未失爲恬退守節者乃以爲凶何也曰這處便局定不得若以占言之且只寫下少間自有應處眼下皆未見得若以道理言之則有可爲之時乃不出而爲之這便是凶之道不是別更有凶○南軒張氏曰處節之道要知時識變故曰當位以節中正以通初九无位之人雖愼密不出戶庭而亦无咎九二有位大臣則不出門庭爲凶蓋處顏子之世不可爲禹稷之事當禹稷之位不可守顏子之節反是失節矣○建安丘氏曰通塞在時出處在己時之通則出爲是其不出者非也時之塞則不出爲是而出者非也若初之不出戶庭則以其猶未得位前遇剛塞可以不出也故不出則无咎二之不出門庭則以其既得中位且无窒塞不可以不出也而亦不知出焉此其所以凶歟○雲峰胡氏曰初九爲兌始兌於時爲西闔戶之象九二互體震震於時爲卯闢戶之象九二以剛居柔不正且上无應與然六三非蔽之者故猶爲可行之時二可行而不行是知節而不知通也故凶或曰既无應與如之何可行曰初九於時當止位雖有應其止非失時九二於時當行位雖无應其行非干時是故節而止者易節而通者難

**象曰不出門庭凶은 失時ㅣ極也ㅣ라**

○象애골오뒤不出門庭凶은時를失ᄒᆞ욤이極ᄒᆞᆯ시라

【傳】不能上從九五剛中正之道、成節之功、乃係於私暱之陰柔、是失時之至極、所

以凶也、失時、失其所宜也、中溪張氏曰九二居大臣之位上逢九五剛中同德之君謂宜佐其制數度議德行出坎險之中以成節亨之功可也而乃不出門庭其所節者亦狹矣所以凶者蓋以其失時之極也○臨川吳氏曰當其可之謂時中九二不出以合於九五不得時宜甚矣初之知通塞知節者也二之失時極不知節者也傳曰當出不出以隱爲高絕人逃世往而不返故著一極字以甚其失此是夫子疾固心

六三은不節若이면則嗟若ᄒᆞ리니无咎ㅣ니라

(本義) 不節若이라則嗟若이니

○六三은節티아니ᄒᆞ면嗟ᄒᆞ리니咎ᄒᆞᆯ듸업스니라(本義) 節티몯ᄒᆞᄂᆞᆫ디라嗟홈이니

【傳】六三、不中正、乘剛而臨險、固宜有咎、然、柔順而和說、若能自節而順於義則可以无過、不然則凶咎、必至、可傷嗟也、故、不節若、則嗟若、己所自致、无所歸咎也、

【本義】陰柔而不中正、以當節時、非能節者、故、其象占、如此、進齋徐氏曰三處說之極不知節者也說極則悲故曰不節若則嗟若不節之嗟己所自致无所歸咎故曰无咎○雙湖胡氏曰以澤節水故名節其成卦正在六三一爻今自三爻觀之坎水自溢出於兌澤之上初非二之所能節者故有不節之象但徒見其兌口之開故又有嗟若之象○雲峯胡氏曰以成卦言則六自五來居三本能節者也獨以此爻言則陰柔不中正不能節者兌說之極說極則悲故其象爲嗟而其占爲无所歸咎也傳曰三處悅極是挾其悅豫充盈之勢而不知節者也悅極則悲至于人惡其盈鬼瞰其室大奢其醫然後戚嗟慨嘆亦无及也故莫可歸也

象曰不節之嗟를又誰咎也ㅣ리오

○象애ᄀᆞᆯ오ᄃᆡ不節의嗟홈을ᄯᅩ누를咎ᄒᆞ리오

【傳】節則可以免一作无過而不能自節、以致可嗟、將誰咎乎、

【本義】此无咎、與諸爻、異、言无所歸咎也、建安丘氏曰六三居下體兌說之上過於奢而不知節者也不節之嗟咎將誰執○雲峯胡氏曰又誰咎也凡三見而其義有二同人初九又誰咎誰得而咎之也解與節六三又誰咎也咎自己致无所歸咎於人也但解三爻辭未嘗有无咎字故本義曰此无咎與諸爻異蓋因爻辭言之諸卦爻辭言无咎者九十有九多補過之辭此非可以例論也【備旨】此重在又誰字言只當自返于己不得更咎別人深責之辭亦是深醒之辭

# 六四ᄂᆞᆫ安節이니亨ᄒᆞ니라

○六四ᄂᆞᆫ節애安홈이니亨ᄒᆞ니라(本義)安ᄒᆞᆫ節이니

【傳】四、順承九五剛中正之道、是、以中正、爲節也、以陰居陰、安於正也、當位、爲有節之象、下應於初、四、坎體、水也、水、上溢、爲无節、就下、有節也、如四之義、非强節之、安於節者也、故、能致亨、節、以安爲善、强守而不安則不能常、豈能亨也、

【本義】柔順得正、上承九五、自然有節者也、故、其象占、如此、節齋蔡氏曰安者順而无所勉强之謂當位故安得五故亨○縉雲馮氏曰節中其節之義在學爲不陵節在禮爲節文在財爲撙節在物爲符節在臣爲名節在君師爲節制唯其時物耳○雙湖胡氏曰四最先受節者順正故安○雲峯胡氏曰下兌澤上坎水六四水澤之交水於此自然受節又上卦本坤坤有安象節本人情所難此則安於節而自然无勉强者也故其象爲安其占爲亨【備旨】安是安行之安非安分之安五之節道中正以通四樂從而无强盖一以昭法守之宜一以明允成之義也是臣道中之最純者故擧卦辭之亨字與之、

# 象曰安節之亨은承上道也ㅣ라

〇象애ᄀᆞᆯ오ᄃᆡ安節의亨홈은上의道를承홈이라

【傳】四、能安節之義、非一、象、獨擧其重者、上承九五剛中正之道、以爲節、足以亨矣、一作是以亨也餘善、亦不出於中正也、李氏光曰居近君之位能以卑遜承上安於臣節者也【備旨】提出道字見五之所節原是當安的非爲避自用自守之嫌而然也上節之而甘故下承之而安

# 九五ᄂᆞᆫ甘節이라吉ᄒᆞ니往ᄒᆞ면有尙ᄒᆞ리라

(本義) 往有尙ᄒᆞ리라

〇九五ᄂᆞᆫ甘ᄒᆞᆫ節이라吉ᄒᆞ니往ᄒᆞ면尙이이시라 (本義) 往홈애尙이이시리라

【傳】九五、剛中正、居尊位、爲節之主、所謂當位以節中正以通者也、在己則安行、天下則說從、節之甘美者也、其吉、可知、以此而行、其功、大矣、故、往則有可嘉尙也、

【本義】所謂當位以節中正以通者也、故、其象占、如此、朱子曰安節是安穩自在甘節是不辛苦喫力底意思甘便對那苦甘節與禮之用和爲貴相似不成人臣得甘節吉時也要節天下大率人一身上各自有箇當節底〇臨川吳氏曰甘者樂易而无艱苦之謂〇建安丘氏曰五得中故甘上過中故苦〇中溪張氏曰味之甘人所嗜也味之苦人所不嗜也今九五爲節之主甘於節而不苦於節持此以往有可嘉尙故人皆說從如嗜甘味而无艱苦之態也〇雲峯胡氏曰他爻之節節其在我者九五當位以節節天下者也節天下而使天下甘之所謂中正而以通者也五本坤體又居中故有甘之象甘在臨之三則我求說於人故无攸利在節之五則人自說於我故行有尙【備旨】味之甘者可以適人口之同然節之甘者可以適人心之同然甘與吉中也往有尙通也

象曰甘節之吉은居位中也라ᄂᆞᆫ셔

○象애ᄀᆞᆯ오ᄃᆡ甘節의吉홈은居ᄒᆞᆫ位ㅣ中ᄒᆞᆫ식라

【傳】 旣居尊位、又得中道、所以吉而有功、節、以中爲貴、得中則正矣、正不能盡中也、中溪張氏曰甘者味之中五者位之中所以吉者以其位之居中也○臨川吳氏曰中則不過而至於苦 [備旨] 剛即中節之和中即未發之中釋甘節而推本于居位中和由中出故也

上六은苦節이니貞이면凶코悔면亡ᄒᆞ리라

(本義) 貞이라두凶ᄒᆞ니悔ㅣ亡ᄒᆞ리라

○上六은苦ᄒᆞᆫ節이니貞ᄒᆞ면凶ᄒᆞ고悔ᄒᆞ면亡ᄒᆞ리라

【傳】 上六、居節之極、節之苦者也、居險之極、亦爲苦義、固守則凶、悔則凶亡、悔損過從中之謂也、節之悔亡、與他卦之悔亡、辭同而義異也、沙隨程氏曰苦節而貞固故凶悔則不爲貞固之行而亡是凶矣○趙氏曰三戒不節上戒苦節過猶不及失均也

【本義】 居節之極、故、爲苦節、旣處過極、故、雖得正而不免於凶、然、禮奢寧儉、故、雖有悔而終得亡之也、中溪張氏曰上六居節之終過於節則苦而難行雖貞亦凶也然用過乎儉悔猶可亡所謂伯夷之隘是也卦言苦節不可貞指此爻也○雲峯胡氏曰五位中故爲甘上位極故爲苦彖曰節亨五以之曰苦節不可貞上以之悔亡諸家以爲必悔之而後凶可亡悔其苦而之甘可也悔其節而不節弊將若何本義謂禮奢寧儉苦節雖有悔而終得亡之與賁束帛戔戔終吉意同蓋苦節之悔猶勝不節之嗟也 [備旨] 五位中故爲甘上位極故爲苦苦節不可貞貞則凶矣悔亡是對不節之嗟說非徒取之之也

象曰苦節貞凶은其道ㅣ窮也라ᄂᆞᆫ셔

○象애골오ᄃᆡ苦節貞凶은그道ㅣ窮홀시라

【傳】節既苦而貞固守之則凶、蓋節之道、至於窮極矣、涑水司馬氏曰節之苦也故於貞爲凶其道窮者謂其道不可通行於世也○或問觀節六爻上三爻在險中是處節者也故四在險初而節則亨五在險中而節則甘上在險終雖苦而先悔蓋節之時當然也下三爻在險外是未至於節而預知所節之義初知通塞故无咎二可行而反節三見險在前當節而又以陰居剛不中正而不能節所以二爻凶而有咎不知是如此否朱子曰恁地說也說得然九二一爻看來甚好而反云凶終是解不穩○建安丘氏曰節六爻大率以當位爲善不當位爲不善初九六四九五當位者也故五吉四亨初无咎九二六三不當位者也故二凶而三嗟上雖當位而亦凶者則以其當節之極居上之窮故其取義又不同也若以兩爻相比者觀之則爻各相比而相反初與二比初不出戶庭則无咎二不出門庭則凶二反乎初者也三與四比四柔得正則爲安節三柔不正則爲不節三反乎四者也五與上比五得中則爲節之甘上過中則爲節之苦上反乎五者也聖人於爻義用意之精如此

備旨具解原本周易卷之二十

# 備旨具解原本周易卷之二十一

䷼ 兌下巽上

【傳】中孚、序卦、節而信之、故、受之以中孚、節者、爲之制節、使不得過越也、信而後、能行、上能信守之、下則信從之、節而信之也、中孚所以次節也、爲卦、澤上有風、風行澤上而感于水中、爲中孚之象、感、謂感而動也、內外、皆實而中虛、爲中孚之象、又二五、皆陽、(一有而字)中實、亦爲孚義、在二體則中實、在全體則中虛、中虛、信之本、中實、信之質、或問中虛信之本中實信之質如何朱子曰只看中虛中實字便見本質之異中虛是无事時虛而无物故曰中虛若有物則不謂之中虛自中虛中發出來皆是實理所以曰中實○一念之間中无私主便謂之虛事皆不妄便謂之實不是兩件事又曰敬則內欲不萌外誘不入自其內欲不萌而言則曰虛自其外誘不入而言故曰實只是一時事不可作兩截看○潛室陳氏曰中實爲孚謂實理充乎其內而外邪不得入之此中孚之體中虛爲孚謂外邪既不得入故中唯有虛明道理此中孚之用

## 中孚ᄂᆞᆫ豚魚ㅣ면吉ᄒᆞ니利涉大川ᄒᆞ고利貞ᄒᆞ니라

○中孚ᄂᆞᆫ豚과魚ㅣ면吉ᄒᆞ니大川을涉ᄒᆞᆷ이利ᄒᆞ고貞ᄒᆞᆷ이利ᄒᆞ니라

【傳】豚躁魚冥、物之難感者也、孚信、能感於豚魚則无不至矣、所以吉也、忠信、可以蹈水火、況涉川乎、守信之道、在乎堅正、故、利於貞也

【本義】孚、信也、爲卦、二陰、在內、四陽、在外而二五之陽、皆得其中、以一卦言之、爲

中虛、以二體言之、爲中實、皆孚信之象也、又下說以應上、上巽以順下、亦爲孚義、
豚魚、无知之物、又木在澤上、外實內虛、皆舟楫之象、至信、可感豚魚、涉險難而不
可以失其貞、故、占者、能致豚魚之應則吉而利涉大川、又必利於貞也、或問孚字與信
字恐亦有別朱
子曰伊川云存於中爲孚見於事爲信說得極好因擧字說孚字從爪從子如鳥抱子之象今之乳字也一邊從孚蓋
中所抱者實有物也中間實有物所以人自信之○鄭東卿說易亦有好處如說中孚有卵之象小過有飛鳥之象孚
字從爪從子如鳥以爪抱卵也蓋中孚之象以卦言之四陽居外二陰居內外實中虛有卵之象又言鼎象鼎形革象
風爐亦是此義此等處說得有些意思但易一書盡欲如此牽合附會少間便疎脫學者須是先理會得正當道理了
然後於此等些小零碎處收拾以相資益不爲无補若未得正路脉先去理會這樣處便踈略○豚魚吉這卦中他須
見得有豚魚之象今不可考占法則莫須是見豚魚則吉如鳥占之意象若十分理會著便須穿鑿○寠峯胡氏曰程
子云中虛信之本中實信之質實所以爲信虛所以受信也心者神明之舍舍不虛神明何所居譬之羽虫之孚剛殼
於外其質雖實溫柔於內其氣則虛雖伏呼啄不違其自然之期信之最可必者也或以豚魚爲江豚生大澤中每作
知風之至是物之有自然之信本義不取蓋以爲江豚則信在豚魚不在我以豚魚爲无知之物而信足以及之則信
在我而自能及物於義爲長下說以應上下信上也上巽以順下上信下也豚魚至愚无知惟信足以感之大川至險
不測惟信足以濟之然信而或失其正則如盜賊相群男女相私士夫死黨小人出肺肝相示而遂背之其爲孚也人
爲之僞非天理之正也故又戒之以利貞

# 彖曰中孚ᄂᆞᆫ柔在內而剛得中ᄒᆞ시니

○彖애ᄀᆞᆯ오ᄃᆡ中孚ᄂᆞᆫ柔ㅣ內예잇고剛이中을得ᄒᆞ시니

【傳】二柔、在內、中虛、爲誠之象、二剛、得上下體之中、中實、爲孚之象、卦所以爲
中孚也、朱子曰柔在內剛得中這箇是就全體看則中虛就二體看則中實他都見得有孚信之意故喚作中孚
伊川這二句說得好○中溪張氏曰六三六四以柔而在中孚全體之中是中虛也九二九五以剛而得
中孚二體之中是中實也虛者所以受信實者所以爲信皆中孚之義也

說而巽ᄒᆞᆯ시 孚ㅣ 乃化邦也ㅣ니라 說音悅

○說ᄒᆞ고 巽ᄒᆞᆯ시 孚ㅣ 이예 邦을 化ᄒᆞ니라

【傳】以二體、言卦之用也、上巽下說、爲上、至誠以順巽於下、下、有孚以說從其上、如是、其孚、乃能化於邦國也、若人不說從、或違拂事理、豈能化天下乎

【本義】以卦體卦德、釋卦名義、厚齋馮氏曰柔在內六三六四也剛得中九二九五也柔在內中虛之象中虛則生信信者孚之得剛得中則中實實者孚之本上以巽行之下以說從之所以孚也○中溪張氏曰下說以孚乎上上巽以孚乎下則何往而不孚可以感化乎萬邦也

豚魚吉은 信及豚魚也ㅣ오

○豚魚吉은 信이 豚魚에 미촘이오

【傳】信能及於豚魚、信道、至矣、所以吉也、中溪張氏曰豚魚冥昧无知之物飼之以信則應期而集孚誠之道尙及於豚魚則天下无難感之物矣

○鄭氏湘卿曰仁及草木言草木難仁也誠動金石言金石難誠也信及豚魚言豚魚難信也天則眞人則情聖人與天地同德任眞不任情故信及豚魚然後爲吉

利涉大川은 乘木고 舟虛也ㅣ오

○利涉大川은 木을 乘ᄒᆞ고 舟ㅣ 虛홈이오

【傳】以中孚、一作虛 涉險難、其利、如乘木濟川而以虛舟也、舟虛 一有中字 則无沈覆之患、一无之患二字 卦虛中、爲虛舟之象、涑水司馬氏曰中孚者發於中而孚於人也豚魚幽賤无知之物苟飼以時則應聲而集而況於人乎至誠以涉險如乘虛舟物莫之害故曰利涉大川乘木舟虛也

【本義】以卦象言、中溪張氏曰卦之全體外實中虛有舟虛之象乘巽之木而其中枵然以此而行乎兌澤之上則利涉大川又豈復有風濤之患哉

中孚코以利貞이면乃應乎天也ㅣ리라

○中이孚ᄒᆞ고ᄡᅧ利貞ᄒᆞ면이에天을應ᄒᆞ라라

【傳】中孚而貞則應乎天矣、天之道、孚貞而已

【本義】信而正則應乎天矣、厚齋馮氏曰又以六四九五明卦占中孚六四也貞九五也五天位四應之應乎天也誠者天之道孚之正則應乎天不正則徇乎人而孚不足言矣○中溪張氏曰中孚而以貞正則利此天有所孚感則可以上應乎彼天矣○雲峯胡氏曰合上下卦則柔在內爲中虛所以受信分上下體則剛得中爲中實所以爲信上巽則君以位入於民下說則民以信通於君所以爲化信及豚魚其化深矣然信必合乎正乃天理也惟天有自然之化

象曰澤上有風이中孚ㅣ니君子ㅣ以ᄒᆞ야議獄ᄒᆞ며緩死ᄒᆞᄂᆞ니라

○象애ᄀᆞᆯ오ᄃᆡ澤上의風이이숌이中孚ㅣ니君子ㅣ以ᄒᆞ야 獄을議ᄒᆞ며 死를緩ᄒᆞᄂᆞ니라

【傳】澤上有風、感于澤中、水體、虛、故、風、能入之、人心、虛、故、物、能感之、風之動乎澤、猶物之感于中、故、爲中孚之象、君子、觀其象、以議獄與緩死、君子之於議獄、盡其忠而已、於決死、極於惻而已、故、誠意常求於緩、緩、寬也、於天下之事、无所不盡其忠而議獄緩死、最其大者也

【本義】風感水受、中孚之象、議獄緩死、中孚之意、或問澤上有風中孚風之性善入水虛而能順承波浪洶湧惟其所感有相信從之

義故爲中孚朱子曰也是如此風去感他他便相順有相孚之象○澤上有風中孚須是澤中之水海即澤之大者方能相從乎風若溪澗之水則其性急流就下風又不奈他何○議獄緩死只是以誠意求之澤上有風感得水動議獄緩死則能感人心○問中孚是誠信之義議獄緩死是誠信之事故君子盡心於是曰聖人取象有不端確處如此之類今也只憑地解但是不甚親切○誠齋楊氏曰風无形而能震川澤鼓幽潛誠无象而能動天地感人物此澤上有風所以爲中孚故君子以之議獄緩死蓋好生洽民舜之中孚也不犯有司天下之中孚也天下中孚則萬心一心矣鳥巢可窺况豚魚乎无他不殺之心孚于鳥爾使无誠慤好生之心巢中之鳥不爲海上之鷗乎議獄者求其入中之出緩死者求其死中之生若元惡大姦不在是典故四凶无議法少正卯无緩理○平庵項氏曰獄之將決則議之其既決則又緩之然後盡於人心王聽之司寇聽之三公聽之議獄也旬而職聽二旬而職聽三月而上之緩死也故獄成而孚輸而孚在我者盡故在人者无憾也○雲峯胡氏曰水不定不可受風必澤上有風然後成其風之孚見不定不可以折獄必議獄緩死然後可成其獄之孚或曰議獄兌象緩死巽象○進齋徐氏曰象言刑獄者五噬嗑賁豐旅中孚離爲戈兵有刑獄象又取離明照知情實則刑不濫也中孚厚畫底離噬嗑豐兼取震賁旅兼取艮者明以察其情動以致其決噬嗑去間豐則多故非震以動之无以威重也賁過於文旅不留獄非艮以止之或輕於用刑也蓋獄乃人命所繫一成不可變聖人立象盡意而致其謹審如此象言刑獄五卦噬嗑豐以其有離之明震之威也賁次噬嗑旅次豐離明不易震皆反爲艮矣蓋明貴无時不然威則有時當止至于中孚則全體似離互體有震艮而又兌以議之巽以緩之聖人即象垂敎其忠厚惻怛之意見於謹刑如此何其仁哉五卦中文王唯於噬嗑取象夫子即噬嗑賁豐旅中孚以盡其義【備旨】議獄緩死要體中孚意說用刑者中有毫髮之疑受刑者中有毫髮之恨便不中孚故一以至誠惻怛之意行之議與緩不是兩截事大抵議生于疑疑則當緩緩死亦是欲察未盡之情緩之以待議也楊誠齋曰元惡大憝不在是典故四凶无議法少正卯无緩理

初九는 虞ᄒᆞ면 吉ᄒᆞ니 有他ㅣ면 不燕ᄒᆞ리라

○初九ᄂᆞᆫ 虞ᄒᆞ면 吉ᄒᆞ니 他를 두면 燕티 몯ᄒᆞ리라

【傳】九、當中孚之初、故、戒在審其所信、虞、度也、度其可信而後、從也、雖有至信、若不得其所則有悔咎、故、虞度而後、信則吉也、既得所信則當誠一、若有他則不得其燕安矣、燕、安裕也、有他、志不定也、人、志不定則惑而不安、初與四、爲正應、四、巽體而居正、无不善也、爻以謀始之義、大、故、不取相應之義、若用應則非虞也

【本義】當中孚之初、上應六四、能度其可信而信之則吉、復有他焉則失其所以度之之正而不得其所安矣、戒占者之辭也、中溪張氏曰初九居中孚之始與四爲正應初度其可以孚感者无如六四故有相應相孚之吉苟舍六四之正應而有宅志則不得享其燕安矣故識者必於初志未變動之際而度其可孚者孚之一眞不僞一誠无妄庶幾靡有宅向而孚感得其正矣○雲峯胡氏曰信凡失於後者由不能度於初四陰柔得正初與四正應當孚之初度其可信而信之吉之道也若復舍四之正應而有宅焉心之不一而信不專必不得其所安矣凡言有宅指非應而言比之初有孚自有非正應而來應者有他許之之辭也中孚之初若舍正應而他求所謂應焉非吉之道有他戒之之辭也 備旨 此只就居卦之初說個道理該如此虞吉欲其審之於始也有他不燕恐其變之干終也有他非言四而從他只心上不定便是他燕是心上安裕處志分兩歧便不閑適故曰不燕

象曰初九虞吉은志未變也ㅣ시라

○象애 ᄀᆞᆯ오ᄃᆡ 初九虞吉은 志ㅣ 變티 아니ᄒᆞ여실시라

【傳】當信之始、志一无志字未有所存而虞度所信則得其正、是以吉也、蓋其志、未有變動、志有所從則是變動、虞之不得其正矣、在初、言求所信之道也、誠齋楊氏曰虞雖訓度亦防也書儆戒无虞萃戒不虞是也邪不閑則誠不存家人之閑有家中孚之虞皆見於初九防家防心皆在初也故孔子皆以志未變贊之 備旨 志未變全本初來初念最純係心于一則二三之念不生故曰求變言外已慮其有他矣

九二는鳴鶴이在陰이어늘其子ㅣ和之로다我有好爵ᄒᆞ야吾與爾靡之ᄒᆞ노

라 和胡臥反 靡亡池反

○九二는鳴ᄒᆞ는鶴이陰애잇거ᄂᆞᆯ그子ㅣ和ᄒᆞ놋다我ㅣ好ᄒᆞᆫ爵을두어吾ㅣ爾로더브러靡ᄒᆞ노라

【傳】二、剛實於中、孚之至者也、孚至則能感通、鶴鳴於幽隱之處、不聞也而其子、相應和、中心之願、相通也、好爵、我有而彼亦係慕、說好爵之意、同也、有孚於中、物旡不應、誠同故也、至誠、旡遠近幽深之間、故、繫辭、云善則千里之外、應之、不善則千里、違之、言誠通也、至誠感通之理、知道者、爲能識之

【本義】九二、中孚之實而九五、亦以中孚之實、應之、故、有鶴鳴子和我爵爾靡之象、鶴在陰、謂九居二、好爵、謂得中、靡、與縻、同、言懿德、人之所好、故、好爵、雖我之所獨有而彼亦繫戀之也、 朱子曰九二爻自不可曉看來我有好爵吾與爾靡之是兩箇都要這物事所以鶴鳴子和是兩箇中心都愛所以相應如此○中溪張氏曰二與五同德而居相應之位分則君臣也情則父子也故以類相孚鶴陽鳥謂九也在陰謂二也鶴鳴於幽陰之地而其子和之鶴鳴而感指二而言子和而應指五而言蓋出於中心所願也我爵指五五爲君位故以爵言吾亦五也爾指二靡二係於五也二五以誠實相孚故其象如此○厚齋馮氏曰諸爻有應皆有關隔反旡應義惟二五旡間隔乃以同德相孚中虛相感○雲峯胡氏曰兌爲正秋爲口舌感於秋而鳴鶴之象也卯生爲孚故又取鶴母子之象好爵諸家多以爲爵祿之爵本義謂之懿德蓋謂二五剛而得中皆能修其天爵者也天爵我之所固有吾與爾靡之二與五皆得中是吾之心與爾皆靡繫也人旡所不至惟天不容僞鶴鳴子和天機之自動好爵爾靡天理之自孚也【備旨】兩象一意上言彼此相孚下正原其所以孚也在陰以喩幽隱之誠子和以喩同心之應誠之感人妙在幽隱之間誠不微干幽隱猶是外飾非中孚也嚴彦陵曰吾與爾靡是二不欲以好爵自私正欲君與我同守也曰爾曰我乃是私心期望者如此

# 象曰其子和之는中心願也ㅣ라

○象애ᄀᆞᆯ오ᄃᆡ其子和之는中心애願홈이라

【傳】中心願、謂誠意所願也、故、通而相應、進齋徐氏曰九二以實感九五以實應卦體中虛自然相應无所隔塞也【備旨】日中心願見其畧无勉强此所謂相動以天者

# 六三은得敵ᄒᆞ야或鼓或罷或泣或歌ㅣ로다

○六三은敵을得ᄒᆞ야或鼓ᄒᆞ며或罷ᄒᆞ며或泣ᄒᆞ며或歌ᄒᆞ놋다

【傳】敵、對敵也、謂所交孚者、正應上九、是也、三四、皆以虛中、爲成孚之主、然、所處則異、四、得位居正、故、亡匹以從上、三、不中失正、故、得敵以累志、一作心以柔說之質、旣有所係、唯所信、是從、或鼓張、或罷廢、或悲泣、或歌樂、動息憂樂、皆係乎所信也、唯係所信、故、未知吉凶、然、非明達君子之所爲也

【本義】敵、謂上九、信之窮者、六三、陰柔不中正、以居說極而與之爲應、故、不能自主而其象、如此、或問中孚六三大義是如何朱子曰某所以說中孚小過皆不可曉便是如此依文解字看來只是不中不正所以歌泣喜樂都无常也○中溪張氏曰六三雖得上九之應爲匹敵然三居兌說之極中心莫知所主故或鼓而前或罷而止或泣而悲或歌而樂或之者疑之也○劉氏曰人唯信不足故言行之間變動不常如此○雲峯胡氏曰三與上居上下卦之極體均力敵者也中孚六爻唯取柔而正剛而中者九二九五剛而中者也上九不中矣六四柔而正者也六三不正矣以柔而不正者應剛而不中者此爲說之極彼當信之窮所以不能自主或鼓或罷作止之无常或泣或歌哀樂之无常凡爻以柔居陽者多以或言【備旨】豈是兩個一樣好的故謂之配此是兩個一樣不好的故謂之敵配則相助敵則不相資也

象曰或皷或罷는位不當也ㅣ라 글서

○象애ᄀᆞᆯ오ᄃᆡ或皷或罷ᄂᆞᆫ位ㅣ當티아니ᄒᆞᆯ시라

【傳】居不當位、故、无所主、唯所信、是從、所處、得正則所信、有方矣、臨川吳氏曰位不當者陽位而柔居之柔則不實豈能得人之孚哉【傳旨】爻言得敵外无輔而妄行象言不當中无主而妄動爻罪上之意多象則專罪三矣

六四는月幾望이니馬匹이亡ᄒᆞ면无咎ㅣ리라 幾音機

(本義)月幾望이오馬匹이亡이니

○六四ᄂᆞᆫ月이거의望이니馬匹이亡ᄒᆞ면咎ㅣ업스리라라 (本義)月이거의望ᄒᆞ고馬匹이亡ᄒᆞᆷ이니

【傳】四爲成孚之主、居近君之位、處得其正而上信之至、一作位當孚之任者也、如月之幾望、盛之至也、已望則敵矣、臣而敵君、禍敗、必至、故、以幾望、爲至盛、馬匹亡、四與初、爲正應、匹也、古者、駕車、用四馬、不能備純色則兩服兩驂、各一色、又小大、必相稱、故、兩馬、爲匹、謂對也、馬者、行物也、初、上應四而四亦進從五、皆上行、故、以馬爲象、孚道、在一、四旣從五、若復下係於初則不一而害於孚、爲有咎矣、故、馬匹、亡則无咎也、上、從五而不係於初、是亡其匹也、係初則不進、不能成孚之功也

【本義】六四、居陰得正、位近於君、爲月幾望之象、馬匹、謂初與己爲匹、四乃絕之

而上、以信於五、故、爲馬匹亡之象、占者、如是則无咎也、蛟峯方氏曰月幾望不處盈也馬匹亡不爲黨也四捨初九之黨而上從五此大臣之絕私黨而一心於君者故有馬匹亡之象以陰居陰履柔處正不敢敵陽此人臣功業已盛而不敢居其盛者故有月幾望之象若大臣而處盈植黨則有咎矣禹之不伐周公之不驕月幾望也晏子不入崔陳之黨韓退之不汚牛李之朋馬匹亡也○雲峯胡氏曰月本无光受日之光以爲光陰不能以自孚信於陽以爲孚六四近九五其象爲月幾望而又有馬匹亡之象何也六三與上九爲亢故曰敵六四與初九爲配故曰匹三陰柔不正故不能舍上九以從剛中之二四陰柔得正故能絕初九以從剛中之五然則三之得敵非所以爲得四亡其匹乃所以爲得也坤以喪朋爲有慶中孚之中以絕類爲无咎【備旨】凡人臣處極盛地步以杜私交爲第一着四履正承尊精忠勿密必无私累臣節始得昭然无咎是緊指馬匹亡說

象曰馬匹亡은 絕類ᄒᆞ야 上也ㅣ라 上時掌反

○象애 ᄀᆞᆯ오ᄃᆡ 馬匹亡은 類를 絕ᄒᆞ야 上홈이라

【傳】絕其類而上從五也、類、謂一作相應也、中溪張氏曰四能下絕初九之匹類而上孚九五是馬匹亡矣尚何咎之有哉【備旨】絕是心不係意絕字下得重唯能絕故能上未有一心爲私又能一心爲公者

九五는 有孚ㅣ 攣如ㅣ면 无咎ㅣ리라

(本義) 有孚ㅣ 攣如니 无咎ㅣ니라

○九五는 孚ㅣ 이숌이 攣ᄃᆞᆺᄒᆞ면 咎ㅣ 업스리라 (本義) 孚ㅣ 이숌이 攣홈이니 咎ㅣ 업ᄉᆞ니라

【傳】五居君位、人君之道、當以至誠、感通天下、使天下之心、信之、固結如拘攣

然、則爲无咎也、人君之孚、不能使天下、固結、如是則億兆之心、安能保其不離乎、進齋徐氏曰攣如固結之義位正而有孚是以誠實固結天下之心若拘攣然○建安丘氏曰居九五之位爲中孚之主以至誠而感孚天下之心拳拳然而固結之若拘攣然則无咎也諸爻皆不言孚而九五獨言有孚者蓋非天下之至誠孰能與於此哉

【本義】九五、剛健中正、中孚之實而居尊位、爲孚之主者也、下應九二、與之同德、故、其象占、如此、雲峯胡氏曰六爻不言孚唯九五言之九五孚之主也合九二共爲一體包二陰以成中孚其固結如此故其象爲攣如占爲无咎在九二則曰靡九五則曰攣皆固結不可解之象无應五與二一心故也一則孚孚則化小畜三至五爲中孚故於五亦曰有孚攣如月幾望與小畜同 備旨 六爻不言孚惟五言之五爲孚之主也悅而巽孚乃化邦正是此爻當從君臣之孚說到化成天下方見其一德之所致

## 象曰有孚攣如ᄂᆞᆫ 位正當也ᄅᆞ시라

○象애ᄀᆞᆯ오ᄃᆡ有孚攣如ᄂᆞᆫ位ㅣ正當ᄒᆞᆯ시라

【傳】五居君位之尊、由中正之道、能使天下、信之如拘攣之固、乃稱其位、人君之道、當如是也、臨川吳氏曰位正而當故能得人之孚也 備旨 位正當者取人以身也若无剛健中正之德雖有賢亦疑之而不能孚矣

## 上九ᄂᆞᆫ 翰音이 登于天이니 貞ᄒᆞ야 凶토다

(本義) 貞이라도凶ᄒᆞ니라

○上九ᄂᆞᆫ翰音이天애登홈이니貞ᄒᆞ야凶ᄒᆞ도다

【傳】翰音者、音飛而實不從、處信之終、信終則衰、忠篤、内喪、華美、外颺、故、云

翰音登天、正亦滅矣、陽性、上進、風體、飛颺、九、居中孚之時、處於最上、孚於上進
而不知止者也、其極、至於羽翰之音、登聞于天、貞固於此而不知變、凶可知矣、夫
子、曰好信不好學、其蔽也賊、固守而不通之謂也、進齋徐氏曰翰者羽翰之音也音登于天虛
聲遠聞也有信之名无信之實以此爲正固
守則凶上居終故戒○東谷鄭氏曰
翰音登天者聲聞過情君子恥之

【本義】居信之極而不知變、雖得其貞、亦凶道也、故、其象占、如此、雞曰翰音、乃
巽之象、居巽之極、爲登于天、雞非登天之物而欲登天、信非所信而不知變、亦猶是也、
朱子曰中孚與小過都是有飛鳥之象中孚是箇卵象是鳥之未出殼底孚亦是那孚膜意思所以卦中都說鳴鶴翰
音之類翰音登天言不知變者蓋說一向恁麼去不知道去不得這兩卦十分解不得且只依稀地說○臨川吳氏曰
巽爲雞雞曰翰音謂其羽有文采而能鳴也豚魚知風鶴知夜半雞知旦皆物之有信者故中孚象爻取三物爲象上
九天之位也雞飛類之走鳴于地上以孚於人者欲其音登徹于天則非所能矣○平庵項氏曰巽雞之翰音而欲效
澤鳥之鳴登聞于天愈久愈凶○雲峯胡氏曰雞鳴必先振其羽故曰翰音而其鳴有信故於中孚言之五上天位九
二鶴也而鳴於地之陰上九雞也而鳴於天之高有是理乎居信之極而不知變雖正亦凶況不正乎【備旨】中孚之道
至一亦至變曰貞凶正見孚
不可不變通膠于故則非孚

# 象曰翰音登于天이니何可長也ㅣ리오

○象애 ᄀᆞᆯ오ᄃᆡ 翰音登于天ᄒᆞ니 엇디 可히 長ᄒᆞ리오

【傳】守孚、至於窮極而不知變、豈可長久也、固守而一无而字不通、如是則凶也、中溪張氏曰有
孚之名无孚之實此特假虛聲而好高者也雖正亦凶何可長也○建安丘氏曰柔在內而剛得中則剛中者成孚之
象也在六爻以二五之剛爲主故二言鶴鳴子和而五言有孚二言我爵爾靡而五言攣如其交孚之實可見矣餘四

爻初上則以實應虛三四則以虛應實而所居之位又復不中皆未能有孚者也初之應四初實而四虛也故初與四之有他而四絶初之類而從五也三之應上三虛而上實也故三之應上則鼓能歌泣之不常而上之應三則如翰音登天之无實也合中孚六爻而詳其虛實之義則剛中爲孚之象昭昭矣【備旨】小信爲大信之賊何可長言必敗乎信也好信不好學其蔽也賊便是不可長

䷽ 艮下震上

【傳】小過、序卦、有其信者、必行之、故、受之以小過、人之所信則必行、行則過也、小過所以繼中孚也、爲卦、山上有雷、雷震於高、其聲、過常、故、爲小過、又陰居尊位、陽失位而不中、小者、過其常也、蓋爲小者、過、又爲小事過、又爲過之小、

**小過**는 **亨**ᄒᆞ니 **利貞**ᄒᆞ니

○小過는亨ᄒᆞ니貞홈이利ᄒᆞ니

【傳】過者、過其常也、若矯枉而過正、過、所以就正也、事有時而當然、有待過而後、能亨者、故、小過、自有亨義、利貞者、過之道、利於貞也、不失時宜之謂正、

**可小事**오 **不可大事**니 **飛鳥遺之音**에 **不宜上**이오 **宜下**면 **大吉**ᄒᆞ리라

○小事애可ᄒᆞ고大事애可티아니ᄒᆞ니飛鳥ㅣ音을遺홈애 上홈은宜티아니ᄒᆞ고下홈은宜ᄒᆞ면크게吉ᄒᆞ리라

【傳】過、所以求就中也、所過者、小事也、事之大者、豈可過也、於大過、論之詳矣、

飛鳥遺之音、謂過之不遠也、不宜上宜下、謂宜順也、順則大吉、過以就之、蓋順理也、過而順理、其吉、必太、

【本義】小、謂陰也、爲卦、四陰、在外、二陽、在內、陰多於陽、小者、過也、既過於陽、可以亨矣、然、必利於守貞則又不可以不戒也、卦之二五、皆以柔而得中、故、可小事、三四皆以剛失位而不中、故、不可大事、卦體、內實外虛、如鳥之飛、其聲、下而不上、故、能致飛鳥遺音之應則宜下而大吉、亦不可大事之類也、或問飛鳥遺之音本義謂致飛鳥遺音之應如何朱子曰看這象似有羽蟲之孽之意如賈誼鵩鳥之類是也○鄭氏剛中曰不宜上者上二陰乘陽乘陽而上非陰所宜也宜下者謂下二陰順陽順陽而協非上逆之比也○中溪張氏曰卦體二剛四柔柔過於剛小過之義過未至於太甚亦有可亨之理然必利於貞正所謂小過者但可施於小事不可施於大事蓋事之大者豈可過也小過中二爻象鳥之身上下四爻象鳥之翼橫飛之鳥其勢迅速身已飛過而微有遺音爾不宜上宜下順陰性也故大吉○雲峯胡氏曰易貴陽賤陰故二陽函四陰爲頤四陽函二陰爲中孚中孚頤皆美名也二陰函四陽爲大過四陰函二陽爲小過過非美名也大過陽多於陰小過陰多於陽易於陽之過則猶許其往此則利貞以下无非戒辭蓋曰陽之過利貞而亨陰之過其亨必利貞不貞則不亨也曰陽之過可大事陰之過不可大事而僅可小事何也曰陽之過宜上陰之過宜下而不宜上也所以致戒於陰之過者切矣○臨川吳氏曰大者陽剛君子也小過之時大者非可以吉唯善於自處能辭尊而居卑勇退而不進如鳥音之下而不上則大者可吉此君子不得志之時轉凶爲吉之道也

## 彖曰小過는 小者ㅣ過而亨也ㅣ니

○彖애 ᄀᆞᆯ오ᄃᆡ 小過는 小者ㅣ過ᄒᆞ야 亨홈이니

【傳】陽大陰小、陰得位、剛失位而不中、是小者、過也、故、爲小事過、過之小小者、與小事、有時而當過、過之亦小、故、爲小過、事固有待過而後、能亨者、過之所以能一作求亨也、

【本義】以卦體、釋卦名義、與其辭、建安丘氏曰陽大陰小此卦陰多陽寡故曰小者過

過以利貞은與時行也ㅣ니라

○過ᄒᆞᄃᆡ뻐貞이利홈은時로더브러行홈이라

【傳】過而利於貞、謂與時行也、時當過而過、乃非過也、時之宜也、乃所謂正也、建安丘氏曰過而利在貞正乃合時宜而與時偕行也○平菴項氏曰時當小過不稍過則執而不通小過所以亨也然必利於正而後可通故曰過以利貞與時行也

柔得中이라是以小事ㅣ吉也ㅣ오

○柔ㅣ中을得ᄒᆞᆫ디라이뻐小事ㅣ吉ᄒᆞ고

【本義】以二五、言、建安丘氏曰六五六二柔居二體之中是以小事吉也

剛失位而不中이라是以不可大事也ㅣ니

○剛이位를失ᄒᆞ야中티아니ᄒᆞᆫ디라이뻐大事애可티아니ᄒᆞ니라

【本義】以三四、言、建安丘氏曰九三九四剛而不中是以不可大事也大事非陽剛得位之才則不可爲也○臨川吳氏曰二五之柔得中陰柔小人得時也然小人可以爲小事而已爲大事者必陽剛君子而後能三四之剛不中而四又失位則陽剛不得志矣是以不可爲大事也

有飛鳥之象焉ᄒᆞ니라

○飛鳥의象이인ᄂᆞ니라

【傳】小過之道、於小事、有過則吉者而彖、以卦才、言吉義、柔得中、二五、居中也、陰柔、得位、能致小事吉耳、不能濟大事也、剛失位而不中、是以不可大事、大事、非剛陽之才、不能濟、三、不中、四、失位、是以不可大事、小過之時、自不可大事而卦才、又不堪大事、與時合也、有飛鳥之象焉此一句、不類彖體、蓋解者之辭、誤入彖中、中剛實(一作)外柔、飛鳥之象、卦有此象。故、就飛鳥爲義、陸氏希聲曰中孚卦柔在內而剛在外有鳥卵實之象今變爲小過則剛在內而柔在外有飛鳥之象○建安丘氏曰以全體觀之有飛鳥之象焉

## 飛鳥遺之音不宜上宜下大吉은上逆而下順也ㅣ니라

○飛鳥遺之音不宜上宜下大吉은上홈은逆ᄒᆞ고下홈은順홈ᄉᆡ라

【傳】事有時而當過、所以從宜、然、豈可甚過也、如過恭過哀過儉、大過則不可、所以在小過也、所過、當如飛鳥之遺音、鳥飛、迅疾、聲出而身已過、然、豈能相遠也、事之當過者、亦如是、身不能甚遠於聲、事不可(一作能)遠過其常、在得宜耳、不宜上宜下、更就鳥音、取宜順之義、過之道、當如飛鳥之遺音、夫聲、逆而上則難、順而下則易、故、在高則大、山上有雷、所以爲過也、過之道、順行則吉、如飛鳥之遺音、宜順也、所以過者、爲順乎宜也、能順乎宜、所以大吉

【本義】以卦體、言、建安丘氏曰遺之音者言鳥雖飛而音尙遺過之不遠者也陰以承陽爲順乘陽爲逆上逆而下順者明不宜上宜下之義○雲峯胡氏曰矯天下之枉者以過爲正然剛過而中爲大過柔得中爲小過是則事有當過者而皆不可外乎中也小過可小事不可大事大則凶矣如飛鳥宜下不宜上上則逆矣爲陰危之也

象曰山上有雷ㅣ小過ㅣ니君子ㅣ以ᄒᆞ야行過乎恭ᄒᆞ며喪過乎哀ᄒᆞ며用過乎儉ᄒᆞᄂᆞ니라 行下孟反

○象애ᄀᆞᆯ오ᄃᆡ山上애雷ㅣ이쇼미小過ㅣ니君子ㅣ以ᄒᆞ야行이恭애 過ᄒᆞ며喪이哀에過ᄒᆞ며用이儉애過ᄒᆞᄂᆞ니라

【傳】雷震於山上、其聲、過常、故、爲小過、天下之事、有時當過而不可過甚、故、爲小過、君子、觀小過之象、事之宜過者則勉之、行過乎恭喪過乎哀用過乎儉、是也、當過而過、乃其宜也、不當過而過則過矣

【本義】山上有雷、其聲、小過、三者之過、皆小者之過、可過於小而不可過於大、以小過而不可甚過、彖所謂可小事而宜下者也、 朱子曰山上有雷小過是聲在高處下來是小過之義飛鳥遺之音也是自高處放下聲來○小過是過於慈惠之類大過則是剛嚴果毅底氣象○小過大率是過得不多如大過便說獨立不懼小過只說這行喪用都只是這般小事○小過是小事過又是過於小如行過乎恭喪過乎哀用過乎儉皆是過於小退後一步自貶底意思又曰君子行過恭喪過哀用過儉皆是宜下之意○建安丘氏曰雷陽聲也方伏於地中其聲未發於卦爲復及出於地上其聲和暢於卦爲豫在於天上則震薄宇宙於卦爲大壯今在於山上則已離於地未升於天其聲小過而已○平菴項氏曰曰行曰喪曰用皆見於動以象震也曰恭曰哀曰儉皆當止之節以象艮也○嵩山晁氏曰恭過則僞哀過則毁儉過則陋而君子以之者蓋有爲而爲之將矯之以爲中也時有擧趾高之莫敖故正考父矯之以循牆恃有短喪之宰予故高柴矯之以泣血時有三歸反坫之管仲故晏子矯之以弊裘雖非中行亦足以矯時厲俗也○徂徠石氏曰晏子一狐裘三十年祭豚肩不掩豆人皆謂之不知禮獨曾子以爲國奢則示之以儉蓋齊奢侈之甚晏子能矯時之弊是得小過之義○雲峯胡氏曰本義以爲小者之過蓋如不懼无悶是過乎激烈過之大者此則過於收斂過之小者也又以爲可過於小而不可過於大蓋可過乎恭不可過乎傲可過乎哀不可過乎易可過乎儉不

可過乎奢也又以爲不可甚過蓋恐其恭之甚則爲足恭哀之甚則爲喪明儉之甚則爲豚肩不掩豆也【備旨】按三者皆救時之意正所謂與時偕行也時有擧趾高之莫敖故正考父矯之以循牆時有短喪之宰予故高柴矯之以泣血時有三歸反坫之管仲故晏子矯之以敝裘雖非中行亦足以勵俗

## 初六은飛鳥ㅣ라以凶이니라

○初六은飛ᄒᆞᄂᆞᆫ鳥ㅣ라ᄡᅥ凶ᄒᆞ니라

【傳】初六、陰柔在下、小人之象、又上應於四、四復動體、小人、躁易而上有應助、於所當過、必至過甚、況不當過而過乎、其過、如飛鳥之迅疾、所以凶也、躁疾、如是、（一有則字）所以過之速且遠、救止莫及也、

【本義】初六陰柔、上應九四、又居過時、上而不下者也、飛鳥遺音、不宜上宜下、故、其象占、如此、郭璞同林、占得此者、或致羽蟲之孽、朱子曰初六飛鳥以凶只是取其飛過高了不是取遺音之義中孚有卵之象小過中間二畫是鳥腹上下四陰爲鳥翼之象鳥出乎卵此小過所以次中孚也○進齋徐氏曰初柔本下而上與四應四動體初從四而動如鳥之飛動而不止又小過之義上逆下順初躁動而從上失宜下之義故凶○平菴項氏曰二爻皆當鳥翅之末初六在艮之下當止而反飛以飛致凶故曰飛鳥以凶上六居震之極其飛已高動而成離則麗於罔罟故曰飛鳥離之凶○雲峯胡氏曰大過有棟橈象棟之用在中故於三四言之小過有飛鳥象鳥之用在翼故於初上言之然初二五上皆翼也獨初上言之何也鳥飛不在翼而在翰初上其翰也飛於初已凶飛於上可知矣聖人戒辭與坤姤同大過之初過謹則无咎小過之初不謹已有咎【備旨】鳥音在下而飛則上也初柔本下從四而躁動失宜下之義此小人倚勢自逞而立致禍敗者以凶謂以飛致凶也見係自取

## 象曰飛鳥以凶은不可如何也ㅣ라

○象애ᄀᆞᆯ오ᄃᆡ飛鳥以凶은可히엇데려효ᄒᆞ디몯ᄒᆞᆯ디라

【傳】 其過之疾、如飛鳥之迅、豈容救止也、凶其宜矣、不可如何、无所用其力也、

朱子曰若占得者更无可避之理故象曰不可如何也○中溪張氏曰不可如何者猶言无可奈何也[illegible]不可如何猶言无可奈何也初二五上皆鳥之翼象何獨于初上言之鳥飛不在翼而在翰初上其翰也飛於初已凶飛於上可知矣

六二는 過其祖하야 遇其妣니 不及其君이오 遇其臣이면 无咎ㅣ리라

(本義) 遇其臣이라 无咎ㅣ니라

○六二는 그 祖를 過하야 그 妣를 遇홈이니 그 君애 及디 아니코 그 臣애 遇하면 咎ㅣ 업스니라 (本義) 그 臣을 遇홈이라 咎ㅣ 업스니라

【傳】 陽之在上者、父之象、尊於父者、祖之象、四在三上、故、爲祖、二與五、居相應之地、同有柔中之德、志不從於三四、故、過四而遇五、是過其祖也、五、陰而尊、祖妣之象、與二同德相應、在它卦則陰陽、相求、過之時、必過其常、故、異也、无所不過、故、二從五、亦戒其過、不及其君遇其臣、謂上進而不陵及於君、適當臣道而无咎也、遇、當也、過臣之分則其咎、可知

【本義】 六二、柔順中正、進則過三四而遇六五、是過陽而反遇陰也、如此則不及六五而自得其分、是不及君而適遇其臣也、皆過而不過守正得中之意、无咎之道也、故、其象占、如此、

朱氏曰三父四祖五使當妣過祖而遇妣是過陽而遇陰然而陽不可過則不能及六五却反同來六二上面○雲峯胡氏曰相過謂之過過是有心邂逅謂之遇遇是无心春秋公及宋公遇于清我所欲曰及不期而會曰遇及是有心遇是无心遇字與及字相反過字與不及相反六二柔順中正設使進而往則過三四之陽而遇六五是過其祖遇其妣也只如此而不進則不及六五而自遇其臣之分矣兩遇

字微不同遇其妣遻逅之遇故本義曰反遇遇其臣適相當之遇故本義曰適遇皆過而不過者二之陰本過於陽今進則過而遇其妣不進則不及而遇其臣皆過而不過者也二柔順中正所以如此他爻過者不遇遇者不過唯六二過而又遇然以不及其君爲无咎則過其君可知過其祖則有繼世之譽過其君則有犯分之嫌○中溪張氏曰過其祖遇其妣上逆也不及其君遇其臣下順也順則无咎○臨川吳氏曰二五當陰過之時而无害陽之事得中故也五中而不正二中而正故其爻辭比六五尤善【備旨】按祖妣本義只取陰陽之象陽亢而陰順也過祖遇妣爲去亢而從順在六二性行邊說過三四而遇六五似乎離羣類以當尊然君之分不可及臣之分不可過二惟居中處順執守卑恭仍與三四一等故云遇其臣言无以異于三四之爲臣也通爻宜下宜順之義

**象曰不及其君은 臣不可過也ㅣ라**

○象애 ᄀᆞᆯ오ᄃᆡ 不及其君은 臣이 可히 過티 몯홈이라

【傳】過之時、事无不過其常、故、於上進則戒及其(一作其及)君、臣不可過、臣之分也

【本義】所以不及君而還遇臣者、以臣不可過故也、中溪張氏曰君尊臣卑爲臣者不可陵及其君象言臣不可過者亦臣之分也○雲峯胡氏曰小者有時不可過臣之於君不可過也本義發之君臣之大分嚴矣【備旨】爻足二之安分言曰不及其君夫子申之以大義曰不可過臣而過君莫大之罪分不可過惟不及君故臣道无愧

**九三은 弗過防之면 從或戕之라 凶ᄒᆞ리라**

（本義）弗過防之라 從或戕之니 凶ᄒᆞ니라

○九三은 너무 防티 아니ᄒᆞ면 조초 或戕ᄒᆞᆯ디라 凶ᄒᆞ리라（本義）너무 防티 아니ᄒᆞᄂᆞᆫ디라 조초 或戕ᄒᆞ리니 凶ᄒᆞ니라

【傳】小過、陰過陽失位之時、三獨居正、然、在下、无所能爲而爲陰所忌惡、故、有

所一作當過者、在過防於小人、若弗過防之則或從而戕害之矣、如是則凶也、三、於陰過之時、以陽居剛、過於剛也、旣戒之過防則過剛、亦在所戒矣、防小人之道、正己、爲先、三、不失正、故、无必凶之義、能過防則免矣、三居下之上、居上爲下、皆如是也

【本義】小過之時、事每當過然後、得中、九三、以剛居正、衆陰所欲害者也而自恃其剛、不肯過爲之備、故、其象占、如此、若占者、能過防之則可以免矣、朱子曰中孚小過兩卦鶻突不可曉小過尤甚如云弗過防之則是不能過防之也四字只是一句至弗過過之與弗遇過之皆是兩字爲絕句意義更不可曉○瓜山潘氏曰柔過之時九三獨得位不過爲之防則橫逆至矣○雙湖胡氏曰朱子謂弗過過之是兩字爲絕句愚謂弗過防之從或戕之亦當兩字爲絕句蓋小過乃陰過之時故二陽爻皆稱弗過是言陽弗能過也防之防陰也言弗能過之則當防之若不防而反從之則彼或得以戕我而凶矣二陰在下有上進之勢故當防○雲峯胡氏曰弗過防之作一句讀戒辭也依九四例作兩句讀亦戒辭也謂三恃其剛而不肯過防可也謂三之陽雖弗過而當防陰之過亦可也陰欲害陽陽當爲備若反從之則或被其戕而凶或者未必然之辭聖人以此戒三謂當以陰之過也而防之不當以陰之此也而狎之【備旨】凡事不可過獨防小人之心不可不過防檢一隙傷害立至從之一字有乘間投隙巧以入之之意五王玩禍逐喪夾日之功訓汪踈謀竟成甘露之變防之不可不周如此

## 象曰從或戕之ㅣ凶如何也오

○象애골오딕從或戕之ㅣ凶엇뎌ㅎ뇨

【傳】陰過之時、必害於陽、小人道盛、必害君子、當過爲之防、防之不至則爲其所戕矣、故、曰凶如何也、言其甚也、中溪張氏曰爲九三者若不過防二陰浸長之患而輕從之或者得以戕君子之陽其凶當如何也凡事不可過唯君子之防小人不可

不過爲之慮也【備旨】初象曰不可如何是惕之以必然之禍此曰凶如何是動之以意外之憂

九四는 无咎ᄒᆞ니 弗過ᄒᆞ야 遇之니 往이면 厲ㅣ라 必戒며 勿用永貞이니라

○九四는 咎ㅣ 업스니 過티 아니ᄒᆞ야 遇홈이니 往ᄒᆞ면 厲ᄒᆞᆫ디라 반ᄃᆞ시 戒ᄒᆞ며 ᄡᅥ 기리 貞티 말올다니라

【傳】四、當小過之時、以剛處柔、剛不過也、是以无咎、旣弗過則合其宜矣、故、云遇之、謂得其道也、若往則有危、必當戒懼也、往、去柔而以剛進也、勿用永貞、陽性、堅剛、故、戒以隨宜、不可固守也、方陰過之時、陽剛、失位則君子、當隨時順處、不可固守其常也、四、居高位而无上下之交、雖比五應初、方陰過之時、彼、豈肯從陽也、故、往則有厲

【本義】當過之時、以剛處柔、過乎恭矣、无咎之道也、弗過遇之、言弗過於剛而適合其宜也、往則過矣、故、有厲而當戒、陽性、堅剛、故、又戒以勿用永貞、言當隨時之宜、不可固守也、或曰弗過遇之、若以六二爻例則當如此說、若依九三爻例則過遇、當如過防之義、未詳孰是、當闕、以俟知者、朱子曰九四弗過遇之過遇猶言加意待之也上六弗過過之疑亦當作弗過過之與九三弗過防之文體正同○雙湖胡氏曰九四弗過與九三同義過之前遇乎陰也上往則危厲必當致其戒謹然陽性本上故又戒其勿用於貞言不必永久貞固以自守但戒謹則可免厲矣二陰在上有迎之之勢故當戒○雲峯胡氏曰二陽皆當陰過之時然三當二陰方來之衝不可不防四當二陰已上之勢可以尤咎故九三弗過防之防當用力九四弗過過之過非有心然往則有厲而當戒故戒三之從者從在下之陰也戒四之往者往而從上之陰也然往非也固守不

能隨時之宜亦非也必知時識變者可語此矣[備旨]此爻見得剛柔並用當與時行貞有時固守行亦有時固剛知柔而柔知剛而剛可也往厲句恐是其失于剛故戒之勿用句剛恐其偏于柔而矯之

象曰弗過遇之는 位不當也ㅣ오 往厲必戒는 終不可長也ᄒᆞᆯ시라

○象애 ᄀᆞᆯ오ᄃᆡ 弗過遇之ᄂᆞᆫ 位ㅣ 當티 아니미오 往厲必戒ᄂᆞᆫ ᄆᆞᄎᆞᆷ내 可히 長티 몯ᄒᆞᆯ시라

【傳】 位不當、謂處柔、九四、當過之時、不過剛而反居柔、乃得其宜、故、曰遇之、遇其宜也、以九居四、位不當也、居柔、乃遇其宜也、當陰過之時、陽、退縮自保、足矣、終豈能長而盛也、故、往則有危、必當戒也、長、上聲、作平聲則大失易意、以夬與剝、觀之、可見、與夬之象、文同而音異也

【本義】 爻義、未明、此亦當闕、朱子曰此爻小象恐不得如伊川說以長字爲上聲勿用永貞便是不可長久勿用永貞是莫常常恁地又曰莫一向要進底意○李氏光曰方羣陰用事之時求動而進則危矣故當戒謹亦勿固守其正而昧於幾也處小人之間求進則爲所擠陷守節則爲所嫉忌蓋處位不當姑靜以俟天時而已○雲峯胡氏曰程傳長作上聲本義以爲爻義未明者何可長也凡四皆上爻言之終不可長凡三訟言於初夬言於上其義甚明此獨言於四故本義闕之[備旨]此位不當就行邊說當小過而居柔乃其宜也終不可長言不可過用其剛亦惟小過爲然勿用永貞意已包

六五는 密雲不雨는 自我西郊ㅣ니 公이 弋取彼在穴이로다

○六五ᄂᆞᆫ 雲이 密호ᄃᆡ 雨티 몯홈은 우리 西郊 로브터 홈이니 公이 뎌 穴애 인ᄂᆞᆫ 거슬 弋ᄒᆞ야 取홈이로다

【傳】 五以陰柔、居尊位、雖欲過爲、豈能成功、如密雲而不能成雨、所以不能成雨、

自西郊故也、陰不能成雨、小畜卦中、已解、公弋取彼在穴、弋、射取之也、射、止是射、弋、有取義、穴、山中之空、中虛、乃空也、在穴、指六二也、五與二、本非相應、乃弋而取之、五、當位、故、云公、謂公上也、同類相取、雖得之、兩陰、豈能濟大事乎、猶密雲之不能成雨也

【本義】以陰居尊、又當陰過之時、不能有爲而弋取六二以爲助、故、有此象、在穴、陰物也、兩陰相得、其不能濟大事、可知、朱子曰密雲不雨大槩是做不得事底意思○弋是俊壯底意却只弋得這般物事○雲峯胡氏曰密雲不雨自我西郊文王爲小畜六四言也而周公以言小過之六五蓋皆言小者不能大有爲也皆互兌皆有雲雨自西之象坎爲弓凡互坎或厚坎皆取弋射象然彼射隼射雉此僅取彼在穴甚言陰小之不足大有爲也初上有飛鳥象在穴不飛者也易之取象大者以田爲象最大者以狩爲象小則以弋爲象【備旨】此爻見陰小不能大有所爲密雲二句象其君公弋一句象其臣上下无一濟事之火總以陰柔才弱故

# 象曰密雲不雨는 已上也ᄒᆞᆯ시라

○象애 ᄀᆞᆯ오ᄃᆡ 密雲不雨는 이믜 上ᄒᆞᆯ시라(本義) 너무 上ᄒᆞᆯ시라

【傳】陽降陰升、合則和而成雨、陰已在上、雲雖密、豈能成雨乎、陰過、不能成大之義也

【本義】已上、太高也、中溪張氏曰小畜小過皆言密雲不雨自我西郊何也曰陰陽二氣以均調適平而後雨陰多陽少陽多陰少則皆不雨也小畜以一陰畜五陽陰少於陽則不能以固乎陽故曰密雲不雨尙往也言陽尙往則不與陰和而不能雨矣小過以四陰而包二陽陽少於陰則不能制乎陰故曰密雲不雨已上也言陰已上則不與陽和而不能雨矣○雲峯胡氏曰二曰臣不可過五太高則又言君不可過也【備旨】上字正照卦詞上字天下未嘗无才六五居尊自高不肯虛心延訪故所得者僅是阿諛逢迎之二所以終於不濟

上六은弗遇ᄒᆞ야過之니飛鳥ㅣ離之라凶ᄒᆞ니是謂災眚이라

○上六은遇티아니ᄒᆞ야過ᄒᆞ니飛ᄒᆞᄂᆞᆫ鳥ㅣ離홈이라凶ᄒᆞ니이ᄅᆞᆯ닐온災며眚이라

【傳】六、陰而動體、處過之極、不與理遇、動皆過之、其違理過常、如飛鳥之迅速、所以凶也、離、過之遠也、是謂災眚、是當有災眚也、災者、天殃、眚者、人爲、既過之極、豈唯人眚、天災、亦至、其凶、可知、天理人事、皆然也

【本義】六、以陰居動體之上、處陰過之極、過之已高而甚遠者也、故、其象占、如此、或曰遇過、恐亦只當作過遇、義同九四、未知是否、誠齋楊氏曰上六以陰柔之資居震動之體豈唯不與二陽相遇而已直欲超而過之出其上極其高如飛鳥焉亢滿如此豈不罹災眚之凶乎○雙湖胡氏曰此爻與四正相反九四曰不過遇之上六曰不遇過之弗過遇之者陽微而不能過乎陰反遇乎陰也弗遇過之者陰上而弗能遇陽反過乎陽也小過陰過而陽不過之時故四言弗過而上言過四前有陰有相遇之理上已過陽无復遇之期故四言遇而上言弗遇亦可見也飛鳥離之取遠過之象陰過如此非陰之福也災眚荐至凶孰甚焉此可爲小人過盛者之戒○雲峯胡氏曰六二陰柔中正故曰過曰遇九四陽弗過而遇乎陰上六陰不能遇而過乎陽四无心之過上有心之過也初之飛鳥已凶上飛鳥而離之凶可知矣不特曰凶且天災人眚无不有之然則陰之過豈陰之福哉【備旨】飛鳥下加離之二字所謂穿雲沒影也比初之飛抑又甚矣是謂二字有味无妄之災君子以爲猶福惟福自我作是謂眞正之福初止曰內上文加災眚二字蓋甚戒上之不宜也

象曰弗遇過之ᄂᆞᆫ已亢也ㅣ라

○象애ᄀᆞᆯ오ᄃᆡ弗遇過之ᄂᆞᆫ이믜亢홈이라

【傳】居過之終、弗遇於理而過之、過已亢極、其凶、宜也、一作矣○進齋徐氏曰上六弗與陽遇而且過之蹤其上極其亢如

鳥之不能戢翼垂翅而超然高飛上而不能下所謂飛鳥離之凶也○建安丘氏曰小過四陰二陽陰過於陽故爲小過合六爻而論初上兩爻皆陰不中過者也故初飛鳥以凶上飛鳥離之凶皆戒其過也二五兩爻二比三五比四剛柔相濟位復得中不過者也故二言過其臣五言弋在穴亦无凶咎之戒此上下四陰爻之別也至三四兩陽在三則曰弗過防之防謂防下二陰也使三在二陰之上而不謹爲之防則陰柔必至害己故曰從或戕之凶四曰弗過遇之遇謂遇上二陰也使四在二陰之下一或輕動致五六之過則危厲之事也故曰往厲必戒然陰在陽上其害猶可追陰在陽下其禍不可測矣是以九三凶而九四无咎此又中兩陽爻之別也觀小過者苟能於爻位陰陽求之則過與不過之義得矣○臨川吳氏曰此卦初六與九四九三與上六兩爻之辭皆相表裏然初六之以凶其辭若急至九四曰无咎曰厲曰勿用則其辭緩何也九三之或戕其辭猶疑至上六曰離之曰凶曰災眚則其辭決何也蓋陰柔過盛陽剛但宜下退不宜上進四居柔則能下也三居剛則好上也下則凶或可免上則凶不可免矣此初四之辭所以先急而後緩三上之辭所以始疑而終決與嗚呼陽剛有不幸而際斯時者可不知所以自處之道哉【備旨】己字與五己字皆己甚之己上是處高極而不下己亢則又高亢之極而不知變也

䷾ 離下坎上

【傳】既濟、序卦、有過物者、必濟、故、受之以既濟、能過於物、必可以濟、故、小過之後、受之以既濟也、爲卦、水在火上、水火、相交則爲用矣、各當其用、故、爲既濟、天下萬事、已濟之時也、雲峯胡氏曰後天以坎離居先天乾坤之位故上經首乾坤終坎離下經亦以坎離之交不交終焉坎陽而離陰坎先而離後上經乾坤之後坎上坎下凡六卦下經亦以坎上坎下終焉卦名既濟未濟亦且取義於坎五行坎中之水最先而天下坎險之時最多也○庸齋趙氏曰坤上乾下爲泰以天地之交也坎上離下爲既濟以水火之交也以畫觀之則乾居坤中爲坎坎者乾之中也故乾居西北而坎居正北坤在乾中爲離離者坤之中也故坤居西南而離居正南坎離者乾坤之大用也故泰六爻雖相應而二五處非其位既濟六爻不唯皆相應而剛柔无一之不當以是爻居是位其應者皆正也水火相交而剛柔正應其爲既濟豈不大哉○中溪張氏曰涉川曰濟既未濟皆有坎體坎在外則內无險故爲既濟坎在內則內有險故爲未濟

既濟는 亨이 小ㅣ니 利貞ᄒᆞ니 初吉코 終亂ᄒᆞ니라

(本義) 小ㅣ 亨ᄒᆞ고

○既濟ᄂᆞᆫ 亨ᄒᆞᆯ꺼시 小ㅣ니 貞홈이 利ᄒᆞ니 初ᄂᆞᆫ 吉ᄒᆞ고 終은 亂ᄒᆞ니라

【傳】既濟之時、大者、既已亨矣、小者、尙有(一有未字)亨也、雖既濟之時、不能无小未亨也、小字、在下、語當然也、若言小亨則爲亨之小也、利貞、處既濟之時、(一无之時字)利在貞固以守之也、初吉、方濟之時也、終亂、濟極則反也、朱子曰既濟是己濟了大事都已亨過了只更小小底正在亨通若能戒謹恐懼得常似今猶自得不然便一向不好去了伊川之意亦是如此但要說做亨小所以不分曉

【本義】既濟、事之既成也、爲卦、水火、相交、各得其用、六爻之位、各得其正、故、爲既濟、亨小、當爲小亨、大抵此卦及六爻占辭、皆有警戒之意、時當然也、朱子曰亨小當作小亨大率到那既濟了時便有不好去所以說小亨如唐時貞觀之盛便向那不好處又曰若將濟便是好今己濟便只是不好去了○初吉終亂便有不好在末後底意思○隆山李氏曰水火相逮兩相交接既濟之象既濟則爲亨矣其所以致亨者非獨兩兩相應以居位各正故也初三五陽位皆以九居之二四六陰位皆以六居之六十四卦无如既濟最正故曰利貞向使不正安能相濟夫既濟功成物極則反理之必然故曰初吉終亂卦辭亦慮既濟後盈溢太過者耶○潛室陳氏曰既濟之卦時既濟矣而曰亨小者蓋既濟之尾乃未濟之首有儆戒无虞之意故只可言小亨也有初无終而二以柔居中此初吉也既濟終爲未濟故又曰終亂○中溪張氏曰利貞者六位當也初吉者二也終亂者上也離內坎外出離入坎則既濟爲未濟矣○雲峯胡氏曰易之道一陰一陽天下之生一治一亂陽一而陰二故治常少而亂常多創業之主以憂勤而吉守成之君以逸樂而亂初吉不幾時終亂乃迭見聖人所以於既濟之時深戒之也

彖曰既濟亨은 小者ㅣ 亨也ㅣ니

○彖애ᄀᆞᆯ오ᄃᆡ既濟亨은小者ㅣ亨ᄒᆞᆷ이니

【本義】 濟、下疑、脫小字、 郭氏京曰既濟亨小小者亨也按亨小下脫小字○嵩山晁氏曰孔氏正義亦謂合有兩小字○中溪張氏曰既濟之亨何以謂之小者亨也蓋爻有六位三陰得位而三陽下之故曰小者亨也

**利貞은剛柔ㅣ正而位當也일서라**

○利貞은剛과柔ㅣ正ᄒᆞ야位예當ᄒᆞᆯ시라

【傳】 既濟之時、大者、固一无固字己亨矣、唯有小者、一有未字亨也、時既濟矣、固宜貞固以守之、卦才、剛柔、正當其位、當位者、其常也、乃正固之義、利於如是之貞一有正字也、陰陽、各得正位、所以爲既濟也、

【本義】 以卦體、言、 曰雲郭氏曰六爻有應者八卦然應而皆得位者六十四卦獨此一卦而已是知既濟者必在有應必得其位然後可也○中溪張氏曰既濟之道所利者貞謂初九九三九五陽皆居陽六二六四上六陰皆居陰此剛柔各得其正而位當也

**初吉은柔得中也ㅣ오**

○初吉은柔ㅣ中을得ᄒᆞᆷ이오

【傳】 二、以柔順文明而得中、故、能成既濟之功、二居下體、方濟之初也而又善處、是以吉也、

【本義】 指六二、 中溪張氏曰初吉者以六二之柔而得下體之中也

**終止則亂은 其道ㅣ窮也ㅣ라**

○終애 止ᄒᆞ면亂홈은그道ㅣ窮홈이라

【傳】天下之事、不進則退、旡一定之理、濟之終、不進而止矣、旡常止也、衰亂、至矣、蓋其道、已窮極也、九五之才、非不善也、時極道窮、理當必變也、聖人、至此、奈何、曰(一旡曰字)惟聖人、爲能通其變於未窮、不使至於極也、堯舜、是也、故、有終而旡亂、

中溪張氏曰卦曰終亂而象曰終止則亂非終之能亂也於其終而有止心此亂之所由生也○建安丘氏曰古今治亂之變何有窮也治極生亂亂極生治此雖天運實人事也人之常情處旡事則止心生止則心有所怠而不復進此亂之所從起處多事則戒心生戒則心有所畏而不敢肆此治之所由兆治亂者天也所以制其治亂者人也象曰終亂而傳曰終止則亂止則亂矣不止亂安從生玩一止字則知夫子之於贊易也其旨深矣○雙湖胡氏曰文王卦辭初吉終亂之云不過如泰極則否之類既濟極則反爲未濟耳非有他也夫子釋之則曰終止則亂味止之一字即雜卦所謂既濟定也之義蓋既濟之陰陽各歸其家易於伏而不動廢其運者若一切止而不爲則亂之所由起矣此又夫子之旨也然則如之何而可亦曰剛柔雖正位雖當而氣機之運不可使一息或停譬之人身心火既降腎水既升可謂一身之既濟矣然善於康濟者豈可使升者不降降者不升必如所謂靜極復動動極復靜一動一靜互爲其根而循環旡端焉而後可耳此夫子終止則亂之微意也

**象曰水在火上이旣濟니君子ㅣ以ᄒᆞ야思患而豫防之ᄒᆞᄂᆞ니라**

○象애 ᄀᆞᆯ오ᄃᆡ 水ㅣ火上애이쇼미旣濟니 君子ㅣ以ᄒᆞ야患을思ᄒᆞ야미리 防ᄒᆞᄂᆞ니라

【傳】水火、旣交、各得其用、爲旣濟、時當旣濟、唯慮患害之生、故、思而豫防、使不至於患也、自古、天下、旣濟而致禍亂者、蓋不能思慮而豫防也、節齋蔡氏曰思患坎難象豫防離明象○臨川吳氏

曰時雖既濟凡事當慮其後患而爲之先備有備則无患思者慮其後也豫者爲之於其先也○平菴項氏曰人之用莫大於火而火常生患善濟火者莫如水思火之爲患而儲水以防使水常在火上其力足以勝之則其患亡矣是故君子致道立敎設政擧事知末流之生患必皆有以防而濟之○進齋徐氏曰既濟雖非有患之時而患每生於既濟之後君子於此愼思而豫爲之防則不至於患矣○白雲郭氏曰成湯之危懼成王之小毖皆思患豫防之謂也故卦言終亂言豫防爻有濡首之厲其義一也○涑水司馬氏曰既濟未濟反覆相承也艱險未濟君子以矜愼之志辨物之宜處之以道如是險无不濟功无不成事既濟矣无所復爲則又當思未萌之患而豫防之是以君子能康乂民物而永保安榮也【備旨】既濟本无患政惟无患乃生患故貴於思亦卒而不及持故貴於防然不思患則不能豫防徒思患而防之不豫思亦无益當一串說

# 初九는 曳其輪ᄒᆞ며 濡其尾면 无咎ㅣ리라

○初九는 그輪을 曳ᄒᆞ며 그尾를 濡ᄒᆞ면 咎ㅣ 업스리라

【傳】初、以陽居下、上應於四、又火體、其進之志、銳也、然、時既濟矣、進不已則及於悔咎、(一作吝) 故、曳其輪濡其尾、乃得无咎、輪、所以行、倒曳之、使不進也、獸之涉水、必揭其尾、濡其尾則不能濟、方既濟之初、能止其進、乃得无咎、不知已則至於咎也、

【本義】輪、在下、尾、在後、初之象也、曳輪則車不前、濡尾則狐不濟、既濟之初、謹戒如是、无咎之道、占者、如是則无咎矣、

朱子曰曳輪濡尾是只爭些子時候是欲到與未到之間不是不欲濟是要濟而未敢輕濟如曹操臨敵意思安閑如不欲戰老子所謂與兮若冬涉川之象涉則畢竟涉只是畏那寒了未敢便涉○臨川吳氏曰既濟之初可以濟而守正不遽進也如車將濟水而曳其輪狐將濟水而濡其尾雖不遽濟而終可濟故无咎○中溪張氏曰輿以輪而行曳其輪則不前不亟行也獸必揭其尾而後濟濡其尾則不掉不速濟也初以剛居剛而應乎四當濟之始勇於上進故以此戒之○隆山李氏曰徐進而不躐等无咎之道也○雲峯胡氏曰九剛動之才有輪象初一卦之後有尾象輪

所以行此旣濟之時也而有未濟之象謹戒如此蓋欲濟而未肯輕也故无咎【備旨】此全是憑初字說道理危可使平也家訓云車行而常若曳輪狐濟而常若濡尾非不進也不輕進也只是形容濟初兢業守成之心謹愼若此自可无咎

象曰曳其輪은義无咎也ㅣ니라

○象애ᄀᆞᆯ오ᄃᆡ曳其輪은義ㅣ咎업스니라

【傳】旣濟之初而能止其進則不至於極、其義自无咎也、【備旨】此爻加一義字明非倖也亦要從初字看出明於幾愼於始有大才而操以小心故宜无咎

六二는婦喪其茀이니勿逐ᄒᆞ면七日에得ᄒᆞ리라 喪息浪反 茀方弗反

(本義) 勿逐이라도

○六二는婦ㅣ그茀을喪ᄒᆞᆷ이니逐디말면七日에得ᄒᆞ리라(本義)逐디마라도

【傳】二以文明中正之德、上應九五剛陽中正之君、宜得行其志也、然、五、旣得尊位、時已旣濟、无復進而有爲矣、則於在下賢才、豈有求用之意、故、二不得遂其行也、自古、旣濟而能用人者、鮮矣、以唐太宗之用言、尙怠於終、況其下者乎、於斯時也、則剛中、反爲中滿、坎離、乃爲相戾矣、人能識時知變則可以言易矣、二、陰也、故、以婦言、茀、婦人、出門以自蔽者也、喪其茀則不可行矣、二不爲五之求用則不得行、如婦之喪茀也、然、中正之道、豈可廢也、時過則行矣、逐者、從物也、從物則失其素守、故、戒勿逐、自守不失則七日、當復得也、卦有六位、七則變矣、七日得、謂時變也、雖不爲上所用、中正之道、无終廢之理、不得行於今、必行於異時也、聖人

之一有爲字勸戒、深矣、

【本義】二以文明中正之德、上應九五剛陽中正之君、宜得行其志而九五、居既濟之時、不能下賢以行其道、故、二有婦喪其茀之象、茀、婦車之蔽、言失其所以行也、然、中正之道、不可終廢、時過則行矣、故、又有勿逐而自得之戒、中溪張氏曰婦二也茀所以蔽車者婦人出門必有茀自蔽而後行詩云翟茀以朝是也二應在五以五溺於二柔未即應己故有喪茀之象○雲峯胡氏曰五雖與二應而不汲汲於求二者處既濟之時剛中反爲中滿故也二欲自行其道不可得矣然五雖不汲汲於二二守中正之道亦不汲汲然逐之數極則必變道窮則必通不然喪但失其在外者逐則自失其在我者矣震六二亦曰七日得皆自二反覆數之歷七數又値二是二之所以爲中正者固在也中正可久廢哉【備旨】此爻重勿逐二字勿逐是不枉道求合七日得全從勿逐來君子濟時之志般若有不能頃刻待者故姬公以七日得慰之而先以勿逐戒之者蓋欲其守正以需時也

象曰七日得은以中道也ㅣ라

○象애골오ᄃᆡ七日得은中道로ᄡᅥ라

【傳】中正之道、雖不爲時所用、然、无終不行之理、故、喪茀七日、當復得、謂自守其中、異時、必行也、不失其中則正矣、【備旨】以中道不但是七日得之故亦見所以勿逐意

九三은高宗이伐鬼方ᄒᆞ야三年克之니小人勿用이니라

○九三은高宗이鬼方을伐ᄒᆞ야三年애克홈이니小人을ᄡᅳ디마롤디니라

【傳】九三、當既濟之時、以剛居剛、用剛之至也、既濟而用剛、如是、乃高宗、伐鬼

方之事、高宗、必商之高宗、天下之事、既濟而遠伐暴亂也、威武、可及而以救民爲心、乃王者之事也、唯聖賢之君則可、若騁威武、忿不服、貪土地則殘民肆欲也、故、戒不可用小人、小人、爲之則以貪忿私意也、非貪忿則莫肯爲也、三年克之、見其勞憊之甚、聖人、因九三、當既濟而用剛、發此義以示人、爲法爲戒、豈淺見、所能及也、

【本義】既濟之時、以剛居剛、高宗、伐鬼方之象也、三年克之、言其久而後、克、戒占者、不可輕動之意、小人勿用、占法、與師上六、同、朱子曰高宗伐鬼方疑是高宗舊日占得此爻故聖人引之以證此爻之吉凶如箕子之明夷利貞帝乙歸妹皆恐是如此○建安丘氏曰鬼方幽遠小國也蒼頡篇云鬼遠也三近坎體有鬼方之象離爲戈兵有伐之象○東谷鄭氏曰九三以剛陽處欲變之位剛陽則過於有爲欲變則動而之外內治己濟必欲用陽剛以求功於外者故爲之戒曰以高宗之盛而伐鬼方猶三年而後克之其可用小人而啓多事之源乎无事之世捨內治而幸邊功者皆小人啓之也○雲峯胡氏曰三居離明之極上在坎險之外故有高宗伐鬼方之象或是高宗伐鬼方嘗占得此爻故引之以爲象本義以爲六爻皆警戒意然則此亦爲九三戒也三居離終火性易躁況復以剛居剛聖人唯恐其失之躁動也故曰高宗之伐鬼方也宜若易然然且三年克之其不如高宗者可知矣小人勿用用小人則有躁動之失故也三代之兵未嘗用一小人用小人是平一亂而生一亂也聖人此意甚微故於初則勉其戒謹於二則戒以勿逐於三則戒以小人勿用蓋於既濟之時唯欲其持重緩進常如未濟之時○中溪張氏曰小人夷狄皆爲陰類戎狄之禍遠小人之禍近故作易者於用兵之後必以小人勿用戒之如師之上既濟之三是也【備旨】此爻是聖人恐三之躁動故擧高宗以爲儆克曰三年見薄伐亦艱難小人曰勿用見使任貴審總是不欲三僥倖觀兵之意

## 象曰三年克之는憊也ㅣ라 (憊 蒲拜反)

○象애ᄀᆞᆯ오ᄃᆡ三年克之ᄂᆞᆫ憊ᄒᆞᆷ이라

【傳】言憊、以見其事之至難、在高宗、爲之則可、光高宗之心則貪忿以殃(一作殘)民也、

或問三年克之憊也以言用兵是不得己之事以高宗之賢三年而克鬼方亦不勝其憊矣朱子曰言兵不可輕用也○建安丘氏曰三年而後克之則師老財匱其困憊亦已甚矣○臨川吳氏曰憊言用力之疲困以見克之之難而用兵非美事也【備旨】下一憊字更見用師之難忠其憊則知自安矣

六四는 繻에 有衣袽코 終日戒니라

(本義) 有衣袽ᄒᆞ야

○六四는 繻에 衣袽를두고日이못도록戒홈이니라(本義) 衣袽를두어

【傳】四在濟卦而水體、故、取舟爲義、四、近君之位、當其任者也、當旣濟之時、以防患慮變、爲急、繻、當作濡、謂滲漏也、舟有罅漏則塞以衣袽、有衣袽以備濡漏、又終日戒懼不怠、慮患、當如是也、不言吉、方免於患也、旣濟之時、免患則足矣、豈復有加也、

【本義】旣濟之時、以柔居柔、能預備而戒懼者也、故、其象、如此、程子、曰繻、當作濡 衣袽、所以塞舟之罅漏、

朱子曰六四以柔居柔能慮患預防蓋是心低小底人便能慮事柔善底人心不麁慮事細密剛果之人心麁不解如此○中溪張氏曰六四出離入坎此濟道將革之時也濟道將革則罅漏必生於此四坎體也故取漏舟爲戒終日戒者自朝至夕不忘戒備常若坐弊舟而水驟至焉斯可以免覆溺之患○雲峯胡氏曰九三以剛居剛易失之躁故以高宗三年克鬼方之象戒之六四以柔居柔自有能預備而戒懼之象矣譬如乘舟者不可以无繻而忘衣袽亦不可謂衣袽己備遂忽然不知戒水寖至而不知則雖有衣袽不及施矣備患之懼不失於尋常而慮患之念又不忘於頃刻此處旣濟之道也【備旨】二句以舟取柔益自濟生出作一串說繻作濡是水浸入於舟意言非舟己漏而後塞之乃慮舟之漏而預備衣袽以爲之防耳終日戒又是常恐其漏至不知而吾之衣袽不及塞也

## 象曰終日戒는有所疑也ㅣ라

○象애ᄀᆞᆯ오ᄃᆡ終日戒ᄂᆞᆫ疑ᄒᆞᄂᆞᆫ배이심이라

【傳】終日戒懼、常疑患之將至也、處既濟之時、當畏愼、如是也、中溪張氏曰人之於事惟其有所疑於心然後能思所以處之此君子所以必思患而預防之也[illegible]疑字乃疑懼之疑在戒前有疑然後有戒蓋人心安則肆疑則畏大然也

## 九五는東鄰殺牛ㅣ不如西鄰之禴祭ㅣ實受其福이니라

○九五ᄂᆞᆫ東隣의牛를殺ᄒᆞ욤이西鄰의禴祭ㅣ實로그福을受홈만ᄀᆞᆮ디몯ᄒᆞ니라

【傳】五、中實、孚也、二、虛中、誠也、故、皆取祭祀爲義、東鄰、陽也、謂五、西鄰、陰也、謂二、殺牛、盛祭也、禴、薄祭也、盛不如薄者、時不同也、二五、皆有孚誠中正之德、二、在濟下、尙有進也、故、受福、五、處濟極、无所進矣、以至誠中正、守之、苟未至於反耳、理无極而終不反者也、已至於極、雖善處、无如之何矣、故、爻象、唯言其時也、

【本義】東、陽、西、陰、言九五、居尊而時已過、不如六二之在下而始得時也、又當文王與紂之事、故、其象占、如此、象辭、初吉終亂、亦此意也、或問九五爻以言紂雖貴爲天子祭祀之盛而不若文王之薄祭却可以福祐蓋時之興衰自是如此朱子曰揚子雲云月未望則載魄於西既望則終魄於東蓋十六日月雖缺未多更聞似生明之時畢竟是漸缺去月初雖小於生魄時畢竟是長底時節又問占得此爻則如何曰這當看所値之時如何大意大抵不得便宜○白雲郭氏曰祭之盛者非无誠也然以物爲主祭之薄者非无物也然以誠爲主物過於誠則物勝誠而誠日以衰誠過乎物則誠勝物而誠日以著是也○雲峯胡氏曰東陽也謂五西陰也謂二禴

夏祭也雖爲夏本義於爻辭拳拳於時之一字此則曰九五居尊而時已過不如六二在下而始得時也時之過如月已望而將晦之時乎時之始至如月方弦而將至於望之時也夫文王與紂同此一時也在紂則爲已過之時在文王則爲未至之時也然福在天地間未嘗不以與人非吝於紂而私於文王也文王實有以受之紂自无受之道爾【補註】玩一實字福在天地間未嘗不以與人非吝于紂而私于文又寔有以受之紂无受之之道耳一說君當濟時驕奢易起誠敬不足聖人特借西鄰以示儆以見享神在誠不在物保治以寔不以文蓋示五以祈天永命之道亦有理致附叅

象曰東鄰殺牛ㅣ不如西鄰之時也ㅣ니 實受其福은 吉大來也ㅣ라

○象애ᄀᆞᆯ오ᄃᆡ 東鄰殺牛ㅣ 西의時 ᄒᆞᆷ만 ᄀᆞᆺ디 몯ᄒᆞ니 實受其福은 吉이 크게 옴이라

【傳】五之才德、非不善、不如二之時也、二、在下、有進之時、故、中正而孚則其吉、大來、所謂受福也、吉大來者、在既濟之時、爲大來也、亨小初吉、是也、中溪張氏曰既濟之後唯恐過盛以祭言之于斯時也豈不如約故東隣不如西隣牛不如禴蓋祭而得其時雖禴之薄實足以受其福而吉之大來可知矣【補註】點明時字正見不如之實吉大來全跟得時來言外見時難得而易失不可不思患預防以保其時

上六은 濡其首ㅣ라 厲ᄒᆞ니라

○上六은 그 首를 濡ᄒᆞᆷ이 라 厲ᄒᆞ니라

【傳】既濟之極、固不安而危也、又陰柔、處之而在險體之上、坎爲水、濟亦取水義、故、言其窮、至於濡首、危可知也、既濟之終而小人、處之、其敗壞 可立而待也、

【本義】既濟之極、險體之上而以陰柔處之、爲狐涉水而濡其首之象、占者、不戒、危之道也、隆山陳氏曰涉水而至於濡尾不害其爲濟也首亦濡則溺矣故厲○誠齋楊氏曰上六以柔懦之資懷亢滿之志居治安之極如已濟大川自謂沒世无風濤之虞矣不知濟其一又過其一求胾而无宿舟求

涉而无善游褰裳馮河濡至於首則溺其身可知矣○中溪張氏曰初九濡其尾而无咎者以旣濟之初則吉也上六濡其首而厲者以旣濟之終止則亂也○馮氏去非曰首在前尾在後則旣未濟之六爻象皆横觀也皆有坎水故首尾皆濡以見凡事之欲濟者身在其中乃可濟也首尾皆濡則身在其中矣又曰旣濟險乃在前未濟乃出乎險者也而卦義相反盖以水火相濟不相濟爲象也然險終在前故旣濟終厲終出乎險故未濟終孚應易窮則變之義備旨濡其首即載胥及溺之意即此便是厲濡尾猶有可爲之時至于濡首則身首俱在坎中吾見其溺而已矣

## 象曰濡其首厲ㅣ何可久也ㅣ리오

○象애 ᄀᆞᆯ오ᄃᆡ 濡其首厲ㅣ 엇디 可히 久ᄒᆞ리오

【傳】旣濟之窮、危至於濡首、其能長久乎、或問旣濟上三爻皆漸漸不好去盖出明而入險四有衣袽之象而曰有所疑也便是不美底端倪自此已露五殺牛則太自過盛上濡首則極而亂矣不知如何朱子曰然時運到那時都過了康節所謂飮酒酩酊開花離披時節所以有這樣不好底意思出來○建安丘氏曰旣濟合離坎成卦坎在外无險矣故爲旣濟合六爻言之內三爻離明也初言曳輪无咎二言喪茀勿逐三有伐鬼方而克之象此已濟之事也外三爻坎險也在四則有衣袽之戒五則歎東鄰殺牛不如西鄰之時而上又有濡首厲何可久之訓則旣濟爲未濟矣備旨曰何可久則現在沒多光景雖挽回亦不及用可見思之不可不早而防之不可不預也

## ䷿ 坎下離上

【傳】未濟、序卦、物不可窮也、故、受之以未濟、終焉、旣濟矣、物之窮也、物窮而不變則无不已之理、易者、變易而不窮也、故、旣濟之後、受之以未濟而終焉、未濟則未窮也、未窮則有生生之義、爲卦、離上坎下、火在水上、不相爲用、故、爲未濟、雲峯胡氏曰上經首乾坤乾坤之後六卦皆主坎之一陽下經終旣濟未濟濟因坎水取義而亨又皆主離之一陰天地終始皆水火相爲用也三陽失位故未濟三陰應三陽而陰又得中所以未濟終於濟也○鄭氏湘卿曰上坎下離爲旣濟

上離下坎爲未濟然離中有坎坎中有離二體而互成四卦四卦而歸二體其實一也坎水也其情淫而邪離火也其性烈而正坎常爲小人離常爲君子然離中有坎情其性也故既未之離反爲小人坎中有離性其情也故既未之坎反爲君子君子在上而小人在下則治无不濟故坎上離下爲既濟小人在上而君子在下則治莫能濟故離上坎下爲未濟此以人事言也

# 未濟는 亨ᄒᆞ니 小狐ㅣ 汔濟ᄒᆞ야 濡其尾니 无攸利ᄒᆞ니라

汔 傳魚乞反 本義許訖反

○未濟는 亨ᄒᆞ니 小狐ㅣ 濟ᄒᆞᆷ애 汔ᄒᆞ야 그 尾를 濡ᄒᆞᆷ이니 利ᄒᆞᆯ빠 업스니라 (本義) 거의 濟ᄒᆞ야

【傳】未濟之時、有亨之理而卦才、復有致亨之道、唯在愼處、狐能度水、濡尾則不能濟、其老者、多疑畏、故、履冰而聽、懼其陷也、小者則未能畏愼、故、勇於濟、汔、當爲仡、壯勇之狀、書、曰仡仡勇夫、小狐、果於濟則濡其尾而不能濟也、未濟之時、求濟之道、當至愼、則能亨、若如小狐之果則不能濟也、既不能濟、无所利矣、

【本義】未濟、事未成之時也、水火、不交、不相爲用、卦之六爻、皆失其位、故、爲未濟、汔、幾也、幾濟而濡尾、猶未濟也、占者、如此、何所利哉、建安丘氏曰未者有所待之辭未濟非不濟也待時而濟爾○進齋徐氏曰未濟有終濟之理故亨狐能渡水濡尾則不能濟以六居初小狐也汔幾也尾謂初也幾濟而濡其尾則力竭而不能濟无所利矣○隆山李氏曰聖人作易一卦必求所以亨之理在既濟時有既濟之亨未濟時有未濟之亨既濟已然之亨未濟方來之亨又曰坎爲水爲穴爲隱伏物之穴居隱伏往來水間者狐也○息齋余氏曰未濟本有亨之道但如小狐幾濟而濡尾則无所利爾謂占遇未濟者皆无攸利不可也在所處如何爾○雲峯胡氏曰小狐汔濟濡其尾未濟之象也无攸利未濟之占也易不終既濟而終未濟易不可窮故也未濟之時其花未開之春月未圓之夜乎天地不交爲否否不曰亨否不通也水火不交爲未濟非不濟也未焉爾故曰未濟亨无他未濟水火之不交而

坎男居離女下又男女之交也況旣濟下離互坎上坎互離旣濟之中互未濟未濟下坎互離上離互坎未濟之中互旣濟非唯見時變之相爲反覆而水火互藏其宅復於易中見之

**象曰未濟亨은柔得中也오**

○象애 ᄀᆞᆯ오ᄃᆡ 未濟亨은 柔ㅣ中을 得홈이오

【傳】以卦才、言也、所以能亨者、以柔得中也、五、以柔居尊位、居剛而應剛、得柔之中也、剛柔、得中、處未濟之時、可以亨也、

【本義】指六五、言、或問未濟所以亨者謂之未濟便是有濟之理但尙遲遲故謂之未濟而柔得中又自有亨之道朱子曰然○建安丘氏曰未濟非終於不濟欲濟而未爾柔得中謂五以柔而得中位也○雲峯胡氏曰乾坤之後爲坎者六至旣濟未濟雖因坎取義然皆曰柔得中也則又專指離而言坎之與離終始可相有而不可相无如此

**小狐汔濟는未出中也오**

○小狐汔濟는 中애 出티 몯홈이오

【傳】據二而言也、二以剛陽、居險中、將濟者也、又上應於五、險非可安之地、五有當從之理、故、果於濟、如小狐也、既果於濟、故、有濡尾之患、未能出於險中也、

朱子曰小狐汔濟汔字訓幾與井卦同旣曰幾便是未濟未出坎中不獨是說九二爻通一卦之體皆是未出乎坎險所以未濟

**濡其尾无攸利는不續終也라**

○濡其尾无攸利는 續ᄒᆞ야 終티 몯홈이라

【傳】其進、銳者、其退、速、始雖勇於濟、不能繼續而終之、无所往而利也、朱子曰不續終也是首濟而尾濡不能濟不相接續去故曰不續終也狐尾大濡其尾則濟不得矣○瀘川毛氏曰未濟之初六陰也小狐之象小人也非濡尾之不可濟而小人之不足以濟也○建安丘氏曰不續終指初也下坎象狐初其尾也二之未能出險者以初柔力微而不能續其後也正猶狐幾濟而濡其尾首濟而尾未濟也何所利乎

**雖不當位나剛柔ㅣ應也ㅣ니라**

○비록位예當티아니나剛과柔ㅣ應ᄒᆞ니라

【傳】雖陰陽、不當位、然、剛柔、皆相應、當未濟而有與、若能重愼則有可濟之理、二以汔濟、故、濡尾也、卦之諸爻、皆不得位、故、爲未濟、雜卦、云未濟、男之窮也、謂三陽、皆失位也、斯義也、聞之成都隱者、朱子曰張敬夫說伊川之在涪也方讀易有箍桶人以此問伊川不能答其人云三陽失位伊川謂是不知此語火珠林上已有蓋伊川未曾看雜書所以被他說動了○馮氏去非曰六爻雖不當位而剛柔皆應苟能協力以濟亦可致亨未濟者終濟矣○建安丘氏曰六爻剛居陰位柔居陽位雖未當位而一陰一陽各相應上下協力故終有出險之功也○平菴項氏曰既濟三剛三柔皆正然剛柔正而位當即謂六二九五剛柔正應而又當位也若泛言則失象義未濟六爻皆不當位其曰雖不當位亦指六五言之剛柔應者覆解亨字雖无攸利用其柔中以與剛應自有致亨之理

**象曰火在水上이未濟니君子ㅣ以ᄒᆞ야愼辨物ᄒᆞ야居方ᄒᆞᄂᆞ니라**

○象애ᄀᆞᆯ오ᄃᆡ火ㅣ水上에이숌이未濟니 君子ㅣ以ᄒᆞ야愼ᄒᆞ야 物을辨ᄒᆞ야方애居케ᄒᆞᄂᆞ니라

【傳】水火、不交、不相濟爲用、故、爲未濟、火在水上、非其處也、君子、觀其處不當

之象、以愼處於事物、辨其所當、各居其方、謂止於其所也、

【本義】水火異物、各居其所、故、君子、觀象而審辨之、白雲郭氏曰水火不交不相爲用所以爲未濟亦猶天地不交而爲否也物之有可辨者如水火之性是也居方者猶居上居下是也君子觀未濟之象而愼於辨物居方者欲其所居各得交濟之道毋若火在水上而不相爲用也不然則物自各止其所君子何愼之有○建安丘氏曰辨物如火之明居方如水之聚猶火在天上大有亦以類族辨物言之其義可見○雲峯胡氏曰水火異物故以之辨物水火各居其所故以之居方○開封耿氏曰既濟未濟之所以不同者分定與亂耳故君子愼辨物使物以群分愼居方使方以類聚如此則分定不亂而爲既濟矣【備旨】辨物居方正君子謂停未濟以歸濟之妙用物字要說得凋辨字要說得詳居方是凡各止其所之意愼字重看惟愼乃能辨

# 初六은濡其尾니吝하니라

○初六은그尾를濡홈이니吝하니라

【傳】六、以陰柔、在下、處險而應四、處險則不安其居、有應則志行於上、然、己既陰柔而一无而字四非中正之才、不能援之以濟也、獸之濟水、必揭其尾、尾濡則不能濟、濡其尾　言不能濟也、不度其才力而進、終不能濟、可羞吝也、

【本義】以陰居下、當未濟之初、未能自進、故、其象占、如此、進齋徐氏曰既濟初濡其尾无咎未濟初濡其尾吝者既濟之初才剛足以有濟又下卦離體明也明則知緩急之宜而不急濟又苟知緩濟之義則雖濡尾亦終濟矣故无咎未濟之初才柔不足以濟又下卦坎體陷也陷則冒險以進而急於求濟不知未濟之義則至於濡尾而不能濟矣故可吝○雲峰胡氏曰以陽居陽當既濟之初而濡其尾時可濟不敢輕濟也故无咎初以陰居陽當未濟之初而濡其尾時未可濟不能自濟也故吝○林氏栗曰卦言无攸利而爻言吝者以在下一卦之初其失未遠也故係之以悔吝爾【備旨】此所謂小狐也未濟之初非有人力量者不能濟可貪功名而躁進乎壞天下事者皆此輩也故吝

象曰濡其尾ㅣ亦不知ㅣ極也ㅣ라

○象애골오딕濡其尾ㅣ또아디몯홈이極홈이라

【傳】不度其才力而進、至於濡尾、是不知之極也、

【本義】極字、未詳、考上下韻、亦不叶、或恐是敬字、今且闕之、朱子曰極字猶言極則又曰猶言界至之謂或云當作拯字○宋氏曰初六知始之欲濟而不知終之不能繼故曰亦不知極也極者終竆之謂一說極者終極之謂初知當濟而不自審其績終之難故曰亦不知極不必更作敬字付叅 備旨 按本義極作敬字看

九二는曳其輪이면貞ᄒᆞ야吉ᄒᆞ리라

(本義) 曳其輪이니貞이라吉ᄒᆞ리라

○九二는그輪을曳ᄒᆞ면貞ᄒᆞ야吉ᄒᆞ라라(本義)그輪을曳홈이니貞ᄒᆞᆫ디라吉ᄒᆞ리라

【傳】在他卦、九居二、爲居柔得中、无過剛之義也、於未濟、聖人、深取卦象以爲戒、明事上恭順之道、未濟者、君道艱難之時也、五、以柔處君位、而二、乃剛陽之才、而居相應之地、當用者也、剛有陵柔之義、水有勝火之象、方艱難之時、所賴者、才臣耳、尤當盡恭順之道、故、戒曳其輪則得正而吉也、倒曳其輪、殺其勢、緩其進、戒用剛之過也、剛過則好犯上(一无上字)而順不足、唐之郭子儀李晟、當艱危未濟之時、能極其恭順、所以爲得正而能保其終吉也、於六五則言其貞吉光輝、盡君道之善、於九二則戒其恭順、盡臣道之正、盡上下之道也、

【本義】 以九二、應六五而居柔得中、爲能自止而不進、得爲下之正也、故、其象占、如此、 朱子曰坎有輪象所以說輪○節齋蔡氏曰以剛居中上應六五有才濟難者也然以剛應柔易生陵忽之心故能緩其所以行乃得正而吉也○雲峯胡氏曰旣濟初九象濡尾曳輪二象未濟初與二分之初在下當爲尾九剛動當爲輪初濡其尾才柔不能自進二曳其輪剛居柔而得中能自止而不進也中則无有不正是以貞吉○厚齋馮氏曰未濟緣旣濟立象故濡尾濡首兩卦旣同而伐鬼方與曳其輪先後一位爾蓋未濟之二乃旣濟之五未濟之四乃旣濟之三其爻之剛則然也所不同者時與位之異故吉凶異焉【備旨】濟世之才靜觀則中肯躁動則乖宜二之曳輪不但不逼主亦見得濟世之用合當如此旣不妄動以徼功乃可動出萬全而克濟

# 象曰九二貞吉은中以行正也ㅣ라

○象애골오듸九二貞吉은中으로뻐正을行홈일시라

【傳】 九二、得正而吉者、以曳輪而得中道、乃正也、

【本義】 九居二、本非正、以中、故、得正也、 雲峯胡氏曰程子云正有不中中无不正此曰以中故得正易之大義也【備旨】中字在正字前一步正即貞中乃所以貞也

# 六三은未濟에征이면凶ᄒᆞ나利涉大川ᄒᆞ니라

○六三은未濟에征ᄒᆞ면凶ᄒᆞ나大川을涉홈이利ᄒᆞ니라

【傳】 未濟征凶、謂居險无出險之用而行則凶也、必出險而後、可征、三、以陰柔不中正之才而居險、不足以濟、未有可濟之道出險之用而征、所以凶也、然、未濟、有可濟之道、險終、有出險之理、上有剛陽之應、若能涉險而往從之則濟矣、故、利涉大川也、然、三之陰柔、豈能出險而往、非時不可、才不能也、

【本義】陰柔不中正、居未濟之時、以征則凶、然、以柔乘剛、將出乎坎、有利涉之象、故、其占、如此、蓋行者、可以水浮而不可以陸走也、或疑利字上、當有不字、莆陽劉氏曰六三居險之極未能出險而陰柔失位才不足以濟又求進焉凶可知矣爲能涉夫難乎既曰未濟征凶又曰利涉大川文義相背本義或疑利字上有不字爲得之大抵未濟下三爻皆未能出險三與初爻皆陰柔才不足以濟險九二剛中才足以濟險時未可進守貞則吉以此推之三非利涉可知矣○雲峯胡氏曰既濟六爻不出卦名未濟六三卦名獨見蓋爻俱失位初上處无位之地中四爻三皆曰貞吉獨於六三曰未濟征凶豈非未濟之時以征則凶而以居貞則吉乎況未濟之時唯剛乃克有濟故九二九四貞吉上九无咎如六三陰柔又不中正未濟終難濟矣故以征則凶亦不利涉川也【備旨】既云征凶文言利涉何得失相懸也蓋征者自征猶陸走則用人力涉者乘物猶水浮則借舟力以自用不足以用人則裕在三之自審也

**象曰未濟征凶은 位不當也ᄒᆞ시라**

○象애 골오ᄃᆡ 未濟征凶은 位ㅣ 當티 아닐ᄉᆡ라

【傳】三、征則凶者、以位不當也、謂陰柔不中正、无濟險之才也、若能涉險一无險字以從應則利矣、臨川吳氏曰未濟諸爻位皆不當而象傳特於六三言之者陰柔居險極也○瀘川毛氏曰九二九四以不純用其剛故吉而六五又以柔中而亨各因爻取義獨此爻以非其人而居其位也【備旨】既濟六爻不出卦名惟未濟六三言之未濟六爻皆位不當亦惟六三言之以未濟由六三故也

**九四는 貞이면 吉ᄒᆞ야 悔ㅣ 亡ᄒᆞ리니 震用伐鬼方ᄒᆞ야 三年에아 有賞于大國이로다**

○九四는 貞ᄒᆞ면 吉하야 悔ㅣ 亡하리니 震하야 ᄡᅥ 鬼方을 伐하야 三年에아 大國에 賞이 잇도다

【傳】九四、陽剛、居大臣之位、上有虛中明順之主、又已出於險、未濟、已過中矣、

有可濟之道也、濟天下之艱難、非剛健之才、不能也、九雖陽而居四、故、戒以貞固則吉而悔亡、不貞則不能濟、有悔者一无者字也、震、動之極也、古之人、用力之甚者、伐鬼方也、故、以爲義、力勤而遠伐、至于三年然後、成功而行大國之賞、必如是、乃能濟也、濟天下之道、當貞固、如是、四、居柔、故、設此戒、誠齋楊氏曰既濟伐鬼方而憊其憊者既濟之世利用靜也未濟伐鬼方而得其賞者未濟之世利用動也○隆山陳氏曰既濟之三離之上也未濟之四離之下也二爻正當濟難之地故象討伐但既濟高宗未濟則受命出征者耳

【本義】以九居四、不正而有悔也、能勉而貞則悔亡矣、然、以不正之資、欲勉而貞、非極其陽剛用力之久、不能也、故、爲伐鬼方三年而受賞之象、雲峯胡氏曰爻言貞吉者三九二剛中中則正矣言貞吉而不言悔亡五柔中故貞吉无悔九四不中故勉之以貞吉而後悔亡言不如是則悔不亡也既濟九三以剛居剛故直曰高宗伐鬼方未濟九四以剛居柔故曰震用伐鬼方震懼也臨事而懼未濟者必濟矣大抵三四爻皆人位易於乾之三曰終日乾乾夕惕惕懼也於既濟之四曰終日戒戒懼也此復取震懼之意懼以終始所以爲易之敎也【備旨】此爻有以變化氣質言與未濟之時不合斷以在治道上說者爲是震用句是象其奮發之力三年句是象其用力久而有濟世之功蓋處未濟禍亂未平正人臣戮力勵勤之日是必以剛決之心作其震發之氣爲國家揚勘定之勳壯安攘之畧纔不負未濟而有可濟之一句震用二句是全以治平之事責九四也

## 象曰貞吉悔亡은志行也ㅣ라

○象에ᄀᆞᆯ오ᄃᆡ貞吉悔亡은志ㅣ行홈이라

【傳】如四之才、與時合而加以貞固則能行其志、吉而悔亡、鬼方之伐、貞之至也、臨川吳氏曰近柔中之君其志得行也○沙隨程氏曰震用伐鬼方此大臣贊其興衰撥亂之事【備旨】未濟非志行不濟然不貞亦不能行鬼方之伐正四之所謂貞也

六五는 貞이라 吉ᄒᆞ야 无悔니 君子之光이 有孚ㅣ라 吉ᄒᆞ니라

○六五는 貞ᄒᆞᆫ디라 吉하야 悔업스니 君子의 光이 孚ㅣ 이ᄂᆞᆫ디라 吉ᄒᆞ니라

【傳】五、文明之主、居剛而應剛、其處、得中、虛其心而陽爲之輔、雖以柔居尊、處之至正至善、无不足也、旣得貞正、故、吉而无悔、貞、其固有、非戒也、以此而濟、无不濟也、五、文明之主、故、稱其光、君子德輝之盛而功實稱之、有孚也、上云吉、以貞也、柔而能貞、德之吉也、下云吉、以功也、旣光而有孚、時可濟也、

【本義】以六居五、亦非正也、然、文明之主、居中應剛、虛心以求下之助、故、得貞而吉、且无悔、又有光輝之盛、信實而不妄、吉而又吉也、李氏光曰九二中正之臣爲之正應四上二陽相與夾輔能虛己而任用之故貞吉而无悔也○林氏栗曰四應在初故先悔而後亡五應在二故貞吉而无悔○節齋蔡氏曰方明之主故稱君子之光下得云恭順剛明之臣故言孚吉○雲峯胡氏曰九居四非貞貞吉悔亡勉之之辭也六居五亦非貞貞吉无悔與之之辭也蓋五文明之主是爲君子之光虛心以求九二剛中之助是爲有孚此所以爲正吉而又吉也【備旨】此爻申說亦主變化氣質然玩无悔二字與悔亡不同正是與其天德之粹美不是矯不正以歸正之謂六五以柔居中貞其固有非戒也悔其本无不待于亡也文明之美發揮于事業故曰君子之光離體本有光而承乘應皆陽剛君子相助以濟而成光輝自是變未濟爲濟四表上下皆昭其格被矣提出君子二字則有孚之意光字內已含得了又點出有孚來者只見其光之非外襲耳

象曰君子之光은 其暉ㅣ 吉也ㅣ라

○象애 ᄀᆞᆯ오ᄃᆡ 君子之光은 그 暉ㅣ 吉ᄒᆞ니라

【傳】光盛則有暉、暉、光之散也、君子、積充而光盛、至於有暉、善之至也、故、重云

吉

【本義】暉者、光之散也、童溪王氏曰暉者光之發也光盛則有暉然則暉生於光而光又生於謙此六五所以爲未濟之謙主也○中溪張氏曰君臣同心以致治則未濟者終濟矣此君子所以有光暉之吉也(備旨)堯之欽明其光乎堯之被四表其暉乎非光之外又有暉也光而言暉昭其盛也暉又言告贊其美也光即孚蘊之而發越暉即光布之而自燿非有殊也

上九ᄂᆞᆫ有孚于飮酒면无咎ㅣ어니와濡其首ㅣ면有孚에失是ᄒᆞ리라

(本義) 有孚于飮酒니无咎ㅣ어니와濡其首ㅣ면有孚ᄒᆞ야

○上九ᄂᆞᆫ孚를두고酒를飮하면咎ㅣ업거니와그首를濡ᄒᆞ면有孚에是를失ᄒᆞ리라

(本義)孚를두고酒를飮홈이니咎ㅣ업거니와그首를濡ᄒᆞ면

【傳】九、以剛在上、剛之極也、居明之上、明之極也、剛極而能明則不爲躁而爲決、明能燭理、剛能斷義、居未濟之極、非得濟之位、无可濟之理則當樂天順命而已、若否終則有傾、時之變也、未濟則无極而自濟之理、故、止爲未濟之極、至誠安於義命而自樂則可无咎、飮酒、自樂也、不樂其處則忿躁隕穫、入于凶咎矣、若從樂而耽肆過禮、至濡其首、亦非能安其處也、有孚、自信于中也、失是、失其宜也、如是則於有孚、爲失也、人之處患難、知其无可奈何而放意不反者、豈安於義命者哉、建安丘氏曰旣言飮酒之无咎復言飮酒濡首之失何耶蓋飮酒可也耽飮而至於濡首則昔之有孚者今失於是矣○誠齋楊氏曰旣濟上六之濡首者水也未濟上九之濡首者非水也酒也水之溺人溺其一身酒之溺人溺其心以及其天下國家故濟水之害小於儀狄之酒禹惡旨酒之功大於平濟水

【本義】以剛明、居未濟之極、時將可以有爲而自信自養、以俟命、无咎之道也、若縱而不反、如狐之涉水而濡其首則過於自信而失其義矣、朱子曰未濟卦取狐爲象上象頭下象尾○未濟只陽爻便好陰爻便不好但六五上九兩爻不如此六五謂其得中故以爲吉上九有可濟時之才又當未濟之極可以濟矣亦云不吉更曉不得又曰濡首分明是狐過水而濡其首今象却云飮酒濡首皆不可曉○問未濟上九以陽居未濟之極宜可以濟而反不善者竊謂未濟則當寬靜以待九二九四以陽居陰皆能靜守上九則極陽不中所以如此曰也未見得是如此大抵時運旣當未濟雖有陽剛之才亦无所用況又不得位所以如此○易不是說殺底物事只可輕輕地說若是確定一爻吉一爻凶便是揚子雲太玄了易不恁地兩卦各自說濡尾濡首不必拘說在此言首在彼言尾大槩旣濟是那日中衙晡時候盛了只是向衰去未濟是那五更初時只是向明去聖人當初見這箇爻裏有這箇意思便說出這一爻來或是從陰陽上說或是從卦位上說他這箇說得散漫不恁地逼拶他他這箇說得疏到他密時盛水不漏到他疏時疏得无理會若只要就名義上求他便是今人說易了大失他易底本意周公做這爻辭只依稀地見這箇意便說這箇事出來大段散漫○節齋蔡氏曰五爲濟主三四助之已成濟功矣已獨處上无所用力唯孚于飮酒自樂不妄生事乃爲无咎又曰旣濟之後必亂故主在初卦而亨取二未濟之後必濟故主在上卦而亨取五○雲峯胡氏曰旣濟三陽皆得位未濟三陽皆失位然旣濟初曳輪未濟二亦曳輪旣濟三伐鬼方未濟四亦伐鬼方旣濟之五反不如未濟之上者以時而言未濟不如旣濟之初旣濟不如未濟之終也程傳於此二爻發出義命二字本義分言之蓋謂未濟之極將可濟矣自信自養所以俟命也若縱而不反如狐之濡其首則過於自信自樂而失其義矣命在天義在我不能自信自樂以俟命非也過於自信自樂而失我之義亦非也周公係易於旣濟之終以濡其首爲時事之失於未濟之終以濡其首爲人事之失其與民同患之意愈切故於辭愈懼善學易者信不可頃刻不知所懼也○西溪李氏曰聖人設卦必終於未濟者所以寓生生不窮之意也未濟易之終上九未濟之終生生不窮之理在是夫亂者治之基治者亂之伏未濟之極豈終不濟哉以上九之才言終於必濟矣【備旨】有孚二句是恐其撥千多事而以休息示之濡首二句是恐其流於怠荒而以節制儆之一部易書只要成就個是定

象曰飮酒濡首ㅣ亦不知節也ㅣ라

○象애 ᄀᆞᆯ오ᄃᆡ 飮酒濡首ㅣ 또 節홈을 아디 몯홈이라

【傳】飮酒至於濡首、不知節之甚也、所以至如是、不能安義命也、能安則不失其常矣、雲峯胡氏曰旣濟以中道離之中也未濟中以行正坎之中也旣濟九五東鄰殺牛不如西鄰之時時卽所謂中也未濟上九不知節節卽所謂中也堯之授舜只是一中字易三百八十四爻只是一時字易於小象之末曰中曰時易之大義畧可見矣末一句亦不知節也不知節者不知隨時以取中也大易敎人之意切矣○或問居未濟之時未可動作初六陰柔不能固守而輕進故有濡尾之吝九二陽剛得中得正曳其輪而不進所以貞吉朱子曰也是如此大槩難曉又曰大槩未濟之下卦皆是未可進用濡尾曳輪皆是此意六三未離坎體便也不好到四五已出乎險方好上九又不好了○未濟與旣濟諸爻頭尾相似中間三四兩爻如損益模樣顚倒了他曳輪濡尾在旣濟爲无咎在此卦則或吝或貞吉這便是不同了○建安丘氏曰未濟合坎離成卦坎在內猶有險也故爲未濟合六爻言之內三爻坎險也初言濡尾之吝二言曳輪之貞三爻有貞凶位不當之戒皆未濟之事也外三爻離明也四言伐鬼方有賞五言君子之光有孚上言飮酒无咎則未濟爲旣濟矣○莆陽劉氏曰未濟下三爻未出險初濡尾二曳輪三征凶上三爻已出險矣四志行五有孚吉上有孚飮酒而已旣濟吉少凶多未濟吉多凶少然雖吉未嘗不戒也○西溪李氏曰上篇首乾坤終坎離下篇首咸恒終旣濟未濟亦坎離也天地之道不過於陰陽五行之用莫先於水火上篇首天地陰陽之正也故以水火之正終焉下篇首夫婦陰陽之交也故以水火之交終焉○隆山李氏曰陰陽之氣往來乎天地之間或不能无過差故聖人作易於頤大過之後繼之以坎離蓋以陰陽之中而救大過之弊也於中孚小過之後繼之以旣濟未濟亦以陰陽之交而中者而救小過之弊也○厚齋馮氏曰乾上坤下離東坎西此先天之易天地日月之四象也故居上經之始終以立造化之體山澤通氣雷風不相悖水火相逮此後天之易六子之用也故居下經之始終以致造化之用旣濟之後猶有未濟者示造化之用終則有始也【備旨】未濟雖至于將濟若能盡人事不自昧其天則豈至失是否則天時人事皆无可濟矣

備旨具解原本周易卷之二十一

# 備旨具解原本周易卷之二十二

## 繫辭上傳

程子曰聖人用意深處全在繫辭詩書乃格言○繫辭本欲明易若不先求卦義則看繫辭不得○如繫辭之文後人決學不得譬之化工生物且如生出一枝花或有剪裁爲之者或有繪畫爲之者看時雖自相類然終不若化工所生自有一般生意

【本義】繫辭、本謂文王周公所作之辭繫于卦爻之下者、即今經文、此篇、乃孔子所述繫辭之傳也、以其通論一經之大體凡例、故、无經可附而自分上下云、

朱子曰熟讀六十四卦則覺得繫辭之語甚爲精密是易之括例○繫辭或言造化以及易或言易以及造化不出此理○六十四卦只是上經說得齊整下經便亂董董地繫辭也如此只是上繫好看下繫便沒理會○雙湖胡氏曰繫辭傳中言聖人繫辭者六曰聖人設卦觀象繫辭焉而明吉凶曰聖人有以見天下之動繫辭焉以斷其吉凶者凡兩出曰繫辭焉所以告也曰繫辭焉以盡其言曰繫辭焉而命之皆指文王周公卦爻辭言也若繫辭上下傳則是孔子統論一經之卦爻大體凡例如論先聖作易之由則見於包羲氏仰觀俯察及易有太極及河圖洛書數章如論用易之法則見於大衍之數五十章與夫卦爻之剛柔象數之變化三極之道幽明之故鬼神之情狀皆搜抉无隱若徒有上下經而无繫辭傳則象數之學不明理義之微莫顯易亦竟无以致用於萬世而適乎仁義中正之歸矣其有稱大傳者因太史公引天下同歸而殊塗一致而百慮爲易大傳蓋太史公受易楊何何之屬自著易傳行世故稱孔子者曰大傳以別之耳○雲峯胡氏曰上下繫各十二章始皆言易簡終皆言易在德行不在言辭示人學易之要深切矣

天尊地卑ᄒᆞ니 乾坤이 定矣오 卑高以陳ᄒᆞ니 貴賤이 位矣오 動靜有常ᄒᆞ니 剛柔ㅣ 斷矣오 方以類聚코 物以羣分ᄒᆞ니 吉凶이 生矣오 在天

成象ᄒᆞ고在地成形ᄒᆞ니變化ㅣ見矣라 斷丁亂反 見賢遍反

○天이尊ᄒᆞ고地ㅣ卑ᄒᆞ니乾과坤이定ᄒᆞ고卑과高ㅣ뼈陳ᄒᆞ니貴와賤이位ᄒᆞ고動홈과靜홈이常이이시니剛과柔ㅣ斷ᄒᆞ고方이類로뼈聚ᄒᆞ고物이羣으로뼈分ᄒᆞ니吉과凶이生ᄒᆞ고天에이셔象이成ᄒᆞ고地에이셔形이成ᄒᆞ니變과化ㅣ見ᄒᆞ니라

【程子】曰 天尊地卑止天下之理得而成位乎其中矣○天尊地卑尊卑之位定而乾坤之義明矣尊卑既判貴賤之位分矣陽動陰靜各有其常則剛柔判矣事有理一作萬事理也物有形也事則有類形則有羣善惡分而吉凶生矣象見於天形成於地變化之跡見矣陰陽之交相摩軋八方之氣相推盪雷霆以動之風雨以潤之日月運行寒暑相推而成造化之功得乾者成男得坤者成女乾當始物坤當成物乾坤之道易簡而已乾始物之道易坤成物之能簡平易故人易知簡直故人易從易知則可親就而奉順易從則可取法而成功親合則可以常久成事則可以廣大聖賢德業久大得易簡之道也天下之理易簡而已有理而後有象成位在乎中也

【本義】天地者、陰陽形氣之實體、乾坤者、易中純陰純陽之卦名也、卑高者、天地萬物上下之位、貴賤者、易中卦爻上下之位也、動者、陽之常、靜者、陰之常、剛柔者、易中卦爻陰陽之稱也、方、謂事情所向、言事物善惡、各以類分而吉凶者、易中卦爻占決之辭也、象者、日月星辰之屬、形者、山川動植之屬、變化者、易中蓍策卦爻陰變爲陽陽化爲陰者也、此、言聖人、作易、因陰陽之實體、爲卦爻之法象、莊周所謂易、以道陰陽、此之謂也、朱子曰天尊地卑上一截皆說面前道理下一截是說易書聖人做箇易與天地準處如此如今看面前天地便是他那乾坤卑高便是貴賤聖人只是見成說這箇見得易是準這箇若把下面一句說做未畫之易也不妨然聖人是從那有易後說來又曰天尊地卑乾坤定矣觀天地則見易也○間此第一章第一節蓋言聖人因造化之自然以作易曰論其初則聖人是因天理之自然而著之於書此是後來人說話又是見天地之實體而知易之書如此如見天之尊地之卑却知得易之所謂乾坤者如此如見天之高地之卑却知得易所分貴賤者如此又曰此是因至著之象以見至微之理又曰上句是言造化之實體以明下句易中之事〇方以類聚物以羣分伊川說是亦是言天下事物各以類分故存乎易者吉有吉類凶有凶類〇方以類聚物以羣分方只是事訓術訓道善有善之類惡有惡之類各以其類而聚也又曰方向也所向善則善底人皆來聚所向惡則惡底人皆來聚物又通天下之物而言是箇好物事則所聚者皆好物事也若是箇不好底物事則所聚者皆不好底物事也〇在天成象在地成形變化見矣變化是易中陰陽二爻之變化故又曰變化者進退之象也又曰貴賤是易之位剛柔是易之變化類皆是易不必專主乾坤二卦而言又曰上是天地之變化下是易之變化〇融堂錢氏曰无畫之易在太極先有畫之易自兩儀始蓋下文所謂貴賤剛柔吉凶變化自乾坤而始著非自乾坤而始有也〇雙湖胡氏曰天尊地卑陰陽固有自然尊卑之象然於易上欲見其尊卑處何者爲最親切曰自太極生兩儀象卦最可見太極動而生陽靜而生陰則陽己居先矣至於陽儀之上生一陽一陰先陽固宜也陰儀上當以陰爲主矣其生一陽一陰亦以陽居先焉以至於六畫莫不先陽而後陰於是首乾終坤乾不期尊而自尊坤不期卑而自卑於此見尊陽卑陰非聖人之私意卦畫自然之象而亦造化自然之位也〇張子曰不言高卑而曰卑高者亦有義高以下爲基亦是人先見卑處然後見高也〇鶴山魏氏曰卦畫自下始也位六位也貴賤觀於屯言以貴下賤訟言以下訟上之類可見矣天圓而動地方而靜故有常剛爻一三五柔爻二四六也斷因九六之得位失位而斷之也觀於位正當也位不當也之類可見矣〇臨川吳氏曰動靜有常以天地之用言天運轉不已陽常動也地塡凝不移陰常靜也剛柔以卦之奇耦二畫言剛謂奇畫柔謂耦畫斷猶判也剛畫猶陽動之實而一柔畫猶陰靜之虛而二也〇誠齋楊氏曰聚散異向好惡相攻由是吉凶生焉〇東坡蘇氏曰方本異也而以類而聚此同之生於異也物羣則其勢不得不分此異之生於同也天地一物也陰陽一氣也或爲象或爲形所在之不同故云在者明其一也象者形之精華發於上者也形者象之體質留於下者也〇盤澗董氏曰在天成象在地成形變化見矣變化非因形象而後有也變化流行非形象則无以見故因形象而變化之迹可見也日月星辰象也山川動植形也象陽氣所爲形陰氣所爲然陽中有陰則日星陽也月辰陰也陰中有陽則山陰而川陽然陰陽又未嘗不相錯而各自爲陰陽也〇涑水司馬氏曰乾坤定於天地貴賤陳於尊卑剛柔斷於動靜吉凶生於萬物變化見於形象皆非聖人爲之也天地之判陰陽之交本自有之而聖人準之以爲敎爾〇勉齋黃氏曰此言有天地則乾坤貴賤剛柔吉凶變化之理昭然可見然必有乾坤而後貴賤剛柔吉凶之體始具有貴賤剛柔吉凶而後變化之用始行始於乾坤終於變化此生生所以不窮天地所以

常久而不已也○雲峯胡氏曰朱子曰此非是因有天地而始定乾坤乃是觀天地即見易也蓋乾坤之卦未畫觀之天尊地卑乾坤之位已定矣貴賤之位未齊觀天地萬物之卑高卦爻之貴賤已位矣易未有卦爻則未有剛柔之稱也天地間陽者常動可見其爲剛陰者常靜可見其爲柔矣易未有爻位則未有吉凶之辭也天地間事事物物善惡各以其類而分善者可知其爲吉惡者可知其爲凶矣未有蓍卦固未見所謂陽變陰陰化陽也天成象地成形蓍卦之變化已於此乎見矣此一節言畫前之易固如是也

**是故로剛柔ㅣ相摩ᄒᆞ며八卦ㅣ相盪ᄒᆞ야**

○이런故로剛과柔ㅣ서르摩ᄒᆞ며八卦ㅣ서르盪ᄒᆞ야

【本義】此、言易卦之變化也、六十四卦之初、剛柔兩畫而已、兩相摩而爲四、四相摩而爲八、八相盪而爲六十四、

朱子曰繫辭中說是故字都是喚那下文起也有相連處也有不相連處○問剛柔相摩八卦相盪竊謂六十四卦之初剛柔兩畫而已兩而四四而八八而十六十六而三十二三十二而六十四皆自然生生而不已而謂之摩盪何也曰摩如一物在一物上面摩旋底意思亦是相交意思如今人磨子相似下面一片是不動上面一片只管摩旋推盪不曾住自兩儀生四象則老陽老陰不動而少陰少陽則交自四象生八卦則乾坤震巽不動而兌離坎艮則交自八卦而生六十四卦皆加是從上去下體不動每一卦生八卦故謂之摩盪又曰摩是兩箇物事相摩戛盪是圓轉推盪出來摩是八卦以前有事盪是那八卦了圓旋推盪那六十四卦出來漢書所謂盪軍是圓轉去殺他磨轉他底意思○臨川吳氏曰畫卦之初以一剛一柔與第二畫之剛柔相磨而爲四象又以二剛二柔與第三畫之剛柔相磨而爲八卦八卦旣成則又各以八悔卦盪於一貞卦之上而一卦爲八卦八卦爲六十四卦也

**鼓之以雷霆ᄒᆞ며潤之以風雨ᄒᆞ며日月이運行ᄒᆞ며一寒一暑ᄒᆞ야**

○鼓호ᄃᆡ雷霆으로ᄡᅥᄒᆞ며潤호ᄃᆡ風雨로ᄡᅥᄒᆞ며日과月이運行ᄒᆞ며ᄒᆞᆫ번寒ᄒᆞ고ᄒᆞᆫ번暑ᄒᆞ야

【本義】此、變化之成象者、朱子曰鼓之以雷霆以下四句是說易中所有○建安丘氏曰前以乾坤貴賤剛柔吉凶變化言是對待之陰陽交易之體也此以摩盪鼓潤運行言是流行之陰陽變易之用也至下文則言乾坤之德行而繼以人體乾坤者終之【備旨】雷霆四句在造化上說二之字輕不宜着物講

乾道ㅣ成男ᄒᆞ고坤道ㅣ成女ᄒᆞ니

○乾의道ㅣ男이成ᄒᆞ고坤의道ㅣ女ㅣ成ᄒᆞ니

【本義】此、變化之成形者、此兩節、又明易之見於實體者、與上文、相發明也、朱子曰剛柔相摩八卦相盪方是說做這卦做這卦了那鼓之以雷霆與風雨日月寒暑之變化皆在這卦中那成男成女之變化也在這卦中見造化關捩子纔動那許多物事都出來易只是摸寫他這箇又曰鼓之以雷霆潤之以風雨此已上是將造化之實體對易中之理此下便是說易中却有許多物事○天地父母分明是一理乾道成男坤道成女則凡天下之男皆乾之氣天下之女皆坤之氣從這裏便徹上徹下即是一箇氣都透了○乾道成男坤道成女通人物言之在動物如牝馬之類在植物亦有男女如麻有牝麻及竹有雌雄之類皆離陰陽剛柔不得又曰豈得男便都无陰女便都无陽這般須要錯看○正蒙云游氣紛擾合而成質者生人物之萬殊陰陽兩端循環不窮者立天地之大義陰陽循環如磨游氣紛擾如磨中出者剛柔相摩八卦相盪鼓之以雷霆潤之以風雨日月運行一寒一暑此陰陽循環立天地之大義也乾道成男坤道成女此游氣紛擾生人物之萬殊也○雲峯胡氏曰剛柔二爻相摩而爲八卦八卦相盪而爲六十四摩與盪即上文所謂變化也六十四卦之中自有雷霆風雨日月寒暑變化而成象者也卦之中自有男女變化而成形者也此一節畫後之易又如此也大抵易之未畫卦爻之變化在天地實體中及其既畫天地萬物之變化又在卦爻實體中本義兩以實體言見在天地者即未畫之易在易者即是已畫之天地其體皆實而非虛也

乾知大始오坤作成物이라

○乾이큰始를知ᄒᆞ고坤이物을作成ᄒᆞᄂᆞᆫ디라

【本義】知、猶主也、乾、主始物而坤、作成之、承上文男女而言乾坤之理、蓋凡物之屬乎陰陽者、莫不如此、大抵陽先陰後、陽施陰受、陽之輕淸、未形而陰之重濁、有跡也、 朱子曰乾知大始坤作成物知者管也乾管却大始大始即生物之始乾始物而坤成之也○乾知大始知主之意也如知州知縣乾爲其初爲其萌芽坤作成物坤管下面一截有所作爲○知訓管字不當解作知見之知大始未有形知之而已成物乃流形之時故有爲○乾只是氣之統體无所不包但自其氣之動而言則爲陽自其氣之靜而言則爲陰所以陽常兼陰陰不得兼陽陽大陰小陽全陰半陽饒陰乏而陰必附陽皆此意也邵子曰陽不能獨立必得陰而後立故陽以陰爲基陰不能自見必待陽而後見故陰以陽爲倡陽知其始而享其成陰效其法而終其勞也○柴氏中行曰一氣之動則自有知覺而生意所始乾實爲之一氣旣感則妙合而凝其形乃著有作成之意坤實爲之

**乾以易知오 坤以簡能이니** 易以豉反

○乾이 易로ᄡᅥ 知ᄒᆞ고 坤이 簡으로ᄡᅥ 能ᄒᆞ니

【本義】乾、健而動、即其所知、便能始物而无所難、故、爲以易而知大始、坤、順而靜、凡其所能、皆從乎陽而不自作、故、爲以簡而能成物、 朱子曰乾之易只管上一截事到下一截却屬坤故易坤只是承乾不著做上一截事只做下面一截故簡如乾以易知坤以簡能知便是做起頭能便是做了觀隤然確然亦可見易簡之理○乾以易知乾陽物也陽剛健故作爲易成坤以簡能坤因乾先發得有頭腦特因而爲之故簡○乾惟行健其所施爲自是容易觀造化生長可見只是這氣一過時萬物皆生了可見其易要生便生更无凝滯要做便做更无等待非健不能也又曰乾德剛健他做時便通透徹達攔截障蔽他不住人剛健者亦如此易知只是說他恁地做時不費力坤最省事更无勞攘只承受那乾底生將物出來便見得是能陰只是一箇順若不順如何配陽而生物簡只順從而已○乾以易知坤以簡能以上是言乾坤之德易則易知以下是就人而言言兼體乾坤之德也乾以易知者乾健不息惟主於生物都无許多艱深險阻故能以易而知大始坤順承天惟以成物都无許多繁擾作爲故能以簡而作成物大抵陽施陰受乾之生物如瓶盛水其道至易坤惟承天以成物別无作爲故其理至簡其在人則无艱阻而

白直故人易知順理而不繁擾故人易從易知則人皆同心親之易從則人皆協力而有功矣○誠齋楊氏曰自乾知大始至坤以簡能何謂也曰此贊乾坤之功雖至溥而无際而乾坤之德實至要而不繁也○潘氏曰乾主宰大始坤作成萬物此乾坤之職也使爲乾者用力之難爲坤者用功之繁則乾坤亦勞矣惟乾以易知故主宰大始不以爲難惟坤以簡能故作成萬物不以爲繁也○雲峯胡氏曰本義曰此承上文男女而言乾坤之理蓋物凡陽皆屬乾之男凡陰皆屬坤之女一陰一陽可相有不可相无然其理則陽主於始物陰不過作成之爾陽主始物自然而然胡爲是之易也健故也陰但從陽自能成物胡爲是之簡也順故也上兩節論陰陽之形體兼氣與形而言也此論陰陽之性情因氣與形而以理言也【備旨】此節易知簡能即就知始成物處看出以起下文兼體意張玄南曰事莫難於創始而乾以易知能常見於多故而坤以簡能只就乾坤折出兩以字不着力

**易則易知오簡則易從이오易知則有親이오易從則有功이오有親則可久오有功則可大오可久則賢人之德이오可大則賢人之業이니**

○易ᄒᆞ면수이知ᄒᆞ고簡ᄒᆞ면수이從ᄒᆞ고易知ᄒᆞ면親이잇고易從ᄒᆞ면功이잇고有親ᄒᆞ면可히久ᄒᆞ고有功ᄒᆞ면可히大ᄒᆞ고可久ㅣ면賢人의德이오可大면賢人의業이니

【本義】人之所爲、如乾之易則其心、明白而人易知、如坤之簡則其事、要約而人易從、易知則與之同心者、多、故、有親、易從則與之協力者、衆、故、有功、有親則一於內、故、可久、有功則兼於外、故、可大、德、謂得於己者、業、謂成於事者、上言乾坤之德、不同、此言人法乾坤之道、至此則可以爲賢矣、

朱子曰乾以易知坤以簡能此易簡在乾坤易則易知簡則易從却是以人事言兩箇易字又自不同一箇是簡易之易一箇是難易之易要之只是一箇字但做有毫釐之間○夫易知底人人自然去親他若其出險深不可測則誰親之做事不煩碎人所易從有人從之功便可成若是頭項多做得事來艱難底必无人從

之如何得有功易知而人親附自然可以長久易從而有功則所爲之事自然廣大○易知易從不必皆指聖人但易時人自然易知簡時人自然易從○有親可久則爲賢人之德是就存主處言有功可大則爲賢人之業是就做事處言蓋自乾以易知便是指存主處坤以簡能便是指做事處故易簡而天下之理得則與天地參矣○○德者得也得之於心謂之德如得這箇孝則爲孝之德業是做成頭緖有次第了不然泛泛做只是俗事更无可守○問本義曰知則同心從則協力一於內故可久兼於外故可大如何曰旣易知則人皆可以同心旣易從則人皆可以協力一於內故可久者謂可久是賢人之德德則得於己者兼於外故可大者謂可大是賢人之業事業則見於外者故爾○可久者日新而不已可大者富有而无彊有幾多事今工夫易得間斷便是不能久見道理偏滯不開展便是不能大須是兩頭齊著力乃得也○問可久可大只說是賢人之德業楊氏曰可而已非其至也如何曰其說亦是此雖不說是聖人至成位乎中則是聖人也○平庵項氏曰稱賢人者明乾坤之德業人皆可充而至也若但言聖人則嫌於必生知安行而後可而進脩之路絶矣○雲峯胡氏曰前三節見得天地間物物有乾坤此一節見得人心自具一乾坤人之心如乾之易則明白易知同心者衆故可一於內而爲賢人之德人之行事如坤之簡則要約易從協力者衆故可兼於外而爲賢人之業蓋人之心本自明白正大本自與乾坤同體世之人往往傾險使人不可近勞擾使人不可行持不可持久不可充拓卒自爲小人之歸殊可惜也本義曰此言人能法乾坤之道至此則可以爲賢人矣蓋爲衆人言也夫子不敢遽言聖人姑曰可久可大姑曰賢人之德業欲衆人皆可至也

## 易簡而天下之理ㅣ得矣니 天下之理ㅣ得而成位乎其中矣니라

○易簡ᄒᆞ욤애 天下읫理ㅣ得ᄒᆞᄂᆞ니 天下읫理ㅣ得ᄒᆞ욤애 그中에位ㅣ成ᄒᆞᄂᆞ니라

【本義】成位、謂成人之位、其中、謂天地之中、至此則體道之極功、聖人之能事、可以與天地參矣、朱子曰易簡理得只是淨淨潔潔无許多勞擾委曲張子所謂盡人道並立乎天地以成三才則盡人道非聖人不能也○柴氏中行曰人心一造乎易簡而天下之理擧不外此是理也三才之道也人得之與天地並立矣○雲峯胡氏曰此章首言天地間有自然之易繼言易中有自然之天地末言天地與易不外乎自然之理所謂自然之理者何也易也簡也易簡而天下之理得者聖人理與心會自然得之者也成位乎其中者成人之位於天地之中也夫位乎天地之中者皆人也必聖人方能成人之位而无愧於爲人焉然則必如此後謂之成人則前所謂賢於人者猶未也本義前曰至此則可以爲賢人謂衆人皆可至也此曰至此則體道之極

功聖人之能事蓋謂賢者所可至也朱子敎人之意深矣

右、第一章、

【本義】此章、以造化之實、明作經之理、又言乾坤之理、分見於天地而人兼體之也、朱子曰自天尊地卑至變化見矣是擧天地事理以明易自是故以下却擧易以明天地間事○雙湖胡氏曰此章專論伏羲體造化以作易之事重在乾坤二卦生八卦以至六十四卦蓋先天易首乾終坤包六十四卦於其中凡陽皆乾凡陰皆坤也末歸結乾坤易簡之德賢人體之造其極聖人之能事畢矣

聖人이設卦ᄒᆞ야觀象繫辭焉ᄒᆞ야而明吉凶ᄒᆞ며

○聖人이卦을設ᄒᆞ야象을觀ᄒᆞ야辭를繫ᄒᆞ야吉凶을明ᄒᆞ며

【程子】曰 聖人設卦觀象止吉无不利○聖人旣設卦觀卦之象而繫之以辭明其吉凶之理以剛柔相推而知變化之道吉凶之生由失得也悔吝者可憂虞也進退消長所以成變化也剛柔相易而成晝夜觀晝夜則知剛柔之道矣三極上中下也極中也皆其時中也三才以物言也三極以位言也六爻之動以位爲義乃其序也得其序則安矣辭所以明義玩其辭義則知其可樂也觀象玩辭而能通其意觀變玩占而能順其時動不違於天矣

【本義】象者、物之似也、此、言聖人、作易、觀卦爻之象而繫以辭也、朱子曰易當來只是爲卜筮而作文言彖象却是推說做義理上去觀乾坤二卦便可見孔子曰聖人設卦觀象繫辭焉而明吉凶不是占筮如何明吉凶○龜山楊氏曰此總言易之爲書也○漢上朱氏曰聖人設卦本以觀象不言而見吉凶自伏羲至于堯舜文王觀象而自得也聖人懼觀之者其智有不足以知此於是繫之卦辭又繫之爻辭以明告之非得己也爲觀象而未知者設也

剛柔ㅣ相推ᄒᆞ야而生變化ᄒᆞ니

○剛柔ㅣ서르推ᄒᆞ야變化를生ᄒᆞ니

【本義】言卦爻陰陽、迭相推盪而陰或變陽、陽或化陰、聖人所以觀象而繫辭、衆人所以因蓍而求卦者也、 朱子曰易中設卦爻多只說剛柔不全就陰陽上說卦爻是有形質了陰陽全是氣又曰健順剛柔之精者剛柔健順之粗者○龜山楊氏曰此總言爻之變動也○柴氏中行曰剛柔之爻推移不常以發易道變化之理○雲峯胡氏曰易之道不外乎辭變象占吉凶占也占以辭而明故曰繫辭焉而明吉凶剛柔相推象也變由象而出故曰剛柔相推而生變化【備旨】此節原聖人觀象繫辭之由相推處即是變化生无兩層推是自內推出外的意思如陽窮於九自然有個八隨其後而來如推出的一般陰窮亦然此變化是卦爻自有的不指揲蓍

# 是故로吉凶者는失得之象也오悔吝者는憂虞之象也오

○이런故로吉凶이란거슨失과得의象이오悔와吝이란거슨憂와虞의象이오

【本義】吉凶悔吝者、易之辭也、得失憂虞者、事之變也、得則吉、失則凶、憂虞、雖未至凶、然、已足以致悔而取羞矣、蓋吉凶、相對而悔吝、居其中間、悔、自凶而趍吉、吝、自吉而向凶也、故、聖人、觀卦爻之中、或有此象則繫之以此辭也、 朱子曰悔者將趍於吉而未至於吉吝者將趍於凶而未至於凶○悔吝便是吉凶底交互處悔是吉之漸吝是凶之端○吉凶悔吝四者循環周而復始悔了便吉吉了便吝吝了便凶凶了又悔正如生於憂患死於安樂相似蓋憂苦患難必悔悔便是吉之漸及至吉了少間便安意肆志必至做出不好可羞吝底事出來吝便是凶之漸矣及至凶矣又却悔只管循環不已正如剛柔變化剛了化化便是柔柔了變變便是剛亦循環不已又曰吉凶悔吝聖人說得極密吉過則悔既悔必吝吝又復吉如動而生陽動極復靜靜而生陰靜極復動悔屬陽吝屬陰悔是逞快做出事來了有錯失處這便生悔所以屬陽吝則是那隈隈衰衰不分明底所以屬陰亦猶驕是氣盈吝是氣歉○節齋蔡氏曰象者有其彷彿而未形之謂其辭之吉

者則得之象可由之而見其辭之凶者則失之象可由之而見其辭悔吝者則憂虞之象可由之而見憂慮也虞度也、能慮能度則可免失而致得矣此言上文觀象繫辭明吉凶之義○括蒼龔氏曰憂在心虞在物在心則方有端而无患成悔而已矣悔者心每有之而不忘故積之以成吉在物則已有形而可虞非悔之可及也故成吝吝者口以爲是文過而不改也故積之以成凶

**變化者는 進退之象也오 剛柔者는 晝夜之象也오 六爻之動은 三極之道也니**

○變化ㅣ란 거슨 進과 退의 象이오 剛柔ㅣ란 거슨 晝과 夜의 象이오 六爻의 動은 三極의 道ㅣ니

【本義】 柔變而趨於剛者、退極而進也、剛化而趨於柔者、進極而退也、既變而剛則晝而陽矣、既化而柔則夜而陰矣、六爻、初二、爲地、三四、爲人、五上、爲天、動、即變化也、極、至也、三極、天地人之至理、三才、各一太極也、此、明剛柔相推以生變化而變化之極、復爲剛柔、流行於一卦六爻之間而占者、得因所値、以斷吉凶也、朱子曰此章首三句是總目下面是解說這箇吉凶悔吝自大說去小處變化剛柔自小說去大處吉凶悔吝說人事變化剛柔說卦畫從剛柔而爲變化又自變化而爲剛柔所以下箇變化之極者未到極處時未成這箇物事變似那一物變時從萌芽變來成枝成葉化時是那消化了底意思○變化者進退之象是剛柔之未定者剛柔者晝夜之象是剛柔之已成者蓋柔變而趨於剛是退極而進剛化而趨於柔是進極而退既變而剛則晝而陽既化而柔則夜而陰猶言子午卯酉卯酉是陰陽之未定子午是陰陽之已定又如四象之有老少故此兩句惟以子午卯酉言之則明矣然陽化爲柔只恁地消縮去无痕迹故曰化陰變爲剛是其勢浸長有頭面故曰變此亦見陰半陽全陽先陰後陽之輕淸无

形而陰之重濁有迹也○問本義解吉凶者失得之象也一段下云剛柔相推而生變化變化之極復爲剛柔流行一卦六爻之中而占者得因其所値以爲吉凶之決竊意在天地之中陰陽變化无窮而萬物得因之以生生在卦爻之中九六變化无窮而人始得因其變以占吉凶曰易自是占其變若都變了只一爻不變則反以不變者爲主或都全不變則不變者又反是變也○吉凶悔吝變化剛柔四句皆互換往來乍讀似不貫穿細看來不勝其密吉凶與悔吝相貫悔自凶而趨吉進退與晝夜相貫進自陰而趨乎陽退自陽而趨乎陰也○節齋蔡氏曰進者息也退者消也變化者爻之動也剛變化而爲柔則柔進剛退之象可見柔變化而爲剛則剛進柔退之象可見此剛柔之質也剛晝陽也柔夜陰也故剛用事則晝之象可見柔用事則夜之象可見動變易也極者太極也以其變易无常乃太極之道也三極謂三才各具一太極也變至六爻則一卦之體具而三才之道備矣此言上文剛柔相推而生變化之義○雲峰胡氏曰變者自柔而剛剛則復化化者自剛而柔柔則復變便如悔者自凶而吉吉則復吝吝者自吉而凶凶則復悔變化者剛柔之未定剛柔者變化之已成悔吝者吉凶之未定吉凶者悔吝之已成也一卦六爻之間莫不有三才太極之理此曰三極是卦爻已動之後各具一太極後曰易有太極者則卦爻未生之先統體一太極也

**是故로君子ㅣ所居而安者는易之序也ㅣ오所樂而玩者는爻之辭也ㅣ니** 樂音洛

○이런故로君子ㅣ居ᄒᆞ야安ᄒᆞᄂᆞᆫ바ᄂᆞᆫ易의序ㅣ오樂ᄒᆞ야玩ᄒᆞᄂᆞᆫ바ᄂᆞᆫ爻의辭ㅣ니

【本義】易之序、謂卦爻所著事理當然之次第、玩者、觀之詳、 或問所居而安者易之序也與居則觀其象之居不同上居字是總就身之所處而言下居字是靜對動而言朱子曰然○問所居而安者易之序也曰序是次序謂卦爻之初終如潛見飛躍循其序則安又問所樂而玩者爻之辭曰橫渠謂每讀每有益所以可樂蓋有契於心則自然樂○節齋蔡氏曰序次序也自卦言否泰剝復之類自爻言潛見飛躍之類皆序也知其序之有常故居其位而安樂樂其理也玩習厭也辭者聖人所繫所以明理知其理之无窮故樂而玩○雲峰胡氏曰所居而安是安分所樂而玩是窮理君子安分則窮理愈精窮理則安分愈固

**是故로君子ㅣ居則觀其象而玩其辭ᄒᆞ고動則觀其變而玩其**

占ᄒᆞᄂᆞ니 是以自天祐之ᄒᆞ야 吉无不利니라

○이런故로君子ㅣ居ᄒᆞᆷ앤그象을觀ᄒᆞ야 그辭ᄅᆞᆯ玩ᄒᆞ고 動ᄒᆞᆷ앤그變을觀ᄒᆞ야그占을玩ᄒᆞᄂᆞ니일로ᄡᅥ天으로브터祐ᄒᆞ야吉ᄒᆞ야利티아니미업ᄂᆞ니라

【本義】象辭變、已見上、凡單言變者、化在其中、占、謂其所値吉凶之決也、朱子曰居則玩其辭如潛龍勿用其理當此時只是潛晦不當用若占得此爻凡事便未可做所謂君子動則觀其變而玩其占亦當知其理如此○易有象八卦六爻然後有辭卦爻之辭筮有變老陰老陽然後有占變爻之辭象之變也在理而未形於事者也辭則各因象而指其吉凶占則又因吾之所値之辭而決焉其示人也益以詳矣故君子居而學易則既觀象矣又玩辭以考其所處之當否動而諏筮則既觀變矣又玩占以考其所値之吉凶善而吉者則行否而凶者則止是以動靜之間擧无違理而自天祐之无不利也蓋觀者一見而決玩者反復而不舍之辭也○柴氏中行曰居者靜而未涉於事也動者涉於事也居則觀卦之象而玩其辭以探其隱賾動則觀其剛柔之變而玩其辭之所占以求不悖其道一動一靜不違天理則俯仰无愧心逸日休德進業長用无不利蓋言道之所寓人當體之也○節齋蔡氏曰觀象玩辭學易也觀變玩占用易也學易則无所不盡其理用易則唯盡乎一爻之時居既盡乎天之理動必合乎天之道故曰自天祐之吉无不利也○平庵項氏曰吉凶者失得之已定者也其憂虞之初謂之悔吝變化者易之用也其所以變化則剛柔二物而已故觀吉凶者必自悔吝始觀變化者必自剛柔始文王觀此四者而繫之以辭讀易者亦當觀此四者而玩文王之辭則靜居動作无不利矣○雲峯胡氏曰象與變有剛柔變化之殊辭與占有吉凶悔吝之異君子居而學易己窮乎象與辭之理動而用易又適乎變與占之宜動靜无非易即无非天故自天祐之吉无不利天地間剛柔變化无一時閑人在大化中吉凶悔吝无一息停吉一而已凶悔吝三焉故上文示人以吉凶悔吝者聖人作易之事此獨吉而无凶悔吝者君子學易之功也【備旨】象辭變占不可平辭占即在象變內象變即易之序辭占即易之辭未筮曰象辭既筮曰變占觀象是槩觀卦爻全體之象觀變是只觀卦爻一節之變玩辭是槩玩諸卦爻之辭玩占是只玩當動卦爻下之占曰觀象觀變非徒觀也觀此道也曰玩辭玩占非徒玩也玩此道也有得於道則三極自我立而天且不違矣祐非眞如何祐只行无阻碍便是祐學必至此纔是學易之極功

右、第二章、

【本義】此章、言聖人作易君子學易之事、雙湖胡氏曰此章專論文王周公繫辭以明伏羲卦象剛柔變化吉凶悔吝凡三極之道皆見辭中而君子學易必當合伏羲卦象文王周公卦爻辭兼得之末歸結在卜筮上以獲自天之祐也

彖者는言乎象者也ㅣ오爻者는言乎變者也ㅣ오

○彖이란거슨象을니른거시오爻란거슨變을니른거시오

【程子】曰彖者言乎象者也止辭也者各指其所之○彖言卦之象爻隨時之變因得失而有吉凶能如是則无咎位有貴賤之分卦兼小大之義吉凶之道於辭可見以悔吝爲防則存意於微小震懼而得无咎者以能悔也卦有小大於時之中有小大也有小大則辭之險易殊矣辭各隨其事也

【本義】彖、謂卦辭、文王所作者、爻、謂爻辭、周公所作者、象、指全體而言、變、指一節而言、朱子曰彖辭最好玩味說得卦中情狀出彖辭極精分明是聖人所作問彖是總一卦之義曰也有別說底○爻是兩箇交叉看來只是爻變之義變謂剛柔相推而生者卦分明似將一片木畫掛於壁上所以爲卦耳

吉凶者는言乎其失得也ㅣ오悔吝者는言乎其小疵也ㅣ오无咎者는善補過也ㅣ니

○吉凶이란거슨그失得을닐옴이오悔吝이란거슨 그져근疵를닐옴이오 无咎란거슨善히過를補흠이니

【本義】此ㆍ卦爻辭之通例ㆍ 或問悔吝者言乎其小疵也只是以其未便至於吉凶否朱子曰悔是漸好知道是錯了便有進善之理悔便到无咎吝者嗇鳴說不出心下不足沒分曉然

未至有大過故曰小疵然小疵畢竟是小過○龜山楊氏曰吉凶者失得之報有失則有得无失則无得矣悔吝者无大咎也言乎小疵而己无咎者本有咎也以其善補過故无咎○雲峯胡氏曰前章言卦爻中吉凶悔吝之辭未嘗及无咎之辭此章方及之大抵不貴无過而貴改過无咎者善補過也聖人許人自新之意切矣○臨川吳氏曰此承上章正釋二聖人繫辭之旨彖者文王所繫一卦之辭因名卦之象而言即上章所謂設卦觀象也爻者周公所繫六爻之辭因揲蓍之變而言即上章所謂剛柔相推而生變化也卦畫之變化而以蓍策之變言者蓋蓍三變得九則剛變而化柔蓍三變得六則柔變而化剛也彖辭爻辭或曰吉或曰凶者以言其事之有得有失也辭曰悔曰吝者以言其事雖未大失而己有小疵也辭曰无咎者以善其能補過也有過當有咎能補之則不過矣故得无咎也

是故로列貴賤者는存乎位ᄒᆞ고齊小大者는存乎卦ᄒᆞ고辯吉凶者는存乎辭ᄒᆞ고

○이런故로貴賤을列ᄒᆞᆫ거슨位에存ᄒᆞ고小大를齊ᄒᆞᆫ거슨卦에存ᄒᆞ고吉凶을辯ᄒᆞᆫ거슨辭애存ᄒᆞ고

【本義】位ㆍ謂六爻之位ㆍ齊猶定也ㆍ小ㆍ謂陰ㆍ大ㆍ謂陽ㆍ 或問上下貴賤之位何也朱子曰二四則四貴而二賤五三則五貴而三賤上

初則上貴而初賤上雖无位然本是貴重所謂貴而无位高而无民在人君則爲天子父爲天子師在他人則淸高而在物外不與事者此所以爲貴也○問齊小大者存乎卦龜山曰陽大陰小如何曰齊如分辨之義泰卦爲大否卦爲小又曰齊又不是整齊如協字是分辨字○龜山楊氏曰天道貴陽而賤陰陰陽有貴賤之理而列貴賤者必托六位而後明陽大而陰小陰陽有小大之理而齊小大者必假卦象而後顯貴賤者如以貴下賤大得民之辭皆爻位之所列也小大者如小往大來大往小來之辭皆卦象之所齊也

**憂悔吝者는 存乎介하고 震无咎者는 存乎悔하니**

○悔吝을憂하는者는介에存하고震하야无咎한者는悔에存하니

【本義】 介、謂辨別之端、蓋善惡、已動而未形之時也、於此、憂之則不至於悔吝矣、震、動也、知悔則有以動其補過之心而可以无咎矣、

或問憂悔吝者存乎介悔吝未至於吉凶是乃初萌動可以向吉凶之微處介又是悔吝之微處介字如界至界限之界是善惡初分界處於此憂之則不至悔吝矣朱子曰然○无咎者本是有咎善補過則爲无咎震動也欲動而无咎當存乎悔爾○南軒張氏曰易三百八十四爻憂悔吝而存乎介者多矣唯豫之六二介于石不終日貞吉在豫之時能介而自守者乎震无咎而存乎悔者多矣唯復之初九不遠復无祇悔元吉在復之初能悔而改過者乎○丹陽都氏曰憂其悔吝者必思患豫防而防禍於其始震而无咎者必恐懼脩省而省過於其終○雲峯胡氏曰前曰悔吝者言乎其小疵此曰憂悔吝者存乎介蓋謂當謹於其微不可以小疵而自恕也前曰无咎者善補過此曰震无咎者存乎悔蓋謂欲動其補過之心者必自悔中來也悔者天理萌動之機不悔則人欲沈溺而不自知也

**是故로 卦有小大하야 辭有險易하니 辭也者는 各指其所之니라** 易以豉反

○이런故로卦ㅣ小하며大홈이이셔 辭ㅣ險하며易홈이이시니 辭ㅣ란거슨각각그之하는바를指홈이라

【本義】 小險大易、各隨所向、

朱子曰卦有小大看來只是好底卦便是大不好底卦便是小如復如泰如大有如夬之類盡是好底卦如睽如困如小過之類盡是不好底譬如人光明磊落底便是好人昏昧迷暗底便是不好人所以謂卦有小大辭有險易大卦辭易小卦辭險即此可見○問卦有小大辭有險易陽爲大陰爲小觀其爻之所向而爲之辭如休復吉底辭自是平易如困于葛藟底辭自是險曰這般處依約看也是恁地自是不曾見得他底透只是依衆說如所謂吉凶者失得之象一段却是徹底見得聖人當初作易時意似這處更移易一字不得只是其他處不能盡見得如此所以不能盡見得聖人之心○張子曰辭各指其

所之聖人之情也指之使趍時順利順性命之理臻三極之道也能從則不陷於凶悔矣○誠齋楊氏曰讀謙復之辭者如行夷塗如逢春陽如對堯舜周孔何其氣象之和樂也其辭夷易而指人以所之之得且吉也讀遯剝之辭者如涉風濤如履雪霜如對桀紂盜跖何其氣象之凛栗也其辭艱險而指人以所之之失且凶也○潘氏曰卦有小有大隨其消長而分辭有險有易因其安危而別辭者各指其所向凶則指其可避之方吉則指其可趨之所以示乎人也○雲峯胡氏曰本凶而悔所之則吉本吉而吝所之則凶无咎者本有過而能悔過者也其所之之於善而不之於惡之於吉而不之於凶矣【備旨】文周繫是辭不過曳羲皇之蘊以濟民行正所謂象言乎象爻言乎變者也是總收上文之意以見辭之妙處卦有小大二句且分開虛說辭也者句方足明也文與因之曰不險其辭則天下懈怠无震懾之心不易其辭則天下危疑无自全之策全要見出聖人憂世覺民之心

## 右、第三章、

【本義】此章、釋卦爻辭之通例、雙湖胡氏曰第一章夫子論伏羲畫卦而有望於賢人之體易第二章論文王周公繫辭而有望於君子之體易至此三章專論彖爻之辭泛示夫衆人之用易也意若曰彖辭言象使人知卦之統體爻辭言變使人知爻之推遷吉凶之辭以明人事之得失悔吝之辭以明人事之小疵无咎之辭以明人事之補過此自是一節敎人知得失小疵補過之道也自是故以下又論夫位者使人知有貴賤也卦者使人知有小大也人知即辭以辨吉凶則失得亦可免矣人知介然之頃憂悔吝則小疵亦可免矣人知萌動悔心自可无咎則亦自无過之可補矣此又自是一節敎人辨吉凶憂悔吝震无咎之道至此則失得小疵補過又不足言矣然後總結之以是故以下之辭謂卦所以有小大辭所以有險易无非各指夫人之所之也三章之意庶在此乎

**易이與天地準이라故로能彌綸天地之道하나니**

○易이天地로더브러準한디라故로能히天地의道를彌綸하나니

【程子】曰易與天地準止故君子之道鮮矣○聖人作易以準則天地之道易之義天地之道也故能彌綸天地之道彌偏也綸理也在事爲倫治絲爲綸彌綸徧理也徧理天地之道而復仰觀天文俯察地理驗之

著見之跡故能知幽明之故在理爲幽成象爲明知幽明之故知理與物之所以然也原究其始要考其終則可以見死生之理聚爲精氣散爲游魂聚則爲物散則爲變觀聚散則見鬼神之情狀萬物始終聚散而己鬼神造化之功也以幽明之故死生之理鬼神之情狀觀之則可以見天地之道易之義與天地之道相似故无差違相似謂同也知周乎萬物而道濟天下故不過義之所包知也其義周盡萬物之理其道足以濟天下故無過差旁行而不流旁通遠及而不流失正理順乎理樂天也安其分知命也順理安分故无所憂安土安所止也敦乎仁存乎同也是以能愛範圍俗語謂之模量模量天地之運化而不過差委曲成就萬物之理而无遺失通晝夜幽闢屈伸之道而知其所以然如此則得天地之妙用知道德之本源所以見至神之妙无有方所而易之準道无有形體道者一陰一陽也動靜无端陰陽无始非知道者孰能識之動靜相因而成變化順繼此道則爲善也成之在人則謂之性也在衆人則不能識隨其所知故仁者謂之仁知者謂之知百姓則由之而不知故君子之道人鮮克知也

【本義】易書卦爻、具有天地之道、與之齊準、彌、如彌縫之彌、有終竟聯合之意、綸、有選擇條理之意、朱子曰易道本與天地齊準所以能彌綸之蓋天地有許多道理易上都有故易能彌綸天地之道而聖人用之也彌如封彌之彌糊合使无縫罅綸如絡絲之綸自有條理言雖是彌得外面无縫罅而中則事事物物各有條理彌如大德敦化綸如小德川流彌而非綸則空踈无物綸而非彌則判然不相干此二字見得聖人下字甚密也又曰天地有未至處易却能彌綸得他又曰惟其封彌得无縫罅所以能徧滿也○雲峯胡氏曰此易字指易書而言書之中具有天地之道本自與天地相等故於天地之道彌之則是合萬爲一渾然无欠綸之則一實萬分粲然有倫此下三節皆聖人用易之書與此二句相應

仰以觀於天文ᄒᆞ고 俯以察於地理라 是故로 知幽明之故ᄒᆞ며 原始反終이라 故로 知死生之說ᄒᆞ며 精氣爲物이오 游魂爲變이라 是故로 知鬼神之情狀ᄒᆞᄂᆞ니라

○仰ᄒᆞ야 써 天文을 觀ᄒᆞ고 俯ᄒᆞ야 써 地理를 察ᄒᆞᄂᆞᆫ디라 이런 故로 幽와 明의 故ᄅᆞᆯ 알

며始를原ᄒᆞ고終을反ᄒᆞ논디라故로死와 生의說을알며 精과氣ㅣ物이되고魂이游ᄒᆞ거시變이되ᄂᆞᆫ디라이런故로鬼와神의情狀을아ᄂᆞ니라

程子曰原始反終故知死生之說但窮得則自知死生之說不須將死生便做一箇道理求○人能原始知得生理便能要終知得死理若不明得便雖千萬般安排著亦不濟事○原始則足以知其終反終則足以知其始死生之說如是而已矣故以春爲始而原之其必有冬以冬爲終而反之其必有春死生者其與是類也○魂謂精魂其死也歸乎天消散之意○鬼是往而不反之義○問易言知鬼神情狀果有情狀否曰有之又問既有情狀必有鬼神矣曰易說鬼神便是造化也○問鬼神之事如何可以曉悟其理曰理會得精氣爲物游魂爲變與原始反終之說便能知也須是於原字上用工夫或曰游魂爲變是變化之變否曰既是變則存者亡堅者腐更无物也鬼神之道只恁說與賢雖會得亦信不過須是自得也

【本義】此窮理之事、以者、聖人、以易之書也、易者、陰陽而已、幽明死生鬼神、皆陰陽之變、天地之道也、天文則有晝夜上下、地理則有南北高深、原者、推之於前、反者、要之於後、陰精陽氣、聚而成物、神之伸也、魂游魄降、散而爲變、鬼之歸也、朱子曰觀文察變以至知鬼神之情狀皆是言窮理之事直是要知得許多然後謂之窮理○仰觀天俯察地只是一箇陰陽聖人看許多般物事都不出陰陽兩字便做河圖洛書也只是陰陽○問仰以觀於天文俯以察於地理是故知幽明之故本義云天文則有晝夜上下地理則有南北高深如何曰故是幽明之所以然者晝明夜幽上明下幽觀晝夜之運日月星辰之上下日出地上便明日入地下便是幽天文有半邊在上面須有半邊在下面可見天文幽明之所以然也南明北幽高明深幽觀南北高深可見地理幽明之所以然也又曰天是陽地是陰然天地又自各有陰陽天之晝是陽夜是陰日是陽月是陰地如高屬陽下屬陰平坦屬陽險阻屬陰東南屬陽西北屬陰幽明便是陰陽○問原始反終曰反只如折轉來謂推原其始摺轉來看其終如回頭之義是反回來觀其終也○精魄也耳目之精爲魄氣魂也口鼻之噓吸爲魂二者合而成物精虛魄降則氣散魂遊而无不之矣魄爲鬼魂爲神禮記有孔子答宰我問正說此理甚詳禮記宰我曰吾聞鬼神之名不知其所謂子曰氣也者神之盛也魄也者鬼之盛也合鬼與神敎之至也註氣謂噓吸出入者也耳目之聰明爲魄雜書云魂人陽神也魄人陰神也亦可取○問精氣爲物遊魂爲變曰此是兩箇合一箇離精氣合則魂魄合而凝結爲物離則陽已散而陰无所歸故爲變又曰變是魂魄相離雖獨說遊魂而不言魄而離魄之意自可見矣又曰此只是聚散聚而爲物神也散而爲變鬼也神屬陽鬼屬陰又錯綜而橫看之則精爲陰氣爲陽就人身而言雖是屬陽然體魄已屬陰蓋生之中已帶了箇死底道理變雖屬陽然魂氣上遊體魄下降亦自具陰陽如言殂落升也便是魂之遊落則魄之降古之祭祀求諸陽所以求其魂求諸陰所以求其魄橫渠說精氣自无而有遊魂自有而无其說亦分曉又曰精氣爲物遊魂爲變此却知鬼神之情狀魂氣升於天體魄歸於土神氣上升鬼魄下降不特人也凡物之枯敗其香氣騰上物則腐於下推此可見○死則謂之魂魄生則謂之精氣天地公共底謂之鬼神○始終死生是以循環言精氣鬼神是以聚散言其實不過陰陽兩端而已○問天地之化雖生生不窮然而有聚必有散有生必有死能原始而知其聚而生則必知其後必散而死能知其生也得於氣化之日初死精神寄寓於太虛之中則知其死也與氣而俱散无復更有形象尚留於冥漠之內曰死便是都散无了問遊魂爲變間有爲妖孽者是如何得未散曰遊字是漸漸散若是爲妖孽者多是不得其死其氣未散故鬱結而成妖孽若底羸病死底人這氣消耗盡了方死豈得更鬱結成妖孽然不得其死者久之亦散又如其取精多其用物弘如伯有者亦是卒未散也○問精氣爲物陰精陽氣聚而成物此總言神遊魂爲變魂游魄降散而成變此總言鬼疑錯綜而言曰然此所謂人者鬼神之會也○張子曰精氣者自无而有遊魂者自有而无自无而有神之情也自有而无鬼之情也自无而有故顯而爲物神之狀也自有而无故隱而爲變鬼之狀也○漢上朱氏曰陰陽之精五行之氣氣聚爲精精聚爲物及其散也五行陰陽各還其本故魂陽反於天魄陰歸於地○誠齋楊氏曰鬼神无聲无臭何爲而有狀狀且无也何爲而有情曰物者具是形者也魂者使是形者也魂止則物存魂游則物亡游者止之變也亡者存之變也觀其聚散則鬼神之情狀可知矣記曰鬼神之德其盛矣乎視之不見聽之不聞體物而不可遺洋洋乎如在其上如在其左右此其狀也易曰與鬼神合其吉凶又曰鬼神害盈而福謙此其情也○建安丘氏曰天文謂氣之所成日月星辰之類以其在上仰觀則見地理謂形之所成高下流峙之類以其在下俯察則知察者觀之詳此曰觀而彼曰察者天文屬陽陽明也明者易見故可觀地理屬陰陰幽也幽者難知故當察故所以然也人於仰觀俯察之中而求天地所以然之故則幽明之理可識矣夫有死必有生有生必有死晝夜之常耳人能推原其始於未生之前而反觀其終於已死之後則始何爲而生終何爲而死而死生之理可得而見矣說謂原其理也○雲峯胡氏曰上文言易具陰陽之理此言聖人用易以窮陰陽之理易不曰陽陰而曰陰陽此所謂幽明死生鬼神即陰陽之謂也即天地而知幽明之故即始終而知死生之說即散聚而知鬼神之情狀皆聖人窮理之事也

與天地相似라ㅣ故로不違ᄒᆞᄂᆞ니 知周乎萬物而道濟天下라ㅣ故로不

過ᄒᆞ며旁行而不流ᄒᆞ야樂天知命이라故로不憂ᄒᆞ며安土ᄒᆞ야敦乎仁이라故로能愛ᄒᆞᄂᆞ니라 知音智知命之知如字樂音洛

○天地로더브러서르ᄀᆞᄐᆞᆫ디라故로違티아니ᄒᆞᄂᆞ니知ㅣ萬物애周ᄒᆞ고道ㅣ天下를濟ᄒᆞᄂᆞᆫ디라故로過티아니ᄒᆞ며旁으로行ᄒᆞ고流티아니ᄒᆞ야天을樂ᄒᆞ고命을아ᄂᆞᆫ디라故로憂티아니ᄒᆞ며土애安ᄒᆞ야仁을敦ᄒᆞᄂᆞᆫ디라故로能히愛ᄒᆞᄂᆞ니라

程子曰樂天知命通上下之言也聖人樂天則不須言知命知命者知有命而信之者爾不知命无以爲君子是已命者所以輔義一循於義則何庸斷之以命哉若夫聖人之知天命則異於此○仁者不憂樂天者也○仁者在己何憂之有凡不在己逐物在外皆憂也樂天知命故不憂此之謂也若顏子簞瓢在他人則憂而顏子獨樂者仁而已

【本義】此、聖人盡性之事也、天地之道、知仁而已、知周萬物者、天也、道濟天下者、地也、知且仁則知而不過矣、旁行者、行權之知也、不流者、守正之仁也、旣樂天理而又知天命、故、能无憂而其知、益深、隨處皆安而无一息之不仁、故、能不忘其濟物之心而仁益篤、蓋仁者、愛之理、愛者、仁之用、故、其相爲表裏、如此、朱子曰上文言易之道與天地準此言聖人之道與天地相似也○與天地相似故不違下數句是說與天地相似之事上文易與天地準下數句是說易與天地準之事○與天地相似是說聖人第一句泛說知周乎萬物至道濟天下是細密底工夫知便直要周乎萬物无一物之遺道直要盡濟天下○知周乎萬物便只是知幽明死生鬼神之理○問程子知周乎萬物而道濟天下故不過釋之曰義之所包知也文意如何曰程子說易字皆謂易之書而言故其說如此似覺未安蓋易與天地準故能彌綸天地之道此固指書而言自仰觀俯察以下須是有人始得蓋聖人因易之書而窮理盡性之事也○問本義云知周萬物者天也道濟天下者地也是如何曰此與後段仁者見謂之仁知者見謂之知又自不同此以淸濁言彼以動靜言知是先知得較虛故屬之天道濟天下則普濟萬物實惠及民故屬之地又言旁行而不流樂天知命故不憂此兩句本皆是知之事蓋不流便是貞也不流是本旁行是應變處无本則不能應變能應變而无其本則流而入變詐矣細分之則旁行是知不流屬仁其實皆是知之事對下文安土敦乎仁故能愛一句專說仁也○知周萬物是體旁行是可與權乃推行處樂天知命是自處三節各說一理○旁行而不流此小變而不失其大常然前後却有故字又相對此一句突然易中自時有恁地處頗難曉○問安土敦乎仁故能愛曰此是與上文樂天知命對說樂天知命是知崇安土敦仁是禮卑安是隨所居而安在在處處皆安若自家不安何以能愛敦只是篤厚去盡己私純是天理更无夾雜充足盈滿方有箇敦厚之意只是仁而又仁敦厚於仁故能愛惟安土敦仁則其愛自廣又曰樂天知命主知言是崇德事安土敦仁主禮言是廣業事又曰敦是仁體能愛是及物處○安土者隨寓而安也敦乎仁者不失其天地生物之心也安土而敦乎仁則无適而非仁矣所以能愛也仁者樂山之意於此可見又曰安土者隨所寓而安若自擇安處便只知有己不知有物也此厚於仁者之事故能愛也又曰安土敦乎仁故能愛聖人說仁是恁地說此語說仁最密○龜山楊氏曰天地之功大矣準之者易也似之者聖人也易本无體其準於天地則如平準之準均一而无間聖涉有爲其似於天地則如形似之似惟順適乎自然○天地與聖人无二道也列而爲三則相似而已惟相似故先後天而不違也○雙湖胡氏曰與天地相似故不違此統論聖人之體段知周萬物道濟天下故不過此指知仁與天地相似之實處不過對不違而言惟其相似則配合无間所以不違惟其周萬物濟天下則廣大无外所以不過旁行而不流樂天知命故不憂即周萬物之知而似乎天也安土敦乎仁故能愛即道濟天下之仁而似乎地也不憂對能愛而言惟知與天相似則極其高明矣隨其所行泛應曲當此動而樂天之事也何憂之有惟仁與地相似則極其博厚矣隨其所處厚重不遷此靜而安土之事也何所不愛之有此聖人仁知盡性之學而上下與天地同流者蓋如此○雲峯胡氏曰上文言易與天地準此言聖人與天地相似似即準也聖人知似天仁似地有周物之知而實諸濟物之仁則其知不過有行權之知而本諸守正之仁則其知不流至於樂天知命而知之迹已泯安土敦仁而仁之心益著此其知仁所以與天地相似而不違盡性之事也

範圍天地之化而不過ᄒᆞ며 曲成萬物而不遺ᄒᆞ며 通乎晝夜之道而知라 故로 神无方而易无體ᄒᆞ니라

○天地의化를範圍ᄒᆞ야過티아니ᄒᆞ며萬物을曲히成ᄒᆞ야遺티아니ᄒᆞ며晝夜의道를通ᄒᆞ야知ᄒᆞᄂᆞᆫ디라故로神이方이업고易이體ㅣ업ᄉᆞ니라

程子曰範圍天地之化而不過者模範出一天地爾非在外也如此曲成萬物豈有遺哉○範圍天地之化天本廓然无窮但人以目力所及見其寒暑之序日月之行立此規模以窺測他天地之化不是天地之化其體有如城郭之類都盛其氣假使言日升降於三萬里不可道三萬里外更无物又如言天地升降於八萬里中不可道八萬里外天地盡學者要體天地之化如此言之甚與天地不相似其卒必有窒礙○通乎晝夜之道而知晝夜死生之道也○晝夜死生之道知生之道則知死之道盡事人之道則盡事鬼之道死生人鬼一而二二而一者也○冬寒夏暑陰陽也所以運動變化者神也神无方故易无體

【本義】此、聖人至命之事也、範、如鑄金之有模範、圍、匡郭也、天地之化、无窮而聖人、爲之範圍、不使過於中道、所謂裁成者也、通、猶兼也、晝夜 即幽明生死鬼神之謂、如此然後、可見至神之妙、无有方所、易之變化、无有形體也、朱子曰天地之化滔滔无窮如一
爐金汁鎔化不息聖人則爲之鑄瀉成器使入模範匡郭不使過於中道也曲成萬物而不遺此又就事物之分量形質隨其大小闊狹長短方圓无不各成就此物之理无有遺闕範圍天地是極其大而言曲成萬物是極其小而言範圍如大德敦化曲成如小德川流又曰範圍天地之化範是鑄金作範圍是圍裏如天地之化都沒箇遮攔聖人便將天地之道一如用範來範成箇物包裹了試擧一端如一歲分四時節候之類以此做箇塗轍更无過差此特其一耳○問範圍天地之化而不過如天之生物至秋而成聖人則爲之斂藏人之生也欲動情勝聖人則爲之教化防範此皆是範圍而使之不過之事否曰範圍之擧闊大此亦其一事也今且就身上看如何或曰如視聽言動皆當存養使不過差此便是否曰事事物物无非天地之化皆當有以範圍之就喜怒哀樂而言喜其所當喜怒其所當怒哀其所當哀樂其所當樂皆範圍也又曰能範圍之而不過曲成之而不遺方始見得這神无方易无體若範圍有不盡曲成有所遺神便有方易便有體矣○通乎晝夜之道而知旣曰通又曰知似不可曉通是兼通乎晝夜之道若通晝不通夜通生不通死便是不知便是神有方易有體了又曰兼通乎晝夜之道是知其所以然○神无方而易无體神便是在陰底又忽然在陽在陽底

又或然在陰易便是或爲陽或爲陰如爲春又爲夏爲秋又爲冬交錯代換而不可以形體拘也又曰无體與那其體則謂之易不同各自是一箇道理其體則謂之易這只說箇陰陽動靜闔闢剛柔消長不著這七八箇字說不了若喚做易只是一字便了又曰此體是箇骨子○窮理是知字上說盡性是仁字上說言能造其極也至於範圍天地是至命言與造化一般○南軒張氏曰天地之化陰陽之氣也萬物陰陽之形也晝夜陰陽之理也此三者不外乎陰陽唯易則能陰能陽故无體神則陰陽不測故无方聖人盡神易之道故於天地之化能範圍之萬物能曲成之晝夜之道能通之○節齋蔡氏曰天地之化雨暘寒燠之類常雨常暘化之過也聖人則能範圍之而使之不過一動一植不得其遂則爲有遺矣聖人則能委曲成就而使之不遺○誠齋楊氏曰大哉天地之運日往月來而爲夜月往日來而爲晝孰測其所以然哉聖人乃能通而知之者蓋往者屈也來者信也晝夜者一日之屈信也寒暑者一歲之屈信也死生者一世之屈信也古今者萬世之屈信也聖人何以通而知之用易而已○龜山楊氏曰神者妙萬物而爲言易者生生之謂天高地下必有方矣神則无方天圓地方必有體矣易則无體无在而无乎不在无爲而无所不爲也○雲峯胡氏曰上文言彌綸天地之道此曰範圍曲成範圍如大德敦化即所謂彌也曲成如小德川流即所謂綸也上文言聖人之知不過此則聖人能使天地之化皆不過上文知幽明知死生知鬼神知命此則通晝夜之道而知是豈聞見之知云乎哉前所謂知者知有其故知有其說知有其情狀也此所謂者則神无方所易无形體也嗚呼深哉【備旨】是聖人以易至命之事承上與天地相似來可以似天地而不違即可範圍天地而不過无兩層但似天地以本體言範圍天地以功用言萬物皆天地之生成曲成者因其本性而各使之自得也惟曲成故不遺晝夜之道即天地萬物之道自其循環不已處言曰晝夜非眞謂晝夜也玩通言二字可見範圍曲成全出於聖心一片空明境界因說歸神易上神言聖心主宰處兩在不測易言聖心流行處於變不窮神自无方易自无體无方无體只是形容神易之妙

## 右、第四章

【本義】此章、言易道之大、聖人、用之如此、

## 一陰一陽之謂ㅣ道ㅣ니

○ᄒᆞᆫ디위陰ᄒᆞ며ᄒᆞᆫ디위陽ᄒᆞᄂᆞᆫ거ᄉᆞᆯ닐온道ㅣ니

程子曰一陰一陽之謂道此理固深說則无可說所以陰陽者道旣曰氣則便有二言開闔便是感旣二則便有感所以開闔者道開闔便是陰陽老氏言虛而生氣非也陰陽開闔本无先後不可道今日有陰明日有陽如人言形影盖形影一時不可言今日有形明日有影有便齊有○離了陰陽更无道所以陰陽者是道也陰陽氣也氣是形而下者道是形而上者形而上者則是密也○一陰一陽之謂道道非陰陽也所以一陰一陽者道也如一闔一闢謂之變

【本義】陰陽迭運者、氣也、其理則所謂道、朱子曰一陰一陽之謂道陰陽何以謂之道當離合看○一陰一陽之謂道則陰陽是氣不是道所以爲陰陽者乃道也若只言陰陽之謂道則陰陽是道今曰一陰一陽則是所以循環者乃道也一闔一闢謂之變亦然又曰理則一而其形者則謂之器其不形者則謂之道然而道非器不形器非道不立蓋陰陽亦器也而所以陰陽者道也是以一陰一陽往來不息而聖人指是以明道之全體也此一陰一陽之謂道之說也○問一陰一陽之謂道便是太極否曰陰陽只是陰陽道便是太極程子說所以一陰一陽者道也○問一陰一陽之謂道曰以一日言之則晝陽而夜陰以一月言之則望前爲陽望後爲陰以一歲言之則春夏爲陽秋冬爲陰從古至今恁地袞將去只是這箇陰陽是孰使之然哉乃道也從此句下文分兩脚此氣之動爲人爲物渾是一箇道理故人未生以前此理本善所以謂繼之者善此則屬陽氣質旣定爲人爲物所以謂成之者性此則屬陰又曰一陰一陽此是天地之理如大哉乾元萬物資始乃繼之者善也乾道變化各正性命此成之者性也這一段是說天地生成萬物之意不是說人性上事

## 繼之者ㅣ善也오 成之者ㅣ性也ㅣ라

○繼ᄒᆞᄂᆞᆫ거시 善이오 成ᄒᆞᆫ거시 性이라

程子曰止於至善不明乎善此言善者義理之精微无可得名且以至善目之繼之者善此言善却言得輕但謂繼斯道者莫非善也不可謂之惡○生生之謂易是天之所以爲道也天只是以生爲道繼此生理者即是善也善便有一箇元底意思元者善之長萬物皆有春意便是繼之者善也成之者性也成却待萬物自成其性須得

【本義】道具於陰而行乎陽、繼、言其發也、善謂化育之功、陽之事也、成、言其具也、性、謂物之所受、言物生則有性而各具是道也、陰之事也、周子程子之書、言之備矣、

或問繼之者善繼則是此理之流行未賦與在萬物朱子曰如兩箇輪只管轉流動不已萬化皆從此出來某嘗喩之如兩片磨中間一箇磨心只管推轉不已穀米四散撒出來所以爲繼之者善○程子言動靜无端陰陽无始蓋此亦且從那動處說起若論那動以前又有靜靜以前又有動如云一陰一陽之謂道繼之者善也這繼字便是動之頭若只一闔一闢而无繼便是合殺了問繼是動靜之間否曰是靜之終動之始也○化育流行未有定質者爲陽此繼之表善附著成形不可變易者爲陰此成之者性大凡己成形後即漸衰息以至於盡所以屬陰又曰繼是接續不息之意成是凝成有主之意繼之者善也元亨是氣之方行而未著於物也是上一截事成之者性也利貞氣之結成一物也是下一截事又曰繼之者氣之方出而未有所成之謂也善則理之方行而未有所立之名也陽之屬也成則物之己成性則理之己立者也陰之屬也問妙合之始便是繼乾道成男坤道成女便是成曰動而生陽之時便有繼底意至靜而成陰方是成又曰繼之者善便是公共底成之者性便是自家得底又曰繼之者善如水之流行成之者性如水之止而成潭○問繼之成之是道是器曰繼之成之是器善與性是道又問孟子只言性善易却云一陰一陽之謂道繼之者善也成之者性也如此則性與善却是二事曰一陰一陽是總名道繼之者善是二氣五行之事成之者性是氣化以後事○問性固是理然性之得名是就人生稟得言之否曰繼之者善也成之者性也這箇理在天地間時只是善无有不善者生物得來方始名曰性只是這箇理在天則曰命在人則曰性○問孔子己說繼善成性如何人尙未知性到得孟子方說出曰孔子說得細膩孟子說得疎略盖不曾推原源頭不曾說上面一截只是說成之者性也○節初齊氏曰道太極也陰陽所乘之機也動而生陽靜而生陰今不先言陽而先言陰將就所繼而言也朱子曰繼者靜之後而動之端也若靜極之後不繼之以動造化便從此合殺了豈道也哉一陰一陽此生生之機所謂道也

○龜山楊氏曰繼之者善无間也成之者性无虧也○節齋蔡氏曰繼善陽也成性陰也此以天命之序而言陰陽也仁者陰也知者陽也此以物受之性而言陰陽也然陽所以爲陽者皆動而无體也陰之所以爲陰者皆靜而有體也

○建安丘氏曰一陰一陽之謂道是就造化流行上說成之者性是就人心稟受上說繼之者善是就天所賦人所受中間過接上說如書帝降之衷中庸天命之性所謂降所謂命即繼之之義也

仁者ㅣ見之에 謂之仁ᄒᆞ며 知者ㅣ見之에 謂之知오 百姓은 日用而不知라 故로 君子之道ㅣ鮮矣니라 知音智不知之知如字鮮息淺反

○仁者ㅣ보매仁이라니ᄅᆞ며知者ㅣ 보매知라니ᄅᆞ고百姓은日로用호ᄃᆡ아디몯ᄒᆞ논디라故로君子의道ㅣ鮮ᄒᆞ니라

程子曰一陰一陽之謂道自然之道也繼之者善也出道則有用元者善之長也成之者却只是性各正性命者也故曰仁者見之謂之仁知者見之謂之知百姓日用而不知故君子之道鮮矣如此則亦无始亦无終亦无因甚有亦无因甚无亦无有處有亦无无處无○這箇義理仁者又看做仁了也知者又看做知了也百姓日用而不知此所以君子之道鮮矣此箇義理亦不少亦不剩只是人看他不見也

【本義】仁陽知陰、各得是道之一隅、故、隨其所見而目爲全體也、日用不知、則莫不飮食鮮能知味者、又其每下者也、然、亦莫不有是道焉、或曰上章、以知、屬乎天、仁、屬乎地、與此、不同、何也、曰彼、以淸濁言、此、以動靜言、

朱子曰此章自易與天地準以下只是言箇陰陽至仁者見之謂之仁知者見之謂之知謂各隨人氣禀偏處見仁亦屬陽知亦屬陰此又分著陰陽如繼之者善成之者性便是於造化流行處分陰陽此是指人氣禀有偏處分屬陰陽耳○萬物各具是性但氣禀不同各以其性之所近者窺之故仁者只見得他發生流動處便以爲仁知者只見得他貞靜處便以爲爲知下此一等百姓日用之間習矣而不察所以君子之道鮮矣○節初齊氏曰仁者見之於己動之後而識其動而及物之機故曰仁知者見之於未動之先而識其復而幹事之體故曰知百姓則又行不著習不察而全未有見者也百姓固未見道仁者知者亦未見道之全故君子之道鮮矣君子何道也一陰一陽之道也上文所謂天地之道也故必有知幽明之故知死生之說知鬼神之情狀與天地相似之聖人而後可以成位乎其中矣不然仁者知者之知其視百姓之日用而不知亦何以大相遠哉○建安丘氏曰此言性成之後人禀陽之動者爲仁禀陰之靜者爲知唯其所禀之各異是以所見之各偏仁者見仁而不見知故謂其道止於仁知者見知而不見仁故謂其道止於知至於百姓日用飮食囿於斯道之中而不知有斯道焉此君子之道所以鮮也○雲峯胡氏曰首三句正是夫子言性與天道處陰陽非道也一陰又一陽所以循環而不已者道也繼者靜之終動之始最可見一陰又一陽之妙本義曰繼言其發成言其具蓋在造化者方發而賦於物其理无有不善在人物者各具是理以有生則謂之性其發者是天命之性其具者天命已不能不麗於氣質矣仁者知者百姓指氣質而言也上章

說聖人之知仁知與仁合而爲一此說仁者知者仁與知者分而爲二道无陰陽本自无滯仁者之見滯於陽知者之見滯於陰百姓則又日由乎陰陽之道而不知故君子之道鮮道无二道君子之道即能深會乎陰陽之道者也

## 顯諸仁ᄒᆞ며藏諸用ᄒᆞ야 鼓萬物而不與聖人同憂ᄒᆞ니 盛德大業이至矣哉라

○仁에顯ᄒᆞ며用애藏ᄒᆞ야萬物을鼓호ᄃᆡ聖人으로더브러ᄒᆞᆫ가지로憂티아니ᄒᆞᄂᆞ니盛ᄒᆞᆫ德과큰業이지극ᄒᆞ다

【程子】曰 顯諸仁止陰陽不測之謂神○運行之跡生育之功顯諸仁也神妙无方變化无跡藏諸用也天地不與聖人同憂天地不宰聖人有心也天地无心而成化聖人有心而无爲天地聖人之盛德大業可謂至矣富有溥博也日新无窮也生生相續變易而不窮也乾始物而有象坤成物而體備法象著矣推數可以知來物通變不窮事之理也天下之有不離乎陰陽唯神也莫知其鄕不測其爲剛柔動靜也○天地之大德曰生其生可見也所以生之者用也故曰顯諸仁藏諸用○鼓萬物而不與聖人同憂聖人人也故不得无憂天則不爲堯存不爲桀亡者也○天地鼓萬物如此聖人循天理而欲萬物同之所以有憂患○天地以无心故不憂聖人致有爲之事故憂○聖人有爲之功天地不宰之功○此天地與人異處聖人有不能爲天之所爲處○鼓動萬物聖人之神知則不可名

【本義】顯、自內而外也、仁、謂造化之功、德之發也、藏、自外而內也、用、謂機緘之妙、業之本也、程子、曰天地、无心而成化、聖人、有心而无爲、

朱子曰顯諸仁是元亨誠之通藏諸用是利貞誠之復又曰顯諸仁是用底跡藏諸用是仁底心顯諸仁是流行發見處藏諸用是流行發見底物顯諸仁千頭萬緖藏諸用只是一箇物事作顯諸仁底骨子顯諸仁是繼之者善也藏諸用是成之者性也天下萬物萬事其粲然發見處皆是顯然者然一事自是一事一物自成一物便是用藏在這裏如元亨利貞元亨是流行處利貞是流行底骨子流行箇甚麼只是流行這貞而已此顯諸仁藏諸用之謂也又曰顯

諸仁似恕藏諸用似忠顯諸仁似貫藏諸用似一顯諸仁如惻隱藏諸用似仁也惻隱羞惡辭遜是非顯諸仁也仁義禮智藏諸用也只是這一箇惻隱隨事發見及至成那事時一事各成一仁此便是藏諸用其發用時在這道理中發去及至成這事時又只是這箇道理此便是業業是事之已成處鼓萬物而不與聖人同憂此正是顯諸仁藏諸用底時節盛德大業便是顯諸仁藏諸用成就處又曰顯諸仁似隱而費藏諸用似費而隱又曰顯諸仁易說藏諸用極微難說這用字如橫渠說一故神神字用字一樣顯諸仁如春生夏長發生彰露可見者藏諸用是所以生長者藏在裏面而不可見又這箇有作先後說處如元亨利貞之類有作表裏說處便是這裏○顯諸仁德之所以盛藏諸用業之所以成譬如一樹一根生許多枝葉花實此是顯諸仁處及至結實一枝成一箇種子此是藏諸用處生生不已所謂日新也萬物无不具此理所謂富有也又曰如此一穗禾其始只用一箇母子少間成穀一箇各自成得一箇將去種植一箇又自成一穗又開枝開葉去所以下文謂富有之謂大業○天地造化是自然聖人雖生知安行然畢竟是有心去做所以說不與聖人同憂明道二語最好天地无心而成化聖人有心而无爲无心便是不憂成化便是鼓萬物天地鼓萬物亦何嘗有心來○盛德大業至矣哉是贊歎上面顯諸仁藏諸用又曰盛德大業至矣哉只是說易之理非指聖人而言○誠齋楊氏曰聖人之與天地可同者顯仁藏用之德業也不可同者天地无心聖人有心也聖人仁萬物而獨任其憂天地鼓萬物而不與聖人同其憂蓋聖人有心則有憂天地无心則无憂矣○或問勉齋黃氏曰本義義云顯自內而外藏自外而內竊疑造化之功固有自內而外機緘之妙何以見其自外而內曰仁本是在內以其

**富有之謂ㅣ大業이오日新之謂ㅣ盛德이오**

發出在外故謂之自內而外用本是在外以其收藏歸內故謂之自外而內如春夏之生長萬物便是顯諸仁至秋冬則收歛成實便是藏諸用春夏是顯秋冬所藏之仁秋冬是藏春夏所顯之用也○雲峯胡氏曰顯藏二字與中庸費隱相似隱在費中費之外他无所謂隱藏在顯中顯之外他无所謂藏蓋顯諸仁是用之跡而盛德之所以行藏諸用即仁之心而大業之所以立顯諸仁是發生可見者藏諸用是所以發生者即藏於中而不可見本義上文曰善謂化育之功此則曰仁謂造化之功見得繼之者善即是造化顯諸仁處善者天地賦予萬物之理仁者天地生生萬物之心人得天地之心以爲心即謂之仁而善之本也上章言在聖人者則曰仁與知此言在造化者則曰仁與用發於造化者爲仁而所以發者爲用發於聖人者爲仁而所以發者爲知用者造化機緘之妙鼓萬物而无心知者聖人密用之妙不能不運天下以心此造化之所以不與聖人同憂而爲盛德大業之至也

○富히有홈을닐온大業이오日로新홈을닐온盛德이오

【本義】張子、曰富有者、大而无外、日新者、久而无窮、朱子曰先說箇富有方始說日新此與說宇宙相似先是有這物事了方始相連相續去○富有之謂大業言萬物萬事无非得此理所謂富有也日新是只管運用流行生生不已富有之謂大業以人言之須是天下事无不理會方得若纔工夫不到業无由大少間措置事業便有欠闕此便有病○節齋蔡氏曰富有廣大不禦日新悠久无疆天高地下萬物散殊其富有之謂歟陰陽升降變化不窮其日新之謂歟○西山眞氏曰此雖言易之理然易也天地也聖人也一而已矣生物无窮天地之大業也運行不息天地之盛德也功及萬世聖人之大業也終始日新聖人之盛德也學者有志於進德脩業者亦必以天地聖人爲法蓋非富有不可以言大業非日新不可以言盛德也

生生之謂ㅣ易이오

○生ᄒᆞ며生홈을닐온易이오

程子曰所以謂萬物一體者皆有此理只爲從那裏來生生之謂易生則一時生皆完此理人則能推物則氣昏推不得不可謂他物不與有也○生生之謂易生生之用則神也○天地陰陽其勢高下甚相背然必相須而爲用也有陰便有陽有一便有二纔有一二便有三一二之間便是三已往便无窮老子亦言三生萬物此是生生之謂易理自然如此維天之命於穆不已自是理自相續不已非是人爲之如便可爲雖使百萬般安排也須是有息時只爲无爲故不息中庸言不見而章不動而變无爲而成天地之道可一言而盡也

【本義】陰生陽、陽生陰、其變、无窮、理與書、皆然也、程氏鉅夫曰生生之謂易剝初盡而復己生生生不息靡有間絕象辭變占雖其別有四生生之理則一而已外此二字不足以知易○雲峯胡氏曰富有者无物不有而无一毫之虧欠日新者无時不然而无一息之間斷藏而愈有則顯而愈新此即所以爲生生之易

成象之謂ㅣ乾이오效法之謂ㅣ坤이오

〇象이成홈을닐온乾이오法을效홈을닐온坤이오

【本義】效、呈也、法、謂造化之詳密而可見者、朱子曰旣說盛德大業又說他只管恁地生去所以接之以生生之謂易是漸說入易上去乾只略成一箇形象坤便都呈見出許多法來到坤處都細了萬法一齊出見成象之謂乾此造化方有些顯露處效法之謂坤以法言之則大段詳密矣效字難看如效順效忠效力之效有陳獻底意思乾坤只是理理本无心自人而觀猶必待乾之成象而後坤能效法然理自如此本无相待且如四時亦只是自然迭運春夏生物初不道要秋冬成之秋冬成物又不道成就春夏之所生皆是理之所必然者爾又曰凡屬陽底便是只有箇象而已象是方做未成形之意已成形便屬陰成象謂如日月星辰在天亦无箇實形只是箇懸象如此乾便略坤便詳法是有一成已定之物可以形狀見者如條法亦是實有已成之法〇節齋蔡氏曰易者變易而不窮故曰生生象者法之未定法者象之已形乾主氣故曰成象坤主形故曰效法乾坤成而易則肇乎先者也

極數知來之謂ㅣ占이오通變之謂ㅣ事ㅣ오

〇數를極ᄒᆞ야來를알오믈닐온占이오變을通홈을닐온事ㅣ오

【本義】占、筮也、事之未定者、屬乎陽也、事、行事也、占之已決者、屬乎陰也、極數知來、所以通事之變、張忠定公、言公事、有陰陽、意蓋如此、朱子曰占出這事人便依他這箇做便是通變之謂事看來聖人說到至處便說在占上去則此書分明是要做占用矣〇張乖崖說公事未判時屬陽已判後屬陰便是此意公事未判生殺輕重都未定今已判了更不可易〇自富有至效法是說其理如此用處却在那極數知來與通變謂事上面蓋說上面許多道理要做這般用〇漢上朱氏曰天數二十有五地數三十極天地之數而吉凶可以前知此之謂占〇建安丘氏曰數蓍數也變卦變也物莫逃乎數故極占數可以知來物事行事也即所占卦變而通之也

陰陽不測之謂ㅣ神이라

○陰에며陽에測디몯홈을닐온神이라

程子曰日新之謂盛德生生之謂易陰陽不測之謂神要思而得之○問明道提此三句是如何朱子曰此三句也是緊要須是看本文方得

【本義】張子、曰兩在、故、不測、 朱子曰陰陽不測之謂神是總結這一段不測者是在這裏又在那裏便是這一箇物事走來走去无處不在六十四卦都說了這又說三百八十四爻許多變化都只是這一箇物事周流其間○問德是得於己底業是發出來底德便是本生生之謂易便是體成象謂乾效法謂坤便只是裏面交錯底曰乾坤其易之緼易是一塊乾坤是裏面往來底聖人作易便是如此又問陰陽不測之謂神便是妙用處曰便是包括許多道理橫渠說得極好一故神橫渠親註云兩在故不測只是這一物却周行事物之間如所謂陰陽屈信往來上下而至行乎什百千萬之中无非這一箇物事所謂兩在故不測○建安丘氏曰上章言易无體此言生生之謂易唯其生生所以无體上章言神无方此言陰陽不測之謂神唯其不測所以无方言易而以乾坤繼之乾坤毁則无以見易也言神而以占事先之占事則神所託而顯者也神易用而變化无窮其實則不越乎陰陽兩端而已【備旨】此又總結上文而贊道之妙與首句對應不測即一字以其主宰言曰道以其變化言曰神非有二也

## 右、第五章、

【本義】此章、言道之體用、不外乎陰陽而其所以然者則未嘗倚於陰陽也、

雙湖胡氏曰此章專論陰陽之道在造化與易書其在造化者生而爲人則自繼善成性之後而有仁知百姓之分生而爲物則自顯仁藏用之後而有鼓萬物之妙君子之道鮮聖人所憂也造化不預焉而自極其德業富有日新之至其在易書者自生儀象以至生卦成象而爲乾陽之爲也效法而爲坤陰之爲也此陰陽之在卦者極七八九六之數而占以知來通陰陽老少之變而因以作事此陰陽之在著者故首之以一陰一陽之謂道終之以陰陽不測之謂神其體則謂之道其用則謂之神在造化以體言也在易書以用言也聖人其殆假易書之陰陽以洗其憂世之心望天下爲君子之歸而成造化所不及之能者歟○雲峯胡氏曰此章當分作三截看第一節繼善屬陽成性屬陰仁屬陽知屬陰第三節成象微而畧可見屬陽效法詳密而皆可見屬陰占者事之未定屬陽事者占之已決屬陰皆分說陰陽

故始之以一陰一陽之謂道結之以陰陽不測之謂神本義引張子之言曰兩在故不測一陰而又一陽即所謂兩在也第二節顯諸仁藏諸用總說一陰一陽不測之妙蓋天以一陰一陽化生萬物故謂之顯諸仁所以一陰一陽化生萬物者即藏於其中故謂之藏諸用道之用不可窮用之神不可測聖人拈出一用字見得造化有造化之用人事有人事之用百姓用而不知學易者當知之以有用也

**夫易이 廣矣大矣라 以言乎遠則不禦ᄒᆞ고 以言乎邇則靜而正ᄒᆞ고 以言乎天地之間則備矣라** 夫音扶下同

○易이 廣ᄒᆞ고 大ᄒᆞᆫ디라 뻐 遠을 言ᄒᆞ면 禦티 몯ᄒᆞ고 뻐 邇를 言ᄒᆞ면 靜ᄒᆞ야 正ᄒᆞ고 뻐 天地의 間을 言ᄒᆞ면 備ᄒᆞ니라

【程子】曰 夫易廣矣大矣止易簡之善配至德○易道廣大推遠則无窮近言則安靜而正天地之間萬物之理无有不同乾靜也專動也直專專一也直直易也唯其專直故易生物之功大坤靜翕動闢坤體動則開應乾開闔而廣生萬物廣大天地之功也變通四時之運也一陰一陽日月之行也乾坤易簡之功乃至善之德也

【本義】不禦、言无盡、靜而正、言即物而理存、備、言无所不有、 朱子曰以言乎遠則不禦以言乎邇則靜而正是无大无小无物不包然當體便各具此道理所謂靜而正者須著工夫看未動時便都有此道理都是眞實所以下箇正字靜而正謂觸處皆見有此道不待安排措置雖至小至近至鄙至陋之事无不見有隨處皆見足无所欠闕只觀之人身便見○節齋蔡氏曰正不偏備徧也言乎遠其理不以遠而窮言乎邇其理不以邇而偏言乎天地之間不以事物之多而不備○雲峯胡氏曰前章易與天地準讚易之書也此章廣矣大矣讚易之理也以言乎遠則不禦語大天下莫能載也以言乎邇則靜而正語小天下莫能破也本義以爲即物而理存者蓋言此理非特動時可見即眼前事物觀之未動時亦无非此眞實之理也以言乎天地之間備矣盈天地之間唯萬物此理无物不有【備旨】首一句是先言個冒予以言乎遠三句亦只虛虛形容個廣大的模樣由至末乃盡其實也通節緊連首句一直說下要得形容至廣至大意出

**夫乾은其靜也ㅣ專ᄒᆞ고其動也ㅣ直이라是以大ㅣ生焉ᄒᆞ며夫坤은其靜也ㅣ翕ᄒᆞ고其動也ㅣ闢이라是以廣이生焉ᄒᆞᄂᆞ니** 翕虛級反 闢婢亦反

○乾은그靜이專ᄒᆞ고그動이直ᄒᆞᄂᆞᆫ디라일로ᄡᅥ 大ㅣ生ᄒᆞ며 坤은그靜이翕ᄒᆞ고그動이闢ᄒᆞᄂᆞᆫ디라일로ᄡᅥ廣이生ᄒᆞᄂᆞ니

程子曰乾陽也不動則不剛其靜也專其動也直不專一則不能直遂坤陰也不靜則不柔其靜也翕其動也闢不翕聚則不能發散

【本義】乾坤、各有動靜、於其四德、見之、靜體而動用、靜別而動交也、乾、一而實、故、以質言而曰大、坤、二而虛、故、以量言而曰廣、蓋天之形、雖包於地之外而其氣、常行乎地之中也、易之所以廣大者、以此、朱子曰乾靜專動直而大生坤靜翕動闢而廣生這說陰陽體性如此卦畫也髣髴似恁地又曰以乾坤二卦觀之亦可見乾畫奇便見得其靜也專其動也直坤畫耦便見得其靜也翕其動也闢○健者乾之性情如剛强底人便靜時亦有箇立作做事底意思故曰其靜也專順者坤之性情如柔順底人靜時只有箇收斂而已故曰其靜也翕○問本義云乾一而實故以質言而曰大坤二而虛故以量言而曰廣曰此兩句解得極分曉蓋曰以形言之則天包地外地在天之中所以說天之質大以理與氣言之則天之氣却盡在地之中地盡承受得那天之氣所以說其量廣天只是一箇物事一故實從裏面便實出來流行發生只是一箇物事所以說乾一而實地形雖是堅實然却虛天之氣流行乎地之中皆從地裏面發出來所以說坤二而虛天以其包得地所以說其質之大地以其容得天之氣所以說其量之廣非是說地之形有盡故以量言也只是說地盡容得天之氣所以說其量之廣耳問乾一畫坤兩畫如何曰觀乾一而實坤二而虛之說可見乾只是一箇物事充實徧滿坤便有開闔乾氣上來時坤便開從兩邊去如兩扇門相似正如扇之運風甑之蒸飯扇甑是坤風與蒸乾之氣也問陽奇陰偶就天地之實形上看如何見得曰大生是渾淪无所不包廣生是廣闊能容受得那天之氣專直則只是一物直去翕闢則是兩箇翕則合闢則開此奇偶之形也又曰地到冬間都翕聚不開至春則天氣入地地氣開以迎之又曰大抵陰是兩件如陰爻兩畫是闢兩開去翕是兩合如地皮上生出物來地皮須開今天固包著地然天之氣却貫在地中地却虛有以受天之氣下文大生廣生云者大是一箇大底物事廣便容受得許多物事大字實廣字虛又曰地却是有空闕處天却四方上下都周匝无空闕偪塞滿皆是天地之四向底下却靠著那天天包地其氣无不通恁地看來渾只是天了氣却從地中迸出又見地廣處橫渠云地對天不過○潛室陳氏曰專直翕闢此當以卦畫論卦畫始生唯乾之一奇未有他物此其體也其專也已而纔動則直遂而生生不已卦畫既生乾之諸卦以次呈露獨坤居後包在乾諸卦之裏而猶未露此其體也其翕也至其動也則坤之諸卦始從乾諸卦裏開闢出來遂分了乾之一半○雲峯胡氏曰本義云乾坤各有動靜於其四德見之蓋元亨者動而乾坤之用以行利貞者靜而乾坤之體以立靜而別乾以剛健爲貞坤以柔順爲貞也動而交乾元爲氣之始而坤元則承之以爲形之始也乾唯健故一以施坤唯順故兩而承靜專一者之存動直一者之達靜翕兩者之合動闢兩者之分一之達所以行乎坤之兩故以質言而曰大兩之分所以承乎乾之一故以量言而曰廣[illegible]此廣大只就乾坤說易之廣大在言外見謂靜專翕闢雖串說下蓋大生廣生俱在動上見得但動根於靜所謂不專一則不直遂不翕聚則不發散是也兩生字只在乾坤生理上說

**廣大는配天地ᄒᆞ고變通은配四時ᄒᆞ고陰陽之義는配日月ᄒᆞ고易簡之善은配至德ᄒᆞ니라**

○廣大는天地에配ᄒᆞ고變通은四時에配ᄒᆞ고 陰陽의義는日月에配ᄒᆞ고 易簡의善은至德에配ᄒᆞ니라

【本義】 易之廣大變通、與其所言陰陽之說、易簡之德、配之天道人事則如此、

朱子曰大槩上面幾句是虛說底這箇配天地四時日月至德是說他實處○廣大配天地變通配四時陰陽之義配日月以易配天易簡之善配至德以易配人之至德此是以易中之理取外面一事來對謂易之廣大故可配天地易之變通如老陽變陰老陰變陽往來變化故可配四時陰陽之義便是日月相似易簡之善便如在人之至德○問這配字莫是配合否曰配只是相似之意且如變通配四時四時如何配合四時自是流行不息所謂變通者如此易簡

之善配至德至德亦如何配合易簡是當行之理至德是自家所得者又曰也是易上有這道理如人心之至德也又曰欲見其廣大則於天地乎觀之欲見其變通則於四時乎觀之欲知其陰陽之義則觀於日月可見欲知簡易則觀於聖人之至德可見○南軒張氏曰乾之大生以資其始坤之廣生以流其形此廣大配天地也闔闢往來終則有始此變通配四時也復言七日以陽生爲義臨言八月以陰長爲戒此陰陽之義配日月也中庸之德中人以上可俯而就此易知也中人以下可跂而及此易從也故曰易簡之善配至德【備旨】此明易廣大之實下三句皆是發首句之蘊變通陰陽易簡皆廣大中所有四時日月至德皆天地中有配天地而通極於天地之所有信乎易之廣大矣

## 右、第六章、

誠齋楊氏曰此章聖人所以贊易之道其極至於廣大之二言其原生於乾坤之二卦也○平庵項氏曰夫易廣矣大矣此章之總目也遠而不禦即直與闢也邇而靜正即專與翕也天地之間備矣即大生廣生也易之爲道一與兩而已乾即一也靜而守一則其事專而无不閉動而用一則其行直而无不開此乾所以爲萬物之父坤即兩也兩閉者爲翕言與乾俱閉也兩開者爲闢言與乾俱開也此坤所以爲萬物之母大者无不統也廣者无不承也自廣大而至易簡其言之序自博而趨約也天地之間至大者天地至變者四時至精者日月至善者至德易之書具此四者豈不謂之備乎○雲峯胡氏曰首章論乾坤之尊卑結之以易簡而理得此章論乾坤之廣大結之以易簡配至德然則易固不徒在乾坤而自在於吾之心中矣

**子曰易이 其至矣乎ㄴ뎌 夫易은 聖人이 所以崇德而廣業也ㅣ니 知는 崇ᄒᆞ고 禮는 卑ᄒᆞ니 崇은 效天ᄒᆞ고 卑는 法地ᄒᆞ니라** 知音智

○子ㅣ ᄀᆞᆯᄋᆞ샤ᄃᆡ 易이 그 지극ᄒᆞᆫ뎌 易은 聖人이 ᄡᅥ 德을 崇ᄒᆞ며 業을 廣ᄒᆞᄂᆞᆫ배니 知ᄂᆞᆫ 崇ᄒᆞ고 禮ᄂᆞᆫ 卑ᄒᆞ니 崇은 天을 效ᄒᆞ고 卑ᄂᆞᆫ 地를 法ᄒᆞ니라

【程子】曰 子曰易其至矣乎止道義之門○易之道其至矣乎聖人以易之道崇大其德業也知則崇高禮則卑下高卑順理合天地之道也高卑之位設則易在其中矣斯理也成之在人則爲性成之者性也人心存乎此理之所存乃道義之門也

【本義】十翼、皆夫子所作、不應自著子曰字、疑皆後人所加也、窮理則知崇如天而德崇、循理則禮卑如地而業廣、此其取類、又以清濁、言也、朱子曰知崇禮卑這是兩截知崇是知識要超邁禮卑是須就切實處行若知不高則識見淺陋若履不切則所行不實知識高便是象天所行實便是法地識見高於上所行實於下中間便生生而不窮故說易行乎其中成性存存道義之門大學所說格物致知是知崇之事所說誠意正心修身是禮卑之事又曰知識貴乎高明踐履貴乎著實知既高明須是放低著實去做又曰學只是知與禮他這意思却好禮便細密中庸致廣大盡精微等語皆只是說知禮又曰知是知處禮是行處知儘要高行却自近起又曰知崇天也是致知事要得高明禮卑地也是事事都要踐履過卑便業廣又曰知崇者德之所以崇禮卑者業之所以廣禮纔有些子不到處這業便有欠闕便不廣了地雖極卑无所欠闕故廣又曰知識日多則知益高又曰這事也合禮那事也合禮積累多業便廣又曰所謂德言盛禮言恭禮便是要極卑故无物事无箇禮雖於至微至細底事皆當畏謹戒懼唯恐失之這便是禮之卑處禮儀三百威儀三千无非卑底事然又不是强安排皆是天理合如此又曰禮卑是卑順之意卑便廣地卑便廣高則狹了人若只揀取高底做便狹如何會廣地卑便會廣世上更无物卑似地底又曰禮卑是從貼底謹細處做去所以能廣○建安丘氏曰聖人之知如天之崇故所知日進於高明而德以崇禮如地之卑故所行日就於平實而業以廣○潛室陳氏曰易言知崇即中庸尊德性致廣大極高明底事易言禮卑即中庸道問學盡精微道中庸底事知欲高明故崇如天禮欲執守故卑如地若一向務高明而不事著實則窮賾索幽流於清虛而无執守依憑之實地須是約之以禮知以虛明爲用屬陽屬天皆言其輕清也禮以形氣爲質屬陰屬地皆言其重濁也

**天地ㅣ設位어든而易이行乎其中矣니ㅣ成性存存이道義之門이라**

○天地ㅣ位를設ᄒᆞ얏거든易이그中에行ᄒᆞᄂᆞ니 成ᄒᆞᆫ性에存ᄒᆞ고 存홈이道義의門이라

程子曰天地設位而易行其中何不言人行其中蓋人亦物也若言神行乎其中則人只於鬼神上求矣若言理言誠亦可也而特言易者欲使人默識而自得之也○天地只是設位易行乎其中者神也○天地設位而易行乎其中矣

乾坤毁則无以見易易不可見則乾坤或幾乎息矣易是箇甚易又不只是這一部書是易之道也不要將易又是一箇事只是盡天理便是易也○成性存存便是道義之門○成性存存道義之門亦是萬物各有成性存存亦是生生不已之意天只是以生爲道成性存存道義之門道无體義有方也

【本義】天地、設位而變化行、猶知禮、存性而道義出也、成性、本成之性也、存存、謂存而又存、不已之意也、朱子曰天地設立而易行乎其中陰陽升降便是易易者陰陽是也○問天地設位而易行乎其中矣成性存存道義之門曰上文言知崇禮卑崇效天卑法地人崇其智須是如天之高卑其禮須如地之下天地設位一句只是引起要說知崇禮卑人之知禮能如天地便能成性存存道義便自此出所謂道義便是易也成性存存不必專主聖人而言○成性猶言見成底性這性元自好了但知崇禮卑則成性便存存又曰成性是不曾作壞底存謂常在這裏存之又存又曰成性成之者性字義同而用異成性是已成之性如言成德成說之類成之者性是成就之意如言成己成物之類問成性存存是不忘其所存曰衆人多是說到聖人處方是性之成看來不如此成性只是一箇渾淪之性存而不失便是道義之門便是生生不已處又曰存存是生生不已之意當以伊川說爲是又曰堯舜性之是其性本渾成學者學之須是以知禮做也到得他成性處道義出謂這裏流出道體也義用也又曰性是自家所以得於天底道義是衆人公共底○節齋蔡氏曰道義之在造化則謂之易易之在人則謂之道義位謂有位可居門謂有門可出存存謂存之又存使之有體如天地也故有天地之位而後易行有知禮之門而後道義出

## 右、第七章、

雙湖胡氏曰此章贊易道之至聖人所以崇廣其德業而參天地也切意聖人之稱非泛蓋指作易聖人也崇德乾之事廣業坤之事知崇效天而乾畫成矣禮卑法地而坤畫成矣天地設位而易行乎其中即天尊地卑乾坤定矣之義成性存存道義之門聖人畫易亦无非所以敎此民卜筮决嫌疑定猶豫俾得以存存其已成之性而由乎道義之門耳夫子之意或者在此乎○雲峯胡氏曰上文言至德此章因而讚之曰易其至矣乎蓋可久可大賢人之德業未足爲至至矣哉富有日新造化之德業也至矣乎知崇禮卑聖人之德業也崇德在於知崇廣業在於禮卑窮理而其崇如天乃爲崇之至循理而其卑如地乃爲卑之至天地之位設而變化行猶知禮之性存而道義出知禮之中自有天地道義之外他无所謂易也

聖人이有以見天下之賾ᄒ야而擬諸其形容ᄒ며象其物宜라是故謂之象이오

○聖人이써天下의賾을見ᄒ야그形容애擬ᄒ며그物의宜를象ᄒ디라이런故로象이라니르고

【程子】曰 聖人有以見天下之賾止擬議以成其變化○賾深遠也聖人見天下深遠之事而比擬其形容體象其事類故謂之象天下之動无窮也故觀其會通會通綱要也乃以行其典禮典禮法度也物之則也繫之辭以斷其吉凶者爻也言天下之深遠難知也而理之所有不可厭也言天下之動无窮也而物有其方不可紊也擬度而設其辭商議以察其動擬議以成其變化也變化爻之時義擬議議而言之也擧鳴鶴在陰以下七爻擬議而言者也餘爻皆然也

【本義】賾、雜亂也、象、卦之象、如說卦所列者、 朱子曰聖人有以見天下之賾止是故謂之爻象言卦也下截言爻也賾說文曰賾雜亂也古无此字只是嘖字今從臣亦是口之義與左傳嘖有煩言之嘖同是口裏說話雜亂底意思所以下文說不可惡先儒多以賾字爲至妙之意若如此說何以謂之不可惡賾只是一箇雜亂冗鬧底意思言之而不可惡者精粗本末无不盡也又曰三百八十四爻是多少雜亂又曰言天下之至賾而不可惡者言雖是雜亂聖人却於雜亂中見其不雜亂之理便與下句言天下之至動而不可亂之義一般○聖人有以見天下之賾正是說畫卦之初聖人見陰陽變化便畫出一畫一畫便有一箇象只管生去自不同六十四卦各是一樣問擬諸形容者比度陰陽之形容蓋聖人見陰陽變化雜亂於是比度其形容而象其物宜是故謂之象曰也是如此嘗得郭子和書云其先人云不獨是天地風雷水火山澤謂之象只是畫卦便是象也說得好○擬諸其形容未便是說那水火雷風之形容方擬這卦看是甚形容始去象那物之宜而名之一陽在二陰之下則象以雷一陰在二陽之下則象以風擬是比度之意○龜山楊氏曰形容者乾爲圜坤爲大輿之類是也物宜者乾稱龍坤稱牝馬之類是也非聖人有以見天下之賾其孰能擬象之乎○雲峯胡氏曰賾字諸家多以爲隱奧之義本義獨依說文曰賾雜亂也蓋傳有曰探賾索隱則賾自賾隱自隱蓋於陰陽雜亂之中而求其隱奥之理耳聖人見天地之間陰陽相雜於是擬之而爲六十四卦其象亦如此之雜也擬者象之未成象者擬之已定姑以乾坤二卦言之未畫則擬陰陽之形容而象乾坤之宜於是爲奇偶之畫畫則象也已畫又擬乾坤之形容而取象天地首腹牛馬以至於爲金爲玉爲釜爲布之類皆象也

聖人이有以見天下之動ᄒᆞ야而觀其會通ᄒᆞ야以行其典禮ᄒᆞ며繫辭焉ᄒᆞ야以斷其吉凶이라是故로謂之爻ㅣ니 斷丁亂反

○聖人이뻐天下의動을見ᄒᆞ야그會와通을觀ᄒᆞ야뻐그典禮를行ᄒᆞ며辭를繫ᄒᆞ야뻐그吉凶을斷ᄒᆞᆫ디라이런故로爻ㅣ라니르니

【本義】會는謂理之所聚而不可遺處오通은謂理之可行而无所礙處니如庖丁解牛에會則其族而通則虛也라

朱子曰觀會通是就事上看理之所聚與其所當行處又曰通便是空處行得去便是通會便是四邊合湊來處又曰會以物之所聚而言通以事之所宜而言會是衆理聚處雖覺得有許多難易窒礙必於其中却得箇通底道理乃可行爾謂如庖丁解牛於族處批大郤導大窾此是於其筋骨叢聚之所得其可通之理故十九年而刃發於硎且如事理間若不於會處理會，却只見得一偏，便如何行得通；須是於會處都理會其間却自有箇通處便如脉理相似到得多處自然貫通得所以可行其典禮蓋會而不通便窒塞而不可行通而不會便不知許多曲直錯雜處又曰會是觀衆理之會通是擇其通者而行且如有一事關盖許多道理也有父子之倫也有君臣之倫也有夫婦之倫若父子之恩重則使得身體髮膚受之父母不敢毁傷之義而委致其身之說不可行若君臣之義重則當委致其身而不敢毁傷之說不暇顧此之謂觀會通又曰一卦之中自有會通六爻又自各有會通且如屯卦初九在卦之下未可以進爲此屯之義乾坤始交而遇險陷亦屯之義似草穿地而未伸亦屯之義凡此數義皆屯之會聚處若盤桓利居貞便是一箇合行處却是他通處也典禮猶常禮常法又曰禮便是節文也升降揖遜是禮之節文這禮字又說得闊凡事物之常理皆是問觀會通以行典禮曰如堯舜揖遜湯武征伐皆是典禮只是常事○辭謂卦爻之辭○龜山楊氏曰爻者陰陽之交也○柴氏中行曰聖人默識天下之動觀其事理之會合通行處欲常行法度不廢於天下則繫辭以明其爻而斷之曰如此則爲吉如此則爲凶人知避凶趍吉則常法不廢之矣此易所以有爻也○雲峯胡氏曰天下之動非特陰陽之運動凡人之動而行事與夫一念之動皆是也觀會通以行典禮不會則於理有遺缺如之何可通不通則於理有窒礙如之何可行通是時中典常是庸如此而行則吉背此而行則凶繫辭以明之故謂之爻

言天下之至賾ᄒᆞᄃᆡ而不可惡也ㅣ며言天下之至動ᄒᆞᄃᆡ而不可亂也ㅣ니 惡烏路反

○天下읫지극ᄒᆞᆫ賾을닐오ᄃᆡ可히 惡티몯ᄒᆞᆯ거시며天下읫지극ᄒᆞᆫ 動을닐오ᄃᆡ可히亂티몯ᄒᆞᆯ꺼시니

【本義】惡、猶厭也、 朱子曰言天下之至賾而不可惡也蓋雜亂處人易得厭惡然這都是道理中合有底事自合理會故不可惡言天下之至動而不可亂也蓋動亦是合有底然上面各自有道理故自不可亂○天下之至動事若未動時不見得他那道理如何人平不語水平不流須是動方見得會通是會聚處典禮是借這般字來說只是說道觀他會通處後却求箇道理來區處他所謂卦爻之動便是法象這箇故曰爻也者效天下之動者也動亦未便說事之動只是事到面前自家一念之動要求處置他便是動也○厚齋馮氏曰象之所言如牝馬牝牛匪人女壯棟橈瓶羸之類若可厭矣然天下之至賾所在而不可惡也爻之所言如戶庭无咎而門庭則凶弗過遇之而弗遇過之先號後笑而先笑後號若甚亂矣然天下之至動所關而不可亂也

擬之而後에言ᄒᆞ고議之而後에動이니擬議ᄒᆞ야以成其變化ᄒᆞ니라

○擬ᄒᆞᆫ後에言ᄒᆞ고議ᄒᆞᆫ後에動ᄒᆞᄂᆞ니擬ᄒᆞ며議ᄒᆞ야ᄡᅥ그變化를成ᄒᆞᄂᆞ니라

程子曰至誠則動動則變變則化故曰擬之而後言議之而後動擬議以成其變化也

【本義】觀象玩辭觀變玩占而法行之、此下七爻、則其例也、 或問擬之而後言議之而後動凡一言一動皆即易而擬議之

否朱子曰然○擬議以成其變化此變化只就人事說擬議只是裁度自家言動使合此理變易以從道之意如擬議得是便吉擬議未善則爲凶矣又曰這變化是就人動作處說如下所擧七爻皆變化也○平庵項氏曰學易者擬其所立之象以出言則言之淺深詳略必各當其理議其所合之爻以制動則動之久速仕止必各當於時而易之變化成於吾身矣故曰以言者尙其辭以動者尙其變此之謂也○雲峰胡氏曰聖人之於象擬之而後成學易者如之何不擬之而後言聖人之於爻必觀會通以行典禮學易者如之何不議之而後動前言變化易爻之變化也此言成其變化學易者之變化也

鳴鶴이在陰이어늘其子ㅣ和之로다我有好爵ᄒᆞ야吾與爾靡之라ᄒᆞ니子曰君子ㅣ居其室ᄒᆞ야出其言에善이면則千里之外ㅣ應之ᄒᆞᄂᆞ니況其邇者乎여居其室ᄒᆞ야出其言에不善이면則千里之外ㅣ違之ᄒᆞᄂᆞ니況其邇者乎여言出乎身ᄒᆞ야加乎民ᄒᆞ며行發乎邇ᄒᆞ야見乎遠ᄒᆞᄂᆞ니言行은君子之樞機니樞機之發이榮辱之主也ㅣ라言行은君子之所以動天地也ㅣ니可不愼乎아 和胡臥反靡音縻行下孟反見賢遍反

○鳴ᄒᆞᄂᆞᆫ鶴이陰에이거ᄂᆞᆯ그子ㅣ和ᄒᆞ놋다 我ㅣ好ᄒᆞᆫ爵을두어吾ㅣ爾로더브러靡ᄒᆞ다ᄒᆞ니子ㅣᄀᆞᆯᄋᆞ샤ᄃᆡ 君子ㅣ그室에居ᄒᆞ야그言出홈애善ᄒᆞ면千里밧긔應ᄒᆞᄂᆞ니ᄒᆞᄆᆞᆯ며그邇ᄒᆞᆫ者ㅣᄯᆞ녀그室에居ᄒᆞ야 그言出홈애善티아니면千里밧긔違ᄒᆞᄂᆞ니ᄒᆞᄆᆞᆯ며그邇ᄒᆞᆫ者ㅣ ᄯᆞ녀言이身에出ᄒᆞ야 民의加ᄒᆞ며行이邇예發ᄒᆞ야遠애見ᄒᆞᄂᆞ니言과行은君子의 樞機니樞機의發홈이榮과辱의主ㅣ 라言行은君子의ᄡᅥ天地

를動ᄒᆞᄂᆞᆫ배니可히愼티아니라

【本義】 釋中孚九二爻義、朱子曰鳴鶴在陰其子和之我有好爵吾與爾靡之此本是說誠信感通之理夫子却專以言行論之蓋誠信感通莫大於言行○問言行君子之樞機是言所發者至近而所應者甚遠否曰樞機便是鳴鶴在陰下面大槪只說這意都不觧著我有好爵二句○鳴鶴好爵皆卦中有此象諸爻立象聖人必有所據非是白撰但今不可考耳到孔子方不說象○柴氏中行曰鳴鶴在陰而其子必和情之所同无隱顯之間也我有好爵而爾亦靡於此心之所欲无物我之間也言之善人皆以爲善故應言之不善天下亦皆以爲不善故違人心之於善惡豈異其所移哉極言行之至可以動天地則三才一理又可見也○節齋蔡氏曰萬化不窮感應二端而已故夫子取中孚九二之辭而推廣其理也居其室即在陰之義出其言即鳴鶴之義千里之外應之即其子和之之義特主乎人而爲言耳感應者心也言者心之聲行者心之迹言行乃感應之樞機也善者至善之理也不善則悖理矣人以善而感應則感應同乎天矣故曰動天地也

同人이先號咷而後笑ㅣ라ᄒᆞ니子曰君子之道ㅣ或出或處或默或語ㅣ나二人이同心ᄒᆞ니其利ㅣ斷金이로다同心之言이其臭ㅣ如蘭이로다 斷丁管反

○同人이몬져號咷ᄒᆞ고後에笑ᄒᆞ다ᄒᆞ니子ㅣᄀᆞᆯ으샤ᄃᆡ君子의道ㅣ或出ᄒᆞ며或處ᄒᆞ며或默ᄒᆞ며或語ᄒᆞ나二人이心이同ᄒᆞ니그利ㅣ金을斷ᄒᆞ리로다心이同ᄒᆞᆫ言이그臭ㅣ蘭ᄀᆞᆮ도다

【本義】 釋同人九五爻義、言君子之道、初若不同而後實无間、斷金如蘭、言物莫能間而其言、有味也、朱子曰同心之利雖金石之堅亦被他斷决將去斷是斷做兩段又曰同人先號咷而後笑聖人却恁地解○誠齋楊氏曰君子之道于其心不于其迹心同迹異君子不以迹間心心異迹同君子不以心混迹故同人之先悲後喜與君子之甲出乙處此默彼語皆所不計也出處同道則禹顔同一情語默同道則史直蘧卷同一意心同故也金石至堅也然不堅於人心故二人一心則石可裂金可折薰蕕同器一壺

子能辨之臭味不同故也取南山之蘭雜北山之蘭十黃帝不能分臭味同故也○龜山楊氏曰迹異而心同不害其爲同心異而迹同相望爲愈遠金至堅也而同心者斷之蘭至馨也而同心之言如之○息齋余氏曰以出處語默發明號笑之義聖人讀易不滯於爻而知其新有如此者○雙湖胡氏曰二人九五六二也先號後笑先隔後遇也不取君臣義者特借爻辭論同心之利耳

初六藉用白茅ㅣ니 无咎ㅣ라ᄒᆞ니 子曰苟錯諸地라도而可矣어ᄂᆞᆯ 藉之用茅ᄒᆞ니 何咎之有ㅣ리오 愼之至也ㅣ라 夫茅之爲物이 薄而用은 可重也ㅣ니 愼斯術也ᄒᆞ야 以往이면 其无所失矣리라 藉在夜反 夫音扶

○初六이藉ᄒᆞᄃᆡ白茅를用홈이니咎ㅣ 업다ᄒᆞ니子ㅣ골ᄋᆞ샤 ᄃᆡ진실로地예錯ᄒᆞ야도可커ᄂᆞᆯ藉ᄒᆞᄃᆡ茅를ᄡᅳ니므슴咎ㅣ 이시리오 愼홈이지극홈이라 茅의物되옴이薄ᄒᆞᄃᆡ用은可히重ᄒᆞᆫ거시니이術을愼ᄒᆞ야ᄡᅥ往ᄒᆞ면 그失ᄒᆞᆯ빠업스리라

【本義】釋大過初六爻義、 節齋蔡氏曰物之置於地也亦可安矣而又藉之茅過於愼也凡天下之事過則有失惟過於愼則无所失故无咎

勞謙이니君子ㅣ 有終이니吉이라ᄒᆞ니 子曰勞而不伐ᄒᆞ며有功而不德이 厚之至也ㅣ니語以其功下人者也ㅣ라 德言盛이오禮言恭이니 謙也者는 致恭ᄒᆞ야以存其位者也ㅣ라

○勞ᄒᆞᆫ謙이니君子ㅣ 終이이심이니吉ᄒᆞ다ᄒᆞ니子ㅣ 골ᄋᆞ샤ᄃᆡ勞ᄒᆞ야 도伐티아니

ᄒᆞ며功을두어도德디아니홈이 厚의지극홈이니그功으로써人에下홈을 닐옴이라
德은盛을言ᄒᆞ고 禮는恭을言ᄒᆞ니謙이란거슨恭을 닐외여써 그位를存ᄒᆞ는거시라

【本義】 釋謙九三爻義、德言盛禮言恭、言德欲其盛禮欲其恭也 南軒張氏曰大抵風之不厚不能負大翼水之不厚不能負大舟君子處心不厚則恃勞而而傲物耀功而忽人矣安能以其功而下人乎切觀地中有山之象夫德之盛而充實如山焉禮之恭而接下如地焉夫內之德盛而外之禮恭所以處上而人不忌處前而人不怨此謙所以長保其位也○誠齋楊氏曰人之謙與傲係其德之厚與薄德厚者无盈色德薄者无卑辭如鍾磬焉愈厚者聲愈緩薄者反是故有勞有功而不伐不德唯至厚者能之其德愈盛則其禮愈恭矣

亢龍이니有悔라ᄒᆞ니子曰貴而无位ᄒᆞ며高而无民ᄒᆞ며賢人이在下位而无輔ㅣ라是以動而有悔也ㅣ니라

【本義】 釋乾上九爻義、當屬文言、此蓋重出

不出戶庭이면无咎ㅣ라ᄒᆞ니子曰亂之所生也ㅣ則言語ㅣ以爲階니君不密則失臣ᄒᆞ며臣不密則失身ᄒᆞ며幾事ㅣ不密則害成ᄒᆞᄂᆞ니是以君子ㅣ愼密而不出也ᄒᆞᄂᆞ니라 幾音機

○戶庭애出티아니ᄒᆞ면 咎ㅣ업다ᄒᆞ니子ㅣ골ᄋᆞ샤ᄃᆡ 亂의生ᄒᆞ는배言語ㅣ써階되ᄂᆞ니君이密티아니ᄒᆞ면臣을일흐며 臣이密티아니ᄒᆞ면身을일흐며幾ᄒᆞᆫ事ㅣ 密티아니면害ㅣ이ᄂᆞ니일로써君子ㅣ 愼密ᄒᆞ야出티아니ᄒᆞᄂᆞ니라

【本義】釋節初九爻義、節齋蔡氏曰不言則是非不形人之招禍唯言爲甚故言所當節也密於言語即不
出戶庭之義兌有言象故於節之初爻重明之○建安丘氏曰爻義主出處之節而
言此兼及於言語之節者節下卦兌兌爲口舌亦其象也蓋口舌乃人一身之門戶一語不謹則失臣失身殃禍立至
此无君子之所重也故夫子因明謹行而又推之謹言也○誠齋楊氏曰唐高宗告武后以上官儀教我廢汝此君不
密而失臣也陳蕃乞宣臣章以示宦者此臣不密而失身也

子曰作易者ㅣ其知盜乎ㄴ뎌易曰負且乘이라致寇至라ᄒᆞ니負也者ᄂᆞᆫ
小人之事也ㅣ오乘也者ᄂᆞᆫ君子之器也ㅣ니小人而乘君子之器라
盜ㅣ思奪之矣며上을慢코下을暴ㅣ라盜ㅣ思伐之矣니慢藏이誨盜ㅣ며
冶容이誨淫이니易曰負且乘致寇至라ᄒᆞ니盜之招也ㅣ라

○子ㅣᄀᆞᆯᄋᆞ샤ᄃᆡ易을作ᄒᆞᆫ者ㅣ그盜를안뎌易에ᄀᆞᆯ오ᄃᆡ負ᄒᆞᆯ꺼시 또乘ᄒᆞᆫ디라寇의
至ᄒᆞᆷ을닐외다ᄒᆞ니負ᄂᆞᆫ小人의事ㅣ오 乘은君子의器ㅣ니小人이오君子의器를乘
ᄒᆞᆫ디라盜ㅣ奪ᄒᆞᆷ을 思ᄒᆞ며上을慢ᄒᆞ고下를暴ᄒᆞᄂᆞᆫ디라盜ㅣ伐ᄒᆞᆷ을 思ᄒᆞᆯ디니藏을
慢히ᄒᆞᆷ이盜를誨ᄒᆞ며 容을冶ᄒᆞᆷ이淫을誨ᄒᆞᆷ이니易曰負且乘致寇至라ᄒᆞ니 盜를招
ᄒᆞᆷ이라

【本義】釋解六三爻義、朱子曰六居三大率少有好底負且乘聖人這裏又見得有這箇小人乘君子之器
底象故又於此發出這箇道理來○柴氏中行曰六三以不正小人據非其位故有
此象人、據非其義之所當有則啓謀利者攘奪之心作易者明義利之分故於六三之小人居有德之位知其必有盜
乘其後而奪之天下之大盜未有不乘隙而動也○涑水司馬氏曰上慢下暴慢其上而暴其下也○誠齋楊氏曰司

馬氏安能盜魏曹操敎之也蕭衍安能盜齊蕭道成敎之也蓋盜非能盜小人之有也小人實敎盜以盜己之有也所謂知盜非知奪伐之盜也知敎奪伐者之盜也故又終之曰誨盜曰盜之招者以此

右、第八章、

【本義】此章、言卦爻之用、 節齋蔡氏曰自中孚初爻至此乃夫子擬議之辭而爲三百八十四爻之凡例也爻之有義非辭不明而天下之事變化无窮又豈辭之所能備哉苟玩之者拘而不通則一爻不過一事而已擬議以成其變化其所以示人者詳矣然夫子之辭特發其端耳學易者當玩而有得也○平庵項氏曰七爻皆欲人畏謹也鳴鶴言處隱之誠同人言同心之一白茅貴愼有終尙謙亢龍惡亢戶庭以敎密負乘以戒慢皆所以養人之敬心也○雲峯胡氏曰夫子於乾坤皆有文言以申彖傳象傳之意其餘彖傳蓋亦有之如履與豫釋卦辭已畢復曰剛中正履帝位而不疚光明也天地以順動故日月不過而四時不忒聖人以順動則刑罰淸而民服豫之時義大矣哉此類皆是也然則繫辭此數卦卽象傳之文言也善學易者可以觸類而通其餘矣

天一地二天三地四天五地六天七地八天九地十이니

○天이 一이오 地ㅣ 二ㅣ오 天이 三이오 地ㅣ 四ㅣ오 天이 五ㅣ오 地ㅣ 六이오 天이 七이오 地ㅣ 八이오 天이 九ㅣ오 地ㅣ 十이니

【程子】曰 自天一至地十合在天數五地數五上簡編失其次也天一生數地六成數纔有上五者便有下五者二五合而成陰陽之功萬物變化鬼神之用也

【本義】此簡、本在第十章之首、程子、曰宜在此、今從之、此、言天地之數、陽奇陰偶、卽所謂河圖者也、其位、一六、居下、二七、居上、三八、居左、四九、居右、五十、居中、就此章而言之則中五、爲衍母、次十、爲衍子、次一二三四、爲四象之位、次六七八九、爲四象之數、二老、位於西北、二少、位於東南、其數則各以其類、交錯於外也、

朱子曰自大衍之數五十至再扐而後掛便接乾之策二百一十有六至可與祐神矣爲一節是論大衍之數自天一至地十却連天數五至而行鬼神也爲一節是論河圖五十五之數今其文間斷差錯不相連接舛誤甚明○卦雖八而數須十者八是陰陽數十是五行數一陰一陽便是二以二乘二便是四以四乘四便是八五行本只是五而有是十者蓋一箇便包兩箇如木便包甲乙火便包丙丁土便包戊己金便包庚辛水便包壬癸所以爲十○南軒張氏曰陽數奇一三五七九是也陰數偶二四六八十是也故生於天者成於地生於地者成於天而天地五十五之數所以成變化行鬼神○東坡蘇氏曰水至陰也必待天一加之而後生者陰不得陽則終不得而成也火至陽也必待地二加之而後生者陽不得陰則无所得而見也五行皆然莫不生於陰陽之相加陽加陰則爲水爲木爲土陰加陽則爲火爲金苟不相加則雖有陰陽之資而无五行之用○節齋蔡氏曰天地者陰陽對待之定體也一至十者陰陽流行之次序也然對待非流行則不能變化流行非對待不能自行而五十五者則流行之細分也○平庵項氏曰姚大老云天一至地十班固律歷志及衛元嵩元包運蓍篇皆在天數五之上程朱皆用此說今從之爲是

**天數ㅣ五오地數ㅣ五ㅣ니五位相得ᄒᆞ며而各有合ᄒᆞ니天數ㅣ二十有五ㅣ오地數ㅣ三十이라凡天地之數ㅣ五十有五ㅣ니此ㅣ所以成變化ᄒᆞ며而行鬼神也ㅣ라**

○天의數ㅣ五ㅣ오地의數ㅣ五ㅣ니五位ㅣ서르得ᄒᆞ며각각合홈이이시니天의數ㅣ二十이오또五ㅣ오地의數ㅣ三十이라므릇天地의數ㅣ五十이오또五ㅣ니뻐變化를成ᄒᆞ며鬼神을行ᄒᆞᄂᆞᆫ배라

【程子】曰理則有氣有氣則有數行鬼神者數也數氣之用也大衍之數五十數始於一備於五小衍之而成十大衍之則爲五十五十數之成也成則不動故損一以爲用天地之數五十有五成變化而行鬼神者也變化言功鬼神言用○南軒張氏曰天地自然之數盈虛消息往來不停變化雖妙而數有以成之若月令所謂鳩化爲鷹雀化爲鴿草木乃茂草木黃落可以曆數推而迎之此天地之數有以成其變化也鬼神雖幽而數有以行

之若其神句芒其神祝融其神蓐收其神玄冥各司其時各治其職者此天地之數有以行乎鬼神也

【本義】此簡、本在大衍之後、今按、宜在此、天數五者、一三五七九、皆奇也、地數五者、二四六八十、皆偶也、相得、謂一與二三與四五與六七與八九與十、各以奇偶、爲類而自相得、有合、謂一與六二與七三與八四與九五與十、皆兩相合、二十有五者、五奇之積也、三十者、五偶之積也、變化、謂一變生水而六化成之、二化生火而七變成之、三變生木而八化成之、四化生金而九變成之、五變生土而十化成之、鬼神、謂凡奇偶生成之屈伸往來者、

朱子曰五位相得而各有合是兩箇意一與二三與四五與六七與八九與十是奇偶以類相得一與六合二與七合三與八合四與九合五與十合是各有合在十干甲乙木丙丁火戊己土庚辛金壬癸水便是相得甲與己合乙與庚合丙與辛合丁與壬合戊與癸合是各有合○所以成變化而行鬼神也程子曰變化言功鬼神言用張子曰成行鬼神之氣而已數只是氣變化鬼神亦只是氣天地之數五十有五變化鬼神皆不越於其間○潘氏曰洛書之數天地自然之數也以天之一三五七九總之則爲二十五此天數二十有五也以地之二四六八十總之則爲三十此地數三十也又以天之二十五地之三十總之則爲五十有五成變化而行鬼神不逃乎此數也天數二十有五五其五也地數三十六其五也莫不自五數之○雲峯胡氏曰河圖有自然之數所以成大易之象天地有自然之象又所以成河圖之數奇圓圍三偶方圍四三用其全四用其半此天地間自然之象也本義以論乾坤之策愚謂即此以論河圖之數可也一圓而三水生木也二方而四火克金也陽之一進而用三陰之四退而用二合二與三則爲五此河圖之生數也一生水而六成之三生木而八成之生數一進而用三成數則八退而用六二生火七成之四生金九成之生數四退而用二成數則七進而用九七八九六各爲十五陰陽進退互藏其宅進即爲變退則爲化鬼神屈伸往來皆進退之妙用也

## 大衍之數ㅣ五十이니其用은四十有九ㅣ라分而爲二ᄒᆞ야以象兩ᄒᆞ고掛

一ᄒᆞ야 以象三ᄒᆞ고 揲之以四ᄒᆞ야 以象四時ᄒᆞ고 歸奇於扐ᄒᆞ야 以象閏ᄒᆞᄂᆞ니
五歲에 再閏이라 故로 再扐而後에 掛ᄒᆞᄂᆞ니라 揲時設反 奇紀宜反 扐郎得反

○大衍의 數ㅣ 五十이니 그 用은 四十이오 또 九ㅣ라 分ᄒᆞ야 二를 ᄆᆞᆫᄃᆞ라 ᄡᅥ 兩을 象ᄒᆞ고 一을 掛ᄒᆞ야 ᄡᅥ 三을 象ᄒᆞ고 揲호ᄃᆡ 四로 ᄡᅥ ᄒᆞ야 四時를 象ᄒᆞ고 奇를 扐에 歸ᄒᆞ야 ᄡᅥ 閏을 象ᄒᆞᄂᆞ니 五歲예 두번 閏ᄒᆞᄂᆞᆫ디라 故로 두번 扐ᄒᆞᆫ 後에 掛ᄒᆞᄂᆞ니라

【本義】 大衍之數、五十、蓋以河圖中宮天五、乘地十而得之、至用以筮則又止用四十有九蓋皆出於理勢之自然而非人之知力、所能損益也、兩、謂天地也、掛、懸其一於左手小指之間也、三、三才也、揲、間而數之也、奇、所揲四數之餘也、扐、勒於左手中三指之兩間也、閏、積月之餘日而成月者也、五歲之間、再積日而再成月、故、五歲之中、凡有再閏然後、別起積分、如一掛之後、左右各一揲而一扐、故、五者之中、凡有再扐然後、別起一掛也、 朱子曰河圖洛書之中數皆五衍之而各極其數以至於十則合爲五十矣河圖積數五十五其五十者皆因五而後得獨五爲五十所因而自无所因故虛之則但爲五十又五十五之中其四十者分爲陰陽老少之數而其五與十者无所爲則又以五乘十十乘五而亦皆爲五十矣洛書積數四十五其四十者散布於外而分陰陽老少之數唯五居中而无所爲則亦自含五數而幷爲五十矣中數五衍之而各極其數以至於十者一箇衍成十箇五箇便是五十聖人說這箇不只是說得一路他說出這箇物事自然有許多樣通透去如五奇五偶成五十五又一說六七八九十因五得數也○河圖五十五是天地自然之數大衍五十是聖人去這河圖裏面取那天五地十衍出這箇數大槩河圖是自然底大衍是用以揲蓍求卦底○問大衍之義曰天地之數五十有五虛其中金木水火土五數便是五十又虛天一故用四十有九此一說也三天兩地便是虛去天一之數只用天三對地二耳又五爲生數之極十爲成數之極以五乘十以十乘五亦爲五十此一說也又數始於一成於五小衍之成十大衍之成五十此又一說也數家之說雖多不同某謂此說却分曉○問竊謂大衍之數不過五而已五者數之祖也河圖洛書皆五居中而爲數祖宗大衍之數五十者即此五數衍而乘之各極其數而合爲五十也是五也於五行爲土於五常爲信水火木金不得土不能各成一器仁義禮智不實有之亦不能各成一箇此五所以爲數之宗也不知是否曰此說是○奇者左右四揲之餘也扐指間也謂四揲左手之策而歸其餘於无名指間四揲右手之策而歸其餘於中指之間也○聖人下字皆有義掛者掛也扐者扐於二指之中也○掛一一歲揲右二歲扐右三歲一閏揲左四歲扐左五歲再閏也○一掛之間凡再扐即五歲之間凡再閏之象也○大衍之數五十其用四十有九者五十之內去其一但用四十九策合同未分是象太一也分而爲二者以四十九策分置左右兩手象兩者左手象天右手象地是象兩儀也掛一者掛猶懸也於右手之中取一策懸於左手小指之間象三者所掛之策所以象人而配天地是象三才揲之以四者揲數之也謂先置右手之策於一處而以右手四四而數左手之策又置左手之策於一處而左手四四而數右手之策也象四時者皆以四數是象四時也歸奇於扐者奇零也扐勒也謂既四數兩手之策則其四四之後必有零數或一或二或三或四左手者歸之於第四第三指之間右手者歸之於第三第二指之間而扐之也象閏者積分而成閏月也五歲再閏故再扐而後掛者凡前後閏相去大略三十二月在五歲之中此掛二揲四歸奇之法亦一變之間凡一掛兩揲兩扐爲五歲之象其間凡兩扐以象閏是五歲之中凡有再閏然後置前掛扐之策復以見存之策分二掛一而爲第二變也○大衍之數五十蓍之籌乃其策也策中乘除則直謂之數耳○蓍卦當初聖人用之亦須有箇見成圖算後自失其傳所僅存者只有這幾句其間已自是添入字去說他了想得古人无許多解須別有箇全文說○繫辭言蓍法大抵只是解其大略想別有文字今不可見但如天數五地數五此是舊文五位相得而各有合是孔子解文天數二十有五地數三十凡天地之數五十有五此是舊文此所以成變化而行鬼神此是孔子解文分而爲二是本文以象兩是解掛一揲之以四歸奇於扐皆是本文以象三以象四時以象閏之類皆是解文也乾之策二百一十有六坤之策百四十有四孔子則斷之以當期之日二篇之策萬有一千五百二十孔子則斷之以當萬物之數於此可見○看繫辭須先看自大衍之數以下皆是說卜筮若不是說卜筮却是說一箇无頭底物今人誠不知易○節齋蔡氏曰天參地兩合而爲五位每位各衍之爲十故曰大衍○丹陽都氏曰天地之數五十有五而大衍之數五十者蓋數備於五而五十所宗者五也大衍之數五十而其用四十有九者蓋數始於一而四十有九數之所宗者一也○建安丘氏曰大衍之數五十者取河圖中

五參天兩地之數以爲衍母也大衍之用上四十九者又就河圖五十數之在外者虛其天一之數而不用也蓋一者數之始天下之數无窮而一无爲故无爲之一以象太極○西山蔡氏曰五歲再閏者一變之中自有五節掛爲一節揲左爲二節歸左奇於扐爲三節揲右爲四節歸右奇於扐爲五節一節象一歲三節一歸奇象三歲一閏五節再歸奇象五歲再閏天地之數三百六十每歲氣盈六日朔虛六日一歲餘十二日三歲餘三十六日以三十日爲一月更餘六日又二歲餘二十四日合前所餘六日爲三十日爲再閏再扐而後掛者再扐之後復以所餘之蓍合而爲一爲第二變再分再掛再揲也不言分二不言揲四獨言掛一者明第二變不可不掛也或曰揲蓍之法虛一分二掛一揲四歸奇其第一揲不五則九第二揲不四則八計其奇數以定陰陽老少去其初掛之一何也曰虛一分二掛一揲四歸奇乃天地四時之生萬物也其奇數策數以定陰陽老少乃萬物正性命於天地也生蓍以分二掛一爲體揲四歸奇爲用立卦以奇數爲體策數爲用在天地則虛其一而用四十九在萬物則掛其一而用四十八此聖人所以知變化之道也又曰第一揲掛一以四十九其奇一也第二揲非四十四則四十第三揲非四十則三十六不復有奇矣其掛何也曰人與天地並立爲三天地非人則无以財成輔相故分二必掛一也初掛者人極所以立天地因乎人也再揲三揲之掛者人因天地以爲用也○雲峯胡氏曰曆法再閏之後又從積分而起則筮法再扐之後又必從掛一而起也

**乾之策이二百一十有六이오坤之策이百四十有四ㅣ라凡三百有六十이니當期之日ᄒ고** 期音基

○乾의策이二百一十이오 또六이오坤의策이百四十이오 또四ㅣ라므릇三百이오 또六十이니期의日에當ᄒ고

【本義】凡此策數、生於四象、蓋河圖四面、太陽、居一而連九、少陰、居二而連八、少陽、居三而連七、太陽、居四而連六、揲蓍之法則通計三變之餘、去其初掛之一、凡四、爲奇、凡八、爲偶、奇圓圍三、偶方圍四、三用其全、四用其半、積而數之則爲六七八九而第三變揲數策數、亦皆符會、蓋餘三奇則九而其揲、亦九、策亦四九三十

六、是爲居一之太陽、餘二奇一偶則八而其揲、亦八、策亦四八三十二、是爲居二之少陰、二偶一奇則七而其揲、亦七、策亦四七二十八、是爲居三之少陽、三偶則六而其揲、亦六、策亦四六二十四、是爲居四之老陰、是其變化往來進退離合之妙、皆出自然、非人之所能爲也、少陰、退而未極乎虛、少陽、進而未極乎盈、故、此獨以老陽老陰、計乾坤六爻之策數、餘可推而知也、期、周一歲也、凡三百六十五日四分日之一、此、特擧成數而槩言之耳、

朱子曰策者蓍之莖數曲禮所謂策爲筮者是也大傳所謂乾坤二篇之策者正以其掛扐之外見存蓍數爲言耳蓋揲蓍之法凡三揲掛扐通十三策而見存三十六策則爲老陽之爻三揲掛扐通十七策而見存三十二策則爲少陰之爻三揲掛扐通二十一策而見存二十八策則爲少陽之爻三揲掛扐通二十五策而見存二十四策則爲老陰之爻大傳專以六爻乘二老而言故曰乾之策二百一十有六坤之策百四十有四凡三百有六十其實六爻之爲陰陽者老少錯雜其積而爲乾者未必皆老陽其積而爲坤者未必皆老陰其爲六子諸卦者或陽或陰亦互有老少焉蓋老少之別本所以生爻而非所以名卦今但以乾有老陽之象坤有老陰之象六子有少陰陽之象且均其策數又偶合焉而因假此以明彼則可若便以乾六爻皆爲老陽坤六爻皆爲老陰六子皆爲少陽少陰則恐其未安也但三百六十者陰陽之合其數必齊若乾坤之爻而皆得於少陰陽也則乾之策六其二十八而爲百六十八坤之策六其三十二而爲百九十二其合亦爲三百六十此則不可易也○大凡易數皆六十三十六對二十四三十二對二十八皆六十也以十甲十二辰亦湊到六十也鍾律以五聲十二律亦積爲六十也以此知天地之數皆至六十爲節○兼山郭氏曰或曰乾坤稱九六而六子不稱七八何也曰九六有象七八无象也以卦則六子之卦七八隱於其中而无象也以畫則雖六子亦皆乾坤之畫而六子无畫也唯乾坤有用九用六之道諸卦得奇者皆用乾之九得偶者用坤之六終无用七用八之道故曰九六有象七八无象也○節齋蔡氏曰天地之運大小皆極于三百六十大衍乾坤之策當期之日眞所謂與天地相似也○白雲郭氏曰天地謂之數乾坤謂之策則數者策之所宗而策爲已定之數也

**二篇之策이 萬有一千五百二十이니 當萬物之數也니라**

○二篇의策이萬이오또一千五百二十이니萬物의數에當ᄒᆞ니

【本義】二篇、謂上下經、凡陽爻、百九十二、得六千九百一十二策、陰爻、百九十二、得四千六百八策、合之得此數、朱子曰二篇之策當萬物之數亦是取象之辭不是萬物恰有此數○二篇之策當萬物之數不是萬物盡於此數只是取象自一而萬數萬數來當萬物之數耳○正義曰乾之策二百一十有六者以乾老陽一爻有三十六策六爻凡有二百一十有六策也乾之少陽一爻有二十八策六爻則有一百六十八策此經據乾之老陽之策也坤之策百四十有四者坤之老陰一爻有二十四策六爻故一百四十有四策也若坤少陰一爻有三十二策六爻則有一百九十二此經據坤之老陰之策也凡三百有六十當期之日者擧合乾坤兩策有三百六十當期之數三百六十擧其大略不數五日四分日之一也二篇之策萬有一千五百二十當萬物之數者二篇之爻總有三百八十四爻陰陽各半陽爻一百九十二爻爻別三十六總有六千九百一十二也陰爻亦一百九十二爻爻別二十四總有四千六百八也陰陽總合萬有一千五百二十當萬物之數也今攷凡言策者即謂蓍也禮曰龜爲卜策爲筮又曰倒策側龜皆以策對龜而言則可知矣儀禮亦言筮人執筴尤爲明驗故此凡言策數雖指掛扐之外過揲見存之蓍數而言然不以掛扐之內所餘之蓍不爲策也疏義及其解說皆已得之且其幷以乾坤二少之爻爲言則固不專以乾坤爲老六子爲少矣但乾坤皆少而其合亦爲三百六十兩篇皆少而其合亦爲萬一千五百二十則數有未及而學者不可不知耳○雲峯胡氏曰前則掛扐之數象月之閏此則過揲之數象歲之周蓋揲之以四已合四時之象故總過揲之數又合四時成歲之象也獨曰乾坤之策者猶用九用六三百八十四爻之通例而獨於乾坤言之也○白雲郭氏曰聖人畫卦初未有以陰陽老少爲異然卜史之象欲取動爻之後卦故分別老少之象與聖人畫卦之意已不同矣

是故로四營而成易ᄒᆞ고十有八變而成卦ᄒᆞ니

○이런故로네번營ᄒᆞ야易이成ᄒᆞ고十이오또여듧번變ᄒᆞ야卦ㅣ成ᄒᆞ니

【本義】四營、謂分二卦一揲四歸奇也、易、變易也、謂一變也、三變成爻、十八變則成六爻也、朱子曰四營而成易易字只箇變字四度經營方成一變若說易之一變却不可這處未下得卦字亦未下得爻字只下得易字○四營而成易者營謂經營易即變也謂分二掛一揲四歸奇凡四度經營

蓍策乃成一變也十有八變而成卦者謂旣三變而成一爻復合四十九策如前經營以爲一變積十八變則成六爻而爲一卦也其法初一變兩揲之餘爲掛扐者不五則九第二變兩揲之餘爲掛扐者不四則八第三變兩揲之餘爲掛扐者亦不四則八五四爲少九八爲多若三變之間一五兩四則謂之三少一九兩八則謂之三多或一九一八而一四或一五而二八則謂之兩多一少或一九而二四或一五一四而一八則謂之兩少一多蓋四十九策去其初掛之一而存者四十八以四揲之爲十二揲之數四五爲少者一揲之數也八九爲多者兩揲之數也一揲爲奇兩揲爲偶奇者屬陽而象圓偶者屬陰而象方圓者一圍三而用全故一奇而含三方者一圍四而用半故一偶而含二也若四象之次則一曰太陽二曰少陰三曰少陽四曰太陰以十分之則居一者含九居二者含八居三者含七居四者含六其相爲對待而具於洛書者亦可見也故三少爲老陽者三變各得其一揲之數而三三爲九也其存者三十六而以四數之復得九揲之數也左數右策則左右皆九左右皆策則一而圍三也三多爲老陰者三變各得兩揲之數而三二爲六也其存者二十四而以四數之復得六揲之數也左數右策則左右皆六左右皆策則圍四用半也兩多一少爲少陽者三變之中再得兩揲之數一得一揲之數而兩二一三爲七也其存者二十八而以四數之復得七揲之數也左數右策則左右皆七左右皆策則方二圓一也方二謂兩八圓一謂一十二兩少一多爲少陰者三變之中再得一揲之數一得兩揲之數而二三一二爲八也其存者三十二而以四數之復得八揲之數也左數右策則左右皆八左右皆策則圓二方一也圓二謂兩十二方一謂一八〇多少之說雖不經見然其實以一約四以奇爲少以偶爲多而己九八者兩其四也陰之偶也故謂之多五四者一其四也陽之奇也故謂之少奇陽體圓其法徑一圍三而用其全故少之數三偶陰體方其法徑一圍四而用其半故多之數二歸奇積三三而爲九則其過揲者四之而爲三十六矣歸奇積三二而爲六則其過揲者四之而爲二十四矣歸奇積二三一二而爲八則其過揲者四之而爲三十二矣歸奇積二二一三而爲七則其過揲者四之而爲二十八矣過揲之數雖先得之然其數衆而繁歸奇之數雖後得之然其數寡而約紀數之法以約御繁不以衆制寡故先儒舊說專以多少決陰陽之老少而過揲之數亦冥會焉初非有異說也〇平庵項氏曰此一節以是故發辭蓋接上文二篇之策而論揲蓍求卦之法于以總括夫一章之事也自下文八卦小成以下乃言得卦之後占象推演之法而一章之事備矣

八卦而小成ᄒᆞ야

○八卦애小成ᄒᆞ야

【本義】謂九變而成三畫、得內卦也

引而伸之ᄒᆞ며觸類而長之ᄒᆞ면天下之能事ㅣ畢矣리니長丁丈反

○引ᄒᆞ야伸ᄒᆞ며類를觸ᄒᆞ야長ᄒᆞ면天下의能ᄒᆞᆫ事ㅣ畢ᄒᆞ리니

【本義】謂已成六爻而視其爻之變與不變、以爲動靜則一卦、可變而爲六十四卦、以定吉凶、凡四千九十六卦也、朱子曰引而伸之觸類而長之是占得這一卦則就上面推看如乾則推其爲圜爲君爲父之類是也○雙湖胡氏曰按四千九十六卦乃焦延壽變卦之法詳見啓蒙原卦畫篇

顯道ᄒᆞ고神德行이라是故로可與酬酢이며可與祐神矣니行下孟反

○道를顯ᄒᆞ고德行을神케ᄒᆞᄂᆞᆫ디라 이런故로可히더브러酬酢ᄒᆞᆯ꺼시며 可히더브러神을祐ᄒᆞᆯ꺼시니

【程子】曰顯明於道而見其功用之神故可與應對萬變可贊祐於神道矣謂合德也人唯順理以成功乃贊天地之化育也

【本義】道、因辭顯、行、以數神、酬酢、謂應對、祐神、謂助神化之功、或問顯道神德行朱子曰道較微妙无形影因卦辭說出來道這是吉這是凶這可爲這不可爲德行是人做底事因數推出來方知得這不是人硬恁地做都是神之所爲也又曰須知得是天理合如此○此是說蓍卦之用道理因此顯著德行是人事却由取決於蓍既知吉凶便可以酬酢事變又豈能自說吉凶與人因有易後方著見便是易來佑助神也又曰易唯其顯道神德行故能與人酬酢而佑助夫神化之功也○神德行是說人事那箇做底只是人爲若決之於鬼神德行便神○酬酢者言幽明之相應如賓主之相交也○平庵項氏曰天道雖幽可闡之以示乎人人事雖顯可推之以合乎天明可以酬酢事物之宜幽可以贊出鬼神之命○雲峯胡氏曰道在天德行在人在天者幽顯道闡幽也在人者顯神德行微顯也蓍

與卦可與酬酢其在人者可與贊助其在天者

子曰知變化之道者ㅣ其知神之所爲乎ㄴ뎌

○子ㅣ ᄀᆞᆯᄋᆞ샤ᄃᆡ 變ᄒᆞ며化ᄒᆞᄂᆞᆫ道를아ᄂᆞᆫ者ㅣ 그神의爲ᄒᆞᄂᆞᆫ바를아ᄂᆞᆫ뎌

【程子】曰知變化之道則知神之所爲也合與上文相連不合在下

【本義】變化之道、即上文數法、是也、皆非人之所能爲、故、夫子、歎之而門人、加子曰、以別上文也、盤澗董氏曰陽化爲陰陰變爲陽者變化也所以變化者道也道者本然之妙變化者所乘之機故陰變陽化而道无不在兩在故不測故曰知變化之道者其知神之所爲乎○南軒張氏曰變者不能自變有神以變之化者不能自化有神以化之故知變化之道者疑若窺測其妙也○雲峯胡氏曰本義曰變化之道即上文數法是也皆非人之所能爲焉爲河圖大衍之數揲蓍求卦之法有變有化非人之所爲也皆神之所爲也

右、第九章、

【本義】此章、言天地大衍之數揲蓍求卦之法、然、亦略矣、意其詳、具於大卜筮人之官而今不可考耳、其可推者、啓蒙、備言之、雙湖胡氏曰此章首論天地之數次論蓍策之數末論卦畫之數天地數之原也蓍策數之衍也卦畫數之鍾聚也蓋至於卦畫足以濟生人之用矣故始之以成變化而行鬼神明數之體段原於天地者將必有如是之功用終之以變化之道神之所爲明數之功用達於蓍卦者原其初已有如是之體段也變化之道即成變化之事揲蓍中老陽變爲少陰老陰變爲少陽是也神之所爲即行鬼神之事卦畫既立吉凶禍福皆可得而前知所謂定天下之吉凶成天下之亹亹是也簡編釐正之功大矣

易有聖人之道ㅣ四焉ᄒᆞ니以言者ᄂᆞᆫ尙其辭ᄒᆞ고以動者ᄂᆞᆫ尙其變ᄒᆞ고

以制器者는尚其象ᄒᆞ고以卜筮者는尚其占ᄒᆞᄂᆞ니

○易이聖人의道ㅣ四ㅣ이시니써言ᄒᆞᄂᆞᆫ者ᄂᆞᆫ 그辭를尚ᄒᆞ고써動ᄒᆞᄂᆞᆫ者ᄂᆞᆫ그變을尚ᄒᆞ고써器를制ᄒᆞᄂᆞᆫ者ᄂᆞᆫ 그象을尚ᄒᆞ고써卜筮ᄒᆞᄂᆞᆫ者ᄂᆞᆫ 그占을尚ᄒᆞᄂᆞ니

【程子】曰易有聖人之道四焉止非天下之至精其孰能與於此○言所以述理以言者尙其辭謂其言求理者則存意於辭也以動者尙其變動則變也順變而動乃合道也制器作事當體乎象卜筮吉凶當考乎占受命如響遂知來物非神乎曰感而通求而得精之至也

【本義】四者、皆變化之道、神之所爲者也、朱子曰易有君子之道四至精至變則合做兩箇是他裏面各有那箇○問以言以動以制器以卜筮這以字是指以易而言否曰然又問辭占是一類變象是一類所以下文至精合辭占說至變合變象說曰然占與辭是一類者曉得辭方能知得占若與人說話曉得他言語方見他胷中底蘊變是事之始象是事之已形者故亦是一類也○問以言者尙其辭以言是取其言以明理斷事如論語上擧不恒其德或承之羞否曰是○問以制器者尙其象曰這都難說蓋取諸離取諸益不是先有見乎離而後爲網罟先有見乎益而爲耒耜之屬聖人亦只是見魚鼈之屬欲有以取之遂做一箇物事去攔截他欲得耕種見地土硬遂做一箇物事去劚起他却合於離之象合於益之意有取其象者有取其意者○問以卜筮者尙其占卜用龜亦使易占否曰不用只是文勢如此○南軒張氏曰易有聖人之道四焉故指其所之者易之辭也以言者尙之則言无不當矣化而裁之者易之變也以動者尙之則動无不時矣象其物宜者易之象也制器者象之則可以盡創物之智極數知來者易之占也卜筮者尙之則可以窮先知之神○廬陵龍氏曰四者皆是用易然有言動時取用者有制器卜筮時取用者四句唯尙變難通變雖在辭象占之外實不出辭象占之間凡擧動必合易之變唯心與理會者能之○雲峯胡氏曰辭占是一類變象是一類辭以明變象之理占以斷變象之應故四者之目以辭與占始終焉

是以君子ㅣ將有爲也ᄒᆞ며將有行也애問焉而以言ᄒᆞ거든其受命

也ㅣ如嚮ᄒᆞ야无有遠近幽深히遂知來物ᄒᆞᄂᆞ니非天下之至精이면其孰能與於此ㅣ리오 嚮許兩反古文響 與音預下同

○일로뻐君子ㅣ쟝ᄎᆞᆺ爲홈이이시며쟝ᄎᆞᆺ行홈이쇼매問ᄒᆞ야뻐言ᄒᆞ려ᄒᆞ거든그命을受홈이嚮ᄀᆞᆮᄐᆡ야遠近이며幽深이쇼미업시드ᄃᆡ여來ᄒᆞᄂᆞᆫ物을아ᄂᆞ니天下읫지극ᄒᆞᆫ精이아니면그뉘能히이예與ᄒᆞ리오

程子曰卜筮之能應祭祀之能享亦只是一理蓍龜雖无情然所以爲卦而卦有吉凶莫非有此理以其有是理也故以是問焉其應也如響若以私心及錯卦象而問之便不應蓋沒此理今日之理與前日已定之理只是一箇理故應也至如祭祀之享亦同鬼神之理在彼我以此理向之故享也不容有二三只是一理也

【本義】此、尙辭尙占之事、言人、以蓍、問易、求其卦爻之辭而以之發言處事則易、受人之命而有以告之、如嚮之應聲、以決其未來之吉凶也、以言、與以言者、尙其辭之以言、義同、命則將筮而告蓍之語、冠禮筮日、宰、自右贊命、是也、或問君子將有爲也將有行也問焉而以言其受命也如嚮朱子曰此是說君子作事問於蓍龜言是命龜受命如嚮龜受命也抱龜南面是也○張子曰易无思无爲受命乃如嚮又曰此言易之爲書也至精者謂聖人窮理極盡精微處也○開封耿氏曰物之來者遠自八荒之上深在六極之下吾能知之此則天地之鑑也萬物之照也所謂至精者也○雲峯胡氏曰君子言動必擬於易但言在行先故將有爲有行必先問焉而以之發言然後以之行事也易受人之命其應如響未來之事无幽深遠近皆知之此尙辭尙占之事而曰天下之至精者言辭占至精之道其精无以加也

參伍以變ᄒᆞ며錯綜其數ᄒᆞ야通其變ᄒᆞ야遂成天地之文ᄒᆞ며極其數ᄒᆞ야遂定天下之象ᄒᆞ니非天下之至變이면其孰能與於此ㅣ리오 參七南反 錯七各反

○參ᄒᆞ며伍ᄒᆞ야ᄡᅧ變ᄒᆞ며 그數를錯ᄒᆞ며綜ᄒᆞ야 그變을通ᄒᆞ야 드듸여天地읫文을成하며그數를極ᄒᆞ야 드듸여天下읫象을定ᄒᆞ니天下읫지극ᄒᆞᆫ 變이아니면그뉘能히이예與ᄒᆞ리오

【本義】此、尙象之事、變則象之未定者也、參者、三數之也、伍者、五數之也、旣參以變、又伍以變、一先一後、更相考覈、以審其多寡之實也、錯者、交而互之、一左一右之謂也、綜者、總而挈之、一低一昻之謂也、此亦皆謂揲蓍求卦之事、蓋通三揲兩手之策、以成陰陽老少之畫、究七八九六之數、以定卦爻動靜之象也、參伍錯綜、皆古語而參伍、尤難曉、按荀子、云窺敵制變、欲伍以參、韓非曰省同異之言、以知朋黨之分、偶參伍之驗、以責陳言之實、又曰參之以此物、伍之以合參、史記曰必參而伍之、又曰參伍不失、漢書、曰參伍其賈、以類相準、此足以相發明矣、朱子曰參以三數之也伍以五數之也如云什伍其民如云或相什伯非直爲三與五而已也蓋紀數之法以三數之則遇五而齊以五數之則遇三而會故荀子韓非漢書所云皆其義也所謂參伍以變者蓋言或以三數而變之或以五數而變之前後多寡更相反覆以不齊而要其齊如河圖洛書大衍之數伏羲文王之卦曆象之日月五星章蔀紀元是皆各爲一法不相依附而不害其相通也○揲蓍本无三數五數之法只言交互參考皆有自然之數如三三爲九五六三十之類雖不用以揲蓍而推算變通未嘗不用○荀子說參伍楊倞解之爲詳漢書所謂欲問馬先問牛參伍之以得其實大抵陰陽奇偶變化无窮天下之事不出諸此成天地之文者若卦爻之陳列變態者是也定天下之象者物象皆有定理足以經綸天下之事也○問參伍者是旣三以數之又五以數之譬之三十錢以三數之看得幾箇三了又五以數之看得幾箇五兩數參合方看得幾箇成數曰正是如此又問不獨是以數算大槩只是參合底意思如趙廣漢欲問馬先問牛便只是以彼數來參此數否曰是又曰若是他數猶可湊三與五兩數自是參差不齊所以舉以爲言如這箇是三箇將五來比又多兩箇這是五箇將三來比又少兩箇兵家謂窺敵制變欲伍以參今欲覘敵人之事教一人探來恁地說又差一八去揲來若說得不同便將這兩說相參看如何以求其實所以謂之欲伍以參○問錯綜之義曰錯是往來底綜是上下底古人下這字極子細又曰錯是往來交錯之義綜如織底綜一箇上去一箇下來陽上去做陰陰下來做陽又曰錯綜其數便只是七八九六六對九七對八便是東西相錯六上生七爲陽九下生八爲陰便是上下爲綜○錯綜是兩樣錯者雜而互之也綜者條而理之也參伍錯綜又各自是一事參伍所以通之其治之也簡而疎錯綜所以極之其治之也繁而密○漢上朱氏曰參伍以變者縱橫十五天地五十有五之數也錯之爲六七八九綜之爲三百六十通六七八九之變則剛柔相易遂成天地之文極五十有五之數則剛柔有體遂定天下之象非成文不足以成物非受象不足以制器變之又變謂之至變○南軒張氏曰三五天也參而伍之人也○平菴項氏曰凡占之法有數有變每爻三揲爲三變每揲有象兩象三象四時象閏再閏爲五小變此參伍以變也三揲之奇分而計之則得三少三多一少兩多一多兩少之數去三揲之奇以左右手之正策合而計之則得四九四六四七四八之數此錯綜其數也錯謂分而間之綜謂合而綜之此兩句止論一爻之法通六爻之變得十有八遂成初二三四五上以爲剛柔相雜之文極六爻之數得七八九六遂定重單交折以爲內外兩卦之象此兩句成卦之法○雲峰胡氏曰上文曰尙辭尙占之事此獨曰尙象而不曰尙變參伍以變此變字象之未定者也參伍以一變而言錯綜合十八變而言本義以參伍爲一先一後更相考覈以究其多寡之實筮法四五爲寡九八爲多五九爲先四八爲後五九四八之中又各自有先後焉除掛一外餘九者先後皆四餘八者或先三而後四或先四而後三是三以變也餘五者或先後皆二或先三而後一或先一而後三餘四者或先二而後一或先一而後二是伍以變也參伍以變盖三揲兩手之策也通三揲兩手之策而陰陽老少之畫遂成矣三變方成陰陽老少之畫雜十有八變乃見陰陽老少之數故謂之錯總三變之數成一爻總十有八變成一卦故謂之綜錯綜七八九六之數而卦爻動靜之象遂定矣天下至變言易之有象其至變之道天下无以加之也○雙湖胡氏曰按楊倞荀子註伍參猶雜也使間諜或參之或伍之於敵間而盡知其事史記引周書曰必參而伍之註三卿五大夫欲更議也

易은 无思也ᄒᆞ며 无爲也ᄒᆞ야 寂然不動이라가 感而遂通天下之故ᄒᆞᄂᆞ니 非天下之至神이면 其孰能與於此ㅣ리오

○易은思ㅣ업스며爲ㅣ업서寂然히動티아녀ᄯᅡ가感홈애 드듸여 天下읫故를 通ᄒᆞ

느니天下읫지극혼神이아니면그뉘能히이예與호리오

程子曰老子曰无爲又曰无爲而无不爲當有爲而以无爲爲之是乃有爲爲也聖人作易未嘗言无爲惟曰无思也
无爲也此戒夫作爲也然下即曰寂然不動感而遂通天下之故是動靜之理未嘗爲一偏之說矣○寂然不動感而
遂通者天理具備元无少欠不爲堯存不爲桀亡父子君臣常理不易何曾動來因不動故言寂然雖不動感便通感
非自外也○寂然不動萬物森然已具在感而遂通感則只是自內感不是外面將一件物來感於此也○寂然不動
感而遂通此只言人分上事若論通則萬理皆具更不說感與未感○答與叔書曰心一也有指體而言者寂然不動
是也有指用而言者感而遂通天下之故是也○感而遂通天下之故以其寂然不動小則事物之至大則无時而不
感○龜山楊氏曰惟无思爲足以感通天下之故而謂无思土木可乎此非窮神知化未足與議也○藍田呂氏曰寂
然之中天機常動感應之際本原常靜洪鍾在簴叩與不叩鳴未嘗已寶鑑在手照與不照明未嘗息○張子曰一故
神譬之人身四體皆一物故觸之而无不覺此所謂感而遂通不疾而速不行而至也

【本義】此、四者之體、所以立而用所以行者也、易、指著卦、无思无爲、言其无心也、
寂然者、感之體、感通者、寂之用、人心之妙、其動靜、亦如此、朱子曰易无思也无爲也易是箇无情底物事故寂然不
動占之吉凶善惡隨事著見乃感而遂通又曰感而遂通感著他卦卦便應也如人來問底善便與說善來問底惡便
與說惡所以先儒說道潔靜精微這般句說得有些意思又曰凡言易者多只指著卦而言著卦何嘗有思有爲但只
是叩著便應无不通所以爲神耳非是別有至神在著卦之外也○寂然不動感而遂通天下之故與窮理盡性以至
於命本是說易不是說人諸家皆是借來就人上說亦通○寂然是體感是用當其寂然時理固在此必感而後發如
仁感爲惻隱未感時只是仁義感爲羞惡未感時只是義○易无思也无爲也寂然不動忠也敬也立大本也感而遂
通天下之故恕也義也行達道也○問无思也无爲也寂然不動感而遂通天下之故者何也曰无思慮也无作爲也
其寂然者无時而不感其感通者无時而不寂也是乃天命之全體人心之至正所謂體用之一源流行而不息者疑
若不可以時處分矣然於其未發也見其感通之體於己發也見其寂然之用亦各有當而實未嘗分焉故程子曰中
者言寂然不動者也和者言感而遂通者也然中和以情性言者也寂感以心言者也中和蓋所以爲寂感也○平庵
項氏曰著之變策之數爻之文卦之象皆寂然不動之物初不能如人之有思亦不能如人之有爲皆純乎天者也及

問焉而以言則其受命也如響无有遠近幽深遂知來物則感而遂通天下之故皆同乎人者也○潘氏曰易无思慮无作爲寂然不動若无與於物然一有所感則天下之故无不通者感於離則通乎網罟之故感於夬則通乎書契之故大而天地微而鳥獸近而一身遠而萬物苟有感焉无不通者然非極天下之至神者不能也○雲峰胡氏曰象在畫辭在策著未變占在櫝皆无思无爲寂然不動人心之寂也如是揲著以求卦則天下之故无有不通者矣人心之感也如是非至精至變之外他有所謂至神神卽精與變之至妙至妙者也

# 夫易은聖人之所以極深而硏幾也ㅣ니 幾音機下同

○易은聖人의뻐深을極ᄒᆞ고幾를硏ᄒᆞ는배니

【本義】硏、猶審也、幾、微也、所以極深者、至精也、所以硏幾者、至變也、

或問如何是極深朱子曰聖人都曉得至深難見底道理都就易中見得問如所謂幽明之故死生之說鬼神之情狀之類否曰然問何如是硏幾曰便是硏磨出那幾微處且如一箇卦在這裏便有吉凶有悔吝幾微毫釐處都硏出來又問如此說正與本義所謂所以極深者至精也所以硏幾者至變也正相發明曰然○易便有那深有那幾聖人便用極出那深硏出那幾硏是硏磨到底之意詩書禮樂皆是說那已有底事惟是易說那未有底事硏幾是不待他顯著只在那茫昧時都處置了○知至如極深能慮便是硏幾又曰知至能慮與極深硏幾句略相似○平庵項氏曰至精至變至神者易之體也惟深惟幾惟神者易之用也故曰夫易聖人所以極深而硏幾也立此一句以承上體起下用也【備旨】己上發明聖道之意此處承上點出聖人來以申首章之意然惟聖人極深硏幾方有辭占象變不是因辭占象變云極之硏之也猶云易之至精不自精也易之至變不自變也乃神人所以極深所以硏幾者也此一節是一章之關鍵

# 唯深也故로能通天下之志ᄒᆞ며唯幾也故로能成天下之務ᄒᆞ며唯神也故로不疾而速ᄒᆞ며不行而至ᄒᆞᄂᆞ니

○오직深ᄒᆞᆫ故로能히天下읫志를通ᄒᆞ며오직幾ᄒᆞᆫ故로能히天下읫務를成ᄒᆞ며오

직神ᄒᆞᆫ故로疾티아니하여서速하며行티안녀서至ᄒᆞᄂᆞ니

程子曰神无速亦无至須如此言者不如是不足以形容故也

【本義】所以通志而成務者、神之所爲也、

朱子曰深是幽深通是開通人所以閉塞只爲他淺若是深後便能開通人志道理若淺如何開通得人所謂通天下之志亦只似開物相似所以下一句也說箇成務易是說那未有底六十四卦皆是如此○深就心上說幾就事上說幾便是有那事了雖是微畢竟是有深在心甚玄奧幾在事半微半顯通天下之志猶言開物開通其閉塞也故其下對成務○極出那深故能通天下之志硏出那幾故能成天下之務○問唯深也唯幾也唯神也此是說聖人能如此否曰此是說聖人亦是易如此若不深如何通得天下之志又曰他恁黑窣地深疑若不可測然其中却事事有又曰事事都有一箇端緒可尋又曰各有箇路脈線索在裏面所以曰唯幾也故能成天下之務硏者便是硏窮他問如何是幾曰這便是周子所謂動而未形有无之間者也○通天下之志通是開通之意蓋當時之民遇事多閉塞不知所爲故聖人作易示以此理敎他恁地做便會吉如此做便會凶必恁地則吉而可爲如此則凶而不可爲所謂通天下之志開物亦只是如此○臨川吳氏曰本義云極深者至精也硏幾者至變也唯辭之能極深也故以辭爲占則可以前知而開通天下人之心志唯變之能硏幾也故以變得象則可以制作而完成天下人之事務然辭占變象所以能如此者皆妙不可測之神爲之唯其妙不可測故不待疾之而自速不待行之而自至謂自然而然非人所能爲也○誠齋楊氏曰天下之理唯疾故速唯行故至未有不疾而速不行而至者也蓋不如是不足以爲神也然則聖人之神果何物也心也心之精也豈唯心之能神哉物理亦有之銅山東傾而洛鍾西應豈唯物理哉人氣亦有之其母齧指而其子心動此一物之理一人之氣相應相同有不疾而速不行而至者也況聖人心之神乎是故範圍天地而一念不踰時經緯萬方而半武不出戶豈假疾而後速行而後至何爲其然也心之神也【備旨】此節皆歸功聖人意謂夫易爲聖人所以極深硏幾故能通志成務者亦且妙於不疾不行使非聖人焉能有如是之功用乎三故字宜玩

# 子曰易有聖人之道四焉者ㅣ此之謂也ㅣ라

○子ㅣ ᄀᆞᆯᄋᆞ샤ᄃᆡ 易이 聖人의 道ㅣ 四ㅣ 잇다 홈이 이를 닐옴이라

朱子曰變化之道莫非神之所爲也故知變化之道則知神之所爲矣易有聖人之道四焉所謂變化之道也觀變玩占可以見其精之至矣玩辭觀象可以見其變之至矣然非有寂然感通之神則何以爲精爲變而成變化之道哉此

變化之道所以爲神之所爲也所以極深者以其精也所以硏幾者以其變也極深硏幾所以不疾而速不行而至者以其神也此又覆明上文之意復以易有聖人之道四焉者結之也或曰至精至變皆以書言之矣至神之妙亦以書言之可乎曰至神之妙固无不在詳考之文意則實以書言之也所謂无思无爲寂然不動云者言在冊象在畫蓍在櫝而變未形也至於玩辭觀象而揲蓍以變則感而遂通天下之故矣推而極於天地之大反而驗諸心術之微其一動一靜循環終始之妙亦如此而已矣嗚呼此其所以不疾而速不行而至也歟○平庵項氏曰四者雖云辭變象占而自君子將有爲也以下則皆論占也至此又以易有聖人之道四焉終之者蓋占則有辭變則有象擧其一則四事在其中矣【增訂】此通結上文全要看此之謂三字此之謂須以神字爲辭占象變皆易之道必本於聖心之精變硏極出來其中不可知之妙眞非思慮之可及者故不徒曰易之道而必曰聖人之道也

## 右、第十章

【本義】此章、承上章之意、言易之用、有此四者、

子曰夫易은何爲者也오夫易은開物成務ᄒᆞ야冒天下之道ᄒᆞᄂᆞ니如斯而已者也ㅣ라是故로聖人이以通天下之志ᄒᆞ며以定天下之業ᄒᆞ며以斷天下之疑ᄒᆞᄂᆞ니라 冒莫報反 斷丁亂反

○子ㅣᄀᆞᆯ으샤ᄃᆡ易은엇디ᄒᆞᆫ者고易은物을開ᄒᆞ야 務를成ᄒᆞ야 天下읫道를冒ᄒᆞᄂᆞ니이ᄀᆞᆮᄐᆞᆯᄯᆞᄅᆞ미라이런故로聖人이ᄡᅥ 天下읫志를通ᄒᆞ며ᄡᅥ 天下읫業을定ᄒᆞ며ᄡᅥ 天下읫疑를斷ᄒᆞᄂᆞ니라

【本義】開物成務、謂使人卜筮、以知吉凶而成事業、冒天下之道、謂卦爻、旣設而天下之道、皆在其中、朱子曰此言易之書其用如此又曰易本爲卜筮而言古人淳質初无文義故畫卦爻以開物成務故曰夫易何爲而作也夫易開物成務冒天下之道如斯而已也是故以

通天下之志以定天下之業以斷天下之疑是故蓍之德圓而神卦之德方以知六爻之義易以貢聖人以此洗心退藏於密此易之大意在此又曰易本欲定天下之志斷天下之疑而已不是要說道理也○古之時民淳俗朴風氣未開於天下事全未知識故聖人立龜與之卜作易與之筮使之趨吉避害以成天下之事故曰開物成務物只是人物務只是事務冐只是罩得天下許多道理在裏出不得他箇○問易開物成務冐天下之道是易之理能恁地而人以之卜筮又能開物成務否曰然○讀繫辭者須見得如何是開物如何是成務如何是冐天下之道須要就卦中一一見得許多道理然後可讀繫辭也蓋易之爲書大抵皆是因卜筮以設敎逐爻開示吉凶包括无遺如將天下許多道理包藏在其中故曰冐天下之道繫辭自大衍數以下皆是說卜筮事若不曉他盡是說爻變中道理則如所謂變動不居周流六虛之類有何憑著今人說易所以不將卜筮爲王者只是怕小却這箇道理故憑虛失實茫昧體度而已殊不知由卜筮而推而上通鬼神下通事物精及於无形粗及於有象如包罩在此隨取隨得居則觀象玩辭者又不待卜而後見只是體察便自見吉凶之理○臨川吳氏曰開物謂人所未知者開發之成務謂人所欲爲者成全之冐猶韜尸之冐謂天下之道悉包褁於其中也通志開物也定業成務也斷疑謂易於天下之道包褁无遺故於天下之疑事皆能决之也○雲峯胡氏曰學者以爲易專言卜筮易至於小吾易殊不知未有卜筮以前人无以知吉凶而成事業有卜筮則可開示吉凶而天下事事物物之理无不包括在此故曰冐天下之道開示天下以吉凶所以通天下之志成務所以定天下之業冐天下之道所以斷天下之疑下文凡六節各有是故二字皆以言卜筮之妙也

是故로 蓍之德은 圓而神이오 卦之德은 方以知오 六爻之義는 易以貢이니 聖人이 以此로 洗心ᄒᆞ야 退藏於密ᄒᆞ며 吉凶에 與民同患ᄒᆞ야 神以知來코 知以藏往ᄒᆞᄂᆞ니 其孰能與於此哉ㅣ리오 古之聰明叡知神武而不殺者夫ㅣᆫ뎌

方以知之知音智下知以叡知並同易音亦與音預夫音符

○이런故로蓍의德은圓ᄒᆞ야神ᄒᆞ고卦의德은方ᄒᆞ야 뻐知ᄒᆞ고六爻의義ᄂᆞᆫ 易ᄒᆞ야

써貢ᄒᆞᄂᆞ니聖人이일로써心을洗ᄒᆞ야密애退藏ᄒᆞ며吉凶애民으로더브러患을ᄒᆞᆫ가지로ᄒᆞ야神으로써來를知ᄒᆞ고知로써往을藏ᄒᆞᄂᆞ니그뉘能히이예與ᄒᆞ리오녯聰明ᄒᆞ고叡知ᄒᆞ고神武ᄒᆞ고殺티아닌ᄂᆞᆫ者ㅣᆫ뎌

程子曰生生之謂易天地設位而易行乎其中乾坤毁則无以見易易不可見乾坤或幾乎息矣易畢竟是甚又指而言曰聖人以此洗心退藏於密聖人示人之意至此深且明矣終无人理會易者此也密也是甚物人能至此深思當自得之○又曰安有識得易後不知退藏於密密是用之源聖人之妙處知不事爲藏往易言知來藏往主蓍卦而言○張子曰圓神故能通天下之志方知故能定天下之業易貢故能斷天下之疑易書成三者備變患明聖人得以洗濯其心退藏於密矣

【本義】圓神、謂變化无方、方知、謂事有定理、易以貢、謂變易以告人、聖人、體具三者之德而无一塵之累、无事則其心、寂然、人莫能窺、有事則神知之用、隨感而應、所謂无卜筮而知吉凶也、神武不殺、得其理而不假其物之謂、

朱子曰此言聖人所以作易之本也蓍動卦靜而爻之變易无窮未畫之前此理已具於聖人之心矣然物之未感則寂然不動而无兆眹之可名及其出而應物則憂以天下而圓神方知者各見於功用之實聰明叡知神武而不殺者言其體用之妙也又曰蓍之德三句蓍與卦以德言爻以義言但只是具這箇道理在此而已所謂以此洗心者心中渾然此理別无他物退藏於密只是未見於用所謂寂然不動也下文說神以知來便是以蓍之德知來知以藏往便是以卦之德藏往洗心退藏言體知來藏往言用然亦只言體用具矣而未及使出來處到下文是與神物以前民用方發揮許多道理以盡見於用也然前段必結之以聰明叡知神武而不殺者只是譬喩蓍龜雖未用而神靈之理具在猶武雖是殺人底事聖人却存此神武而不殺也又曰聖人以此洗心退藏於密是以那易之理來洗濯自家心了更沒些私意小知在裏許聖人便似易了不假卜筮而知吉凶所以說神武而不殺這是有那神以知來知以藏往又說箇齋戒以神明其德者是得其理不假其物又曰退藏於密時固不用這物事吉凶與民同患也不用這物事用神而不用蓍用知而不用卦全不犯手退藏於密是不用事時到他用事也不犯手事未到時先安排在這裏了事到時

偲地來偲地㶊○蓍以七爲數故七七四十九而屬陽是未成卦時所用未有定體故其德圓而神所以知來卦以八爲數故八八六十四而屬陰是旣蓍之變而成已有定體故其德方以知所以藏往○一卦之中凡爻辭所載皆具已見底道理比藏往也占得此爻却因已見底道理以推未來之事便是知來○易以貢是變易以告人貢字只作告字說但上面神字知字下得重不知此字又却下得輕却曉不得○建安丘氏曰四十九蓍分掛揲扐陰陽老少變化无方故其德圓而神六十四卦象辭森列吉凶得失一定不易故其德方以知貢猶告也三百八十四爻剛柔迭用九六相推其理又變易以告人故其義易以貢○孔氏曰吉凶與民同患者凶雖民之所患吉亦民之所患也旣得其吉又患其凶老子曰寵辱若驚也○雲峯胡氏曰此以蓍卦爻之理而言也理无一定之用故曰圓而神事有一定之理故曰方以知易以六爻之理敎人有定體而无定用故曰易以貢聖人一心蓍卦爻之理具焉具此三者之理而无一塵之累故无事則退藏於密莫窺其際即蓍卦爻之无思无爲寂然不動者也有事則吉凶與民同患其神自足以知來其知自足以藏往即蓍卦爻之感而遂通天下之故者也易開物成務是使人以卜筮而知吉凶與民同患而知來藏往是聖人无卜筮而知吉凶也本義謂神武不殺得其理而不假其物之謂蓋謂理必有資乎蓍卦爻之爲物而聖人得其理而不假其物便如武必有資乎殺而聖人則存此神武而不假乎殺也○平庵項氏曰自子曰夫易何爲者也至定之以吉凶所以斷也朱子合爲一大章專言卜筮之事而其間節目有四第一節自夫易何爲者也至神武而不殺者夫統言易中有蓍卦爻三德章首先設問答次以是故發辭開物者知其未然也陽之始物也成務者定其當然也陰之終物也天下之始終皆備於此書之內矣是故聖人用之以通人之志所謂開物也以定人之事所謂成務也以決人之疑即志與事之決也此三者皆蓍卦爻之所能也是故蓍用七故其德圓卦用八故其德方爻用九六故其義易貢蓍開於无卦之先所以爲神卦定於有象之後所以爲知爻決之先者也所以爲貢聖人以此三者洗心以存其神退藏以定其體同患以贊其決故其知幾即神之開物也其畜德則知之成務也此所謂聰明叡知也其斷吉凶即神武之決也其與民同患即不殺之仁也古之人有能備是德者即伏羲聖人是也故自此以下始言建立卜筮之人焉

**是以明於天之道而察於民之故ᄒᆞ야 是興神物ᄒᆞ야 以前民用ᄒᆞ니**

**聖人이 以此齊戒ᄒᆞ야 以神明其德夫ᆫ뎌**

○일로ᄡᅧ天의道애明ᄒᆞ고民의故애察ᄒᆞ야이예神物을興ᄒᆞ야ᄡᅧ 民의用애前ᄒᆞ니
聖人이일로ᄡᅧ齋ᄒᆞ며戒ᄒᆞ야ᄡᅧ 그德을神明케ᄒᆞ신뎌

程子曰聖人以此退藏於密以此齋戒以神明其德夫要須玩索○張子曰言天之變遷禍福之道由民逆順取舍之
故故聖人作易以先之

【本義】 神物、謂蓍龜、湛然純一之謂齋、肅然警惕之謂戒、明天道、故、知神物之可
興、察民故、故、知其用之不可不有以開其先、是以、作爲卜筮、以敎人而於此焉齋戒、
以考其占、使其心、神明不測、如鬼神之能知來也、

朱子曰是以明於天之道而察於民之故是
興神物以前民用此言作易之事也聖人以
此齋戒以神明其德夫此言用易之事也齋戒敬也聖人无一時一事不敬此特因卜筮而言尤見其精誠之至如孔
子所愼齋戰疾之意湛然純一之謂齋肅然警惕之謂戒玩此則知所以神明其德之意也又曰齋較詳於戒到湛然
純一時肅然警惕也无了○是以明於天道以下言敎民卜筮之事而聖人亦未嘗不敬而信之以神明其德也○明
於天之道而察於民之故是興神物以前民用蓋聖人見得天道人事都是這道理蓍龜之靈都包得盡於是作爲卜
筮使人因卜筮知得道理都在裏面○是興神物以前民用此言有以開民使民皆知前時民皆昏塞吉凶利害是非
都不知因這箇開了便能如神明然此便是神明其德又云民用之則神明民德聖人用之則自神明其德○問聖人
齋戒以神明其德曰顯道神德行便是這神字猶言吉凶若有神明陰相之相似這都不是自家做得都若神之所爲
○問明於天之道而察於民之故天之道便是民之故否曰論極處固只是一箇道理看時須做兩處看方看得周匝
无虧欠處問天之道只是福善禍淫之類否曰如陰陽變化春何爲而生秋何爲而殺夏何爲而暑冬何爲而寒皆要
理會得問民之故如君臣父子之類是否曰凡民生日用皆是若只理會得民之故却理會不得天之道便即民之故
亦未是在到得極時固只是一理要之須是都看得周匝始得○洗心聖人觀象玩辭理與心會也齋戒聖人觀變玩
占臨事而敬也○聖人以通天下之志以定天下之業以斷天下之疑此只是說蓍龜若不指蓍龜如何通之定之斷
之到蓍之德圓而神以下却是從源頭說却未是說卜筮蓋聖人之心自有易之三德故渾然是此道理不煩用一毫
之私便是洗心即是退藏於密所謂密者只是他人自无可捉摸處便是寂然不動處吉凶與民同患神以知來知以

藏件皆已具此理但猶未用於蓍龜故曰古之聰明叡知神武而不殺者夫神武不殺之言只是譬喻謂聖人已具此理却不犯手耳明於天之道以下方說蓍龜乃是發用處是興神物以前民用蓋聖人旣具此理又將此理就蓍龜上發明出來使民亦得前知而用之也聖人以此齋戒以神明其德德即聖人之德又即卜筮以神明之聖人自有此理亦用蓍龜之理以神明之○南軒張氏曰夫蓍植物也足以揲天地之數龜動物也足以見天下之象故天能生之而不能與之惟聖人用其四十九而幽贊神明者所以興其蓍也鑽之七十二而置之前列者所以興其龜也天下之民其終不倦而樂於有爲亹亹不忘而勇於有行者以其有蓍以前之也然後聖人深居簡出利用安身齊以去其不一之思戒以防其不測之患神明自得有莫知其所以然者矣○李氏曰以爲神耶則旣物於物以爲物矣則神所寄焉夫是之謂神物均是物也而蓍龜爲神者以知象數是也○雲峯胡氏曰上文謂蓍卦爻之理不假於物而皆具於聖人之心此則謂蓍卦爻之用不能不假於物而亦不能外乎聖人之心故彼曰聖人以此洗心者此心至靜而理之體具也此曰聖人以此齋戒者此心至敬而理之用行也蓋聖人明天道而知神物之可興察民故而知其用之不可以不開其先然聖人非齋戒无以神明聖人之德敎人卜筮人不齋戒亦无以神明人之德也○平庵項氏曰此第二節言始立蓍筮之人以是以發辭惟其聰明叡知也是以明於天道之遠而察於民事之近惟其神武不殺也是以建立蓍策以開斯民占決之用聖人又以卜筮之法所以齋心而戒事問之於神而貢之於明者以自齋戒以自神明其齋則洗心也其戒則藏密也其神明其德則與民同患也自此以下遂言畫爻布卦之法以見神明其德之事也

是故로闔戶를謂之坤이오闢戶를謂之乾이오一闔一闢을謂之變이오往來不窮을謂之通이오見을乃謂之象이오形을乃謂之器오制而用之를謂之法이오利用出入ᄒᆞ야民咸用之를謂之神이라 見賢遍反

○이런故로戶를闔홈을坤이라니ᄅᆞ고戶를闢홈을乾이라니ᄅᆞ고ᄒᆞᆫ번闔ᄒᆞ고ᄒᆞᆫ번闢홈을變이라니ᄅᆞ고往ᄒᆞ며來ᄒᆞ야窮티아니믈通이라니ᄅᆞ고見ᄒᆞᆫ거ᄉᆞᆯ이예象이라니ᄅᆞ고形ᄒᆞᆫ거ᄉᆞᆯ이예器라니ᄅᆞ고制ᄒᆞ야用홈을法이라니ᄅᆞ고用을利히ᄒᆞ야出

ᄒᆞ며入ᄒᆞ야民이다用홈을神이라니ᄅᆞ니라

【本義】闔闢、動靜之機也、先言坤者、由靜而動也、乾坤變通者、化育之功也、見象形器者、生物之序也、法者、聖人修道之所爲而神者、百姓自然之日用也、朱子曰闔闢乾坤理與事皆如此書亦如此這箇則說理底意思多○問易中多言變通之意如何曰處得恰好處便是通問往來不窮謂之通如何曰處得好便不窮不通便窮○見乃謂象只是說動而未形有无之間者幾底意思幾雖是未形然畢竟是有箇物了○問闔戶謂之坤一段只是這一箇物以其闔謂之坤以其闢謂之乾以其闔闢謂之變以其不窮謂之通以其發見而未成形謂之象以其成形則謂之器聖人脩明以立教則謂之法百姓日用則謂之神曰是如此又曰利用出入者便是人生日用都離他不得又曰民之於易隨取而各足易之於民周徧而不窮所以謂之神所以謂之活潑潑地便是這處○漢上朱氏曰坤自夏至以一陰右行萬物由之而入故曰闔戶乾自冬至以一陽左行萬物從之而出故曰闢戶又曰无闔則无闢无靜則无動此歸藏所以先坤歟○進齋徐氏曰天道流行有動有靜猶戶之闔闢也陽之噓也戶之闢也蟄蟄由是而作也是謂之乾陰之翕也戶之闔也蟄動由是而息也是謂之坤先坤後乾陰陽之義也○息齋余氏曰戶一而已闔斯爲坤闢斯爲乾且闔且闢爲變可往可來爲通見此戶之象也戶則器也制之於棖宇之初者法也千萬世由之而不能離者神也皆言戶也知戶之說則知乾坤之說聖人偶有觸於一物而發明乾坤之妙如此知此者謂之知易觀天地則圖書與得諸此戶无異也先儒觀兎及斷公事之說亦然○雲峯胡氏曰此章本義以爲專言卜筮此段若從卜筮說闔戶謂之坤者四十九策之合也闢戶謂之乾者四十九策之分也一合一分是謂蓍之變分合進退之中有往來不窮之妙是謂蓍之通見而爲七八九六之數謂之象形而爲剛柔動靜之爻謂之器此乃聖人制爲卜筮以教人是爲揲蓍之法民一出一入咸用之以爲利則爲用蓍之神○平庵項氏曰第三節言畫卦布爻之法以是故發辭闔戶謂之坤言畫偶爻也凡偶皆屬陰闢戶謂之乾言畫奇爻也凡奇皆屬乾一闔一闢謂之變六畫旣成剛柔相雜言成卦也往來不窮謂之通九六之動交相往來言之卦也皆自神而明之也按其迹而言見於蓍策謂象形於卦爻謂器制用之謂卜筮之法可謂明矣究其用言之枯莖敗桌而內外靜作之務皆資於利用王公皁隸之人皆用以決疑極深研幾其妙如此豈非天下至神乎此自明而神也此下復推明制作之本

是故로易有太極ᄒᆞ니是生兩儀ᄒᆞ고兩儀ㅣ生四象ᄒᆞ고四象이生八卦

大音泰호니

○이런故로易에太極이이시니兩儀를生호고兩儀ㅣ四象을生호고四象이八卦를生호니

【本義】一每生二、自然之理也、易者、陰陽之變、太極者、其理也、兩儀者、始爲一畫、以分陰陽、四象者、次爲二畫、以分太少、八卦者、次爲三畫而三才之象、始備、此數言者、實聖人、作易、自然之次第、有不假絲毫智力而成者、畫卦揲蓍、其序、皆然、詳見序例啓蒙、

朱子曰天地之間只有動靜兩端循環不已更无餘事此之謂易而其動其靜必有所以動靜之理焉是則所謂太極也○易有太極便是下面兩儀四象八卦自三百八十四爻總爲六十四自六十四總爲八卦自八卦總爲四象自四象總爲兩儀自兩儀總爲太極以物論之易之有太極如木之有根浮圖之有頂但木之根浮圖之頂是有形之極太極却不是一物无方所頓放是无形之極故周子曰无極而太極是他說得有功處然太極之所以爲太極却不離乎兩儀四象八卦如一陰一陽之謂道指一陰一陽爲道則不可然道不離乎陰陽也○易有太極是生兩儀即所謂易也但先倒說此一句故曰易有太極○太極十全是具一箇善若三百八十四爻中有善有惡皆陰陽變化後方有○周子康節說太極是和陰陽衮說易中便擡起說周子言太極動而生陽靜而生陰動時便是陽之太極靜時便是陰之太極盖太極只在陰陽裏如易有太極是生兩儀則先從實理處說若說其生則俱生太極依舊在陰陽裏但言其次序須有這實理方始有陰陽也其理則一雖然自見在事物而觀之則陰陽函太極推其本則太極生陰陽○問一陰一陽上又各生一陰一陽之象以圖言之兩儀生四象四象生八卦節節推去固容易見就天地間著實處如何驗得曰一物上自各有陰陽如人之男女陰陽也逐人身上又各有這血〻血陰而氣陽也如晝夜之間晝陽也夜陰也而晝陽自午後屬陰夜陰自子後又是陽此便是陰陽各生陰陽之象○南軒張氏曰易者生生之妙而太極者所以生生者也

八卦ㅣ定吉凶호고吉凶이生大業호ᄂ니라

○八卦ㅣ吉凶을定ᄒᆞ고吉凶이大業을生ᄒᆞᄂᆞ니라

【本義】 有吉有凶、是生大業、 朱子曰卦畫旣立便有吉凶在裏蓋是陰陽往來交錯於其間時則有消長之不同長者便爲主消者便爲客事則有當否之或異當者便爲善否者便爲惡卽其主客善惡之辨而吉凶見矣故曰八卦定吉凶吉凶旣決定而不差則以之立事而大業自此生矣○雲峯胡氏曰易有交易之義上文所謂闔闢往來者易也故承上文而言其所以闔闢往來而不窮者以其有是大極之理也此章所謂兩儀四象八卦卽易也又原其始而言者惟其有大極之理所以生儀生象生卦而謂之易也以畫卦則始爲一畫以分陰陽而謂之兩儀次爲二畫以分老少謂之四象又次爲三畫而謂之八卦以揲蓍則一揲而有兩儀之象次二揲而有四象之象又三揲而有八卦之象自一生兩皆有大極之理存焉吉凶生大業有理必有用也○臨川吳氏曰易謂陽奇陰偶互相更換而爲四象八卦也大者大之至也極者屋棟之名天地間之有此理猶屋之有極也易有大極謂一陰一陽之相易有理以爲之主宰也儀匹也一陰一陽相匹配而爲兩卦之第一畫也是謂兩儀兩儀之上各加一陰一陽則倍二而爲四卦之第二畫也是謂四象四象之上又各加一陽一陰則倍四而爲八卦之第三畫也是謂八卦有此八卦則其別有六十四而可用之占筮以定吉凶俾民无所疑而勇於趨事赴功故曰生大業此蓋申言方以知之卦因及卜筮者所尙之占二四而八卦之方也定吉凶生大業者其知也○平庵項氏曰自太極以至末章爲第四節極言聖人制作之本然制作之本有三易有太極以下六句言爻象之所由生法象莫大乎天地以下六句言成器之所由立天生神物以下四者爲易書之所由作

是故로法象이莫大乎天地ᄒᆞ고變通이莫大乎四時ᄒᆞ고縣象著明이莫大乎日月ᄒᆞ고崇高ㅣ莫大乎富貴ᄒᆞ고備物ᄒᆞ며致用ᄒᆞ며立成器ᄒᆞ야以爲天下利ㅣ莫大乎聖人ᄒᆞ고探賾索隱ᄒᆞ며鉤深致遠ᄒᆞ야以定天下之吉凶ᄒᆞ며成天下亹亹者ㅣ莫大乎蓍龜ᄒᆞ니라 縣音玄探吐南反索色白反

○이런故로法이며象이天地만大ᄒᆞ니업고變ᄒᆞ며通홈이四時만大ᄒᆞ니업고象을

懸ᄒᆞ야 著明ᄒᆞ욤이 日月만 大ᄒᆞ니 업고 崇高ㅣ 富貴만 大ᄒᆞ니 업고 物ᄅᆞᆯ 備ᄒᆞ며 用을 致ᄒᆞ며 立成器ᄒᆞ야 써 天下의 利ᄅᆞᆯ 삼음이 聖人만 大ᄒᆞ니 업고 賾을 探ᄒᆞ며 隱을 索ᄒᆞ며 深을 鉤ᄒᆞ며 遠을 致ᄒᆞ야 써 天下읫 吉凶을 定ᄒᆞ며 天下읫 亹亹ᄅᆞᆯ 成ᄒᆞᄂᆞᆫ 者ㅣ 蓍와 龜만 大ᄒᆞ니 업스니라

【本義】 富貴、謂有天下履帝位、立下、疑有闕文、亹亹 猶勉勉也、疑則怠、決、故、勉

朱子曰探賾索隱若與人說話時也須聽他雜亂說將出來底方可索他那隱底○問以定天下之吉凶成天下之亹亹曰人到疑而不能決處便放倒了不肯向前動有疑阻既得卜筮知其吉凶自然勉勉住不得則其所以亹亹者是卜筮成之也○易占不用龜而每言蓍龜者具此理也○進齋徐氏曰法謂效法象謂成象萬物之生有顯有微皆法象也而莫大乎天地萬化之運終則有始皆變通也而莫大乎四時天文煥爛皆懸象著明也而莫大乎日月崇高以位言而貴爲天子富有四海者爲尤大智者創物巧者述之皆足以爲利而物无不備用无不致立成器以爲天下利者惟聖人爲大賾隱以物象言深遠以事理言探之索之則賾者陳而隱者顯矣鉤謂曲而取之致謂推而極之則深者出而遠者至矣卦爻示人者明若觀火則有以決其吉凶而勉其有成也故曰成天下之亹亹者莫大乎蓍龜上三言以易之在造化者言也下三言以易之在人事者言也天地有自然之法象非崇高富貴位與天地並何以脩道而立敎四時有自然之變通非聖人作易變通盡利何以神化而宜民日月之明旁燭幽遐非易之示人本隱之顯何以開物成務是三言者各有所合也○雲峯胡氏曰此六者之功用皆大也聖人欲借彼之大以形容蓍龜功用之大故以是終焉○節齋蔡氏曰經文立字下當有象字

是故로 天生神物이어늘 聖人이 則之ᄒᆞ며 天地變化ㅣ어늘 聖人이 效之ᄒᆞ며 天垂象ᄒᆞ야 見吉凶이어늘 聖人이 象之ᄒᆞ며 河出圖ᄒᆞ며 洛出書ㅣ어늘 聖人이 則之ᄒᆞ니 見賢遍反

○이런故로天이神物을生ᄒᆞ야놀聖人이則ᄒᆞ며天地ㅣ變化ᄒᆞ거놀聖人이效ᄒᆞ며天이象을垂ᄒᆞ야吉凶을見ᄒᆞ거놀聖人이象ᄒᆞ며河ㅣ圖를出ᄒᆞ며洛이書를出ᄒᆞ야놀聖人이則ᄒᆞ니

【本義】此四者、聖人作易之所由也、河圖洛書、詳見啓蒙 雙湖胡氏曰神物謂蓍則之而四十九之用以行變化謂陰陽效之而卦爻之動靜以備象謂日月星辰循度失度而吉凶見象之而卦爻有以斷吉凶圖書則金木水火土生成克制之數則之而卦畫方位以定皆作易之本也○南軒張氏曰通於天者河也有龍馬負圖而出此聖人之德上配於天而天降其祥也中於地者洛也有神龜戴書而出聖人之德下及於地而地呈其瑞也聖人則之故易與於世然後象數推之以前民用卦爻推之以前民行而示天下後世也○雲峯胡氏曰四者言聖人作易之由而易之所以作由於卜筮故又以天生神物始焉

易有四象은所以示也ㅣ오繫辭焉은所以告也ㅣ오定之以吉凶은所以斷也ㅣ라 斷丁亂反

○易에四象이이쇼믄뻐示ᄒᆞᄂᆞᆫ배오辭를繫홈은뻐告ᄒᆞᄂᆞᆫ배오吉凶으로뻐定홈은뻐斷ᄒᆞᄂᆞᆫ배라

【本義】四象、謂陰陽老少、示、謂示人以所値之卦爻、 鍊氏藻曰有其象无其辭則示人以其意而已聖人懼後世不能與知也於是係之辭以告之定其辭以斷之曰示則使人有所見曰告則使人有所知曰斷則使人无所疑○漢上朱氏曰聖人所以示人吉凶也易於吉凶有以利言者有以情遷者有義命當吉當凶當亨當否者一以貞勝而不顧非聖人不能定之也定之者所以斷之○雲峯胡氏曰示四象所以開物繫辭斷吉凶則可以成務而天下之道无不在其中此蓋總一章專言卜筮之意也

# 右、第十一章、

【本義】此章、專言卜筮、雙湖胡氏曰此章凡八稱聖人皆指伏羲只繫辭以告是文王周公事首揭夫易何爲者也一句爲問辭喚起一章大意而以夫易開物以下爲答辭盡說歸卜筮其下六箇是故一箇是以皆發明卜筮之事第一箇是故說聖人以通以定以斷總言卜筮之綱也第二箇是故言聖人以此洗心第三箇是以言聖人以此齋戒此卽卜筮以用卜筮也第四箇是故分言闔戶爲坤闢戶爲乾以明畫卦布爻之法第五箇是故提起易有太極以論生儀象卦之法亦揲蓍求卦之事第六箇是故雖論天地四時日月實歸重聖人有富貴之位能致用立器以利天下而必以蓍龜成亹亹者結之亦聖人事也至第七箇是故四致意於聖人則之效之象之則之而未及文王周公之辭焉故本義謂此章專言卜筮而伏羲畫卦之法其綱領已備見於是而圖書爲作易之原亦因是而發焉此皆不可不知也

易曰自天祐之라吉无不利라ᄒᆞ니 子曰祐者ᄂᆞᆫ 助也ㅣ니 天之所助者ㅣ順也ㅣ오人之所助者ㅣ信也ㅣ니履信思乎順ᄒᆞ고又以尙賢也ㅣ라 是以自天祐之吉无不利也ㅣ니라

○易애ᄀᆞᆯ오ᄃᆡ天으로브터 祐ᄒᆞᄂᆞᆫ디라吉ᄒᆞ야 利티아니미업다ᄒᆞ니子ㅣᄀᆞᆯᄋᆞ샤ᄃᆡ 祐ᄂᆞᆫ助홈이니天의助ᄒᆞᄂᆞᆫ배順이오 人의助ᄒᆞᄂᆞᆫ배信이니信을履ᄒᆞ야 順을思ᄒᆞ고 ᄯᅩᄡᅥ賢을尙ᄒᆞᄂᆞᆫ디라일로ᄡᅥ自天祐之吉無不利ᄒᆞ니라

【本義】釋大有上九爻義、然、在此、无所屬、或恐是錯簡、宜在第八章之末、漢上朱氏曰天之所助者順也人之所助者信也六五履信而思乎順又自不以尙賢是以自天祐之吉无不利言此明獲天人之理然後吉无不利聖人明於天之道而察於民之故合天人者也○柴氏中行曰聖人與易以示天下欲居則觀其象而玩其

辭動則 其變而玩其占捨逆取順避凶趨吉而已六十四卦中如大有上九爻辭之順道而獲吉者多矣夫子於此再三擧之者以自天祐之吉无不利之辭深見人順道而行自與吉會之意

子曰書不盡言ᄒᆞ며言不盡意ㅣ니 然則聖人之意를 其不可見乎아

子曰聖人이 立象ᄒᆞ야以盡意ᄒᆞ며設卦ᄒᆞ야以盡情僞ᄒᆞ며繫辭焉ᄒᆞ야以盡其言ᄒᆞ며變而通之ᄒᆞ야以盡利ᄒᆞ며鼓之舞之ᄒᆞ야以盡神ᄒᆞ니라

○子ㅣ골ᄋᆞ샤ᄃᆡ書ㅣ言을盡티몯ᄒᆞ 며言이意를盡티몯ᄒᆞ니그러 則聖人의意를그可히보디몯ᄒᆞ랴子ㅣ골ᄋᆞ샤ᄃᆡ聖人이象을立ᄒᆞ야 ᄡᅧ意를ᄒᆞ 며卦를設ᄒᆞ야ᄡᅧ情僞를盡ᄒᆞ며辭를繫ᄒᆞ야ᄡᅧ 그言을盡ᄒᆞ며變ᄒᆞ야 通ᄒᆞ야ᄡᅧ利를盡ᄒᆞ며 鼓ᄒᆞ야舞ᄒᆞ야ᄡᅧ神을盡ᄒᆞ니라

【本義】言之所傳者、淺、象之所示者、深、觀奇耦二畫、包含變化、无有窮盡則可見矣、變通鼓舞、以事而言、兩子曰字、疑衍其一、蓋子曰字、皆後人所加、故、有此誤、如近世、通書、乃周子、所自作、亦爲後人、每章、加以周子曰字、其設問答處、正如此也、或問書不盡言言不盡意一章朱子曰立象盡意是觀奇偶兩畫包含變化无有窮盡設卦以盡情僞謂有一奇一偶設之於卦自是盡得天下情僞繫辭焉便斷其吉凶變而通之以盡利此言占得此卦陰陽老少交變因其變便有通之之理鼓之舞之以盡神未占得則有所疑既占則无所疑自然使得人脚輕手快行得順便如大衍之後言顯道神德行是故可與酬酢可與佑神定天下之吉凶成天下之亹亹皆是鼓之舞之之意○問書不盡言言不盡意是聖人設問之辭曰也是如此亦是言不足以盡意故立象以盡意書不足以盡言故因繫辭以盡言又曰書不盡言言不盡意是元舊有此語○立象以盡意不獨見聖人有這意思寫出來自是他象上有這意設卦以盡情僞不成聖人有情又有僞自是卦上有這情僞但今曉不得他那處是僞如下云中心疑者其辭枝評善之人其辭游也不知如何是枝是游看來情僞只是箇好不好如剝五陰只是要害一箇陽這是不好底情便是僞如復如臨便是好底卦便是眞情○歐公謂書不盡言言不盡意者非蓋他不會看立象以盡意一句惟其言不盡意故立象以盡之學者於言上會得者淺於象上會得者深○問立象設卦繫辭是聖人發其精意見於書變通皷舞是聖人推而見於事否曰是○變而通之以盡利皷之舞之以盡神立象設卦繫辭皆謂卜筮之用而天下之人方知所以避凶趨吉奮然有所興作不知手之舞之足之蹈之之意故曰定天下之吉凶成天下之亹亹者莫大乎蓍龜猶催迫天下之人勉之爲善相似○問變而通之如禮樂刑政皆天理之自然聖人但因而爲之品節防範以爲敎於天下皷之舞之蓋有以作興振起之使之遷善而不自知否曰皷之舞之便無所用力自是聖人敎化如此政敎皆有皷舞但樂占得分數較多自是樂會如此而不自知○問皷之舞之以盡神又言皷天下之動者存乎辭皷舞恐只是振揚發明底意思否曰然蓋提撕警覺使人各爲其所當爲也如初九當潛則皷之以勿用九二當見則皷之以利見大人若无辭則都發不出了○臨川吳氏曰立象謂羲皇之卦畫所以示者也盡意謂无言而與民同患之意悉具於其中設卦謂文王設立重卦之名也盡情僞謂六十四名足以盡天下事物之情其情之本乎性而善者曰情情之拂乎性而不善者曰僞辭謂文王周公之彖爻所以告者也羲皇之卦畫足以盡意矣文王又因卦之象設卦之名以盡情僞然卦雖有名而未有辭也又繫彖辭爻辭則足以盡其言矣此三句答上文不盡言不盡意二語設卦一句在立象之後繫辭之前蓋覺盡意之緖啓盡言之端也盡意盡情僞盡言者皆所以爲天下利又恐其利有所未盡於是作揲蓍十有八變之法使其所用之策往來多少相通不窮而其所得之卦一可爲六十四亦相通不窮其象其辭皆可通用而不局於一則其用愈廣而足以盡利矣因變得占以定吉凶則民皆无疑而行事不倦如以皷聲作舞容皷聲愈疾而舞容亦愈疾皷聲不已而舞容亦不已自然而然不知其孰使之者所謂盡神也項氏云立象設卦繫辭三盡者作易之事變通皷舞二盡者用易之事愚謂立象設卦象也繫辭辭也變通變也皷舞占也

**乾坤은 其易之縕耶인뎌 乾坤이 成列而易이 立乎其中矣니 乾坤이 毁則无以見易이오 易을 不可見則乾坤이 或幾乎息矣리라** 幾音機

○乾坤은 그 易의 縕인뎌 乾坤이 列이 成ᄒᆞ요매 易이 그中애 立ᄒᆞ니 乾坤이 毁ᄒᆞ면ᄡᅥ

易을보디몯ᄒᆞ고易을보디몯ᄒᆞ면乾坤이或거의息ᄒᆞ리라

程子曰乾健坤順人亦不曾果是體認得乾坤毁則无以見易

【本義】縕、所包蓄者、猶衣之著也、易之所有、陰陽而已、凡陽、皆乾、凡陰、皆坤、畫卦定位則二者、成列而易之體、立矣、乾坤毁、謂卦畫、不立、乾坤息、謂變化、不行、朱子曰乾坤其易之縕耶乾坤成列而易立乎其中這又只是言立象以盡意設卦以盡情僞易不過只是一箇陰陽奇偶千變萬變則易之體立若奇偶不交變奇純是奇偶純是偶去那裏見易易不可見則陰陽奇偶之用亦何自而辨問在天地上如何曰闔天地什麽事此是說易不外奇偶兩物而已○自易道統體而言則乾陽坤陰一動一靜乃其縕也自乾坤成列而觀之則易之爲道又不在乾坤之外啦不在外故曰乾坤毁則无以見易然易不可見則乾自乾坤自坤故又曰易不可見則乾坤或幾乎息矣○乾坤其易之縕縕如縕袍之縕是箇胎骨子又曰易是包著此理乾坤即是易之體骨○易之言乾坤者多以卦言易立乎其中只是言乾坤之卦旣成而易立矣又曰乾坤成列易立乎其中乾坤只是說二卦此易只是說易之書與天地設位而易行乎其中之易不同行乎其中者却是說易之道理又曰天地設位而易行乎其中以造化言之也乾坤成列而易立乎其中以卦位言之也○乾坤成列便是乾一兌二離三震四卦都成列了其變易方立乎其中若只是一陰一陽則未有變易在又曰易有大極則以易爲主此一段文意則以乾坤爲主○問乾坤成列是說兩畫之列是說八卦之列曰兩畫也是列八卦也是列○乾坤毁則无以見易易只是陰陽卦畫沒這幾箇卦畫憑箇甚寫出那陰陽造化何處更得易來這只是反覆說易不可見則乾坤或幾乎息只是說揲蓍求卦別更推不去說做造化之理息也得不若前說較平○潛室陳氏曰本義云乾坤毁謂卦畫不立乾坤息謂變化不行此據先天圖言謂落筆之初陽畫在右陰畫在左只此二畫分左右成行列而一部易書已在其中設若當時分此兩畫不成則易書无自而見便是乾坤毁无以見易設若當時作此易書不成則二畫幾於歇滅无用便是易不可見則乾坤息此意雖主說易書然天地大化亦只如是○誠齋楊氏曰六十四卦其陽爻皆乾之自出其陰爻皆坤之自出乾坤二卦乃六十四卦之奥府三百八十四爻之寳藏乾坤立則易立乾坤隱則易隱非乾坤有毁息之理也言易與乾坤不可以相无也○建安丘氏曰易未嘗无乾坤亦未嘗息特以卦畫不立无以見其變易之理而併於乾坤之功用不可得而見爾○雲峯胡氏曰乾坤即是奇偶二畫易以道言畫以兩而相並故

曰列道以一而隱乎其中故曰立乎其中晝不列則道无由而自見道不著則晝不能以自行

是故로形而上者를謂之道ㅣ오形而下者를謂之器오化而裁之를謂之變이오推而行之를謂之通이오擧而措之天下之民을謂之事業이라

○이런故로形으로上을道ㅣ라니ᄅᆞ고形으로下를器ㅣ라니ᄅᆞ고化ᄒᆞ야裁ᄒᆞᆷ을變이라니ᄅᆞ고推ᄒᆞ야行ᄒᆞᆷ을通이라니ᄅᆞ고擧ᄒᆞ야天下人民애措ᄒᆞᆷ을事業이라니ᄅᆞ니라

程子曰有形皆器也无形爲道○形而上爲道形而下爲器須著如此說器亦道道亦器也○繫辭曰形而上者謂之道形而下者謂之器又曰立天之道曰陰與陽立地之道曰柔與剛立人之道曰仁與義又曰一陰一陽之謂道陰陽亦形而下者也而曰道者唯此語截得上下最分明元來只此是道要在人默而識之也○如形而上者謂之道不可移謂字在之字下此孔子文章○形而上者謂之道形而下者謂之器若如或者以淸虛一大爲天道則乃以器言而非道也○佛氏不識陰陽晝夜死生古今安得謂形而上者與聖人同乎○張子曰形而上者是无形體故謂之道形而下者是有形體故謂之器无形跡者即道也如大德敦化是也有形迹者即器也見於事實是也又曰聖人因天地之化截節而立法使民知寒暑之變故爲之春夏秋冬亦化裁之一端爾○朱子曰形而上者謂之道形而下者謂之器形而上者指理而言形而下者指事物而言事事物物皆有其理事物可見而其理難知即事即物便見得此理只是如此看又曰形而上底虛渾是道理形而下底實便是器這箇分說得極精切故明道云唯此語截得上下最分明又曰道是道理事事物物皆有箇道理器是形跡事事亦皆有箇形跡有道即有器有器須有道物必有則又曰可見底是器不可見底是道理是道物是器○問形而上下如何以形言曰此言最的當設若以有形无形言之便是物與理相間斷了所以謂欄截得分明者只是上下之間分別得一箇界至分明器亦道道亦器有分別而不相離也○問伊川云形而上謂道形而下謂器須著如此說曰這是伊川見得分明故云須著如此說形而上者是理形而下者是物如此開說方見得分明如此了方說得道不離乎器器不違乎道處如爲君須止於仁爲臣須止於敬爲子須止於

孝這皆是道理合如此若不偲地索性兩邊說怎生說得通又曰器亦道道亦器也道未嘗離乎器道只是器之理這人身是器語言動作便是人之理理只在器上理與器未嘗相離○問明道云陰陽亦形而下者而曰道只此兩句截得上下分明截字莫是斷字誤曰正是截字形而上形而下即就形處離合分別此正界至處若只說作在上在下便是兩截矣○南軒張氏曰道不離形特形而上者而已器具於道以形而下者也易之論道器特以一形上下而言之也然道雖非器而道必託於器禮樂刑賞是治天下之道也禮雖非玉帛而禮不可以虛拘樂雖非鍾鼓而樂不可以徒作刑本遏惡也必託於甲兵必寓於鞭扑賞本揚善也必表之以旂常銘之以鍾鼎故形而上者之道託於器而後行形而下者之器得其道而无弊故聖人悟易於心覺易於性在道不溺於无在器不隳於有也○潛室陳氏曰一物必有一理道即器中之理器既有形道即因而顯此是分開不得底事先聖欲怡後學不奈何指開示人所以俱言形者見得本是一物若除了此字止言上者謂之道下者謂之器却成二片矣

【本義】卦爻陰陽、皆形而下者、其理則道也、因其自然之化而裁制之、變之義也、變通二字、上章、以天言、此章、以人言、或問形而上者謂之道形而下者謂之器如何分形器朱子曰形而上者是理纔有作用便是形而下者問陰陽如何是形而下者曰一物便有陰陽寒暖生殺皆見得是形而下者事物雖大皆形而下者理雖小皆形而上者○問形而上者謂之道一段只是這一箇道理但即形器之本體而不離乎形器則謂之道就形器而言則謂之器聖人因其自然化而裁之則謂之變推而行之則謂之通舉而措之則謂之事業裁也行也措也都只是裁行措這道曰是○化而裁之謂之變推而行之謂之通這是兩截不相干化而裁之屬前項事漸漸化去裁制成變則謂之變推而行之屬後項事謂推而爲別一卦了則通行无礙故舉而措之天下謂之事業便只是定天下之吉凶成天下之亹亹者○化而裁之方是分下頭項推而行之便是見於事如堯典分命羲和許多事便是化而裁之到敬授人時便是推而行之○化而裁之謂之變推而行之謂之通裁是裁截之義謂如一歲裁爲四時一時裁爲三月一月裁爲三十日一日裁爲十二時此是變也又如陰陽兩爻自此之彼自彼之此若不截斷則豈有定體通是通其變將已裁定者推行之即是通謂如占得乾之履便是九三變如乾乾不息則是我所當行者以此措之於民則謂之事業也又曰化而裁之化是因其自然而化裁是人爲變是變了他且如一年三百六十日須待一日日漸次進去到那滿時這便是化自春而夏夏而秋秋而冬聖人去這裏截做四時這便是變又曰只在那化中裁截取便是變如子丑寅卯十二時皆以漸而化不見其化之之迹及亥子時便截取子屬明日所謂變也○問易中多言變通通字之意如何曰處得恰好處便是通問往來不窮謂之通如何曰處得好便不窮通便不窮不通便窮問推而行之謂之通如何曰推而行之便就這上行將去且如亢龍有悔是不通了處得來无悔便是通變是就時就事上說通是就上面處得行處說故曰通其變只要常敎流通不窮問如貧賤富貴夷狄患難這是變行乎富貴行乎貧賤行乎夷狄行乎患難至於无入而不自得是通否曰然○誠齋楊氏曰此一節所以別言易道之體極言易道之用也何謂體曰道曰器是也何謂用曰變曰通曰事業是也○雲峰胡氏曰形者謂動而可見之時自此而上則无體故謂之道卽上文所謂易也自此而下則有體故謂之器卽上文所謂乾坤奇偶之畫也理一而神氣兩而化聖人因其自然之化而裁制之故謂之變理无窮畫之生也亦无窮聖人則裁制之爲六畫裁爲上下爲內外裁有定體行无定用如乾之變當潛而行潛之事則潛爲通當見而行見之事則見爲通事者業之未成業者事之已著備旨此節正發乾坤之緼以明象之足以盡意通節以道字貫形象也卽指乾坤二畫形一耳非果有上下二層道器亦一耳非有精粗兩義特自易之理言則爲形上曰道自易之畫言則爲形下曰器大意謂此象一立而天地間之无形者有形者都該載於其中以明乾坤二畫有許多包緼云耳變通事業俱就聖人說蓋此節五謂之字以作易言下節四存乎字乃以用易言

是故로夫象은聖人이有以見天下之賾ᄒ야而擬諸其形容ᄒ야象其物宜ㅣ라是故謂之象이오聖人이有以見天下之動ᄒ야而觀其會通ᄒ야以行其典禮ᄒ며繫辭焉ᄒ야以斷其吉凶이라是故謂之爻ㅣ니

○이런故로象은聖人이뻐天下읫賾을見ᄒ야그 形容애擬ᄒ며그 物의宜를象ᄒ다라이런故로象이라니ᄅ고聖人이뻐天下읫動을見ᄒ야그 會와通을觀ᄒ야뻐 그典禮를行ᄒ며辭를繫ᄒ야뻐 그吉凶을斷ᄒ디라이런故로爻라니ᄅ니

【本義】重出、以起下文、臨川吳氏曰象其物宜謂文王之象中設卦以盡情僞一句繫辭以斷吉凶謂周公之爻中繫辭焉以盡其言一句

極天下之賾者는 存乎卦ᄒᆞ고 鼓天下之動者는 存乎辭ᄒᆞ고

○天下의賾을極히ᄒᆞᆷ은卦에存ᄒᆞ고天下의動을鼓ᄒᆞᆷ은辭애存ᄒᆞ고

【本義】卦、卽象也、辭、卽爻也、朱子曰極天下之賾者存乎卦謂卦體之中備陰陽變易之形容鼓天下之動者存乎辭是說出這天下之動如鼓之舞之相似卦卽象也辭卽爻也大抵易只是一箇陰陽奇偶而已此外更有何物○雲峰胡氏曰窮天地萬物之象而歸諸卦故曰極發天地萬物之理而見乎辭故曰鼓

化而裁之는 存乎變ᄒᆞ고 推而行之는 存乎通ᄒᆞ고 神而明之는 存乎其人ᄒᆞ고 默而成之ᄒᆞ며 不言而信은 存乎德行ᄒᆞ니라 行下孟反

○化ᄒᆞ야裁ᄒᆞᆷ은變에存ᄒᆞ고推ᄒᆞ야行ᄒᆞᆷ은通애存ᄒᆞ고神ᄒᆞ야明ᄒᆞᆷ은그人애存ᄒᆞ고默ᄒᆞ야成ᄒᆞ며言티아녀셔信ᄒᆞᆷ은德行애存ᄒᆞ니라

程子曰易因爻象論變化因變化論神因神論人因人論德行大體通論易道而終於默而成之不言而信存乎德行○問繫辭自天道言中庸自人事言似不同曰同繫辭雖始從天地陰陽鬼神言之然卒曰默而成之不言而信存乎德行中庸亦曰鬼神之爲德其盛矣乎視之而不見聽之而不聞體物而不可遺使天下之人齊明盛服以承祭祀洋洋乎如在其上如在其左右詩曰神之格思不可度思矧可射思夫微之顯誠之不可揜如此夫是豈不同

【本義】卦爻所以變通者、在人、人之所以能神而明之者、在德、或問化而裁之謂之變化而裁之存乎變如何分朱子曰上文化而裁之喚做變下是就這變處見得化而裁之○變化字多相對說化裁之變又說得來重如云幽則有鬼神鬼神本皆屬幽然以鬼神二字相對說則鬼屬幽神又自屬明變化相對說則變是長化是消○神而明之一段却與形而上謂之道相對說自形而上謂之道說至於變通事業是自至約處說入至粗處自極天下之賾者存乎卦至神而明之又自至粗上說入至約處默而成之不言而信則說得又微矣○建安丘氏曰上文五謂者皆聖人作易

之用此六存者則聖人之用夫易也前言變通而歸之事業推易道於民也此言變通而歸之德行存易道於巳也○雲峰胡氏曰自形而上之道至事業由至微推出至著自極天下之賾至德行由至著收歸至微上繫凡十二章末乃曰書不盡言言不盡意蓋欲學者自得於書言之外也自立象盡意至鼓天下之動者存乎辭反覆易之書言可謂盡矣末乃曰默而成之不言而信存乎德行然則易果書言之所能盡哉得於心爲德履於身爲行易之存乎人者蓋有存乎心身而不徒存乎書言者矣

右、第十二章、誠齋楊氏曰此章言聖人作易之意其散在六十四卦之爻章其聚在乾坤之二卦聖人用易之道其散在天下之事業其聚在一身之德行也又曰易有三一曰天易二曰竹易三曰人易天尊地卑乾坤定矣天易也書不盡言言不盡意竹易也存乎其人存乎德行人易也聖人焉能行易之道神而明之默而成之則易不在天不在竹而在人矣

備旨具解原本周易卷之二十二

# 備旨具解原本周易卷之二十三

## 繫辭下傳

**八卦成列ᄒᆞ니象在其中矣오因而重之ᄒᆞ니爻在其中矣오** 重直龍反

○八卦ㅣ列이成ᄒᆞ니象이그中에잇고因ᄒᆞ야重ᄒᆞ니爻ㅣ그中에잇고

【本義】成列、謂乾一兌二離三震四巽五坎六艮七坤八之類、象、謂卦之形體也、因而重之、謂各因一卦而以八卦次第、加之爲六十四也、爻、六爻也、旣重而後、卦有六爻也、 朱子曰八卦所以成列乃是從太極兩儀四象漸次生出以至於此畫成之後方見其有三才之象非聖人因見三才遂以已意思惟而連畫三爻以象之也因而重之亦是因八卦之已成各就上面節次生出若旋生逐爻則更加三變方成六十四卦若倂生全卦則只用一變便成六十四卦雖有遲速之不同然皆自然漸次生出各有行列次第畫成之後然後見其可盡天下之變不是聖人見下三爻不足以盡天下之變然後別生計較又幷畫上三爻以盡之也此等皆是作易妙處方其畫時雖是聖人亦自不知裏面有許多巧妙奇特直是要人細心體認不可草草立說○問八卦成列只是說乾兌離震巽坎艮坤先生解云之類如何曰所謂成列者不止只論此橫圖若乾南坤北又是一列所以云之類○問象只是乾兌離震之象未說到天地雷風處否曰是然八卦是一項看象在其中又是逐箇看又問成列是自一奇一耦畫到三畫處其中逐一分便有乾兌離震之象否曰是○南軒張氏曰謂在其中者言非自外至也○雙溪王氏曰聖人因象以設卦則象在卦先設卦以立象則象在卦中

**剛柔ㅣ相推ᄒᆞ니變在其中矣오繫辭焉而命之ᄒᆞ니動在其中矣라**

○剛과柔ㅣ서ᄅᆞ推ᄒᆞ니變이그中에잇고辭ᄅᆞᆯ繫ᄒᆞ야命ᄒᆞ니動이그中에인ᄂᆞ니라

【本義】剛柔、相推而卦爻之變、往來交錯、无不可見、聖人、因其如此而皆繫之辭、以命其吉凶則占者、所值當動之爻象、亦不出乎此矣、或問變字是總卦爻有往來交錯者言動字是專指占者所值當動底爻象而言否朱子曰變是就剛柔交錯而成卦爻上言動是專主當占之爻言如二爻變則占者以上爻爲主這上爻便是動處如五爻變一爻不變則占者以不變之爻爲主則這不變者便是動處也○節齋蔡氏曰剛柔爻之體相推謂剛推柔柔推剛也唯其相推故能成其變繫辭爻象之辭即其變而命之故能鼓其動也

# 吉凶悔吝者ᄂᆞᆫ 生乎動者也ㅣ오

○吉과凶과悔와吝이란거슨動에셔生ᄒᆞᄂᆞᆫ거시오

【本義】吉凶悔吝、皆辭之所命也、然、必因卦爻之動而後、見、柴氏中行曰吉凶悔吝生乎動者主動爻而言也如情僞相感遠近相取好惡相攻皆是動也○雲峯胡氏曰八卦成列卽先天八卦橫圖也因而重之六十四卦橫圖也象非特天地山澤之類卽八卦之畫成列而象卽在畫矣未動之先有八卦之畫而未見八卦之交也因而重之爻在其中者爻之爲言交也有交則有變故剛柔相推而變在其中變統指卦爻而言動專指所值之變爻而言也繫辭焉而命之則文王周公之易也○臨川吳氏曰此承前篇卒章言蓍卦之象辭變占曰在其中者凡四一象二爻三變四動爻者辭也動則有吉凶悔吝之占焉前篇動者尙其變而此以動屬占者動因變而得占也

# 剛柔者ᄂᆞᆫ 立本者也ㅣ오 變通者ᄂᆞᆫ 趣時者也ㅣ라 趣七樹反

○剛과柔ㅣ란거슨本을立ᄒᆞᄂᆞᆫ거시오變ᄒᆞ야通ᄒᆞᄂᆞᆫ거슨時에趣ᄒᆞᄂᆞᆫ거시라

【本義】一剛一柔、各有定位、自此而彼、變以從時、朱子曰此兩句亦相對說剛柔者陰陽之質是移易不得之定體故謂之本若剛變爲柔柔變爲剛便是變通之用又曰變通便只是其往來者○節齋蔡氏曰剛柔者變通之本體變通者剛柔之時用○雲峯胡氏曰上繫曰剛柔者晝夜之象卽此所謂立本曰變化者進退之象卽此所謂趣時卦有卦之時爻有爻之時立

本者天地之常經趣時者古今之通義○臨川吳氏曰剛柔之畫其體一定如木本之植立因著之變其用相通隨時所遇移而就之剛或化柔柔或化剛也此承剛柔相推變在其中之語而言著之變也

**吉凶者**는 **貞勝者也**니

○吉과凶이란거슨貞히勝ᄒᆞᄂᆞᆫ거시니

【本義】 貞、正也、常也、物、以其所正、爲常者也、天下之事、非吉則凶、非凶、則吉、常相勝而不已也、朱子曰貞只是說他體處常常如此○貞常也陰陽常只是箇相勝如子以前便是夜勝晝子以後便是晝勝夜○吉凶者貞勝者也這一句最好看這箇物事常在這裏相勝一箇吉便有一箇凶在後面來這兩箇不是一定住在裏底物各以其所正爲常正是說他當然之理○進齋徐氏曰先言變動而後獨言吉凶悔吝生乎動者以動詳於變故也此言吉凶悔吝而後止言吉凶者以吉凶者悔吝之積也

**天地之道**는 **貞觀者也**오 **日月之道**는 **貞明者也**오 **天下之動**은 **貞夫一者也**라 觀官喚反 夫音扶

○天地의道는貞히觀ᄒᆞᄂᆞᆫ거시오日月의道는貞히明ᄒᆞᄂᆞᆫ거시오天下의動은一에貞ᄒᆞᄂᆞᆫ거시라

程子曰天地之道常垂象以示人故曰貞觀日月常明而不息故曰貞明

【本義】 觀、示也、天下之動、其變、无窮、然、順理則吉、逆理則凶、則其所正而常者、亦一理而已矣、朱子曰吉凶常相勝不是吉勝凶便是凶勝吉二者常相勝故曰貞勝天地之道則常示日月之道則常明天下之動貞夫一者也天下之動雖不齊常有一箇是底故曰貞夫一○雲峯胡氏曰上繫於吉凶悔吝无咎之義發之詳矣獨貞字未發故於下繫發之貞者正而固也本義曰正而常何哉固者人事之常然常者天理之必然天下之動非吉勝凶則凶勝吉二者常相勝而不已然亦天下之正理也人之所爲止則

吉不正則凶雖其動也不一而常有至一者存亦不外乎此至正之理而已天地日月之道亦猶是也

夫乾은確然ᄒᆞ니示人易矣오夫坤은隤然ᄒᆞ니示人簡矣니 確苦角反易以豉反隤大回反

○乾은確然ᄒᆞ니人을易로뵈고坤은隤然ᄒᆞ니人을簡으로뵈이니

【本義】確然、健貌、隤然、順貌、所謂貞觀者也、

爻也者는效此者也ㅣ오象也者는像此者也ㅣ라 像音象

○爻ㅣ란거슨이를效ᄒᆞᄂᆞᆫ거시오象이란거슨이를像ᄒᆞᄂᆞᆫ거시라

【本義】此、謂上文乾坤所示之理、爻之奇偶、卦之消息、所以效而象之、或問爻也者效此者也是效乾坤之變化而分六爻象也者像此者也是象乾坤之虛實而爲奇偶朱子曰效此便是乾坤之理象只是像其奇偶

爻象은動乎內ᄒᆞ고吉凶은見乎外ᄒᆞ고功業은見乎變ᄒᆞ고聖人之情은見乎辭ᄒᆞ니라 見賢遍反

○爻와象은內에動ᄒᆞ고吉과凶은外애見ᄒᆞ고 功業은變애見ᄒᆞ고 聖人의情은辭애見ᄒᆞ니라

【本義】內、謂蓍卦之中、外、謂蓍卦之外、變、即動乎內之變、辭、即見乎外之辭、或問爻象動乎內吉凶見乎外或謂陰陽老少在分蓍揲卦之時而吉凶乃見於成卦之後如何朱子曰也是如此然內外字猶言先後微顯○功業見乎變是就那動底爻見得這功業字似吉凶生大業之業猶言事變庶事相似○潘

氏曰確然隤然乾坤之體也隤與頽同乾坤之所以示人者易而不難簡而不繁爻者做此易簡者也象者像此易簡者也及其爻象動乎卦之內則吉凶見於事之外功業見於變通之間蓋動則有吉凶不動則吉凶无自而生變則有功業不變則功業无自而成聖人之情則見爻辭象辭之間所以指人以所之也

天地之大德曰生이오聖人之大寶曰位니何以守位오曰仁이오何以聚人고曰財니理財ᄒᆞ며正辭ᄒᆞ며禁民爲非ㅣ曰義라

○天地의큰德을ᄀᆞᆯ온生이오聖人의큰寶를ᄀᆞᆯ온位ㅣ니엇디ᄡᅥ位를守ᄒᆞᆯ고ᄀᆞᆯ온仁이오엇지ᄡᅥ人을聚ᄒᆞᆯ고ᄀᆞᆯ온財니財를理ᄒᆞ며辭를正ᄒᆞ며民의非를ᄒᆞ욤을禁홈이ᄀᆞᆯ온義ㅣ라

【本義】曰人之人、今本、作仁、呂氏、從古、蓋所謂非衆、罔與守邦、朱子曰天地以生物爲心蓋天地之間品物萬形各有所事唯天則確然於上地則隤然於下一无所爲只以生物爲事故易曰天地之大德曰生聖人之情見乎辭下連接說天地大德曰生此不是相連乃各自說去聖人之大寶曰位有德有位則事事做得○問人君臨天下大小大事只言理財正辭如何曰是因上文而言聚得許多人无財何以養之有財不能理又不得正辭便只是分別是非又曰敎化便在正辭裏面○理財正辭禁非是三事大槩是辨別是非理財言你底還你我底還我正辭言是底說是不是底說不是猶所謂正名○白雲郭氏曰天地以生物爲德故人以大德歸之聖人得崇高之位然後成位乎中而贊化育故以位爲大寶也大寶者亦非聖人自以爲寶也天下有生幸聖人之得位以蒙其澤故天下以爲寶也○臨川吳氏曰生生不已者天地之大德然天地生物生人又生與天地合德之聖人命之居君師之位爲人物之主而後能使天地之所生得以各遂其生也苟或但有其德而无其位則亦不能相天地而遂人物之生故位爲聖人之大寶大寶謂大可貴重守謂保有之必得衆人之歸嚮乃能保有君師之位聚謂養之而使蕃盛衆多也○平庵項氏曰財者百物總名皆民之所利也正辭謂殊貴賤使有度明取予使有義辨名實使有信蓋利之所在不可不導之使知義也禁民爲非謂憲禁令致刑罰以齊其不可導者也蓋養之敎之而後齊之聖人不忍之政盡於此三者矣理財則易之備物致用也正辭則易之辨物正言也禁民爲非則易之斷吉凶明失得外內使知懼也易之事業盡於此三者矣〇雲峯胡氏曰上繫首章由乾之始坤之成說歸乾坤易簡之理下繫首章則由乾之易坤之簡說出天地大生之德得乾坤易簡之理如聖人乃可以成人之位行天地大生之德在聖人不可无大寶之位兩位字不同位乎天地之中人所同也而聖人能成之大寶曰位聖人之所獨也而天地實賴之上下繫之首章其有望於後世有德有位之聖人也如此哉【備旨】上言卦爻吉凶由天地而來由聖人而作此擧世之聖人與造化同德者以見作易之聖人其功業與天地參无非以生萬民而已通節以生字貫天地之德在生物而陽舒陰慘皆以生之聖人體天地好生之德以生萬民而政敎刑罰亦皆以生之通節只言聖治配天地而易之功化須補於言外〇天地有陰陽之施總是生萬物聖人有仁義之用總是生萬民卦爻說吉凶之示總是生天下萬世於不窮故論易必說到聖人天地而後止

## 右、第一章、

【本義】此章、言卦爻吉凶、造化功業、雙湖胡氏曰按此章首論重卦繫辭有爻象變動四者其下文皆是覆說上面爻畫剛柔之變繫辭之動兩股其曰吉凶悔吝生乎動者所以明繫辭焉而命之動在其中之意其曰剛柔立本變通趨時者所以明剛柔相推變在其中之意而自吉凶貞勝以下又申明吉凶悔吝生乎動一句謂天地之道以貞而勝日月之道以貞而明天下之動亦唯當一以貞而勝之而已大抵易爲斯人作卦爻辭无非所以明失得之報故說吉凶爲甚詳也次論乾坤易簡對天地德生說作易聖人以憂世之情發明易簡於卦爻之辭用易聖人有御世之位推行德生於仁義之道前一股是易後一股是用易要之乾坤即天地也易簡即大德之生也作易聖人之情見乎辭用易聖人以仁守其位无非所以爲斯人而已耳合兩節而觀一章之旨可見矣

古者包犧氏之王天下也에 仰則觀象於天ᄒᆞ고 俯則觀法於地ᄒᆞ며 觀鳥獸之文과 與地之宜ᄒᆞ며 近取諸身ᄒᆞ고 遠取諸物ᄒᆞ야 於是에 始作八卦ᄒᆞ야 以通神明之德ᄒᆞ며 以類萬物之情ᄒᆞ니 王于況反

○古者애包犧氏의天下애王ᄒᆞ요매仰ᄒᆞ얀天애象을觀ᄒᆞ고俯ᄒᆞ얀地애法을觀ᄒᆞ며鳥獸의文과다믓地의宜를觀ᄒᆞ며갓가이身애取ᄒᆞ고멀리物애取ᄒᆞ야이예비로소八卦를作ᄒᆞ야ᄡᅥ神明의德을通ᄒᆞ며ᄡᅥ萬物의情을類ᄒᆞ니

程子曰近取諸身一身之上百理具備甚物是沒底背在上故爲陽胸在下故爲陰至如男女之生已有此象天有五行亦有五藏心火也着些天地間熱氣乘之則便須發燥肝木也着些天地風氣乘之則便須怒推之五藏亦然

【本義】王昭素、曰與地之間、諸本、多有天字、俯仰遠近、所取、不一、然、不過以驗陰陽消息兩端而已、神明之德、如健順動止之性、萬物之情、如雷風山澤之象、

朱子曰仰則觀象於天一段只是陰陽奇耦聖人看這許多般事物都不出陰陽兩字便是河圖洛書也只是陰陽○觀鳥獸之文與地之宜那時未有文字只是仰觀俯察而已想得聖人心細雖鳥獸羽毛之微也盡察得有陰陽今人心粗如何察得或曰伊川見兎曰察此亦可以畫卦便是此義曰就這一端上亦可以見凡草木禽獸无不有陰陽鯉魚脊上有三十六鱗陰數龍脊上有八十一鱗陽數龍不曾見鯉魚必有之又龜背上文中間一簇成五段兩邊各插四段共成八段子八段之外兩邊周圍共有二十四段中間五段者五行也兩邊插八段者八卦也周圍二十四段者二十四氣也箇箇如此又如草木之有雌雄銀杏桐楮牝牡麻竹之類皆然又樹木向陽處則堅實其背陰處必虛軟男生必伏女生必偃其死於水也、亦然蓋男陽氣在背女陽氣在腹也○以通神明之德以類萬物之情盡於八卦而震巽坎離艮兌又總於乾坤曰動曰陷曰止皆健底意思曰入曰麗曰說皆順底意思聖人下此八字極狀得文卦性情盡○問本義謂伏羲作易驗陰陽消息兩端而已此語最盡曰陰陽雖是兩箇字然却是一氣之消息一進一退一消一長進處便是陽退處便是陰長處便是陽消處便是陰只是這一氣之消息做出古今天地閒无限事來所以陰陽做一箇說亦得做兩箇說亦得○柴氏中行曰仰觀象於天而參驗於鳥獸之文於是得陰陽之理俯觀法於地宜於是得剛柔之情近取諸身遠取諸物而知理之所在物我无二三才之道默會於心要不出乎陰陽二端相變而已○平庵項氏曰象以氣言屬陽法以形言屬陰鳥獸之文謂天產之物飛陽而走陰也土地所宜謂地產之物木陽而草陰也○節齋蔡氏曰聖人所畫之卦精可以通神明之德粗可以類萬物之情神明之德不可見者也故曰通萬物之情可見者也故曰類○雲峯胡氏曰神明之德不外乎健順動止八者之德萬物之情不止乎天地雷風八物之情

作結繩而爲網罟ᄒᆞ야以佃以漁ᄒᆞ니蓋取諸離ᄒᆞ고 罟音古 佃音田

○繩을結ᄒᆞᆷ을作ᄒᆞ야網과罟를ᄒᆞ야ᄡᅥ佃ᄒᆞ며ᄡᅥ漁케ᄒᆞ니離에取ᄒᆞ고

程子曰聖人制器不待見卦而後知象以衆人由之而不能知之故因卦以示之耳

【本義】兩目、相承而物麗焉、 朱子曰蓋取諸等字乃模樣是恁地蓋字便是一箇半間半界底字又曰據十三卦取象蓋取之離者言繩爲網罟有離之象非覩離而始有此也

○誠齋楊氏曰敎民肉食自包犧始○南軒張氏曰古者禽獸多而人民少故伏羲氏爲之網罟以佃以漁非徒使民皆知鮮食之利抑亦去其害而安其居也取諸離者蓋離以一陰麗乎二陽之間則鳥獸之麗乎網魚鱉之麗乎罟其義可推矣○厚齋馮氏曰離有二義曰象曰理理謂麗也謂鳥獸魚鱉麗乎網罟也象謂虛中網罟之目虛也○雲峯胡氏曰民以食爲先自古未有耕種則鮮食乃其先也伏羲氏非取諸離然後爲網罟特網罟兩目相承而物麗自有似於離之象焉耳蓋之言疑辭也下倣此

包犧氏沒커ᄂᆞᆯ神農氏作ᄒᆞ야斲木爲耜ᄒᆞ고揉木爲耒ᄒᆞ야耒耨之利로以敎天下ᄒᆞ니蓋取諸益ᄒᆞ고 斲陟角反耜音似耒力對反耨奴豆反

○包犧氏ㅣ沒커ᄂᆞᆯ神農氏ㅣ作ᄒᆞ야木을斲ᄒᆞ야耜를ᄒᆞ고木을揉ᄒᆞ야耒를ᄒᆞ야耒耨의利로天下를敎ᄒᆞ니益에取ᄒᆞ고

【本義】二體、皆木、上入下動、天下之益、莫大於此、 或問上入下動於取象有所未曉朱子曰耜乃今之鏵胡爪反鏊七沙反耒乃鏵柄雖下入畢竟走上面用力方得入○沙隨程氏曰飛走之類實害禾稼唯網罟佃漁之制立然後耒耨之利見於天下○誠齋楊氏曰敎民粒食自神農始○節齋蔡氏曰耜耒首也斲木之銳而爲之耒耜柄也揉木使曲而爲之○疊山謝氏曰耒耜者今謂之犂田木在上俗呼犂衡即耒也斲削二片在下以承鐵二片俗呼犂壁即耜也○漢上朱氏曰炎帝時民厭鮮食而食草木之實ㅣ是始爲耒耜以敎天下故曰神農耨耘除草也○雲峯胡氏曰自古未有牛耕神

農教民耒耜其動也在下之耜而所以入之者在上之耒於益之卦德上入下動蓋有合焉況爲天下之益於卦名又有合也

日中爲市호야致天下之民호며聚天下之貨호야交易而退호야各得其所케호니蓋取諸噬嗑호고

○日中애市를호야天下읫民을닐외며天下읫貨를뫼화 交易호야退호야 각각그所를得케호니噬嗑의取호고

【本義】日中爲市、上明而下動、又借噬爲市、嗑爲合也、開封耿氏曰有菽粟者或不足乎禽魚有禽魚者或不足於菽粟罄者无所取積者无所散則利市不布養不均矣於是日中爲市焉日中者萬物相見之時也當萬物相見之時而致天下之民聚天下之貨使遷其有无則得其所矣○丹陽都氏曰五十里爲市而各致其民則天下之民无不致矣市各聚其貨則天下之貨无不聚矣於是以其所有易其所无交易而退各得其所則動而噬嗑以爲養蓋取諸噬嗑也○節齋蔡氏曰天下之民不同業天下之貨不同用致而聚之噬而嗑之之義○進齋徐氏曰噬嗑離明在上日中象震動于下致民交易於市之義○合沙鄭氏曰十三卦始離次益次噬嗑所取者食貨而已食貨者生民之本也

神農氏沒커늘黃帝堯舜氏作호야通其變호야使民不倦호며神而化之호야使民宜之호니易이窮則變호고變則通호고通則久ㅣ라是以自天祐之호야吉无不利니黃帝堯舜이垂衣裳而天下治호니蓋取諸乾坤호고

○神農氏ㅣ沒커늘黃帝堯舜氏ㅣ作호야그變을通호야民으로 호여곰倦티아니케호며神호야化호야民으로호여곰宜케호니易이窮호면變호고變호면通호고通호

면久ᄒᆞᄂᆞᆫ디라일로ᄡᅥ天으로브터祐ᄒᆞ야吉ᄒᆞ야利티아니미업스니 黃帝와堯舜이衣裳을垂ᄒᆞ옴애天下ㅣ治ᄒᆞ니乾坤애取ᄒᆞ고

程子曰聖人主化如禹之治水順則當順之治則順治之古之伏羲豈不能垂衣裳必待堯舜然後垂衣裳據如此事只是一箇聖人都做得了然必須數世然後成亦因時而已又曰識變知化爲難古今風氣不同故器用亦異是以聖人通變使民不倦各隨其時而已矣後世雖有作者虞舜爲弗可及矣蓋當是時風氣未開而虞舜之德又如此故後世莫可及也若三代之治後世決可復不以三代爲治者終苟道也

【本義】 乾坤、變化而无爲、朱子曰黃帝堯舜氏作到這時候合當如此變易窮則變道理亦如此垂衣裳而天下治是大變他以前底事了通其變須是得一箇人通其變若聽其自變如何得○南軒張氏曰作衣裳以被之於身垂綃爲衣其色玄而象道襞幅爲裳其色纁而象事法乾坤以示人使民知君臣父子尊卑貴賤莫不各安其分也○誠齋楊氏曰所謂衣裳即舜所謂古人之象五色作服者是也蓋始於黃帝備於堯舜○疊山謝氏曰乾天在上衣象衣上闔而圓有陽奇象坤地在下裳象裳下兩股有陰偶象上衣下裳不可顚倒使人知尊卑上下不可亂則民志定天下治矣○建安丘氏曰十三卦制器而尙象皆通變宜民之事特於黃帝堯舜氏言之者犧農之時人害雖消而人文未著衣食雖足而禮義未興爲之君者方且與民並耕而食饔飱而治蚩蚩蠢蠢蓋未識所謂上下尊卑之分於是三聖人者仰觀俯察體乾坤之象正衣裳之儀使君臣分義截然於天高地下之間天下其有不治乎斯時也其世道一新之會而黎民於變之機也○雲峯胡氏曰食貨既足不可无禮於是垂衣裳以明尊卑貴賤之分而於乾坤之尊卑有合焉垂衣裳而天下治即乾坤之變化而无爲也

**刳木爲舟ᄒᆞ고剡木爲楫ᄒᆞ야舟楫之利로以濟不通ᄒᆞ야致遠以利天下ᄒᆞ니蓋取諸渙ᄒᆞ고** 刳口姑反 剡以冉反

○木을刳ᄒᆞ야舟를ᄒᆞ고木을剡ᄒᆞ야楫을ᄒᆞ야舟楫의利로ᄡᅥ通티몯ᄒᆞᄂᆞᆫ듸로濟ᄒᆞ야遠의닐외여ᄡᅥ天下를利케ᄒᆞ니渙애取ᄒᆞ고

【本義】木在水上也、致遠以利天下、疑衍、南軒張氏曰衣裳之垂固欲遠近之民下觀而化然川途之險阻則有所不通唯夫舟楫之利旣興則日月所
照霜露所墜莫不拭目觀化天下如一家中國如一人矣是以刳其木而中虛剡其楫而末銳舟所以載物而楫所以
進舟致遠以利天下而取諸渙者蓋渙之成卦上巽下坎象曰利涉大川乘木有功也

服牛乘馬ᄒᆞ야引重致遠ᄒᆞ야以利天下ᄒᆞ니蓋取諸隨ᄒᆞ고
○牛를服ᄒᆞ며馬를乘ᄒᆞ야重을引ᄒᆞ며遠의 날외여ᄡᅥ 天下를利케ᄒᆞ니 隨애取ᄒᆞ고
程子曰服牛乘馬皆因其性而爲之胡不乘牛而服馬乎理之所不可也
【本義】下動上說、漢上朱氏曰上古牛未穿馬未絡至是始服乘之○鄱陽董氏曰服牛乘馬穿鼻絡頭雖人爲也亦各因其天而任之故取諸隨○安定胡氏曰隨者是動作必隨於人以之遠則
隨於人以之近則亦隨於人○李氏曰刳木爲舟剡木爲楫因植物之材而川通矣服牛乘馬引重致遠因動物之性
而途通矣牛以順爲道故服而馴之以引重馬以行爲事故乘而駕之以致遠牛非不可以致遠於引重爲力而已馬
非不可以引重於致遠爲敏而已引重謂之引以有所進爲義致遠謂之致以有所至爲義

重門擊柝ᄒᆞ야以待暴客ᄒᆞ니蓋取諸豫ᄒᆞ고 重直龍反　柝他洛反
○門을重ᄒᆞ고柝을擊ᄒᆞ야ᄡᅥ暴客을待ᄒᆞ니豫예取ᄒᆞ고
【本義】豫備之意、朱子曰重門擊柝以待暴客只是豫備之意却須待用互體推艮爲門闕震乎外之意剡木爲矢弦木爲弧只是睽乖故有威天下之象亦必待穿鑿附會就卦推出制器之義
殊不知卦中但有此理而已故孔子各以蓋取諸某卦言之亦曰其大意云爾漢書所謂獲一角獸蓋麟云者疑辭也
○漢上朱氏曰上古外戶不閉禦風氣而已至是始有暴客之防○楊氏曰川途旣通則暴客至矣又不可无禦之之
術故取諸豫重門以禦之擊柝以警之則暴客无自而至二陰在前重門之象也一陽在下擊柝之象也三陰安於內
說豫之象也○涑水司馬氏曰豫者怠惰之意擊柝者所以警怠惰也

斷木爲杵ᄒᆞ고掘地爲臼ᄒᆞ야臼杵之利로萬民이以濟ᄒᆞ니蓋取諸小

過ᄒᆞ고 斷丁緩反杵昌呂反掘其曰反

○木을斷ᄒᆞ야杵를ᄒᆞ고地를掘ᄒᆞ야臼를 ᄒᆞ야臼杵의利로萬民이 ᄡᅥ濟ᄒᆞ니小過에取ᄒᆞ고

【本義】下止上動、誠齋楊氏曰耒耜耕稼之始臼杵脫粟之始○建安丘氏曰以象言之上震爲木下艮爲土震木上動艮土下止杵臼治米之象○進齋徐氏曰民粒食矣又杵臼以治之而使精小有所過而利人者也

弦木爲弧ᄒᆞ고剡木爲矢ᄒᆞ야弧矢之利로 以威天下ᄒᆞ니 蓋取諸睽ᄒᆞ고

○木을弦ᄒᆞ야弧를ᄒᆞ고木을剡ᄒᆞ야矢를ᄒᆞ야弧矢의 利로ᄡᅥ天下를 威ᄒᆞ니睽에取ᄒᆞ고

【本義】睽乖然後、威以服之、南軒張氏曰外有擊柝以防暴客內有杵臼以治粒食而无以威其不軌則雖有險不能守雖有粟而不得食此弧矢之利不可緩也○臨川吳氏曰弧木弓也兵器不一弓矢所及者遠爲長兵威天下者示有警備而使之畏也○漢上朱氏曰知門柝而不知弧矢之利則威天下者有未盡故教之以弧矢之利○進齋徐氏曰其害之大者以重門擊柝不足以待之故必有弧矢以威之利天下者仁也威天下者義也

上古에穴居而野處ᄒᆞ더니後世聖人이易之以宮室ᄒᆞ야上棟下宇ᄒᆞ야以待風雨ᄒᆞ니蓋取諸大壯ᄒᆞ고

○上古앤穴에居ᄒᆞ며野애處ᄒᆞ더니後世聖 人이宮室로ᄡᅥ易ᄒᆞ야上은棟ᄒᆞ고下는宇ᄒᆞ야ᄡᅥ風雨를待ᄒᆞ니大壯에取ᄒᆞ고

程子曰上古之時民皆巢居而穴處後世易之以棟宇而不以巢居穴處爲可變者以棟宇之利故也

【本義】壯固之意、節齋蔡氏曰棟屋脊檁也宇椽也棟直承而上故曰上棟宇兩垂而下故曰下宇棟取四剛義宇取二柔義○涑水司馬氏曰風雨動物也風雨動於上棟宇健於下大壯之象也○進齋徐氏曰冬穴居无以待風夏野處无以待雨故宮室不得不興震風凌雨然後知廈屋之爲帡幪故棟宇不可不囿大壯之意也

古之葬者는厚衣之以薪ᄒᆞ야葬之中野ᄒᆞ야不封不樹ᄒᆞ며喪期无數ㅣ러니後世聖人이易之以棺槨ᄒᆞ니蓋取諸大過ᄒᆞ고 衣於旣反

○녜葬ᄒᆞᄂᆞᆫ者ᄂᆞᆫ薪으로ᄡᅥ厚히衣ᄒᆞ야中野에葬ᄒᆞ야封티아니ᄒᆞ며樹티아니ᄒᆞ며喪의期ㅣ數ㅣ업더니後世聖人이棺槨으로ᄡᅥ易ᄒᆞ니大過에取ᄒᆞ고

【本義】送死、大事而過於厚、南軒張氏曰君子不以天下儉其親於此而過无害也○丹陽都氏曰棺曰棺槨所以使民養生送死无憾所以依於人者過厚也然養生不足以當大事故取小過之義而已送死足以當大事故取大過之義焉○合沙鄭氏曰大壯外震震動也風雨飄搖之象大過內巽巽入也殯葬入土之象

上古앤結繩而治러니後世聖人이易之以書契ᄒᆞ야百官이以治ᄒᆞ며萬民이以察ᄒᆞ니蓋取諸夬니라

○上古앤繩을結ᄒᆞ야治ᄒᆞ더니後世聖人이書와契로ᄡᅥ易ᄒᆞ야百官이ᄡᅥ治ᄒᆞ며萬民이ᄡᅥ察ᄒᆞ니夬예取ᄒᆞ니라

【本義】明決之意、朱子曰上古結繩而治後世聖人易之以書契天下事有古未之爲而後人爲之固不可无者此類是也又曰結繩今溪洞諸蠻猶有此俗又有刻板者凡年月日時以至人馬糧

草之數皆刻板爲記都不相亂○問六十四卦重於伏羲果否曰此不可考或曰耒耜市井已取重卦之象則疑伏羲已重卦或者又謂此十三卦皆云盖取則亦疑辭未必因見此卦而制此物也今无所考但旣有八卦則六十四卦已在其中此則不可不知耳○進齋徐氏曰上古民淳事簡事之小大唯結繩以識之亦足以爲治至後世風俗媮薄欺詐日生而書契不容不作矣書文字也契合約也言有不能記者書識之事有不能信者契驗之取明決之義蓋夬乃君子決小人之卦而造書契者亦所以決去小人之僞而防其欺也○開封耿氏曰已前不云上古已下三事或言古與上不同者蓋未造此器之前更无餘物之用非是後世以替前物故不言上古也此以下三事皆是未造此物之前已更別有所用今將後用而代前用故本之云上古及古者[illegible]結繩而治不須論上結繩下結繩大約是上下衆之但而治二字不容輕放若不能治即上古聖人亦必變更不待中有矣以治以察皆書契一制百官无所容其侵欺萬民无所隱其奸慝是書契之俾於治而自治自察非聖人以此去治察之也已上歷舉諸條總見易象廣大易之所以有功於天下萬世也

## 右、第二章、

【本義】此章、言聖人、制器尙象之事、 息齋余氏曰卜筮之說詳於上繫制器之說詳於下繫 ○潜室陳氏曰十三卦取象說上古雖未有易之書元自有易之理故所作事暗合易書即邵子所謂畫前之易是也○開封耿氏曰十三卦之辭或言利或不言利何也網罟非不爲利也然必耒耜杵臼而後能裕萬民之食是則網罟之利不足言而耒耜杵臼之利大矣所以言利也門析非不爲利也然門析則能保其內使暴客不能入而已弧矢則又能威其外使暴客不能至是則門析之利不足言而弧矢之利大矣所以言利也獨於舟楫馬牛言利天下者舟楫馬牛之利无所不通可以周天下故也○荀軒程氏曰網罟耒耜所以足民食交易舟車所以通民財杵臼弧矢所以利民用衣裳以華其身宮室以定其居門析以衛其生棺槨以送其死凡所以爲民生利用安身養生送死之道已无遺憾矣然百官以治萬民以察卒歸之夬之書契何也蓋器利用便則巧僞生變患作聖人變之故終之以書契之取象書契可以代忘言之兌乾天可以防書契之僞其視網罟等象雖非一時之利實萬世之大利也故結繩初易爲網罟終易爲書契聖人以定大業斷大疑悉於書契乎觀百官治萬民察誠非書契不可也十三卦終以夬卦之取象聖人之意深矣○雲峯胡氏曰舟楫取渙以卦象取也服乘取隨臼杵取過以卦德取也豫備暎乖壯固夬決大過過於厚皆以卦義取也諸家往往皆以互體推之未免穿鑿殊不知夫子之意亦不過謂聖人之制此器也此卦之中自有此理而已蓋之一字疑取諸此而非必取之此也自天祐之吉无不利上傳爲君子之用易者言之下傳又爲聖人之通變者言之何也天者理而已聖人之制器不能先天而强爲不能後天而不爲非一時之所可爲也非一人之所能爲也皆天理之自然者也所以亦曰自天祐之○誠齋楊氏曰嗚呼鴻荒之世民之初生非若今日之備器用便起居具服食也自斯人之飢而未知佃漁也聖人於是乎作網罟自斯人之肉食而未知粒食也聖人於是乎作耒耜自斯人之食貨或有餘或不足之偏匱也聖人於是乎作市易自斯人之寒而衣皮未知織紝之制也聖人於是乎作衣裳自斯人之出入阨於川隔而道斷也聖人於是乎作舟楫自斯人之疲於負擔而跰於遠塗也聖人於是乎作輪轝自斯人之虞於寇攘而懈於守禦也聖人於是乎作門柝自斯人之知有耕耨而未知有舂揄也聖人於是乎作杵臼自斯人之无爪牙以自濟而憂於搏噬也聖人於是乎作弧矢自斯人之穴處而病於濕蟄也聖人於是乎作宮室自斯人之死而瘞於虆梩之掩也聖人於是乎作棺槨自斯人之窮於結繩而相欺无藉也聖人於是乎作書契然非聖人之私知也取於十三卦之象然後成亦非一聖人之能爲也歷五聖人而後備蓋斯人生生之道若此其難而聖人所以生生斯人者若此其勞也故曰如古之无聖人人之類滅久矣○西山眞氏曰此章所列卦象之意皆物象之自然者也有自然之象則有自然之理人之所共睹也然常人見其象而昧其理唯聖人見是象則知是理知是理則制是器人皆謂備物致用立成器以利天下出於聖人之心思不知聖人亦因其所固有而已學者誠能虛心以體天下之物則精義妙道莫不昭昭然接於吾之心目然後眞知道器之相合而顯微之无間

## 是故도易者는象也니象也者는像也오

○이런故도易이란거슨象이니象이란거슨像이오

【本義】易、卦之形、理之似也、朱子曰易者象也象也者像也只是彷彿說不可求得太深○易者象也是總說起言易不過只言陰陽之象下云像也材也天下之動也則皆是說那上面象字○問易者象也象也者像也四句莫只是解箇象字否曰是解易字像又是解象字材又是解彖字末句意亦然○蔡氏攸曰昔者聖人之作易也始畫八卦而象在其中象與卦並生以寓天下之賾故曰易者象也蓋俯仰以觀遠近以取神明之德可通鬼神之情狀可得而況於人乎況於萬物乎及因而重之發揮於剛柔而生爻則擬諸其形容者其變不一而象亦爲之滋矣故邑屋宮庭舟車器械服帶簪履下至鳥獸蟲魚金石草木之類皆在所擬至纖至悉无所不有所謂其道甚大百物不廢者此也其在上古尙此以制器其在中古觀此以繫辭而後世之言易者乃曰得意在忘象得象在忘言一切指爲魚兎筌蹄殆非聖人作易前民用以敎天下之意也

**彖者**는 **材也**ㅣ오

○彖이란거슨材ㅣ오

【本義】 彖、言一卦之材、漢上朱氏曰卦有剛柔材也有是時有是象必有是才以濟之才與時會斯足以成務矣

**爻也者**는 **效天下之動者也**니

○爻ㅣ란거슨天下의動을效ᄒᆞ는거시니

【本義】 效、放也、漢上朱氏曰天下之動其微難知有同處一時同處一事所當之位有不同焉則進退趍舍殊塗矣故曰爻也者效天下之動也

**是故**로 **吉凶**이 **生而悔吝**이 **著也**ㅣ니라

○이런故로吉과凶이生ᄒᆞ야悔와吝이著ᄒᆞ니라

【本義】 悔吝、本微、因此而著、南軒張氏曰易者象也象也者像此者也謂之彖則言其象之材而已謂之爻則放其象之變而已至於吉凶則悔吝之著也故悔者有改過之意而吉則悔之著也吝者有文過之意而凶則吝之著也○雲峯胡氏曰至著者象至微者理易之象理之似也彖者材也材者象之質爻效天下之動動者象之變悔吝在心未著吉凶在事已著吉者悔之著凶者吝之著也

**右、第三章、** 雙湖胡氏曰此章說卦象及彖辭爻辭論人事之悔吝至吉凶而始著蓋卦爻辭无非可以明失得之報欲人觀象玩辭之際知有悔心而不吝於改過庶幾有吉而无凶耳

陽卦는多陰ᄒᆞ고陰卦는多陽ᄒᆞ니

○陽卦는陰이하고陰卦는陽이하니

【本義】震坎艮、爲陽卦、皆一陽二陰、巽離兌、爲陰卦、皆一陰二陽、潛室陳氏曰二耦一奇即奇爲主是爲陽卦二奇一耦即耦爲主是爲陰卦故曰陽卦多陰陰卦多陽

其故는何也오陽卦는奇오陰卦는耦ᅵᆯ시라

○그故는엇디오陽卦는奇오陰卦는耦ᅵᆯ시라

【本義】凡陽卦、皆五畫、凡陰卦、皆四畫、三山林氏曰陽卦宜多陽而多陰陰卦宜多陰而多陽何也盖陽卦之數必五奇數也奇則陰畫自多陰卦之數必四耦數也耦則陽畫自多其多陰多陽皆自然而然非人力所能參也○雙湖胡氏曰嘗推八卦奇耦之畫每卦雖各得其三而合之則爲六乾坤合爲六震巽合亦六坎離合亦六艮兌合亦六適符老陰掛扐之用數總之則四六二十四畫而成老陰過揲之數若无與於老陽之數矣然以陽卦五畫陰卦四畫觀之奇偶之合又皆老陽掛扐之用數故乾坤合爲九震巽合亦九坎離合亦九艮兌合亦九悉數之實成三十六而爲老陽過揲之數焉此乾坤用九用六其數默見於卦畫之可推者如此雖出於偶然其實亦莫非自然之妙也豈可以人力參哉【潛旨】以一合四是爲五畫若使多陽則湊奇數不來以二合二是爲四畫若使多陰則湊偶數不來此猶在數上說

其德行은何也오陽은一君而二民이니君子之道也ㅣ오陰은二君而一民이니小人之道也ㅣ라 行下孟反

○그德行은엇더뇨陽은ᄒᆞᆫ君이오두民이니君子의道ㅣ오陰은두君이오ᄒᆞᆫ民이니

小人의道ㅣ라

【本義】君、謂陽、民、謂陰、朱子曰二君一民試敎一箇民而有兩箇君看是甚模樣○柴氏中行曰一君二民道大而公君子之道也二君一民道小而私小人之道也卦體乎君子小人之道而象爻所以發明此道者也然在諸卦爲陽卦者未必皆君子之道爲陰卦者未必皆小人之道蓋此特借陰陽二卦之體以明君子小人之道不同耳非可一例成卦也爻象乃是發明此道非發明此卦也○雲峯胡氏曰論其故則陽卦五畫陰卦四畫陽與陰一定之分固如此論其德行則陽爲君陰爲民陽爲君子陰爲小人易之扶陽抑陰又如此【備旨】德行即道之別名從卦畫上看出以其有吉凶淑慝寓於卦畫之中而不徒示以形也一君二民二君一民猶在卦畫上說君子小人則推開在世道上去二只是衆多意不限定是兩箇君子謂爲大而公之世小人謂爲小而私之世不是說人

右、第四章、雙湖胡氏曰此章專以八卦陰陽畫數分君子小人之道

易曰憧憧往來면 朋從爾思ㅣ라ᄒᆞ니 子曰天下ㅣ 何思何慮ㅣ리오 天下ㅣ 同歸而殊塗ᄒᆞ며 一致而百慮ㅣ니 天下ㅣ 何思何慮ㅣ리오

○易에 ᄀᆞᆯ오ᄃᆡ 憧憧히 往來ᄒᆞ면 朋만 네 思를 從ᄒᆞᆫ다 ᄒᆞ니 子ㅣ ᄀᆞᆯᄋᆞ샤ᄃᆡ 天下ㅣ 엇디 思ᄒᆞ며 엇디 慮ᄒᆞ리오 天下ㅣ 歸ㅣ 同호ᄃᆡ 塗ㅣ 殊ᄒᆞ며 致ㅣ 一이로ᄃᆡ 慮ㅣ 百이니 天下ㅣ 엇디 思ᄒᆞ며 엇디 慮ᄒᆞ리오

【本義】此、引咸九四爻辭而釋之、言理本无二而殊塗百慮、莫非自然、何以思慮爲哉、必思而從則所從者、亦狹矣、朱子曰所謂天下何思何慮正謂雖萬變而紛紜而所以應之各有定理不假思慮而知也問天下同歸而殊塗一致而百慮何故不云殊塗而同歸百慮而一致曰也只一般但他是從上說下自合如此說感應之理本不消思慮空費思量空費計較空費安排只順其自然而己○臨川吳氏曰思者心之用也慮者謀度其事也心體虛靈如止水明鏡未與物接寂然不動何

思之有旣與物接應之各有定理何慮之有理之在心者同因事之不同而所行之塗各殊理之在心者一因事之不一而所發之慮有百塗雖殊慮雖百而應事之理則同而一也故定心應事動而无動則亦何思何慮之有此人心定應寂然之感也若九四之憧憧則豈如是乎○柴氏中行曰言天地萬物皆本於天理之自然人當棄私欲而循天理也所謂理夫子之一貫子思之誠曾子之守約是也同歸而殊塗天下无二理也一致而百慮天下无二心也致謂極致明其所同歸極其所一致則天下雖塗殊慮百无不應者何以思慮爲哉○進齋徐氏曰塗雖殊而歸同則往來自不容先而加之憧憧則私矣慮雖百而致一則思亦人心所當有而局於朋從則狹矣人於此但當以貞守之不必自爲紛紛也

**日往則月來ᄒᆞ고月往則日來ᄒᆞ야日月이相推而明生焉ᄒᆞ니寒往則暑來ᄒᆞ고暑往則寒來ᄒᆞ야寒暑ㅣ相推而歲成焉ᄒᆞ니往者ᄂᆞᆫ屈也ㅣ오來者ᄂᆞᆫ信也ㅣ니屈信이相感而利生焉ᄒᆞ니라** 信音申

○日이往ᄒᆞ면月이來ᄒᆞ고月이往ᄒᆞ면日이 來ᄒᆞ야日月이서ᄅᆞ推ᄒᆞ야 明이生ᄒᆞ며寒이往ᄒᆞ면暑ㅣ來ᄒᆞ고暑ㅣ往ᄒᆞ면寒이來ᄒᆞ야 寒暑ㅣ서ᄅᆞ推ᄒᆞ야歲ㅣ成ᄒᆞ니往ᄒᆞᄂᆞᆫ거ᄉᆞᆫ屈이오來ᄒᆞᄂᆞᆫ거ᄉᆞᆫ信이니屈信이서ᄅᆞ感ᄒᆞ야利ㅣ生ᄒᆞᄂᆞ니라

【本義】言往來屈信、皆感應自然之常理、加憧憧焉則入於私矣、所以、必思而後、有從也

朱子曰日往則月來一段乃承上文憧憧往來而言往來皆人所不能无者但憧憧則不可○誠齋楊氏曰觀諸日今夕之往所以爲來朝之來觀諸月今夕之來所以爲來朝之往蓋前之屈乃後之信也觀諸寒折膠之寒不生於寒而生於烈日流金之暑流金之暑不生於暑而生於堅冰折膠之寒蓋今之信乃昔之屈也○臨川吳氏曰因日之沒而有月之來因月之往而有日之來二曜相推以相繼則明生而不匱因寒之往而有暑之來因暑之往而有寒之來二氣相推以相代則歲成而不缺往者之屈感來者之信來者之信又感往者之屈而有明生歲成之利此天道往來自然之感也若九四之往來則豈如是乎○張子曰屈信相感而利生焉感以誠也情僞相感而利害生雜以僞也

**尺蠖之屈은 以求信也ㅣ오 龍蛇之蟄은 以存身也ㅣ오 精義入神은 以致用也ㅣ오 利用安身은 以崇德也ㅣ니** 蠖紀縛反

○尺蠖의 屈홈은 ᄡᅥ 信을 求홈이오 龍蛇의 蟄홈은 ᄡᅥ 身을 存홈이오 義를 精ᄒᆞ야 神에 入홈은 ᄡᅥ 用을 닐윔이오 用을 利히 ᄒᆞ야 身을 安홈은 ᄡᅥ 德을 崇홈이니

【本義】因言屈信往來之理而又推以言學亦有自然之機也、精研其義、至於入神、屈之至也、然、乃所以爲出而致用之本、利其施用、无適不安、信之極也、然、乃所以爲入而崇德之資、內外、交相養互相發也、

朱子曰尺蠖之屈以求信也龍蛇之蟄以存身也屈信消長闔闢往來其機不曾停息大處有大闔闢小處有小闔闢大處有大消息小處有小消息此理萬古不易如目有瞬時亦豈能常瞬定又須開不能常開定又須瞬瞬了又開開了又瞬至纖至微无時不然○問此章言萬變雖不同然皆一理之中所自有須不用安排曰此只說得一頭尺蠖若不屈則不信得身龍蛇若不蟄則不伏得氣如何存得身精義入神疑與行處不相關然而見得道理通徹乃所以致用利用安身亦疑與崇德不相關然而動作得其理則德自崇天下萬事萬變无不有感通往來之理又曰尺蠖屈便要求信龍蛇蟄便要存身精研義理无絲毫之差入那神妙處這便是要出來致用外面用得利而身安乃所以入來自崇己德致用之用即利用之用所以橫渠云精義入神事豫吾內求利吾外利用安身素利吾外致養吾內事豫吾內言皆到這裏面來又曰尺蠖屈得一寸便能信得一寸來許他之屈乃所以爲信龍蛇於冬若不蟄則凍殺了其蟄也乃所以存身也精義入神乃所以致用也利用安身乃所以崇德也欲罷不能如人行步左脚起了不由得右脚不起所謂過此以往未之或知也若到那窮神知化則須是德之盛也方能○精義二字所謂義者宜而已物之有宜有不宜事之有可有不可吾心處之知其各有定分而不可易所謂義也精義者精諸此而已所謂精云者猶曰察之云耳精之至而入於神則於事物之所宜毫釐委曲之間无所不悉有不容言之妙矣此所以致用而用无不利也又曰義至於精則應事接物間无一非義不問小事大事千變萬化改頭換面出來自家應副他如利刀快劒相似迎及而解件件

判作兩邊去○且如精義入神如何不思那致用底却不必思致用底是事功是効驗○利用安身今人循理則自然安利不循理則自然不安利○息齋余氏曰旣曰屈信相感而利生矣恐人知信之利而不知屈之所以利也故以尺蠖龍蛇明之其爲人切矣○臨川吳氏曰夫子旣以屈信二字釋往來之相感復以物理之屈信聖學之屈信言之而廣其意尺蠖不屈則其行不能信旣信而再行則又屈也龍蛇不蟄則其來歲之身不能奮旣奮於來歲則又蟄也此物理之屈信相感也義理精明則應物有定而神不外馳入者无出內之屈也而乃所以致極其外之用屈之感信也日用宜利則每事由當而身之所處隨寓而安外之信也而乃所以增崇其內之德信之感屈也此聖學之屈信相感也因言聖學之交相養互相發工力至此則蔑以加矣

**過此以往은 未之或知也ㅣ니 窮神知化ㅣ 德之盛也ㅣ라**

○일로過ᄒᆞ야뻐往홈은或아디몯ᄒᆞ리니神을窮ᄒᆞ며化를아롬이德의盛홈이라

【本義】下學之事、盡力於精義利用而交養互發之機、自不能已、自是以上則亦无所用其力矣、至於窮神知化、乃德盛仁熟而自致耳、然、不知者、往而屈也、自致者、來而信也、是亦感應自然之理而已、張子、曰氣有陰陽、推行有漸、爲化、合一不測、爲神、此上四節、皆以釋咸九四爻義、

朱子曰窮神知化德之盛這德字只是上面崇德之德德盛後便能窮神知化便如聰明睿知皆由此出自誠而明相似又曰精義入神以致用也利用安身以崇德也過此以往未之或知也窮神知化德之盛也只是這一箇非於崇德之外別有箇德之盛也做來做去做倒徹處便是○未之或知是到這裏不可柰何窮神知化雖不從這裏出來然也有這箇意思○神化二字雖程子說得亦不甚分明唯是橫渠推出來推行有漸爲化合一不測爲神又曰一故神兩故化○窮神知化化是逐些子挨將去底一日復一日一月復一月節節挨將去便成一年神是一箇物事或在彼或在此當其在陰時全體在陰在陽時全體在陽都只是這一物兩處都在不可測故謂神橫渠言一故神兩故化又註云兩在故不測這說得甚分曉○此章解咸九四據爻義看上文說貞吉悔亡貞字甚重程子謂聖人感天下如雨暘寒暑无不通无不應者貞而已所以感人者果貞矣則吉而悔亡蓋天下本无二理果同歸矣何患乎殊塗果一致矣何患乎百慮所以重言何思何慮也如日月寒暑之往來皆是自然感應如此日不往則月不來月不往則日不來寒暑亦

然徃來只是一般徃來但憧憧之徃來者患得患失旣要感這箇又要感那箇便自憧憧忙亂用其私心而已屈信相感而利生焉者有晝必有夜設使長長爲晝而不夜則何以息夜而不晝安得有此光明春氣固是和好只有春夏而无秋冬則物何以成一向秋冬而无春夏又何以生屈信徃來之理所以必待迭和爲用而後利所由生春秋冬夏只是一箇感應所應復爲感所感復爲應也春夏是一箇大感秋冬則必應之而秋冬又爲春夏之感以細言之則春爲夏之感夏則應春而又爲秋之感秋爲冬之感冬則應秋而又爲春之感所以不窮也尺蠖不屈則不可以信龍蛇不蟄則不可以藏身今山林冬暖而蛇出者徃徃多死此則屈信徃來感應必然之理夫子因徃來兩字說得許多大又推以言學所以內外交相養亦只是此理而已横渠曰事豫吾內求利吾外素利吾外致養吾內此下學所當致力處過此以上則不容計較所謂窮神知化乃養盛自致非思勉所及此則聖人事矣○天下何思何慮一段此是言自然而然如精義入神自然致用利用安身自然崇德○天下何思何慮一句便是先打破那箇思字却說同歸殊塗一致百慮又再說天下何思何慮謂何用如此憧憧徃來而爲此朋從之思也日月寒暑之徃來尺蠖龍蛇之屈信皆是自然底道理不徃則不來不屈則亦不能信也今之爲學亦只是如此精義入神用力於內乃所以致用乎外利用安身求利於外乃所以崇德乎內只是如此做將去雖至於窮神知化地位亦只是德盛仁熟之所致何思何慮之有○雲峰胡氏曰天下何思何慮一語所以破思慮之感息憧憧之思也天地間凡一往一來皆感應自然之常理非唯日月寒暑如此以吾之學言之精義以致用利用以崇德亦有自然屈信之理至於窮神知化而德之盛皆自然而已矣皆非思慮所及故曰天下何思何慮

**易曰困于石ᄒᆞ며據于蒺蔾ㅣ라入于其宮이라도不見其妻ㅣ니凶이라ᄒᆞ니子曰非所困而困焉ᄒᆞ니名必辱ᄒᆞ고非所據而據焉ᄒᆞ니身必危ᄒᆞ리니旣辱且危ᄒᆞ야死期將至어니妻其可得見邪아**

○易에ᄀᆞᆯ오ᄃᆡ石에困ᄒᆞ며蒺蔾애據ᄒᆞᆫᄃᆡ라 그宮애入ᄒᆞ야도 그妻ᄅᆞᆯ見티몯홈이니 凶ᄒᆞ다ᄒᆞ니 子ㅣᄀᆞᆯᄋᆞ샤ᄃᆡ困ᄒᆞᆯ빠아닌ᄃᆡ困ᄒᆞ니 名이반ᄃᆞ시辱ᄒᆞ고 據ᄒᆞᆯ빠아닌ᄃᆡ

據ᄒᆞ니身이반ᄃᆞ시危ᄒᆞ리니임의辱ᄒᆞ고ᄯᅩ危ᄒᆞ야死ᄒᆞᆯ期ㅣ장ᄎᆞᆺ至ᄒᆞ거니妻를그可히사러곰見ᄒᆞ랴

【本義】釋困六三爻義、或問非所困而困焉名必辱大意謂石不能動底物自是不須去動他若只管去用力徒自困耳朱子曰此爻大意謂不可做底便不可入頭去做又曰且以人事言之有着力不得處若只管着力去做少間去做不成他人便道自家无能便是辱了名○南軒張氏曰有應於上將以求名今困于石此非所困而困焉名必辱也有依於下得以安身今據於蒺蔾非所據而據焉身必危也在困之時名辱身危有死之理此身不行道雖妻且不可見宜乎凶也○誠齋楊氏曰君子有不幸之困无以致之在陳畏匡是已故名不辱而身不危小人无幸免之困爲不善以致之以其非所據而據是以非所困而困尙可得而保其名保其身保其家保其妻子乎

**易曰公用射隼于高墉之上**ᄒᆞ야**獲之**니 **无不利**ᄒᆞ니라 **子曰隼者**ᄂᆞᆫ**禽也**ㅣ오**弓矢者**ᄂᆞᆫ**器也**ㅣ오**射之者**ᄂᆞᆫ**人也**ㅣ니**君子**ㅣ**藏器於身**ᄒᆞ야**待時而動**이면**何不利之有**ㅣ리오**動而不括**이라**是以出而有獲**ᄒᆞᄂᆞ니**語成器而動者也**ㅣ라 射食亦反隼恤允反括古活反

○易에ᄀᆞᆯ오ᄃᆡ公이ᄡᅥ隼을高ᄒᆞᆫ墉우희射ᄒᆞ야獲ᄒᆞᆷ이니利티아니미업스니라ᄒᆞ니子ㅣᄀᆞᆯᄋᆞ샤ᄃᆡ隼은禽이오弓矢ᄂᆞᆫ器ㅣ오射ᄒᆞᄂᆞ니ᄂᆞᆫ人이니君子ㅣ器를身에藏ᄒᆞ야時를待ᄒᆞ야動ᄒᆞ면엇디利티아니미이시리오動ᄒᆞ야括티아니ᄒᆞᄂᆞᆫ디라일로ᄡᅥ出ᄒᆞᆷ애獲ᄒᆞᆷ이인ᄂᆞ니器를成ᄒᆞ야動ᄒᆞᆷ을니ᄅᆞ니라

【本義】括、結礙也、此、釋解上六爻義、朱子曰張敬夫說易謂只依孔子繫辭說便了如說公用射隼至成器而動者也只如此說便了固是如此聖人之意只恁地說不得緣在當時只理會得象數故聖人明之以理又曰公用射隼孔子是發出言外之意○漢上朱氏曰藏器可用之器待可爲之時動无結礙出則有獲唯乘屈信之理而其用利者能之

子曰小人은不恥不仁ᄒᆞ며不畏不義라不見利면不勸ᄒᆞ며不威면不懲ᄒᆞᄂᆞ니小懲而大誡ㅣ此ㅣ小人之福也ㅣ라易曰屨校ᄒᆞ야滅趾니无咎ㅣ라ᄒᆞ니此之謂也ㅣ라

○子ㅣ골ᄋᆞ샤ᄃᆡ小人은不仁을恥티아니ᄒᆞ며不義ᄅᆞᆯ畏티아니ᄒᆞᄂᆞᆫ디라利ᄅᆞᆯ見티아니면勸티아니ᄒᆞ며威티아니면懲티아니ᄒᆞᄂᆞ니저기懲ᄒᆞ야크게誡케홈이이小人의福이라易에골오ᄃᆡ校ᄅᆞᆯ屨ᄒᆞ야趾ᄅᆞᆯ滅홈이니咎ㅣ업다ᄒᆞ니이ᄅᆞᆯ닐옴이라

【本義】此、釋噬嗑初九爻義、厚齋馮氏曰不以不仁爲恥故見利而後勸於爲仁不以不義爲畏故畏威而後懲於不義○漢上朱氏曰小人不恥不仁故不畏不義陷於死亡辱及其先恥孰大焉雖愚也而就利避害與人同故見義而後勸威之而後懲小懲大誡猶爲小人之福況眞知義乎

善不積이면不足以成名이오惡不積이면不足以滅身이니小人이以小善으로爲无益而弗爲也ᄒᆞ며以小惡으로爲无傷而弗去也ㅣ라故로惡積而不可掩이며罪大而不可解니易曰何校ᄒᆞ야滅耳니凶이라ᄒᆞ니 何河可反 去羌呂反

○善이積디아니면足히뻐名을成티몯홀꺼시니小人이小善으로뻐无益다ᄒᆞ야爲티아니ᄒᆞ며小惡으로뻐无傷다ᄒᆞ야去티아니ᄒᆞᄂᆞᆫ디라故로惡이積ᄒᆞ야可히掩티몯ᄒᆞ며罪ㅣ大ᄒᆞ야可히解티몯ᄒᆞᄂᆞ니易에ᄀᆞᆯ오ᄃᆡ校를何ᄒᆞ야耳를滅홈이니凶타ᄒᆞ니라

【本義】此、釋噬嗑上九爻義、漢上朱氏曰精於義者豈一日積哉彼積不善而滅其身者不知小善者大善之積也○融堂錢氏曰積字宜玩凡善惡未有不由積而成也○誠齋楊氏曰夫子釋噬嗑初上之辭謂懲惡在初改過在小○建安丘氏曰惡小而不能懲則罪大而不可解猶滅趾不防而至於滅耳也烏得而不凶

子曰危者ᄂᆞᆫ安其位者也ㅣ오亡者ᄂᆞᆫ保其存者也ㅣ오亂者ᄂᆞᆫ有其治者也ㅣ니是故ᄂᆞᆫ君子ㅣ安而不忘危ᄒᆞ며存而不忘亡ᄒᆞ며治而不忘亂이라是以身安而國家를可保也ㅣ니易曰其亡其亡이라야繫于包桑이라ᄒᆞ니라

○子ㅣᄀᆞᆯ으샤ᄃᆡ危홀가ᄒᆞᄂᆞᆫ者ᄂᆞᆫ그位ㅣ를安ᄒᆞᄂᆞᆫ者ㅣ오亡홀가ᄒᆞᄂᆞᆫ者ᄂᆞᆫ그存을保ᄒᆞᄂᆞᆫ者ㅣ오亂홀가ᄒᆞᄂᆞᆫ者ᄂᆞᆫ그治를둔ᄂᆞᆫ者ㅣ니이런故로君子ㅣ安ᄒᆞ야도危를忘티아니ᄒᆞ며存ᄒᆞ야도亡을忘티아니ᄒᆞ며治ᄒᆞ야도亂을忘티아니ᄒᆞᄂᆞᆫ디라일로뻐身이安ᄒᆞ야國家를可히保홀디니易에ᄀᆞᆯ오ᄃᆡ그亡홀가그亡홀가ᄒᆞ야야包ᄒᆞᆫ桑애繫ᄃᆞᆺᄒᆞ다ᄒᆞ니라

【本義】此、釋否九五爻義、或問危者以其位爲可安而不知戒懼故危亡者以其存爲可常保是以亡亂者有其治是自有其治如有其善之有是以亂朱子曰某舊也如此說看來保字說得較牽强只是尙有危亡與亂之意則可以安其位保其存有其治○臨川吳氏曰自處於危者乃自安其位之道也凜乎若將亡將亂者乃所以常保其存常有其治也九五否將休矣而不忘戒懼如此蓋於安存治之時而能不忘危亡亂之禍是以身之位得以安而國家可保其久存長治也○張子曰明君子之見幾

子曰德薄而位尊ᄒᆞ며知小而謀大ᄒᆞ며力小而任重ᄒᆞ면鮮不及矣니ᄂᆞ

易曰鼎이折足ᄒᆞ야覆公餗ᄒᆞ니其形이渥이라凶이라ᄒᆞ니言不勝其任也ㅣ라 知音智鮮仙善反折之說反餗音速渥於角反勝音升

○子ㅣ글ᄋᆞ샤ᄃᆡ德이薄ᄒᆞ고位ㅣ尊ᄒᆞ며知ㅣ小ᄒᆞ고謀ㅣ大ᄒᆞ며力이小ᄒᆞ고任이重ᄒᆞ면及디아니리젹ᄂᆞ니易에글오ᄃᆡ鼎이足이折ᄒᆞ야公餗을覆ᄒᆞ니그形이渥ᄒᆞᆫ디라凶타ᄒᆞ니그任을勝티몯ᄒᆞᆷ을닐옴이라

【本義】此、釋鼎九四爻義、漢上朱氏曰位欲當德謀欲量知任欲稱力三者各得其實則利用而安身小人志在於得而已以人之國僥倖萬一鮮不及禍自古一敗塗地殺身不足以塞其責者本於不知義而已○融堂錢氏曰古之人君必量力度德而後授之官古之人臣亦必度力度德而後居其任雖百工胥史且猶不苟況三公乎爲君不明於所擇爲臣不審於自擇以至亡身危主誤國亂天下皆由不勝任之故可不戒哉○誠齋楊氏曰聖人亦豈責天下之人皆德厚而不薄皆知大而不小皆力多而不少哉亦責其貪位而不量己過分而不勝任以至覆人之餗敗己之身爾

子曰知幾ㅣ其神乎ᄃᆞᆫ뎌君子ㅣ上交不諂ᄒᆞ며下交不瀆ᄒᆞᄂᆞ니其知幾乎ᄃᆞᆫ뎌幾者ᄂᆞᆫ動之微니吉之先見者也ㅣ니君子ㅣ見幾而作ᄒᆞ야不俟

終日이니易曰介于石이라不終日이니貞코吉타ᄒᆞ니介如石焉커니寧用終日이리오斷可識矣로다君子ㅣ知微知彰知柔知剛ᄒᆞᄂᆞ니萬夫之望이라

先見之見賢遍反

○子ㅣᄀᆞᆯᄋᆞ샤ᄃᆡ幾를知홈이그神ᄒᆞᆫ뎌君子ㅣ上으로交호ᄃᆡ諂티아니ᄒᆞ며下로交호ᄃᆡ瀆디아니ᄒᆞᄂᆞ니그幾를知ᄒᆞᄂᆞᆫ뎌幾ᄂᆞᆫ動의微니吉凶의몬져見ᄒᆞᄂᆞᆫ者ㅣ니君子ㅣ幾를見ᄒᆞ야作ᄒᆞ야日이終홈을기ᄃᆞ리디아니ᄒᆞᄂᆞ니易에ᄀᆞᆯ오ᄃᆡ石에介ᄒᆞᆫ디라日을終티아니미니貞코吉타ᄒᆞ니介홈이石ᄀᆞᆮ거니엇디ᄡᅥ日을終ᄒᆞ리오斷을可히識ᄒᆞ리로다君子ㅣ微를知ᄒᆞ며彰을知ᄒᆞ며柔를知ᄒᆞ며剛을知ᄒᆞᄂᆞ니萬夫의望이라

程子曰先見則吉可知不見故致凶叫幾而作不俟終日智之圓介也如石理素定也理素定故見幾而作何俟終日哉

【本義】此、釋豫六二爻義、漢書、吉之之間、有凶字、

朱子曰知幾其神乎便是這事難如邦有道危言危行邦无道危行言遜今有一樣人其不畏者又言過於直其畏謹者又縮做一團更不敢說一句話此便是曉不得那幾若知幾則自中節无此病矣君子上交不諂下交不瀆蓋上交貴於恭遜恭則便近於諂下交貴於和易和則便近於瀆蓋恭與諂相近和與瀆相近只爭些子便至於流也又曰上交近於諂下交近於瀆於此當知幾纔過些子便不是知幾周子所謂幾善惡者此也又曰君子上交不諂下交不瀆他這下面說幾最要看箇幾字只爭些子凡事未至而空說道理易見事已至而顯然道理也易見唯事之方萌而動之微處此最難見問幾者動之微何以獨於上下交言之曰上交要恭遜才恭遜便不知不覺有箇諂底意思在裏頭下交不瀆亦是如此所謂幾者只才覺得近諂近瀆便勿令如此便是知幾

者動之微吉之先見者也漢書引此句吉下有凶字當有凶字又曰凡人上交必有些小取奉底心下交必有些小簡傲底心所爭又只是些子能於此而察之非知幾者莫能又曰幾者動之微是欲動未動之間便有善惡便須就這處理會若到發出處便怎生奈何得所以聖賢說謹獨便都是要就幾微處理會○知微知彰知柔知剛是四件事○問知微知彰知柔知剛伊川作見微則知彰矣見柔則知剛矣其說如何曰也好看來只作四件事亦自好既知微又知彰既知柔又知剛言其无所不知所以爲萬民之望也○張子曰幾者象見而未形者也形則涉乎明不待神而後知也吉之先見云者順性命則所先者吉也○漢上朱氏曰神難言也精義入神其唯知幾乎知幾其神矣幾者動之微吉之先見者也譬如陽生而井溫雨降而雲出衆人不識而君子見之○誠齋楊氏曰夫石者至靜而无欲至重而不動者也今也君子介然如石天下之可欲者何物能動之乎其見幾寧用終日而後識之乎○雙湖胡氏曰豫六二爻唯曰介于石不終日貞吉而夫子發明幾字以敎人蓋介有幾義祁寬謂至纖至細處者深爲得之上交謂五下交謂初唯當豫時不諂不瀆不沉溺於豫此其所以爲知幾也○臨川吳氏曰穆生得免申白之禍者能見幾而作也劉柳竟陷伾文之黨者不能見幾而作也

子曰顔氏之子ㅣ其殆庶幾乎ᆫ뎌 有不善이면 未嘗不知ᄒᆞ며 知之면 未嘗復行也ᄒᆞᄂᆞ니 易曰不遠復이라 无祇悔니 元吉이라ᄒᆞ니라 復行之復扶又反

○子ㅣ ᄀᆞᆯᄋᆞ샤ᄃᆡ 顔氏의 子ㅣ 그 거의 庶幾ᄒᆞᆫ뎌 不善이 이시면 일즉 아디 아니티 아니ᄒᆞ며 知ᄒᆞ면 일즉 ᄯᅩ 行티 아니ᄒᆞᄂᆞ니 易에 ᄀᆞᆯ오ᄃᆡ 遠티 아녀셔 復ᄒᆞᄂᆞᆫ디라 悔예 祇홈 이업스니 元ᄒᆞ고 吉타ᄒᆞ니라

【本義】 殆、危也、庶幾、近意、言近道也、此、釋復初九爻義、朱子曰其殆庶幾乎殆是幾字之義又曰是近義又曰殆是危殆者是爭些子底意思或以幾爲凶上文幾字而言但左傳與孟子庶幾兩字都只做近字說○顔子有不善未嘗不知知之未嘗復行今人只知知之未嘗復行爲難殊不知有不善未嘗不知是難處今人亦有說道知得這箇道理及事到面前又却只隨私欲做將去前所知者都自忘了只爲是不曾知有不善未嘗不知知之未嘗復行直是顔子天資好如至清之水纖芥必見○李氏椿年曰聖人无不善賢人則容有不善但未嘗不知知之未嘗復行也○臨川吳氏曰程子云顏子无形顯之過夫子謂其庶幾未能不勉而中所欲不踰矩是有過也然其明而剛故一有不善未嘗不知旣知未嘗不遽改乃不遠復也過旣未形而改何悔之有復者陽反來復也陽君子之道故復爲反善之義初陽來復處卦之初復之最先不遠而復者也失而後有復唯失之不遠而復則不至於悔也

天地ㅣ絪縕애萬物이化醇ᄒᆞ고男女ㅣ構精애萬物이化生ᄒᆞᄂᆞ니易曰三人行앤則損一人코一人行앤則得其友ㅣ라ᄒᆞ니言致一也ㅣ라

絪音因縕紆云反

○天地ㅣ絪縕ᄒᆞ욤애萬物이化ᄒᆞ야醇ᄒᆞ고男女ㅣ精을構ᄒᆞ욤애萬物이化ᄒᆞ야生ᄒᆞᄂᆞ니易에ᄀᆞᆯ오ᄃᆡ三人이行홈앤一人을損ᄒᆞ고一人이行홈앤그友를得다ᄒᆞ니致ㅣ一인줄을닐옴이라

【本義】絪縕、交密之狀、醇、謂厚而凝也、言氣化者也、化生、形化者也、此、釋損六三爻義、

朱子曰天地絪縕言氣化也男女構精言形化也致一專一也唯專一所以能絪縕若不專一則各自相離矣化醇是已化後化生指氣化而言草木是也○天地男女都是兩箇方得專一若三箇便亂了三人行減了一箇則是兩箇便專一一人行得其友成兩箇便專一程子說初與二三與上四與五皆兩相與自說得好○臨川吳氏曰絪縕者氣之交也構精者形之交也天地之二氣交故物之以氣化者其氣醲厚而能醇男女之二氣交故物之以形化者其精凝聚而能生此氣形之相交以二與三人損一一人得友之相合以二者其理同皆言其以一合一故能致一而不二也○漢上朱氏曰天地萬物其本一也天地升降其氣絪縕萬物化矣醇而未離言其一而未始離也天地旣生萬物萬物各有陰陽精氣相交化生无窮男女曰化生者言有兩則有一也○建安丘氏曰損自泰來以未成卦言之下乾爲天上坤爲地以乾上三爻交坤下三爻而爲損有天地絪縕之象以旣成卦言之上坤變艮艮爲少男下乾變兌兌爲少女有男女構精之象○張子曰虛則受盈則虧陰陽之義也故陰得陽則爲益以其虛也陽得陰則爲損以其盈也艮三索而得男乾道之所以成也兌三索而得女坤道之所以成也故三之於上則有天地

絪縕男女構精之義【備旨】此節重致一二字首四句重天地男女兩相與而致一上化醇化生不過帶說言致一專指友道蓋道同則心同心同則一而不二纔着一異己者便生間隙故去間而成合是爲致一

子曰君子ㅣ安其身而後에아動ᄒᆞ며易其心而後에아語ᄒᆞ며定其交而後에아求ᄒᆞᄂᆞ니君子ㅣ脩此三者故로全也ᄒᆞᄂᆞ니危以動ᄒᆞ면則民不與也코懼以語ᄒᆞ면則民不應也코无交而求ᄒᆞ면則民不與也ᄒᆞᄂᆞ니莫之與ᄒᆞ면則傷之者ㅣ至矣ᄂᆞ니易曰莫益之라或擊之리니立心勿恒이니凶이라ᄒᆞ니라 易其之易以鼓反

○子ㅣᄀᆞᆯᄋᆞ샤ᄃᆡ君子ㅣ그身을安ᄒᆞᆫ後에아動ᄒᆞ며 그心을易ᄒᆞᆫ後에야語ᄒᆞ며그交를定ᄒᆞᆫ後애아求ᄒᆞᄂᆞ니君子ㅣ이三者를脩ᄒᆞᄂᆞᆫ故로全ᄒᆞᄂᆞ니危로ᄡᅥ動ᄒᆞ면民이與티아니코懼로ᄡᅥ語ᄒᆞ면民이應티아니코交ㅣ업시求ᄒᆞ면民이與티아니ᄒᆞᄂᆞ니與ᄒᆞ리업스면傷ᄒᆞᆯ者ㅣ至ᄒᆞᄂᆞ니易애ᄀᆞᆯ오ᄃᆡ益ᄒᆞ리업ᄉᆞᆫ디라或擊ᄒᆞ리니心立흠을恒티마를ᄯᅵ니凶타ᄒᆞ니라

【本義】此、釋益上九爻義、朱子曰心平氣和則能言易其心而後語謂平易其心而後語也○上下繫說許多爻直如此分明他人如說得分明便淺近聖人說來却不淺近有含蓄所以分在上下繫也无甚意義是聖人偶去這處說又去那處說爾○融堂錢氏曰安其身易其心定其交非立心有恒者不能然立心有恒種種周密缺一便不謂全○平庵項氏曰危以動則民不與者黨與之與也无交而求則民不與者取與之與也○柴氏中行曰身順道則安悖道則危心无險陂則易有險陂則懼以義相與爲交定以利相與爲先交動而與語而應求而與者物我一心而无間之者也小人反是獨言莫之與則傷之者至矣以益之上九專利自益

故也

右、第五章、雙湖胡氏曰夫子於繫辭上傳旣擧七卦爻辭以發明易道今於此章復擧九卦十爻之辭以論之看來亦只是隨一時意之所欲言者則擧之逐爻各自有意義皆足爲學者取法未必先立主意却以卦實之也○雲峯胡氏曰上繫七爻下繫十一爻皆象傳之文言也學易者可觸類而通其餘矣

子曰乾坤은其易之門邪며乾은陽物也오坤은陰物也니陰陽이合德ᄒᆞ야而剛柔ㅣ有體라以體天地之撰ᄒᆞ며以通神明之德ᄒᆞ니 撰仕勉反

○子ㅣᄀᆞᆯᄋᆞ샤ᄃᆡ乾坤은其易의門인뎌乾은陽物이오坤은陰物이니陰陽이德이合ᄒᆞ야剛柔ㅣ體ㅣ인ᄂᆞᆫ디라ᄡᅥ天地의撰을體ᄒᆞ며ᄡᅥ神明의德을通ᄒᆞ녀

程子曰或曰乾坤易之門其義難知餘卦則易知也曰乾坤天地也萬物烏有出天地之外者乎知道者統之有宗則然也而在卦觀之乾坤之道簡易故其辭平直餘卦隨時應變取舍无常至爲難知也知乾坤之道者以爲易則可也

【本義】諸卦剛柔之體、皆以乾坤合德而成、故、曰乾坤易之門、撰、猶事也、朱子曰乾坤易之門不是乾坤外別有易只易便是乾坤乾坤便是易似那兩扇門相似一扇開便一扇閉只是一箇陰陽做底如闔戶謂之坤闢戶謂之乾○問門者是六十四卦皆由是出如兩儀生四象只管生出故曰門邪爲復是取闔闢之義邪曰只是取闔闢之義六十四卦只是這一箇陰陽闔闢而成但看他下文云乾陽物也坤陰物也陰陽合德而剛柔有體便見得只是這兩箇○乾陽物坤陰物陰陽形而下者乾坤形而上者天地之撰即是說他做處○進齋徐氏曰陽畫爲乾陰畫爲坤門猶闔戶闢戶之義一闔一闢爲易之門其變无窮皆二物也陰陽合德謂二物交錯而相得有合剛柔有體謂成卦爻之體也天地之撰陰陽造化之迹也有形可擬故曰體體天地之撰言聖人作易皆以體法造化之事而效其至著者也神明之德陰陽健順之性也有理可推故曰通通神明之德言易書旣作又以通知造化之理而極於至微者也又曰自形而上者言之故先陰而後陽自形而下者言之故先剛而後柔○凌氏曰

乾坤物於陰陽而由陰陽以闔闢故曰乾陽物也坤陰物也○節齋蔡氏曰乾坤合而後成衆卦爻之體如剛來而下柔剛上而柔下此類皆由乾坤相合而成所謂陰陽合德而剛柔有體也○雲峯胡氏曰其初也陰陽分而爲兩儀陰陽之合則爲四象八卦而剛柔於是乎有體著而天地之撰微而神明之德皆自乾開其始而坤成其終故曰乾坤易之門

**其稱名也ㅣ 雜而不越ᄒᆞ나 於稽其類앤 其衰世之意耶ㅣㄴ뎌**

○그 名을稱홈이 雜호ᄃᆡ越티아니나 그類에稽홈앤 그衰世옛뜻인뎌

【本義】 萬物、雖多、无不出於陰陽之變、故、卦爻之義、雖雜出而不差繆、然、非上古淳質之時、思慮所及也、故、以爲衰世之意、蓋指文王與紂之時也、或問其稱名也雜而不越是指繫辭而言是指卦名而言朱子曰他後面兩三番說名後又舉九卦說看來只是謂卦名○問於稽其類曰但不過是說稽考其事類○其衰世之意邪伏羲畫卦時這般事都已有了只是未曾經歷到文王時世變不好古來未曾有底事都有了他他一一經歷這崎嶇萬變過來所以說出那卦辭如箕子之明夷如入于左腹獲明夷之心于出門庭此若不是經歷如何說○雲峯胡氏曰伏羲三畫卦名自乾一至坤八有自然之序因而重之亦然至文王稱卦之名則雜而非復伏羲之序矣然其稱名雖雜而於伏羲之易未嘗差違稽類考占世之衰也蓋有不得不然者矣○柴氏中行曰乾坤足以盡天下之道萬物由之足矣何用不一之名世衰道微人之情僞滋熾聖人不得不明其道以示天下○進齋徐氏曰上古之世俗朴民淳迷於吉凶之塗而莫知所趨故伏羲畫卦以敎之占而吉凶以明斯民由之而无疑也雖乾陽坤陰剛柔交錯顯而體天地之撰微而通神明之德然剛勝則吉柔勝則凶亦未嘗費辭也中古以來人心變詐迷謬愈甚文王周公於是繫卦爻之辭稱名辨物稽類考占以開示陰陽之義易之道雖无餘蘊而聖人憂患後世之意蓋亦有不得已焉者故下文又申言之

**夫易은 彰往而察來ᄒᆞ며 而微顯闡幽ᄒᆞ며 開而當名ᄒᆞ며 辨物ᄒᆞ며 正言ᄒᆞ며 斷辭ᄒᆞ니 則備矣라**

夫音扶當去聲斷丁亂反

○易은往을彰ᄒᆞ고來를察ᄒᆞ며顯을微케ᄒᆞ고幽를闡ᄒᆞ며 名에當케ᄒᆞ며 物을辨ᄒᆞ며言을正ᄒᆞ며辭를斷ᄒᆞ니備ᄒᆞᆫ이라

【本義】而微顯、恐當作微顯而、開而之而、亦疑有誤、朱子曰彰往察來往者如陰陽消長來者事之未來吉凶問彰往察來如神以知來知以藏往相似往是已定底如天地陰陽之變皆已見在這卦上了來謂方來之變亦皆在這上曰是○微顯闡幽幽者不可見便就這顯處說出來顯者便就上面尋其不可見底敎人知得如此顯道神德行相似德行顯然可見者道不可見者微顯闡幽是將道來事上看言那箇雖是粗底然皆出於道義之蘊微顯所以闡幽闡幽所以微顯只是一箇物事○繫辭自此以後皆難曉○進齋徐氏曰往謂陰陽消長剛柔變化卦爻所藏者易皆著而明之故曰彰往來謂吉凶未定事之方來者占筮中所告可以前知故曰察來顯者微之使求其原故曰微顯幽者闡之使見其端故曰闡幽當名謂父子君臣之分貴賤上下之等各當其位也辨物謂乾馬坤牛離火坎水碩果莧陸之類悉辨其似也正言謂元亨利貞直方大之辭正其言以曉人也斷辭謂利涉大川不利涉大川可小事不可大事之語有以決其疑也○雲峯胡氏曰辨物正言斷辭後天之易也視先天則爲備矣○臨川吳氏曰彰往即藏往也謂明於天之道而彰明已往之理察來即知來也謂察於民之故而察知未來之事微顯即神德行也謂以人事之顯而本之於天道所以微其顯闡者闢而顯之也闡幽即顯道也謂以天道之幽而用之於人事所以闡其幽上篇之藏往知來顯道神德行兼著而言此則專以卦而言也

其稱名也ㅣ小ᄒᆞ나 其取類也ㅣ大ᄒᆞ며 其旨ㅣ遠ᄒᆞ며 其辭ㅣ文ᄒᆞ며 其言이曲而中ᄒᆞ며 其事ㅣ肆而隱ᄒᆞ니 因貳ᄒᆞ야 以濟民行ᄒᆞ야 以明失得之報ㅣ니라 中丁仲反 行下孟反

○그名을稱홈이小ᄒᆞ나그類를取홈이大ᄒᆞ며 그旨ㅣ遠ᄒᆞ며그辭ㅣ文ᄒᆞ며 그言이曲ᄒᆞᄃᆡ中ᄒᆞ며그事ㅣ肆ᄒᆞᄃᆡ隱ᄒᆞ니 貳를因ᄒᆞ야ᄡᅥ民의 行을濟ᄒᆞ야ᄡᅥ失得의報를

ᄇᆞᆰ키니라

【本義】肆、陳也、貳、疑也、進齋徐氏曰負乘往來事名之小者也茅棘豕雉物名之小者也所稱雖小而其所取之類皆本於陰陽非稱名也小取類也大乎旨謂所示之理文謂經緯錯綜也極天下之賾凡天地陰陽道德性命之奧象皆示之而其所繫之辭經緯錯綜皆有自然之文非其旨遠其辭文乎曲委曲也凡委曲其文者未必皆中乎理易則言雖曲而无不中也肆陳也凡敷陳其事者无有隱而不彰易則事雖肆而其理未嘗不隱也貳疑也報猶應也失得之報吉凶之應也因民之疑貳而決其疑以濟其所行有以明著其吉凶之應也○雲峯胡氏曰稱名雖小而取類於陰陽也甚大不可以淺近卑吾易也其旨雖遠而其文經緯可見不可以高遠荒吾易也其言雖委曲而又皆中於理易豈高遠之書哉其事雖橫陳而實本於至隱易豈淺近之書哉上古之時唯有易畫以明失得之報而民无疑至于衰世不得不因民之疑而明之以辭矣○雙湖胡氏曰此一節上六句皆是抑揚說易書所載名雖小而類則大旨雖遠而辭則文言雖曲而理則中事雖肆而理則隱正與書直而溫寬而栗等語同意凡此者无非因民心之疑貳而欲濟其所行以易而明示其失得之報故也○臨川吳氏曰自夫易以下至此皆論文王彖辭雖取類之大辭之文事之肆而隱爻辭亦然而此則專爲彖辭言也

# 右、第六章、

【本義】此章、多闕文疑字、不可盡通、後皆放此、雙湖胡氏曰此章專論乾坤爲易之門六十四卦之所從出乃易之關鍵也其究則无非所以斷民疑明吉凶之報耳

易之興也ㅣ其於中古乎인뎌作易者ㅣ其有憂患乎인뎌

○易의興홈이그中古ᄋᆡᆫ뎌易을作ᄒᆞᆫ者ㅣ그憂患이인ᄂᆞᆫ뎌

程子曰如言仁者不憂又却言作易者其有憂患須要知用處各別也天下只有一箇憂字一箇患字旣有此二字聖人安得无之

【本義】夏商之末、易道、中微、文王、拘於羑里而繫彖辭、易道、復興、臨川吳氏曰中古謂文王時羲皇之

易有畫而已三畫之卦雖有名而六畫之卦未有名文王始名六畫而繫之以辭易道幾微而至此復興也卦名及辭皆前所未有故不云述而云作作易在羑里時故云其有憂患乎蓋於其名卦而知其有憂患也下文擧九卦之名以見其憂患之意

是故로履는德之基也ㅣ오謙은德之柄也ㅣ오復은德之本也ㅣ오恒은德之固也ㅣ오損은德之修也ㅣ오益은德之裕也ㅣ오困은德之辨也ㅣ오井은德之地也ㅣ오巽은德之制也ㅣ라

○이런故로履는德의基ㅣ오謙은德의柄이오復은德의本이오恒은德의固홈이오損은德의修홈이오益은德의裕홈이오困은德의辨홈이오井은德의地ㅣ오巽은德의制ㅣ라

【本義】履、禮也、上天下澤、定分、不易、必謹乎此然後、其德、有以爲基而立也、謙者、自卑而尊人、又爲禮者之所當執持而不可失者也、九卦、皆反身修德、以處憂患之事也而有序焉、基、所以立、柄、所以持、復者、心不外而善端、存、恒者、守不變而常且久、懲忿窒慾以修身、遷善改過以長善、困以自驗其力、井以不變其所然後、能巽順於理、以制事變也、朱子曰履德之基只是要以踐履爲本謙德之柄只是要謙退若處患難矯亢自高取禍必矣復德之本如孟子所謂自反困德之辨困而通則可辨其是困而不通則可辨其非損是懲忿窒慾益是修德益令廣大巽德之制巽以行權巽只是低心下意要制事須是將心入那事裏面去順他道理方能制事方能行權若心粗只從事皮膚上綽過如此行權便錯了巽伏也入也○問井德之地曰井有本故澤及於物而井未嘗動故曰居其所而遷如人有德而後能施以及人然其德性未嘗動也○問巽何以爲德之制曰巽爲資斧巽多作斷制之象蓋巽字之義非順所能盡乃順而能入之義謂巽一陰入在二陽之下是入細直徹到底不只是到皮子上如此方能斷得殺若不見得盡如何可以行檬○進齋徐氏曰履踐也基猶基址禮卑如地人之踐履一循乎禮是從實地上立脚步步皆實則德有其基自下積累而上故曰德之基復爲反善之義人非聖人不能不流於惡能於念慮之萌人所不知己所獨知之處審其幾而復於善焉是德有其本也人處困窮出處語默之間取予辭受之際最可觀德當義則爲君子違理則爲小人明辨於私所以自驗其所守也○雲峯胡氏曰夫子偶於上經取三卦下經取六卦言文王以憂患之心作易而文王處憂患之道自无非易也履之象上天下澤定分不易履之爻以一陰安處於三陽之下此履之所以爲禮也謙之象地中有山不見其高謙之爻以一陽而退處於三陰之下此謙之所以制禮也復則一陽生於五陰之下天地之心可見本義所謂心不外而善存者指仁而言也如墉之基所以立也如器之柄所以執也文王之禮也如木之本所以生也文王之仁也恒德之固文王之心无時而非禮无時而非仁也損以懲忿窒慾益以遷善改過困以知命而取舍有辨井以定性而動靜不改其終也巽順於理以制事變文王蓋无適而非義也○雙湖胡氏曰此初陳九卦之德雖未說到聖人用易處然以文王之聖之德純亦不已其於九卦之德固自統會於其心也久矣

**履ᄂᆞᆫ和而至ᄒᆞ고謙은尊而光ᄒᆞ고復은小而辨於物ᄒᆞ고恒은雜而不厭ᄒᆞ고損은先難而後易ᄒᆞ고益은長裕而不設ᄒᆞ고困은窮而通ᄒᆞ고井은居其所而遷ᄒᆞ고巽은稱而隱ᄒᆞ니라** 易以豉反長丁丈反稱尺証反

○履ᄂᆞᆫ和ᄒᆞ되至ᄒᆞ고謙은尊코光ᄒᆞ고復은小ᄒᆞ되物에辨ᄒᆞ고恒은雜ᄒᆞ되厭티아니ᄒᆞ고損은難을先ᄒᆞᆷ애後ㅣ易ᄒᆞ고益은長ᄒᆞ야裕ᄒᆞ되設티아니ᄒᆞ고困은窮ᄒᆞ되通ᄒᆞ고井은그所애居ᄒᆞ되遷ᄒᆞ고巽은稱ᄒᆞ되隱ᄒᆞ니라

程子曰益長裕而不設謂固有此理而就上充長之設是撰造也撰造則爲僞也

【本義】此、如書之九德、禮非强世、然、事皆至極、謙、以自卑而尊且光、復、陽微而不亂於羣陰、恒、處雜而常德不厭、損、欲先難、習熟則易、益、但充長而不造作、困、身困而道亨、井、不動而及物、巽、稱物之宜、而潛隱不露、

朱子曰履之爲卦君臣上下各履其位而得其和者也和則疑於平易而非極至之義然各得其所而不亂焉是乃所以和而至其下八卦之說其例皆然○履和而至以下每句皆是一反說如謙本以自卑却尊而且光若秦人尊君卑臣則雖尊而不光唯謙則尊而又光○復小而辨於物者蓋復卦是一陽方生於羣陰之下如幽暗中一點白是小而辨也又曰復雖一陽方生然而與衆陰却不相亂如人之善端方萌雖小然而衆惡却遏他不得○損先難而後易如子產爲政鄭人歌之曰孰殺子產吾其與之及三年人復歌而頌之蓋事之初在我亦有所勉强在人亦有所難堪久之當事理順人心這裏方易便如利者義之和一般義是一箇斷制物事却似不和久之事得其宜乃所以爲和如萬物到秋許多嚴凝肅殺之氣似可畏然萬物到這裏若不得此氣收斂凝結許多生意又无所成就其難者乃所以爲易也益長裕而不設長裕只是一事但充長自家物事教寬裕而已困窮而通此因困卦說澤无水困君子以致命遂志蓋此是致命遂志之時所以困之象曰險以說困而不失其所亨其唯君子乎蓋處困而能說也○井居其所而遷又云井德之地也蓋井有定體不動然水却流行出去不窮猶人心有持守不動而應變不窮也德之地也地是指那不動底○巽稱而隱巽是箇卑巽底物事如兌見而巽伏也自是箇隱伏底物事蓋巽一陰在下二陽在上陰初生時已自稱量得箇道理了不待顯而後見如事到面前自家便有一箇道理處置他不待發露出來又曰稱而隱是巽順恰好底道理有隱而不能稱量者有能稱量而不能隱伏不露形迹者皆非巽之道也巽德之制也巽以行權都是此意○問隱字何訓曰隱不見也如風之動物无物不入但見其動而不見其形權之用亦猶是也○節齋蔡氏曰和則不能必至而履之和則能至尊者不能必光而謙之尊則能光微味者不辨於物而復之小則能辨難者人厭之而恒之雜則不厭難者不易而損先難則有後易之理設施爲也裕則多施爲而益之裕則不施窮則不通而困之窮則能通遷謂養物不窮也居其所則不遷而井之居則能遷稱輕重等也稱則形著而巽之稱則能隱此如書之九德蓋兼體用而言也○進齋徐氏曰設施爲也自然充長不待施爲以求其益也益之道當俟其涵養從容自然有得不可萌欲速助長之心設謂有所安排布置要如何也○西山眞氏曰損先難而後易蓋忿心易發難制欲心易開難塞故其始也懲之塞之爲甚難然天理旣明人欲自熄其爲力又有所不難者故曰後易益長裕而不設蓋主利物而言長裕者謂充廣吾寬裕之德則其利益自然及物不待安排做作也故曰不設○雙湖胡氏曰此再陳九卦之材亦未說到聖人用易處然聖人旣有九卦之德亦必有九卦之材其和而至稱而隱固其餘事矣

**履以和行코謙以制禮코復以自知코恒以一德코損以遠害코益以興利코困以寡怨코井以辨義코巽以行權ᄒᆞᄂᆞ니라** 和行之行下孟反遠袁萬反

○履로써行을和ᄒᆞ고謙으로써禮를制ᄒᆞ고復으로써스스로知ᄒᆞ고恒으로써德을一ᄒᆞ고損으로써害를遠ᄒᆞ고益으로써利를興ᄒᆞ고困으로써怨이寡ᄒᆞ고井으로써義를辨ᄒᆞ고巽으로써權을行ᄒᆞᄂᆞ니라

程子曰巽以行權義理所順處所以行權

【本義】寡怨、謂少所怨尤、辨義、謂安而能慮、 朱子曰三陳九卦初无他意觀上面其有憂患一句便見得是聖人說處憂患之道聖人去這裏偶然看得這幾卦有這箇道理所以就這箇說去天下道理只在聖人口頭開口便是道理偶說此九卦意思自足若更添一卦也不妨更不說一卦也不妨只就此九卦中亦自儘有道理且易中儘有處憂患底卦非謂九卦之外皆非所以處憂患也後世拘於象數之學者以爲九陽數聖人之擧九卦蓋合此數也尤泥而不通觀聖人之經正不當如此若以困爲處憂患底卦則屯蹇非處憂患而何又曰今之談經者往往有四者之病本卑也而抗之使高本淺也而鑿之使深本近也而推之使遠本明也而必使至於晦○禮主卑下履也是那踐履處所行若不由禮自是乖戾所以曰履以和行謙又更卑下所以節制乎禮又曰禮是自家恁地卑下謙是應物而言○困以寡怨是得其處困之道故无所怨於天无所尤於人若不得其道則有所怨尤矣○井以辨義辨義謂安而能慮蓋守得自家先定方能辨事之是非若自家心不定事到面前安能辨其義也○問巽有優游巽入之義權是仁精義熟於事能優游以入之意曰是○巽是入細底意說在九卦之後是這八卦事了方可以行權○問巽以行權曰權之用便是如此見得道理精熟後於物之精微委曲處无處不入所以說巽以行權又問恐是神道曰不須如此說巽只是柔順低心下意底氣象人至行權處不少巽順如何行得○巽以行權兌見而巽伏權是隱然做底物事若顯然地做却不成行權此外八卦各有所主皆是處憂患之道○雲峯胡氏曰謙以制禮而履以和行則禮之至者也井以辨義而巽以行權則義之精者也○邵子曰人道不能无怨故言寡怨所謂怨是用希是也○柴氏中行曰道始於踐履而終以知權故孔子以可與權爲學之至○西山眞氏曰九卦之義更當各就本卦反覆觀之以求夫所謂處憂患者庶乎得之又此章之下云易之爲書也不可遠又明於憂患與故則易之一書无非明於憂患而處以道者又不特九卦爲然也○雙湖胡氏曰三陳九卦自有次第第一節論九卦之德第二節論九卦之材第三節方論聖人用九卦以處憂患之道故皆以以字明之亦如六十四卦大象必着一以字以明用易也然文王之聖心與易會居平時處憂患无一非易況演易羑里即身是易豈待逐卦而以之乎夫子亦姑論其處憂患之道以其近似者言之而爲萬世學易者之法矣苟膠焉不通則豈所謂易者哉

## 右、第七章、

【本義】 此章、三陳九卦、以明處憂患之道、雲峯胡氏曰此章三陳九德雖夫子偶即九卦言之然上經自乾至履九卦下經自恒至損益亦九卦上經履至謙五卦下經益至困井亦五卦上經謙至復又九卦下經井至巽又九卦上經自復而後八卦而爲下經之恒下經自巽而未濟亦八卦復爲上經之乾上下經對待又似非偶然者或於此可見文王之心焉對待凡十卦置乾不言乾爲君也文王常存事君之小心而不知其有君民之大德者也九卦上下體无離文王晦其明者也然有互體離在焉實未嘗不明也

**易之爲書也ㅣ不可遠이오爲道也ㅣ屢遷이라變動不居ᄒᆞ야周流六虛ᄒᆞ야上下ㅣ无常ᄒᆞ며剛柔ㅣ相易ᄒᆞ야不可爲典要ㅣ오唯變所適이니** 遠袁萬反 上時掌反

○易의書되옴이可히遠티몯홀꺼시오道되옴이ᄌᆞ조遷ᄒᆞᄂᆞᆫ디라變動ᄒᆞ야居티아니ᄒᆞ야大虛애周流ᄒᆞ야上ᄒᆞ며下홈이常이업ᄉᆞ며剛과柔ㅣ서르易ᄒᆞ야可히典要를삼디몯ᄒᆞ고오직變의適ᄒᆞᄂᆞᆫ배니

【本義】 遠、猶忘也、周流六虛、謂陰陽、流行於卦之六位、朱子曰易不可爲典要易不是確定硬本子揚雄太玄却是可爲典

要他排定三百五十四贊當晝三百五十四贊當夜晝底吉夜底凶吉之中又自分輕重凶之中又自分輕重易却不然有陽居陽爻而吉底又有凶底有陰居陰爻而吉底又有凶底有有應而吉底有有應而凶底是不可爲典要之書也是有那許多變所以如此○上下无常唯變所適便見得易人人可用不是死法雖道是二五是中却其間有位二五而不吉者有當位而吉亦有當位而不吉者○三山林氏曰易之所言无非天地自然之理人生日用之不可須臾離者故曰不可遠○張子曰心不存之是遠也不覩其書亦是遠也○白雲郭氏曰人之於道不可須臾離也故於易不可遠可離者非道可遠者亦非易也○節齋蔡氏曰屢遷謂爲道變通而不滯乎物自易之爲書至屢遷此摠言爲書爲道以起下文之意也自變動不居至唯變所適言易道之屢遷也不居猶不止也六虛六位也位未有爻曰虛卦雖六位而剛柔爻畫往來如寄非實有也故以虛言或自上而降或由下而升上下无常也柔來文剛分剛上而文柔剛柔相易也典常也要約也其屢變无常不可爲典要唯變所適而已○鶴山魏氏曰六畫六爻六位六虛四者相近而不同爻者動也專指九六則父母之策也畫者卦也兼七八九六則包男女之策也總而言之畫即爲爻析而言之爻與畫異畫之見者又爲位爻之變者又爲虛故曰變動不居周流六虛位從爻而爲虛也曰六畫成卦六位成章虛從畫而爲位也然其實皆自奇耦之畫始奇耦則太極之分者也

**其出入以度ᄒᆞ야外內예使知懼ᄒᆞ며**

○그出ᄒᆞ며入홈이度로ᄡᅥᄒᆞ야外와內예ᄒᆞ여곰懼를알게ᄒᆞ며

【本義】此句、未詳、疑有脫誤、或問外內使知懼據文勢合作使內外知懼始得朱子曰是如此不知這兩句是如何硬解時也解得去但不曉其意是說甚底上下文意都不相屬○漢上朱氏曰出入者以卦內外體言出者自內之外往也入者自外之內來也以是觀消息虛盈之變出處進退之理使知戒懼當出而入當入而出其患一也

**又明於憂患與故ㅣ라无有師保ㅣ나如臨父母ᄒᆞ니**

○또憂患과다믓故애明ᄒᆞᆫ디라師保ㅣ업ᄉᆞ나父母ㅣ臨홈ᄀᆞᆺᄐᆞ니

【本義】雖无師保而常若父母、臨之、戒懼之至、朱子曰使知懼便是使人有戒懼之意易中說如此則吉如此則凶是也既知懼則雖无師保一似

臨父母相似常懔地戒懼○南軒張氏曰師者敎之道保者輔其躬○節齋蔡氏曰故所以也又明所當之憂患與致憂患之所以也是雖无師保亦如臨乎父母之側而愛敬之至此言易書之不可遠也○息齋余氏曰上繫雖言與民同患而必以洗心先之又發造化不與聖人同憂之意下繫則多言憂患矣

初率其辭而揆其方컨댄既有典常이어니와苟非其人이면道不虛行ᄒᆞᄂᆞ니라

揆葵癸反

○처음으로그辭를率ᄒᆞ야 그方을揆컨댄임의典常이잇거니와 진실로그사ᄅᆞᆷ이아니면道ㅣ虛히行티아니ᄒᆞᄂᆞ니다

【本義】方、道也、始由辭以度其理則見其有典常矣、然、神而明之則存乎其人也、

朱子曰既有典常是一定了占得他這爻了吉凶自定這便是有典常○凌氏曰率其辭之所指而揆其方之所向則其道雖不可爲典要而其書則有典可循有常可蹈也然非得其人亦何以行之哉○節齋蔡氏曰此又合書與道而言也【備旨】前後要看得不可爲典要與既有典常二義融透不可爲典要固此卦爻之變可見无定變者未始无定理而有定理者未嘗有定變神而明之是在後之學易者故曰苟非其人道不虛行

右、第八章、

雙湖胡氏曰此章專論玩辭觀變爲學易之事而深有望於其人也書者卦爻之辭也道之屢遷者卦爻之變也此二句一章綱領變動不居以下言其變也明於憂患以下言其辭也自其變觀之則九六之爻周流於虛位之間或上或下而无常皆一剛一柔之相易不可爲典要而唯變所適然其剛柔之或上而出於外也既足爲斯人之法度使知懼於外其剛柔之或下而入於內也亦足爲斯人之法度使知懼於內豈徒變之云乎自其辭觀之則明於憂患而如父母之臨率辭揆方而有典常之可法而後總之以苟非其人道不虛行則玩辭觀變之學誠有望於其人也聖人之意可見矣

易之爲書也ㅣ原始要終ᄒᆞ야以爲質也ㅣ오六爻相雜은唯其時物也ㅣ라

要一遙反下同

○易의書되옴이始을原ᄒᆞ고終을要ᄒᆞ야 뻐質을삼고六爻ㅣ서르 雜홈은오직그時와物이라

【本義】 質、謂卦體、卦、必擧其始終而後、成體、爻則唯其時物而已、 進齋徐氏曰此總言聖人作易所以立卦生爻之義下文又逐爻分說而申明之也質謂卦體時謂六位之時物謂陰陽二物也原其事之始要其事之終以爲一卦之體質卦有六爻剛柔錯雜隨其時辨其物言卦雖有全體而爻亦无定用也○雲峯胡氏曰卦有定體故曰質爻无定用故曰時○錢氏藻曰六爻相雜唯其時之不同而其事物亦異如乾之取龍一物也或潛或見或躍或飛之不同者時也如漸之取鴻亦一物也而于干于磐于陸于木之不同者亦時也 備旨 首擧卦以及爻正論六爻之所由備不可以卦爻曲對說原要二字不着力猶曰擧頭到尾耳旣以始終而成便是六爻相雜卦有定體故曰質爻无定用故曰時時乃易之妙用非有爻之時卦之質亦不靈矣通節以觀易者言

易以豉反

其初는難知오 其上은易知니 本末也ㅣ라 初辭擬之ᄒᆞ고 卒成之終ᄒᆞ니라

○그初는알기어렵고 그上은알기쉬우니 本과末이라처엄辭는 擬ᄒᆞ고卒ᄒᆞ야終을成ᄒᆞ니라

【本義】 此、言初上二爻、 節齋蔡氏曰初爻者卦之本本則其質未明故難知上爻者卦之末末則其質已著故易知難知則所繫之辭必擬議而後得易知但卒其卦之辭而成其卦之終也○雲峯胡氏曰此承上文原始要終而言也原其始則初爻爲本質未明故難知要其終則上爻爲末質已著故易知故初爻之辭必擬之而上爻之辭則成之矣○臨川吳氏曰初與終爲對擬之與卒成之爲對兩句文法顚倒相互

備旨 此初上時物之難易不可說質未明質已成過了此乃成質後繫辭之時只以畫中所以具之理言難知易知以後人觀易言也初擬卒成亦是後人之意逆推聖人之繫辭當是如此初辭擬之非必欲協乎一爻之義正欲以始該終預斷乎六爻之義然後繫之辭耳卒成之終則只成擬議之終也

若夫雜物와 撰德과 辨是與非는 則非其中爻면 不備하리라 扶夫音

○만일物을雜홈과德를撰홈과是와다뭇 非를辨홈은그中爻옫아니면備티아니하리라

【本義】此、謂卦中四爻、朱子曰其初難知至非其中爻不備若解也硬解了但都曉他意不得這下面却說一箇噫字都不成文章不知是如何後面說二與四同功三與五同功說得好但不利遠者也曉不得○問雜物撰德辨是與非則非其中爻不備曰這樣處曉不得某常疑有闕文先儒解此多以爲互體如屯卦震下坎上就中間四爻觀之自二至四則爲坤自三至五則爲艮故曰非其中爻不備互體說漢儒多用之左傳中一處說占得觀卦處亦擧得分明看來此說亦不可廢○問易中互體之說或以爲雜物撰德辨是與非則非其中爻不備此是說互體曰今人言互體者以此爲說但亦有取不得處如頤大過之類是也王輔嗣又言納甲飛伏尤更難理此等不必深泥○雲峯胡氏曰此承上文六爻相雜而言也六爻本自相雜二三四五於六爻之中又雜物撰德者如屯下震物爲雷德爲健上坎物爲雲德爲險下互坤則雜物爲地撰德爲順矣上互艮則又雜物爲山撰德爲止矣亦可以辨是與非而易愈備矣○容齋洪氏曰如坤坎爲師而六五之爻曰長子帥師以正應九二而言蓋指二至四爲震也坤艮爲謙而初六之爻曰涉大川蓋自二而上則六二九三六四爲坎也○臨川吳氏曰內外旣有二正卦之體中四爻又成二互體之卦然後其義愈无遺闕非以此正體並觀則其義猶有不備正體則二爲內卦之中五爲外卦之中互體則三爲內卦之中四爲外卦之中故皆謂之中爻○雙湖胡氏曰是非者當位不當位中不中正不正也內外卦旣足以示人矣復自互體而辨之則是是非非於是乎益可見焉○潘氏夢旂曰不言吉凶而曰辨是與非則吉凶可知矣備旨若夫二字承初上來德即物中之理是非即物與德之是非雖有三項意自相屬初無上亦雜物撰德辨是與非但不合之中四爻則不備故指明之

噫라 亦要存亡吉凶인댄 則居可知矣어니와 知者ㅣ 觀其彖辭ᄒ면 則思過半矣리라 知音智

○噫라또存亡과吉凶을要컨댄居히可히알려니와知ᄒᆞᆫ者ㅣ그彖辭를보면思ㅣ半애過ᄒᆞ리라

【本義】彖、統論一卦六爻之體、臨川吳氏曰上文既分言初上二爻及中四爻此又總六爻言之噫歎美辭存亡者陰陽之消息吉凶者事情之得失要其存亡吉凶之所歸則六爻之義居然易見可指掌而知矣又謂知者能見事於未形雖不觀各爻之義但觀卦首之彖辭則所思己得十分之五六矣蓋彖辭或論二體或論主爻或論卦變相易之爻是以不待觀六爻而已可見也章首第一句言彖第二句總言六爻此一節又總言六爻而復歸重於彖蓋爲結語與章首起語相始終下文則又更端而言中四爻也○括蒼龔氏曰彖者原始要終以爲質者也故智者觀之无待於爻蓋所要愈約則所知愈易中四爻者六爻之要而彖者又一卦之要也【備旨】亦要二字不輕乃合六爻之義而究極之也末二句不重在觀彖上只是甚言六爻不可不備之義蓋觀彖而知存亡吉凶惟智者能之百姓之愚皆未能也使六爻不備不質質耶故下文再擧中四爻而備論之以示人觀易之方也

二與四ㅣ同功而異位ᄒᆞ야其善이不同ᄒᆞ니二多譽코四多懼ᄂᆞᆫ近也ㅣᆯ시니柔之爲道ㅣ不利遠者권마ᄂᆞᆫ其要无咎ᄂᆞᆫ其用柔中也ㅣᆯ시라 要如字又一遙反下章同

○二와다뭇四ㅣ功이同ᄒᆞ티位ㅣ異ᄒᆞ야그善이同티아니ᄒᆞ니二ᄂᆞᆫ譽ㅣ多ᄒᆞ고四ᄂᆞᆫ懼ㅣ多홈은近홀시니柔의道되옴이遠者애利티아니컨마ᄂᆞᆫ그要ㅣ咎ㅣ업스믄그柔로中홈을쎌시라

【本義】此以下、論中爻、同功、謂皆陰位、異位、謂遠近、不同、四、近君、故、多懼、

柔不利遠而二多譽者、以其柔中也、或問其要无咎其用柔中也近君則當柔和遠去則剛有强毅剛果之象始得此二之所以不利然而居中所以无咎朱子曰也是恁地說○潘氏夢旂曰二與四功同乎陰而位有內外之異二遠於君雖在下而多譽四近於君雖在上而多懼然陰柔之道遠則難援二之遠而大要无咎者以其雖柔而居下體之中也○雲峯胡氏曰上文雜物撰德是謂中爻之互體此則論中爻之本體二與四爲陰陰以降爲用故不成乎四退而成乎二柔雖不利遠者二陰成而得中故多譽四近君若陰柔未成而不中故多懼○魯齋許氏曰二與四皆陰位也四雖得正而猶有不中之累況不得其正者乎二雖不正猶有得中之美況正而得中者乎四近君之臣也二遠君之臣也其勢又不同此二之所以多譽四之所以多懼也【備旨】此合下節申中四爻之同異亦以見時物之義前雜物節能論中爻之備不曾分折何如女又因同以辨異而申明之功者力量所能善者時位所値此二句且虛下方見之多譽多懼兩多字宜活看非作定一是譽一是懼也四之多懼由於近亦要補二之多譽由於遠意柔中只重中字言其才質雖柔而其用則中也柔而不中安能多譽乎要識得多譽多懼不在位而在德居位者尤以德爲本也

三與五ㅣ同功而異位ᄒᆞ야 三多凶ᄒᆞ고 五多功은 貴賤之等也일ᄉᆡ니 其柔는 危ᄒᆞ고 其剛은 勝耶ㄴ뎌 勝音升

○三과다뭇五ㅣ功이同호ᄃᆡ位ㅣ異ᄒᆞ야 三은凶이多ᄒᆞ고五는功이 多홈은貴賤의 等일시니 그柔는危ᄒᆞ고 그剛은勝홈인뎌

【本義】三五、同陽位而貴賤、不同、然、以柔居之則危、唯剛則能勝之、潘氏夢旂曰三與五功同乎陽而位有貴賤之異三以臣之賤而居下卦之上故多凶五以君之貴而居上體之中故多功然五君位也柔居之則危剛居之則能勝其事故六居五多危九居五多吉也○雲峯胡氏曰三與五爲陽陽以升爲用故不成乎三獨進而成乎五五爲貴又陽剛成而得中故多功三爲賤又陽剛未成而不中故多凶其柔危其剛勝專爲三言也於四不曰其剛危者九居四猶爲剛而能柔者危者六居三則才柔而志剛所以危也○魯齋許氏曰上卦之中乃人君之位也一卦之

德莫精於此在乾則剛健而斷在坤則重厚而順未或有先之者至於坎險之孚誠離麗之文明巽順於理艮篤於實皆能首出乎庶物不問何時克濟大事傳謂五多功者此也獨震忌强輔兌比小人於君道爲未善觀其戒之之辭則可知矣

右、第九章、雙湖胡氏曰此章專論爻畫以示人首論六爻之始終次論爻之初上又次論中四爻因及彖辭末則申論中四爻分二四三五陰陽而論以見遠近貴賤安危之不同而剛柔之用亦異其致意在中四爻而四爻之中所主又在二五居二體之中也

易之爲書也ㅣ廣大悉備ᄒᆞ야有天道焉ᄒᆞ며有人道焉ᄒᆞ며有地道焉ᄒᆞ나兼三才而兩之라故로六이니六者는非他也ㅣ라三才之道也ㅣ니

○易의書되옴이廣ᄒᆞ고大ᄒᆞ야 다備ᄒᆞ야天道ㅣ이시며人道ㅣ이시며 地道ㅣ이시니三才를兼ᄒᆞ야兩ᄒᆞ욘디라故로六이니六은他ㅣ아니라三才의道ㅣ니

【本義】三畫、已具、三才、重之、故、六而以上二爻、爲天、中二爻、爲人、下二爻、爲地、漢上朱氏曰天地人三者一物而兩體陰陽也而謂之天剛柔也而謂之地仁義也而謂之人故曰三才兼三才而兩之故六兼之者天之道兼陰與陽也地之道兼柔與剛也人之道兼仁與義也六者非他即三才之道也是故三畫有重卦六即三三即一也○臨川吳氏曰一而不兩則獨而无對天獨陽而无陰地獨陰而无陽人之陰陽亦混而不分必皆兼而兩之天人地各有陰陽然後其道全而不偏所以重三畫之卦而爲六畫者此也○誠齋楊氏曰重卦之後則兼三才而兩之是一三才爲兩三才也合爲一卦則陰或居上安知地之不爲天陽或居下安知天之不爲地五爲君則天道爲人道矣二爲臣則地道爲人道矣

道有變動이라故曰爻ㅣ오爻有等이라故曰物이오物相雜이라故曰文이오文不當이라故로吉凶이生焉ᄒᆞ니라 當都浪反

○道ㅣ變ᄒᆞ며動ᄒᆞ미인ᄂᆞᆫ디라 故로ᄀᆞᆯ오ᄃᆡ爻라ᄒᆞ고爻ㅣ等이인ᄂᆞᆫ디 라故로ᄀᆞᆯ오ᄃᆡ物이라ᄒᆞ고物이서르雜ᄒᆞ얀ᄂᆞᆫ디라故로ᄀᆞᆯ오ᄃᆡ 文이라ᄒᆞ고 文이當티몯ᄒᆞᆫ디라故로吉凶이生ᄒᆞ니라

【本義】 道有變動、謂卦之一體、等、謂遠近貴賤之差、相雜、謂剛柔之位、相間、不當、謂爻不當位、或問道有變動故曰爻爻有等故曰物物相雜故曰文朱子曰道有變動不是指那陰陽老少之變是說卦中變動如乾卦六畫初潛二見三惕四躍這箇便是有變動所以謂之爻爻中自有等差或高或低或遠或近或貴或賤皆謂之等易中便可見如說遠近相取而悔吝生近而不相得則凶二與四同功而異位二多譽四多懼近也三與五同功而異位三多凶五多功貴賤之等也如列貴賤者存乎位皆是等也物者想見古人占卦必有箇物事名爲物而今亡矣這箇物是那列貴賤辨尊卑底物相雜故曰文如有君又有臣便爲君臣之文是兩物相對待在這裏故有文若相離去不相干便不成文矣卦中有陰爻又有陽爻相間錯則爲文若有陰无陽有陽无陰如何得有文○進齋徐氏曰卦之全體三才之道也道則變動不居如潛見躍飛之類皆道之變動而謂之爻爻也者效天下之動也或剛或柔而小大有等故謂之物物即陰陽二物也一不獨立二則爲文陰陽兩物交相錯雜故謂之文陽居陽位陰居陰位當也陽居陰位陰居陽位不當也吉凶由是而生則可以觀變玩占而見其文之著矣○雲峯胡氏曰前章始以質言此章末以文言卦必擧始終而成體故曰質爻必雜剛柔以爲用故曰文

右、第十章 雙湖胡氏曰此章論易不徒爻畫有天地之人道具焉唯其有是道所以變動不居即其爲道也屢遷之義使徒有是爻而非有道寓於其間則亦何變動之有若物相雜則是因六爻中陰陽二物自相雜居而成文以生吉凶而爲人事失得之象耳

易之興也ㅣ 其當殷之末世周之盛德耶ᆫ뎌 當文王與紂之事邪ᆫ뎌 是故로 其辭ㅣ危ᄒᆞ야 危者를 使平ᄒᆞ고 易者를 使傾ᄒᆞ니 其道ㅣ甚大ᄒᆞ야 百物 不廢ᄒᆞ나 懼以終始면 其要ㅣ无咎ㅣ리니 此之謂易之道也ㅣ라 易者

之易以豉反

○易이興홈이 그殷의末世와周의 盛德을當ᄒᆞᆫ뎌文王과다뭇紂의이ᄅᆞᆯ當ᄒᆞᆫ뎌이런故로그辭ㅣ危ᄒᆞ야危ᄒᆞᆫ者를ᄒᆞ여곰平케ᄒᆞ고易ᄒᆞᆫ者를ᄒᆞ여곰傾케ᄒᆞ니그道ㅣ甚히大ᄒᆞ야百物을廢티아니ᄒᆞ나 懼ᄒᆞ야ᄡᅥ終ᄒᆞ며始ᄒᆞ면 그要ㅣ咎ㅣ업스리니이닐온易의道ㅣ라

【本義】危懼、故、得平安、慢易則必傾覆、易之道也、朱子曰其辭危是有危懼之意故危懼者能使之安平慢易者能使之傾覆易之書於萬物之理无所不具故曰百物不廢其要无咎若作去聲則是要約之義若作平聲則是要其歸之意又曰要去聲是要恁地要平聲是這裏取那裏意思又曰其要只欲无咎○柴氏中行曰非末世則情僞不如是之滋熾也非盛德則易道无自而傳也末世紂之事也盛德文王之事也文王之心憂患天下後世故其辭危懼此因文王危辭而論易道能使如此豈易使之邪殖有禮覆昏暴天之道也○節齋蔡氏曰易之道大百物者不能廢也懼卽憂危之謂苟能懼以終而猶始焉則要其終而无咎矣○進齋徐氏曰危者使平易者使傾然非有使之也天之生物必因材而篤焉故栽者培之傾者覆之亦自然之理也○雲峯胡氏曰文王以憂患之心作易故其辭危危懼故安平慢易故傾覆易之道雖廣大悉備不過使人懼以終始而已懼以始者易懼以終而猶始者難乾第一卦而曰君子終日乾乾夕惕若厲无咎此懼以終始其要无咎之說也【備旨】聖人之情見乎辭其辭危正是聖人用情處危使平易使傾合兩使字正是辭危處使者理勢之自然若或使之也點出其道二字見无偶至之福亦无倖脫之禍理有必然聖人不得不危其辭以儆也百物不廢正是道之大處懼以二句是指出辭危的緣故來末句道字與上道字相應見得平傾事也所以平傾由於危道也此之謂三字要得聖人憂世覺民意

## 右、第十一章、

誠齋楊氏曰前言易興於中古作於憂患仲尼之意己屬之文王矣以爲未足也此章又明言易興於殷之末世周之盛德猶以爲未足也又指而名之曰當文王與紂之事則无復秋毫隱情矣嗟夫千載之屈有幸逢一朝之伸一家之私有不沒天下之公文王无過於紂而有過於仲尼其千載之屈一朝之伸與紂殷王也仲尼殷後也而仲尼貶殷爲末世褒周爲盛德指紂之名而不諱

稱文王之王而不抑其不以一家之私沒天下之公與大哉文王之聖與大哉仲尼之公與○雙峯胡氏曰夫子原易之作明指伏羲原易之興明指文王曰畫卦因重辭危可謂萬世之日月獨少一言以及周公人之爻惜哉

夫乾은天下之至健也니德行이恒易以知險하고夫坤은天下之至順也니德行이恒簡以知阻하나니 行下孟反易以豉反阻莊呂反

○乾은天下의지극한健이니德行이덛덛이易하야써險을知하고坤은天下의지극한順이니德行이덛덛이簡하야써阻를知하나니

【本義】至健則所行、无難、故、易、至順則所行、不煩、故、簡、然、其於事、皆有以知其難而不敢易以處之也、是以、其有憂患則健者、如自高臨下而知其險、順者、如自下趍上而知其阻、蓋雖易而能知險則不陷於險矣、既簡而又知阻則不困於阻矣、所以能危能懼而无易者之傾也、或問乾是至健不息之物經歷艱險處多雖有險處皆不足爲其病自然足以進之而无難否朱子曰不然舊亦嘗如此說覺得終是硬說易之書本意不如此正要人知險而不進不說是恃我至健至順了凡有險阻只認冒進而无難如此大非聖人作易之意觀上文云易之興也其當殷之末世周之盛德耶當文王與紂之事耶是故其辭危危者使平易者使傾其道甚大百物不廢懼以終始其要无咎此謂易之道也看他此語但是恐懼危險便不敢輕進之意乾之道便是如此卦中皆然所以多說見險而能止如需卦之類可見易之道正是要人知進退存亡之道若是冒險前進必陷於險是知進而不知退知存而不知亡豈乾之道耶唯其至健而知險故止於險而不陷於險也此是就人事上說險與阻不同險是自上視下見下之險故不敢行阻是自下觀上爲上所阻故不敢進又曰自山下上山爲阻故指坤而言自山上觀山下爲險故指乾而言因登山而明險阻之義又曰乾雖至健知得險了却不下去坤雖至順知得阻了更不上去○此段專是以憂患之際而言且如健當憂患之際則知險之不可乘順當憂患之際使知阻之不可越這都是當憂患之際處憂患之道當如此因憂患方生那知險知阻若只就健順上看便不相似如上下文說危者使平易者使傾能說諸心能研諸慮皆因憂患說大要乾坤只是循理而已他若知得前有險之不可乘而不去則不陷於險知得前有阻之不可冒而不去則不困於阻若人不循理以私意行乎其間其過乎剛者雖知險之不可乘却硬要乘則陷於險矣雖知阻之不可越却硬要越則困於阻矣只是順理便无事又問在人固是如此以天地言之則如何曰在天地自是无險阻這只是大綱說箇乾坤底意思是如此又曰順自是畏謹宜其不越夫阻夫健却疑其不畏險然却知險而不去蓋他當憂患之際故也又問簡易曰若長是易時更有甚麽險他便不知險矣若長是簡時更有甚麽阻他便不知阻矣只是當憂患之際方見得○南軒張氏曰健者疑若不知險也今乾至健而德行恒易故知險而不爲陰所陷順者疑若不知阻也今坤至順而德行恒簡故知阻而不爲陽所拒○漢上朱氏曰上繫言易簡而天下之理得下繫終之以易簡而知險阻故曰殊塗而同歸一致而百慮○雲峯胡氏曰前言乾坤之易簡此言乾坤之所以爲易簡蓋乾之德行所以恒易者何也乾天下之至健也坤之德行所以恒簡者何也坤天下之至順也乾健而易宜无險矣坤順而簡宜无阻矣此復曰險阻者爲上文有憂患而言也下危曰險乾在上也上難曰阻坤在下也以乾坤健順而又曰險阻易之辭危也健而知險則其健也不陷順而知阻則其順也不阻此危者之使平也不能知險阻而或陷焉此易者之使傾也聖人憂患之意至矣哉

**能說諸心ᄒᆞ며能研諸侯之慮ᄒᆞ야 定天下之吉凶ᄒᆞ며 成天下之亹亹者ㅣ니** 說音悅

○能히心에說ᄒᆞ며能히慮에研ᄒᆞ야 天下의吉凶을定ᄒᆞ며 天下의亹亹를成ᄒᆞᄂᆞᆫ者ㅣ니

【本義】 侯之二字、衍、說諸心者、心與理會、乾之事也、研諸慮者、理因慮審、坤之事也、說諸心、故、有以定吉凶、研諸慮、故、有以成亹亹、朱子曰能說諸心是凡事見得通透了自然歡悅既說諸心是理會得了於事上更審一審便是研諸慮研是去研磨他○能說諸心乾也能研諸慮坤也說諸心有自然底意思故屬陽研諸慮有作爲底意思故屬陰定吉凶乾也成亹亹坤也事之未定者屬乎陽定吉凶所以爲乾事之已爲者屬乎陰成亹亹所以爲坤大抵言語兩端處皆有陰陽如開物成務開物是陽成務是陰如致知力行致知是陽力行是陰周子之書屢發此意推之可見又曰定吉凶是陽成亹亹是陰且以做事言之吉凶未定時人自意思懶散不肯做去吉凶定了他自勉勉做將去所以屬陰大率輕淸屬陽重濁屬陰成亹亹是做將去涉於事爲故屬陰○定天下之吉凶是剖判得這事成天下之亹亹是做得事業○平庵項氏曰唯乾坤知之明故能道占者之心使之說能因占者之慮爲之研○漢上朱氏曰天下之吉凶藏於無形至難定也天下之亹亹來而不己至難成也定之成之者易簡而己○雲峯胡氏曰理悟而心悅乾之事也故有以定吉凶事來而慮研坤之事也故有以成亹亹此言易之辭危而能使人如此也

**是故로變化云爲애吉事ㅣ有祥이라象事ᄒᆞ야知器ᄒᆞ며占事ᄒᆞ야知來ᄒᆞᄂᆞ니**

○이런故로變化ᄒᆞ며 云爲홈애吉事ㅣ祥이인ᄂᆞᆫ디라事를象ᄒᆞ야 器를知ᄒᆞ며事를占ᄒᆞ야來를知ᄒᆞᄂᆞ니

【本義】變化云爲、故、象事可以知器、吉事有祥、故、占事可以知來、朱子曰此節上兩句是說理如此下兩句是人就理上知得在陰陽則爲變化在人事則爲云爲吉事自有祥兆唯其理如此故於變化云爲則象之而知己有之器於吉事有祥則占之而知未然之事也○問凡見於有形之實事者皆爲器否曰易中器字是恁地說○問易書之中有許多變化云爲又吉事皆有休祥之應所以象事者於此而知器占事者於此而知來曰是○問變化云爲主於人而言否曰變化者陰陽之所爲云爲者人事之所作○變化云爲是明吉事有祥是幽象事知器是人事占事知來是筮象事知器是人做這事去占事知來是他方有箇禎祥便占得他如中庸言必有禎祥見乎蓍龜之類吉事有祥凶事亦有○息齋余氏曰變化云爲吉事有祥不假象占者也象事知器占事知來求諸象占者也不假象占百姓之所以與能也○雲峯胡氏曰在天道爲變化在人事爲云爲人事與天道相符則吉事有祥矣此言易之理如此也於變化云爲則象之而知其己形之器於吉事有祥則占之而知其未形之事此言人於易之理可以知其如此也

**天地設位에聖人이成能ᄒᆞ니人謀鬼謀애百姓이與能ᄒᆞᄂᆞ니라** 與音預

○天地ㅣ位를設ᄒᆞ야심애聖人이能을成ᄒᆞ니 人에謀ᄒᆞ며 鬼에謀홈애百姓이能에

與ᄒᆞᄂᆞ니라

程子曰天地設位聖人成能且行乎天地之中所以爲三才天地本一物也地亦天也只是人爲天地心是心之動則分了天爲上地爲下兼三才而兩之故六也

【本義】天地設位而聖人、作易、以成其功、於是、人謀鬼謀、雖百姓之愚、皆得以與其能、朱子曰天地設位四句說天人合處天地設位使聖人成其功能人謀鬼謀則雖百姓亦可以與其能成能與與能雖大小不同然亦是小小底造化之功用然百姓與能却須因蓍龜而方知得百姓无知因卜筮便會做得事人謀鬼謀猶洪範之謀及卜筮卿士庶人相似○雲峯胡氏曰天理有此理不能以告人聖人作爲卜筮之書明則謀諸人幽則謀諸鬼百姓亦得以與其能此聖人所以成天地之能也聖人成天地所不能成之所能百姓得以與聖人所已成之能也○臨川吳氏曰健順易簡知險知阻此天地之能說心研慮定吉凶成亹亹此聖人之能而成天地之能也云爲之祥象占之知此百姓之能而與聖人之能者也備旨此聖人作易使人亦得以知險阻也從天地講起者天地乃易之原也聖人无卜筮而知吉凶何消周易但要百姓與能則易中不可无作耳聖人成天地未成之能百姓與聖人已成之能无往不出於易簡此之謂易簡而天下之能事畢矣

八卦ᄂᆞᆫ以象告ᄒᆞ고爻彖은以情言ᄒᆞ니剛柔ㅣ雜居而吉凶을可見矣라

○八卦ᄂᆞᆫ象으로뻐告ᄒᆞ고 爻와彖은情으로뻐言ᄒᆞ니 剛과柔ㅣ雜히居ᄒᆞ애吉과凶을可히볼거시라

【本義】象、謂卦畫、爻彖、謂卦爻辭、朱子曰八卦以象告以後說得叢雜不知如何○張子曰八卦有體故象在其中錯綜爲六十四卦爻彖所趍各異故曰情言○南軒張氏曰八卦成列象在其中矣此八卦所以告人以象至於爻者變也彖者材也皆有辭者此聖人以情而言於人也剛柔雜居則交通以趍時而或失或得故吉凶見焉○雲峯胡氏曰以象告者先天之易也以情言者後天之易也剛柔雜居而吉凶可見上古觀之於象可見後世非爻彖以情言不可也備旨此與下節正是聖人成能之事所以使百姓與能者也八卦二句一串講情卽象中所具之情也剛柔句總承上二句說此句極重吉凶可見只於畫上得之

未說到辭上蓋言吉凶寓於卦畫爲象發於爻象爲情而所告所言皆以此但象告二句且虛至剛柔雜居說好明耳

**變動**은 **以利言**ᄒ고 **吉凶**은 **以情遷**이라 **是故**로 **愛惡**ㅣ **相攻而吉凶**이 **生**ᄒ며 **遠近**이 **相取而悔吝**이 **生**ᄒ며 **情僞**ㅣ **相感而利害**ㅣ **生**ᄒᄂ니 **凡易之情**이 **近而不相得**ᄒ면 **則凶或害之**ᄒ며 **悔且吝**ᄒᄂ니라 惡烏路反

○變動은利로ᄡ言ᄒ고 吉凶은情으로ᄡ遷ᄒᄂᆫ디라이런故로愛와惡ㅣ서ᄅᆞ攻ᄒᆞᆷ애吉凶이生ᄒ며 遠과近이서ᄅᆞ取ᄒᆞᆷ애悔吝이生ᄒ며 情과僞ㅣ서ᄅᆞ感ᄒᆞᆷ애利害ㅣ生ᄒᄂ니므릇易의 情이近ᄒ고서ᄅᆞ得디몯ᄒ면 凶커나害ᄒ며 悔ᄒ며ᄯᅩ吝ᄒᄂ니라

【本義】不相得、謂相惡也、凶害悔吝、皆由此生、或問易之情近而不相得則凶或害之悔且吝是如何朱子曰此疑是指占法而言想古人占法更多今不見得蓋遠而不相得則安能爲害唯切近不相得則凶害便能相及如一箇凶人在五湖四海之外安能害自家若與之爲隣近則有害矣又問此如今人占火珠林課底若是凶神動與世不相干則不能爲害唯是克世應世則能爲害否曰恐是這樣意思○平庵項氏曰上文言剛柔雜居而吉凶可見則象之所以示人者明矣變動以利言吉凶以情遷此再言辭之論人者殊也是故愛惡相攻以下皆言吉凶以情遷之事而以六爻之情與辭明之吉凶悔吝利害之三辭分出於相攻相取相感之三情而總屬於相近之一情此四相者爻之情也命辭之法必各象其爻之情故觀其辭可以知其情利害者商畧其事宜有利有不利也悔吝則有跡矣吉凶則其成也故總而名之曰吉凶相感者情之始交故以利害言之相取則有事矣故以悔吝言之相攻則其事極矣故以吉凶言之遠近情僞姑就淺深分之若錯而總之則相攻相取相感之人其居皆有遠近其行皆有情僞其情皆有愛惡也故總以相近一條明之近而不相得則以惡相攻而凶生矣以僞相感而害生矣不以近相取而悔吝生矣是則一近之中備此三條也凡爻有比爻有應爻有一卦之主爻皆情之當相得者也今稱近者止據比爻言之反以三隅則遠而爲應爲王者亦必備此三條矣但居之近者其吉凶尤多故聖人槩以近者明之○進齋徐氏曰易道變動開物成務以利言也而卦爻之辭有吉有凶以其情之有所遷耳愛惡相攻如訟九四不克訟復卽命以與初相愛也謙六五利用侵伐上六利用行師以與九三相愛也同人九三伏戎于莽惡九五也九五大師克相遇惡三四也遠近相取如姤九五以杞包爪上九姤其角遠取初六也解六三負且乘近取二四也豫六三盱豫近取九四也情僞相感如中孚九二鳴鶴在陰以情感乎五也屯六四求婚媾往以情感乎初也蒙六三見金夫不有躬以僞感乎二也漸九三夫征不復婦孕不育以僞感乎四也凡此皆以情遷者也○臨川吳氏曰爻彖以情言彖與爻皆言情也吉凶以情遷則情專屬爻而不及彖何也蓋變動以利言利亦自情而生也彖亦有情爻亦有利互文也不相得謂惡相攻僞相感近不相取則愛相攻情相感近相取爲相得矣不相得則凶害悔吝其相得則吉利悔亡无悔无咎從可知也夫子之己言者三其未言者三總之凡六條然此據近之比爻言爾若遠之應爻及主爻亦當各備六條總之爲十八條矣愚嘗以此十八條之例考之爻辭皆合乃知作傳聖人以此該括易之辭情至爲精密而諸家註釋唯項氏能究其底蘊焉【備旨】此節只重吉凶以情遷一句上變動是吉凶情遷之由愛惡相攻以下皆明吉凶情遷之實利害生以上是所論其情凡易以下文承上文而概論其情

**將叛者는 其辭ㅣ慙ᄒᆞ고 中心疑者는 其辭ㅣ枝ᄒᆞ고 吉人之辭는 寡ᄒᆞ고 躁人之辭는 多ᄒᆞ고 誣善之人은 其辭ㅣ游ᄒᆞ고 失其守者는 其辭ㅣ屈ᄒᆞ니라**

○쟝ᄎᆞᆺ叛ᄒᆞᆯ者는 그辭ㅣ慙ᄒᆞ고 中心이 疑ᄒᆞᆫ者는 그辭ㅣ枝ᄒᆞ고 吉ᄒᆞᆫ人의 辭는 寡ᄒᆞ고 躁ᄒᆞᆫ人의 辭는 多ᄒᆞ고 善을 誣ᄒᆞᄂᆞᆫ人은 그辭ㅣ游ᄒᆞ고 그守를 失ᄒᆞᆫ者는 그辭ㅣ屈ᄒᆞ니라

【本義】卦爻之辭、亦猶是也、朱子曰中心疑者其辭枝中心疑故不敢說殺其辭枝者如木之有枝開兩歧去○問此章切疑自吉凶可見矣而上只是總說易書所載如此自變動以利言而下則專就人占時上說如何曰然○節齋蔡氏曰漸三所繫將叛者之辭也睽上所繫中心疑者之辭也臨二所繫吉人之辭也睽三所繫躁人之辭也中孚三所繫誣善之人之辭也節上所繫失其守者之辭也○平庵項氏曰六辭之中吉一而躁叛疑誣失居其五叛非叛逆但背實棄信皆是也言與實相背故慙吉者靜躁者動叛者無信疑者不自信誣者敗人失守者自敗皆相反對也守謂其所依據吳王失國故辭屈於晉夷之失對故辭屈於孟子皆失其所據也以類推之艮吉也震躁也兌叛也巽疑也坎喜陷爲誣善離喜麗爲失守人情大約不出乎六者仁者默勇者譁能言者寡信善巽者少決智人多險文士罕守剛柔之變其盡於此矣○雲峰胡氏曰未及六辭則謂非特彖爻之辭可以見其情人之辭亦可以占其情使人又由易以知言也○進齋徐氏曰叛背叛也背叛正理其中有慊則發於言辭自然慚怍也枝如木之有枝開兩歧疑者可否未決則其辭不直截或兩歧也誣善者謂謗善爲惡言語不實如物在水上浮遊不定失其守者言見理不定无所操執其辭多屈而不伸也言心之聲由乎中而見乎外孟子詖淫邪遁一章意亦如此○臨川吳氏曰易之辭皆由情而生人之辭亦由情而生故此又以人譬之本義云卦爻之辭亦由是也此篇首章云繫辭焉而命之又云聖人之情見情辭蓋唯聖人能因易之情而繫易之辭是爲一篇始終之脉絡云○息齋余氏曰上繫以默而成之不言而信存乎德行爲結下繫以諸辭之不同者爲結義相發也吉人辭寡其默成之次歟【備旨】此又即人之辭以情遷以發易之辭以情遷也相攻相取相感不相得四者人情之見乎動者也而卦爻之變動如之慙枝多寡遊屈六者人情之見乎言者也而爻彖之辭如之可見易書之作不遠於人情无非使百姓之與能也

## 右第十二章

備旨具解原本周易卷之二十三

# 備旨具解原本周易卷之二十四

## 說卦傳

臨川吳氏曰說卦者備載卦位卦德卦象之說蓋自昔有其說意者如八索之書所載有若此者而夫子筆削之以爲傳爾首章次章則夫子總說聖人作易大意以爲說卦傳之發端也○雙湖胡氏曰說卦首論幽贊於神明而生蓍立卦次及伏羲文王卦位不同次論八卦之象甚備其象多是夫子所自取不盡同於先聖漢儒以來千五百餘年未能勘破此義以爲夫子只是隱括前聖所取之象求之於經又不同是以言象者多牽合傳會而不得其說愚嘗謂數聖人取象各有不同故說卦言象求之於經不盡合蓋夫子自取之象爲多不必盡同於先聖若分文王周公之易各自求之則坦然明白矣

**昔者聖人之作易也**애 **幽贊於神明而生蓍**ᄒᆞ고 蓍音尸

○녯聖人의易을作홈애神明을그윽기贊ᄒᆞ야蓍를生ᄒᆞ고

程子曰幽贊於神明而生蓍用蓍以求卦非謂有蓍而後畫卦

【本義】幽贊神明、猶言贊化育、龜筴傳、曰天下、和平、王道、得而蓍莖、長丈、其叢生、滿百莖、 朱子曰能贊化育和氣充塞所以能出這物○生蓍便是大衍之數五十如何恰限生出百莖物事教人做莖用到那叅天兩地方是取數處○問生蓍按本義引龜筴傳蓍生滿百莖爲證某謂生字似只當與下面立卦立字生爻生字同例看所謂生蓍者猶言立蓍而用之耳未知是否曰卦爻是人所畫蓍是天地所生不可作一例說兼以立蓍而用之爲生蓍亦不成文理○陸氏德明曰說文云蓍蒿屬生千歲三百莖易以爲數天子九尺諸侯七尺大夫五尺士三尺毛詩草木疏云似藾蕭青色科生○建安丘氏曰蓍神草所以用筮而求卦者贊神明猶言贊化育言聖人作易幽則贊於神明而生蓍以爲筮卦之用蓍草生則易之數有所托而易之用行矣○楊氏曰天地生蓍之靈也固可以揲而成卦衍而爲數不有聖人幽贊於神明則混同於區宇之間與凡草木俱腐爛神明之道何自而通乎

參天兩地而倚數ᄒᆞ고 參七南反

○天을參ᄒᆞ며地를兩ᄒᆞ야數를倚ᄒᆞ고

【本義】天圓地方、圓者、一而圍三、三各一奇、故、參天而爲三、方者、一而圍四、四合二偶、故、兩地而爲二、數皆倚此而起、故、揲蓍三變之末、其餘、三奇則三三而九、三偶則三二而六、兩二一三則爲七、兩三一二則爲八、朱子曰叁天兩地而倚數此在揲蓍上說參者元是箇三數底物事自家從而參之兩者元是箇兩數底物事自家從而兩之雖然却只是說得箇參兩未見得成何數倚數云者似把幾件物事挨放這裏如已有三數更把箇三數倚在這邊成六又把箇三數倚在此成九兩亦如之○問參天兩地舊說以爲五生數中天三地兩不知其說如何曰此只是三天二地不見參兩之意參天者參之以三兩地者兩之以二也以方圓而言則七八九六之數都自此而起問以方圓而言參兩如天之圓徑一則以圍三而參之地之方徑一則以圍四而兩之否曰然○參天兩地而倚數一箇天參之爲三一箇地兩之爲二三三爲九三二爲六兩其二一其三爲七兩其三一其二爲八二老爲陰陽二少爲剛柔參不是三之數是光往參焉之參○倚數倚是靠在那裏且如先得箇三又得箇三只成六更得箇三方成九若得箇二却成八恁地倚得數出來有人說參作三謂一三五兩謂二四一三五固是天數二四固是地數然而這却是積數不是倚數○問參天兩地而倚數曰天圓得數之三地方得數之四一畫中有三畫參之則爲九此天數也陽道常饒陰道常乏地之數不能爲三止於兩而已三而兩之爲六故六爲坤○一箇天參之則三一箇地兩之則二數便從此起此與大衍之數五十各自說一箇道理不須合來看然要合也合得一箇二一箇三成五衍之則成十便是五十○爪山潘氏曰蓍數卦爻易之粗也道德性命易之妙也參天兩地謂五也數數者必以五雖窮乎十百千萬必以五數之所以倚數也○建安丘氏曰天陽也陽象奇奇一畫中實得三分參天之數地陰也陰象偶偶一畫中虛此陽闕一分而得二分兩地之數倚依也言卦畫之數依此而起也故三奇爲乾則三其參天之數而爲九是謂老陽三偶爲坤則三其兩地之數而爲六是謂老陰二奇一偶爲巽離兌則二參一兩而爲八是謂少陰二偶一奇爲震坎艮則二兩一參而爲七是謂少陽因七八九六之數以定陰陽老少之畫此立卦生爻之本也【備旨】此即原數所由起乃擧八以理定數也參天兩地是見成之數未是揲蓍倚數之數方說著蓍參兩二字不着力只是定天之數爲三便是參天定地之數爲兩便是兩地三各一奇爲三以一爲一陽主於進也四合之偶爲二以二爲二陰主於退也二老之數是參兩之積二少之數是參兩之交蓍數一本於天地故曰數即是理

## 觀變於陰陽而立卦ᄒᆞ고發揮於剛柔而生爻ᄒᆞ니

○陰陽애變을觀ᄒᆞ야卦를立ᄒᆞ고剛柔에發揮ᄒᆞ야爻를生ᄒᆞ니

或問觀變於陰陽而立卦是就蓍數上觀否朱子曰恐只是就陰陽上觀未用說到蓍數處○觀變於陰陽且統說道有幾畫陰幾畫陽成箇甚卦發揮剛柔却是就七八九六上說初間做這卦時未曉得是變與不變及至發揮出剛柔了方知這是老陰少陰那是老陽少陽○問旣有卦則有爻矣先言卦而後言爻何也曰自作易言之則有爻而後有卦此却似自後人觀聖人作易而言方其立卦時只見是卦及細別之則有六爻又問陰陽剛柔一也而別言之何也曰觀變於陰陽近於造化而言發揮剛柔近於人事而言且如泰卦以卦言之只見得小往大來陰陽消長之意爻裏面便有包荒之類○誠齋楊氏曰數旣形矣卦斯立焉聖人因其變之或九或七而爲陽因其變之或六或八而爲陰變至十有八而卦成焉聖人无與也特觀其變而立之爾故曰觀變於陰陽而立卦卦旣立矣爻斯生焉聖人因其數之陽而發明其爲爻之剛因其數之陰而發明其爲爻之柔聖人无與也特發揮之爾故曰發揮於剛柔而生爻○節齋蔡氏曰變即十有八變之變也陰陽七八九六也觀七八九六之變則卦可得而立矣陰陽之變卽所以爲爻復言發揮剛柔而生爻者蓋未入用則謂之陰陽己入用則謂之剛柔也

## 和順於道德而理於義ᄒᆞ며窮理盡性ᄒᆞ야以至於命ᄒᆞ니라

○道德에和順ᄒᆞ고義예理ᄒᆞ며理를窮ᄒᆞ며性을盡ᄒᆞ야ᄡᅥ命에至ᄒᆞ니라

程子曰和順於道德而理於義者體用也○和順於道德而理於義義卽是天道也易言理於義一也求是卽爲理義言理義不如且言求是易曉求是之心俄頃不可忘理於義此理云者猶人言語之間常所謂理者非同窮理之理○所務於窮理者非道須盡窮了天下萬物之理又不道是窮得一理便到只是要積累多後自然見去○窮理盡性矣曰以至於命則全无着力處如成於樂樂則生矣之意同○窮理盡性以至於命三事一時並了元无次序不可將窮理作知之事若實窮得理卽性命亦可了○如言窮理以至於命以序言之不得不然其實只是窮理便能盡性至命也○窮理盡性至命一事也才窮理便盡性盡性便至命如木可以爲柱理也其曲直者性也其所以曲直者命也理

性命一而已○理也性也命也三者未嘗有異窮理則盡性盡性則知天命矣天命猶天道也以其用言之則謂之命命者造化之謂也○理則須窮性則須盡命則不可言窮與盡只是至於命也○張子曰程子說只窮理便是至於命亦是失於大快此義儘有次序須是窮理便能盡得己之性則推類又盡人之性既盡得人之性須盡併萬物之性一齊盡得如此然後至於天道也其間煞有事豈有當下便理會了學者須是窮理爲先如此則方有學今言知命與至於命儘有遠近豈可以知便謂之至也○或問窮理盡性以至於命程張之說孰是朱子曰各是一說程子皆以見言不如張子有作用窮理是知盡性是行覺程子是說得快了如爲子知所以爲孝爲臣知所以爲忠此窮理也爲子能孝爲臣能忠此盡性也能窮其理而充其性之所有方謂之盡以至於命是拖脚說得於天者蓋性是我之所至者命是天之所以與我者也如舜盡事親之道至天下之爲父子者定知此者窮理者也能此者盡性者也

【本義】和順、從容无所乖逆、統言之也、理、謂隨事得其條理、析言之也、窮天下之理、盡人物之性而合於天道、此、聖人作易之極功也、

或問和順於道德而理於義是就聖人上說是就易上說朱子曰是說易又問和順是聖人和順否曰是易之和順道德而理於義如吉凶消長之道順而无逆是和順道德也理於義則又極其細而言隨事各得其宜之謂也和順道德如極高明理於義如道中庸○和順道德而理於義是統說底窮理盡性至命是分說底上一句是離合言之下一句以淺深言之凡卦中所說莫非和順那道德不悖了他理於義是細分他逐事上各有箇義一理和順字理字最好看聖人這般字改移不得○和順於道德是默契本原處理於義是應變合宜處物物皆有理須一一推窮性則是理之極處故云盡命則性之所自來處故云至○窮理是理會得道理窮盡性是做到盡處如能事父然後盡仁之性能事君然後盡義之性○窮理是知上說盡性是仁上說言能造其極也至於範圍天地是至命言與造化一般又問窮理盡性至於命曰此本是就易上說易上盡具許多道理直是窮得物理盡得人性到得那天命所以通書說易者性命之原此只言作易者如此後來不合將做學者事看○窮理盡性至命本是就易上說易上皆說物理便是窮理盡性即此便是至命也諸先生把來就人上說能窮理了方至於命聖人作易時固是具得許多道理人能體之而盡則便似那易他說那吉凶悔吝處莫非和順道德理於義窮理盡性之事這一句本是說易之書如此後人說去學問上却是借他底然這上也有這意思皆是自淺至深○雲峯胡氏曰蓍本自神明聖人幽贊之而已天圓地方之象自具一二之數聖人不過參之兩之而已其爲數也自有陰陽之變其爲變也自成剛柔之爻聖人不過觀其變而發揮之爾於蓍卦之德則和順之而一无所逆於六爻之義則條理之而各有其序窮天地之理盡人物之性聖人作易之功至是與天命爲一矣天命自然而然聖人之易亦非心思智慮之所爲也○進齋徐氏曰如乾爲

天道而彖之元亨利貞則其德爻之潛見躍飛則其義以一卦而統言之所謂和順也就六爻而言之所謂理也善觀易者推爻義以窮天下之理明卦德以盡一己之性窮理盡性則進退存亡得喪之天道可以知而天命在我矣○勉齋黃氏曰性命一也天所賦爲命物所受爲性性命係於氣則天之所賦吾之所受者剛柔通塞受制於不齊性命純乎德則天之所賦吾之所受者中正純粹皆原於固有之德窮理盡性則不但德勝其氣而已且將性命於天矣天德天理德以所得者而言理以本然者而言故性曰天德命曰天理亦一而已非二物也如此則氣之偏者變而正柔者變而强昏者變而明矣其不可變者死生壽夭有定數也○南軒張氏曰義在我也命在天也天下之人皆知義命則聖人之易不作矣惟夫不知義不知命此聖人不得已而生蓍倚數立卦生爻凡以爲天下不知義命者設也(備旨)和順二句見卦爻立而理无不備和順等字俱要就易上體貼乃卦爻內自窮自盡自至非以用占言也其間總體爲道德中間條目爲義而其散見於天下爲理稟於人物爲性理性之從出爲命其實只用是一個張南軒曰義在我也命在天也天下之人皆知義命則聖人之易不作矣惟不知義命則聖人不得已而生蓍倚數立卦生爻以爲不知義命者說

## 右、第一章、

漢上朱氏曰此章自昔者聖人止倚數說策數也觀變於陰陽而立卦說揲蓍分卦也發揮於剛柔而生爻說爻有變動也和順止至於命說所係爻彖之辭也○雙湖胡氏曰此章大抵論伏羲作易後欲教天下後世用易故示人以因蓍求卦之法无非欲使斯人安於義命之天而已聖人雖專指伏羲然文王周公係辭初不出義命之數亦在其中矣

昔者聖人之作易也는將以順性命之理니是以立天之道曰陰與陽이오立地之道曰柔與剛이오立人之道曰仁與義니兼三才而兩之라故로易이六畫而成卦ᄒ고分陰分陽ᄒ며迭用柔剛이라故로易이六位而成章ᄒ니라

○녯聖人의易을作홈은 쟝ᄎᆞᆺ뻐性命의理를順홈이니일로뻐 天의道를立홈을ᄀᆞᆯ온

陰과다뭇陽이오 地의道를立홈을골온柔과다뭇剛이오人의道를立홈을골온仁과다뭇義ㅣ니三才를兼ᄒᆞ야兩ᄒᆞ욘디라 故로易이六畫애卦ㅣ成ᄒᆞ고陰을分ᄒᆞ며陽을分ᄒᆞ며柔와剛을서르用ᄒᆞ논디라故로易이六位에章이成ᄒᆞ니라

程子曰立天之道曰陰與陽立地之道曰柔與剛立人之道曰仁與義兼三才而兩之不兩則无用又曰陰陽剛柔仁義只是一箇道理○仲尼言仁未嘗兼義於易曰立人之道曰仁與義而孟子言仁必以義配蓋仁者體也義者用也知義之爲用而不外焉者可與語道矣世之所論於義者多外之不然則混而无別非知仁義之說也○立人之道曰仁與義據今日合人道廢則是今尙不廢者猶只是有那些秉彝卒殄滅不得

【本義】兼三才而兩之、總言六畫、又細分之則陰陽之位、間雜而成文章也、

朱子曰聖人作易只是要發揮性命之理摸寫那箇物事下文所說陰陽剛柔仁義便是性中有這箇物事○問將以順性命之理而下言立天地人之道乃繼之以兼三才而兩之此恐是言聖人作易之由如觀鳥獸之文與地之宜始作八卦相似蓋聖人見得三才之理只是陰陽剛柔仁義故爲兩儀四象八卦也秖是這道理六畫而成卦也秖是這道理不知如何曰聖人見得天下只是這兩箇物事故作易只是摸寫出這底問摸寫出來便所謂性命之理性命之理便是陰陽剛柔仁義否曰便是○立天之道曰陰與陽是以氣言立地之道曰柔與剛是以質言立人之道曰仁與義是以理言○陰陽成象天道之所以立也剛柔成質地道之所以立也仁義成德人道之所以立也道一而已隨事著見故有三才之別而於其中又各有體用之分焉其實則一太極也○陰陽是陽中之陰陽剛柔是陰中之陰陽剛柔以質言是有箇物了見得是剛底柔底陰陽以氣言○仁義看來當作義與仁當以仁對陽仁若不是陽剛如何做得許多造化義雖剛却主於收斂仁却主發舒這也是陽中之陰陰中之陽互藏其根之意且如今人用賞罰到得與人自是无疑便做將去若是刑殺時便遲疑不肯果決做這見得陽舒陰斂仁屬陽義屬陰處○問仁如何比剛曰如春生則氣舒自是剛秋殺則氣收斂而漸衰自是柔○問揚子寔謂君子於仁也柔於義也剛曰仁體剛而用柔義體柔而用剛又曰於仁也柔於義也剛又自是一義便是這箇物事不可以一定名之看他用處如何○問兼三才而兩之如何分曰以一卦言之上兩畫是天中兩畫是人下兩畫是地兩卦各自看則上與三是天五與二爲人四與初爲地問以八卦言之則九三者天之陽六三者天之陰九二者人之仁六二者人之義初九者地之剛初六者地之柔不知是否曰恁地看也得如上便是天之陰三便是天之陽五便是人之仁二便是人之義四便是地之柔初便是地之剛○兼三才而兩之初剛而二柔三仁而四義五陽而上陰兩之如言加一倍本是一箇各加一箇爲兩○問分陰分陽迭用柔剛陰

陽剛柔只是一理兼而擧之否曰然○勉齋黃氏曰天之道不外乎陰陽寒暑往來之類是也地之道不外乎剛柔山川流峙之類是也人之道不外乎仁義事親從兄之類是也陰陽以氣言剛柔以質言仁義以理言雖若有所不同然仁者陽剛之理也義者陰柔之理也其實則一而已○建安丘氏曰上言窮理盡性至命此言順性命之理則易中所言之理皆性命也然所謂性命之理即陰陽柔剛仁義是也以爻分之則上二爻爲天之陰陽下二爻爲地之柔剛中二爻爲人之仁義兼三才而兩之謂重卦也方卦之小成三畫已具三才之道至重而六則天地人之道各兩所謂六畫成卦也分陰分陽以位言凡卦初三五位爲陽二四上位爲陰自初至上陰陽各半故曰分迭用剛柔以爻言柔謂六剛謂九也位之陽者剛居之柔亦居之位之陰者柔居之剛亦居之或柔或剛更相爲用故曰迭分之以示其經迭用以爲之緯經緯錯綜粲然有文所謂六位成章也○雲峯胡氏曰上章和順於道德統言之也理於義析言之也此章六畫而成卦統言之也分陰分陽迭用剛柔六位而成章又析言之也○雙湖胡氏曰易爲斯人作也性命之理天所賦於人人所受於天之理也聖人將以順人心性命之理是以兼三而兩六畫成卦以立天地人之道三才之道雖有陰陽剛柔仁義之殊大抵以立人道仁義爲主蓋人負陰陽之氣以有生肖剛柔之質以有形具仁義之理以成性莫不有三才之道焉仁義之道立即所以使之陰陽合德剛柔有體以順性命之理也故下文惟曰分陰分陽迭用柔剛以成六位之章而不復言仁義者豈不以使斯人皆得以揲蓍求卦分陰陽用柔剛以斷吉凶而成亹亹則仁義之道固在其中矣【備旨】此節總言易順性命之理有陰有陽然後成個天道有仁有義然後成個人道有剛有柔然後成個地道是三才原以兩而立故易兼兩而爲六非聖人故爲兼兩也分陰分陽二句相承陰陽各半曰分剛柔互用曰迭其定分處便是迭重迭用上迭用便成章要之分者陰陽之自分迭者剛柔之自迭非聖人故爲分之迭之此所謂以爲順性命之理

## 右、第二章、

**天地ㅣ定位ᄒᆞ며 山澤이 通氣ᄒᆞ며 雷風이 相薄ᄒᆞ며 水火ㅣ不相射ᄒᆞ야 八卦 相錯ᄒᆞ니** 射音石

○天과地ㅣ位를定ᄒᆞ며山과 澤이氣를通ᄒᆞ며雷과風이서르薄ᄒᆞ며 水과火ㅣ서르

射디아니ᄒᆞ야八卦ㅣ서ᄅᆞ錯ᄒᆞ니

【本義】邵子曰此、伏羲八卦之位、乾南坤北、離東坎西、兌居東南震居東北、巽居西南艮居西北、於是、八卦、相交而成六十四卦、所謂先天之學也、朱子曰先天圖更不可易以象言之天居上地居下艮爲山故居西北兌爲澤故居東南離爲日故居于東坎爲月故居于西震爲雷居東北巽爲風居西南○問山澤通氣只爲兩卦相對所以氣通曰澤氣之升於山爲雲爲雨是山通澤之氣山之泉脉流於澤爲泉爲水是澤通山之氣是兩箇之氣相通○山澤一高一下而水脉相爲灌輸也水火下然上沸而不相滅息也射音食犯也是不相害音斁是不相厭二義皆通○問射二音孰是曰音石是水火與風雷山澤不相類水火本是相尅底物事今却相應而不相害問若以不相厭射而言則與上文通氣相薄之文相類不知如何曰不相射乃下文不相悖之意不相悖乃不相害也水火本相害之物便如未濟之水火亦是中間有物隔之却相爲用若无物隔之則相害矣此乃以其不相害而明其相應也○問八卦相錯曰乾坤自是箇不動底物事動是陰陽如一陰對一陽一陽對一陰六十四卦圓轉皆如此相錯○平庵項氏曰八卦既成按而數之天地以上下直對水火以東西橫對雷風山澤以四角斜對八卦相錯粲然有倫也○臨川吳氏曰天地定位者乾南坤北上天下地定其尊卑之位也山澤通氣者艮西北兌東南山根着於地澤連接於天通乎天地之氣也雷風相薄者震東北巽西南雷從地而起風自天而行互相衝激也水火不相射者坎西離東一左一右不相侵克也○雲峯胡氏曰八卦錯而爲六十四卦其位亦然觀之圓圖可見也○柴氏中行曰不言八卦而言八物非物无以見相與變化之理也

數往者는順ᄒᆞ고知來者는逆ᄒᆞ니是故로易은逆數也ㅣ라 數色主反

○往을數홈은順ᄒᆞ고來를知홈은逆ᄒᆞ니이런故로易은逆ᄒᆞ야數ᄒᆞ는거시라

【本義】起震而歷離兌、以至乾、數已生之卦也、自巽而歷坎艮、以至於坤、推未生之卦也、易之生卦則以乾兌離震巽坎艮坤、爲次、故、皆逆數也、朱子曰數往者順知來者逆這一段是從卦氣上看來也是從卦畫生處看來恁地方交錯成六十四卦○潛室陳氏曰易本逆數也有一便有二有二便有四有四便有十六以至于六十四皆由此可以知彼由今可以知來故自乾一以至于坤八皆循序而生一如擴圖之次今欲以圓

圖象渾天之形若一依此序則乾坤相並寒暑不分故伏羲取天地定位山澤通氣雷風相薄水火不相射之義以乾坤定上下之位坎離列左右之門艮兌震巽皆相對而立蓋乾兌離震皆屬陽巽坎艮坤皆屬陰悉以陰陽相配圖必從中起者蓋萬事從心出之義卦必從復起者蓋天開於子之義自一陽始生之復起冬至節歷離兌之間爲春分以至于乾爲純陽是進而得其已生之卦如今日覆數昨日故曰數往者順自一陰始生之姤起夏至節歷坎艮之間爲秋分以至于坤爲純陰是進而能推其未生之卦如今日逆計來日故曰知來者逆然本其易之所成只是自乾一而兌二離三而震四巽五而坎六艮七而坤八如橫圖之序與圓圖之右方而已故曰易逆數也○雲峯胡氏曰諸儒訓釋此皆謂已往而易見爲順未來而前知爲逆易主於前民用故曰易逆數也惟本義依邵子以數往者順一段爲指圓圖而言卦氣之所以行易逆數一段爲指橫圖而言卦氣之所以生非本義發邵子之蘊則學者孰知此所謂先天之學哉此本義之功所以爲大也【備旨】此節承上八卦相錯來往來分順逆而易總起於逆則相錯者所以相生逆正以成其順也圖中從中起故以震巽中分爲往來以數往順形起知來逆重逆一邊已生皆起於未生數未有不逆者逆則自无適有變化有漸所以生生不窮此易自然之理也

右、第三章、

雷以動之코風以散之코雨以潤之코日以烜之코艮以止之코兌以說之코乾以君之코坤以藏之ᄒᆞᄂᆞ니라 烜况晩反 說音悅

○雷로써動ᄒᆞ고風으로써散ᄒᆞ고雨로써潤ᄒᆞ고日로써烜ᄒᆞ고艮으로써止ᄒᆞ고兌로써說ᄒᆞ고乾으로써君ᄒᆞ고坤으로써藏ᄒᆞᄂᆞ니라

【本義】此、卦位、相對、與上章、同、 朱子曰雷以動之以下四句取象義多故以象言艮以止之以下四句取卦義多故以卦言乾以君之坤以藏之兩句恁地說得好

○節齋蔡氏曰動則物萌散則物具二者言生物之功也潤則物滋烜則物舒二者言長物之功也止則物成說則物遂二者言收物之功也君則物有所歸藏則物有所息二者言藏物之功也此章卦位相對與上章同而上章則言卦象自相爲用此章則言八卦造物流行有生長收藏之事也○建安丘氏曰雷動風散乾坤初爻相易而爲震巽也雨潤日烜乾坤中爻相易而爲坎離也止之說之乾坤終爻相易而爲艮兌也此六子生物之序也然六子致用主於乾

而動歸於坤而藏此又父母之功也故以乾坤終之○雲峯胡氏曰自動至烜物之出機自止至藏物之入機出旡於有氣之行也故以象言入有於旡質之具也故以卦言【備旨】雷風言造化生物一氣之開先也雨日言造化亭物一氣之交暢也艮兌言造化成物一氣之收斂也乾坤言造化宰物一氣之貫於始終也自動至暄是物之出機自止至藏是物之入機出旡於有氣之行也故以象言人有於旡質之具也故以卦言

## 右第四章、

雲峯胡氏曰此章卦位相對與上章同特上章先之以乾坤此章則終之以乾坤也○潘氏夢旂曰上章先言乎天地之旡爲後言乎六子之相爲用言天地之用六子也此章先言乎六子之職後言乎乾坤之道言六子非乾坤旡以主之藏之也

**帝出乎震ᄒᆞ야齊乎巽ᄒᆞ고相見乎離ᄒᆞ고致役乎坤ᄒᆞ고說言乎兌ᄒᆞ고戰乎乾ᄒᆞ고勞乎坎ᄒᆞ고成言乎艮ᄒᆞ니라** 說音悅後同

○帝ㅣ震에出ᄒᆞ아巽애齊ᄒᆞ고離예셔ᄅᆞ見ᄒᆞ고 坤애役을致ᄒᆞ고兌예說ᄒᆞ고 乾에戰ᄒᆞ고坎에勞ᄒᆞ고艮에成ᄒᆞᄂᆞ니라

【本義】帝者、天之主宰、邵子、曰此卦位、乃文王所定、所謂後天之學也、 朱子曰帝出乎震與萬物出乎震只這兩段說文王卦○帝出乎震萬物發生便是他主宰從這裏出齊乎巽曉不得離中虛明可以爲南方之卦坤安在西南不成西北方旡地西方肅殺之地如何云萬物之所說乾西北也不可曉如何陰陽只來這裏相薄勞乎坎勞字去聲似乎慰勞之意言萬物皆歸藏乎此去安存慰勞他○問戰乎乾何也曰此恐是箇肅殺收成底時節故曰戰乎乾問何以謂之陰陽相薄曰乾陽也乃居西北故曰陰陽相薄恐是如此也見端的未得○勞乎坎是說萬物休息底意成言乎艮在東北是說萬物終始處又曰艮者萬物之所以成終而成始也猶春冬之交故其位在東北○節齋蔡氏曰帝者以主宰乎物爲言也出者發露之謂震居東方於時爲春齊者畢達之謂巽居東南於時爲春夏之交也相見物形明盛皆相見也離居南方於時爲夏致猶委也委役於萬物旡不養也坤居西南於時爲秋夏之交也說言者物形至此充足而說也兌居西方於時爲秋戰者陽氣始萌陰疑而戰也乾居西北於時爲秋冬之交也勞者萬物歸藏於內而休息也坎居北方於時爲冬成言者陽氣至此物之所成終而成始也艮居東北於時爲冬春之交也○雙湖胡氏曰自巽至兌皆陰卦忽與乾遇陰疑於陽必戰故曰戰乎乾○龜山楊氏曰成言乎艮艮者萬物之所成終而成始止於此矣復出乎震不終止也故艮曰時止則止時行則行○榕檀林氏曰出而齊齊而相見見而致養養而後說說而後戰戰而後勞勞而後成成而復出自然之序也○雲峯胡氏曰自出震以至成言乎艮萬物生成之序也然孰生孰成之必有爲之主宰者故謂之帝邵子曰此卦位乃文王所定所謂後天之學也蓋以彖辭坤西南得朋蹇不利艮之東北而知之也

萬物이 出乎震ᄒᆞ니 震은 東方也ㅣ라 齊乎巽ᄒᆞ니 巽은 東南也ㅣ니 齊也者는 言萬物之潔齊也ㅣ라 離也者는 明也ㅣ니 萬物이 皆相見ᄒᆞᆯ시니 南方之卦也ㅣ니 聖人이 南面而聽天下ᄒᆞ야 嚮明而治ᄒᆞ니 蓋取諸此也ㅣ라 坤也者는 地也ㅣ니 萬物이 皆致養焉ᄒᆞᆯ시 故로 曰致役乎坤이라 兌는 正秋也ㅣ니 萬物之所說也ㅣᆯ시 故로 曰說言乎兌라 戰乎乾은 乾은 西北之卦也ㅣ니 言陰陽相薄也ㅣ라 坎者는 水也ㅣ니 正北方之卦也ㅣ니 勞卦也ㅣ니 萬物之所歸也ㅣᆯ시 故로 曰勞乎坎이라 艮은 東北之卦也ㅣ니 萬物之所成終而所成始也ㅣᆯ시 故로 曰成言乎艮이라

○萬物이 震에 出ᄒᆞ니 震은 東方이라 巽애 齊ᄒᆞ니 巽은 東南이니 齊라 홈은 萬物의 潔齊홈을 닐옴이라 離란 거슨 明이니 萬物이 다 서르 볼시니 南方의 卦ㅣ니 聖人이 南으

로面ᄒᆞ야天下ᄅᆞᆯ聽ᄒᆞ야明을嚮ᄒᆞ야 治ᄒᆞ니이에取ᄒᆞᆷ이라坤이란거ᄉᆞᆫ地ㅣ니萬物이다養을致ᄒᆞᆯᄉᆡ故로坤애役을致타니ᄅᆞ니라兌ᄂᆞᆫ正ᄒᆞᆫ秋ㅣ니萬物의說ᄒᆞᄂᆞᆫ밸ᄉᆡ故로兌에說타니ᄅᆞ니라乾의戰ᄒᆞᆷ은 乾은西北의卦니陰陽이서르薄ᄒᆞᆷᄋᆞᆯ니ᄅᆞ니라坎은水ㅣ니正ᄒᆞᆫ北方의卦ㅣ니 勞ᄒᆞᄂᆞᆫ卦ㅣ니萬物의歸ᄒᆞᄂᆞᆫ밸ᄉᆡ故로坎에勞타니ᄅᆞ니라艮ᄋᆞᆫ東北의卦ㅣ니 萬物의終을成ᄒᆞᄂᆞᆫ배오始ᄅᆞᆯ成ᄒᆞᄂᆞᆫ밸ᄉᆡ 故로艮애成타니ᄅᆞ니라

程子曰南北之位所以定者在坎離也坎離又不是人安排得來莫非自然也○艮止也生也止則便生不止則不生此艮終始萬物又曰陰陽消長之際无截然斷絕之理故相攙掩過終始萬物萬物盛乎艮此儘神妙須研窮這箇理

【本義】上言帝、此言萬物之隨帝以出入也、 柴氏中行曰此言八卦見於一歲之造化○節齋蔡氏曰帝之出入不可見而爲物者可見故又以物言焉氣无物不行物无氣不生然氣之生也有漸不能遽遍乎物自帝出乎震至成言乎艮一氣流行之漸萬物生成之功也震巽離乾坎艮皆以方言兌以時言坤以地言所以然者夫子欲備三者之義互言之耳是雖有三又足以見其未嘗相離之義○雲峯胡氏曰離明以德言八卦之德可推坤地坎水以象言八卦之象可推兌秋以時言八卦之時可推以互見也坤於方獨不言西南坤土之用不止於西南也蓋春屬木夏屬火夏而秋火克金者也火金之交有坤土焉則火生土土生金克者又順以相生秋屬金冬屬水冬而春水生木者也水木之交有艮土焉木克土土克水生者又逆以相克所以爲春之生生生克克變化无窮孰主宰之曰帝是也○誠齋楊氏曰由帝出乎震至於成言乎艮者帝之所乘也由萬物出乎震而至於成言乎艮者又萬物之所主也帝乘之萬物主之者悉皆由乎八卦也聖人象八卦而爲治故南面而治取諸離離者陽明之卦萬物交相見之時其象曰大人以繼明照四方以之而垂拱豈不宜哉然聖人不獨取諸離以爲治至於握乾符闡坤維與震巽坎兌之治无非取之也易擧其一則其他可以類推矣抑嘗觀之帝與萬物所乘者皆八卦也於帝獨言致役乎坤而萬物言致養何耶曾不知坤於帝言致役者蓋坤臣也帝君也君之於臣役之而已於萬物言致養者蓋坤母也萬物子也母之於子養之而已至於他卦不言戰而乾言戰則乾西北之卦九十月之交陰盛陽微之時故不能无戰何則陰疑於陽必戰不然則坤之上六十月之卦也何以言龍戰于

野由此而觀則言陰陽相薄之語不爲虛設矣

右、第五章、

【本義】此章所推卦位之說、多未詳者、朱子曰文王八卦不可曉處多如離南坎北離坎却不應在南北且做水火居南北兌也不屬金如今只是見他底慣了一似合當恁地相似○文王八卦坎艮震在東北離坤兌在西南所以分陰方陽方○文王八卦有些似京房卦氣不取卦畫只取卦名京房卦氣以復中孚屯爲次復陽氣之始也中孚陽實在內而未發也屯始發而艱難也只取名義文王八卦配四方四時離南坎北震東兌西若卦畫則不可移換○進齋徐氏曰坎離天地之大用也得乾坤之中氣故離火居南坎水居北也震動也物生之初也故居東兌說也物成之後也故居西此四者各居正位也震屬木巽亦屬木震陽木也巽陰木也故巽居東南己之位也兌屬金乾亦屬金兌陰金也乾陽金也故乾居西北亥之方也坤艮皆土也坤陰土艮陽土坤居西南艮居東北者所以均旺乎四時也此四者分居四隅也後天八卦以震巽離坤兌乾坎艮爲次者震巽屬木木生火故離次之離火生土故坤次之坤土生金故兌乾次之金生水故坎次之水非土亦不能以生木故艮次之水土又生木木又生火八卦之用五行之生循環无窮此所以爲造化流行之序也○雙湖胡氏曰邵子以此章屬之文王八卦意其本之文王卦辭坤卦西南得朋東北喪朋正此章之方位也蹇解卦辭亦然竊嘗謂帝出乎震至成言乎艮八句疑是八卦圓圖之題目萬物出乎震以下皆是解說或如朱子論天一地二章未可知也

神也者는 妙萬物而爲言者也ㅣ니 動萬物者ㅣ 莫疾乎雷ᄒᆞ고 橈萬物者ㅣ 莫疾乎風ᄒᆞ고 燥萬物者ㅣ 莫熯乎火ᄒᆞ고 說萬物者ㅣ 莫說乎澤ᄒᆞ고 潤萬物者ㅣ 莫潤乎水ᄒᆞ고 終萬物始萬物者ㅣ 莫盛乎艮ᄒᆞ니 故로 水火ㅣ 相逮ᄒᆞ며 雷風이 不相悖ᄒᆞ며 山澤이 通氣然後에아 能

變化ᄒᆞ야既成萬物也ᄒᆞ니라 橈乃飽反熯呼但反 說音悅悖必內反

○神이란거슨萬物을妙홈을言ᄒᆞᆫ거시니萬物을動ᄒᆞ는거시雷만疾ᄒᆞ니업고萬物을撓ᄒᆞ는거시風만疾ᄒᆞ니업고萬物을燥ᄒᆞ는거시火만熯ᄒᆞ니업고萬物을說ᄒᆞ는거시澤만說ᄒᆞ니업고萬物을潤ᄒᆞ는거시水만潤ᄒᆞ니업고萬物을終ᄒᆞ며萬物을始ᄒᆞ는거시艮만盛ᄒᆞ니업스니故로水와火ㅣ서르逮ᄒᆞ며雷와風이서르悖티아니ᄒᆞ며山과澤이氣를通ᄒᆞᆫ然後에야能히變ᄒᆞ며化ᄒᆞ야萬物을다成ᄒᆞ니라

程子曰神是極妙之語○天者理也神者妙萬物而爲言者也帝者以主宰事而名

【本義】此、去乾坤而專言六子、以見神之所爲、然、其位序、亦用上章之說、未詳其義、朱子曰水火相逮一段又似與上面水火不相射同又似是伏羲卦○問前兩段說伏羲卦位後兩段自帝出乎震以下說文王卦位自神也者妙萬物而爲言下有兩段前一段乃文王卦位後段乃伏羲底恐夫子之意以爲伏羲文王所定方位不同如此然生育萬物既如文王所次則其方位非如伏羲所定亦不能變化既成萬物也无伏羲底則做文王底不出切恐文義如此說較分明曰如是則其歸却主在伏羲上恁地說也好又曰此兩段却除了乾坤着一句神者妙萬物而爲言引起則乾坤在其中矣且如雷風水火山澤自不可喚做神神者乃其所以動所以橈者是也○文王八卦則兌震以長男而合少女艮巽以長女而合少男皆非其偶故自動萬物者莫疾乎雷至終萬物始萬物者莫盛乎艮皆別言六子之用故以四時之序次言之而用文王八卦之序下則推其所以成用在於陰陽各得其偶故用伏羲八卦之序若上用伏羲卦次則四時失其序下用文王八卦則兌震艮巽皆非其偶矣○漢上朱氏曰上說天地定位六子致用此說六子合而爲乾坤乾坤合而生神妙萬物而爲言者物物自妙也鄭康成曰共成萬物不可得而分故合謂之神橫渠曰一則神兩則化妙萬物者一則神也○南軒張氏曰八卦各有所在也而神則无在而无不在八卦各有所爲也而神則无爲而无不爲强名之曰神者即其妙萬物而爲言也○龜山楊氏曰離帝而爲神則其運无方其居无迹非妙萬物者能如是乎前論震離坎兌艮巽之屬則兼乾坤而言之此不言乾坤而言六子者豈非乾坤其始任六子以成功及其終也六子成其功以歸於乾坤乾坤則有不與者乎○沙隨程氏曰始言六子之才各有所長終言六子之情各有所合○建安丘氏曰序六子之用不及乾坤者六子之用皆乾坤之爲也五卦皆言象而艮不言者終始萬物義不係於山也○虞氏翻曰不言乾坤者乾主變坤主化言變化則乾坤備矣○進齋徐氏曰伏羲八卦方位主造化對待之體而言文王八卦方位主造化流行之用而言對待非流行則不能變化流行非對待則不能自行○平庵項氏曰動橈燥說潤盛皆據後天分治之序而相逮不相悖通氣變化復據先天相合之位者明五氣順布四季分王之時而无極之眞二五之精所以妙合而凝者未始有戾於先天之事也苟无此章則文王爲无體而伏羲爲无用矣故讀易者於此不可不深玩也相逮與不相射相薄與不相悖此皆互言之也

## 右、第六章、

平庵項氏曰上章陳八卦辨其分治之跡此章擧八物明其氣化之神○雲峯胡氏曰以上第三章第四章言先天第五章言後天此第六章則由後天而推先天者也去乾坤而專言六子以見神之所爲言神則乾坤在其中矣雷之所以動風之所以橈以至艮之所以終所以始皆神之所爲也然後天之所以變化者實由先天而來先天水火相逮以次陰陽之交合後天雷動風橈以次五行之變化惟其交合之妙如此然後變化之妙亦如此

**乾은健也ㅣ오坤은順也ㅣ오震은動也ㅣ오巽은入也ㅣ오坎은陷也ㅣ오離는麗也ㅣ오艮은止也ㅣ오兌는說也ㅣ라**

○乾은健ᄒᆞ고坤은順ᄒᆞ고震은動ᄒᆞ고巽은入ᄒᆞ고坎은陷ᄒᆞ고離ᄂᆞᆫ麗ᄒᆞ고艮은止ᄒᆞ고兌ᄂᆞᆫ說ᄒᆞ니라

【本義】此、言八卦之性情、朱子曰八卦之性情謂之性者言其性如此又謂之情者言其發用處亦如此如乾之健本性如此用時亦如此○伏羲畫八卦只此數畫該盡萬物之理陽在下爲震震動也在上爲艮艮止也陽在下自動在上自止○節齋蔡氏曰乾純陽剛故健坤純陰柔故順震坎艮陽卦陽生乎二陰之下則剛而進故動在二陰之中則剛爲陰所溺故陷出二陰之上雖剛則亦无所往矣故止巽離兌陰卦陰成乎二陽之下以順而伏故入在二陽之中以順而附故麗在二陽之上以順而見故說○雲峯胡氏曰夫子欲於下文言八卦之象故先言其性情如此象者其似性情者其眞象傳於巽不言入而直言巽坎不言陷而言險離

罕言麗而言明則又得其眞矣

右、第八章、臨川吳氏曰此章以八字斷八卦之德其下乃以物以身以家依八德之類而分主之自此以下皆以陰陽純卦及初中終爲序又非上章先天後天之序也

乾爲馬ㅣ오坤爲牛ㅣ오震爲龍이오巽爲雞오坎爲豕오離爲雉오艮爲狗오兌爲羊이라

○乾이馬ㅣ되고坤이牛ㅣ되고震이龍이되고巽이鷄되고坎이豕되고離ㅣ雉되고艮이狗ㅣ되고兌ㅣ羊이되니라

【本義】遠取諸物、如此、或問易之象朱子曰便是理會不得如乾爲馬而乾之象却專說龍如此之類皆不通○易中占辭其取象亦有來歷不是假說譬喻但今以說卦求之多所不通故不得已而闕之或且從先儒之說耳○徐彥章說本義只說得箇占其說不然說象牽合不得如坤爲牛遍求諸卦必要尋箇牛或以一體取或以一爻取如坤牛不可見便於離一畫是牛頤之龜又虎視更說不得又曰易象也須有此理但恁地零零碎碎去牽合附會得來不濟事須是見他一箇大原許多名物件數皆貫通在裏面方是○臨川吳氏曰健而行不息者馬也順而勝重載者牛也以動奮之身而靜息於地勢重陰之下與地雷同其寂者龍也龍之潛於淵宬者重陰之處也以入伏之身而出聲於天氣重陽之內與地風同其感者鷄也鷄之鳴於丑半者重陽之時也或曰鷄之行首動於前足動於中身不動而隨其後能動之二陽在前在中不動之一陰在後也前後皆陰之汚濁而中心剛躁者豕也前後皆陽之文明而中心柔怯者雉也外剛能止物而中內柔媚者狗也外柔能說草而中內剛狠者羊也此以動類之八物擬八卦也○平庵項氏曰造化權輿云馬乾象故蹄圓牛申象故蹄折○括蒼龔氏曰雞羽屬也而能飛其性則爲入爲伏知時而善應故巽爲雞○南軒張氏曰豕主汗濕其性趍下故坎爲豕雉性耿介而外文明故離爲雉艮爲狗言其止於人而能止人也○雲峯胡氏曰周公以乾爲龍而夫子以爲馬文王以坤爲牝馬而夫子以爲牛以見象之不必泥也如此學易者必以坤爲牛或以一體取或以一爻取以互變體爻取至不可取則又取離之牝牛其鑿甚矣要之天地間萬物无非易也又豈特此八物哉觸類而長之可也

# 右、第八章、

雙湖胡氏曰夫子於八卦取象有括文王周公彖爻之例者有自括大象之例者又有於說卦別取者如上章天地山澤雷風水火是括大象之例如此章乾馬兌羊巽雞離雉是括周公爻例周公於大畜乾爻稱馬大壯似兌稱羊中孚巽爻稱雞睽互坎卦稱豕至若坤牛震龍艮狗實夫子於說卦又有所取而前聖未有其例者也下章皆然數聖人取象本各不同如必欲執彖爻之象盡求合於說卦則多不通矣

## 乾爲首오ㅣ坤爲腹오이震爲足오이巽爲股오ㅣ坎爲耳오ㅣ離爲目오이艮爲手오ㅣ兌爲口라ㅣ

○乾이首ㅣ되고坤이腹이되고震이足이되고巽이股ㅣ되고坎이耳ㅣ되고離ㅣ目이되고艮이手ㅣ되고兌ㅣ口ㅣ되니라

【本義】近取諸身、如此、或問艮何以爲手朱子曰手去捉定那物便是艮又問捉物乃手之用不見取象正意曰也只是大概略恁地○建安丘氏曰首會諸陽尊而在上腹藏諸陰大而容物足在下而動股兩垂而下耳輪內陷陽在內而聰目睛附外陽在外而明手剛在前口開于上又曰震陽動于下爲足艮陽止于上爲手手上而足下也巽陰兩開于下爲股兌陰兩折于上爲口口上而股下也○平庵項氏曰足動股隨雷風相與也耳目通竅水火相逮也口與鼻通山澤通氣也○漢上朱氏曰人之經脉十有二其六動於足其六動於手動於足者震之陽自下而升動於手者艮之陽自上而止震艮相反疾走者掉臂束手者緩行坎爲耳陽陷乎陰也輪偶者陰也竅奇者坎中之陽也精脫腎水竭則槁離爲目陰麗乎陽也陽中有陰故肉白陰中有陽故精黑精竭者目盲離火光所麗也離爲日寐者神栖於心其日昃乎寤者神見於目其日出乎故寐者形閉坤之闔也寤者形開乾之闢也一闔一闢目瞑耳聽唯善用者能達耳目於外唯善養者能反耳目於內也○雲峯胡氏曰八卦近取諸身如此要之一身之中无非易也又豈特此八者爲然哉○息齋余氏曰八卦之象近取諸身者六子以反對遠取諸物者六子以序對四者易而坎離不易也首以君之腹以藏之足履於下爲動手持於上爲止股下岐而伏口上竅而見耳外虛目內虛各以反對也其在物乾坤與二少皆取走二長二中一走一飛龍者走之飛雞者飛之走各以序對也

右、第九章、雙湖胡氏曰夫子於此章取象坤爲腹與明夷六四同巽爲股與咸九三互體同兌爲口與咸上六輔頰舌同外餘皆自取

乾은天也ㅣ라故로稱乎父ㅣ오坤은地也ㅣ라故로稱乎母ㅣ오震은一索而得男이라故로謂之長男이오巽은一索而得女ㅣ라故로謂之長女ㅣ오坎은再索而得男이라故로謂之中男이오離는再索而得女ㅣ라故로謂之中女ㅣ오艮은三索而得男이라故로謂之少男이오兌는三索而得女ㅣ라故로謂之少女ㅣ라 索色白反長丁丈反少詩照反下章同

○乾은天이라故로父ㅣ라稱ᄒᆞ고坤은地라故로母ㅣ라稱ᄒᆞ고震은ᄒᆞᆫ번索ᄒᆞ야男을得ᄒᆞᆫ디라故로長男이라니ᄅᆞ고巽은ᄒᆞᆫ번索ᄒᆞ야女를得ᄒᆞᆫ디라故로長女ㅣ라니ᄅᆞ고坎은두번索ᄒᆞ야男을得ᄒᆞᆫ디라故로中男이라니ᄅᆞ고離는두번索ᄒᆞ야女를得ᄒᆞᆫ디라故로中女ㅣ라니ᄅᆞ고艮은세번索ᄒᆞ야男을得ᄒᆞᆫ디라故로小男이라니ᄅᆞ고兌는세번索ᄒᆞ야女를得ᄒᆞᆫ디라故로小女ㅣ라니ᄅᆞ니라

【本義】索、求也、謂揲蓍以求爻也、男女、指卦中一陰一陽之爻而言、朱子曰八卦次序是伏羲底此時未有文王次序三索而爲六子這自是文王底各自有箇道理○非震一索而得男乃是一索得陽爻而後成震一說是就變體上說謂就坤上求得一陽爻而成震卦一說乃是說揲蓍求卦求得一陽後面二陰便是震求得一陰後面二陽便是巽又曰看來不當專作揲蓍看揲蓍有不依這序時便說不通大槩只是乾求於坤而得震坎艮坤求於乾而得巽離兌一二三者以其畫之次序言也○一索再索之說初間畫卦時也不恁地只是畫成八卦後便見有此象耳

○節齋蔡氏曰乾坤交而生震巽坎離艮兌故以能生者爲父母而生者爲子一索再索三索者以初中終三畫而取此長中少之序也震坎艮皆陽故曰男巽離兌皆陰故曰女○平庵項氏曰乾坤六子初爲氣末爲形中爲精雷風氣也山澤形也水火精也○漢上朱氏曰將說天地生萬物而先言人者天地之性人爲貴萬物皆備於人也乾天也爲陰之父坤地也爲陽之母萬物分天地也男女分萬物也察乎此則天地與我並生萬物與我同體是故聖人親其親長其長而天下平伐一草木殺一禽獸非其時謂之不孝○柴氏中行曰先儒不以此章並於諸象是惑於謂之之語而未循本以求之也又但知男女之爲人而未知物物有男女之象天地之性人爲貴故以人言之耳不然何以別象中有爲父爲長子爲長女爲中女爲少女等語與此章所稱无異此蓋以男女分八卦言也物皆有雌雄牝牡之異則父母男女之象也其生皆有先後次序之異則長中少之象也或曰乾坤生萬物有男女之別固也其生也皆生孰見其長中少之異有長中少之異者物自爲父母而生也殊不知父母之生即天地之生也豈於父母之外別有天地之生乎○雲峯胡氏曰此章本義乃朱子未改正之筆要當以語錄說爲正若專言揲蓍求卦則无復此卦序矣要之卦畫已成之後方見有父母男女之象非卦之初畫時即有此象也讀者詳之[備旨]玩數故之是乾坤六子而有父母男女各色夫子特傳其義如此索即交感之意一再三從畫之次序言自下而上也然亦自成卦後看出有此象耳陽先求陰則陽入陰中而爲男陰先求陽則陰入陽中而爲女三陽男也乾之似也乃歸之於坤求而後得三陰女也坤之似也乃歸之於乾求而後得何也蓋三男本坤體各得乾一陽而成此陽根於陰故歸之坤也三女本乾體各得坤一陰而成陰根於陽故歸之乾也

## 右、第十章、

**乾은爲天爲圜爲君爲父爲玉爲金爲寒爲冰爲大赤爲良馬爲老馬爲瘠馬爲駁馬爲木果ㅣ라** 圜音圓駁邦角反

○乾은天이되며圜이되며君이되며父ㅣ되며玉이되며金이되며寒이되며冰이되며큰赤이되며良馬ㅣ되며老ᄒᆞᆫ馬ㅣ되며瘠ᄒᆞᆫ馬ㅣ되며駁ᄒᆞᆫ馬ㅣ되며木果ㅣ되니

라

程子曰說卦於乾雖言爲天又言爲金爲玉以至爲駁馬爲良馬爲木果之類豈盡言天若此者所謂類萬物之情也故孔子推明之曰此卦於天文地理則爲某物於鳥獸草木則爲某物於身於物則爲某物各以例擧不盡言也學者觸類而求之則思過半矣不然說卦所叙何所用之

【本義】 荀九家、此下、有爲龍爲直爲衣爲言、朱子曰卦象指文王卦言所以乾言爲寒爲氷○荀爽有集九家易解十卷○節齋蔡氏曰積陽爲天陽體動爲圜幹而在上爲居圜而在上爲木果○沙隨程氏曰爲圜天之體也爲君居上而覆下也爲玉德粹也爲金堅剛也爲寒位西北也爲氷寒之凝也爲大赤盛陽之色也爲木果以實承實也若艮爲果蓏則下有柔者存焉○瓜山潘氏曰圜光端也○息齋余氏曰乾爲寒者陰不生於陰而生於陽也氷者陰之變而剛者也○縉雲馮氏曰乾居西北卦氣爲立冬之節水始氷之時故爲寒爲氷○平庵項氏曰良馬德莫加焉駁馬鋸牙食虎力莫加焉老馬智最高瘠馬筋骨至峻○鄱陽董氏曰按韻會駁獸如馬鋸牙食虎豹宋劉敞奉使契丹時順州山中有異獸如馬而食虎豹虜人不識以問公曰此駁也爲言形狀音聲皆是虜嘆服之又駁馬色不純或曰純極而駁生焉○臨川吳氏曰坎中陽爲赤乾純陽赤加大字以別於坎也馬加良老瘠駁四字以見純陽无陰異於震坎陰陽相雜之馬也良謂純陽健之最善者也老謂老陽健之最久者也瘠謂多骨少肉健之最堅强者也駁馬鋸牙食虎豹健之最威猛者也○楊氏曰果實而不剝於陰爲木果如剝之碩果不食是也○雙湖胡氏曰乾无所不統爲君變生六子爲父爻剛位間柔相濟爲玉爻純剛爲金金故爲寒金生水水極寒爲氷又乾爲天而貫四時故在秋冬爲寒爲氷在夏爲大赤純陽而健爲馬在春爲良夏爲老秋爲瘠冬爲駁乾取象无所不包不可與諸卦例論故發其義又曰夫子取乾象稱馬本之大畜爻外餘皆所自取如乾天坤地之類亦夫子象傳大象所取也

## 坤은 爲地爲母爲布爲釜爲吝嗇爲均爲子母牛爲大輿爲文爲衆爲柄이오 其於地也애 爲黑이라

釜房甫反 嗇音色

○坤은地ㅣ되며母ㅣ되며 布ㅣ되며釜ㅣ되며吝嗇홈이되며均홈이되며 子母牛ㅣ되며큰輿ㅣ되며文이되며衆이되며柄이되고그地에黑이되니라

【本義】 荀九家、有爲牝爲迷爲方爲囊爲裳爲黃爲帛爲漿、進齋徐氏曰坤積陰於下故爲地物資以生故爲母動闢而廣故爲布爲均虛而容物故爲釜靜翕而不施故爲吝嗇性順故爲子母牛厚而載物故爲大輿坤畫偶故爲文偶畫多故爲衆有形可執故爲柄純陰故於色爲黑○融堂錢氏曰吝嗇至陰之性女子小人未有不吝嗇者爲文正蒙曰坤爲文衆色也又曰物之生於地至雜而文柄者生物之權○南軒張氏曰均者其勢均平而无偏陂者也○臨川吳氏曰爲布旁有邊幅而中平廣也爲大輿三畫虛所容載者多也坎惟二畫虛亦爲輿而不得爲大也爲柄謂在下而承物於上凡執持之物其本着地者柄也其於地也爲黑地之土色有五若坤之所象則於地爲黑土也黑者極陰之色也○息齋余氏曰玉金自然之寶布釜皆出於金然受變於模冶而成此所以爲效法之坤歟布謂泉也又曰吝嗇者翕之守也均者闢之敷也柄也者勤於造事而不名其功者歟○雙湖胡氏曰夫子取坤象稱輿本之剝上九爻稱衆本之晉六三爻餘皆所自取

震은 爲雷爲龍爲玄黃爲旉爲大塗爲長子爲決躁爲蒼莨竹爲萑葦오 其於馬也애 爲善鳴爲馵足爲作足爲的顙오이 其於稼也애 爲反生오이 其究ㅣ 爲健오이 爲蕃鮮이라 旉音孚莨音郎萑音丸馵主樹反蕃音煩

○震은雷ㅣ되며龍이되며 玄과黃이되며旉ㅣ되며큰塗ㅣ되며長子ㅣ 되며決躁ㅣ되며蒼莨ᄒᆞᆫ竹이되며 萑葦ㅣ되고그馬애善히鳴ᄒᆞᆷ이되며 馵ᄒᆞᆫ足이되며作ᄒᆞᆫ足이되며的顙이되고 그稼애反ᄒᆞ야生ᄒᆞᆷ이되고그究ㅣ健이되고蕃ᄒᆞ야 鮮ᄒᆞᆷ이되니라

【本義】 荀九家、有爲玉爲鵠爲鼓、張子曰陰氣凝聚陽在內者不得出則奮擊而爲雷○節齋蔡氏曰陽動于下故爲雷陰陽始交故爲玄黃陽氣始施故爲旉萬物畢出故爲大塗動故爲決躁氣始亨故於馬爲善鳴陽在下故又爲馵足爲作足陰在上故爲的顙的白也而顙在上也詩所謂白顛傳所謂的顱是也剛反動於下故於稼爲反生陽長必終於乾故其究爲健○臨川吳氏曰爲玄黃乾坤始

交而生震故兼有天地之色得乾初畫爲玄得坤中畫上畫爲黃孔疏謂玄黃雜而成蒼色也爲男字又作敷與華通花蔕下連而上分爲花出也爲大塗一奇動於內而二偶開通前无壅塞也爲決躁決者陽生於下而上進以決陰躁者陽之動也爲蒼莨竹蒼深靑色莨謂色之美蒼竹之的也爲萑葦萑荻葦蘆竹萑葦皆下本實而上幹虛其於馬也爲善鳴爲馵足爲作足爲的顙善鳴者陽在內爲聲上畫偶口開出聲也馵足足皆白陽之色作足足超起陽之健皆言下畫之陽也的顙額有旋毛中虛如射者之的言上畫之虛也其於稼也爲反生稼諸穀之類反生萌芽自下而生反句向上陽在下也其究爲健中上二畫變則爲乾也爲蕃鮮蕃盛而鮮美謂春生之草也草下一根而葉分開於上也○雙湖胡氏曰夫子取震卦象稱雷本家辭震驚百里稱長子本師六五爻互震體稱馬本屯卦諸爻餘皆自取

## 巽은 爲木爲風爲長女爲繩直爲工爲白爲長爲高爲進退爲不果爲臭오 其於人也에 爲寡髮爲廣顙爲多白眼爲近利市三倍오 其究ㅣ爲躁卦라

○巽은木이되며風이되며長女ㅣ되며繩이直홈이되며工이되며白이되며長이되며高ㅣ되며進ᄒᆞ며退홈되며果티아니미되며臭ㅣ되고 그人애髮이寡홈이되며顙이廣홈이되며白이多ᄒᆞᆫ眼이되며 利예近홈이市ㅣ三倍ㅣ되고 그究ㅣ躁卦ㅣ되니라

【本義】 荀九家、有爲楊爲鸛、張子曰陰氣凝聚陽在外者不得入則周旋不舍而爲風○進齋徐氏曰巽入也物之入者莫如木氣之善入者莫如風繩糾木之曲而取直者工引繩之直而制木者巽德之制故爲繩直爲工巽少陰故於色爲白木下入而上升故爲長爲高陰性多疑故爲進退爲不果陰伏於下氣鬱不散故爲臭髮陰也陽盛於上爲寡髮二陽在上爲廣顙離爲目反離中爻於下故爲多白眼陰得乎陽故爲近利市三倍或謂離日中爲市而巽近之故有此象震爲決躁巽三爻皆變則爲震故其究爲躁卦○融堂錢氏曰爲木者幹陽而根陰也爲長者風行也爲高者木性也寡髮者陰血不升廣顙者陽氣上盛也○節齋蔡氏曰爲進退不果者一陰盤旋於二陽之下也○臨川吳氏曰臭者香羶腥焦朽之五氣凡物有聲色臭味聲臭屬陽色味屬陰巽二陽外達故爲臭反以三隅則震一陽內主爲聲兌者巽之反體爲味艮者震之反體爲色也爲寡髮爲廣顙爲多白眼皆上陽盛也以頭言陰血盛者髮多陽氣盛者髮少以顙言陽體勝者額廣陰體勝者額狹以眼言白者爲陽黑者爲陰離目上下白而黑者居中黑白相間而停匀巽目上中白而黑者在下上白多於黑也爲近利市三倍義理陽也利欲陰也震陽在內義理主於內也故一剛爲主於內之卦爲无妄巽陰在內利欲主於內也故爲近利曰市三倍者猶詩言賈三倍謂市物而得利三倍近利之至甚者也其究爲躁卦三畫皆變則爲震也震之三畫皆變則成巽巽之中上二畫變則成坤於震不變其初畫之陽而但變其中上二畫故其究爲乾而不爲巽於巽先變其初畫之陰而盡變其初中上三畫故其究爲震而不爲坤蓋喜陰卦爲陽卦陽卦爲純陽卦而不欲陽卦爲陰卦陰卦爲純陰也○雙湖胡氏曰夫子於巽卦取象稱木本之漸六四外餘皆自取

**坎은 爲水爲溝瀆爲隱伏爲矯輮爲弓輪이오 其於人也에 爲加憂爲心病爲耳痛爲血卦爲赤이오 其於馬也에 爲美脊爲亟心爲下首爲薄蹄爲曳오 其於輿也에 爲多眚이오 爲通爲月爲盜ㅣ오 其於木也에 爲堅多心이라** 輮如九反亟紀力反曳以制反

○坎은水ㅣ되며溝瀆이되며 隱伏이되며矯輮홈이되며弓과 輪이되고 그人애더憂홈이되며心의病이되며 耳의痛이되며 血卦ㅣ되며 赤이되고 그馬애脊이美홈이되며心이亟홈이되며 首ㅣ下홈이되며蹄ㅣ薄홈이되며曳홈이되고 그輿ㅣ애眚이多홈이되고通홈이되며月이되며盜되고 그本애堅ᄒᆞ고心이多홈이되니라

【本義】 荀九家、有爲宮爲律爲可爲棟爲叢棘爲狐爲蒺藜爲桎梏、 閻氏彥升曰坎一陽在內而明二陰在外而陷內明外陷故爲水溝瀆所以行水水流而不盈故爲溝瀆○進齋徐氏曰內明外暗者水與月也坎內陽外陰故爲水爲月陽匿陰中故爲隱伏爲盜大玄以水爲盜陰陽家以玄武爲盜以其皆屬北方之坎也陽在陰中抑而能制故爲矯輮爲弓輪矯者矯曲而使之直輮者輮直而使之曲也弓蓋二十八所以蔽其車之上輪輻三十六所以載其下弓與輪皆矯輮之所成也陽陷陰中故爲加憂心耳皆以虛爲體坎中實則爲病爲痛三畫之卦上畫爲馬顙下畫爲馬足坎中畫陽故爲美脊爲亟心上柔故又爲下首下柔故又爲薄蹄爲曳柔在下不任重故於輿爲多眚坎維心亨故爲通剛在中故於木爲堅多心○鄭氏正夫曰陽居中而无陰以蔽之則見而不隱陽在下而動得時則起而不伏坎則陰陷陽而包之故爲隱伏素問金在志爲憂水在志爲恐恐則甚於憂故爲加憂火藏在心坎水勝之故爲心病水藏在腎開竅於耳而水在志爲恐恐則傷腎故爲耳痛氣爲陽運動常顯血爲陰流行常幽血在形如水在天地間故爲血卦○臨川王氏曰水之勢一曲一直一方一圓皆順其勢之所利而因其人之所導故爲矯輮○臨川吳氏曰爲血卦離火在人身爲氣坎水在人身爲血也爲赤者得乾中畫之陽故與乾同色也其於馬也爲美脊爲亟心爲下首爲薄蹄脊者外體之中心者內藏之中坎陽在中故脊美心亟急也前畫柔故首下而不昂下畫柔故蹄薄而不厚其於輿爲多眚者謂有險陷而多阻礙也蓋行於險道不若坤輿之行於平地者易且安也○沙隨程氏曰坎於馬爲曳者陷則失健也○潘氏夢旂曰通者水之性月者水之精也○雙湖胡氏曰夫子取坎卦象如輪本旣未濟爻如心本坎卦彖如血本需卦爻如馬本屯卦爻如輿本睽卦爻如盜本蒙賁等卦爻此外皆自取

離는 爲火爲日爲電爲中女爲甲胄爲戈兵이오 其於人也애 爲大腹이오 爲乾卦爲鼈爲蟹爲蠃爲蚌爲龜오 其於木也애 爲科上槁ㅣ라 乾音干蟹戶買反蠃力禾反蚌步項反

○離는 火ㅣ 되며 日이 되며 電이 되며 中女ㅣ 되며 甲胄ㅣ 되며 戈兵이 되고 그 人에 큰 腹이 되고 乾卦ㅣ 되며 鼈이 되며 蟹ㅣ 되며 蠃ㅣ 되며 蚌이 되며 龜ㅣ 되고 그 木애 科上의 槁ㅣ 되니라

【本義】 荀九家、有爲牝牛、節齋蔡氏曰內暗外明者火與日也離內陰外陽故爲火爲日陰麗於陽則明故爲電剛在外故爲甲胄爲戈兵中虛故於人爲大腹火熯燥故爲乾卦外剛內柔故爲鼈爲蟹爲蠃爲蚌爲龜中虛故於木爲科上槁科空也木旣中空上必枯槁矣○南軒張氏曰甲胄外堅所以象乾之畫戈兵上銳所以象離之性腹陰而有容坤爲腹離得坤中爻亦爲腹○楊氏曰鱉性靜取其中畫之柔蟹性躁取其上下二畫之剛蠃取善麗之象蚌取中虛之象龜取文明之象○張子曰離爲乾卦於木爲科上槁附而燥也○括蒼龔氏曰科上槁中虛而外乾也○雙湖胡氏曰按張子謂附而燥是不以科爲木科爲水盈科之科謂科巢之附於木上者也科中虛有離象燥則科上之木乾燥耳如鵲巢之類皆是以木枝結構而成也又按夫子取離卦象如日本離晉革豊家辭如龜本頤損益似體此外皆所自取

艮은爲山爲徑路爲小石爲門闕爲果蓏爲閽寺爲指爲狗爲鼠爲黔喙之屬이오其於木也애爲堅多節이라 蓏力火反黔其廉反喙況廢反

○艮은山이되며徑路ㅣ되며쟈근石이되며門闕이되며果蓏ㅣ되며閽寺ㅣ되며指ㅣ되며狗ㅣ되며鼠ㅣ되며喙ㅣ黔ᄒᆞᆫ屬이되고그木애堅ᄒᆞ고節이多홈이되니라

【本義】荀九家、有爲鼻爲虎爲狐、陳安卿說麻衣易以艮爲鼻朱子曰鼻者面之山晉管輅己如此說○鄭氏正夫曰靜以止者山也○臨川吳氏曰爲徑路徑者路之小也艮者震之反體高山之上成蹊非如平地之大塗也爲小石剛在坤土之上象山頂高處之小石坎剛在坤土之中則象平地土中之大石也爲門闕闕者門之出入處上畫連亘中下二畫雙峙而虛似門闕也爲果蓏果者木實蓏者草實乾純剛故爲木果艮一剛在上者木之果二柔在下者草之蓏爲鼠爲黔喙之屬皆謂前剛也黔字當與鈐通以鐵持束物者黔喙之屬山居猛獸齒牙堅利如鐵能食生物者也其於木也爲堅多節剛在外也○平庵項氏曰震爲萬爲蕃鮮草木之始也艮爲果蓏草木之終也果蓏能終又能始故於艮之象爲切○開封耿氏曰周官閽人掌王宮中門之禁止物之不應入者寺人掌王之內人及宮女之戒令止物之不得出者皆爲阻於前而衛內之柔者也○泠氏曰鳥善以喙止物者黔喙之屬也巽能曲直故爲木之全材坎陽內故堅多心艮陽上故堅多節離爲火於木生盛則藏於本生衰則顯於末故爲科上槁○白雲郭氏曰三陽卦艮獨不言馬者其剛在上所用益小故於獸畜无行健之功徒有噬嗑之象○雙湖胡氏曰艮爲山一陽高出二陰之上而止其所也爲指艮爲手而所用以止物者又在指也又按夫子取艮卦象如石本之豫互體之爻如鼠本之晉互體之爻如果本之剝上爻此外皆所自取

兌는 爲澤爲少女爲巫爲口舌爲毁折爲附決이오 其於地也애 爲剛鹵ㅣ오 爲妾爲羊이라 鹵力杜反

○兌는 澤이 되며 少女ㅣ 되며 巫ㅣ 되며 口와 舌이 되며 毁折이 되며 附決이 되고 그 地애 剛과 鹵ㅣ 되고 妾이 되며 羊이 되니라

【本義】荀九家、有爲常爲輔頰、進齋徐氏曰陰停於外故爲澤巫口舌之官以口語說神者兌上折口象故爲巫爲口舌金氣始殺條枯實落故爲毁折柔附於剛剛乃決柔故曰附決潤極故爲剛鹵陽在下爲剛陰在上爲鹵剛鹵之地不能生物鹵者水之死氣也坎水絕于下而澤見于上則足以爲鹵而已○節齋蔡氏曰少女從姊爲娣故爲妾內狠外說故爲羊○漢上朱氏曰澤者水之聚二陽沈於下一陰見於上坎兌一也故坎壅成澤澤決成川口者說見於外也舌者動於內也○鄭氏正夫曰通乎幽者以言說乎神故爲巫交乎顯者以言說乎人故爲口舌○融堂錢氏曰爲毁折上柔象爲剛鹵水本柔也凝而鹵陽聚於下也○息齋余氏曰陰在上皆有決義震陽動故躁兌陰說故附決躁者有所去以達其怒也附決者始雖親而動不免於去也乚平庵項氏曰地之鹵非不潤也暫熯而乾己而復潤天下之潤者莫久焉然不生物以其潤氣之在外也見於外者其土則甘而爲露露之凝爲霜其下則鹹而爲鹵鹵之凝也爲鹽二者皆殺物之具也鄭少梅謂剛者出金鹵者出鹽雖不生五穀而寶藏興焉此天地之仁也○沙隨程氏曰八卦之象八物而已充其類則有所謂百物不廢者極其說則又可以類萬物之情然說卦之象有與卦爻相符者如乾爲天坤爲地之類是也有不與卦爻相符者如乾坤稱龍而不必在震坤屯稱馬而不必在乾之類是也有見於卦爻而說卦不載者如漸之鴻中孚之豚魚之類是也有見於說卦而卦无之者如爲釜爲布爲羸爲蚌之類是也若夫大琴謂之離小罍謂之坎此見於他書而易與說卦又可以類推也○進齋徐氏曰易道无窮苟通其類可以盡利王弼所謂忘象忘言固非說卦之意而荀九家又逐一附益於說卦之後亦豈足以盡擬議之神哉

右、第十一章、

【本義】此章、廣八卦之象、其間、多不可曉者、求之於經、亦不盡合也、雲峯胡氏曰此章廣八卦之象凡百十有二本義以爲多有不可曉蓋有當解者有不必强解者其中有相對取象者如乾爲天坤爲地之類是也上文乾爲馬此則爲良馬老馬瘠馬駁馬良取其德老取其知瘠取其骨駁取其力皆取其健也上文坤爲牛此則爲子母牛取其生生有繼兼取其順也乾爲木果結於上而圓坤爲大輿載於下而方震爲決躁巽爲進退爲不果剛柔之性也震巽獨以其究言剛柔之始也坎內陽外陰水與月則內明外暗離內陰外陽火與日則內暗外明坎中實故於人爲加憂爲心病爲耳痛離中虛故於人爲大腹艮爲閽寺爲指陽之止也兌爲巫爲口舌陰之說也有相反取象者震爲大塗反而艮則爲徑路大塗陽闢乎陰无險阻也徑路陽阻而下陰不能闢也巽爲長爲高反而兌則爲毁折長且高者陽之上達毁而折者陰之上窮也有相因取象者乾爲馬震得乾初之陽故於馬爲善鳴馵足作足的顙震陽下而陰上也坎得乾中爻之陽故於馬爲美脊亟心下首薄蹄曳坎陽中而陰外也善鳴似乾馬之良美脊似乾馬之瘠也作足者陽下而强薄蹄者陰下而弱也坤爲大輿坎爲輿爲多眚坤中虛而力能載坎中滿而下无力也巽爲木榦陽而根陰也坎中陽故於木爲堅多心艮上陽故於木爲堅多節離中陰而虛故於木爲科上槁震爲敷乾爲木果震之一陽花之敷乾之三陽果之結乾爲木果艮爲果蓏果陽在上果蓏陽上而陰下也有一卦之中自相因取象者坎爲隱伏因而爲盜巽爲繩直因而爲工艮爲門闕因而爲閽寺兌爲口舌因而爲巫有不言而互見者乾爲君以見坤之爲臣乾爲圜以見坤之爲方客嗇者陰之翕也以見陽之闢均者地之平也以見天之高爲文者物生於地雜而可見也知其始於天者不可見矣爲柄者有形之可執也乾之氣不可執矣離爲乾卦以見坎之爲濕坎爲血卦以見離之爲氣巽爲臭以見震之爲聲巽離兌三女震爲長子而坎艮不言者尊嫡也於陽之長者尊之也兌少女爲妾而巽離不言者少女從姊爲娣於陰之少者卑之也乾爲馬震坎得乾之陽皆言馬而艮不言者艮止也止之性非馬也他可以觸類而通矣○柴氏中行曰易自太極而分陰陽變化在物莫非象也爲馬爲首稱乎父三章正象也爲天以下八章別象也今以一物言之使人以類觀則八卦何物而不具且乾爲馬爲首以下亦馬一體象也男女之分亦馬牝牡象也別而言之於乾又有良老瘠駁之不同於震又有善鳴馵足作足的顙之各異於坎又有美脊亟心下首薄蹄之別坤之象又爲牝馬自此推之豈一端哉又曰此八卦別象然自坤而降或曰其於地其於人其於馬其於輿其於稼其於木唯乾无之何也蓋物不足以盡卦則正言爲天爲地之類卦不足以盡物則有其於人其於木之類至於乾之爲道无不周徧萬物皆不足以盡之故无所言焉八卦之象反而求之皆不出吾身而已精之爲道德性命粗之爲形色聲容內之爲視聽言動外之爲君臣父子大而至於手足微而至於爪髮皆不越乎八卦八卦何物也太極也太極何物也至中至正不偏不倚道之大原也人徒知以七尺之軀戴天履地飢食渴飮與造化日夜運轉消息盈虛屈伸往來之中孰知自頂至踵天之與我者有如是至精至妙至廣至大之理是吾身也大而天地微而蟲魚草木幽而鬼神之理明而事變之迹亦然也上極天地之始下極天地之終亦然也吾能反身而誠默而識之不言而信則大足以參天地微足以育庶物幽无愧於神明无怍於人直與天地相爲終始是則豈直俟不惑而已至所謂象者眞筌蹄耳○雙湖胡氏曰說卦之象夫子自取爲多括前聖之例爲少故求之於經不盡合也嘗考之說卦象所論八卦方位之不同夫子初未嘗有先後天之分也自邵子發明之朱子表章之然後羲文之易辨明於世而夫子所論八卦方位之不同始各有歸着俾學者觀於卦位之對待流行而先後天之分較然矣今觀第六章自神也者妙萬物而爲言至莫盛乎艮是承前章論後天八卦之位自水火不相逮至旣成萬物也仍是先天八卦位次啓蒙亦己言之矣若自第七章至第十章啓蒙引之以爲文王觀己成之卦推未明之象以爲說而謂之後天之學入用之位竊謂自七章至篇末十一章皆先天八卦位次而夫子推未明之象以爲說故其卦次與第三章第四章同姑附臆說于此

# 序卦傳

程子曰韓康伯謂序卦非易之蘊此不合道○或問序卦非聖人之書信乎朱子曰此沙隨程氏之說也先儒以爲非聖人之蘊某以爲謂之非聖人之精則可謂非易之蘊則不可周子分精與蘊字甚分明序卦却正是易之蘊事事夾雜都有在裏面問如何謂易之精曰如易有太極是生兩儀兩儀生四象四象生八卦這是易之精問如序卦中亦見消長進退之義喚作不是精不得曰此正是事事夾雜有在裏面正是蘊須是自一箇生出以至於无窮便是精○序卦首言天地萬物男女夫婦是因咸恒爲夫婦之道說起非如舊人分天道人事之說大率上經用乾坤坎離爲始終下經便當用艮兌巽震爲始終○問易上經三十卦下經三十四卦多寡不均何也曰卦有正對有反對乾坤坎離頥大過中孚小過八卦正對也正對不變故反覆觀之止成八卦其餘五十六卦反對也反對者皆變故反覆觀之共二十八卦以正對卦合反對卦觀之總而爲三十六卦其在上經不變卦凡六乾坤坎離頥大過是也自屯蒙而下二十四卦反之則爲十二以十二而加六則十八也其在下經不變卦凡二中孚小過是也自咸恒而下三十二卦反之則爲十六以十六而加二亦十八也其多寡之數則未嘗不均也○

臨川吳氏曰羲皇六十四卦之序始乾終坤蓋奇畫偶畫之上每加一奇一偶二而四四而八八而十六十六而三十二以極於六十四乃其生卦自然之序非人所安排也後之易各因羲皇之卦而其序不同如連山之首艮歸藏之首坤不復可知其六十四卦之序何如矣始乾坤終既濟未濟者周易六十四卦之序也蓋文王既立卦名之後而次其先後之序如此皆以施用於人事者起義而夫子爲之傳以發明其卦序之意或者乃疑其非夫子之作張子曰序卦不可謂非聖人之蘊其間雖无極至精義大槩皆有意思今欲安置一物猶求審處況聖人之於易必須布遍精密如是大匠豈以一斧可知哉○雙湖胡氏曰文王序卦大抵本先天圖以東西南北四方正卦乾坤坎離爲上經之始終以西北隅艮東南隅兌合而爲咸西南隅巽東北隅震合而爲恒四隅反卦爲下經之始而終之以既未濟則亦坎離之交不交也故乾坤坎離四純卦皆居上經震巽艮兌四純卦皆居下經又以反對爲次雖非伏羲之舊而先天一圖大旨則備見焉夫子序卦直以卦名發其次第之義而他則未暇及耳又按呂氏要指曰易變易也天下有可變之理聖人有能變之道反需爲訟泰爲否隨爲蠱晉爲明夷家人爲睽此不善變者也反剝爲復遯爲壯蹇爲解損爲益困爲井此善變者也文王示人以可變之機則危可安亂可治特在一轉移間爾後天之學其以人事贊天地之妙歟又嘗合上下經始終而論之乾坤天地也坎離水火也以體言也咸恒夫婦也既未濟水火之交不交也以用言也上經以天道爲主具人道於其中下經以人道爲主具天道於其內三才之間坎離最爲切用日月不運寒暑不成矣民非水火不生活矣心火炎燥而不降腎水涸竭而不升百病侵陵矣故上下經皆以坎離爲終焉

**有天地然後에萬物이生焉하니**

○天地ㅣ인신然後애萬物이生하니

臨川吳氏曰此言乾坤所以爲上經之首也天地謂乾坤二卦○雙湖胡氏曰乾坤爲上經主自坎離外諸卦皆乾坤會遇

**盈天地之間者ㅣ唯萬物이라故로受之以屯하니屯者는盈也ㅣ니屯者는物之始生也ㅣ라**

○天地人ᄉᆞ이예盈ᄒᆞᆫ者ㅣ오직萬物이라故로屯으로ᄡᅧ受ᄒᆞ니 屯은盈홈이니屯은物의비로소남이라

張子曰聚而不得出故盈雖雷亦然○平庵項氏曰屯不訓盈剛柔始交雷雨動盈其氣充盈故謂之盈耳謂物之始生者其時也若屯之訓紛紜盤錯之義耳

**物生必蒙이라故로受之以蒙ᄒᆞ니**

○物이生홈애반ᄃᆞ시蒙ᄒᆞᆫ디라故로蒙으로ᄡᅧ受ᄒᆞ니

雙湖胡氏曰乾坤後次屯蒙者震坎艮以三男代父母用事雖无乾坤正體然三男實坤三索於乾而得有互體之坤亦是坤與三男會也

**蒙者ᄂᆞᆫ蒙也ㅣ니物之穉也ㅣ라物穉不可不養也ㅣ라故로受之以需ᄒᆞ니需者ᄂᆞᆫ飮食之道也ㅣ라**

○蒙은蒙이니 物의穉라物이穉홈애可히養티아니티몯ᄒᆞᆯ디라 故로需로ᄡᅧ受ᄒᆞ니需ᄂᆞᆫ飮食의道ㅣ라

漢上朱氏曰幼穉而无以養之則天閼不遂蓄德養才者亦然○南軒張氏曰需者乃養之以中正爲飮食之道也○雙湖胡氏曰中正取五爻象然需待亦有從容不迫後其食之道

**飮食必有訟이라故로受之以訟ᄒᆞ고**

○飮食애반ᄃᆞ시訟이실ᄯᅵ라故로訟으로ᄡᅧ受ᄒᆞ고

漢上朱氏曰乾餱以愆豕酒生禍有血氣者必有爭心故次以訟

訟必有衆起라故로受之以師ᄒᆞ고師者ᄂᆞᆫ衆也ㅣ니衆必有所比라故로受之以比ᄒᆞ고

○訟애반ᄃᆞ시衆이起홈이이실띠라故로師로ᄡᅥ受ᄒᆞ고師ᄂᆞᆫ衆이니衆이반ᄃᆞ시比홀빼인ᄂᆞᆫ디라故로比로ᄡᅥ受ᄒᆞ고

雙湖胡氏曰需訟之後坤遇坎而爲師比自屯至比三男卦震艮各一用坎獨六用者亦見天地間水爲最多猶人一身无非血脉之流轉也

比者ᄂᆞᆫ比也ㅣ니比必有所畜이라故로受之以小畜ᄒᆞ고物畜然後애有禮라故로受之以履ᄒᆞ고

○比ᄂᆞᆫ比홈이니比ㅣ반ᄃᆞ시畜홀빼인ᄂᆞᆫ디라故로小畜으로ᄡᅥ受ᄒᆞ고物이畜ᄒᆞᆫ然後에禮인ᄂᆞᆫ디라故로履로ᄡᅥ受ᄒᆞ고

張子曰德積則行必有方物積則散必有道○平庵項氏曰履不訓禮人之所履未有外於禮者故以履爲有禮也○雙湖胡氏曰師比後乾方與巽兌會成小畜履此長少二女代兄從父始入用惟離中女未用耳乾坤至此十變十成數也陰陽之氣一周矣

履而泰然後애安이라故로受之以泰ᄒᆞ고

○履ᄒᆞ야泰ᄒᆞᆫ然後에安ᄒᆞᄂᆞᆫ디라故로泰로ᄡᅥ受ᄒᆞ고

【本義】 鼂氏云鄭无而泰二字、漢上朱氏曰禮者履而行之者也所履者君子之大道故其心泰然而安故次之以泰○鄱陽董氏曰人有禮則安无禮則危正此意也

泰者ᄂᆞᆫ 通也ㅣ니 物不可以終通이라 故로 受之以否ᄒᆞ고

○泰ᄂᆞᆫ 通이니 物이 可히 ᄡᅧ ᄆᆞᄎᆞᆷ내 通티 몯ᄒᆞᆯᄯᅵ라 故로 否로ᄡᅧ 受ᄒᆞ고

南軒張氏曰治亂相仍如環无端物安有久通者乎故受之以否夫泰而驕所以致否否而畏所以復泰○雙湖胡氏曰小畜履後乾坤自相遇成泰否然乾坤十變方泰何其難泰一變卽否何其易履其交處其會者宜知警戒爲變化持守之道可也

物不可以終否라 故로 受之以同人ᄒᆞ고 與人同者ᄂᆞᆫ 物必歸焉이라 故로 受之以大有ᄒᆞ고

○物이 可히 ᄡᅧ ᄆᆞᄎᆞᆷ내 否티 몯ᄒᆞᆯᄯᅵ라 故로 同人으로 ᄡᅧ 受ᄒᆞ고 人으로더브러 同ᄒᆞᄂᆞᆫ 者ᄂᆞᆫ 物이 반ᄃᆞ시 歸ᄒᆞᄂᆞᆫ디라 故로 大有로ᄡᅧ 受ᄒᆞ고

涑水司馬氏曰否者物不相交之卦不相交則異異則爭爭則窮故受之以同人同人者所以通之也物通則大有矣○雙湖胡氏曰泰否而後乾坤異處乾自與離相遇爲同人大有至此則離始入用而三女之卦全用矣

有大者ᄂᆞᆫ 不可以盈이라 故로 受之以謙ᄒᆞ고

○大를 두ᄂᆞᆫ 者ᄂᆞᆫ 可히 ᄡᅧ 盈티 몯ᄒᆞᆯᄯᅵ라 故로 謙으로ᄡᅧ 受ᄒᆞ고

漢上朱氏曰認物之歸爲己有者必驕驕則亢滿大復爲累矣有大者不可盈故次以謙

有大而能謙이 必豫라 故로 受之以豫ᄒᆞ고

○大를두고 能히 謙ᄒᆞᆷ이 반ᄃᆞ시 豫ᄒᆞᆯ디라 故로 豫로ᄡᅧ 受ᄒᆞ고

雙湖胡氏曰同人大有後坤又自與艮震相遇成謙豫亦爲長少二男之從母也至此震艮二男復用事矣

**豫必有隨ㅣ라 故로 受之以隨ᄒᆞ고 以喜隨人者ㅣ 必有事ㅣ라 故로 受之以蠱ᄒᆞ고**

○豫ㅣ반ᄃᆞ시隨ㅣ이실ᄯᅵ라 故로隨로ᄡᅥ受ᄒᆞ고 喜로ᄡᅥ人을隨ᄒᆞᄂᆞᆫ者ㅣ반ᄃᆞ시事ㅣ이실ᄯᅵ라故로蠱로ᄡᅥ受ᄒᆞ고

漢上朱氏曰以喜隨人必有所事臣事君子事父婦事夫弟子事師非樂於所事者其肯隨乎○雙湖胡氏曰謙豫後震兌巽艮會男女長少成隨蠱若无預乾坤其實乾坤三陰三陽雜居隨自否初上變蠱自泰初爻上變謂非由於乾坤可乎

**蠱者ᄂᆞᆫ 事也ㅣ니**

○蠱ᄂᆞᆫ事ㅣ니

平庵項氏曰蠱者壞也物壞則萬事生矣事因壞而起故以蠱爲事之先

**有事而後애 可大ㅣ라 故로 受之以臨ᄒᆞ고**

○事ㅣ이신後애可히大ᄒᆞᆯᄯᅵ라故로臨으로ᄡᅥ受ᄒᆞ고

韓氏康伯曰可大之業由事以生○臨川吳氏曰因蠱之有事而後有臨之盛大也

**臨者ᄂᆞᆫ 大也ㅣ니**

○臨은大홈이니

平庵項氏曰臨不訓大大者以上臨下以大臨小凡稱臨者皆大者之事故以大稱之若豐者大也則眞訓大也是以六十四卦有二大而不相妨焉○南軒張氏曰臨者二陽進而四陰退駸駸向於大矣

**物大ᄒᆞᆫ然後에可觀이라故로受之以觀ᄒᆞ고** 以觀之觀去聲餘如字

○物이大ᄒᆞᆫ然後에可히觀ᄒᆞᆯ띠라故로觀으로ᄡᅥ受ᄒᆞ고

臨川吳氏曰物之小者在下視之而不見必大而後可以觀也以臨卦二陽之大反易其體則大者在上矣故爲在下四陰之所觀○南軒張氏曰天下皆山也唯泰山可觀天下皆水也唯東海可觀蓋物大然後可觀況於人乎○雙湖胡氏曰隨蠱而後坤與兌巽相過而爲臨觀亦爲長少二女之從母也

**可觀而後에有所合이라故로受之以噬嗑ᄒᆞ고**

○可히觀ᄒᆞᆫ後에合ᄒᆞᆫ배이실띠라故로噬嗑으로ᄡᅥ受ᄒᆞ고

漢上朱氏曰在上无可觀在下引而去矣非可觀而能有嗑乎

**嗑者는合也니物不可以苟合而已라故로受之以賁ᄒᆞ고**

○嗑은合홈이니物이可히ᄡᅥ苟히合디몯ᄒᆞᆯᄯᆞᄅᆞᆷ이라故로賁로ᄡᅥ受ᄒᆞ고

龜山楊氏曰物不可以苟合无故而合者必无故而離又在乎賁以飾之○東坡蘇氏曰君臣父子夫婦朋友之際所謂合也直情而行之謂之苟禮以飾情謂之賁苟則易合合則相瀆相瀆則易以離賁則難合難合則相敬敬則久矣○臨川吳氏曰不執贄則不可以成賓主之合不受幣則不可以成男女之合賁所以次合也○雙湖胡氏曰臨觀而後噬賁雖震離艮相過而成實亦乾坤三陰後陽分布隨蠱由泰否變噬賁由隨蠱變隨五上易爲噬嗑蠱初二易爲賁也

**賁者는飾也니致飾然後에亨則盡矣라故로受之以剝ᄒᆞ고**

○賁ᄂᆞᆫ 飾홈이니 飾을 致ᄒᆞᆫ然後애 亨이 盡ᄒᆞᆯ떠라 故로 剝으로ᄡᅥ 受ᄒᆞ고
南軒張氏曰賁飾則貴於文文之太過則又滅其質而有所不通故致飾則亨有所盡言其不通故受之以剝

剝者ᄂᆞᆫ 剝也ㅣ니 物不可以終盡이니 剝이 窮上反下ㅣ라 故로 受之以復ᄒᆞ고

○剝은 剝홈이니 物이 可히ᄡᅥ ᄆᆞᄎᆞᆷ내 盡티 몯ᄒᆞᆯ떠라 剝이 上애 窮ᄒᆞ야 下애 反ᄒᆞᄂᆞᆫ다라 故로 復으로ᄡᅥ 受ᄒᆞ고
漢上朱氏曰此周末所以不勝其弊文之末流也物窮則反不可終盡剝陽窮於上而終反於下故次之以復○雙湖胡氏曰噬嗑賁後坤過艮而成剝復亦爲長少二男之從母也

復則不妄矣라 故로 受之以无妄ᄒᆞ고

○復ᄒᆞ면 妄티 아닐디라 故로 无妄으로ᄡᅥ 受ᄒᆞ고
漢上朱氏曰復天理則无妄无妄則其動也天○息齋余氏曰自有事而大大而可觀可觀而合合而飾所謂忠信之薄而僞之始也故一變而爲剝剝而復則眞實獨存而不妄矣

有无妄然後애 可畜이라 故로 受之以大畜ᄒᆞ고

○无妄이 이신然後애 可히 畜ᄒᆞᆯ떠라 故로 大畜으로ᄡᅥ 受ᄒᆞ고
漢上朱氏曰前曰比必有所畜者比而後畜其畜也小故次以小畜无妄然後物物循理乃可大畜故次之以大畜○閻氏彥升曰无妄然後可畜所畜者在德故曰大○雙湖胡氏曰剝復而後乾過震艮而成无妄大畜亦爲長少二男之從父也

物畜然後애 可養이라 故로 受之以頤ᄒᆞ고

○物이 畜ᄒᆞᆫ然後에 可히 養ᄒᆞᆯᄯᆡ라 故로 頤로ᄡᅥ 受ᄒᆞ고

南軒張氏曰畜然後可推以養人故受之以頤

頤者ᄂᆞᆫ 養也ㅣ니 不養則不可動이라 故로 受之以大過ᄒᆞ고

○頤ᄂᆞᆫ 養ᄒᆞᆷ이니 養티 아니면 可히 動티 몯ᄒᆞᆯᄯᆡ라 故로 大過로ᄡᅥ 受ᄒᆞ고

或問不養則不可動故受之以大過何也朱子曰動則過矣故小過亦曰有其信者必行之故受之以小過○平庵項氏曰需當物生之初如兒之須乳苗之須漑故曰飮食之道頤當畜聚之極萬物交致其養故曰養也○閻氏彦升曰養者君子所以成己動者君子所以應物然君子處則中立動則中行豈求勝物哉及其應變則有時或過故受之以大過○雙湖胡氏曰无妄大畜後震艮巽兌雖男女長少自合成頤大過然頤互兩坤大過互兩乾謂之无乾坤不可也自乾坤至此无一卦无乾坤信矣

物不可以終過ㅣ라 故로 受之以坎ᄒᆞ고

○物이 可히 ᄡᅥ ᄆᆞᄎᆞᆷ내 過티 몯ᄒᆞᆯᄯᆡ라 故로 坎으로ᄡᅥ 受ᄒᆞ고

雙湖胡氏曰物不可終過故受以坎之辭蓋以中爲貴以坎之陽中而節其過則无過矣下文又以陷言之

坎者ᄂᆞᆫ 陷也ㅣ니 陷必有所麗ㅣ라 故로 受之以離ᄒᆞ니 離者ᄂᆞᆫ 麗也ㅣ라

○坎은 陷ᄒᆞᆷ이니 陷ᄒᆞᆷ애 반ᄃᆞ시 麗ᄒᆞᆯ ᄇᆡ 이실ᄯᆡ라 故로 離로ᄡᅥ 受ᄒᆞ니 離ᄂᆞᆫ 麗ᄒᆞᆷ이라

張子曰一陷溺而不得出爲坎一附麗而得出爲離○龜山楊氏曰坎者陽也必有所麗則庶可以扶危拯溺不有所麗而一於陷者不可也作易者於坎後必繼以離豈无仁民愛物之心哉○雙湖胡氏曰頤大過而後坎離從焉頤似離大過似坎固也頤初二五上變則爲重體之坎大過初二五上變亦爲重體之離矣

【本義】右、上篇、臨川吳氏曰呂大圭云序卦之意有以相因爲序如屯蒙需訟是也有以相反爲序如泰否同人是也天地間不出相反相因而已

有天地然後애 有萬物ᄒ고 有萬物然後애 有男女ᄒ고 有男女然後애 有夫婦ᄒ고 有夫婦然後애 有父子ᄒ고 有父子然後애 有君臣ᄒ고 有君臣然後애 有上下ᄒ고 有上下然後애 禮義有所錯ㅣ니라

○天地ㅣ이신然後애 萬物이잇고萬物이이신然後애 男女ㅣ잇고男女ㅣ이신然後애夫婦ㅣ잇고 夫婦ㅣ이신然後애父子ㅣ잇고 父子ㅣ이신然後애君臣이잇고君臣이이신然後애上下ㅣ잇고上下ㅣ이신然後애禮義ㅣ錯ᄒᆯ빼인ᄂ니라

或問太極圖下二圈固是乾道成男坤道成女是各有一太極也如曰乾道成男坤道成女方始萬物化生此却云有天地然後有萬物有萬物然後有男女是如何朱子曰太極所說乃生物之初陰陽之精自凝結成兩箇後來方漸漸生去萬物皆然如牛羊草木皆牝牡一爲陽一爲陰萬物有生之初亦各自有兩箇故曰二五之精妙合而凝○問六十四卦獨不言咸何也曰夫婦之道即咸也亦如上經不言乾坤但言天地則乾坤可見也○問錯字陸氏有兩音曰只作措字謂禮義有所施設耳○南軒張氏曰上經不言乾坤下經不言咸者蓋乾坤與咸初无所受故也○龜山楊氏曰乾坤者萬物父母咸恒人之父母○臨川吳氏曰先言天地萬物男女者有夫婦之所由也後言父子君臣上下者有夫婦之所致也有夫婦則其所生爲父子由家而國雖非父子而君尊臣卑之分如父子也由國而天下雖非君臣而上貴下賤之分如君臣也禮義所以分別尊卑貴賤之等錯猶置也乾坤咸不出卦名者以其爲上下篇之首卦特別異之○平庵項氏曰上下既具則拜趨坐立之節形而宮室車旗之制設其行之必有文故謂之禮辨之必有理故謂之義禮義者非能制爲人倫也有人倫而後禮義行其間耳

夫婦之道ㅣ不可以不久也ㅣ라故로受之以恒ᄒ고

○夫婦의道ㅣ可히뼈久티아니티몯ᄒᆯ거시라故로恒으로뼈受ᄒ고

雙湖胡氏曰咸恒爲下經之主自既未濟外諸卦皆艮兌巽震之會遇

恒者는久也니物不可以久居其所라故로受之以遯ᄒᆞ고

○恒은久홈이니物이可히써그所애오래居티몯ᄒᆞᆯᄯᅵ라故로遯으로써受ᄒᆞ고

閻氏彥升曰不可以久居所此以物言之也○雙湖胡氏曰此又借恒之名泛論物義若夫婦之道豈可以不久居其所者乎

遯者는退也니物不可以終遯이라故로受之以大壯ᄒᆞ고

○遯은退홈이니物이可히써ᄆᆞᄎᆞᆷ내遯티몯ᄒᆞᆯᄯᅵ라故로大壯으로써受ᄒᆞ고

雙湖胡氏曰咸恒而後艮震遇乾而爲遯壯亦爲父之臨二男也

物不可以終壯이라故로受之以晉ᄒᆞ고

○物이可히써ᄆᆞᄎᆞᆷ내壯티몯ᄒᆞᆯᄯᅵ라故로晉으로써受ᄒᆞ고

或問壯與晉何別朱子曰不但如此壯而已又更須進一步也

晉者는進也니進必有所傷이라故로受之以明夷ᄒᆞ고

○晉은進홈이니進홈애반ᄃᆞ시傷ᄒᆞᆯ배이실ᄯᅵ라故로明夷로써受ᄒᆞ고

閻氏彥升曰知進而已不知消息盈虛與時偕行則傷之者至矣故受之以明夷○雙湖胡氏曰遯壯而後爲晉明夷由離坤而成爲母之臨中女雖无震巽艮兌然有互艮互震亦猶上經屯蒙雖光乾坤正體而實未嘗不互坤也

夷者는傷也니傷於外者ㅣ必反其家라故로受之以家人ᄒᆞ고

○夷ᄂᆞᆫ傷홈이니外애셔傷ᄒᆞᆫ者ㅣ반ᄃᆞ시그家애反ᄒᆞᄂᆞᆫ디라故로家人으로써受ᄒᆞ

고
閻氏彥升曰以利合者迫窮禍患害相棄也以天屬者迫窮禍患害相收也明夷之傷豈得不反於家人乎

家道ㅣ窮必乖라故로受之以睽ᄒᆞ고

○家의道ㅣ窮ᄒᆞ면반ᄃᆞ시乖ᄒᆞᆯᄯᅵ라故로睽로ᄡᅥ受ᄒᆞ고

南軒張氏曰夫家有父子之親夫婦之愛然身不行道則父子夫婦无復親矣此家道窮則乖離所以次睽也

睽者ᄂᆞᆫ乖也ㅣ니乖必有難이라故로受之以蹇ᄒᆞ고 難乃旦反下同

○睽ᄂᆞᆫ乖ᄒᆞᆷ이니乖ᄒᆞ면반ᄃᆞ시難이이실ᄯᅵ라故로蹇으로ᄡᅥ受ᄒᆞ고

平庵項氏曰凡言屯者皆以爲難而蹇又稱難者卦皆有坎也然屯動乎險中行乎患難者也蹇見險而止但爲所阻難而不得前耳非患難之難也故居屯者必以經綸濟之遇蹇者待其解緩而後前難易固不侔矣

蹇者ᄂᆞᆫ難也ㅣ니物不可以終難이라故로受之以解ᄒᆞ고

○蹇은難이니物이可히ᄡᅥᄆᆞᄎᆞᆷ내難티몯ᄒᆞᆯᄯᅵ라故로解로ᄡᅥ受ᄒᆞ고

雙湖胡氏曰家人睽而後艮震過坎而爲蹇解自遯至解八卦艮震巽兌之過乾坤離坎也自成一局

解者ᄂᆞᆫ緩也ㅣ니緩必有所失이라故로受之以損ᄒᆞ고

○解ᄂᆞᆫ緩ᄒᆞᆷ이니緩ᄒᆞ면반ᄃᆞ시失ᄒᆞᆯ배이실ᄯᅵ라故로損으로ᄡᅥ受ᄒᆞ고

或問序卦中如所謂緩必有所失似此等事恐後人道不到朱子曰然問緩字恐不是遲緩之緩乃是解怠之意故曰解緩也曰緩字是散意問如縱弛之類否曰然

損而不已면必益이라故로受之以益ᄒᆞ고

○損ᄒᆞ야己티아니면반ᄃᆞ시益ᄒᆞᆯᄯᅵ라故로益으로ᄡᅥ受ᄒᆞ고

雙湖胡氏曰蹇解而後損益次之者咸十卦變之盡爲損而艮上兌下恒十卦變之盡爲益而巽上震下亦猶上經乾坤十變而有否泰也

益而不已면必決이라故로受之以夬ᄒᆞ고

○益ᄒᆞ야己티아니면반ᄃᆞ시決ᄒᆞᆯᄯᅵ라故로夬로ᄡᅥ受ᄒᆞ고

漢上朱氏曰益久則盈盈則必決隄防故次夬

夬者ᄂᆞᆫ決也ㅣ니決必有所遇ㅣ라故로受之以姤ᄒᆞ고

○夬ᄂᆞᆫ決홈이니決홈애반ᄃᆞ시遇ᄒᆞᆯᄲᅢ이실디라故로姤로ᄡᅥ受ᄒᆞ고

雙湖胡氏曰上決一陰下復一陽猶可也今上決一陰下遇一陰姑論卦名相次又曰損益而後兌巽過乾而成夬姤亦爲父之臨二女也乾體止於此

姤者ᄂᆞᆫ遇也ㅣ니物相遇而後애聚ㅣ라故로受之以萃ᄒᆞ고萃者ᄂᆞᆫ聚也ㅣ니聚而上者ㅣ謂之升이라故로受之以升ᄒᆞ고

○姤ᄂᆞᆫ遇홈이니物이서르遇ᄒᆞᆫ後애聚ᄒᆞᄂᆞᆫ디라故로萃로ᄡᅥ受ᄒᆞ고萃ᄂᆞᆫ聚홈이니聚ᄒᆞ야上ᄒᆞᄂᆞᆫ者를升이라니르ᄂᆞᆫ디라故로升으로ᄡᅥ受ᄒᆞ고

南軒張氏曰天下之物散之則小合而聚之則積小以成其高大故聚而上者爲升也○雙湖胡氏曰夬姤而後兌巽過坤而成萃升亦爲母之臨二女也坤體止於此

升而不已면必困이라故로受之以困ᄒᆞ고困乎上者ㅣ必反下ㅣ라故로

受之以井ᄒᆞ고

○升ᄒᆞ야已티아니면반ᄃᆞ시困ᄒᆯ띠라 故로困으로ᄡᅥ受ᄒᆞ고上애困ᄒᆞᆫ 者ㅣ반ᄃᆞ시下애反ᄒᆞᄂᆞᆫ디라故로井으로ᄡᅥ受ᄒᆞ고

雙湖胡氏曰萃升而後兌巽遇坎而成困井

井道ㅣ不可不革이라故로受之以革ᄒᆞ고

○井의道ㅣ可히革디아니티몯ᄒᆯ띠라故로革으로ᄡᅥ受ᄒᆞ고

漢上朱氏曰井久則穢濁不食治井之道革去其害井者而已

革物者ㅣ莫若鼎이라故로受之以鼎ᄒᆞ고

○物을革ᄒᆞᄂᆞᆫ者ㅣ鼎만ᄀᆞᄐᆞ니업ᄉᆞᆫ디라故로鼎으로ᄡᅥ受ᄒᆞ고

雙湖胡氏曰困井而後兌巽遇離而成革鼎自夬至鼎八卦皆兌巽之過乾坤坎離也又自成一局

主器者ㅣ莫若長子ㅣ라故로受之以震ᄒᆞ고 長丁丈反

○器를主ᄒᆞᆫ者ㅣ長子만ᄀᆞᄐᆞ니업ᄉᆞᆫ디라故로震으로ᄡᅥ受ᄒᆞ고

漢上朱氏曰鼎者宗廟之器主之者莫如震震長子也

震者ᄂᆞᆫ動也ㅣ니物不可以終動ᄒᆞ야止之라故로受之以艮ᄒᆞ고

○震은動ᄒᆞᆷ이니物이可히ᄡᅥᄆᆞᄎᆞᆷ내動티몯ᄒᆞ야止ᄒᆯ띠라故로艮으로ᄡᅥ受ᄒᆞ고

漢上朱氏曰震一陽動於下艮一陽止於上動極則止故受之以艮○雙湖胡氏曰革鼎而後震艮純卦次之

艮者는 止也니 物不可以終止라 故로 受之以漸ᄒᆞ고

○艮은 止홈이니 物이 可히ᄡᅥ ᄆᆞᄎᆞᆷ내 止티 몯ᄒᆞᆯᄯᅵ라 故로 漸으로ᄡᅥ 受ᄒᆞ고

南軒張氏曰漸者止於下而漸於上不終於止而有所進也

漸者는 進也니 進必有所歸라 故로 受之以歸妹ᄒᆞ고

○漸은 進홈이니 進홈애 반ᄃᆞ시 歸ᄒᆞᆯ빠ㅣ 이실ᄯᅵ라 故로 歸妹로ᄡᅥ 受ᄒᆞ고

閻氏彥升曰晉者進也晉必有所傷漸者進也進必有所歸何也曰晉所謂進者有進而已此進必有傷也漸之所謂進者漸進而已烏有不得所歸者乎○雙湖胡氏曰夫子時借歸之一字以論其序非以明卦旨也又曰震艮而後巽兌震又自相迭而爲漸歸妹亦咸恒下二體合爲漸上二體合爲歸妹

得其所歸者ㅣ 必大라 故로 受之以豐ᄒᆞ고

○그 歸ᄒᆞᆯ빠를 得ᄒᆞᆫ 者ㅣ 반ᄃᆞ시 大ᄒᆞᆯᄯᅵ라 故로 豐으로ᄡᅥ 受ᄒᆞ고

漢上朱氏曰前曰與人同者物必歸焉故受之以大有此曰得其所歸者必大大有次同人者處大之道也豐次歸妹者致大之道也○雙湖胡氏曰亦借歸字泛論致豐之由非取歸妹義矣

豐者는 大也니 窮大者ㅣ 必失其居라 故로 受之以旅ᄒᆞ고

○豐은 大홈이니 大를 窮ᄒᆞᆫ 者ㅣ 반ᄃᆞ시 그 居를 失ᄒᆞᆯᄯᅵ라 故로 旅로ᄡᅥ 受ᄒᆞ고

臨川吳氏曰臨之大以其所臨之二陽爲大豐之大以其卦名爲盛大之義○雙湖胡氏曰漸歸妹後震艮迭離成豐旅

旅而无所容이라 故로 受之以巽ᄒᆞ고 巽者는 入也니 入而後에 說之라

故로受之以兌ᄒᆞ고 說音悅下同

○旅ᄒᆞ야容홀ᄲᅢ업슨디라 故로巽으로ᄡᅥ受ᄒᆞ고 巽은入홈이니入ᄒᆞᆫ後애說ᄒᆞᄂᆞᆫ디라故로兌로ᄡᅥ受ᄒᆞ고

平庵項氏曰人之情相拒則怒相入則說故入而後說之○雙湖胡氏曰豊旅而後巽兌純卦次之

兌者ᄂᆞᆫ說也ㅣ니說而後애散之라故로受之以渙ᄒᆞ고渙者ᄂᆞᆫ離也ㅣ니物不可以終離라故로受之以節ᄒᆞ고

○兌ᄂᆞᆫ說홈이니 說ᄒᆞᆫ後애散ᄒᆞᄂᆞᆫ디라故로渙으로ᄡᅥ受ᄒᆞ고 渙은離홈이니物이可히ᄡᅥ ᄆᆞᄎᆞᆷ내離티몯홀디라 故로節로ᄡᅥ受ᄒᆞ고

雙湖胡氏曰巽兌又自出而遇坎以成渙節

節而信之라故로受之以中孚ᄒᆞ고有其信者ᄂᆞᆫ必行之라故로受之以小過ᄒᆞ고

○節ᄒᆞ야信ᄒᆞᄂᆞᆫ디라 故로中孚로ᄡᅥ受ᄒᆞ고그信을둔ᄂᆞᆫ者ᄂᆞᆫ 반ᄃᆞ시行ᄒᆞᄂᆞᆫ디라故로小過로ᄡᅥ受ᄒᆞ고

平庵項氏曰有其信猶書所謂有其善言以此自負而居有之也自恃其信者其行必果而過於中○臨川吳氏曰過者行動而踰越之也故大過云動小過云行凡行動未至其所爲未及既至其所爲至既至而又動又行則爲踰越而過也○雙湖胡氏曰渙節後兌巽艮震自相遇爲中孚小過亦咸恒上下二體交互相重成卦也咸恒一變損益再變漸歸妹三變中孚小過陰陽各從其類焉

有過物者는必濟라故로受之以旣濟ᄒᆞ고

○物에過홈이인ᄂᆞᆫ者ᄂᆞᆫ반ᄃᆞ시濟ᄒᆞᄂᆞᆫ디라故로旣濟로ᄡᅥ受ᄒᆞ고

南軒張氏曰能高於人而過之然後可以濟天下○平庵項氏曰大過則踰越常理故必至於陷小過或可濟事故有濟而无陷也

物不可窮也ㅣ라故로受之以未濟ᄒᆞ야終焉ᄒᆞ니라

○物이可히窮티몯ᄒᆞᆯ디라故로未濟로ᄡᅥ受ᄒᆞ야終ᄒᆞ니라

平庵項氏曰坎離之交謂之旣濟此生生不窮之所從出也而聖人猶以爲有窮也又分之以爲未濟此卽咸感之後繼之以常久之義也蓋情之交者不可以久而无弊故必分之正者終之人心腎其氣何嘗不交而心必在上腎必在下不可易也觀此可以知旣濟未濟之象矣○雙湖胡氏曰中孚小過後離坎重爲旣未濟爲下經之終中孚小過似離坎固也中孚二三四五各易位則爲離小過二三四五各易位亦爲坎矣

【本義】右下篇

## 雜卦傳

朱子曰雜卦反對之義只是反覆則其吉凶禍福動靜剛柔皆相反也○序卦雜卦聖人去這裏見有那无緊要底道理也說則箇然雜卦中亦有說得極精處○南軒張氏曰序卦所以言易道之常雜卦所以言易道之變此古有是言也殊不知易之雜卦乃言其卦畫反對各以類而言之非雜也於雜之中而有不雜存焉○臨川吳氏曰序卦上經三十卦下經三十四卦以反對而觀則上經十八卦下經十八卦也此篇仍其反對之偶而不仍其先後之序故曰雜其義則以明六十四卦所主之爻也○雙湖胡氏曰雜卦自乾至困非但當上經三十卦實雜下經十二卦於其中咸至夬非但當下經三十四卦亦雜上經十二卦於其中雜中不雜必有至理又嘗觀雜卦以乾爲首不終之以他卦而必終之以夬者蓋夬以五陽決一陰決去一陰則復爲純乾矣故曰君子道長小人道憂也張子曰易爲君子謀大哉言矣○息齋余氏曰雜卦一篇乃序卦之變通也序卦自

乾坤而下三十自咸恒而下三十四雜卦亦然序卦反對雜卦亦多反對此其所同也序卦以乾坤頤大過坎離在上篇中孚小過在下篇故二篇反對皆成十八卦雜卦但以乾坤在上篇餘盡在下篇又自大過以下不復反對此其所異也○廬陵龍氏曰按春秋傳釋繫辭所謂屯固比入坤安震殺之屬以一字斷卦義往往古筮書多有之雜卦此類是也夫子存之爲經羽翼非創作也

## 乾剛坤柔오ㅣ

○乾은剛ᄒᆞ고坤은柔ᄒᆞ고

朱子曰剛柔雖若各有所偏必相錯而後得中然在乾坤二卦之全體當剛而剛當柔而柔則不待相錯而不害其全矣其爻位之无過不及者如乾坤之二五亦不待相錯而不害其爲中矣陰陽變化而太極之妙无不在焉於此蓋可見矣若謂乾剛坤柔便有所偏則於二卦之彖及二五之爻有不通者○漢上朱氏曰乾坤易之門剛皆乾柔皆坤剛柔雜成諸卦故曰乾剛坤柔○臨川吳氏曰六十四卦乾坤爲純剛純柔之卦剛柔之畫自初起至上而極然後見乾爲純剛坤爲純柔故乾主上九坤主上六乾坤六陽六陰之卦上爲主夬剝五陽五陰之卦五爲主大壯觀四陽四陰之卦四爲主泰否三陽三陰之卦三爲主臨遯二陽二陰之卦二爲主復姤一陽一陰之卦初爲主此十二卦主爻與術家同

## 比樂師憂라ㅣ

○比는樂ᄒᆞ고師는憂ᄒᆞ니라

東坡蘇氏曰有親則樂動衆則憂○閻氏彥升曰比順從故樂師行險故憂○息齋余氏曰在上而得衆故樂居下而任重故憂中天下而立定四海之民比之樂也鞠躬盡力死而後己成敗利鈍非所逆覩師之憂也○臨川吳氏曰比九五居上爲顯比之主故樂師九二居下爲行師之主故憂

## 臨觀之義는或與或求라ㅣ

○臨과觀의義는或與ᄒᆞ며或求ᄒᆞ니라

【本義】以我臨物曰與、物來觀我曰求、或曰二卦、互有與求之義、朱子曰臨觀亙有與求之義臨以二陽言之則二陽可以臨上四陰以卦中爻言之則六五上六又以上而臨下○臨川吳氏曰臨九二二陽浸長在上之陰不敢以勢臨之而與之以俟其上進觀六四四陰己盛然不進逼犯而統率三陰居下以求觀九五之中正

屯은見而不失其居ㅣ오蒙은雜而著ㅣ라 見賢遍反

○屯은見호ᄃᆡ 그居를失티아니ᄒᆞ고蒙은雜호ᄃᆡ著ᄒᆞ니라

【本義】屯、震遇坎、震動、故、見、坎險不行也、蒙、坎遇艮、坎幽昧、艮光明也、或曰屯、以初言、蒙、以二言、節齋蔡氏曰屯物之始生故見主初也未得位而利居貞故不失其居蒙然而生故雜二爲蒙主而能治之使明故著○柴氏中行曰在蒙昧之中雖未有識別而善理昭著○臨川吳氏曰屯蒙皆二陽之卦屯九五見於上卦二陰之中而爲主其下一陽則動於坎險之內而固守故曰不失其居蒙九二雜於下卦二陰之中而爲主其上一陽則止於坎險之外而光明故曰著坎陽陷於陰中一也見者陽在上卦之天而位顯雜者陽在下卦之地而位幽也

震은起也ㅣ오艮은止也ㅣ라損益은盛衰之始也ㅣ라

○震은起홈이오艮은止홈이라損과益은盛과衰의비로솜이라

節齋蔡氏曰震陽起于下艮陽止于上損者盛之始益者衰之始○息齋余氏曰損益盛衰之始泰否之變也○鄱陽董氏曰損者人之所憂也而乃爲盛之始益者人之所喜也而乃爲衰之始則則是於吉凶消長之幾進退存亡之理其可迷而不悟哉

大畜은時也ㅣ오无妄은災也ㅣ라

○大畜은時오无妄은災라

【本義】止健者、時有適然、无妄而災、自外至、節齋蔡氏曰剛健者難畜當剛止之時故能畜莫非災也无妄之災乃所謂災也○息齋余氏曰止有靜中之得故大畜曰時動有慮外之失故无妄曰災○柴氏中行曰禍非自取曰災

**萃ᄂᆞᆫ 聚而升은 不來也ㅣ라**

○萃ᄂᆞᆫ 聚ᄒᆞ고 升은 來티 아님이라 節齋蔡氏曰澤聚而下木升而上○臨川吳氏曰萃以觀之四往上爲主而同類之三陰聚於下升以臨之三來初爲主而同類之三陰升於上升上爲往降下爲來不來謂升而不降也

**謙은 輕而豫ᄂᆞᆫ 怠也ㅣ라**

○謙은 輕ᄒᆞ고 豫ᄂᆞᆫ 怠ᄒᆞ니라 朱子曰謙輕是自謙抑不自尊重○問謙何以爲輕曰輕是自卑小之義說豫之極便放倒了如上文冥豫是也○柴氏中行曰謙者視巳若甚輕豫則有滿盈之志而怠矣○臨川吳氏曰謙一陽居下卦之上爲謙卑之主而不尊大故自小而輕豫一陽居上卦之下爲豫樂之主而志滿足故自肆而怠

**噬嗑은 食也ㅣ오 賁ᄂᆞᆫ 无色也ㅣ라**

○噬嗑은 食홈이오 賁ᄂᆞᆫ 色이 업슴이라

【本義】白受采、節齋蔡氏曰頤中有物故食賁則其色不常故无色○白雲郭氏曰賁以白賁无咎故无色則質全有天下之至賁存焉○息齋余氏曰食色人情所不免噬嗑曰食而賁曰无色者蓋色至於賁則易過矣故戒之○臨川吳氏曰噬嗑以否初往五而爲主賁以泰上來二文剛而爲主

**兌ᄂᆞᆫ 見而巽은 伏也ㅣ라** 見賢遍反

○兌ᄂᆞᆫ 見ᄒᆞ고 巽은 伏ᄒᆞ니라

【本義】兊、陰外見、巽、陰內伏、楊氏曰柔一也居於上者爲見處於下者爲伏

隨는无故也오蠱則飭也ㅣ라

○隨는故ㅣ업고蠱ᄒᆞ면飭ᄒᆞ니라

【本義】隨、前无故、蠱、後當飭、柴氏中行曰隨以无故爲善有欲者利心也又曰不主於故隨時而行也○平庵項氏曰隨以无故而偷安蠱以有故而脩飭故聖人不畏多難而畏无難也○息齋余氏曰隨從否變欲捨其故蠱從泰變欲筋其後

剝은爛也오復은反也ㅣ라

○剝은爛ᄒᆞ고復은反ᄒᆞ니라

漢上朱氏曰剝爛五陰潰於內也○進齋徐氏曰剝爛則陽窮於上復反則陽生於下猶果之爛墜于下則可種而生矣

晉은晝也오明夷는誅也ㅣ라

○晉은晝오明夷는誅ㅣ라

【本義】誅、傷也、節齋蔡氏曰晉離在上而明著夷離在下而明傷○白雲郭氏曰晉與明夷朝暮象也故言明出地上明入地中○臨川吳氏曰晉六五離日當天晝也明夷六二離日入地明者夷傷也誅卽夷傷之義

井은通而困은相遇也ㅣ라

○井은通ᄒᆞ고困은서ᄅᆞ遇ᄒᆞ니라

【本義】剛柔、相遇而剛見揜也、白雲郭氏曰徃來井井則其道通困遇剛揜所以爲困○平庵項氏曰以通與遇爲反對則遇爲相抵而不通之象矣巽之上爻主塞坎水之上源而井之坎乃出其上蓋塞而復通者也故謂之通兌之下爻主塞坎水之下流而困之坎適在其下正遇其塞所以困也自乾坤至此三十卦正與上經之數相當而下經亦以咸恒爲始以此見卦雖以雜名而乾坤咸恒上下經之首則未嘗雜也

咸은速也ㅣ오恒은久也ㅣ라

○咸은速ᄒᆞ고恒은久ᄒᆞ니라

【本義】咸、速、恒、久、白雲郭氏曰感爲天下至速之道所謂不疾而速者也○節齋蔡氏曰有感則應故速常故能久

渙은離也ㅣ오節은止也ㅣ라

○渙은離ᄒᆞ고節은止ᄒᆞ니라

節齋蔡氏曰風散水故離澤防水故止○平庵項氏曰渙節正與井困相反井以木出水故居塞而能通渙則以水浮木故通之極而至於散也節以澤上之水故居通而能塞困爲澤下之水故塞之極而至於困也○臨川吳氏曰渙九二坎水在巽風之下爲風所離散節九五坎水在兌澤之上爲澤所節止

解는緩也ㅣ오蹇은難也ㅣ라 難乃旦反

○解는緩ᄒᆞ고蹇은難ᄒᆞ니라

張子曰天下之難既解故安於佚樂每失於緩蹇者見險而止故爲難○臨川吳氏曰解九二坎陷在內震則出險而動於外內險己解緩也蹇九五坎險在外艮則見險而止於內外險方艱難也

睽는外也ㅣ오家人은內也ㅣ라

○睽는外ㅣ오家人은內라

進齋徐氏曰睽者疎而外也家人者皆親而內也○臨川吳氏曰睽六五在外爲主家人六二在內爲主

否泰는反其類也ㅣ라

○否와泰는그類를反ᄒᆞ니라

進齋徐氏曰否大往小來泰小往大來故曰反其類

大壯則止오遯則退也ㅣ라

○大壯ᄒᆞ면止ᄒᆞ고遯ᄒᆞ면退ᄒᆞ니라

【本義】止、謂不進、臨川吳氏曰大壯四陽進而消陰遯二陰進而消陽處後陽之恃其壯故不欲九四之進而欲其止處前陽之不及遯故不欲六二之進而欲其退也聖人於五陽之夬亦不欲陽之輕進於一陰之姤亦唯欲陰之不進蓋同此意也

大有는衆也ㅣ오同人은親也ㅣ라

○大有는衆ᄒᆞ고同人은親ᄒᆞ니라

漢上朱氏曰大有六五柔得尊位而有其衆衆亦歸之故曰大有衆也同人六二得中得位而同乎人人亦親之故曰同人親也

革은去故也ㅣ오鼎은取新也ㅣ라 去起呂反

○革은故를去ᄒᆞ고鼎은新을取ᄒᆞ니라

漢上朱氏曰水火相革革己廢也故革去故以木巽火火方興也故鼎取新○平庵項氏曰革以火溶金故爲去故鼎以木鑽火故爲取新亦以離爲主也

**小過ᄂᆞᆫ過也ㅣ오中孚ᄂᆞᆫ信也ㅣ라**

○小過ᄂᆞᆫ過ᄒᆞ고中孚ᄂᆞᆫ信ᄒᆞ니라

節齋蔡氏曰莫非過也小過之過乃所謂過也小者能過夫豈常理哉莫非信也中孚之信乃所謂信也信出于中夫豈邀約之所能致哉○臨川吳氏曰小過九四主也而爲六五所過蓋陰盛能過陽衰不及也中孚六四主也而爲九五所信蓋陽實能感陰虛能應也

**豐은多故ㅣ오親寡ᄂᆞᆫ旅也ㅣ라**

○豐은故ㅣ만코親이寡ᄒᆞ니ᄂᆞᆫ旅ㅣ라

【本義】 既明且動、其故、多矣、平庵項氏曰卦名皆在句上旅獨在下者取韻協也○潘氏曰夢旂曰物盛則多故旅寓則少親○楊氏曰昔華封祝堯而堯曰辭以豐則多故爾孔子當西周之時栖栖然一旅人者以旅則親寡爾○嵩山晁氏曰豐多故今本有也字按荀本无之

**離ᄂᆞᆫ上而坎은下也ㅣ라** 上時掌反

○離ᄂᆞᆫ上ᄒᆞ고坎은下ᄒᆞ니라

【本義】 火、炎上、水、潤下、[備旨]主水火異性言火性炎上而就燥則難以撲滅水性潤下而流濕則難以隄防治水火故貴治其性也

**小畜은寡也ㅣ오履ᄂᆞᆫ不處也ㅣ라**

○小畜은寡ᄒᆞ고履ᄂᆞᆫ處리아니ᄒᆞ니라

【本義】 不處、行進之義、雙湖胡氏曰寡一陰小義不處行履之義

需는 不進也ㅣ오 訟은 不親也ㅣ라

○需는 進티 아니ᄒᆞ고 訟은 親티 아니ᄒᆞ니라

漢上朱氏曰關子明云履而不處者其周公乎需而不進者其仲尼乎險在下而陽上行相違者也故曰訟不親也○平庵項氏曰需訟皆主乾言止坎下故不進違坎去故不親

大過는 顚也ㅣ라

○大過는 顚ᄒᆞ니라

進齋徐氏曰本末弱故顚○南軒張氏曰小過過而未顚大過過至於大故曰顚

姤는 遇也ㅣ니 柔遇剛也ㅣ오 漸은 女歸ㅣ니 待男行也ㅣ라

○姤는 遇홈이니 柔ㅣ 剛을 遇홈이오 漸은 女ㅣ 歸홈이니 男을 待ᄒᆞ야 行홈이라

朱子曰女待男而行所以爲漸

頤는 養正也ㅣ오

○頤는 正을 養홈이오

南軒張氏曰所養不正則是養其小者以害其大者矣○臨川吳氏曰頤上九爲主而下養五三以上養下所以爲正也

既濟는 定也ㅣ라

○既濟는 定홈이라

節齋蔡氏曰六位皆當故定○潘氏夢旂曰事已濟則定矣

**歸妹ᄂᆞᆫ女之終也ㅣ오**

○歸妹ᄂᆞᆫ女의終이오

雙湖胡氏曰女未嫁之稱旣嫁爲歸則女之終矣

**未濟ᄂᆞᆫ男之窮也ㅣ라**

○未濟ᄂᆞᆫ男의窮이라

臨川吳氏曰旣濟六二主也以陰居陰得其定位而上下五爻亦皆得其定位故曰定也未濟九二主也以陽居陰失其正位而同類二陽亦皆失其正位故曰男之窮也三陰亦不得正位不足言也○南軒張氏曰雜卦先言離坎後言旣濟未濟則上下經之終亦未嘗雜亂也

**夬ᄂᆞᆫ決也ㅣ라剛決柔也ㅣ니君子道長이오小人道憂也ㅣ라** 長丁丈反

○夬ᄂᆞᆫ決홈이라剛이柔를決홈이니君子의道ㅣ長ᄒᆞ고小人의道ㅣ憂홈이라

【本義】自大過以下、卦不反對、或疑其錯簡、今以韻協之、又似非誤、未詳何義、

朱子曰卦有反有對乾坤坎離是反艮兌震巽是對乾坤坎離倒轉也只是四卦艮兌震巽倒轉則爲中孚頤小過大過其餘皆是對卦○問乾坤大過頤坎離中孚小過八卦翻覆不成別卦是如何曰八卦便只是六卦乾坤坎離是四正卦兌便是翻轉底巽震便是翻轉底艮六十四卦只八卦是正卦餘便只二十四卦翻轉爲五十六卦中孚便是箇大底離小過是箇大底坎又曰中孚是箇雙來底離小過是箇雙來底坎大過是箇厚畫底坎頤是箇厚畫底離○三畫之卦只是六卦卽六畫一卦以正卦八加反卦二十有八爲三十有六六六三十六也邵子謂之暗卦小成之卦八卽大成之卦六十四八八六十四也二十六與六十四同○鄭氏康成曰自大過以下卦旨不協似錯亂失正弗敢改耳○節齋蔡氏曰按雜卦例皆反對協韻爲序今以其例改正大過顚也頤養正也旣濟定也未濟男之窮也歸妹女之終也漸女歸待男行也姤遇也柔遇剛也夬決也剛決柔也君子道長小人道憂也○建安丘氏曰今依蔡易讀之

則八卦既得以類從而韻亦協但不當僭改經文爾○鄱陽董氏曰按蘇氏亦有改正自頤大過而下數卦然不若蔡氏之妥○雲峯胡氏曰易終於雜卦而交易變易之義愈可見矣每一卦反覆爲兩卦而剛柔吉凶每每相反此變易之義也自乾坤至困三十卦與上經之數相當而雜下經十二卦於其中自咸至夬三十四卦與下經之數相當而雜上經十二卦於其中此交易之義也或曰此偶然爾愚曰非偶然也皆理之自然也卦雖交之中者本居上經三十卦內今附於下三十四卦震艮巽兌交之偏者本居下經三十四卦內今附於上三十卦至若先反對者上經六卦下經二卦今附於上者二卦附於下者六卦皆交易之義也十二月卦氣除乾坤外上經泰否臨觀剝復陰之多於陽者十二下經遯壯姤夬陽之多於陰者十二今雜卦移否泰於三十四卦之中而陰陽之多少復如之特在上經者三十六畫在下經者二十四畫今附於上者二十四畫附於下者三十六畫愈見其交易之妙爾若合六十四卦論之上經三十卦陰爻之多於陽者八下經三十四卦陽爻之多於陰者亦八今則附於三十卦者陽爻七十二陰爻一百八而陰多於陽者三十六附於三十四卦者陽爻一百二十陰爻八十四而陽之多於陰者亦三十六以反對論上經陰之多於陽者四下經陽之多於陰者亦四今則附於上者陽爻三十九陰爻五十七而陰爻多於陽者十八附於下者陽爻六十九陰爻五十一而陽之多於陰者亦十八或三十六或十八互爲多少非特可見陰陽交易之妙而三十六宮之妙愈可見矣是豈聖人之心思智慮之所爲哉愚固曰伏羲之畫文王周公孔子之言皆天也本義謂自大過以下卦不反對或疑其錯簡今以韻協之又似非誤未詳何義愚切以爲雜物撰德非其中爻不備此蓋指中四爻互體而言也先天圖之左互復頤既濟家人歸妹睽夬乾八卦右互姤大過未濟解漸蹇剝坤八卦此則於右取姤大過未濟漸四卦於左取頤既濟歸妹夬四卦各擧其半可兼其餘矣是雖所取不能无雜蓋此謂雜卦而互體又其最雜者也上三十卦終之以困柔揜剛也下三十四卦終之以夬剛決柔也柔揜剛君子不失其所亨剛決柔君子道長小人道憂矣然則天地間剛柔每每相雜至若君子之爲剛小人之爲柔決不可使相雜也雜卦之末特分別君子小人之道言之聖人贊化育扶世變之意微矣始於乾終於夬或曰夬之一陰決盡則爲乾也以皇極經世考之乾巳會之終堯際雍熙之世也十二萬九千六百年安得常如自夬而乾所値堯舜之世哉嗚呼任賢勿貳去邪勿疑疑謀勿成則此所謂夬之決也後之治天下者亦法堯舜而已矣

# 備旨具解原本周易卷之二十四

備旨具解 原本周易 坤

重 版 發 行 ●1999年 5月 1日
重 版 2刷 發 行●2015年 10月 27日

校 閱●明 文 堂 編輯部
發行者●金 東 求

發行處●明 文 堂(1923. 10. 1 창립)
서울특별시 종로구 안국동 17~8
우체국 010579-01-000682
전화 (영) 733-3039, 734-4798
(편) 733-4748
FAX 734-9209
Homepage www.myungmundang.net
E-mail mmdbook1@hanmail.net
등록 1977. 11. 19. 제1~148호



값 15,000원
ISBN 89-7270-593-4 94140
ISBN 89-7270-045-2(전2권)